臨床催眠大全

（第五版）

AN
INTRODUCTION TO THE PRACTICE
OF CLINICAL HYPNOSIS

TRANCEWORK

MICHEAL
D. YAPKO

麥可 D. 雅布可

楓 樹 林

《臨床催眠大全》
專文推薦

　　在將近四十年期間，《臨床催眠大全》是大多數臨床治療師學習催眠治療的科學和藝術時的首選教科書。現在已經是第五版，這本經典教科書延續了它的傳奇歷史，為臨床治療練習提供了最健全的科學研究基礎。最新版包括了催眠領域的最先進研究和最新議題，新章節包括了憂鬱症，以及過程導向的治療方法。讀者會有完整的催眠領域當代發展概觀、關於職業道德和臨床練習的深度探討，以及更多催眠在臨床治療上的應用方法。這是完整、全面、讓專業助人工作者參與其中的教科書，你將學會運用核心技巧來改變個案的生活，用催眠來強化醫學治療和心理治療的結果。

　　麥可·D·雅布可博士是臨床心理學博士，他是國際聞名的先進臨床催眠治療師，專長是治療憂鬱症，同時發展策略療法、結果聚焦心理治療。他獲得了美國心理學會的終身成就獎、米爾頓·艾瑞克森基金會的終身成就獎，以及國際催眠學會的終身成就獎，以表揚他在心理治療領域及催眠領域的卓越貢獻。

研究催眠超過30年，我必須告訴你，作為一位催眠的學習者，如果你的催眠案頭書少了這一本，那肯定會讓人覺得非常遺憾。

　　我曾經因為雅布可教授的介紹認識了歐內斯特·羅西博士的催眠技術，並將它介紹給我的學員，因為認識羅西博士的催眠講師太少，使得這項技術幾乎成了華人世界的獨門技術。你現在可以在書裡的「參考框架」所介紹的近代15位重要催眠研究者中，找到我當初找到的資料。

　　一本好的原著，當然需要配合出色的譯者，感謝出版社找到國內最優秀的艾瑞克森催眠學者作為翻譯，更是錦上添花。

　　這是一本決不容錯過的催眠教案，誠摯向各位推薦。

——唐道德，德派催眠雞尾酒療法創始人，

《催眠和你想的不一樣》作者

　　從開始踏入臨床催眠這個領域，就有機會接觸到雅布可博士的這本《臨床催眠大全》。這本書從一開始出版，就被國外臨床催眠界與催眠學術界列為重要參考書目，因為其內容旁徵博引、論述分明、引經據典、理論實務兼備，加上作者本身的勤奮，每隔一段時間就會根據最新研究和趨勢加以修改內容，甚至重寫。本書可說是臨床催眠工作者必備的工具書，也是學習臨床催眠的經典教科書。這本根據最新版本翻譯而來的中文版，勢必將造福有興趣學習臨床催眠的助人工作者，也能打破大眾對催眠的非科學迷思。對催眠有興趣的讀者務必一讀！

——張忠勛，臺北市立大學教育系博士班教育心理與輔導組、

華人艾瑞克森催眠治療學會發起人兼常務理事

作為一位身在學院殿堂裡的資深催眠治療訓練師，我深知《臨床催眠大全》這本書對於任何希望深入了解催眠療法的同好，都是無可取代的寶典。這本書不僅涵蓋了催眠的基本概念與技術，還深入探討了催眠在臨床應用中的實際案例與策略。《臨床催眠大全》透過詳實的案例和科學研究，向讀者展示了催眠如何透過改變患者的信念與行為，達到治療效果。書中不僅列舉了成功的治療實例，還深入分析了催眠過程中的關鍵因素與技巧。這些內容對於初學者和經驗豐富的催眠師都是極具價值的參考資料。書中還詳細介紹了催眠在處理各種心理問題、提升健康、減輕痛苦等方面的實際應用。例如，透過催眠引導患者將身體的疼痛轉化為無害的黑色液體，進而達到緩解疼痛的效果。這種創新的治療方法，不僅展現了催眠的神奇力量，也證明了其在臨床實踐中的重要性和有效性。此外，書中強調了催眠師與患者之間的信任關係，認為這是催眠成功的關鍵之一。透過實際的治療示範，讀者可以看到催眠如何在尊重和信任的基礎上，幫助患者找到內在的力量和信心，從而實現自我治癒。

總之，《臨床催眠大全》是一本內容豐富、資訊詳盡的催眠專業書籍，適合所有希望提升自己催眠技能和臨床實踐的讀者。我強烈推薦這本書給所有致力於心理治療和健康提升的專業人士。

——張貴傑，淡江大學教育學院教育心理與諮商研究所所長、
藍海催眠研究專業發展協會創會理事長

在歐美國家，心理學家與治療師很早就開始研究催眠與治療之間的關係，並學習透過催眠來提升治療品質，《臨床催眠大全》即是匯集學術與實務所寫成的催眠教科書。

麥可‧雅布可博士告訴我們：「催眠是一種工具，而不是治療本身。」催眠如同畫作上的顏料、交響樂裡的音符、佳餚中的食材，這套工具能帶來什麼效果，取決於催眠師對理論的熟悉程度，以及催眠師與當事人建立信任關係的能力。

《臨床催眠大全》不僅向我們呈現了催眠中的大腦研究，並從社會心理學、正念等不同的理論，深入詮釋催眠中看似不可思議的現象，更引領我們認識催眠在醫學、教育、商業、教練以及心理治療領域中的應用。

如果你不只是想要學習如何做催眠，而是期待自己能夠善用催眠來助人，涵蓋理論、實務、研究與反思的《臨床催眠大全》，絕對是你值得一看的經典讀本！

——張義平（幽樹），諮商心理師＆對話式催眠創始人

在我30多年的諮商諮詢專業生涯中，使用催眠語言一直是我最重要的治療工具。我是在拿到碩士學位後就開始學習催眠，當時我是從隱喻這個部分開始進入催眠的使用。

後來在博士學位的學習當中，我深入了精神分析學派、焦點解決學派和溝通分析學派。即使我深入學習了這三個主要的學派，催眠仍常常是我在做助人工作時，所使用的諮商諮詢和治療工具，催眠語言的使用可以協助個案找到他們的生命資源，並且有效地深化個案的改變！

很榮幸，能在最早的時候拜讀這本第五版《臨床催眠大全》，這本書是我看過最完整介紹催眠的書籍，透過這本書可以有效地幫助你了解整個催眠的歷史和觀點，還有如何使用催眠，並且透過案例的呈現，讓助人者看見來訪者的改變。

無論你是一位諮商諮詢師、醫生，或是一位輔導教師，還是一位教練，都非常適合將催眠納入你的專業工作當中，因為這會更有效地提升你工作的成果，也會讓來訪者更為滿意。希望這本《臨床催眠大全》中文書成為你助人的基石，讓你在助人的事業當中有更棒的發揮！

祝福你，助人工作者！

——樊雪春，臺灣師範大學教育心理與輔導博士、
北京成功之道心理學專題講師

第一次遇見麥可‧D‧雅布可是2004年在鳳凰城舉辦的艾瑞克森催眠與心理治療國際研討會上。他用條理清晰的方式介紹催眠治療，臨床示範之前，即使還沒有找到上場的示範對象，他就預告了會如何進行他的治療流程。示範過程也真的如他預告的方式進行，並且得到很好的結果。於是我購買了他的一支臨床示範教學影片，在不到40分鐘的時間，他幫助案主走出幼年的家暴陰影，激底改變了案主的憂鬱。

雅布可有深厚的認知行為治療基礎，再加上跟著傑‧海利學習艾瑞克森催眠以及策略學派治療，他將複雜難懂難學的艾瑞克森催眠，轉換成可以按部就班學習的步驟。他的治療除了有艾瑞克森催眠靈活的特質，更有紮實的科學研究基礎，是值得深入研究的老師。

本書集合了雅布可畢生功力，介紹了催眠各種不同面向。有志將催眠在臨床治療發揮到極致的朋友，千萬不要錯過這本好書。

——蔡東杰，華人艾瑞克森催眠治療學會榮譽理事長、
自信催眠師線上學習平臺創辦人

打從第一版開始，《臨床催眠大全》就是我在持續學習精進專業催眠技巧時最有價值的一本書。書中有健全的科學基礎、臨床實際運用、治療的基本概念，以及溫暖慈悲的語氣，雅布可博士的第五版《臨床催眠大全》包含幾乎所有臨床催眠的必要知識，是資深治療師和新手治療師都會受益良多的一本書。我個人認為這是全世界最好的催眠書籍，雅布可老師是全世界經驗最豐富，擁有最多催眠知識的培訓者和書籍作者之一。

——喬治‧伯恩斯（George W. Burns），
澳洲開米勒學院兼任教授、《強化快樂和幸福的101個故事》作者

麥可‧D‧雅布可的新書《臨床催眠大全》第五版不僅僅是對催眠領域的入門介紹，它更是一本重要的書，為臨床催眠的實踐者和學生提供了有關催眠的見解和技能，值得大家掌握學習。《臨床催眠大全》強調了雅布可終生致力於推動這一領域的使命，他闡述了臨床催眠對患者身心靈福祉的證明效益來推動這一領域的發展。

——庫蘇洛‧卡蘇拉（Consuelo C. Casula），
國際知名作家和教師、歐洲催眠學會前任會長

《臨床催眠大全》第五版再次證明了麥可‧D‧雅布可無疑是催眠領域中充滿好奇心的專家，作為催眠學生的我們因此感到十分幸運。雅布可博士提供了催眠的歷史背景和最新研究，幫助我們修正、澄清並激發我們對催眠的思考。但真正讓這本書引人入勝的是書中豐富的催眠語言示範和技能分享，這些案例展示了如何透過催眠放大資源、建立連結、減輕痛苦。雅布可博士的熱情熠熠生輝，感染力十足，使得新讀者和資深的讀者都會在讀完這本書後迫不及待地去探索、體驗並更廣泛地分享這一寶貴的臨床工具。

——琳恩‧里昂（Lynn Lyons），
美國執照社工師、《催眠對兒童的應用》作者

《臨床催眠大全》第五版是對這本已經具有里程碑意義的書籍的精彩改進。雅布可博士平易近人的寫作風格使讀者能夠感受他驚人的能力，他將大量的研究、理論和臨床經驗整理為實踐應用。令人驚訝的是，這本書能夠在多個層面上運作，不僅使初學者獲得有關催眠的重要基礎和實踐知識，同時對於從事催眠多年的臨床醫生來說，也有很多值得借鑒的內容。催眠領域快速發展的研究更新，對於任何從事催眠的臨床治療師來說，這本書都是不可或缺的必備工具。

——裘蒂‧湯瑪斯（Jody Thomas）博士，臨床心理學家、史丹佛大學
醫學院兼職教授、國家兒科催眠訓練研究所教員、Meg 基金會執行董事

麥可·D·雅布可的新修訂版《臨床催眠大全》為讀者提供了結構合理的組合，包括簡明總結最新知識、深思回顧被遺忘的過去知識，以及可整合到現有治療方法中的實用策略大全。許多評論者讚揚雅布可的寫作風格，主要原因是：他的文筆簡練、對話感強，且引人入勝！《臨床催眠大全》是一本內容豐富的教科書，提供了大量引人深思的最新資料和對相關主題的平衡分析。它激勵新進專業人士和經驗豐富的臨床治療師保持對該領域的關注，並提升了他們的工作品質。

——帕梅拉·凱撒（Pamela Kaiser）博士，CNP、國家兒科催眠訓練研究所聯合創始人／聯合主任、加州大學（舊金山）醫學院行為與發育兒科前任臨床副教授

麥可·D·雅布可的《臨床催眠大全》第五版強調了他在催眠領域的百科全書式知識，並以易於使用的實用框架與讀者分享。雅布可對文本的組織是合乎邏輯且逐步深入的，平衡且無偏見地解釋了該領域中的爭議問題，並探討了催眠的藝術和科學。特別是〈過程導向的催眠：從問「怎麼做？」到建立催眠情境〉這一章節，對催眠在短期心理治療中的作用進行了獨特考量，描述了雅布可對該領域最獨特的貢獻之一。這本書無疑是臨床催眠的權威之作。如果你只打算購買一本有關催眠的書，《臨床催眠大全》就是不二之選！

——傑佛瑞·拉扎魯斯（Jeffrey Lazarus），醫學博士，FAAP、私人診所臨床催眠治療師、西儲大學醫學院兒科前任臨床副教授、《保持床鋪乾燥®》和《控制你的腸道感覺®》家庭影視節目創作者

催眠的謎團引發了無數關於其本質和臨床相關性的問題，從而講述了一個永無止境的故事。《臨床催眠大全》新版本回答了初學者和專家臨床治療師都會問到的許多重要催眠問題，並謙虛地承認我們仍有許多問題尚未解答。催眠這個領域仍在不斷成長，而像《臨床催眠大全》這樣能夠隨每個新版本一同成長的書籍實屬罕見。這本書明顯是以極大的熱情和激情寫成的，也激發了讀者產生相同情感。

——卡米洛・洛里多（Camilo Loriedo），醫學博士，羅馬大學精神病學教授

麥可・D・雅布可的《臨床催眠大全》第五版是一部卓越的作品。雅布可結合了最新科學研究成果的廣泛知識，與其實用的臨床指導，為讀者提供了寫作清晰、相關性強且充滿智慧的鉅作。特別的「參考框架」部分將讀者與催眠領域的傑出人物及其重要貢獻聯繫起來。這本書是一個寶藏，是初學者和經驗豐富的臨床治療師必讀之作。

——摩許・托勒姆（Moshe S. Torem），醫學博士，美國臨床催眠學會前任會長、克利夫蘭診所－阿克倫總院綜合醫學主任、東北俄亥俄醫學大學精神病學教授

這是麥可・D・雅布可的經典著作《臨床催眠大全》第五版，雅布可無疑是臨床催眠領域最活躍和多產的經典作家之一。這是一部真正令人驚歎的作品，講述了如何學習催眠並將其應用於人類痛苦。雖然在某些層面上屬於「入門書籍」，但它提供了當前可用的最佳治療師方法討論，突出了該領域的複雜性。這本書的範圍廣泛，且對該領域偉大作家的尊重難以複製。

——戴夫・派特森（David R. Patterson）博士，《控制疼痛的臨床催眠》作者

雅布可再次做到了。他修訂的《臨床催眠大全》依然是將催眠融入臨床實踐中最全面且實用的教科書。雅布可的精湛之處在於他能夠引導我們對催眠策略進行整體連貫的概念化，同時使這些策略立即可用。《臨床催眠大全》教授了催眠治療中所不可或缺的核心，因此這本書是必讀之作。

——勞倫斯・蘇格曼（Laurence I. Sugarman），醫學博士，
FAAP、ABMH、羅切斯特理工學院健康科學與技術學院研究教授、
《兒童與青少年的治療性催眠》第二版的共同作者、編輯

　　全面、深刻且始終實用，這本書的眾多優點包括其在現代神經科學中的根基、豐富的臨床案例和應用範圍，以及溫暖而清晰的寫作風格。這本全新版本的雅布可博士經典之作將對專家和初學者都非常有用。這是一本傑出的書籍。

——瑞克・韓森（Rick Hanson）博士，《韌力：如何發展無可撼動的
冷靜、力量和快樂核心》（*Resilient: How to Grow an Unshakable Core of
Calm, Strength, and Happiness*）作者

審定序

由本書開始，創造出屬於自己的催眠治療風格

麥可‧雅布可博士是全世界公認，把艾瑞克森催眠運用在臨床抑鬱症治療的第一人。這本臨床催眠大全是雅布可博士眾多催眠著作裡在臨床催眠界排行第一的暢銷書籍，這本書在美國已經是第五版，而且出版社邀請雅布可博士繼續增訂第六版。每一版的發行，雅布可博士都親自做增訂修改，將最新的心理治療學派理論和技巧加入到每一版裡。因此，這本書一直在演化和發展中，這種不斷學習和成長的精神，是我最欽佩雅布可博士的一點。

雅布可博士榮獲艾瑞克森基金會頒發的終身成就獎，是少數獲得這個殊榮的艾瑞克森學派大師之一。我很榮幸在六、七年前認識雅布可博士，並且在一次心理治療大會上幸運抽到籤，可以擔任他的現場示範催眠治療個案。我還記得那次的催眠體驗裡，我在催眠過程裡看到了陽光，好像是夕陽，又好像是旭日東昇，並且看到我自己悠閒地走在鄉村的道路上，享受一個輕鬆自在的午後時光。而這正好是我當時身體和心理最需要的東西，一個好好的休息。那次的臺上催眠體驗帶給我很棒的體驗。讓我感到驚訝的是，在那次大會結束後一個月，雅布可博士寫了電郵給我，詢問我後續的發展和感受。我很少看到哪個大師會在臺上示範治療結束後還會追蹤詢問個案的感受，這讓我感到很溫暖，也讓我再次回想起當時那個被催眠的美好體驗。

這本書花了我非常多時間翻譯和校訂，因為書中引經據典的部分非常多，而且每個章節都有催眠的引導語，專業心理治療人士可以參考如何在特定的心理精神問題上做治療，可以說是臨床催眠治療的百科全書。儘管這本書是寫給心理治療相關的專業人士，但是書中的用語淺顯易懂，一般人如果對於催眠治療有興趣，也可以看懂。同時我也建議大家，不見得一定要從頭開始閱讀，可以挑選自己喜歡的章節，並且嘗試書中所教的催眠腳本方法。雖然艾瑞克森催

眠學派從來不倚賴催眠腳本，但是這本書中所寫的催眠腳本內容，可以作為我們的臨床治療參考，激發你去創造出屬於自己的催眠治療風格。

我想要特別指出的是，雅布可博士非常喜歡大象。這個起因是聖地牙哥動物園有很多大象，大象培訓師經常會被大象踩踏受傷，聖地牙哥動物園就想邀請雅布可博士用心理學和催眠的方式幫忙培訓這些大象培訓師，避免跟大象相處時受傷。雅布可博士花了許多時間跟大象相處，並且培養出深厚感情，然後才開始培訓這些大象培訓師，而且效果顯著，大量減少了培訓員受傷的機率。他的有效方法傳播開來，世界各地的動物園都紛紛邀請他去培訓大象培訓師。我受邀到他家吃飯時，他家裡擺滿了大象的飾品、掛畫和照片，他和他太太最喜歡的旅遊就是去非洲，來一趟草原之旅，跟大象、以及其他動物相處。在我心裡，雅布可老師擁有大象一樣的特質，強大、溫暖、堅定、帶給人很多安全感。相信在這本書裡，你會感受到雅布可博士的專業和他溫暖的個人特質。

雅布可博士有一個100小時的專業心理從業人員催眠培訓課程，培養出了許多專業的催眠治療師。包括我許多督導班的同學都是雅布可老師的學生，像是貝蒂・弗里森（Bette Freedson）、琳恩・里昂（歐普拉認可全世界最厲害的抑鬱症治療師）、瑞克・米勒（Rick Miller）和托比・高德福斯（Tobi Goldfus）等人。

特別感謝共同參與翻譯和校正這本書的所有譯者，包括：黃天豪、周遊。也感謝黃韻，以及她的學生們在最後階段協助校正工作，包括呂陽、楊志花、梁真如、關敬蕾、鄧超、唐欣藍、林諼鉞、李博聞、倪子渲。

審定、譯者
洪偉凱
美國紐約州、亞利桑那州執業心理治療師、臺灣諮商心理師
艾瑞克森基金會培訓課程講師
艾瑞克森學派國際大會講師

譯者序
什麼樣的書可以稱為「經典」？

世界上有許多「好書」，有的內容精彩，發人深省；有的字字珠璣，引人入勝；有的引領潮流，洛陽紙貴。然而，經典的意義遠遠大於好書：經典通過時代的篩選，故也成為歷史的見證；經典開啟全新的領域，故也成為跟隨的對象。因此，經典是過去與現在的橋梁，同時指引未來的方向。

各位現在拿在手中，雅布可博士著述的這本《臨床催眠大全》，2018年最新第五版的中文譯本，正是一本催眠領域的經典。其第一版出於1984年，距今已過40年；以人類來比喻，是剛進入壯年的年紀。才進入壯年，原本不該蓋棺論定說是「經典」——似乎略顯浮誇。然而這40年來，幾乎任何一份有用的催眠參考書籍推薦清單，都有著本書的名字；或許我們也可以反過來說：如果當代有任何一份催眠參考書籍推薦清單少列了這本書，那麼這份清單的可信度，必然大打折扣。

因此，它注定成為經典，它已然是經典。這就是《臨床催眠大全》這本書在催眠領域的地位。

催眠，作為一個神祕而又引人入勝的領域，一直以來都吸引著眾多心理學家、臨床工作者以及對心靈探索感興趣的大眾。但也因為它的「戲劇性」，導致大眾最常接觸它的管道，正是在「戲劇」中——無論是舞臺上或銀幕中。而這樣的狀況，又使它在專業領域中長期落入邊陲——直到著名的心理學教科書作者，史丹佛大學的希爾加德（Ernest Hilgard）榮譽教授，在職業生涯晚期將注意力轉向催眠後，才使催眠成為值得探究的學術領域。然而，在這片看似神祕的領域裡，催眠所蘊含的價值和應用卻是無法忽視的。催眠不僅可以幫助人們克服生理與心理障礙，解決疼痛、壓力和焦慮憂鬱等問題，還可以幫助人們深入探索自己的內在世界，尋找心靈的平靜和安寧。

催眠並不僅僅是一種看似神奇的技巧，更是一門窮究意識的深邃科學，一門揮灑人類心靈的精湛藝術。

雅布可博士擁有豐富的專業背景和經驗。他是美國心理學會、國際催眠學會、艾瑞克森基金會的終身成就獎得主。他的著作獲獎無數，還曾得過傑出科學寫作獎。他不僅是一位催眠專家，更是一位臨床心理學家，他的經驗和洞察力，使得本書在催眠領域中獨具地位。他的筆觸既嚴謹又生動，內容飽含理論深度與科學證據，同時富有實踐指導性。

從第一版的內容開始，我們就可以觀察到，作為一個「治療師」，他深受米爾頓・艾瑞克森醫師的影響。他經常引用艾瑞克森的名言：「人們接受治療是為了改變他們的未來，而不是他們的過去。」因此，他重視問題的過程（模式）而不是問題本身（內容），他的重點永遠放在案主這個「人」而非「標籤」上，永遠是案主的「正確」而非「錯誤」之處。他的治療工作更多是關注於人們「如何」解決問題，而不是探究「為什麼」。他在當時主流的「傳統」與「標準化」催眠取向之外，深入探討了艾瑞克森的「順勢而為」取向，但又讓它變得更為實用且易於學習。

從第二版開始，我們更可以看到，雅布可博士身為「教育者」的強烈企圖。他增加了完整的催眠治療片段與逐字稿（因為書籍篇幅的關係，後來的版本雖然已經拿掉，但讀者仍可以在網站上看到完整內容），也在每章最後增加了討論與活動的內容，以提升所有人的學習。此外，他介紹了催眠領域中許多重要的研究者與開拓者，呈現他們如何發想、如何思考、如何產生結論。他更希望每個人在學習催眠的過程中，找到自己可以欣賞自己的資源。

來到第三版，我們又可以觀察到，作為一名「臨床心理學家」，雅布可博士也極為重視研究與最新的科學證據。當時興起的「循證」風潮，也體現在本書中——他加入了大量參考文獻，將催眠與最新的認知神經科學互相參照。除了嚴謹的結構與詳盡的內容，值得一提的是，本書還關注了催眠治療的倫理和實踐問題，特別反應在「壓抑記憶」與「創傷」的相關主題中。這對致力於提供高品質心理治療服務的專業人士至關重要。透過這本書，將能獲得適切、專業的指導，確保催眠治療實踐符合專業標準和倫理規範。至此，本書的框架齊備；第四版與第五版，持續增添數百項研究，新增了更多過去僅簡單提及的主

題（例如憂鬱症、過程導向催眠、疼痛、隱喻……），也增加了更多案例呈現。

可以說，雅布可博士正是「科學家—實務者」的最佳典範。

而有幸成為這本書的譯者之一，是一種難得的緣分。我第一次接觸這本書，是2009年在美國加州參加心理治療發展大會（Evolution of Psychotherapy）。這是艾瑞克森基金會主辦，世界上關於心理治療實務最大的會議。會場中到處可見祖師級的心理治療大師或心理治療界的超級巨星，如研究與實務都極為精彩的高特曼夫婦（Gottman & Gottman），或是大家熟知的歐文·亞隆（Irvin Yalom）。有滿滿的工作坊、主題演講、現場示範與對談。大會的書展上有每位講者的著作，供參與者購買與簽書。當時我手上拿著的，正是本書的第三版。

經過了15年，能貢獻一點力，一起把這本書帶到華文世界，真的要感謝本書主要的翻譯與審定者洪偉凱心理師。我們最初是在薩德博士（艾瑞克森基金會的創辦人及主席）的大師督導班中認識。從那之後，我們一起歷經了多次的大師督導班、共同翻譯了薩德博士的三本書籍、一起在美國參加心理治療演進大會、一起在線上開設艾瑞克森催眠國際大課……偉凱可以說是一名國際遊牧菁英，曾在世界各地居住、工作；也因為他的關係，我才有機會一起參與這個難得的翻譯工作。雖然翻譯通常是一件苦差事，報酬也不成比例；但透過翻譯，能夠讓最好的內容大幅降低門檻，易於推廣，幾乎可以說是一種功德了。

身為一個助人工作者，投身翻譯，正是為了它能夠創造出的意義。

讀者對於這本書的期待無疑是巨大的，畢竟這是本書第一次有了繁體中文，且是依據最新的第五版。長久以來，我相信包括我的許多讀者們，都期待著一本能夠全面介紹催眠理論與實踐的著作——一本能夠將抽象的概念具體化、具象化的書籍。我們都期待著透過本書學習到實用的催眠技術，並將其應用於自己的臨床實踐中。我相信，本書將會滿足這樣的期待，並為我們開啟一扇通往心靈世界的大門。

因此，我深深相信，在華文世界的心理治療實踐中，《臨床催眠大全》將成為一個無價之寶。這本書的全面性和系統性將使其成為實務工作者的必備資源，它深入探討了催眠治療的各個層面，從理論基礎到實踐應用，提供了寶貴的指導和啟示。對於催眠從業者而言，《臨床催眠大全》更是一本權威指南。這本書的價值不僅在於其提供的知識內容，還在於其易於理解的風格和豐富的

實例。這使得《臨床催眠大全》不僅適合經驗豐富的專業人士，也適合新手和學習者。

此外，《臨床催眠大全》還對不同催眠技術的應用進行了深入研究，從催眠易感性到暗示技巧，從催眠治療的過程到應對挑戰的策略，涵蓋了催眠治療的各個方面，為我們提供了全面而具體的指導。它還為我們提供了一個全面且易於使用的框架，幫助我們更好地理解和應用催眠技術。總之，《臨床催眠大全》是一本寶貴的資源，無論是學生、研究者、治療師或是催眠從業者，都值得擁有。它將為我們的專業發展和臨床實踐帶來新的洞見和啟示，助我們成為更加優秀的心理專家，與成為更好的自己。

回到「經典」的意義：有些經典經過時間淬煉，歷久彌新；另一些經典建構全面系統，一錘定音。而《臨床催眠大全》兩者皆是。我認為，雅布可博士完成了極為困難的史詩級工作。

黃天豪
華人艾瑞克森催眠治療學會理事長
新田／初色心理治療所首席顧問臨床心理師

催眠的「百科全書」

　　時間回溯到2022年5月，那時我還在美國鳳凰城艾瑞克森基金會做志願者，幫忙翻譯艾瑞克森的教學影片，一天，偉凱老師問我要不要和他一起翻譯雅布可博士的《臨床催眠大全》，驚喜之餘，心中頗有些忐忑。偉凱老師好像一眼就看穿了我的心思，笑著對我說：「相信妳沒問題，而且我會把關的。妳只管翻譯就好。」於是，我便懷著敬畏之心，開始了這本書的翻譯之旅。

　　了解雅布可博士，還是在艾瑞克森基金會做志願者時，除了看了一些艾瑞克森的教學影片，也欣賞過雅布可博士的催眠教學示範。之所以選擇用「欣賞」這個詞，是因為他的催眠堪稱教科書級。作為對催眠深深著迷的我來說，甚至可以一直重複看他同一段影片，直到身體呼召我需要動一動了。在一段影像資料中，雅布可博士幫助個案處理她與母親的關係，個案似乎找不到與母親之間任何積極的記憶。從開場的自我介紹，到催眠引導開始，雅布可博士的聲音瞬間轉變，隨著引導的漸漸深入，個案越來越深地進入催眠狀態，當機會出現，個案頭腦中出現了一個與母親在一起愉快的記憶時，雅布可博士敏銳地抓住，並引起了療癒的發生。最後雅布可博士一個漂亮的收尾，將催眠中展現出的美好圖景壓縮在一個小小的技巧裡，讓個案能夠學會，可以方便她在今後的生活中使用。所有這些，一氣呵成。短短50分鐘，困擾個案幾十年的問題，便得到了解決。場下有人提問個案，這是第幾次處理與母親的關係，個案說：第一次。整場演示讓人拍案叫絕！也給我留下了極為深刻的印象。

　　雅布可博士因其在臨床催眠治療領域卓越的成就，而榮獲過美國心理學會、國際催眠學會以及米爾頓‧H‧艾瑞克森基金會頒發的終身成就獎。《臨床催眠大全》是他出版的眾多書籍中的一本，也是影響力最大的一本。經過40多年的努力，這本書也終於從第一版進化到了第五版。

　　無論你是專業的心理治療師、精神科醫生，還是催眠的愛好者，抑或你

僅僅是抱著好奇，想對催眠一探究竟的學習者，這本書都可以成為你書架上那本既可深入閱讀學習，又可以在關鍵時刻為你提供幫助，甚至隨手翻翻也會獲得些許啟發的那本書。它是一本學術巨著。從催眠現象被發現，到舞臺催眠秀帶來的迷思，再到催眠如何成為一門技術被應用於臨床實踐，以及催眠在現代的發展、現代科技對催眠的影響、催眠適用的領域，以及如何做催眠，應有盡有。本書旁徵博引，幾乎囊括了有關催眠絕大部分的重要書籍以及參考文獻，可以說是一本難得的關於催眠的「百科全書」。

值得一提的是，雅布可博士還將在催眠發展過程中，將一些重要領軍人物的生平、貢獻以及學術觀點，以獨立的「參考框架」形式列舉出來，方便大家更全面地系統性了解這些為催眠做出傑出貢獻的先驅人物。對於一些對立的，或持不同態度的學術觀點，雅布可博士也會以客觀的視角呈現給大家，方便大家做進一步的研究和討論。當然，他也會毫無保留地分享自己的觀點。科學就是在這樣的不斷討論、不斷顛覆的路上慢慢前行的。

對於華語界來說，「催眠」這個詞並不新鮮，但是將催眠作為臨床應用的技術對我們來說還是近些年才開始興起的，且針對臨床催眠的科學研究也並不豐富。能有幸將本書翻譯成漢語實屬榮幸。希望它能帶給更多人堅實的研究及應用的基礎，可以讓我們一同站在先人的肩膀上繼續前行。

關於翻譯，要特別感謝艾瑞克森基金會主席傑弗瑞·薩德博士。每當我有不確定的地方，哪怕只是一個非常簡單的多義詞，我也會拿著去跟他確認文中的用法，他總是能給到我精準的指導。同樣的感謝也要送給偉凱老師，除了他的信任，還有他在後期的整理、修改和審校工作。這是一項難以想像的海量工作。另外，還有我的先生約翰·比林（John Billing）博士，作為一個美國漢學家，他時常能在我因為找不到適當的漢語翻譯而頭痛的時候，幫我找到恰如其分的表達方式。

現在的鳳凰城正值春天，鮮花遍野，是一年中最美好的季節。也祝願這本書的芬芳可以伴你一直走在催眠研究與應用的路上。

周遊

2024 年 3 月
於美國鳳凰城艾瑞克森基金會

致謝

《臨床催眠大全》達到了其他催眠教科書從未達到的高度——出版至第五版。我不禁想到那些對我個人和整個領域做出巨大貢獻的人，他們幫助這本新版的《臨床催眠大全》成為現實。我想對那些在此過程中特別具有影響力的人表達由衷感謝。

首先，我最感激的是我的妻子黛安。我無法用言語表達我對她的愛和珍視，原因千千萬萬。她的奉獻、誠實、清晰、激情、藝術才華、創造力、幽默感，以及在音樂響起時隨時隨地展現出的熱情舞蹈能力，還有許多其他可愛且令人敬佩的特質，讓我每時每刻都感到自己是多麼幸運，有她作為我的生活伴侶和最好的朋友。

我對我的兄弟姐妹——布萊恩、傑瑞、肯、傑克和蜜雪兒——充滿愛和感激，他們給予我無條件的愛和支持。我們一直都是親密的家庭，這份禮物我永遠心存感激。

我的摯友——溫蒂、理查德和梅根——在過去半個世紀裡參與了我生命中的每一件事情。時間飛快過去了，感謝你們一直以來的陪伴。我深深地愛著你們。

這本書建立在我一生的知識和經驗基礎上。我有幸結識並親近了許多該領域最具影響力的人物，無論是過去還是現在，實在無法用言語充分表達我對他們的感謝之情。他們豐富了我作為臨床治療師、作家和培訓師的生命。我只能列出其中一些人，並向他們表示深深的感激：傑弗瑞·薩德（Jeffrey K. Zeig）、埃文·波斯特（Erving Polster）、彼得·希恩（Peter W. Sheehan）、傑·海利（Jay Haley）、威廉·克羅格（William S. Kroger）、諾瑪和菲利普·貝瑞塔（Norma 和 Philip Barretta）、尼爾·賽門（Neil Simon）以及安德烈·魏岑霍夫（André Weitzenhoffer）。

喬治・齊默（George Zimmar）是我二十多年來在 Routledge/Taylor & Francis 出版社的編輯、出版指導和支持者。他説是時候推出新版《臨床催眠大全》了，因為他認為在這個非凡的研究和實踐領域中，還有很多話要説。當然，他是對的。在這本書尚在編撰過程中時，他就已經退休，因此我未能與他一起完成這個項目。但我將永遠感激他多年的遠見和支持。

我感謝 Routledge 和 Apex CoVantage 出版社的眾多專業人士，他們指導這本書完成。這是一個龐大項目，我很感謝他們的支持和專業知識。

我很幸運擁有許多美好的朋友、同事和學生，與他們激發思考的對話、幫助我澄清思想和教學的挑戰，以及在多層次上有意義的交流，豐富了我的生命。我希望我已經表達了對你們的感激之情，讓你們知道我多麼感謝你們。

贊助和參加我臨床培訓的學生也值得特別提及。由於你們對我工作的熱情支持，我有幸得以環遊世界，從他人那裡學到了許多，同時我也在教學中成長。衷心感謝你們。

最後，但絕對不是最不重要的，我逝去的父母——格塔和班・雅布可，以及曼德琳和傑瑞・哈里斯——他們的愛與記憶仍然指引和激勵著我。我時刻想念他們，但也感到十分幸運，在他們在世的時候能夠有他們在我的生命中。他們在我無法相信自己的艱難時期依然相信著我，我對他們所成就的一切深刻感激。

關於麥可・D・雅布可博士

麥可・D・雅布可博士是居住在南加州的臨床心理學家。雅布可博士對催眠的臨床應用複雜性有著超過四十年的濃厚興趣。他被廣泛認可為該領域的先驅專家，曾受邀在眾多領先的專業催眠學會發表主題演講，包括美國臨床催眠學會（American Society of Clinical Hypnosis）、臨床與實驗催眠學會（Society for Clinical and Experimental Hypnosis）、國際催眠學會（International Society of Hypnosis）、歐洲催眠學會（European Society of Hypnosis）和澳州催眠學會（Australian Society of Hypnosis）。他在全球六大洲的三十多個國家以及全美各地為專業心理治療人士教授催眠，並繼續積極參與全國和國際演講的教學活動。

雅布可博士是15本書的作者，並編輯了其他3本書，同時還撰寫了關於催眠和策略性心理治療的眾多書籍章節和文章。他的作品已被翻譯成9種語言。關於雅布可博士的教學日程和出版物，可以在他的網站 www.yapko.com 找到更多訊息。

雅布可博士因其推動催眠和短期心理治療領域的創新貢獻而獲得了多項重要獎項，包括來自美國心理學會（APA）第30分會（心理催眠學會）、國際催眠學會和米爾頓・艾瑞克森基金會（Milton H. Erickson foundation）的終身成就獎。

在個人生活方面，雅布可博士與他的妻子黛安幸福地生活在一起。黛安是兒科語言病理學家。他們夫婦熱愛環遊世界，喜歡在大自然中徒步旅行。

前言

你即將開始閱讀麥可・D・雅布可的《臨床催眠大全》第五版這本精彩書籍。也許你是剛接觸催眠的心理專業人士，正在考慮是否將其納入你的工作中，或者你是已經使用催眠技術多年的專業治療師，但想要了解該領域的新發展。無論是哪種情況，你都可以放鬆地享受這本引人入勝、內容豐富、娛樂性強且極具說服力的書。

與前四版一樣，第五版《臨床催眠大全》為發展臨床催眠的核心技能提供了優秀的指導。雅布可方法的一個主要優點是，他在一開始就花費大量篇幅介紹催眠的理論背景和研究證據，這使得《臨床催眠大全》在眾多同類書籍中脫穎而出。正如雅布可在本書第一部分的第一段中所指出的那樣，「只告訴我該做什麼」是相當危險的態度。畢竟，「你如何看待催眠，自然決定了你將如何使用它」。

描繪催眠的理論背景並非易事。這個領域充滿了重要但有時具有爭議的分歧。然而，雅布可用尊重所有這些理論的方式描述了各種理論方法。他部分地在「參考框架」中，讓催眠領域的先驅學者用自己的話表達他們的觀點來實現這一目標。同時，他也不迴避討論一些專業人士持有的誤解。例如，他仔細但清晰地處理了關於「催眠溝通繞過了意識，直接進入潛意識」的常見誤解。這只是許多誤解中的一個，這些誤解可能會嚇退一些潛在個案，阻止他們接受催眠治療，或者導致他們對不費力的變化產生不切實際的期望。了解這些誤解以及如何糾正它們，對於有效使用臨床催眠至關重要，並能促進個案以治療的方式運用他們改變經驗的能力。事實上，我希望能將誤解部分的摘要版，提供給那些考慮尋找使用催眠的治療師的個案及所有有此需求的人。

除了描述他人提出的各種催眠理論和概念方法外，雅布可還討論了社會心理學研究，這些研究知識有助於理解和使用催眠。這些研究包括順從、認知失調、服從權威以及控制幻覺等主題。這些主題所提供的訊息對於臨床治療師來說，無論他們的實踐風格如何都非常重要。

《臨床催眠大全》的第二部分描述了廣泛的臨床問題，以及知識豐富的臨床治療師在催眠過程中可以使用的多種治療方法。在閱讀這些內容時，你可能會注意到這個部分不僅描述了催眠的巧妙使用，還描述了優秀的心理治療師在一般治療過程中，可能使用的溝通方式。出於這個原因，即使臨床治療師選擇不使用催眠，《臨床催眠大全》也對他們有所幫助。

臨床催眠有效使用的原則同樣適用於不使用催眠的心理治療技巧。這是因為並非僅僅是催眠引導產生了治療效果；而是引導催眠後的建議，及更重要的是，個案對這些建議的反應。正如雅布可所指出的那樣，催眠過程中所能體驗到的一切，也可以在沒有正式催眠引導的情況下，藉由給予類似建議來體驗到。這甚至包括最困難的催眠建議。例如，在暗示的影響下，高度反應性個案即使在未被催眠的情況下，也能體驗強烈的視覺幻覺，這一點從自我報告和大腦活動的變化中已得到證實（Mazzoni et al., 2009; McGeown et al., 2012）。然而，正如雅布可在書中詳細說明的那樣，有許多充分理由使用催眠作為目標導向的治療方法。催眠體驗確實有一些特別之處，對於許多個案來說，催眠體驗無疑為催化治療提供了專注且富有創造力的環境。此外，即使在不引導催眠的情況下，臨床催眠治療師發展出的治療策略，也可以作為有效的工具使用。這些都是仔細閱讀這本書並思考其深層含義之後，會產生極具說服力的能力。

我最早是在1970年代初期學習臨床催眠，當時是由佩里‧倫敦（Perry London）這位催眠研究的先驅在加州大學教學的一部分心理治療實習課程中學到的。十年後，當時我在康乃狄克大學時，最有才華的研究生之一吉姆‧康索（Jim Council）帶來了一些關於催眠的研究與我們的研究團隊討論，這次討論塑造了他的碩士論文和博士論文。儘管我在這個領域有多年的經驗，但我從閱讀麥可‧D‧雅布可的《臨床催眠大全》中學到了很多。我相信你也將會如此。

——艾文‧克希博士（Irving Kirsch, Ph.D.）
安慰劑研究計畫副主任
哈佛醫學院

註：這個一般化的觀點有一個例外。最常見的催眠引導包括放鬆指示，而引導放鬆的過程可以對身心健康產生正向影響。

參考文獻：

Mazzoni G., Rotriquenz E., Carvalho C., Vannucci M., Roberts K., & Kirsch I. (2009). Suggested visual hallucinations in and out of hypnosis. Consciousness and Cognition, 18, 494-499.

McGeown W. J., Venneri A., Kirsch I., Nocetti L., Roberts K., Foan L., & Mazzoni G. (2012). Suggested visual hallucination without hypnosis enhances activity in visual areas of the brain. Consciousness and Cognition, 21, 100-116. doi: 10.1016/j.concog.2011.10.015

第五版介紹

　　第五版的《臨床催眠大全》面世了！能夠有機會隨著催眠領域的不斷發展，繼續豐富這本書，真是令人激動和滿足。之前四個版本的《臨床催眠大全》，在向全球專業人士介紹臨床催眠這個充滿活力和魅力的領域這一方面發揮了重要作用，特別是因為它經常被選為大學課程和私人臨床培訓的教材。同樣令人欣慰的是，這本書還被翻譯成西班牙語、義大利語、中文和俄文等多種語言。

　　隨著催眠領域的演變，我對催眠帶來的好處的認識也在不斷擴展。關於催眠如何改變生理和認知過程的高質量研究仍在進行中，這有助於推動我們對人類潛力的理解。身為臨床治療師，我更是對催眠臨床文獻的增長感到著迷，這些文獻強調了催眠在才華橫溢的臨床治療師手中，在處理心理和醫學問題時能夠顯著提升人們健康和幸福的多種方式。催眠充滿了可能性！

　　這本新修訂的第五版為讀者提供了對當前催眠領域的全面了解。它強調最近的一些臨床和實驗研究，並有助於將其置於概觀裡，但主要關注的仍是催眠有效運用中所需的臨床藝術。《臨床催眠大全》最核心的是，它是發展應用臨床催眠核心技能的詳細指南。它密切關注催眠互動中的概念、語言和目標，包括那些與催眠影響模式固有的實際和倫理問題。本書的明確目標是為您提供成為一名熟練治療師所需的催眠見解和理解。

　　《臨床催眠大全》分為兩個部分：第一部分名為「行動前的思考」，由 10 個章節組成，旨在強調在開始實踐催眠之前應該了解的一些關鍵內容。雖然有些人可能更喜歡說「只告訴我該做什麼！」而跳過催眠的基礎元素，但我強烈建議不要這樣做。應該清楚的是，你如何看待催眠決定了你將如何運用催眠。擁有關於催眠複雜性的良好知識基礎，並清晰地思考，將有助於防止表面化或誤用催眠。坦率地說，一個對催眠理解不深、只想學習技術的催眠

治療師，正在對他的個案造成傷害。技術只是良好使用催眠所需的一部分。

　　本書的第二部分名為「催眠實踐」，由16個章節組成，這些章節將指導您如何在臨床實踐中應用催眠的技能。這些章節探討了暗示語言、各種引導方法、設計和執行治療干預措施，以及處理特定群體如兒童或痛症患者或憂鬱症患者的問題。書中有豐富的案例，甚至提供了在遇到意外情況時該怎麼做的指導。

　　這本新版《臨床催眠大全》在多個方面進行了更新和擴展：（1）新增了關於隱喻、過程導向催眠和憂鬱症治療的章節；（2）所有其他章節均使用了最新的參考文獻進行更新；（3）「參考框架」部分進行了擴展，並在可能的情況下更新（無法對許多已故先驅進行更新）；（4）新增了許多會話記錄，以幫助您更好地理解實際催眠會話中，概念和方法的具體應用；（5）專門為《臨床催眠大全》設立了一個網站，鼓勵您定期查看。與其在寶貴的書頁中占用大量篇幅列出參考文獻和附錄，這些內容將放置在網站上。前四版的序言由傑弗瑞‧薩德、安德烈‧魏岑霍夫、史蒂芬‧傑‧林恩和彼得‧希恩分別撰寫，以及我的介紹，也會出現在網站上。網址為 www.routledge.com/cw/Yapko。

　　我希望您會發現《臨床催眠大全》既有啟發性又實用，既有支持性又充滿深思。我把我的心血傾注在這本書中，原因是：我非常幸運，在年輕時就接觸到催眠，從而有一生的時間來探索和發展它，作為強大的助人工具。這是我的榮幸，而且……我還沒完！

——麥可‧D‧雅布可博士

2018年5月13日

目錄

第一部

行動前的思考：
發展對催眠更深入的了解

表格一覽

參考框架

安德烈・魏岑霍夫博士，文學碩士、科學碩士、科學學士

海倫・J・克勞福德博士

歐內斯特・勞倫斯・羅西博士

彼得・W・希恩博士

威廉・S・克羅格醫生

西奧多・X・巴伯博士

凱・湯普森博士，牙科醫生

歐內斯特・R・希爾加德博士

馬丁・T・奧恩，醫學博士、哲學博士

傑弗瑞・薩德博士

米爾頓・艾瑞克森醫生

大衛・斯皮格爾醫師

瑪麗－伊麗莎白・費蒙維爾，醫學博士、哲學博士

凱倫・奧爾內斯醫生

傑・海利，榮譽博士、碩士

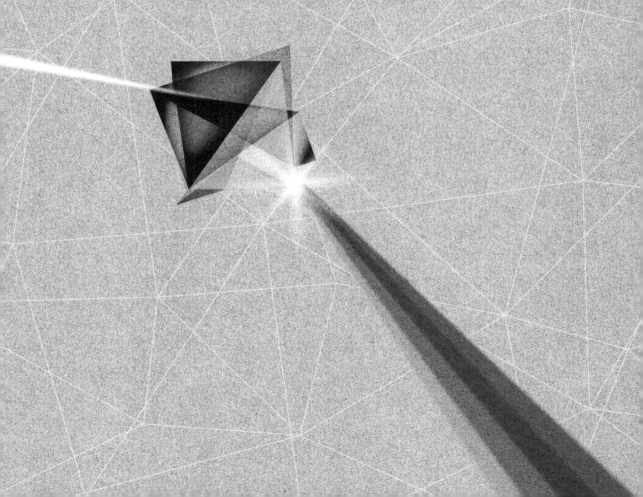

行動前的思考

發展對催眠更深入的了解

我們在第一部的十個章節中，為大家提供了有效使用催眠的確切概念和堅實的實踐基礎。「就直接告訴我該做什麼」這種想法是個危險的立場。畢竟，你如何看待催眠自然也就決定了你將如何使用它。因此，我強烈鼓勵大家透過全面學習的方式來了解催眠。

第1章

催眠初見之
萬花筒

與你分享一個影響我一生的時刻

當我19歲還是學習心理學的大學生時，我遇到了一個激動人心的機會，那就是參加了我人生中第一個以臨床催眠為主題的工作坊。我緊緊地抓住了這次機會！這次工作坊對學生和專業人士開放，而我對這個話題更多的是好奇。在那之前，我唯一見過的催眠表演是在電影和電視節目中，它一直被消極地描述為可怕的精神控制形式。在我見過的每一個催眠案例中，人們看上去總是被邪惡催眠師的意志所馴服。在催眠師的惡毒操控下，他們似乎要麼被迫犯罪，要麼行事愚蠢，這一切取決於催眠師是否心血來潮。從這些經驗中，我十分懷疑催眠能有什麼樣的治療價值。不過，直覺告訴我，如果你可以讓人們變得更糟，那麼你也應該同樣有可能讓他們變得更好。我帶著無數個問題去了那個工作坊。

工作坊的老師是一位在臨床實踐中使用催眠的心理治療師。他聰慧、口齒伶俐、經驗豐富，同時非常了解催眠。能聽到知識如此淵博的人帶著慈悲談論催眠為醫療健康事業所帶來的積極可能性，實為人生之大幸。工作坊第一天主要聚焦在讓人們對催眠有理性的理解。他談論了常見的誤解、關於催眠的本質和催眠現象的不同觀點、不同的臨床應用等等。真的是太讓人著迷了！

　　然而就在第二天，一件事情抓住了我，並且從那以後，就從未放開過我。這是一個臨床催眠治療的示範，其戲劇性和成功的結果是如此引人注目，以至於每當我回顧它時，仍能感受到脖子後面寒毛倒豎！當老師宣布他將開始進行現場演示時，我確保自己坐在最前面，這樣我就可以聽到和看到所發生的一切。我不想錯過任何細節，特別想看看應用催眠到底是精神控制、欺詐，還是其他什麼。儘管前一天我們確認了催眠不是精神控制，但我依然不能完全相信，仍然保持著懷疑的態度，想看看它到底是如何發生的。

　　參加者中，一名看起來40多歲的女性自願成為示範對象。訪談中她透露自己曾經是私人執業的心理治療師。但自從大約三年前發生嚴重的車禍後，她就無法像從前一樣長時間或始終如一地工作了。她身體多處受傷，除了腿部持續劇烈疼痛，走路、坐下，甚至睡覺都很困難之外，其他地方都恢復得還不錯。她諮詢了很多醫生，也嘗試了許多不同的物理和藥物治療方法，但劇烈的疼痛卻始終存在。不止一位醫生告訴她，疼痛是由神經損傷引起的，而且可能永遠無法消失。她感到疲憊、無助、害怕，不想放棄卻又絕望。我敢肯定，當時房間裡的每一個人都在聽她描述她不得不忍受的一切，且都被她的故事和抗爭所感動。我多麼希望即將到來的這個催眠環節能夠幫助她緩解一些，但又擔心她做不到。我只是無法想像在這種可怕的情況下，老師／治療師可以說些什麼來讓情況有所不同。

　　當訪談進入尾聲，老師／治療師邀請她舒服地調整自己，閉上眼睛，將注意力集中在老師所說的話上時，他們的互動發生了明顯轉變。我很想知道他到底能說些什麼來緩解這個女人生活中的痛苦。他從舒適並放鬆地呼吸這些一般性的暗示開始。他讓她回想起生活中的某些特殊時刻，比如當她做自己喜歡的事情感到很開心的時候。他描述了當她對事情的進展比她預期的要

好很多時所感受到的驚喜時刻。我耐心等待著，我「知道」精神控制的命令即將出現。但是，它們從來沒有出現。他的方法溫柔、尊重、積極，並且令人放心，他激發出的是信心。

　　大約20分鐘後，他提出了一些幫助她集中注意力和放鬆的暗示，然後他介紹了一些我摸不著頭緒的圖像暗示。他鼓勵這個女人想像腿上的疼痛變成一種黑色液體，這種液體會慢慢順著她的腿流下來，然後從腳趾流出，噴到鞋子裡，從鞋子裡溢出，流到地上，在地上又形成水坑。他細緻地描繪這個「疼痛的水坑」，離開她的腿並堆積在地板上。當他這樣做時，我想知道是什麼樣輕微的精神錯亂才能產生出這樣一幅畫面。我也開玩笑地想知道我自己，或者其他人看到這樣的互動，會不會擔心她的精神狀態。但是，我感覺到發生了一些重要事情，即使我真的不知道它到底是什麼。知識的缺乏使我根本無法理解他所呈現出的智慧和創造力。

　　當他繼續呈現這個「痛苦水坑」的圖像時，這個女人的臉在我們眼前發生了澈底變化。令人驚訝的是，她黯淡的眼底變亮了，她臉上憂慮的皺紋漸漸消失了，取而代之的是平靜神色。我想知道她內心到底發生了什麼變化，因為很明顯，她身上正在發生一些奇妙的變化，而我卻根本不知道那可能是什麼。

　　最終，演示部分隨著暗示的出現結束，因為她發現了一些以前隱藏的新能力，她可以使用這些能力，以幫助她持續緩解和安撫疼痛。當她終於睜開眼睛的時候，臉上的表情說明了一切，隨後她淚流滿面地說：「三年了，這是我第一次感到不痛！」房間裡鴉雀無聲，每個人都在消化剛才發生的事情。我對剛剛目睹的一切感到既敬畏又興奮，同時，我也知道我甚至根本不了解這種不同尋常卻又異常強大的催眠互動中實際發生的事情，哪怕僅僅只是一小部分。就在那一刻，我很篤定地對自己做出了鄭重承諾：「我必須學習如何做到！」

　　在那個神奇時刻，我下定決心，要用一生來學習和實踐催眠，在探索心靈如何影響大腦和身體的同時，也要發展這個特殊技能。而且，那個神奇時刻，確確實實在我身上持續了一生……

治療師的好奇心

蘇格拉底說：「好奇心是智慧的開端。」好奇感和好奇心曾經是並且也會繼續是催眠研究的驅動力。好奇心會帶來更細膩的觀察、客觀研究和應用領域的創新。好奇心激發了人們的動力，去更深入地理解這種既讓人困惑又令人興奮的複雜現象。對我來說是如此，對世界上所有研究過催眠、探索過催眠的臨床價值，並熱情地將其應用到自身臨床實踐中的治療師來說，亦是如此。

這本書的誕生起源於我對很久以前那天那件事情的好奇心，這種好奇心隨著時間的流逝變得越發強烈。現在，超過45年過去了，我觀察過很多專家、數百場精彩的催眠演示，親自與世界各地的人進行了數千次的催眠，同時，我也依然是催眠及其相關研究領域的熱心讀者。我在這裡提出的問題曾經激勵過我，如今我寫在這裡，也希望同樣可以激勵你學習催眠：

- 「集中注意力——聚焦——轉化為非意志力但有意義的反應」，這一過程是如何實現人們所說的我什麼都沒做，但「就這樣發生了」的治療效果？
- 為什麼有些人對催眠體驗過程的反應如此強烈，認為這些體驗「有決定性改變」或者「改變人生」？
- 催眠可以提升治療價值嗎？如果可以，我們要如何做？可以針對哪些問題？
- 哪些一般或具體因素決定了一個人對催眠的反應能力？任何人都可以被有效地催眠嗎？
- 我們能否客觀定義或衡量人們的催眠能力？
- 能否透過提升個體反應品質來最大化治療效果？

考慮到這些問題，當你開始思考催眠過程中，治療師所給出的暗示，竟然是將這個備受折磨的女人身上的疼痛轉化為一灘無害的水坑時，你也許還有更多問題要問。一個聽起來完全不合理的暗示又是如何產生如此神奇的治療效果呢？

帶上你的好奇心，我希望，也歡迎你來到催眠的世界，去發現那些非同尋常的可能性！

力量……魔法……神祕……危險

催眠的力量。催眠的魔力。催眠的神祕。催眠的危險。這個詞本身就帶有一種與之相關、亦正亦邪的光環，通常在人們的腦海中會喚起超凡和惡毒的形象。然而，源於神祕主義和江湖術士的催眠，其可疑的本質告訴我們一些關於人類需要相信的東西，以及我們以這種方式所創造的優勢和劣勢。信念的力量可以讓一個人忍受攀登珠穆朗瑪峰的艱辛，或者也可以讓人忍受六個月化療的痛苦，還可以讓一個人用愛和教育來回應孩子所犯的錯誤，而不是一連串的批評和指責。

個人信念與催眠之間的聯繫在某些方面是顯而易見，而在其他方面卻不那麼明顯。在最簡單的層面上思考，你的信念可以激發並驅動你去做事情，並成為最好的自己；或者相反，也可以引導你過上痛苦而受限制的生活，甚至是自我毀滅。我們的信念在定義我們自己這個方面影響深遠，因此研究催眠如何塑造一個人的信念是所有臨床實踐的基礎。當我們努力追求更好地理解「催眠被引入到人際關係中，人與人之間發生的特殊互動」時，我們需要考慮很多變異數。上述問題僅僅是開始理解「信念如何有意義地被改變，可能會成為實際產生改變的明確途徑」的起點。

催眠是什麼？催眠與臨床治療又有何關係？我們又如何獲得將催眠融入臨床實踐的必要技能？這三個問題為本書奠定了基礎。隨著每一章的展開，來自臨床和實驗研究的多方面解答會陸續出現。這本書將為想要學習催眠的治療師，提供當前對催眠的科學理解，以及現代臨床實踐的觀點和方法。這的確是一本「如何做催眠」的書，旨在引導你了解如何以及何時有效地在治療過程中使用催眠。

在第 1 章中，我將以常見的方式探討一些可以幫助你開始，並且為學習催眠的科學和藝術奠定基礎的問題。包括：(1) 試圖定義像催眠這樣複雜事物的困難；(2) 催眠從人們那裡獲得什麼錯綜複雜的反應；(3) 催眠在治療中的

有效性；(4) 在治療過程中，醫患關係的重要性；(5) 過度吹噓催眠的危害；(6) 標籤化催眠等多維體驗的局限性；(7) 常見的治療體驗和特殊催眠體驗的基礎，以及溝通和影響力的作用；(8) 發展力量與催眠整合，並應用到治療中的價值。這些主題可以很好地介紹該領域，會在後續章節中進一步展開。

初次嘗試定義催眠（概括而言）

在第 1 章開始時，想要對這本厚厚的書所要闡明的現象有個定義是個不錯的想法。然而，這說起來容易，做起來卻很難。至少兩個世紀以來，學者都一直在努力應對試圖定義催眠所帶來的挑戰，迄今為止，還沒有就準確定義達成共識。很容易理解這是為什麼：催眠體驗是高度主觀的體驗，它為許多不同的「專家」觀點打開了大門，這些觀點實際上應該被貼上「催眠」的標籤。因此，治療師使用催眠〔所〕治療的人群是多樣化的，他們在應用催眠的方式上可能也存在很大差異。

即使對資深治療師來說，他們也更容易描述催眠，而不是定義催眠。比如約翰（傑克）·沃特金斯（John Jack Watkins）是一位心理學家，也是現代臨床催眠最早的先驅之一。事實上，他是 1949 年第一個專業催眠學會——臨床與實驗催眠學會（SCEH）——的創始成員。他去世前不久，在一篇題為〈催眠：神奇七十年，我們卻仍然一無所知〉（ *Hypnosis: Seventy Years of Amazement, and Still Don't Know What it is!,* 2009）的文章中承認，催眠是個謎。即使擁有多年的實踐經驗，他仍然無法定義催眠。這當然不是因為他缺少深入思考，相反，是因為在這個領域中，我們所有人都缺少一個準確定義。這說明當催眠包含來自神經生物學、認知神經科學、社會心理學、個體心理學、遺傳學和表觀遺傳學等大量不同領域的變量時，試圖解開催眠的複雜性本身就是相當複雜的。本書將向你介紹其中的諸多變異數。

催眠沒有一個統一定義。為了創建大多數專家都願意接受的方案，美國心理學會第 30 分會——心理催眠學會——成立了由知名催眠專家組成的「催眠定義委員會」（HDC），以制定一個定義，並主張這樣的定義「是科學探究的基礎」（Elkins, Barabasz, Council, & Spiegel, 2015, p. 2）。我不得不很現實地承

認，並不是每個人都會認同這個定義，第30分會的執行委員會給出了以下這個說法來正式定義催眠：

> 一種注意力集中同時外部意識減弱的意識狀態，其特點是對暗示的反應能力增強。

第30分會這個關於催眠的極簡定義引發了大量深入討論。《美國臨床催眠雜誌》（*American Journal of Clinical Hypnosis*, AJCH）的主編史蒂芬‧蘭登（Stephen Lankton）邀請了包括我在內的多位專家在特刊中就新定義發表看法（有關這些有趣且有見地的評論，請參考2015年4月號）。催眠定義委員會認為他們的定義是「簡潔的啟發式描述」（Elkins et al., 2015, p. 6）。將描述作為定義多少有些令人困惑。描述和定義一樣嗎？催眠定義委員會的描述非常籠統，很容易就能套用在許多其他的體驗上，就像催眠一樣容易。但是，它卻突顯了嘗試挑戰給催眠下定義的複雜性。

試圖明確定義催眠說起來容易做起來難。專家對催眠的定義可謂難以捉摸。這裡，我也來為大家提供一個我對催眠的不完美定義：催眠是聚焦於專注的體驗，它邀請人們以直接的方式在多個層面做出體驗性反應，放大並利用這些個人資源來實現其目標。在臨床環境下使用時，催眠需要更多的基本技能，透過特定方式來使用語言和手勢，以實現具體的治療效果；認識並利用這些複雜的個人的、人際間的，以及環境的因素，並將這些因素在不同程度上結合起來，以影響個案的反應。

人們通常如何看待催眠？

催眠往往會引起專業人士和公眾不同的反應。人們通常對催眠都有著極大的好奇心，但催眠又經常被大眾普遍持有的誤解和懷疑所汙染。我們將在下一章詳細討論這些錯誤的觀點。

催眠被人們誤解的來源有很多：最常見的是舞臺催眠表演、電影和電視節目中，催眠被描繪為怪異或犯罪行為的原因，以及那些在催眠標籤下，培訓不良的從業者推廣著神祕甚至不道德的作法。其中一些人提出了一些相當

離譜的主張，誇大了他們的治療結果，並把催眠塑造成看似神奇的過程，似乎只有他們才有特權使用。任何產品或服務，你的宣傳越是神乎其神，那麼謹慎、批判性思考的消費者就會越持懷疑態度。誇大其詞的結果幾乎總是會讓人們對催眠產生更多的反感而不是吸引。提供合理的催眠教育和誇大承諾之間存在著很大的差異，後者實際上是不能兌現的。

隨著催眠越來越成為嚴肅的科學研究對象，適當且謙遜的科學態度已經出現，有效減少了誇張的吹噓，同時穩步增加了在實證研究的基礎上，對催眠優勢的合理闡述。催眠科學令人印象深刻：令人印象深刻的文章已經發表在同行評審的優秀學術期刊上，國家和國際專業協會的會員資格鼓勵了越來越多的治療師和研究人員聯合起來，繼續發展和闡述催眠的治療價值。

催眠引發了人們激烈的討論和好奇的思考，甚至對人類意識的本質以及思想、身體和心靈之間複雜且令人困惑的關係有了更深刻的哲學思考。催眠一直困擾著公眾，人們無法輕易領會俗氣的舞臺秀是如何使用催眠的，為什麼同時催眠又被傑出的研究人員和治療師如此認真對待，他們甚至明確宣布催眠是一種有效的治療工具。

讓我備受鼓舞的是，我遇到越來越多積極探索臨床催眠應用的人。近年來，在熱門電視節目中也播出了一些關於催眠的精彩片段，在 YouTube 和 Vimeo 上也出現了一些具有啟發性的催眠演示，並且出版界也出現了一些描述臨床催眠的優秀文章。隨著備受推崇的專業人士和機構推動其使用，催眠在深度和廣度上穩定進步，成為醫療保健行業重要而廣泛使用的方法。當然，如果要讓催眠的原理和方法成為大多數專業人士能掌握的一部分基本技能分，我們還有很長的路要走。但是，很明顯，當催眠成為更實用、更易於理解的工具時，其積極用途就會增加，對治療的價值也會傳播開來。

催眠如何影響臨床實踐？

這本書並不尋求透過誇大催眠的價值來嘩眾取寵。相反，我們將盡一切努力為這個課題提供公平公正的途徑。儘管催眠科學很有價值，但催眠在許多應用方面仍有待進一步解釋。由此引發的猜測很容易被誤解為事實。毋

庸置疑，我對催眠的熱情在本書中顯而易見，但它會受到一種責任感的約束，即不要走得太遠，不要超出科學告訴我們的範圍。這裡，我將把催眠概念化並視為一種幫助個案開發有價值之個人資源的方法，這些資源可以有目的地用於實現他們的治療目標。催眠的有效性已經得到了大量證實，且數量還在不斷增長，我們整本書都會提到（Alladin, Sabatini, & Amundson, 2007; Barabasz & Watkins, 2005; Cowen, 2016; Elkins, 2014; Kekecs, Nagy, & Varga, 2014; Lynn, Kirsch, Barabasz, Cardeña, & Patterson, 2000; Mendoza & Capafons, 2009; Montgomery, DuHamel, & Redd, 2000; Moore & Tasso, 2008）。

近乎無一例外，任何形式的治療都會使用建議來向個案介紹訊息、觀點和經驗。治療的人際（即社交）方面是研究臨床催眠的主要焦點，因為我們治療師經常要問自己的一個主要問題是：我能說些什麼來緩解這個人身體和（或）情感上的痛苦？催眠研究教會了我們很多關於如何表達想法以及如何構建互動，從而獲得最大治療功效的知識。認識到自己在治療過程中按部就班進行暗示，可以鼓勵你更加謹慎並巧妙地使用這個技能。

然而，單純表達一些有幫助的意圖是不足夠的。個案是否以及如何聽到你所說的話，顯然是互動的關鍵部分。催眠對人類如何構建他們個人對現實世界的理解，以及如何將人類經驗的各種內在部分整合起來，並在這個整體的一端產生健康，在另一端產生病態，提供了實質性解釋（Gilligan, 2012; Kihlstrom, 2018; Pintar, 2010a）。如此洞察力鼓勵你們根據個案自身情況為他們量身訂製治療方案。利用催眠可以鼓勵你用前所未有的方式，去探索並啟發個案的力量，用來改變人們對其自身及他們問題的理解。個案有他們的問題和弱點，但也有他們的優勢。

在臨床上使用催眠技能將是你提高臨床治療能力的寶貴方法。將催眠整合到你的治療計畫可以讓你在治療工作中獲得長久效果。也許最重要的是，催眠可以成為促進你的個案自立與獨立的一種方法，幫助他們更好地掌控自己的想法、感受和行為，同時感受到內心的豐盛與自信。

治療師和個案之間的關係是催眠的基礎

臨床催眠治療是一種多層次現象，可以從許多不同角度來考量。本書是為那些努力幫助個案減輕各種不同痛苦的治療師所準備的。因此，我將注意力放在催眠應用的臨床環境中。透過聚焦臨床使用催眠的原理和方法，我把重點放在使用暗示來實現特定治療效果。這並不是說催眠只與治療師的技能相關，催眠只有在個案允許催眠發生並擁有明顯資源的情況下才可能發生，也只有這樣才能創建有效催眠（Hilgard, 1992; Lynn, Kirsch, & Rhue, 2010; Nash, 2008b; Woody & Sadler, 2016）。然而，治療師的技能毫無疑問是催眠領域裡很重要的一部分。促進對這些技能的認知和掌握是本書的重點。

催眠學派強調巧妙且善意地與個案連結，最大限度地減少催眠中，過時或者非個性化的方法。相反，它鼓勵對每個個案的需求進行評估與靈活回應。識別和回應每個個案獨一無二的屬性，比採用「一式通用所有人」的腳本化方法要求要高得多，並且也在很大程度上說明，要想熟練掌握催眠技巧必須付出相當大的努力。當然我會說，要想發展任何一項臨床技巧都是如此。

面對挑戰，人們對催眠的負面偏見

大多數人之前都見過或聽說過催眠，不管他們在什麼時候聽到、看到或者感覺到什麼，這些都成為他們態度的基礎。我們在電影、兒童卡通片、電視節目、舞臺秀、市集和夜總會裡都會看到催眠的樣貌。你也許見過有人在聚會上表演藝術。催眠可能會幫助你認識的人在一些「立刻成功」的活動中戒菸，但如果他們沒有戒菸成功，他們感覺會更糟。這可能被歸咎於鄰家孩子加入邪教的原因。有了這些負面新聞，也就難怪人們會確信催眠可能是罪魁禍首，因為這些都無法理解而且可能很危險。

舞臺催眠師可能是使催眠廣為人知的最典型代表之一。利用催眠的奧祕，就意味著可以獲取更豐厚的利益。不幸的是，這些人恰恰是最無法有效使用催眠的人。作為有價值的臨床工具，催眠最了不起的潛能是幫助人們改善他們的生活。相反，舞臺秀催眠師將催眠扭曲成一種娛樂形式展示給公眾

（包括內行人和外行人），這可能會在看似正常的志願者身上產生有趣的行為表現，但同時又將催眠描繪成明顯的精神控制工具。從這個意義上講，這是很可怕的。我們很難在鄙俗的催眠舞臺秀與文雅的臨床催眠應用之間架起一座理解的橋梁（Meyerson, 2014; Shimizu, 2016）。

有時，宗教領袖會宣揚對催眠的負面看法，宣稱催眠是「魔鬼的作法」。催眠開啟的信念會讓你惡魔附體，這可能會引起一些極端信徒的共鳴。然而這些信徒除了在一部分的宗教受訓中，學習了不幸的神話之外，他們對催眠一無所知。如果你因為被告知體驗催眠將會失去靈魂，就害怕學習如何以專注及有益的方式使用你的內在優勢和天賦，這真的是太可惜了！幫助人們理解催眠是一種有價值的臨床工具可能會很複雜。至少可以說，當有人相信他們的上帝不贊成催眠時，這會格外困難。

很少有其他領域經歷過像催眠一樣的跌宕起伏。從歷史上看，催眠的可接受性為中等到零。在過去這些年裡，使用催眠的人可能有自己的觀點和所偏愛的方法，但他們對自己實際在做什麼幾乎沒有什麼科學的了解。當然，也根本沒有那麼多所謂客觀理解。主要假設是催眠師的技術具有內在的強大功能，這是主要關注點。因此，在探索催眠應用領域的時候，很少關注個案的內在過程或催眠自然情境的特質。當前人們對催眠的看法更加細緻和多維度，不會只考慮技術。你會發現，有許多不同因素會影響個案對你所做之暗示的反應。

是否有確鑿的證據顯示臨床催眠確實有效？

當前的臨床實踐環境非常強調經驗主義，在可預見的未來可能繼續盛行。目前所有領域的治療師都經常被要求，根據客觀結果數據來解釋和證明其治療方法的有效性。在心理治療實踐中，保險公司、雇主和消息靈通的個案越來越希望，治療師只使用那些在臨床研究中有堅實基礎的方法。

臨床催眠領域直接受到推動「經驗支持之治療」的影響。近年來，人們進行了大量充分研究，以評估催眠對治療的正向影響。這些研究成果不再局限於發表在催眠專業期刊上，這個不斷增長的高品質催眠研究群體，正在更

為廣泛的領域發表論文，使其更容易被所有領域的治療師使用。

催眠研究是如何評價將催眠視為經驗支持的治療呢？我們應該如何看待這樣的研究呢？這些是在進行臨床催眠研究之初我們就要思考的重要問題。隨著你發展自己的個人概念框架，和催眠治療應用方法的風格，你將能夠更好地確定研究結果對工作的意義及相關性。

在討論一般或集體發現之前，讓我們簡要地考慮一下如何評估催眠研究的問題。當然，稍後我們會對這些問題進行更多討論，但在第 1 章中，似乎有必要解決研究品質的問題，哪怕僅僅浮於表面。直接提出問題：臨床催眠是否有效？也就是説，它是有效的治療方法嗎？這個問題似乎很簡單，可以明確回答。但不幸的是，這個問題很複雜，且無法給出簡單答案。

◆ 催眠是一種治療方法嗎？

第一個複雜因素與如何定義催眠在治療中的作用有關。時至今日，關於催眠是否應該被視為治療方法，還是它僅僅是治療工具而非療法的爭論仍持續進行。這兩種聲音都有不同的權威學者支持。

對於那些將催眠本身視為一種療法的人來説，任何採用催眠的療法通常都被稱為「催眠療法」，從而表明催眠是主要的治療機制。持這種觀點的支持者將催眠視為治療方式，其定義和特徵與行為療法一樣明確。

問題的另一面是那些將催眠視為治療工具的人，不可避免地融入了一個超越催眠過程本身更大的概念和實踐框架。他們認為臨床催眠通常用於促進其他更明確的治療措施之目標，例如認知療法，而催眠或暗示性過程並不是「獨立」方法。

對於一些人來説，這似乎是個令人厭煩的語意問題，尤其是在美國。但是，在美國和其他許多地區和國家，這個問題十分重要，因為如何定義治療方式，決定了你是否有資格從二級付款人（即政府保險等）那裡獲得付款。我自己的立場是，催眠是一種工具——以暗示的形式傳遞訊息和觀點的工具，而不是治療本身。我這麼説是因為你無法將催眠與它所嵌入之更大的治療框架分開。當你進行催眠時，心中有一個治療目標，你的治療會不可避免

地反映出你定義個案問題的方式，以及你對如何解決問題的想法。廣泛使用的術語「催眠治療」不太具體，無法表明實際採用的是哪種治療方法。

幸運的是，催眠是否能提升治療效果，並不取決於解決如何定義催眠這個問題上（即催眠到底是療法還是治療工具）。在這種情況下，治療和相關治療工具之間的分界線非常模糊，很容易引起專家爭論。因此，重點問題不是「催眠與其他療法相比，在治療某些疾病方面表現如何？」。相反地，重點問題是：「如果在沒有催眠的情況下採用一種治療方法，並在同一種類型的治療中加入催眠，那麼加入催眠是否會提升該方法的有效性？」這個問題的答案通常是肯定的，基於越來越多的客觀證據顯示，當催眠是治療過程的一部分，它通常會增加治療的療效（Cowen, 2016; Kirsch, Montgomery, & Sapirstein, 1995; Lynn et al., 2000; Moore & Tasso, 2008; Schoenberger, 2000）。

臨床催眠已經成功應用於各種患有以下疾病的臨床人群：焦慮（Golden, 2012; Daitch, 2011, 2014, 2017; Mellinger, 2010; Peter, 2017）、抑鬱和抑鬱症復發預防（Alladin, 2006, 2010, 2012; Torem, 1987, 2006, 2017a; Yapko, 1992, 2001a, 2001b, 2001c, 2006a, 2006b）、創傷後壓力症（Barabasz, 2013; Barabasz, Barabasz, & Christensen, 2016; Christensen, 2017; Spiegel, 2010）、飲食失調（Nash & Baker, 2010; Torem, 1992b, 2001, 2017b）、疼痛（Adachi, Fujino, Nakae, Mashimo, & Sasaki, 2014; Jensen, 2017b; Lang, 2017a; Patterson, 2010; Patterson, Jensen, & Montgomery, 2010）、習慣控制（Green, 2010; Green & Lynn, 2017; Kohen, 2017a; Lynn & Kirsch, 2006）、減重（Milling, Gover, & Moriarty, 2018）、腸易激綜合症（Carolusson, 2014; Palsson, 2017; Palsson, Turner, Johnson, Burnett, & Whitehead, 2002）、頭痛和偏頭痛（De Benedittis, 2017b; Hammond, 2007; Kohen, 2017b）、哮喘（Anbar, 2017; Brown, 2007）、睡眠障礙（Graci & Hardie, 2007）、癌症（Ginandes, 2017b; Néron & Stephenson, 2007; Wortzel & Spiegel, 2017）以及許多其他醫學和心理疾病（見 Elkins, 2017，對各種醫學和心理狀況的實質性思考）。

另一個看法是將催眠視為治療工具而非療法，這說明了催眠治療方式的多樣性。這是指差異很大的風格和應用途徑。簡單地說，就是兩位治療師使用催眠的方式可能迥然不同，但是他們都聲稱自己在「使用催眠」。因此，在評估特定臨床人群催眠治療的有效性研究中，當一名研究人員得出結論，

認為催眠無法顯著提高正向療效時，另一名研究人員可能會得出截然相反的結論。身為讀者的我們要更審慎地查看催眠，以確定使用了哪些類型的流程，以及它們是否反映了催眠的特定風格或取向，這可能會增強或降低研究結果的價值。

因此，關於「催眠有效嗎？」這個問題，是一個複雜問題。正如你將在後面的章節中了解到的，有許多不同的因素會直接或間接地影響催眠的成功或失敗。不過，在一般意義上，我可以自信地說催眠有助於改善治療效果。僅這一點就證明了學習臨床催眠所花費的時間和精力都是值得的。

消費者須知

如果一個人不知道催眠的風格和治療方法在不同治療師之間會有多麼大的差異，那麼你就會驚訝於人們對催眠常見的誤解，即我做催眠與其他人做的催眠是差不多的，或者說催眠就是催眠，誰做都一樣。只有極少數人對催眠有足夠深入的了解，能夠將催眠的類型和應用彼此區分開來。對催眠治療師來說，這是明顯的問題。因為在大眾眼光看來，催眠只是一種治療形式，無論誰使用它，都大同小異。消費者所要做的似乎就是貨比三家，到處詢價，找到最便宜且承諾最多的交易。

然而，如果處理得當，這個問題可以變成財富。透過與你的個案一起尋求訊息，探索不同的治療方法和可能性，你可以幫助個案在治療過程中成為你積極的夥伴，使其變得知識淵博，並可以做出明智決定。幫助個案獲得必要訊息，以做出有關治療的決定，這是一項被稱為「個案告知同意書」的法律要求，也被視為任何專業臨床工作的基礎。一個人不問問題，並不代表他沒有問題。這通常意味著這個人只是不知道該問什麼。

如果能和個案簡短討論一下他們的需求和臨床催眠的性質，並把這當作治療的一部分，那麼我們就可以向個案提供有用的訊息，更真實地評估他們的需求，以及滿足這些需求的最佳方式。很多時候，個案會帶著不切實際的期待來尋求催眠，這會讓他們走上一條無益的道路。所以，一些心理知識教育會很有幫助。

由於催眠在媒體上經常被扭曲，這也使人們形成了錯誤刻板印象，認為催眠是一種神奇方法，可以立刻解決問題。我真希望自己可以對每個要求我做一個「快速暗示」，然後就能輕而易舉地停止那些他們不想要的行為的人說，別自欺欺人啦！當我理性地向他們解釋，為什麼要做的催眠工作可能比他們想像的更複雜一些，我通常會收到人們困惑的表情，以及永遠不變的問題：「那舞臺催眠師是如何做到打個響指，就讓人們照他的指令去做事情呢？」不切實際的概念會導致個案的失望和幻滅。

在助長對臨床催眠的誤解這個方面，和舞臺催眠師的做法同樣危險，甚至有過之無不及的是催眠師本人的無知和貪婪，在實踐中使用催眠來迎合公眾誤解，譁眾取寵並誤導大眾。而且，可悲的是，當這些方法無法奏效的時候，個案會被指責「沒有準備好」或者「抗拒」。

這些只是催眠這個領域在追求更高知名度和認可度時，所面臨的一小部分挑戰。關於其他挑戰我們將在本書後面繼續討論。本書一直強調的是，如果催眠被視為正式的治療選擇，它必須在消費者和其他醫療保健提供者關注的問題上保持敏感性，並以此為基礎來推廣。

拓寬對催眠的觀點

◆ 貼標籤的體驗

有時當人們試圖描述或定義一種體驗時，會給它貼上特定標籤，但這會限制人們對它的感知。例如，如果有人給你介紹一名最近剛剛從監獄釋放出來的新同事，你對那個人的看法會受到「被定重罪的犯人」這個標籤怎樣的影響呢？如果沒有人告訴你這個訊息，你會對這個人做出同樣反應嗎？標籤很容易給人產生難以改變的看法，也可以說是一種偏見。

當你去思考簡單具體的事物時，比如一把椅子，這個標籤給你帶來的偏見以及對你開放的思想體驗，並不會造成很大障礙。「椅子」這個詞代表了大多數人可以體驗到的類似有形物體。然而，在說到像「催眠」這樣一個抽象、複雜和主觀的概念時，這個就很困難了。這個詞展現了個體間完全不同

的經歷，以至於妨礙了它獲得準確的共同意義。

從歷史上看，（在催眠狀態中）催眠被視為體驗的主觀狀態，在這種狀態中，個體通常具有所謂非典型「正常清醒」之狀態的能力或體驗（Barrett, 2015; Kirsch, 2011）。催眠也被認為是催眠師向受試者或者個案提供暗示的過程（稱為「進行催眠」）（Lynn, Laurence, & Kirsch, 2015; Weitzenhoffer, 2000）。使用「催眠」這個詞來標記個人的主觀狀態以及向另一個人提出暗示的過程中，可能會出現困惑。在探討催眠時，只有使用更多描述性的語言才能帶來清晰的含義。

催眠這個詞已經被過度使用，以至於其本身已經不再具有任何真正意義。當一個詞被用來描述許多不同體驗時，就像「催眠」一樣，很有可能產生各種誤解、誤讀、錯誤標籤，以致最終導致混亂。而其直接結果與心理治療領域的情況大致相同，催眠領域內部的分歧也是層出不窮的（Hope & Sugarman, 2015; Kihlstrom, 1997, 2008; McConkey, 2008; Yapko, 2018）。不同的治療師和研究人員都傾向於從不同方面努力解釋催眠。雖然每個觀點都增加了我們對這一現象的理解，但同時也阻礙了我們實現在專業領域裡對催眠有一致的看法。

因為「催眠」這一個詞包含了許多不同的體驗，所以大多數人對催眠的接觸仍停留在表面。不論環境如何，大多數人都被引導相信「催眠就是催眠」。此外，由於催眠這個詞被用於許多不同體驗，所以即便是那些未受過催眠訓練的專業治療師，也對它在臨床環境中的使用持懷疑態度，無法確定它與舞臺秀中所展示的愚蠢表演是否明顯不同。然而，正如你將要了解到的，催眠的應用情境最終將決定並賦予它意義。

催眠的支持者早就認識到，當人們以前所接觸到的催眠僅僅是舞臺表演，那麼讓人們對其臨床使用持開放態度將是非常困難的。有些人甚至試圖用聽起來更科學的名字重新命名催眠，但「催眠」這個詞在常見用法中幾乎沒有變化。看起來我們有迫切的必要澄清催眠應用的臨床環境，這樣才能持續提醒人們應用環境的不同。因此，「臨床催眠」比「催眠」更可取，「醫學催眠」比「臨床催眠」又更具體。

催眠的框架：溝通

溝通是醫療健康行業專業人士的主要工具。它被用於評估和治療的所有過程，反應了治療師所持有的基本理論和信念，是與個案連結的方法。

每一個醫療健康專業人士都會對個案的需求、動機、技能和局限性進行持續評估。他們會進一步評估在他們的關係中，個案有多大的可能性可以成功實現其目標。這些評估的方式多樣化，其中最重要的是治療師如何選擇溝通方式來概念化問題，即他們在與個案合作時所使用的組織觀點框架。

臨床工作框架是你看待個案及其問題的方式。根據正規培訓、個人經驗以及兩者相互作用所產生的信念系統等因素，治療師與治療師之間的差異性很大。相信一種特定理論的醫生與相信另一種理論的醫生會以截然不同的方式概念化問題。例如，有體重問題的人在接受認知行為療法和精神分析療法時，會被給予不同選擇，並接受不同概念的指導。同樣，針對體重問題的12步驟取向與醫學治療取向也迥然不同。

迄今為止，沒有一種理論能夠充分解釋人們為什麼要做他們所做的事情，或如何以統一有效的方式成功治療。目前我們使用的心理治療方法有數百種，每一種都有自己的擁護者，至少，每一種都在文獻中有案例支持。儘管治療方法種類繁多，但沒有治療師能成功地治療所有個案，甚至可能無法處理大多數個案。心理治療能夠幫助人們，但是鑒於人類的多變和不可預測性，它並不是也永遠不可能100％有效。我們的理想目標是了解其局限性並努力超越它們。

重點是，和個案溝通他們的問題並改變他們原有模式以符合治療師所推薦的理論信念，這個步驟看起來既武斷又多餘。在個案原有的模式裡回應、反映他們正在體驗的事情，這可以引導你和個案進入更有意義的交流，從而提高互動的品質。

能感受到被醫生理解的個案更有可能從這種關係中獲益。當然，這並不是獨創想法，因為每個治療師都受過培訓，知道與個案關係品質的重要性。催眠和心理治療的文獻通常使用「融洽」、「治療聯盟」和「和諧」這樣的術語，來描述治療師和個案之間理想的正向關係。如何獲得融洽、和諧或治療

聯盟的關係，這取決於每一個治療師，因為必須如此。

　　臨床治療的過程是基於治療師和個案之間一系列的溝通。無論你的治療傾向是什麼，你都在使用和個案之間的溝通來評估，並且你也會將溝通作為提供治療的工具。我們把治療性溝通定義為對於受苦之人的思想、感受或行為產生影響，帶來更好或有益的方式。在產生有益結果的過程中，個案的體驗很重要，治療師的技能很重要，他們之間的關係和互動模式也都同樣重要。

　　本書中所提倡的臨床催眠方法，實質上是一種組織治療溝通的方法，以最適合個人需求的方法，有意識地使用語言和手勢來達到一些有價值的療效。至於你所選擇的治療框架在這裡不是問題。所有治療方法都在某些時刻適用於某些個案，這就是為什麼每個治療方法都有自己的擁護者。臨床技能在於治療師知道在哪些特定時刻對哪些人使用哪種方法。

　　巧妙地使用你的語言和手勢，為身處困境中的人（或者任何其他希望獲得某種效果的人）創造治療體驗，這是催眠的「具體細節」。從這個角度來理解催眠，我們就可以把重點放在成為有效的溝通者上——能夠認識並全然連結，且能有意義地回應他人的溝通者。

　　當你將重點從單純的技術轉移到考慮增加潛在影響他人體驗的溝通維度時，不妨減少儀式上的東西，更注重實現特定的催眠水平（即深度），以及更強調以特定方式運用語言和手勢。因此，任何溝通元素都可以具有催眠性質，而根本毋須正式地所謂「催眠」（T. Barber, 1969; Haley, 1973; Lynn et al., 2015; Watzlawick, 1985; Zeig & Rennick, 1991）。簡單說，你不必為了在措辭或行動中加入催眠儀式感而使用催眠。即使你選擇不在臨床實踐中使用正式的催眠專業知識，依然可以透過研究催眠方法來了解有效溝通的力量，並從中獲益。

◆　無可避免的影響力

　　很多時候，治療師會認為在功能上自己與個案的互動是分開的。他們可能以為自己提出的問題不會影響到所獲得答案的品質，或者在提供建議時，他們會以為自己可以避免直接給出建議並保持中立態度。甚至有人真的會相信，當他們對某人進行催眠時，他們只是在激發——而不是指導——個案的

催眠天賦。他們根本不認為自己在外部扮演著重要的角色。這可能會引發帶來嚴重後果的兩難處境。因為如果你否認自己對所發生的事情有任何影響，那你又怎能有意識且公正地使用你的臨床技能呢？例如，有些人宣稱「所有的催眠都是自我催眠」，做出這樣的聲明就排除了治療師在互動過程中50％的影響（Musikantow, 2011）。如果「所有的催眠都是自我催眠」，那麼個案要你幹什麼呢？

本質上我們要認識人際間的影響永遠存在，這是研究臨床催眠的重要起點。特別是在研究令人著迷的社會心理學領域時，你幾乎立刻就會明白，僅僅因為你的存在，影響便不可避免。想想這句話，「當你一個人的時候，你會做一些事情，但這件事情哪怕只有一個人在身邊，你也不會做。」僅僅是因為另一個人的存在，就改變了你的行為。這不是你會不會影響個案的問題——你肯定會——而是你會影響他們多少，會用什麼樣的方式影響他們的問題。學會負責任地使用影響模式，同時尊重對於和我們一起工作之個案的承諾，這是一項艱鉅挑戰。畢竟，漠不關心地使用語言會阻礙或阻止積極的治療效果。同樣，一個善解人意的短語也可以產生正向信念，從而顯著提高治療成功的機會。

然而影響模式絕不是僅僅存在於治療或催眠環境中。如果你細心觀察便會發現，在所有社交互動中，它們無處不在。當你學會識別日常情境中的催眠元素，尤其是專注的力量時，它將幫助你更自然、更靈活地使用催眠，並取得更大的成功。

催眠和正向心理學：共同關注個人優勢

心理學領域正在興起一場運動。這在很大程度上是由備受讚譽的學者——美國心理學會前主席馬丁‧E‧P‧塞利格曼（Martin E. P. Seligman）博士推動的。塞利格曼挑戰該領域，減少對人類病態的關注，而是更關注增強其優勢，例如忠誠、同理心和慷慨。塞利格曼呼籲發展所謂的「正向心理學」，其使命是研究、描述和教授那些能夠更好地引領大家調整個人、社區和機構的原則（Seligman, 2002, 2018; Seligman & Csikszentmihalyi, 2000）。

塞利格曼並不是第一個提出要研究人類做得好的這個概念的人。米爾頓·艾瑞克森（Milton Erickson）、亞伯拉罕·馬斯洛（Abraham Maslow）、維琴尼亞·薩提爾（Virginia Satir）和卡爾·羅傑斯（Carl Rogers）等重要人物都呼籲要對人類最佳體驗進行更深入的了解。但是塞利格曼已經有效地將抽象目標轉變為定義明確的研究。該領域提供的不僅僅是靈感。事實上，它已經在改善人們的情緒、健康和復原力方面產生了見解和方法（Hanson, 2013, 2018; Seligman, 2011, 2018）。

催眠第一課：你所聚焦的東西會在你的覺察中強化

要了解催眠，首先要了解無論是自己的體驗還是引導他人完成催眠，當你專注於某件事時，你都會在你的覺察中放大它（Gendlin, 1981, 1997; Goleman, 2013; Polster & Polster, 1973）。如果你做認知治療，那麼你會更傾向於關注人們的想法而非他們體驗的其他方面。如果你做行為治療，那你可能會更加關注行為。如果你開處方藥，那你自然會更關注生理學。進行治療的關鍵因素是確定你希望在個案的覺察中放大他們體驗的哪些維度，以及為什麼要放大它。如果我問你：「那麼，你對此感受如何？」並因此鼓勵你在形成反應時專注並放大你的感受，這樣做是否有合理的治療意圖，還是我只是出於習慣問一個常規但可能沒什麼用的問題？

催眠幾乎從一開始就屬於正向心理學的應用範疇。催眠通常都聚焦並放大人們的優勢，因此在哲學和方法上都與正向心理學有很多的重疊（這些重疊我將在第 19 章中與大家進行深入探討）。催眠始於這樣一個前提，即個案擁有有價值的能力，這些能力存在但隱蔽，我們可以發現並有覺察地使用這些資源，用來克服症狀和問題。

當治療師可以幫助個案發現不使用藥物也能管理疼痛的能力；發現在從前引起恐慌的情況下也可以舒適地移動的能力；或者幫助他們將注意力更集中在正確的事情上，而不是只關注錯誤，並減少他們在這個過程中絕望的感受，那麼治療師便是正在與這些個案最強大、最健康的部分連結。你能專注於症狀並解決人們生活中的負面因素嗎？當然，要進行治療，你必須——至

少在某些時候——關注負面因素。然而，更大的問題是要覺察到你的信念和方法，如何有助於增加你關注和放大人們做正確事情的機會。

思考一下你對這個問題的回答：治療的目標是減輕病徵，還是強化健康？你如何回答這個問題，將有助於確定你對本書中材料的反應，並將最終決定你會如何在自己的實踐中使用臨床催眠。不過，無論你現在的答案是什麼，我都希望你對催眠的研究，會逐漸為你突顯出建立基於優勢力量之框架的價值，該框架可以幫助你了解自己和你所治療的人。

討論

1. 你為什麼要學習臨床催眠？你覺得催眠有什麼吸引人的地方？

2. 你聽說過哪些可能與催眠有關的事情？你對這些說法作何反應？

3. 你個人之前有過哪些催眠的體驗？當時的情況如何？結果又如何？

4. 你認為催眠的使用是否應該以某種方式受到限制？比如教育水平或職業。為什麼或為什麼不？如果你認為它應該被限制，你會建議怎麼做？

5. 如果有的話，你在學習臨床催眠時會有哪些顧慮？你顧慮的依據是什麼？

6. 你認為哪些技能可以使人成為有效的溝通者？

7. 你對人們為何如此行事的一般信念系統是什麼？你的個人信念如何幫助或破壞你提供有效治療的能力？

8. 你是否持有任何可能預先決定一個人能夠做什麼的信念？比如，你如何確定某人是否有能力改變他們說自己想改變的某些糟糕行為？

9. 你對「治療聯盟」的定義是什麼？你如何知道自己何時與別人在一起？

10. 為什麼「愛」等抽象術語的定義會因人而異？這對有效溝通有何影響？

任務清單

1. 觀看媒體上關於催眠的故事。它是如何被展示的？保留一本剪貼集，記錄接下來幾個月內你學習催眠時出現的文章。

2. 採訪各種健康系統的專業人士（比如醫生、牙醫、心理學家等），了解他們對催眠的態度。你發現了什麼？

3. 在網路上搜尋「催眠」這個詞，並查看一些出現的網站。對於催眠可以做什麼的內容是否有不切實際或誇大的說法？你怎麼知道的？你對這些說法有何反應？

4. 給予你的學習夥伴一個指示，三分鐘之內不要溝通並觀察他們。他們是否會不顧你的指示與你溝通？他們會說些什麼？為什麼不能阻止溝通？

5. 從你的角度列出並定義人格的基本結構。在與你互動的人身上，你如何具體地覺察到這些結構？

6. 列出你所能影響到與你最親近的人。你是怎麼做到的？你是否只以你喜歡的方式在影響他們？

第2章

催眠迷思與
現實真相

我們可以把臨床催眠的人際過程視為複雜的互動過程，在這個過程中，你與個案的關係和溝通品質有助於決定催眠的治療價值。身為治療師，你可以利用催眠將個案的注意力集中在他們體驗的重要方面，這些體驗可以作為有用資源，並向他們介紹你希望、期待且有價值的可能性（比如，新想法、賦能的技巧、有意義的觀點等）。

透過在溝通、影響力此類更廣義的社會語意下描述催眠的作用，「催眠力量」的諸多迷思就可以被最小化。我們越深入理解「什麼是好的臨床催眠治療」，就越會認識到，優秀的催眠師和卓越的治療師所需要的重要技能是相同的。這其中包括：(1)關於診斷和治療的大量儲備知識；(2)建立強大的治療聯盟之能力和對治療的正向預期；(3)具有靈活性，並願意嘗試新的想法、觀點和行為。這些技能包括許多其他重要的能力，而這些能力我將在後面的章節中為大家詳細論述。

為廣為人知的臨床催眠奠定基礎

先前有催眠知識或體驗的人，他們自然傾向於假設他們已經知道的東西是準確的。直到他們已有的訊息和信念與一些新的訊息直接衝突，才會發現自己可能被誤導了。這一點的臨床意義在於，花時間與個案討論他們對治療關係的看法和期待，以及特別是對催眠的看法和期待。吉邦斯和林恩（Gibbons & Lynn, 2010）將此稱為「催眠引導前談話」，並強調由於個案的期待在很大程度上決定了他們對催眠過程的反應，催眠引導前談話可能比催眠引導本身更重要。奈許（Nash, 2008b）同樣強調了他所謂的「催眠前訪談」的重要性，主要有兩個原因：

> 首先，治療師必須十分清晰個案對催眠的期待和動機。其次，外行的文章和大眾媒體充斥著對催眠的錯誤訊息。因此，需要經常消除個案對這些部分的誤解。

（p. 488）

因此，在催眠開始前與個案討論治療方案、跟個案解釋為什麼催眠適合他、為何我們推薦催眠，並理解個案如何看待你提供的訊息和推薦的治療，進行這一系列的談話是明智的做法。只有透過這樣的討論，你才能發現個案的期待、需求和願望，才能評估他們的目標是否實際，然後才能制定一套切實可行的治療方案（Lynn, Kirsch, & Rhue, 2010; Meyerson, 2014, 2017; Voit & Delaney, 2004）。

理解個案觀念並處理錯誤訊息

在臨床催眠的實踐中，我們經常處理錯誤訊息。我們可以想見人們擁有許多誤解，來自隨處可見的資源（比如電影），這也可以使它們更容易被識別和反駁。人們持有的誤解中，最常見的似乎就是催眠是強大的精神控制形式，被催眠的人沒有自由意志。大多數其他常見的誤解也都與這個錯誤概念有關（Gfeller & Gorassini, 2010; Meyerson, 2017; Nash, 2008a）。

當人們自恃知識淵博時，就很難改變他們的想法。事實上，一個人對自己的看法越有見解，就越難接受與之矛盾的訊息（Sloman & Fernbach, 2017; Tavris & Aronson, 2015）。通常情況下，人們會忽略矛盾或扭曲矛盾，直到他們認為的所有事物都能舒適地結合在一起，即使這是錯誤的。當他們的偏見妨礙了他們的傾聽時，告訴他們臨床催眠的價值便會變得非常困難。不幸的是，大多數人的態度都是「不要用事實來煩我，我已經下定決心了！」很多時候，個案會因此失去寶貴的進步機會。

讓個案直接參與討論他們的觀念，以及對催眠和心理治療體驗的期待是必要的，這樣我們可以確保他們有足夠的知識對其治療做出明智決定。由於個案對治療過程的理解可能不準確、不完整，或者二者皆有，這就需要合乎道德並有能力的專業人員，為個案提供盡可能多的準確訊息，以便個案能以積極、合作的方式，更充分地參與到催眠過程裡。你可能會注意到我說應該提供盡可能多的訊息，這是因為人們「需要」，這意味著在某些情況下，給予個案的訊息量可能太少，而在另一些情況下，量又可能太大。不同個案需求不同，我們只有與本人進行清晰溝通，你才能發現他們的需求。通常情況下，個案獲取的訊息越充分，催眠治療的合作過程也就更有意義。

對個案提出的問題和疑慮，許多治療師所説的回應雖然有一定幫助，但這可能只是確保個案更好地參與到治療的一部分。有時個案的自我意識太強，不會向治療師提問。無知但又需要專業人士的幫忙，這對於某些人來説風險太大了。他們默默期待治療師可以讀懂他們的心，並且在他們盡可能減少自我揭露和參與的情況下實現療癒。此外，很多人根本不知道該問什麼，尤其如果催眠治療對個案來説是全新的領域。只有溫和地詢問，才能幫助你確定個案可能需要知道或想要知道什麼。

未向個案提供充足訊息所造成的危害，以及向一個並未準備好獲取訊息的個案提供太多訊息所造成的危害是一樣的。下面這個故事可以很好地闡釋這一點：一個6歲的男孩在第一天上學回家後，帶著強烈語氣問他的母親：「媽媽，我是從哪裡來的？」母親畏縮了一下，深深地嘆了一口氣，説道：

好吧，我真希望我們過幾年再討論這個話題。不過既然你問了，我想我應該聽從專家的建議——當你問出這個問題，就說明你已經到了可以知道這個答案的年紀。

於是這個母親栩栩如生地解釋了「生命的真相」，描述了男性和女性之間在解剖學上的差異、性交過程、受精過程、懷孕，以及最後的分娩過程。小男孩坐著一動不動，瞪大了眼睛聽著媽媽的話。最後，她終於解釋完了，問兒子：「那麼，這些能回答你的問題了嗎？」男孩回答說：「沒有，媽媽，妳沒回答我的問題。我的朋友米切爾說他是從底特律來的。那我是從哪裡來的呢？」

在探索個案對催眠的看法時，一些可能有用的基本問題是：你以前有過被催眠的體驗嗎？是個人經歷還是你看到、讀到或是聽說過的一些東西？你對催眠是什麼印象？既然你要求催眠，是什麼讓你相信它可能會幫助到你？

如果個案曾經有過被催眠的親身體驗，可以問這些有幫助的問題：你能告訴我你被催眠的經歷嗎？你的催眠師是誰？他們有什麼樣的資質？當時催眠師是如何向你解釋催眠的？他們對你使用的具體技術是什麼？有幫助嗎？為什麼有幫助／沒有幫助？你對這次經歷有什麼感受？現在催眠會對你有什麼幫助？獲取這些訊息對你確定要使用怎樣的方法至關重要。然而，很多問題可能會讓客戶感受到威脅和厭煩，所以必須溫和地進行。問一個常見的問題，比如「可以跟我說說那次經驗對你來說是什麼樣的嗎？」這可以為個案創造機會，讓他們自發地提供他們認為相關的內容，同時治療師可以確定那些訊息是否有幫助。

如果這個人沒有親身經歷過催眠，那麼可以問以下這些問題：你為什麼想要被催眠呢？基於你目前的理解，你希望催眠如何應用到你的問題上呢？你認識什麼人切身體驗過催眠治療嗎？如果有，他們與你分享了什麼嗎？你如何理解催眠的運作方式？對你個人而言，你認為催眠會有多大的幫助呢？你見過催眠演示嗎？如果有，那是在怎樣的情境下呢？在詢問部分或者全部這些問題時，你可以了解個案對於催眠的經歷和態度。這樣，錯誤的觀念可以處理，莫名的恐懼可以減輕，一些對於療效不切實際的期望也得以緩解，進而催眠師與個案之間就建立起能夠共同參與的正向信念系統。

詢問個案從前可能體驗過的特定催眠技術是非常重要的。如果他們經歷了無效甚至不愉快的催眠，那麼使用類似技術很可能會導致類似失敗。如果不提前詢問個案過往的催眠體驗，催眠師可能在治療中無意間重複過去的負面體驗。為什麼會這樣？因為個案對這種方法的聯想是負面的。如果你想透過臨床催眠創造正向體驗，那麼就要做一些完全不同的事情。

　　如果個案以前沒有親身體驗過催眠，只是透過娛樂媒體或熟人的經歷間接了解催眠，了解他們對於催眠的觀念和態度就變得尤為重要。「知識淵博」的朋友提供的二手甚至三手催眠故事往往會被歪曲，有時會像影視或媒體作品中的誇張催眠一樣具有誤導性。許多尋求催眠的個案害怕被「控制心智」，但又想尋求傳說中的「魔法棒」，用催眠帶來「立即效果」。事實上，「立即效果」（即單次治療）有時是可能的，但這裡更重要的是幫助不切實際的人們避免他們幻想中的「奇蹟」，也就是複雜的問題可以透過催眠瞬間解決這樣的想法。

◆ 關於「控制」

　　如果有人來找你，拉著你的手說「跟我來」，你會去嗎？或者，你會想要先知道自己會被帶到哪裡去？可以在你認識的人身上嘗試這個簡單練習，選取一系列和你親密程度不同的人作為練習對象。這可以突顯出不同的人對方向和不確定性的不同反應，這是進行臨床催眠直接相關的重要觀察。在這種情況下，「控制」的問題顯而易見。

　　個案對失去控制感的恐懼通常是你在治療中可能遇到的最大障礙。某種程度上，幾乎所有最常見的誤解都是基於這種恐懼。除非你以敏銳正向的方式去發現並處理它，否則它很容易阻礙甚至阻止個案獲得正向的治療效果。

　　娛樂媒體中可以見到的各類舞臺催眠秀，看起來是誤解催眠乃控制心智這個問題的罪魁禍首。（見 Barrett, 2010a; Pintar, 2010b，詳細回顧了催眠在媒體中的呈現形式以及如何被扭曲。）舞臺催眠秀的觀眾不知道催眠師是如何「讓」看似正常的志願者，在眾目睽睽之下做出這些奇怪而愚蠢的事情。錯誤的結論是催眠師具有某種神祕的力量，可以使人們做他們通常不會做的事

情。了解舞臺催眠工作原理非常重要，它可以幫助你向被誤導的個案解釋你無法只是打個響指就立即創造奇蹟。

◆ 舞臺催眠的祕密

如果你對催眠原理及某些層面的人類行為原理有所了解，那麼就不難理解舞臺催眠師是如何讓他的催眠對象進行舞臺表演的。在社會心理學文獻裡，關於人類行為有更準確的描述。讓我們一起思考舞臺催眠一般的做法。

舞臺表演正式開始時會招募志願者，人們被告知「只有在他們真的想被催眠時」才能上臺。一些舞臺催眠師非常知名，以至於一些志願者太想得到這個機會而衝上舞臺，希望自己可以成為被催眠的對象。當舞臺催眠師得到這些志願者時，催眠師非常確定地知道：

1. 志願者知道上臺要做什麼，因此他們很可能願意按照指令來表演。有一個例外，我們稍後討論。

2. 志願者的共同特徵是某種程度的愛表現，志願者愛表現的程度越高，在觀眾面前的表現欲望越強烈，這個催眠對象對催眠師來說也就越有用。害羞內向的人不太可能上臺在人群面前表演。如果一個害羞的人來到舞臺上，可能會發生以下兩種情況之一：一種情況是這個人會「擺爛」，認為催眠舞臺的效果完全是由催眠師做到的，因而自己毋須做什麼；還有一種情況是這個人根本不會通過催眠師的初步測試，並被勸返回觀眾席。然而在大多數情況下，登上舞臺成為節目一部分的人都充分意識到他們要扮演什麼角色，並樂於擔任這角色。你可能會注意到我用了「角色」這個詞——催眠師創造了明確的腳本供志願者扮演角色，儘管在觀眾看來這一切都是如此順理成章。這就是為什麼催眠對象的名字和面孔在不同的表演中一直在變換，而催眠套路卻從沒改變。

3. 經驗豐富的舞臺催眠師當然也知道，有些人之所以來當志願者，「隱藏目的」就是為了證明催眠師不是無所不能；還有一些人則是想證

明他們自己的意志力堅定，催眠師無法「控制」他們。沒有安全感的人，他們會抗拒催眠，並將此解讀為「我的意志力很強，催眠師無法控制我」，然後他們脆弱的自尊會因此獲得短暫的提升。

為了區分哪些受試者是想透過阻抗行為來「證明自己」，催眠師接下來會對所有志願者進行一系列結構化的催眠可暗示性能力測試。這可以在觀眾等待時在臺下完成，也可以在燈光變暗的情況下，在臺上完成，這樣觀眾就不會知道志願者的測試過程。關於可暗示性能力的測試，我們將在第9章中詳細討論。這裡我們僅僅將其定義為簡短的催眠互動，它可以顯示催眠對象對催眠師的暗示做出反應的程度。首先，舞臺催眠師會表演聚焦技巧（即引導），然後對特定感受和行為給出暗示，比如「你可以嘗試，但你會發現你無法睜開眼睛」。對催眠暗示最有反應的志願者會留在舞臺上演出，而其他沒有反應的人則被請回觀眾席座位。通常，催眠師會當場告訴那些回到座位的志願者，很不幸地沒有選上他們，因為他們不夠開放、沒有安全感，不夠聰明來當催眠個案，這對於留在臺上的志願者是個很好的間接暗示，讓他們知道自己是易感性很高且很棒的催眠對象。

測試結束後，催眠對象就被選定了，表演的壓力也就急劇增加。這些催眠對象被選擇，是因為他們擁有一些特質（主要是夠配合以及愛表現），這有助於展開一段精彩表演。他們是透過爭取才能站上舞臺，而不是機會白白給到他們。現在每個志願者都面臨著很大的壓力，要滿足催眠師的期望、觀眾的期望，最主要的是他們自己的期望。這個壓力就是要成功被催眠，而在這種情況下，越配合催眠指令，就會越成功。現在催眠師選出志願者，並且他們也有強大動力要配合，表演就可以開始了。從觀眾的角度來看，催眠表演已經準備好開始了，但是從催眠師的角度來看，今晚的催眠秀基本上已經結束了：催眠對象很剛好地被制約，配合催眠師的指令做誇張演出，接下來催眠秀就只是簡單地演出一些「把戲」。

觀眾對催眠對象的行為表現是有特定期待的，就像催眠對象自己也知道催眠師會「讓」他們用特定的娛樂方式來演出。當一群人對某個人應該如何行動有所期待時，就會建立一種臨時社會規範。幾乎在任何情況下，偏離規

範都是不可行的。經過測試被選擇出來的志願者在舞臺秀的情境下，幾乎不可能脫軌演出（做出偏離大眾期待的行為）。關於同伴認可的需求以及從眾關係的研究，清晰地描述了這一現象，我們將在第 8 章進一步討論（Branscombe & Baron, 2017; Gilovich, Keltner, Chen, & Nisbett, 2015）。因此，為了得到催眠師和觀眾的認可並感覺成功被催眠，順從的行為就成了舞臺催眠表演配方中的一個主要成分。

像舞臺催眠這樣的情境中，志願者確信他們不會受傷，而「成為大家注目的焦點、帶給大家歡樂時光」帶來的正面體驗，可以很好地補償其對於催眠師的配合與順從。表演的任何負面影響（比如尷尬、自責）都可以很輕易地歸咎於催眠，而不是志願者本人。舞臺表演是否存在對志願者造成傷害的可能性？毫無疑問，答案是肯定的。正如希普（Heap, 2008）所指出的：

> 一些催眠暗示可能會引導參與者進入或想像某個事件或場景，如果它們是真實的，會令他們感到恐懼或痛苦。此外，舞臺催眠師無法覺察到可能讓參與者感到不安的所有事情。

（p. 752）

研究一致表明，當人們不需要對自己的行為負責任時，他們更願意冒險、做出有問題的判斷，甚至傷害別人。催眠便成了人們愚蠢行為的藉口。被催眠者「好像」可以不受自我意識控制地隨意行動。保持這種幻覺，對催眠師來說是有利的。因為如果志願者無法保持個人控制，那麼控制他的一定是催眠師。觀眾會得到結論：舞臺催眠師擁有神奇特殊力量。這都是表演的一部分，對大多數人來說也很有說服力。

最後，同時也很重要的一點，志願者對他們自己的期待也參與了這個過程。聰明的催眠師會利用人們對正向自我形象的渴望，讓志願者決定執行其指令。通常催眠師會說：「聰明（安全、堅強、成功⋯⋯）的人會這樣做。現在，你打算如何回應呢？」除非你想被自己或別人看扁，否則你很可能會按照催眠師的指令做出回應。人們普遍希望成功，而不是失敗。在這種情況下，成功就是遵循催眠師的暗示。

厲害的舞臺催眠師在給出任何暗示之前就已經知道，如果所有關於完成

催眠舞臺表演的壓力都被很好地製造出來並加以運用，那志願者的配合程度可能會達到最高。如果沒有很好地製造和運用這種完成表演的壓力，或者志願者認為這個暗示太具威脅而無法執行，那麼志願者很可能就無法對催眠師的暗示給出很好的回應。

在催眠舞臺表演中，給予催眠對象的暗示結構似乎是讓催眠師可以很輕易控制催眠對象的另一個因素。典型的外行觀眾不會明白，「你不會忘記你的名字，是吧？」這句話會如何誘發催眠對象真的忘記他的名字。這是「間接負向暗示」的例子。它以微妙的形式表達了催眠師的請求，但仍然可以識別。而無法記住被催眠的暗示（即遺忘），通常會以同樣隱蔽的方式給出，從而加深了催眠師控制催眠對象思想的錯覺。儘管有相反的錯覺，但催眠對象在任何時候都完全能夠選擇拒絕這些暗示。然而，由於催眠對象在舞臺上受到極大的壓力（個人壓力和情境壓力）而讓他接受這個暗示，所以這種可以拒絕暗示的能力很少被使用。

舞臺催眠師這個群體擅長使用催眠術。事實上，很多舞臺催眠的原理和技術都與臨床催眠幾乎相同，只是它們的應用不同。我對他們在催眠方面的技術和知識表示尊重，但是我必須承認我對他們選擇的應用方式持有強烈負面的態度。以誤導甚至有辱人格的方式使用可能對人們有益的東西，這似乎是不道德的。我認為這不該受到鼓勵。因為這會讓許多原本可以從催眠治療受益的人，和原本可以使用催眠來幫助患者的治療師，不將催眠當作治療選擇。患者可能無法理解自己在夜總會表演中見到的內容，是如何在臨床上用來幫助處於困境中的人，而治療師也不想將催眠已有的負面形象「包袱」帶入自己的治療中。

另一些專業人士則持相反的觀點，認為許多人在治療中尋求催眠是因為舞臺催眠師。這很可能是真的。但這樣的人更有可能相信催眠師具有神祕的力量。因此他們會不切實際地看待治療，這會產生不良後果。舞臺催眠以娛樂的名義製造了公眾對於催眠的誤解，給催眠賦予了負面含義或神祕色彩，甚至對於催眠治療在大眾眼裡的形象造成了直接的傷害，而這會剝奪需要幫助的人，選擇不將催眠視為有價值的治療方式。對我而言，催眠的娛樂價值也就此完全喪失了。

良好地了解舞臺催眠的工作原理，將有助於你應對公眾對催眠的恐懼和懷疑，這是無價的。本章下一個主要部分將介紹如何直接處理誤解。

回應誤解

花時間識別和糾正誤解可以幫助你的個案對催眠建立更正面、更實際的期待。透過使用來自個案日常經驗的例子來強調催眠的自然性，有助於幫助個案糾正誤解——比如即使偶爾走神也能安全駕駛，或者在讀書或看電影時深深沉浸在想像中。這些常見的例子強化了催眠可以集中注意力的自然體驗，同時也強調催眠期間幾乎完全可以保持自我控制。

如果個案擔心失去控制，典型的結果可能是與治療師出現「權力鬥爭」。如果你認為自己會失去對自己的控制，你會想要被催眠嗎？治療中，催眠師需要盡力避免權力鬥爭，並將這種關係定義為合作關係。畢竟在與個案的權力之爭中你無法取勝——為了打敗你所有的努力，個案所要做的唯一一件事情就是……什麼都不做！

◆ 選擇的力量

當你認識到催眠和心理治療現存的悖論時，你就可以將權力鬥爭以及出現的任何人際因素當作催眠的契機來強化治療。家庭治療先驅——催眠大師，傑·海利（Jay Haley, 1973）用催眠師看似對立的訊息描述了這個悖論：「我只能透過你催眠你自己來催眠你，我也只能透過你幫助你自己來幫助你。」本質上講，這個訊息強調了個案自己的責任感和控制感，但也承認了與治療師的共享。如果我對你說：「來，我讓你控制我。」那麼誰真正在控制我呢？如果我有控制權讓你控制，那麼我所做的就是中止我的選擇能力。不過，我仍然可以自由地在任何我想要或者我必須要的時候重新做出選擇。

處於催眠狀態的個案可以自由、公開或祕密地拒絕任何暗示，無論出於什麼原因。因此，即使個案似乎在說「控制我」，治療師也可以理解，我們的責任不是去控制個案。相反地，治療師的責任是負責並充分地架構暗

示，盡可能讓個案接納暗示並產生療效。但是，即使是最完善的暗示，我們也無法保證它被採納和照做。治療師在構建暗示方面的技能只能增加這種可能性。

我們要再三強調，個案在催眠中有自由選擇的權力。催眠有時會被指責是讓好人做壞事，但這種指責並沒有切實考慮個人做出或沒有做出的選擇——「沒有做出選擇」也是一種選擇。在任何特定時間，一個人在處於催眠狀態時，可以選擇減輕、加深、保持或結束這段體驗。有職業道德的治療師會在個案覺得他們必須完全配合治療師催眠的每個字句時，提醒個案他們有選擇權。

◆ 治療師如何看待「意識控制」？

通常，那些走進臨床催眠領域的人，首先會對催眠現象的潛在應用產生興奮和好奇。同時他們又夾帶著擔憂，甚至恐懼，擔心自己會發展出使他人「失去控制」的邪惡力量。發展臨床催眠技能意味著你要對於開始治療和整個治療過程的引導負起責任，隨之而來的問題是，有些學生會開始思考，他們要如何處理那些他們認為透過催眠學習而獲得的「特殊能力」。對另一些人而言，他們會把這種引導別人行為的能力用於自利，比如，透過打個響指就要求「催眠對象」做出一些搞笑的行為。

真實的催眠經驗會很快且不斷地告訴你，你的暗示可能會被拒絕，而且經常會被拒絕。隨著第一次你給出的暗示被主動或被動地拒絕，你在培訓剛開始時，那種天真地以為自己是全能的感覺會迅速消失。最開始可能看起來不是這樣，但是當這個過程不是按照你希望的方向產生好的結果時，你會發現自己並不會因為能做催眠就是全能的。它讓你有機會了解下次你可以做些什麼不同的事情。

關於催眠的常見誤解以及應對途徑

本章節剩餘部分，我將介紹關於臨床催眠的諸多常見誤解。你可能會驚訝有許多人，包括你的同事，甚至是那些自稱催眠師的人，都相信其中的某些錯誤觀點。

在每個部分後面都有一個簡短討論，為大家提供一些針對該誤解的想法，可以幫助你應對和糾正誤解。隨著你對催眠越來越熟悉，你將發現自己會越來越頻繁地向別人提起催眠，回應這些誤解對你來說也會變得越來越自然。

◆ 誤解 1：催眠天生就是一件好事

從廣義上看，我們可以將催眠體驗視為我們用來接納自身「現實」的主觀現實基礎。這個自身「現實」，包括我們的信仰、價值觀、是非評判、期望和情感。你可以很容易地理解自己的生活品質，在很大程度上取決於你對自己和對周圍世界的看法。當你告訴自己「生活如此不公平！」時，它會如何影響你的情緒、行為和身體呢？同樣，當你告訴你自己「我能做到！」時，它又會對你產生怎樣的影響呢？

每個人每天都會產生無數想法，從深刻的到世俗的（大多數是世俗的）。你關注哪些想法，你就會將這些想法看作真實的，進而產生相應的症狀（例如「我害怕飛行，萬一飛機墜毀怎麼辦？」），或者相反，也可以產生有益選擇（例如「我喜歡想走就走的自由，我要去周遊世界！」）。暗示總是既可以產生益處，又可以產生危害，無論這個暗示是來自自己還是他人。在這個層面，催眠天生就不是一件好事。當它被巧妙應用時，它可能會成為很好的助人工具。但是，人們也可能吸收負面暗示而產生痛苦，當然這通常在不經意間發生。這便是催眠被不當運用而可能出現問題的主要原因，通常會發生在訓練不足或者無法察覺自身對個案之影響的催眠師身上。

◆ 誤解 2：催眠不會傷害任何人

如上所述，不是催眠本身會對某些人造成情感傷害，而是由於誤診、錯誤治療方法和內容、治療師無法有效引導個案，或不負責任的暗示所造成的問題（Kluft, 2017; Lynn et al., 2010）。這些潛在問題不是催眠獨有的，它們可能存在於任何一個幫助關係中（治療師幫助處於痛苦、脆弱中或尋求慰藉的人）。任何使用無效的技能——無論是手術、心理測試還是理髮——都會傷害到人。就好像牙科並不危險，但是糟糕的牙醫可能是危險的；催眠並不危險，但是糟糕的催眠師是危險的。理論上，我們有政府部門制定和監督臨床治療的一系列規範。但在實際層面，我們很難區分催眠師是否具備相應的能力。為了調和這個問題，在大多數地方，人們可以（實際上也是這樣做的）在只有極少甚至沒有學術背景或者臨床培訓的情況下使用催眠，更不用說執照了。明智的消費者需要經歷過幾個催眠師，才會找到真正有實力、訓練有素的催眠治療師。

我們為何要學習鍛鍊催眠技巧？因為催眠可以讓人們的生活更美好。但是，要做到這一點，我們還必須擁有強大的洞察力和遠見。

◆ 誤解 3：催眠是由催眠師的力量引起的

在治療情境中，治療師能夠利用他們的溝通技巧來構建相關且潛在有效的暗示，這可能會使暗示更容易被接受。但除了個案給予我們控制權之外，治療師再無其他任何控制權。身為使用催眠的臨床治療師，我無法迫使某人聚焦注意力，無法迫使某人放鬆，也無法迫使某人接受任何暗示，除非他們允許我這麼做。我在催眠過程中能夠完成的部分，都是和我的個案共同努力的結果。催眠師可以引導個案產生體驗，但是僅限於個案允許的程度。這是一種相互影響的關係（Gilligan, 1987; B. Erickson, 2017）。

◆ 誤解 4：催眠暗示會繞過意識腦並直接進入潛意識

這種對「催眠力量」的解釋在催眠界的某些地方特別普遍，以至於太多

人只是不假思索地接納了它。不過說說容易,卻沒有人能做到。這種觀點主張催眠會在人身上安裝一種「程式」,而這個人因為在催眠中,所以根本無法覺察自己被告知了什麼。關於在催眠中給某人的暗示如何轉化為回應,我們還有很多不明白的地方。但誤導人們以為你可以「在光天化日之下」偷偷地暗示,這是對被催眠者真實體驗的歪曲。它強化了一個非常可怕的概念,就是催眠師有能力讓個案在不知情的情況下做出反應。

事實上,腦神經科學已經清楚表明,當人們處於催眠狀態時,都可以清楚地聽到所給出的暗示,並且只有在合適且願意的情況下才會做出回應。甚至,人們可能對他們在催眠中被給到的暗示特別具有批判性,因為他們可能根本就不在催眠狀態中。催眠無法「繞過」批判性思考,但它確實可以鼓勵人們在體驗的各個層面做出回應,尤其是那些僅憑批判性思考無法產生的回應。例如,你無法迫使某人放鬆,但是你可以創造條件,讓他們允許自己更容易放鬆下來。值得注意的是,有時候人們會深深地沉浸在他們自己的內心體驗中,以至於他們好像不知道外面發生了什麼。但即使在這些更深層次的體驗中,人們也仍然可以保持與治療師的連結並對暗示做出適當回應。

◆ 誤解5:人在被催眠時處於睡眠狀態或潛意識狀態

催眠不是睡眠。從表面上看,處於催眠狀態的人可能在身體上與熟睡的人相似,這通常是因為他們閉著眼睛,而且活動很少。然而,從腦神經科學的角度,以及從個案的報告來看,他們是專注、有意識的,並且也是警覺的(Barabasz & Barabasz, 2008)。

這種誤解的原因之一是來源於「催眠」(hypnosis)這個詞本身。這個詞來源於希臘語「Hypnos」,意思是睡眠,也是希臘睡神的名字(Gravitz, 1991)。催眠這個詞是在19世紀早期創造的,從那時起人們就把這種體驗貼上了「催眠」這個標籤。許多早期理論家認為催眠跟自然睡眠幾乎一樣,其中最知名的是19世紀後期頗具影響力的法國神經學家伊波利特·伯恩海姆(Hippolyte Bernheim),他在20世紀直接塑造了早期催眠實踐練習。這種觀點被廣泛地傳授給學習催眠的學生。但是伯恩海姆並不是唯一持有這種觀點的人:當時

其他著名的神經學家和醫生也有類似觀點，這些觀點同時反映在催眠名稱中，如「人造夢遊」、「清醒睡眠」和「催眠睡眠」（Hull, 1933/2002）。因此，早期的催眠師，甚至現在的一些催眠師，每次向他們的個案給出「深深地進入睡眠狀態」或「醒過來」這樣老掉牙的暗示時，都會一次又一次地強調這種錯誤觀點。

另一個關於催眠與睡眠有關的典型誤解，是將催眠中更深層的專注稱為「夢遊症」。因為夢遊症實際上是一種與睡眠相關的疾病，指在深度睡眠中進行有目的性的活動。因此，在催眠過程中使用過時的短語，比如「深深地睡眠」、「進入越來越深的睡眠」，或者「數到三就醒來」等，與個案實際體驗無關，也不應被用於催眠。

◆ 誤解6：催眠只是放鬆而已

引導放鬆和引導催眠不一樣。催眠在結構和意圖上都遠遠超出了簡單放鬆。放鬆的感覺很好，它可以幫助人們對抗焦慮，可以讓人們認識到他們的體驗發生明顯變化。但是，在做催眠時，放鬆通常是為了進入更深度催眠的準備，而後進入更複雜的催眠體驗例如年齡回溯或麻醉（Elkins, 2014, 2017）。沒有人會透過簡單的放鬆，就期待個案在沒有化學麻醉的情況下進行無痛手術，因為創造催眠麻醉要比簡單放鬆複雜得多。

人必須放鬆、閉眼坐著才能讓人進行催眠嗎？不是的。有一種現象被稱為「警覺催眠」，也有些人稱之為「清醒催眠」（Bányai, Zseni, & Tury, 1993; Capafons & Mendoza, 2010; Wark, 1998, 2011, 2015）。在這些情況下，個案會被暗示要聚焦注意力進行某些活動，比如騎固定腳踏車或者睜開眼睛在跑步機上跑步。一旦集中注意力，他們就會受到催眠的引導，然後根據暗示產生各種催眠現象，例如感覺改變，這也很容易做到（Bányai & Hilgard, 1976）。

催眠可以而且確實會在談話、閱讀和其他很多注意力聚焦的情況下自然發生。你可能感到焦慮，甚至就是在不確定中，但仍然非常專注，就像「著魔」了一樣。因此身體放鬆並不是催眠發生的必要先決條件。

然而，在臨床催眠中，放鬆通常是治療的一部分，因為它可以舒緩並

減少與人們的問題相關的大部分壓力。放鬆通常更容易得到個案的配合，因為大多數個案都希望或者期待那是治療過程的一部分。放鬆也可以幫助個案更容易找到資源。此外，放鬆可以突顯催眠體驗和一般「清醒」狀態之間的差異，讓個案相信他們真的經歷意識狀態的改變，而這與他們所期待的催眠「應有」的樣子相符（Lynn, Maxwell, & Green, 2017; Sarbin, 1997）。

◆ 誤解7：只有某些特定類型的人才能被催眠

人們可以被催眠的程度差異很大，這是得到所有催眠專家認可的少數幾個觀點之一。通常根據可被催眠的程度，由低到高分為「低度易感者」、「高度易感者」、「極度易感者」，有時候「極度易感者」也被稱為「被催眠高手」（Hilgard, 1977）。這些名稱是基於人們對催眠反應的正式測試得出的（詳見第9章）。顯然，有些人比其他人更難體驗到催眠。這意味著什麼？這也是該領域頗有爭議的課題。這是否意味著人們會有一些固有限制，例如遺傳學或神經學上定義的催眠能力？或者，這是否意味著你用來執行催眠的程式或你用來評估催眠反應性的測試，在某種形式上對這個人「不適用」呢？

這個問題至關重要，因為你如果斷定某人由於某種先天限制而不能被催眠，那麼就沒有必要在他們身上嘗試催眠。如果有人對你的技術沒有反應，而你確定他們「拒絕」被催眠，那你要如何確定個案沒有反應是因為個案故意不配合，還是你的方法有問題呢？

如果你認為那些被貼了「低度易感」標籤的人，其實可被催眠的程度並沒有明顯低於其他人，可能只是出於一些可識別的因素（例如對失去控制的過分恐懼）而反應遲鈍，那麼你就會努力尋找抑制他反應能力的因素，並試著解決問題。那些所謂「很難被催眠」的人是否會從效果不佳轉變為正常反應呢？許多經驗豐富的治療師和研究人員都會告訴你這是完全可能的（Gorassini, 2004; Lynn, 2004）。

在第9章我們將探討影響催眠反應的因素，以及如何測量催眠反應。研究人員安德烈・魏岑霍夫博士（André M. Weitzenhoffer, Ph.D.）特別強調需要測量催眠反應，我會在下面的第一個參考框架中介紹。

參考框架：這是一個貫穿全書的特殊部分。每一篇都突顯了為催眠領域做出特殊貢獻的重要人物，以及他們對催眠的思考。他們要麼是當前的領軍學者，要麼是早期的先驅。他們對催眠的貢獻重大而持久，也是後人不斷深入理解催眠的基石。第一個如下。

參考框架：
安德烈‧魏岑霍夫博士，文學碩士、科學碩士、科學學士

　　安德烈‧魏岑霍夫（1921–2004）博士是催眠研究領域中，知識最淵博的研究人員和治療師之一。憑借在物理學、工程學和生理學方面強大的「硬科學」背景，以及對理解催眠本質永不滿足的追求，魏岑霍夫博士蒐集並整合了大量的催眠文獻，最終成就他1953年出版了第一本經典著作——《催眠：可被暗示能力的客觀研究》（*Hypnotism: An Objective Study In Suggestibility*）。1956年，他獲得了密西根大學心理學博士學位。在完成這本書和博士學位後，歐內斯特（傑克）‧希爾加德（Ernest Hilgard）博士與魏岑霍夫博士取得聯繫，他們嘗試發起了一項合作，並成功在史丹佛大學創建催眠研究實驗室（希爾加德博士是另一位參考框架的主角，我們將在第11章介紹）。他們二人付出了巨大的努力，開發出測量催眠反應的量表——史丹佛催眠易感性量表，量表 A、B 和 C。這些量表被認為是對「可被催眠程度／催眠易感性」其難以捉摸的特徵，提供了最「客觀的」測量，因此它一直被視為催眠研究領域的支柱。魏岑霍夫博士一生發表的科學文章、書籍及學術論文逾百篇，並多次在國內外講臺上講授催眠。他強調在催眠研究中需要科學性和嚴謹性，並強有力地主張繼續尋找眾多研究人員認為的催眠「聖杯」，即催眠狀態及該狀態是否存在的明確證據。

　　魏岑霍夫博士退休後幾乎像以往一樣努力地工作、寫作和教學，並以此來享受他的「退休生活」。2000年，他出版了經典著作《催眠實踐》的第二版（*The Practice of Hypnotism*, 2000, Wiley），魏岑霍

夫博士以他睿智的視角，對該領域中許多重要問題進行了細緻的批判性思考。

關於對催眠感興趣的由來：「我認為，最初引起我好奇的是由夏令營顧問在夏令營中的演示。他做了個身體姿勢擺動測試。他是個催眠師，所以使用了手勢，這會讓人進入被催眠而睡著的狀態，看起來有點奇怪。後來，我去了一個舞臺秀，看到魔術師的表演，我認為他沒有催眠任何人，但是每個人都相信他是在催眠人。於是，我開始在百科全書中查找，以便了解更多關於催眠的訊息。在我童年的大部分時間裡，我都有一顆好奇的心，它有時也會給我製造很多麻煩。但是，我的興趣也正是這樣產生的。」[2]

關於史丹佛催眠研究實驗室創建之初：「傑克‧希爾加德在我完成論文寫作前六個月便聯繫到我。他當時告訴我，他讀過我的書，並且對於『催眠似乎有很好的科學基礎』這一事實印象深刻。他問我是否願意和他一起在史丹佛大學共同創建實驗室。在此之前，我們都在位於帕羅奧圖（Palo Alto）的行為科學高級研究中心待過一年。傑克和我大部分時間都在討論實驗室創建的細節，他想做什麼、我想做什麼，看看我們是否可以在一起工作。

「我認為，在當時我們繪製了未來大約十年的研究圖景……但我們都認為第一件事就是要做出某種好的測量工具，來評估催眠的可被暗示性／易感性，並測量其深度。」[2]

關於定義可被暗示性和暗示本身：「對我來說，可被暗示性是對暗示產生反應的能力。好吧，這麼說有點泛泛，所以我還得說具體一點。這個反應至少應該是非自主的……如果不存在非自主的方面，那就談不上暗示。根據定義，可被暗示性是對暗示產生反應的能力，具體說是產生某種非自主反應的能力……我對暗示的定義出現了某種非自主的表現，或者我們能夠滿意地發現這種表現是非自主的。暗示中的基本觀點也應該直接、清晰地經由個案的反應展現出來（在體驗層面或在實際行為層面展現）。」[2]

關於對日常催眠狀態的看法：「對我來說，區分什麼是催眠非常重要——既要定義催眠是什麼，也要定義它不是什麼……我不太喜歡大家口中的日常催眠狀態這個說法，因為我認為沒有清晰的證據顯示日常催眠狀態的存在。如果有，我認為這個問題顯然是：他們是否處於催眠狀態？我更願意說人們進入了改變的意識狀態（altered states of awareness）。有各種改變的意識狀態，我認為所有現存的改變中，有一類可能我們可以稱之為催眠狀態（trance）。但我不認為所有改變的意識狀態（altered states of awareness）都應該被稱為催眠狀態（trance）。某些改變的意識狀態可能是催眠狀態，而某些可能不是。同樣地，我相信催眠（hypnosis）可以被定義為一種催眠狀態（實際上屬於其中一個子類），雖然人們可以說催眠（hypnosis）是催眠狀態（trance），但不能說所有的催眠狀態（trance）都是催眠（hypnosis）。」[2]

關於實驗室催眠與臨床催眠的異同：「我要把『催眠』（hypnosis）這個詞留給以此命名的這個狀態或情境。我並不認為在實驗室環境中所產生的催眠狀態，與臨床環境下產生的有什麼根本的不同。然而，催眠確實能以不同的方式被體驗並表現出來。同時以我現階段的認知，無法確定這些差異是否與這個狀態本身的某些本質差異有關（不僅限於性質上的差異）。我知道，有人認為實驗室催眠和臨床催眠是不同的，但我一直認為這種不同是指狀態的產生和使用的不同，而非該狀態本身。」[1]

關於實驗室研究能給臨床實踐帶來的啟發：「我的主要興趣是驗證與催眠、暗示（包括可被暗示性）及催眠效果和影響相關的一系列事實、屬性和特點。我的工作為催眠現象這個課題提供了科學基礎，其中也包括催眠的臨床應用。最相關的三個發現是：(1)在所有其他條件相同的情況下，並非所有個體對直接暗示的反應都一樣有效；(2)某些情況下，並非有意暗示的溝通，反而會有暗示的效果；(3)事實上，直接暗示會產生自動化反應（非自主，甚至是無意識的反應）。」[1]

關於在臨床實踐中評估可被催眠性：「除非個案正在參與一項要

求進行此類評估的研究，否則這樣做可能沒有臨床價值。在臨床實踐中，除非你想要嚴謹，否則我會認為這些量表並不是特別有用。因為，一方面，一個好的治療師、好的催眠師，只要觀察個案的反應，很快就會對個案能做什麼有很好的覺察，不管是像米爾頓·艾瑞克森那樣做，還是更傳統的，他都會得到一些回應，這些回應會告訴他這個個案能否在催眠中產生特定的反應……另一方面，這些評估是對臨床治療的干擾，它們似乎與治療無關。當然，你可以告訴個案：『為了更好地幫助你，我得花一個小時的時間用這種測量工具為你測試。』……而其餘的事情我會在與個案一起工作的過程中發現。例如，如果個案有失憶症的情況，我會當場發現。我可以開始在催眠狀態下給他暗示，稍後透過提問，我會了解在當下他的失憶症程度如何。這就是為什麼我不認為應該在臨床環境中使用量表。」[2]

關於優秀催眠師所具備的技能：「真正高明的催眠師擁有的技能不僅僅是給出暗示。他們還需要擁有人際關係方面的技能，包括共情能力、建立融洽關係的能力，以及觀察個案正在做什麼事情的能力，必須把這些都記住，然後將他們的反應整合到現在正在發生的一切事情中。」[2]

關於令人興奮的發現和遺憾：「我最興奮的就是發現了有證據表明，暗示的影響具有一定的現實性，即引發的自動化行為，也就是對溝通的非自主反應。然而迄今為止，我最大的遺憾就是仍然無法確切地證明催眠狀態到底存在還是不存在。」[1]

資料來源：
1私人交流，2002年8月。
2私人交流，1988年12月。

◆ 誤解8：那些能被催眠的人一定是意志力薄弱的人

這是由之前討論過的「催眠是由催眠師的力量引起的」這個誤解衍生而來，就像無所不能的催眠師斯文加利（Svengali）那樣。其背後是這樣一種信念：如果催眠師可以從心理上控制某人，那這個人一定是軟弱的，他可能很少甚至根本沒有自己的意志。

當然，每個人都具備意志力的種子，只是有些人受到成長環境的影響，使得他們很少或根本沒有機會發展或使用自己的意志力。舉個極端的例子，你能想像在殘暴的獨裁者統治之下長大的人嗎？他們只要敢表達自己的想法就會被殺掉。那麼如果在你長大的家庭中，你嚴厲的父母會使用暴力，或者威脅遺棄你，你又會怎樣？不幸的是，太多人成長在這樣的情況下，痛苦地學會了保持安靜，屈服於父母的任何要求。結果，有些人從來沒有學會鍛鍊自己做選擇的能力。本質上講，這是把自己的選擇權及做選擇的責任交到了別人手中。相對於他人，這些人被動地擔任「受害者」的角色，他們通常有一種誤解，認為努力都是徒勞的。「意志力薄弱」的這個標籤，對於一些這樣的人來說其實非常不恰當。

有能力集中注意力是一種優勢；願意花時間安靜地與自己相處，探索、發現、發展你的個人資源是一種優勢；表現出你對新想法和新觀點的接受是一種優勢；樂於建立正向的和富有成效的治療關係以實現個人成長，也是一種優勢。因此，與前文提到的誤解相反，「可以被催眠」的能力也代表了一系列的優勢。所以如果有人說「哦，我覺得我沒法被催眠，是因為我的意志力太強了」，這剛好說明他並不是真正的強大。

◆ 誤解9：一旦被催眠，你就無法抗拒它的力量

這種誤解認為催眠師控制著催眠對象的意志，個案一旦「屈服於催眠師的力量」，就只能任其擺布。正如你現在所知道的，這個想法簡直錯得太離譜了！因為催眠過程是基於催眠師和被催眠者雙方共同相互作用所產生的力量，目的是實現某種理想的治療效果。即使是易感性最強的個案，也可以拒絕聽從催眠師的暗示，只要他願意。

這種誤解的主要來源是舞臺催眠師所使用的某些「錨」，即一些特定的詞或手勢——讓志願者快速進入催眠的觸發器。從觀眾的角度看，催眠師只用了一個簡單的詞或者手勢，就讓志願者快速進入了催眠狀態，這無疑再一次用充滿戲劇性的方式展示了他們的力量。

在臨床實踐中，創建一個使後續引導更快更簡單的「錨」是非常可行的做法。但是誘發催眠的力量並不存在於這個「錨」本身，相反，個人反應的意願才是催眠是否可行的觸發器。如果個案得到了「錨」的相關暗示但選擇不進入催眠狀態，那麼他們就不可能被催眠。「錨」，也被稱為「快速誘導信號」，只有在個案選擇響應時才有效。

◆ 誤解10：被催眠的人可能會說出或做出違背自己意願的事情

在催眠領域，這個問題歷來是最具爭議的問題之一。它引發了許多關於自由意志概念、對自己行為的個人責任、治療關係中的邊界、職權濫用的潛在風險以及與專業和個人行為相關的各種複雜問題。在臨床環境下，治療師和個案之間的關係必然是相互負責和問責的關係。從理論上講，治療師提供毫無保留且善意的暗示，個案可以自由選擇接受或拒絕。然而在實際臨床中，這種設想並不完全正確，因為會出現更多複雜的因素——現實中，我們可能會遇到由治療引發的醫源性傷害（即由於治療導致或加重的症狀）、對幼稚或脆弱的個案進行不恰當引導的問題，以及與心理上有很大困擾的人合作所引發的風險等問題。但是，以上這些情況屬於例外，不是大多數治療的典型情況。

影響人們違背自己的意願來做事情的能力是存在的。毋庸置疑，人們可以被消極地操縱，去做與他們信念和態度不一致的事情（Bordens & Horowitz, 2002; Branscombe & Baron, 2017）。坦率地講，不良影響是存在的，最極端的情況就是洗腦。換句話說，在某些極端情況下，控制一個人是可能的，但這不會在臨床催眠中出現。臨床催眠強調的是合作而非強制。而且它們與本書中提倡的尊重和賦能的臨床催眠方法相去甚遠。我們將在第8章和第9章對此進一步討論。

◆ 誤解11：被催眠可能對你的健康有害

催眠的體驗通常既讓人放鬆又讓人高度專注。在這個過程中通常會出現生理功能減慢的現象，比如呼吸和心率放緩，人的身體會進入某種非常舒適的狀態。這種身體反應是有益健康的，可以有效緩解壓力和不適。催眠的體驗突顯出了人可以達到非凡的自控能力，即使這通常被認為是非自主的生理過程。催眠與身心關係我們將會在第5章探討。

◆ 誤解12：人不可避免地對催眠師產生依賴性

治療師都知道，負責任的治療其最終目標，是盡可能幫助每一位個案建立自我依賴和獨立的能力。治療師會正確地使用催眠，幫助陷入困境的人發現、發展並利用自身的能力和資源，而不是鼓勵個案將治療師視為解決所有生活困境的資源，這會培養不健康的依賴關係。

教會個案自我催眠（可以自己做的催眠引導）是提升個案自我依賴能力的有效方法（Lynn, Matthews, Fraioli, Rhue, & Mellinger, 2006）。這是可以確保你的個案在沒有你的情況下獨立工作並持續成長的方法。此外，教他們解決問題的策略以及自我催眠，可以允許他們出現自我糾正機制，確保你的個案確實可以掌控自己的生活。這也可以讓你確信，你的治療工作完成得非常有效。

◆ 誤解13：人可能會「卡」在催眠狀態裡出不來

催眠必然會涉及集中注意力，這既可以是向內的，也可以是向外的。催眠體驗是由個案控制，個案可以隨時選擇啟動或終止催眠對話。要想被「卡」在注意力集中的狀態裡完全不可能。你能想像被「卡」在讀書裡嗎？

導致這個誤解的來源之一是某些不太常見的情況：治療師為了結束催眠體驗而給出暗示時，個案仍處於催眠狀態。當個案沒有回應治療師的直接暗示，睜開眼睛並回到「清醒」狀態時，缺乏經驗的醫生可能會感到焦慮，甚至恐慌。在這種情況下，個案並不是被「卡」住了，只是選擇不終止催眠。發生這種情況可能出於以下兩個原因之一，也可能二者兼有：一是個案當下

太舒服了，這可能是因為他們很長時間以來，第一次感到這麼舒服；二是個案還在積極努力完成這個體驗，即結束這個體驗。在這種情況下，最好的辦法是提供一個開放式的暗示，即個案只要準備好，就可以隨時從催眠中出來。一般在很短的時間內，通常只要一兩分鐘，這個人就可以完成體驗，並睜開眼睛，重新開始與你互動。有些時候，「核對」和進一步的暗示對完成催眠來說是必要的，我們將在第 25 章討論。但是，從來沒有人回不來。所以這個問題你完全沒有必要擔心。尊重被催眠者的選擇，如果他們沒有聽從某一個特定的暗示，必有原因，所以也不必強求。只要「順其自然」並支持他們要做的事情就好了。

◆ 誤解 14：催眠一定要包含催眠引導儀式

只要你的注意力仍被吸引、引導，你便可以對暗示做出反應，並以某種有意義的方式改變你的體驗，合理地說你仍處於催眠狀態中。很明顯，催眠的注意力特徵不必透過某種正式儀式的引導才能發生。同樣，即使沒有催眠引導，各種催眠現象也可以而且確實會自發產生（Short，待出版）。有些人認為催眠是使催眠反應成為可能的「特殊狀態」，對他們來說，這通常是個驚喜。然而，幾十年的研究結果表明，在催眠中獲得的任何反應，你都可以透過其他方式獲得。你不需要催眠儀式來讓人做出反應，你只需要暗示以及個案想要順著暗示給出反應的動機（T. Barber, 1969, 2000; Kirsch, 2011; Lynn & Green, 2011; Lynn et al., 2015）。

◆ 誤解 15：「催眠治療」是特殊的治療學派

我們應該如何看待常用術語「催眠治療」？它意味著利用催眠的方式來治療，也就是透過創造和利用催眠的主觀體驗來增強治療效果。而且，正如你已經學到的，催眠可以增強治療效果。催眠確實有一些特別之處，使它在治療領域擁有獨特的地位。但是，它是否應該像「催眠治療」一詞所描述的那樣，被視為獨特的治療形式呢？

催眠的具體運用方法幾乎與使用催眠的治療師一樣多，他們一定是按照他們認為治療應該有的樣子來使用催眠進行治療的。所以，有些治療師將催眠與認知行為療法相結合，也有些治療師將催眠與心理動力療法相結合（Alladin, 2012; O'Neil, 2018）。一些人將催眠與身心療法相結合，另一些人則將它與預防方法相結合。一個治療師使用催眠做什麼與另一個治療師使用它做什麼可能天差地別。無論你現在採用何種信念系統以及何種治療風格，在這個基礎上去探索如何應用催眠來加強已有治療的效果，都是有意義的事情。學習催眠的方法和原理很像是學習一門語言。你會學習一整套規則、詞彙和結構，但在此基礎上你仍會以獨特的個人風格來表達自己。

◆ 什麼是使用催眠腳本？

許多關於催眠的書籍和臨床培訓，都提倡針對常見問題使用逐字逐句的腳本，比如體重過重、吸菸、恐懼症等問題。在這種做法中，腳本就是治療——治療師把這些話讀給要被催眠的個案就會產生療效。但這種腳本使用的方式帶來了誤解，即催眠在臨床實踐中是可以被標準化的，並且，只要個案有相同的主訴就可以接受相同的治療。就因為他們都有吸菸這個壞習慣，就向他們讀同一個腳本，這顯然太過簡單化了。一旦這種方法失敗，通常會認為是個案的問題，而不是腳本化方法的問題。

腳本的使用剝奪了催眠真正的效力，這種力量源自催眠師可以看見個案自身的經歷和需求並加以運用。自發性和靈活性對於實現催眠的最佳效果至關重要。即使事先制定了治療策略，熟練的治療師仍然會將個案在治療時的自發反應融入治療過程——良好的治療需要如此。一些治療師可能會繼續將他們所做的事情稱為「催眠治療」，但這只能說明他使用了最普遍、基礎的催眠引導和暗示，而幾乎無法表明他們在治療期間對個案所說和所做的任何其他事情。

催眠是傳遞想法和鼓勵經驗性回應的工具。催眠本身並不能治癒任何東西。真正具有治療潛力的是人們在催眠體驗中產生的新聯想、新理解，以及人們在催眠體驗中發展出來的新反應或行為。催眠本身不是治療，相反，它是治療的催化劑。

◆ 誤解 16：催眠可能被用來準確回憶發生在自己身上的一切

記憶是個體最重要的部分，治療師需要理解記憶是如何運作的，以便更好地加以運用。有些人將心智比作電腦，認為每一個記憶都被精確儲存，並可以在適當條件下進行最終檢索。電腦這個比喻非常不準確。如果不謹慎的治療師在這個前提下操作的話，很可能會帶來危害（Dasse, Elkins, & Weaver, 2015b; Mazzoni, Heap, & Scoboria, 2010; Wester & Hammond, 2011; Yapko, 1993a, 1994a, 1994b, 2018）。對記憶的研究清楚地表明，大腦不會吸收經驗並以精確的形式儲存起來以便日後準確回憶。事實上，記憶是基於知覺儲存的，因此與其他知覺過程一樣可能會出現扭曲（比如視聽錯覺）。人們可以生動地「記住」實際上並沒有發生的事情。同樣地，人們也可以有選擇地記住某段經歷的幾個片段，或者他們還可以將多個記憶的碎片重新組合成一個錯誤的記憶。簡單地說，記憶是不可靠的。如果你在尋找「真相」，你大概無法在記憶中找到它（Loftus, 2017; sheehan, 1995）。

我們可以認為在催眠過程中獲得的記憶會更可靠嗎？催眠可以用來揭示某人過去的真實經歷嗎？這兩個至關重要的問題，其答案肯定都是否定的（Loftus, 2017; Loftus & Greenspan, 2017）。關於催眠對記憶的影響，我們將在第15章關於年齡回溯的部分詳細論述。在這裡我只想說催眠不會增加，甚至可能會降低回憶的準確性。

關於誤解的總結

你或許已經意識到，關於催眠有太多舊有的誤解，包括誇張的講述、錯誤的理解，和過度神化的角色。然而催眠領域正在不斷向前動態發展，因為思維縝密的治療師和研究人員一直都在努力，更好地了解有效治療的要素和人類能力的範圍，尤其是那些在注意力高度集中時出現的能力。當你閱讀到這裡時，已經有很多令人激動的新研究正在進行。隨著關於大腦功能、心理過程、治療方法等新見解的出現，舊有的誤解也必將被科學事實所取代。治療師必須緊跟新近研究成果的步伐，才能幫助平息過時、錯誤訊息的傳播。

討論

1. 什麼是同儕群體壓力？它是如何讓人順從的？

2. 有哪些個人特質可能幫助一個人更好地對抗同儕群體壓力？一般來說，這些特質是正面的還是負面的？

3. 一個人的期待如何影響其經歷？「自我實現的預言」如何能成為舞臺催眠秀的一部分？

4. 對失去自我控制的恐懼，如何在日常行為中浮現？請舉例說明。

5. 你對體驗催眠有或有過什麼樣的恐懼？你對催眠別人有什麼顧慮？

6. 個案對催眠的誤解何時可以成為治療師的資源？什麼時候又會成為負擔？

7. 為什麼治療方法會變得標準化？標準化的優點和缺點分別是什麼？

8. 什麼是「權力鬥爭」？是如何產生的？可以預防嗎？如果可以，該怎麼做？

9. 你認為什麼樣的人比其他人更難催眠？你為什麼會這麼認為？

10. 治療師如何在不經意間鼓勵了個案對他的依賴？潛在的動機可能是什麼？

任務清單

1. 適當的時候，告訴你的同事或親友你正在研究催眠。看看你能得到什麼樣的回應，正面的還是負面的？你會感到驚訝嗎？

2. 如果你所在的地區有催眠舞臺表演，請你去看看。催眠如何呈現給公眾？這種呈現方式可能給公眾造成什麼樣的誤解？催眠師如何讓人順從？志願者是如何招募的？

3. 請你的熟人描述他們理解的催眠，以及催眠是如何產生作用的。在他們的描述中存在哪些對催眠普遍的誤解？

4. 帶你的同儕做一次「信任行走」，就是讓他們閉上眼睛，你來帶著他們四處走動。他們會產生什麼樣的感受？是什麼增加或減少了他們跟隨你的意願？

5. 採訪你所在地區的催眠師，詢問在他們的經驗中，有多少百分比的人和什麼樣的人不能被催眠。他們給出的原因是什麼？

6. 查找包含完整催眠治療腳本的書籍，並選擇你特別感興趣的腳本仔細閱讀。這個腳本適合什麼樣的人？為什麼？這個腳本對什麼樣的人來說可能很糟糕？又是為什麼？

第 **3** 章

看待催眠的方式以及
它將如何塑造你的實踐

正如你所發現的，催眠本質上是一種模糊的現象，這足以引發許多不同的定義和描述。同樣，催眠也引發了許多不同的理論視角，即是什麼使催眠過程成為可能，並誘發人們產生許多異乎尋常的反應。如你所期，關於催眠的理論常常大相徑庭，而且人們提出的問題，往往要比他們能回答的問題更多。因此，他們激發了意義重大的研究與激烈的辯論，對催眠本質的理解日益深刻。

理論重要嗎？

特別是對於那些只想學習如何做催眠的人來說，為什麼催眠的理論如此重要？原因如下：你看待臨床催眠的方式將會深刻影響你的催眠風格，以及你使用催眠的方式。無論你是否意識得到，你學習的任何技術、想付諸實踐

的任何流程，以及你想使用的任何方法，都將反映出你對催眠的特定信念和假設。事實上，當治療師沒有認識到他們的方法中包含了假設的時候，催眠最有可能適得其反。很多時候，有人學習了某項技術但沒有用在個案那裡，卻沒有真正意識到這其中的原因或假設。例如，如果你認為要獲得成功，只需要讓個案進入深度催眠狀態並給他們暗示，那你將如何解釋那些你這樣做卻沒有效果的案例呢？你所做出的假設，無論是有意識的還是無意識的，都代表了你對於催眠如何運作的個人理論，當事情沒有按照你的預期發生時，你很難發現自己理論中的漏洞。

這裡還有一個原因，可以用來說明為什麼理論很重要：你從某人或某幾個人那裡學習催眠，你可能認為這是可靠的。無論他、她或他們從哪個角度教你催眠，你所學到的技巧都反映了與這些角度相勾連的假設和信念。身為該領域的新手，你可能無法真實地評估自己所學的內容，是否為該領域的主要流派，或者你所學到的是否過時且缺乏訊息，或者只是單一的方法。這就是為什麼在「催眠」這個大概念下，仍然存在著迥然有異的觀點和實踐。這也是為什麼學生可以從老師那裡學習催眠，然後就自欺欺人地認為他們已經知道催眠是怎麼回事了。除非老師不厭其煩地分享不同觀點，並鼓勵學生大膽學習作為科學的催眠，否則學生根本無法了解該領域的內容，他們只能知道自己的老師對這個領域的看法。這就是為什麼透過本書的每一版，我們都會為你提供該領域最新、多維度和多視角的介紹，這對我來說非常重要。身為作者，我當然有自己的偏見，但我會努力將其擱置一旁，以便更好地分享其他專家的觀點。即使這種方式對我來說不是特別舒服，但透過它，你們也可以整合出對自己有用的東西。許多不同的方法可能都是有效的。

關於催眠理論

本章將概述並簡要討論對當今臨床工作人員和研究人員影響較大的一些催眠理論觀點。在此，這些理論觀點以高度凝鍊的形式呈現，成為單一、獨立的理論觀點，以此突顯所架構之模型的基本原則。

然而，該領域有個廣泛的共識，那就是沒有一種理論可以解釋催眠的所有方面，並且可以輕鬆融合這些模型（Jensen, Adachi, Tomé-Pires et al., 2015）。催眠課題本身就很複雜，能夠體驗催眠的人類就更為複雜，以至於似乎絕無可能發展出單一理論來完全解釋它的起源和特徵。因此，對於大多數從業者來說，很容易吸收這些眾多視角中的優勢，並將它們靈活地融入到自己的實踐中去。正如大多數心理治療師將自己的治療風格描述為不拘一格一樣，催眠從業者也可以根據特定情況的需求，改變他們的概念和實踐框架。

用批判性眼光去審視每一種理論可能會有所幫助。也許你可以先思考這種理論的假設和優先級，然後自己評估它的假設和優先級是否合理，會不會對你有幫助。也許你也可以先從治療師的角度出發去思考每種催眠的模式，然後再從體驗催眠的個案角度去思考這種說法。最後你還可以從兩者相互作用的角度去審視，這可能尤其有幫助。

區分各種催眠模式可以透過不同的方式進行。但是，通常根據他們是內省的還是人際的性質來表徵它們可能比較有效。內省模式強調將被催眠個體的主觀特徵和狀態作為催眠的基礎，它只關注個人及其內在發生的事情。人際模式則強調催眠互動的社會性或關係性，認為這些才是影響催眠體驗的關鍵因素。他們關注催眠互動的兩個方面，以及彼此之間發生了什麼使催眠反應成為可能。

催眠的當代理論視角

◆ 新解離模型：催眠是解離的狀態

19世紀後期，法國神經學家和催眠專家皮耶・賈內（Pierre Janet）開發出一種催眠模型，強調了解離在產生催眠現象中的作用。賈內對歇斯底里症患者的治療可謂是了不起的藝術作品，甚至影響了西格蒙德・佛洛伊德（Sigmund Freud）。佛洛伊德後來跟他學習，並在晚些時候將他的作品翻譯成德語。解離早期的觀點後來引發了歐內斯特・希爾加德（1974, 1977, 1991, 1992, 1994）發展出催眠新解離模型。這個模型對該領域產生了持續而深遠的

影響。希爾加德是一位備受尊敬的學者，也是深入研究在催眠反應上個體差異的先驅。希爾加德的觀點得到廣泛的採納，特別是最近神經科學相關的證據，為推進可以獨立運作的多層次心理功能概念提供了重要的經驗支持（Bargh, 2006; Hammond, 2013; Mooneyham & Schooler, 2016; Uleman, 2005）。

希爾加德的新解離模型基礎是人類擁有能夠同時運作多個認知系統的能力這個觀點。這些系統可能是在執行系統的控制下按等級排列的，可以稱之為「執行自我」（executive ego）或者「中心控制結構」（central control structure）。認知子系統可能包括習慣、態度、偏見、興趣和其他潛在的能力。執行系統的任務是監控和制定對持續且主觀體驗的反應。在催眠狀態下，各種認知系統可以自主運作，在很大程度上可以有效地相互解離。希爾加德是這樣描述的：

> 催眠中的中心執行功能通常被認為是在催眠師和被催眠者之間劃分出來的一個部分。後者在其正常狀態時保留相當一部分的執行功能——即能夠回答有關自己過去和未來計畫的問題，以及能夠選擇接受或拒絕活動或參與特定活動的邀請。同時，個案將其中一部分執行功能移交給催眠師，因此在催眠契約內，個案將按照催眠師的暗示行事，體驗催眠師的暗示，個案就會失去對自己行動的控制。
>
> （Hilgard, 1992, p. 94）

由新解離模型所發展出的研究，其成果無論是在數量還是在品質上都非常出色，這發展出催眠領域中一些極為重要的觀點（Kihlstrom, 1985, 1997, 2014）。希爾加德以及其他頗具影響力的新解離主義者，例如肯尼斯・鮑爾斯（Kenneth Bowers）的研究（1990, 1992），主要（但不僅限於）專注在將個人的解離能力和催眠能力作為成功催眠的最終決定因素。希爾加德提出了強有力的理由，將催眠能力視為個體之間可測量的差異，以及個體穩定的特徵（Hilgard, 1965, 1967）。

著名神經科學家邁克爾・葛詹尼加（Michael Gazzaniga）博士透過對「腦損傷」的研究，演化出了他所謂的大腦「模塊單元」模型（1970, 1985, 2018）。雖然不是催眠所獨有，但它為許多催眠關鍵現象提供了神經科學的基礎，尤

其是解離。葛詹尼加描述了大腦的不同部分是如何一起運作的，同時它們也可以自主運轉。他將這些既獨立又相互關聯的神經元組，稱之為模塊化單元。這些單元每個都有自己的「觸發器」，可以創造體驗，或者準確地說，是可以透過其他來源的輸入，編輯這種體驗感。例如，一個人去參加聚會，玩得很開心，上床睡覺時感覺也很好。但第二天早上醒來他卻感到很沮喪，於是自然會去努力理解這是為什麼。情緒的模塊單元可能已經被夢激活，但是這個人不知道，於是他就開始假設。（比如：「也許是我對別人拿我開的那個玩笑感到不舒服，我以為我只是一笑置之。但是我也許真的被傷害了，只是我不知道。」）葛詹尼加稱這個為我們的「社會腦」，因為它依靠社會線索來理解我們的經歷。可以合理地說，催眠是這種互動的濃縮形式，也就是說，催眠是透過暗示進入大腦的模塊單元，並將它們組織成治療模式。

◆ 催眠是神經心理生物學現象

在研究大腦和神經系統方面，新興尖端掃描技術的發展並沒有逃過催眠界的法眼。在下一章中，我將詳細介紹一些關於催眠認知神經科學的最新發現。這些發現普遍支持了一些理論家的觀點，他們認為最好將催眠理解為神經系統或心理生物學現象（Landry & Raz, 2015, 2017; Raz, 2005, 2011; Raz, Lamar, Buhle, Kane, & Peterson, 2007; Oakley & Halligan, 2010; Rossi, 2000; Spiegel, 2008）。

心理學家歐內斯特·羅西（Ernest Rossi）博士是位多產的學者，也是一名作家，他寫了很多關於催眠中身心關係以及催眠體驗與生理學相關的著作。羅西（1982）提出，催眠是身體有規律地交替注意力和放鬆此一週期的天然組成部分，稱之為「超晝夜節律」（ultradian rhythms），每90-120分鐘發生一次。羅西近些年持續他對催眠和生理學的研究，透過發展他所謂的「超晝夜療癒」（ultradian healing）（Rossi, 2003, 2009; Hill & Rossi, 2018），專注於催眠對神經發生以及在基因層面的影響。

精神病學家赫伯特·斯皮格爾（Herbert Spiegel）和大衛·斯皮格爾（David Spiegel）（1978/2004）假設，催眠能力是大腦兩半球相互關聯的產物。他們

一起發展出了所謂的「生物標記」這種評估工具，它採用了眼動標記的形式（將在第9章中詳細描述）。他們認為這可以可靠地表明個體的催眠能力（H. Spiegel, 2008）。大衛‧斯皮格爾最近將催眠視為注意力現象，即透過神經系統的容量和功能傳遞之強烈而聚焦的注意力（D. Spiegel, 2008）。

◆ 催眠是被動狀態或許可狀態

「被動狀態」的理論觀點根植於19世紀中葉伊波利特‧伯恩海姆的相關研究。他是法國南錫大學醫學院的著名神經學家，最終與另一位著名催眠醫生安布羅斯—奧古斯特‧利博（Ambroise-August Liébault）共同創立了南錫催眠學派。儘管伯恩海姆的催眠觀點起源於近150年前，但迄今為止仍具影響力。他有句名言：「沒有催眠，只有暗示」（Bernheim, 1886/1957; Pintar, 2010a）。因此，許多催眠先驅，如威廉‧克羅格（William Kroger）醫生，因受到伯恩海姆的影響，非常強調暗示的力量，並以此來影響看似被動的病人。事實上，克羅格最終將催眠定義為「信念的引導」（the induction of conviction）（私人交流，1989年12月21日）。

催眠是被動狀態嗎？不難看出，有人會這麼認為。被動催眠的個案通常會安靜地坐著，不發起任何對話，也不以任何主動、有目標的方式行動，因此似乎是完全被動地對治療師的暗示做出反應。但是在這種情況下，其外表是具有欺騙性的。在探索催眠個案的實際主觀體驗或現象學時，人們會發現個案絕不是被動的。相反，他們通常非常正向地關注這些暗示，並尋找其相關性，根據自己的需要來調整它們，放大或縮小體驗的不同方面等等。雖然個案從外表看起來可能是被動的，但實際上，他們的內在並不是這樣。

一些治療師的命令式風格也會導致該理論將催眠中的個案描述為被動的或許可的狀態，因為他們期待個案對治療師的暗示言聽計從。當你單純地期待個案應該照你的指令行事，那麼個案的任何舉動就都不是你預期的或被當作必然的。個案本質上也就成為被動接納治療師指令的容器。個案唯一要做的就是簡單遵守指令。如果有人要將個案的角色定義為順從，那麼早先關於到底是誰在實際控制催眠體驗的討論，就顯得尤為重要。你可能會以這種

方式看待個案，但這卻不一定是他們自己的看法。如果這些暗示是可以接受的，你便可以獲得承諾。但是，如果個案由於某種原因未能響應治療師的指令，個案則通常會被視為「阻抗」。阻抗被認為是某種防禦機制或某種病理的證據，需要在治療成功之前識別和「解決」。從這個角度來看，個案只是認為暗示不合適，或者治療師沒有很好地考慮是否冒犯到個案。

如果治療師在指導個案的時候採用寬容的風格，這種風格可能不那麼直接，而且透過提供選擇而不是命令，個案就可以被定義為是主動參與到這一過程中，並使可能性變成現實的。在這種個案激活的方法中，催眠的「被動狀態」理論便不再合理。

◆ 催眠是改變的意識狀態（Altered State of Consciousness, ASC）

一些人將催眠的體驗概念化為一種或多種改變的意識狀態，其特徵是聚焦注意力和主觀感知的明顯變化（Tart, 1969; Tellegen & Atkinson, 1974）。在這種以內在變化為主的觀點中，催眠被視為是獨特、相對獨立的意識狀態。改變的意識狀態（ASC）可以在催眠前和催眠期間的體驗對比中找到證據。這種觀點認為，催眠狀態是由催眠引導過程創建的，它可能透過暗示將注意力窄化，以此改變人的意識狀態。改變的意識狀態被認為具有減少防禦、加強情感連結和反應靈敏度，以及更深進入潛意識的特點（J. Barber, 1991; Nash, 1991）。

「改變的意識狀態」這個術語，就像「催眠」一樣，非常不精確。意識是一種主觀體驗，相對於「改變的意識狀態」，什麼是「正常意識」呢？難道我不正在用你讀到的每一個字，每一頁紙改變你的意識狀態嗎？等一下！來想像一頭長著綠色耳朵的紫色大象！我就改變你的意識了嗎？改變了多少？任何時候，當你的覺察從一個刺激轉移到另一個刺激時，你的意識就會發生改變。那麼問題來了：如果催眠是改變的意識狀態，那麼它是從什麼狀態改變而來的呢？然而當一個人被催眠，體驗到自己的身體因為麻木的暗示而真的麻木的時候，這就是非同尋常的體驗了。很顯然，有些事情發生了變化，但是發生了什麼樣的變化，以及如何發生這些變化，這些仍然是個謎。

關於改變的意識狀態這個觀點，許多批評者指出，問題在於這其中循環的邏輯：對催眠的反應導致了催眠，而催眠又導致了對催眠的反應。改變的意識狀態表示催眠的存在，催眠又表示改變的意識狀態。那麼，催眠——改變的意識狀態——是否有客觀的衡量標準呢？儘管在神經科學研究中出現了普遍趨勢，但尚未發現特定的生理指標來界定催眠狀態。但這是否就意味著最終不會有一個界定呢？現在一切只能是猜測。

加州大學柏克萊分校心理學家約翰·基爾斯特倫（John Kihlstrom）以這種方式回答了關於改變的狀態的問題：

> 也許問題在於如何定義「改變的狀態」。如果我們相信每一種意識狀態都與某種獨特的生理特徵相關……那麼催眠缺乏生理指標可以被視為催眠根本不是「改變的意識狀態」的證據……但是，以我們目前對身心關係的了解，不足以將這種相關性作為其定義的必要組成。
>
> （2008, p. 36）

催眠是明顯改變的狀態，或者可能是改變的狀態，這種觀點仍然很受歡迎，因為它指出催眠中的人可以體驗看似超出他們本人一般能力的事情。「改變的意識狀態」——這個概念很適宜地涵蓋了這種可能性，同時也考慮到了在催眠易感性的統計中，那些能夠體驗這些狀態的人，其比例會有所不同。

◆ 催眠是特別的互動結果

在較早的催眠方法中，催眠引導是催眠師使用直接暗示的正式腳本「對」個案「做」的事情。使用不帶個人色彩的腳本表明，這種催眠的力量在於「咒語」，而非治療師和病人關係的品質。已故的精神病學家米爾頓·H·艾瑞克森醫生，被公認為是將催眠的臨床實踐從這種儀式化的方法轉變為風格更自然的人，催眠也因此被定義為更廣泛的互動範疇（Haley, 1973; Zeig, 1980）。他的方法被統稱為艾瑞克森學派的方法，或者同義詞是順勢而為的方法（Erickson & Rossi, 1979; Rossi, 1980）。在這種觀點中，催眠是治療師和個

案之間聚焦而有意義的互動結果。較之陳舊的術語「融洽關係」、廣泛使用的「治療聯盟」，以及更現代的術語「調頻」而言，它更主張人際神經生物學觀點，將其視為平行結構（D. Seigel, 2010）。治療師想要取得成功，就必須對個案的需求做出反應，並為其量身訂做出符合需求的方法。這是相互依存的關係，每個人都跟隨對方的引領，而與此同時又處於引領者的位置。

關係中的參與者既是引領者又是跟隨者的這個想法是這一理論的關鍵。個案的行為或／和感受會以語言或非語言的形式反應給治療師，從而治療師可以為個案創造出一種被理解的感覺——即融洽的本質（the essence of rapport）。將個案正在體驗的真實情況結合我們的口語表達（如「你正坐在那裡聽我講話……」），對於可以實現的事情而言，是有尊重的暗示（如「……你可以開始將焦點聚集在快樂的感受上」）。與其將治療師對他們應該做什麼的信念體系強加給個案，不如讓個案有可能以自己的方式和節奏，做一些能夠進步的事情。

描述這種理論觀點的重點是，將催眠視作特殊類型的關係和互動的自然結果，在這種關係和互動中，個案會有高度的交互反應。威廉·克羅格醫生是非常資深的從業者，他提醒我「永遠記住，最重要的就是把個案放在心裡」（私人交流，1989 年 12 月 21 日）。互動的觀點強調了對個案的尊重，治療師為個案提供可能性但不提出任何要求，這在治療中是理想的。然而，很明顯，催眠的發生不需要這些因素存在。舞臺催眠師與催眠對象沒有特殊的個人關係，當然對他們獨特的個人特徵和個性也並不敏感和有所反應，但仍然可以獲得他們的催眠反應。

◆ 催眠是社會認知現象

催眠的社會認知觀點（Sociocognitive Perspective, SCP）是帶有濃厚人際色彩的視角：它強調催眠的社會性本質和催眠現象的出現，且這些催眠現象是對暗示的回應。事實上，社會認知模型有以下幾種變體，每一種都能引起人們對催眠環境中不同社會力量的關注。通常情況下，社會認知觀點不重視個人內在模型（intrapersonal model），比如新解離模型，或任何其他暗示催眠有特

殊之處，或催眠存在某種特殊機制的觀點。相反，社會認知觀點確信催眠是社會行為的產物，在結構上與其他社會行為基本相同。

社會認知模型強調催眠反應背後的社會因素，但也專注於個人的認知構成，包括其期望、信仰、態度、歸因方式以及其他影響社會反應的認知過程（Lynn & Sherman, 2000; Jensen et al., 2017）。

著名的社會認知學家包括尼可拉斯‧斯巴諾斯（Nicholas Spanos）博士（1991; Spanos & Chaves, 1989）、艾文‧克希（Irving Kirsch）博士（1991, 2000, 2011）、格拉姆‧瓦格斯塔夫（Graham Wagstaff）博士（1986, 1991），和史蒂芬‧傑‧林恩（Steven Jay Lynn）博士（Lynn, Kirsch, & Hallquist, 2008; Lynn & Green, 2011），他們都對影響催眠的社會和環境影響，結合個人變量進行了重要研究。因此，社會認知模型具有強大的經驗支持。這項研究的大部分內容在國際臨床和體驗式催眠雜誌的特刊中進行總結，該特刊由史蒂芬‧傑‧林恩和約瑟夫‧P‧格林（Joseph P. Green）擔任社會認知觀點課題組嘉賓編輯（July-September, 2011）。

◆ T‧X‧巴伯（T. X. Barber）的「催眠」

心理學家西奧多‧X‧巴伯博士是位多產的學者，關於構成催眠反應的多種因素，其著作及研究論文尤為豐富。巴伯對催眠和催眠反應的特徵很感興趣，認為我們最好將催眠視為社會心理現象來研究。他攻擊了上文中提到的「改變的意識狀態」這個部分中描述催眠的循環邏輯，並且令人信服地證明，人們在催眠中所展示的驚人催眠現象，可以在根本不進行催眠引導時同樣有效地產生，這只需要有動機的個案運用他們的想像力即可（T. Barber, 1969）。巴伯強調，解釋催眠行為，然後再把這些放進「催眠」這個詞裡，這些都不是構建催眠狀態所必需的。

考慮到個案的個人內在特徵，比如幻想傾向和想像能力，以及催眠社會情境下的人際特徵，巴伯建議可以使用以下四個重要的行為決定因素來調節催眠體驗：

（a）使社會化主體感到有責任去合作，並試圖實現催眠師的期待和明確暗示此類社會因素；（b）催眠師的獨特技能和個人特徵（包括創意、交際能力和人際效能），以及催眠師與個案人際關係之性質；（c）讓個案透過催眠引導思考暗示的有效性；和（d）意義的深度、創造力以及暗示觀點的「力量」或「能量」。

（T. Barber, 2000, p. 208）

◆ 催眠和社會角色扮演

社會認知觀點的理論家認為，催眠與正常體驗沒有任何區別，任何與催眠相關的不尋常行為都可以由任何有足夠動機的人，在不使用催眠的情況下完成（Kihlstrom, 1991, 2008; Lynn & Green, 2011）。因此，催眠現象的發生是人際情境的結果，只是它被參與者貼上了「催眠」的標籤。在他們看來，只有當某人願意扮演「被催眠者」這個社會規定的角色時，催眠才存在。加州大學聖塔克魯茲分校的西奧多・薩賓（Theodore Sarbin）博士和他在加州州立大學弗雷斯諾分校的同事威廉・科（William Coe）是該模型的主要設計者。該模型將催眠描述為社會角色，並在他們頗具影響力的著作——《催眠：影響傳播的社會心理學分析》（*Hypnosis: A Social Psychological Analysis of Influence Communication*）中，詳細闡釋了該模型（Sarbin & Coe, 1972）。他們描述了治療師和個案如何在催眠互動中扮演相互配合的角色。這些角色是按照情境所需要的特徵來扮演的，包括了解預期或要求的行為、成功的標準是什麼、特定行為可能會涉及哪些獎勵或懲罰等。科和薩賓（1991, p. 305）確定了影響催眠角色扮演品質的六個變量：

(1)個案的角色期待；(2)個案在微型社會結構中自我定位的準確性；(3)運動和想像能力；(4)由體驗或臨床情況的特徵所產生的角色需要；(5)催眠角色與主體自我概念的一致性；以及(6)主體受眾的引導和強化特性。

薩賓將角色扮演當作催眠的核心概念，這讓他創造性地使用「相信的想像」這個短語來描述催眠（1997）。他這樣描述其觀點：

> 人們一直用角色這個概念來有效地描述各種社會行為，不僅僅是催眠。無論是對廣義的社會行為，還是催眠這一特定行為來說，最重要的是，這個人被視為行動者、表演者、代表人，而不是毫無主動性可言、純粹被動處理訊息的對象。角色理論關注的重點不是在頭腦中發生了什麼，而是關注一個人在特定情境的呈現中做了什麼，以及他們是如何做的。

（Sarbin, 1997, p. 204）

應該強調的是，角色扮演模型並沒有斷言催眠只是角色扮演的概念。相反，角色可能是顯而易見的，但相互作用的總和卻遠遠超出了角色這個部分。人們總是超越角色要求，自動自發且主動反應來做出回應，這些回應已然超越了角色本身對人們的要求（Sarbin, 1950）。

將催眠行為視為由角色支配的社會行為，顯然是將這種模式定義為人際關係模式，並將其帶入到社會規定的角色、期望、力量和影響之中。對這一觀點的支持，來自多樣化的研究。它解決了催眠是否僅僅是順從的問題，或者說這種反應實際上是否為非自願的問題。賓夕法尼亞大學精神病學和心理學名譽教授馬丁·奧恩（Martin Orne）醫生，和澳洲心理學家彼得·W·希恩（Peter W. Sheehan）博士，他們是最早進行經典研究並解決這一問題的專家。他們區分了「假裝的」和「真正的」被催眠對象其混淆因素，以及催眠中遇到要求特性的問題，這些問題可能會導致催眠僅僅產生順從，而不是真正的催眠反應（Orne, 1959, 1962a, 1962b, 1966, 1971; Sheehan, 1973）。其中一個實驗場景包括一組受試者，他們被指示要表現得「好像」自己被催眠了一樣，並與另一組公開且自願正式被催眠的受試者混合在一起。催眠「專家」隨後要接受挑戰，他們需要分辨哪些人被「真正」催眠，而哪些人並沒有。角色扮演被催眠的這一組受試者，對催眠現象的表現非常令人信服，並且成功地騙過了專家。

長期以來，社會科學家一直認為角色扮演是透過鼓勵人們「迷失在角色中」，以吸引人們注意力的方式。許多治療策略（如心理劇、行為排練、角色扮演練習、家庭治療角色轉換等）常常涉及角色扮演，並在遇到麻煩的情況下，以此排練正向反應，或培養對另一個人的同理心。最初，個案通常會在角色中體會到自我意識，並感到不舒服，但隨著逐漸適應角色的需求，很快便會沉浸其中。

　　如果你從未見過這種現象，或許你可以用自己的體驗來說明。你還能記起這個時刻嗎？那天，你心情不好，甚至沮喪，你坐在家門口，就在此時門鈴意外響了⋯⋯你回過神來：「會是誰呢？」你邊想邊去開門，發現是你的一位朋友剛好來訪。你好心地決定不想因為自己心情不好而影響到朋友，於是你開始表現得「好像」你的心情還可以，又或者心情甚好。你有沒有注意到，過了一會兒你的心情就真的好起來了。幾乎每個人都有過類似的經歷。這也有效地說明了角色扮演的力量。

　　扮演某個角色甚至可以極大地改變一個人的行為，這種改變甚至可以在他們停止扮演後，依然發揮作用。這是早已被公認的觀點。早在上個世紀之交，哲學家兼心理學家威廉・詹姆斯（William James）就提出過這樣一個問題：「人到底是因為快樂而微笑，還是因為微笑而快樂？」史丹佛大學心理學家菲利普・津巴多（Philip Zimbardo）在他強有力的研究中，於心理學大樓設置一座模擬監獄，由學生組成的實驗對象被分為「守衛」和「囚徒」兩個角色。實驗結果既令人震驚又充滿戲劇性。與角色相關的心態也在演變，看守變得越來越粗暴甚至野蠻，囚犯變得被動並痴迷於逃跑，最終變得沮喪且情緒激動。角色扮演行為演變得相當激烈。最後為了每個人的身心健康，他們不得不取消這個實驗。

　　從催眠現象的理論視角來看，角色扮演是有用的。無論在哪裡，人為的體驗都會變得真實。個案或研究對象可能會從催眠行為開始，但在此過程中的某個特殊節點上，真正的催眠體驗已經開始。

　　雖然社會認知觀點模型在社會性力量如何影響催眠反應性的方面，提供了很多重要的見解，但該模型在表達催眠現象學，以及注意力轉換的神經生物學證據方面，其局限性還是很明顯的。實際上，正如克里斯滕森

（Christensen）對她臨床與實驗催眠學會（SCEH）成員的調查中指出的那樣，「研究結果亦支持將催眠概念化為主要的『可識別的狀態』」（2005, p. 286）。因此，對於許多催眠專家來說，催眠現象至少是內在的與人際的一樣多。

◆ 催眠的現實檢驗觀點

你能估算一下從你坐的地方到最近的門有多遠嗎？你的雙手現在又相距多遠呢？現在你注意的聲音是從哪個方向發出來的？

這些問題是可以回答的，因為你能夠使用視覺、聽覺和觸覺從周圍世界直接蒐集這些訊息。有意識地，但更多是無意識地，你在不斷處理大量的感覺輸入。這些輸入充斥在你的神經系統中，讓你在多個層面上適應這些訊息。這些微小的訊息讓你了解你的身體在哪裡、它在什麼位置，以及與周圍事物的距離如何。這被稱為「廣義現實取向」（Shor, 1959, 1970）。你可能沒有注意到你左肩的感覺，直到我提醒你。然而你的肩膀（它的神經）正在處理這些訊息，比如你的衣服在摩擦它，或者室溫如何。如果你努力關注它，那這些訊息就是意識提供給你的，如果你不關注它，就是潛意識的。

我們從感官中獲取對周圍世界的回應，並努力驗證其準確性，這個過程我們稱之為「現實檢驗」。這種觀點的支持者主要傾向於採用個體的內在視角，認為人們持續不斷地進行現實檢驗，以保持個人的完整性，並減輕由於無法確定自己在這個世界上所處的位置而產生的焦慮。這個過程通常是無意識的，常常被我們視為理所當然。在催眠領域有著卓越貢獻的心理學家羅納德・肖爾（Ronald Shor）博士，他是這樣描述的：

> 在我們生命中所有清醒的時刻裡，覺察一直是跟隨我們的底色，我們將其視為參考框架或對普遍現實的定位，並當作情境或場所，在此之上，我們解釋所有正在發生的有意識的體驗。在某些情況下——催眠僅是其中一種——這種廣義的參考框架或對普遍現實的定位可能會消失，成為我們頭腦非常遙遠的背景，從而使正在進行的體驗和它們通常所處的環境脫離開來。當這種情況發生時，想像與現實之間的區別便不復存在。

（Shor, 1970, p. 91）

催眠的現實檢驗觀點認為，當某人第一次進入催眠並深深沉浸其中時，他們正在進行的現實檢驗過程也會因此受到影響。這種體驗可能是逐漸增強的舒適感，同時伴隨著一些看似矛盾的訊息，正如奧恩（1959）建議的那樣，他描述了所謂的「催眠狀態的邏輯」（trance logic）。催眠狀態的邏輯指出，個人體驗不需要是理性的或者有意義的。被催眠的個案可以「自由地將源自現實的感知與源自他自己想像的感知混合在一起」（Barabasz & Watkins, 2005, p. 67）。澳洲著名心理學家和催眠學者彼得·希恩和凱文·麥康基（Kevin McConkey）在他們的相關研究中闡述了這一點，並得出結論，這是區分催眠中「真實」與「虛擬」的關鍵因素（Sheehan, 1992; McConkey, 1991; Sheehan & McConkey, 1982）。

當一個人暫停從周圍世界獲取回應的過程，將注意力轉向內在，這是大多數催眠體驗的特點，但並不是所有催眠體驗的特點（Hilgard, 1977）。因此，客觀現實檢驗的暫停，可能會使人自由地接受任何暗示的現實。暗示的現實，就像是任何感知的現實一樣，無論是真是假，都將決定行為和情緒反應的數量和品質。然而，正如希恩和麥康基（1982）表明的那樣，林恩、威克斯（Weekes）和米蘭（Milano）（1989）在後來的研究中也證實，透過暫停或減少現實檢驗過程來接受暗示，從而改變感知體驗，並不會讓個體完全失去現實感知。處於催眠狀態的人仍然保留了監控情境的能力，並能夠在必要的時候對情境現實和線索做出反應。希爾加德將一個人這個建立在現實基礎上的部分稱為「隱藏的觀察者」（1977）。

就像我住在聖地牙哥，我的大多數個案也都住在這裡（現在我已經退休了，不再做臨床治療），如果我想的話，我還是可以帶大家做一些催眠，比如暗示大家在海灘上放鬆一下，因為大多數人都熟悉這裡，也能享受那種體驗。這可以將與海灘相關的視覺、嗅覺、聽覺、味覺和觸覺體驗，非常細緻地融入到整個催眠過程中，可以使大家有身臨其境的感覺，讓他們感到自己「真的」就在沙灘上。如果我問個案：「你現在在哪裡？」他們很可能回答：「在沙灘上。」如果我接著問：「不，我是在問，你們現在在哪裡？」他們幾乎肯定會說：「在你的辦公室裡。」但是，在進行催眠的時候，大家在我那離海灘幾英里外的辦公室裡，現實被暫停了足夠長的時間，用來連接在海灘的這個「現實」。

如果個案可以擱置立即擁有的客觀現實需求，則往往會增加這個人接受暗示體驗的可能性，即使這個體驗並不一定符合邏輯。擁有良好的專注力和豐富的想像力顯然也是有幫助的。

◆ 語言和體驗的條件屬性

人類這個物種進化出了三個關於意識最有優勢的屬性，即推理能力、從多個維度學習經驗的能力，以及交流經驗的能力（P. Brown, 1991）。進化使我們能夠進行必要的認知發展，將文字與經驗聯繫起來，從而可以抽象地或者象徵性地表達經驗。我們的交流不是與當前的需求或體驗具體聯繫起來的交流。我們可以交流幾百萬年前發生的事情，也可以交流幾個世紀以後發生的事情。我們還可以對交流本身進行交流，這被稱為元語言學。

語言、交流和訊息處理的動力學在本書中貫穿始終，因為它們是應用催眠的基本組成。無論我們是向內與自己交談，還是向外在人際間給他人提供暗示，都是如此。當我們試圖為催眠的各種現象尋找理論視角的時候，認識到語言是複雜的、多維的、非意志的、專注的、具有社會影響力的，以及某情境下可以引起有效體驗的觸發器，它的作用對於成功運用催眠技術來説絕對是至關重要的。我的目標是透過這本書幫助你發展知識和技能，以便能夠對你或你的個案説一些有幫助的話。儘管關於催眠的理論方向存在許多差異，但我知道沒有人會暗示你對個案説的話不重要。相反，你説什麼、何時説以及如何説才是最重要的。單純的這些文字、你發出的那些聲音的序列，是如何擁有如此強大力量的呢？

你正在閱讀的這本書，特別是這一頁，上面有許多不同配置的黑色墨水標記。配置模式形成了你從多年的學習和經驗中認識的字詞。當你以固定從左到右的順序逐行閱讀每一個詞時，不可避免且無意識地接受了這些詞語，並將它們附加到你對它們所代表的內容之主觀體驗上。除非你賦予它們意義，否則這一頁的文字對你來説根本沒有任何意義，而意義只能來自於你自己的經驗，即你已經了解這些文字所代表的經驗。

如果沒有你對這些詞語附加的意義，那麼這一頁所有的詞就毫無意義。當你看到陌生的書面文字其線條和曲線，或者當你聽到不熟悉的語言音調時，這些標記和聲音就是毫無意義的，因為你沒有內在的參考框架來理解它們。意義在於你，而不在於文字。由於你使用自己的個人經驗來為字詞賦予意義，因此你就可以理解為什麼同一個詞對於不同的人來說，會不可避免地代表不同的事物。越抽象的詞，意味著個人詮釋的空間越大，也就越有可能發生不同的詮釋。

本書中的暗示練習，特別是在每一章後面「任務清單」的部分，會幫助你在練習時更清楚這點。但是，在你一生中，你可能已經有很多經驗，你對一個詞或一個短語的詮釋和另一個人大相徑庭，這足以讓你懷疑那個人是否和你來自同一個星球。不管在什麼語境下，即使使用同一種語言，大多數的溝通問題，都是由人與人之間詮釋的差異所引起。我對做什麼事情是「對的」的想法，可能與你對做什麼事情是「對的」的看法完全不同。我對如何度過「放鬆的夜晚」的想法，可能與你對「放鬆的夜晚」的想法，也幾乎沒有相似之處。

在臨床催眠的實踐中，你需要對自己使用的詞語和短語保持敏感，因為你的個案對它們的詮釋都具有特殊性。比如說，有助於你個人放鬆的短語，也許對你的個案來說，就好像是指甲刮黑板一樣刺耳。有些適合你理解之特定經驗的詞語，所代表的東西可能與你的個案完全不同。這個規律適合所有語言，但在與來自不同文化背景的人合作時猶為明顯。在某些情況下，某些詞在對方的語言中並不存在，因此它們無法表達你的意圖，對方也沒有這個經驗。

詞語是代表內部經驗的條件刺激（Watzlawick, 1978），手勢也是社會化經驗產生的條件刺激（如點頭、手勢）。但歸根結柢，人是獨特的個體，每個人都以自己的方式交流。因此，靈活的溝通要期待並允許個案以其獨特的方式解釋和回應。

催眠模型中關於語言的條件屬性和詞語所代表的體驗，在解釋催眠的多個方面都相當有價值。在語言學中，將詞語與經驗聯繫起來的過程被稱為「跨源搜索」，它一直是該領域大量研究的主題。畢竟，這解釋了我們對於所

聽到的事情，是如何賦予它們意義的。同時，這也是我們透過吸收暗示，來建立具有潛在治療效果的主觀連接方式。

在催眠中，語言和體驗的條件屬性，會讓個案將治療師的話語附加到個人體驗的跨源搜索過程中，當個案在精神上內化了這些，就會在身體上、情感上、認知上以及感官上都發生明顯的改變。這些變化很細微，但卻存在。它們一直自然而然地發生著，但是在催眠期間會突顯出來。例如，當你專心聽某人描述他們在一家不錯的餐廳吃飯的樂趣時，為什麼你會覺得餓，甚至會垂涎三尺，想著有機會一定要去那裡吃個飯？跨源搜索的體驗涵蓋了你將他們講的話附加到愉快的用餐體驗上，當你的想法被吸引到一定程度，就會無意識地對心理體驗做出行動上的、感官上的、認知上的和情感上的反應。

這些自動反應我們統稱為「意念動力」反應，由伯恩海姆於19世紀後期首次提出（Spanos & Chaves, 1991）。思想動力反應是指將想法、暗示轉化為實際行動的反應。行動或身體反應稱為意念驅動反應，自動思維稱為意念認知，自動感覺聯想稱為「意念感知」反應，自動情感聯想則稱為「意念情感」反應。當有人處理你的暗示時，這些是在多層面上發生的自動化過程。正如下一章我們要詳細討論的，你使用的語言所產生的結果，可能比你能意識到的要多得多。

跨源搜索和意念動力學過程看似簡單，但通常是極度複雜的溝通特徵，尤其是在臨床催眠中。個人經驗在賦予文字意義方面的必然作用，很大程度上解釋了每個人對催眠反應的個體化及獨一無二的特徵。然而這主要是內在的模型（因為它非常強調個人對暗示的獨特解釋和反應），並沒有考慮到所有催眠工作不可避免的關係和情境動態。

觀點總結

現在你可能已經在本章中接觸到一些對催眠現象最有用的解釋，那麼你可能會欣賞我之前對於每種觀點適用性的評論，但任何一種觀點都不足以全面地理解催眠。隨著你不斷在臨床實踐中使用催眠，一定會發現人們對其

反應的複雜性和多樣性。這些需要你在特定的治療時間內保持開放的心態，使用那些與你和個案互動最相關的模型其中的特定元素。你能使用的模型越多，你的靈活性就越好，同時治療的效果也會越好。

1. 人的預期是如何影響其客觀觀察能力的？
2. 你對人腦與電腦之間經常使用的類比有何反應？你是否相信頭腦是「程式化的」，並且當一個人想要改變時，是否有必要先「抹掉舊磁帶」？為什麼或為什麼不？
3. 什麼是「正常」的意識？你是否經歷過改變的意識狀態？什麼時候？是什麼讓你定義這就是改變的狀態呢？
4. 跨源搜索和意念動力過程為什麼特別需要仔細選擇用詞？
5. 什麼是「個人誠信」（personal integrity）？當班級中每一位成員都為其定義的時候，關於這個抽象術語是如何被賦予了多樣的經驗，你有何發現？

任務清單

1. 角色扮演，你和你的夥伴輪流假裝被深深地催眠。說說你們都體驗到什麼。
2. 聯繫你所在地區號稱自己的方法是「全面的」醫療機構。你對被稱為「全面的」各種方法有何發現？你覺得催眠是全面的方法嗎？為什麼或為什麼不？
3. 選擇某個角色扮演一天。比如，你本來很害羞，那就扮演一個非常外向的角色；如果你本來很自信，那就扮演一個被動的角色。無論你選擇這一天扮演什麼樣的角色，都請盡可能留在角色中。但首先請確保這個角色是安全的！你對角色的界限有什麼新發現（哪些地方激勵了你，哪些讓你覺得消沉）？你所扮演的角色如何影響你對自己的看法？

第 **4** 章

大腦、心智
和催眠

概述

　　腦科學對催眠的研究數量在過去 20 年激增。即使是現在，隨著檢查神經過程的新技術不斷出現，以及不斷發展研究模式，這個過程仍在繼續。這些為研究人員提供了前所未有的機會來研究大腦細節，這在以前是絕無可能實現的。能夠學習人的大腦在催眠期間所做的活動，觀察極為微妙的變化，比如當視覺改變或者出現幻覺時，人們對暗示的回應，同時，能夠「即時」測量到這種變化，並確定哪裡可能會發生這樣的變化，這簡直太不可思議了！這些用於檢查大腦運作的新型複雜技術，很有可能回答諸多關於我們自己的最基本問題，比如在生理層面是什麼驅動著我們的思想、感覺和行為，以及是什麼構成了有意識的體驗和各種條件下潛意識的過程（Landry & Raz, 2015, 2017; Oakley & Halligan, 2013）。神經科學的研究成果為催眠的發展帶來強有

力的證據。它證明了在催眠期間，大腦活動會發生特定、可測量的變化，對暗示做出的回應也建立在這個基礎之上。催眠所產生的效果並非虛幻（De Benedittis, 2015; Jensen et al., 2017; Landry & Raz, 2017; Vanhaudenhuyse, Laureys, & Faymonville, 2014）。

催眠以它獨特的方式挑戰我們對大腦的理解。在催眠中會發生認知、感知、身體和行為的變化，這些變化通常又表現為對暗示體驗有更強烈反應。然而，並不是每個人對催眠過程都有相同反應，這也是不爭的事實。研究人員用標準化量表正式測量受試者的催眠反應性，並將他們分為所謂的「高度可被催眠性」組和「低度可被催眠性」組（Landry & Raz, 2017; Parris, 2016; Wortzel & Spiegel, 2017）。透過聚焦研究那些相對具有更高被催眠能力的人（而不是那些不具備被催眠能力的人），腦科學研究人員試圖回答一些重要問題，其中包括大腦在催眠期間的功能如何，以及大腦在催眠期間對暗示如何反應。在本章中，我將描述一些與催眠相關的神經科學研究及最新發現。同時，對於這些可能會幫助我們更好地了解大腦的發現，以及這些發現對臨床實踐可能意味著什麼，我也會深入探討。

為什麼要研究催眠中的大腦？

關於這個基本問題，讓我直接給出一個明確答案：對於產生催眠體驗，以及透過催眠所產生的各式各樣催眠現象，大腦發揮了至關重要的作用。大腦是訊息處理、注意力、感知力、意志力、信念、記憶、想像力以及掌控無數心理過程的主要器官，理解大腦的運作可以幫助我們更好地了解自己、更好地幫助他人。簡而言之，個案的大腦，是他們對你的催眠做出反應的基礎，所以了解相關個案的大腦訊息可能對你有所幫助。

是什麼能讓一個人在嘈雜的房間裡專注於安靜的催眠引導過程，甚至還可以報告自己對外界分散注意力的噪音毫無覺察？暗示的麻木感如何做到能讓一些精神高度集中的人，在不使用任何化學麻醉的情況下，就接受手術治療？當一個人邀請另一個人「放鬆下來，聽我說」時，神經科學家在努力理解，到底發生了什麼樣的神經生理變化，研究問題變得越來越複雜，用來回

答這些問題的研究方法也變得越來越複雜。

在進行與催眠相關的研究上，神經科學家做出了重要區分。英國學者大衛‧奧克利和彼得‧哈利根（Oakley & Halligan, 2013, p565）簡明描述了以下兩種主要類型：

> 第一種可以被描述為「本質研究」，主要關注在更好地理解催眠和催眠暗示現象的本質。本質研究主要關注：是什麼讓某些人對催眠暗示比其他人更敏感？可暗示性的本質是什麼？暗示的催眠現象是「真實的」，抑或僅僅是「想像的」？以及催眠是否屬於特殊的意識狀態？第二種則更以「工具測量為關注重點」，這組研究選擇性地使用實驗，並且利用越來越多的臨床訊息來調查正常和異常心理功能的各個方面。

2013, p. 565

對於使用催眠的治療師來說，本質研究與工具測量研究的結果都與治療過程直接相關。我們當然想知道是什麼讓某些人比其他人對催眠引導更敏感，並且，我們也會不遺餘力地努力了解個案在其症狀形成過程中，有哪些經常性的自我暗示，以及如何將舊模式重新框架用於治療上。

研究被催眠者大腦的科學研究人員希望可以回答哪些問題呢？以下是一些最基本的問題：

- 高度可被催眠者和低度可被催眠者的大腦之間是否存在形態差異，即生理差異？
- 具有神經生理學基礎的高度可被催眠者，和低度可被催眠者之間是否存在認知差異？
- 可識別和可測量的催眠狀態，是否存在神經生理學相關性？
- 神經生理學上可測量的狀態變化，是催眠體驗的原因，還是催眠體驗的結果？
- 神經生理學數據在多大程度上反映的是催眠引導的過程，而不是催眠狀態本身？

- 暗示如何轉化為（認知、感知、行為或身體上的）反應？
- 大腦在催眠中所產生的回應，會有不尋常的體驗，比如失憶、幻覺的暗示，這些會對個案的病症提供任何洞見嗎？

　　如果我們想要更好地理解暗示是如何改變個案的體驗，這些問題以及許多其他神經科學家試圖回答的問題就變得非常重要。然而，回答這些問題說起來容易做起來卻很難。在催眠過程中，發生了一些變化：在催眠引導程序開始之前，個案只能專注於手臂的疼痛。在催眠引導之後，收到了一些關於麻木的直接暗示（比如「你的手臂會感覺到完全舒服的麻木，就好像所有感覺都消失了一樣」），疼痛幾乎就從個案的意識中消失了。確實發生了一些變化──但這些變化是什麼呢？神經科學是否完全為我們解答了這個基本但又極其複雜的問題呢？到目前為止，答案是沒有。正如蘭德里和拉茲（Landry and Raz）所說：

> 神經影像學和電生理學的發展為探索活體大腦的複雜性提供了新方法。這些發展增加了人們的期待，人們期待神經科學能夠闡明一些與人類思維相關的基本問題。催眠是這種持續趨勢的一部分。然而，在對被催眠的大腦進行了二十多年的成像研究之後，研究依然沒能為我們提供可靠的催眠神經生物學模型。
>
> （Landry & Raz, 2017, p. 19）

　　然而，透過神經影像學取得的進展，最近的發現指向了大腦中負責興趣的區域。在催眠期間，個案對不同類型的暗示做出反應，這些區域或多或少會變得更活躍（De Benedittis, 2015）。

◆ 研究催眠的大腦所面臨的挑戰

　　大腦研究在任何情況下都具有挑戰性。但由於催眠本質的模糊性，以及我們難以確定催眠程序是否可以確保神經科學家正在測量的內容，就是他們認為自己需要測量的東西，這使得大腦研究變得更加複雜。此外，個體之間的催眠反應差異，也可能導致難以得出概括性結論，測試環境可能是侵入性

的（如在進行功能性磁振造影（fMRI）時聽到的響亮喀嗒聲和敲擊聲），以及研究對象在神經成像過程中，必須保持固定的身體位置可能會讓人感到不舒服。儘管存在這樣或那樣的挑戰，但神經科學家已經開始了解到更多關於被催眠者的大腦活動訊息。

第一個挑戰是回答這樣一個問題：若將「催眠」當作獨特狀態，其與暗示所產生的效果是否存在差異？奧克利和哈利根做出如下區分，並以此指導他們在催眠狀態下進行大腦成像工作：

> 在操作上，「催眠」是指在催眠引導程序之後，個體出現的心理活動在基線值上的變化，通常在主觀層面表現為聚焦能力提升、注意力集中、對外部刺激不關注以及自發性思維減少。催眠引導程序包括一系列促進這種特定心理狀態的口頭指令。典型的「催眠」現象需要具體暗示，例如改變感官體驗和運動控制、失憶以及對自我和環境的虛假相信……此外，催眠暗示的效果在大腦激活程度上，也會表現得更為明顯。
>
> （Oakley & Halligan, 2009, p. 264）

奧克利和哈利根在後面一篇論文中指出，催眠引導程序透過複雜的因素與暗示分離開來：

> 然而，將某個過程稱為「催眠」並引入正式催眠引導程序本身，可以被視為「進入催眠狀態」的暗示。此外，嵌入在催眠引導程序中的暗示，和源自文化信仰的預期，可以明顯地影響一個人的催眠體驗。
>
> （2013, p. 566）

蘭德里和拉茲（2015）也有同樣的擔憂，他們說：「神經影像學方案幾乎沒有辦法區分催眠引導的效果和催眠暗示的效果。」（p. 291）

儘管將暗示與催眠引導程序分離開來具有挑戰性，但可以說，若要研究催眠狀態下的大腦，最大挑戰是其基本前提，即存在某種被稱為「催眠」的特定可測量狀態，儘管它尚未確定，也沒有以明確的生物學術語被定義。想想你自己對這個問題的看法，以及它如何影響你使用催眠。你是否認為有一種腦神經狀態是催眠的基礎？是否認為隨著神經科學的發展，催眠最終會被

識別和測量？如果你這樣做，那很好。事實上，安德烈・魏岑霍夫博士是這信念的主要支持者，他認為有種獨特的催眠狀態尚待發現和測量。他寫道：「為何我們反對將催眠作為現實現象的論據？因為到目前為止我們還沒有找到與催眠狀態一致、穩定且有意義的生理特徵。」他接著問道：「但我們是否發現了其他心理活動的生理特徵？這些心理活動的真實性有沒有受到質疑？」（2000, p. 224）

　　這裡有個令人信服的例證，比如，我們能否測量愛？然後透過掃描大腦，明確地區分你對母親的愛和你對冰淇淋的愛？很顯然，我們現在做不到，也許永遠也做不到。然而，對於魏岑霍夫和許多知名神經科學研究人員來說，這就好像有一種被稱為「催眠」的狀態，必須要以客觀可證明的方式存在，並且能夠明確地與其他內在狀態區分開來（參見第2章魏岑霍夫博士的參考框架）。儘管我們目前的技術已經相當精密，但這些技術仍無法滿足實現上述任務。這很可能是真的。或者，這也許表示催眠看似有自己的特徵——聚焦和專注的品質——但與其他體驗相比並無太大差異，以至於催眠並沒有產生自己獨特的生物學特徵，這可能也是真的。

　　近年來，隨著我們不斷對催眠中的大腦有了新的認識，對於「催眠是種特定狀態，有其獨特且可測量的神經生物學特徵」這個看法，已經有了實質性進展。最近，儘管許多學者仍在尋找某種被稱為催眠的特定狀態，並報告說找到了一些通用指標（我們將稍後描述），但人們對尋找這種狀態的關注減少了。相反，人們越來越關注個體的聚焦能力，與對不同類型暗示的反應之間的關係。總體來說，神經科學的催眠研究，已經朝著研究注意力和注意力過程的方向在發展，因為這些是組成催眠的一部分（Hoeft et al., 2012; Landry & Raz, 2017; Oakley & Halligan, 2013）。人們發現，催眠體驗在大腦中並沒有某個具體、特定的位置，相反，注意力的方向和強度，以及在催眠狀態下促進個體產生心理活動的類型，將會決定哪些腦區會更正向地參與其中（Kihlstrom, 2003, 2014, 2015）。當處於催眠狀態的個體聚焦注意力，並對各種暗示做出反應時，精確的成像技術可以檢測並測量大腦中的變化，這些變化可能會為我們提供一些見解，幫助我們了解在催眠中究竟發生了什麼。

如何研究大腦？

目前，有許多技術可供神經科學家用於研究一般大腦以及催眠這一特定主題。這些包括腦電圖（EEG）頻率分析、正電子放射斷層掃描（PET）、局部腦血流（rCBF）、單光子放射電腦斷層掃描（SPECT）、腦磁圖（MEG）、磁源成像（MSI）、功能擴散張量成像（fDTI）和功能性磁振造影（fMRI）（Oakley & Halligan, 2010）。它們每一個都有不同評估大腦功能的方法，每個都提供特定類型和品質的觀察，從而產生不同但相關的發現。

全面回顧有關催眠的大量神經生物學數據已超出了本章範圍（此類相關文獻的優秀評論，請參閱 Barabasz & Barabasz, 2008; Crawford, 2001; De Benedittis, 2015; Landry & Raz, 2015, 2017; Oakley & Halligan, 2009, 2010, 2013）。這裡我為大家講解三種最常見且有價值的應用方法，它們可以使我們更深入地思考，並從中得出一些新發現。本章稍後將逐一描述。

◆ 腦電圖（EEG）

腦電圖是成熟的腦成像技術。腦電圖是測量由大腦外表皮層電活動產生的微小電壓波動（範圍從 10–100 微伏）。記憶、思想、行動和直覺等心理功能在新皮質中進行。大腦的電活動是從放置在頭皮上的電極記錄下來的。可以僅使用一個電極從某個特定位置來測量活動，或者也可以使用複雜的電極「帽」在多達 256 個位置測量和繪製整個大腦的活動（Koch, 2017）。大腦相對微弱的電信號被放大，然後分解成它的頻率分量。傳統的研究波段是 θ 波（4–8 赫茲）、α 波（8–13 赫茲）、β 波（17–30 赫茲）和 γ 波（30–60 赫茲）。電極位置則根據相應的大腦區域指定（例如，F＝額葉，T＝顳葉，C＝中央區，P＝頂葉，O＝枕葉）。奇數是指大腦左側，偶數是指大腦右側，「z」是指中線名稱（Ray, 1997）。

腦電圖研究的重點是確定在某些體驗中，大腦的哪些部分最活躍，哪些部分最不活躍。然而，正如詹森、安達和哈基米安（Jensen, Adachi, and Hakimian, 2015）所指出的那樣，腦電圖只能評估大腦皮層頂層的活動，與更具揭示性的 PET 和 fMRI 成像技術相比，它是較弱的測量數據來源。

◆ 腦電圖（EEG）和事件相關電位（ERP）

採用 EEG 技術的方法之一，是研究個體在聆聽或觀看某些外部刺激（稱為外源性或誘發性電位），或對某些內部刺激（稱為內源性點位）做出心理反應時的腦電圖模式。這些刺激被稱為「事件」，大腦回應這些事件的電變化（一系列波峰和波谷），稱為事件相關電位或 ERP。為了準確讀取 ERP，研究人員必須多次重複刺激，再將 EEG 事件鎖定到刺激的平均值，以將任何隨機背景的大腦活動減少到零。出現某種刺激後，透過測量 ERP 發生所需要的時間，以及多次記錄大腦的不同區域（放置的電極越多，越能準確確定活動發生的位置），便可以確定大腦中被刺激激活的區域其順序和時長。

與催眠相關的內源性 ERP 已有廣泛研究，稱為 P300，或者在 EEG 中被簡寫為 P3 波。它通常出現在對罕見或有意義的刺激反應中，並在刺激出現後約 300 毫秒出現（有時需要更長的時間，可能長達 1,000 毫秒，具體取決於刺激的複雜程度）。

早期的腦電圖研究表明，催眠是一種「阿爾法狀態」（alpha state）（London, Hart, & Leibovitz, 1968; Nowlis & Rhead, 1968）。這個概念被廣泛使用，甚至出現了「高級意識」工作坊，學習如何產生阿爾法節律，並創造了特殊的「阿爾法波共振」機器，這些機器在商業上可以幫助你做到這一點。然而，催眠卻不僅僅只是一種「阿爾法狀態」那麼簡單。

義大利神經科學家朱塞佩・德・貝尼迪蒂斯（Giuseppe De Beneddits）一直是催眠神經科學文獻的重要貢獻者。他的腦電圖研究顯示了某些趨勢，總結如下：

> 催眠狀態和催眠反應（包括催眠麻醉）與 θ 波和 γ 波活性的增高相關性更高，更高程度的 θ 波往往與更高的催眠能力和催眠反應呈正相關。

（2015, p. 153）

詹森和他的同事（2015）詳細闡述了這些發現：「催眠與 θ 波段的能量最為相近，而變化則與 γ 波的活動密切相關。」（p. 230）他們進一步表明，

θ 波振動的增加和 γ 波活動的變化可能是某些催眠反應的基礎。

腦電圖分析最新的技術帶來了更多有趣結果。例如，德·貝尼迪蒂斯在報告中指出，雙譜 EEG 分析是新型的複雜尖端技術，它使用多種 EEG 信號技術的組合，能夠區分「清醒」的實驗對象和被催眠的實驗對象（2015, p. 153）。如果能夠成功複製，這將是尋找催眠的穩定電生理特徵這個方向所邁出的一大步。

◆ 正電子放射斷層掃描（PET）

PET 於上世紀70年代首次開發使用，受試者被注射少量放射性同位素（稱為示蹤劑），待吸收之後再測量大腦中正電子的放射。顯然，這屬於侵入性技術。示蹤劑允許透過測量流向該區域的血流量，來測量大腦不同部分的活動。當一個區域被激活時，流向該區域的血流量就會增加。透過放射性示蹤劑測量血流，會得到一個三維地圖，不同顏色可以代表不同的大腦活動程度。

◆ 功能性核磁振造影（fMRI）

含氧血液與脫氧血液具有不同磁性（Oakley & Halligan, 2010）。fMRI 技術能夠檢測這些差異並放大它們：

> 兩者之間的差異可以作為血液流經特定神經元組代謝活動強度的指標。在 fMRI 中，參與者的頭部被包裹在一個大型外部磁鐵中，該磁鐵會產生強大磁場，記錄血流變化。由於 fMRI 比 PET 侵入性更小，並且可以提供更好的大腦活動時間和空間分辨率，因此它逐漸成為大多數認知大腦神經影像學研究的首選方法。
>
> （Oakley & Halligan, 2010, pp. 82-83）

拉茲（2011）認為，儘管功能核磁共振成像技術可能很強大，但它仍有局限性。其中最重要的是因為血氧水準不代表或顯示意識或主觀體驗。換句

話說，你可以觀察到大腦的某個特定區域變得更加活躍，但你不知道具體是什麼；當那個大腦區域變得更加活躍時，這個人在想什麼、想像什麼，還是在記住什麼？詹森等人進一步指出：

> 當我們設定目標是要識別在幾秒內發生的神經元活動變化時，fMRI 技術是最有用的……然而，fMRI 通常不能用於評估在幾分鐘或幾小時這樣較長時間範圍內，大腦狀態發生的變化。

（2015, p. 231）

如你所知，在催眠中對大腦進行成像的理想方法尚未發明。但是，這不是「全有或全無」的現象。掃描技術儘管有各自的局限性，但用於催眠中的大腦，確實可以教會我們一些有價值的東西。

關於催眠以及集中注意力，大腦研究顯示出什麼事情？

如果沒有聚焦的能力，我們可能隨時都會被感官體驗到的大量訊息所淹沒。當人們患有影響其注意力的疾病時，例如注意力缺陷障礙症、身體疼痛或嚴重焦慮，由此產生的痛苦和問題往往顯而易見。顯然，以有意義的方式聚焦注意力的能力因人而異。注意力的差異如何影響對催眠治療的反應呢？這些差異是個案與生俱來的？還是由催眠程序的差異所引起？此外，治療師對個案的期待以及相應的治療方案，是否會因治療師看待他們的聚焦能力而有所不同呢？

「選擇性注意」這個術語是指個體自主地將注意力聚焦於體驗的某一部分，而「忽略」其餘部分的能力。將注意力聚焦於特定刺激（例如文字、手勢、沉默、圖像、聲音、紋理、記憶等）以排除或幾乎排除其他同時正在發生的刺激，是催眠體驗的基礎。

決定哪些刺激會進入並影響我們感知的因素非常複雜。其中包括：感覺刺激的程度（刺激的強弱）、刺激的新鮮感、當事人的反應傾向（源於社會化和遺傳的複雜相互作用）、當事人在有所考慮的情況下參加的動機、當事人的心情，以及環境中共存的其他感官刺激種類和數量。這就是為什麼練習的

積累效應如此重要。在特定時刻，總是有很多種可能性可供選擇。在訓練人們更熟練地體驗催眠（或自我催眠）時，你是在教他們如何調節注意力的能力。正如我們稍後將看到的，注意力的方向和強度，對廣義的心理障礙症有著深遠影響。

大多數對催眠中大腦的研究，是使用成像方法來識別受試者大腦從休息狀態（通常稱為「預設狀態」）到暗示狀態（例如麻醉或年齡回溯）的變化。首先，檢查大腦的休息狀態，然後對大腦中那些在接受催眠程序和暗示時變得活躍的區域進行成像，從而顯示大腦網路。術語「功能性連接」，專門用於描述大腦區域之間的連接。

人們已經分別研究了三個大腦網路：執行控制網路、顯著網路和預設網路（Hoeft et al., 2012; Jiang, White, Greicius, et al., 2017; Landry & Raz, 2017; Wortzel & Spiegel, 2017）。執行控制網路在聚焦注意力和執行記憶任務時參與，它的主要功能之一被定義為衝突監控。顯著網路在聚焦注意力時也很活躍，尤其是個體受到挑戰或焦慮時會被激活，它的主要功能是提醒。預設模式網路在休息時被激活，並在你參與更多任務時被停用。催眠引導已被證明可以減少預設模式系統的活動，並增加前額葉皮層的活動（Oakley & Halligan, 2013）。

大腦的注意力與前扣帶皮層和額葉皮層的激活相關。這在催眠和沒有催眠的其他認知過程中都是這樣的（Jamieson & Sheehan, 2004; Oakley & Halligan, 2009, 2013）。大腦研究顯示了與催眠相關的額葉轉換之多階段過程：聚焦注意力的指令，常常是正在進行的引導過程，具有額葉注意過程參與的特點。在暗示放鬆時，這些額葉注意過程會受到抑制。一旦人處於催眠狀態，功能性大腦活動就會根據這個人被給予的暗示類型重新進行分配（Crawford, 1994; Gruzelier, 1998; Kihlstrom, 2014; Landry & Raz, 2017; White, Ciorciari, Carbis, & Liley, 2009）。

沃策爾和斯皮格爾（Wortzel and Spiegel）以這種方式總結並有以下發現：

當個案在催眠中被引導改變感知刺激的強度（例如，將手放在熱水中以減輕疼痛的強度），必要的感覺皮層中，血流或代謝活動就會受到影響。或者，當個案被引導改變刺激所引起的反應或感知時（例如，被引導將疼痛刺激的感覺改變為良好的感覺，如溫暖），被催眠個案的前扣帶皮層活動會顯示明顯減少……催眠不僅在主觀上改變了對刺激的感知，而且在實際生理層面，也改變了我們的大腦處理和感知世界的方式。

（2017, pp. 5-6）

最重要的一點是，注意力機制不是單一的。相反，它是由多個彼此交互的意識和潛意識過程所組成。這意味著不同性質的暗示可以誘發不同性質的注意力。神經科學中有趣的發現是，大腦的不同區域可以調節不同類型的注意力。因此，可以預見的是，在不同類型的催眠體驗中，大腦活動也存在明顯差異（Landry & Raz, 2015; Oakley, 2008）。

換句話說，就像一個人的注意力品質可以調節情緒、認知和運動行為及能力一樣，一個人的注意力品質必然也會根據注意力的內容，激活不同的大腦區域。正如認知神經學家約翰・基爾斯特倫博士觀察到的那樣（2003, 2014），催眠的神經相關性在很大程度上取決於個體在催眠期間專注於什麼、吸收了什麼或者有什麼任務和目的。這可能是其中一個原因，致使我們至今尚未發現催眠具有某種單一、高區分度的神經學特徵。

◆ 如何理解大腦半球不對稱：催眠是「右腦」現象嗎？

相信大腦的功能是根據大腦半球而分開的這一觀點，導致了左右大腦半球有不同的催眠方法，我們稱之為「半腦催眠」。這種信念的歷史可以追溯到 19 世紀（Raz, Schwartzman, & Guindi, 2008），並在 20 世紀 60 年代再次流行起來。這是因為人們對所謂的「腦裂」患者產生了濃厚興趣。這些患者由於嚴重且持續不斷的癲癇發作，透過手術切除了連接兩個大腦半球的胼胝體，由此產生了「腦裂」（Gazzaniga, 1970; Sperry, 1968）。

半球不對稱理論——所謂的「左腦－右腦」特性——再一次被用來解釋

催眠和催眠現象（Watzlawick, 1978）。該理論認為，儘管當時沒有特定關於催眠的客觀證據來支持它，但催眠是涉及「阻擋左半球」同時利用「右半球語言模式」的過程。有些人更進一步，甚至宣稱右腦是潛意識的「地盤」。根據目前數據顯示的大腦功能分布——意識和潛意識——在兩個半球都有。因此，這種說法是不正確的（Corballis, 2007; Crawford & Gruzelier, 1992; Raz et al., 2008）。

特別是神經心理學家海倫・克勞福德（Helen Crawford）的研究，為催眠並不局限於某一個半球的注意力過程這樣的新理解鋪路。她還透露個案在正向聽取暗示方面的心理努力，挑戰了催眠「不費吹灰之力」的傳統觀念。神經心理學研究表明，額葉與注意力的功能相關（Cojan, Piguet, & Vuilleumier, 2015; Jiang et al., 2017）。在催眠麻醉中，克勞福德和她的同事魯本・古爾、布雷特・斯科爾尼科和黛博拉・本森（Ruben Gur, Brett Skolnick, Raquel Gur, and Deborah Benson, 1993）表明眶額皮質中的腦血流量增加，或許可以解讀為是個案更加專注。事實上，據格魯澤利埃（Gruzelier, 1988, 1990）和克勞福德與格魯澤利埃（Crawford and Gruzelier, 1992）推測，催眠能力的差異至少有一部分是由於個體之間有不同的注意能力，這可以透過額葉活躍程度來衡量。他們早期的猜測被證明是正確的，克勞福德的研究持續為當前的研究提供了進一步訊息。

參考框架：海倫・J・克勞福德博士

　　海倫・瓊・克勞福德（1943–2016）是維吉尼亞理工學院和維吉尼亞州布萊克斯堡大學的名譽教授。1978年至1987年間，她曾在懷俄明大學心理系工作，後來轉至維吉尼亞理工學院。

　　克勞福德博士是該領域最耀眼，也是最有影響力的神經生物學研究人員之一。她曾發表數十篇關於催眠神經科學綜合研究方面的科學論文和書籍章節。克勞福德博士於1974年獲得加州大學戴維斯分校實驗心理學博士學位，1975年至1978年在史丹佛大學心理學系催眠研究實驗室擔任研究助理，在催眠領軍人物歐內斯特・希爾加德博士的麾下進行研究。關於他們主要研究的參考框架，我會在本書第14章為大家介紹部分主題。克勞福德博士的研究在國際上享有盛譽，她也曾受邀出訪英國帝國理工學院、丹麥奧爾堡大學、義大利羅馬大學和匈牙利科學院。她以出色的科研能力贏得許多獎項，其中包括臨床和實驗催眠學會頒發的伯納德・B・拉金斯基的領導力和成就獎，以表彰她是「催眠領域的傑出教師、科學家和先驅」；國際催眠學會頒發的歐內斯特・R・希爾加德科學卓越獎、美國心理學會第30分會科學和專業催眠傑出貢獻獎。1984年至1985年，她擔任美國心理學會第30分會的主席，並於1989年至1991年擔任臨床和實驗催眠學會主席（the Society of Clinical and Experimental Hypnosis）。克勞福德博士對她的研究傾注全部熱情。儘管她對自己嚴謹治學的態度經常輕描淡寫，但無論何時當她描述起自己的工作時，都是那麼富有感染力。

　　關於催眠的生物學特點：「伴隨催眠而來的是生理變化。例如，當一個人控制疼痛時，額葉的參與會發生變化，並與大腦中的其他系統相互作用。不僅是額葉。透過fMRI我們看到了前扣帶皮層的變化。這一切都反映出正在發生某些改變——這個人正在進行認知加工，但加工的方式不同。」[1]

關於注意力的關鍵作用：「很明顯，個體在注意力集中或分散、持續保持警覺，以及在環境掃描方面的能力都存在明顯差異。關於個體在注意力能力和可被催眠能力之間的關係，以及在催眠期間注意力處理策略的變化，許多研究對此使用了不同方法進行探討。無論是擴散性的還是選擇性的，由於催眠通常會涉及一個人不斷調整注意力，因此『催眠易感性與持續和集中注意力能力相關』的認知特徵也就不足為奇了。」（Horton & Crawford, 2004, p. 136）

關於催眠是種狀態還是特質：「催眠中的認知過程發生了轉變。我認為使用『狀態』這個詞是非常不準確的。它是有意識地覺察發生轉變，這就是我所能說的。我既不屬於『狀態』陣營，也不屬於『特質』陣營。」[1]

關於使用催眠的物理證據來創建個案的反應性：「除了媒體上的內容，大多數人對此知之甚少，人們對催眠有很多誤解。所以，我告訴他們，『催眠看起來就像集中注意力』，然後我比較了他們在集中注意力時所做的事情。在這個過程中，我會告訴他們我將和他們一起做什麼的事實。我解釋說，當一個人被催眠時，即使他們很放鬆，但大腦似乎非常活躍。因此，他們可以控制自己，可以決定是否參與。這真的很順利……他們喜歡擁有更多控制權的想法。」[1]

關於區分能力與態度：「我把能力和態度區分開來看。我不是那種說每個人都可以被催眠的人。根據標準化量表的結果，人們的反應存在一定差異。它受到神經和基因方面的影響。如果有人對了解什麼是人的催眠反應感興趣，測試可以提供幫助。而且，當個案發現自己可以被催眠時，這對他們自身也會有幫助。」[1]

關於超越生物學進入催眠的社會背景之中：「與個案的關係非常重要。如果個案不信任我，他們就不會被催眠。你必須提前建立親近關係。當我走進一個即將進行催眠的教室或場景時，我會在開始實驗催眠環節之前，與他們先交談10至15分鐘。我會為他們講解有關催

眠的知識，解決他們的信念以及任何可能存在的誤解。我通常也會講解我在疼痛管理領域是如何工作，以及我發表的文章。這會給他們一種感覺：『哦，這個是可能的。』這有利於發展與他們之間融洽的關係並建立合理的預期。」[1]

關於為什麼心理治療師應該了解腦生理學：「我認為你對腦生理學了解得越多，就越能認識到個案的問題是心理問題，還是可能存在一些潛在的神經系統問題。我非常尊重治療師，但他們往往不了解臨床神經生理學，並且他們會遺漏個案的身體原因。他們需要能夠看到生理和心理兩方面的問題才行。」

資料來源：
1 私人交流，2002 年 6 月 17 日。
2011 年 5 月 18 日在朱利安・克勞福德（Julienne Crawford）的協助下更新。

大腦和心智

儘管研究催眠狀態裡的大腦很有趣，但我們不僅僅是我們的大腦。大腦和心智顯然是相關的。但身為治療師，我們最關心的往往是與大腦活動相關的心理過程。在這個方面，如巴拉巴斯（Barabasz）等人的腦電圖研究（1999），在顯示事件相關電位（ERP）受訊息處理策略影響方面，提供了豐富的訊息。證據表明：

即使是催眠暗示措辭中明顯的微小變化，也會在腦電圖事件相關電位中產生正交差異……催眠引導（Barabasz, 2000）會產生影響，一旦人進入催眠體驗，引導的措辭可能便是關鍵。

（Barabasz & Barabasz, 2016, p. 206）

大腦如何對你的暗示進行詮釋和聯想，這無疑是影響個案反應的最重要因素。心智如何影響大腦？幾項富有啟發性的研究可以讓我們了解其中的部分答案。

◆ 催眠和減少衝突：去自動化

當出現兩種或兩種以上刺激相互衝突時，人們如何決定要注意什麼呢？這個決定是前面描述過執行系統的任務。是否可以使用催眠來過濾掉其中一個衝突的輸入呢？麥基爾大學神經科學家阿米爾·拉茲博士（Amir Raz, Ph.D）和他的同事使用 fMRI 和 ERP 腦成像技術測試這種可能性，受試者被催眠，與此同時產生斯特魯普效應（Stroop effect）。《美國臨床催眠雜誌》的編輯史蒂芬·蘭登（Stephen Lankton，社工碩士）簡要描述了斯特魯普效應：

> 斯特魯普效應是基於約翰·雷德利·斯特魯普（John Ridley Stroop）的研究（Stroop, 1935）。它涉及讓受試者報告字詞中出現的字母顏色。這些詞是：以藍色書寫的「紅色」字樣、以綠色書寫的「黃色」字樣、以紅色書寫的「綠色」字樣，和以黃色書寫的「藍色」字樣等。當受試者看到其中一個詞時，他們會看到它的顏色和含義。當這兩個證據發生衝突時，他們必須做出選擇。因為經驗告訴他們，詞義比墨水顏色更重要，當他們試圖只注意墨水顏色時，就會發生干擾。干擾效應表明一個人並不總是能控制自己的注意力。這就是斯特魯普效應。

> （Parsons-Fein, 2006, p. 129）

正如拉茲指出：

> 即使你不希望它發生，它也會發生……閱讀文字是根深柢固的過程。對於精通閱讀的人來說，這是自動化反應……報告墨水顏色而不是正在閱讀的相關顏色詞語，這會產生衝突，並轉化為更多不一致字詞的錯誤。它還會轉化為反應時間加長或反應速度降低。這兩個因素——更多的錯誤（或更低的準確性）和更慢的反應速度——表明了斯特魯普效應的干擾。

> （Parsons-Fein, 2006, pp. 133-134）

拉茲和他的同事范錦（Jin Fan）和麥可‧波斯納（Michael Posner）（2005），
對催眠後暗示如何影響斯特魯普效應衝突的視覺處理過程產生了興趣。根據
標準評估工具，他們將受試者分為低度可被催眠組和高度可被催眠組，並在
催眠期間給予催眠後暗示，當他們再次接受斯特魯普測試時，他們不會將刺
激詞視為有意義的詞。相反，他們會「將輸入詞解釋為無意義的字符串……
催眠後暗示導致高度可被催眠組的受試者，將斯特魯普測試中的詞視為無意
義的外來符號」（Raz et al., 2005, p. 245）。最終效果是顯著減少了對受試者的斯
特魯普干擾。

在一次採訪中，拉茲解釋了這項研究的意義：

> 我的研究結果表明，催眠可以為人們自動化某些僵化過程……這說
> 明大腦，或者大腦的高級功能，具有一種能力，它可以施加自上而
> 下的控制，來影響部分腦區，這些腦區可能負責人們已經熟練掌握
> 的事情。這或許意味著我們能夠採取習慣性行為，或者，也可以說
> 是其他任何我們可以潛在修改的行為模式……催眠中的語言可以轉
> 化為對大腦焦點區域的特定影響，這絕對是個新聞——大新聞！
>
> （Parsons-Fein, 2006, pp. 137-138）

客觀測量的使用——尤其是 fMRI、ERP 和行為測量——證明了催眠後
暗示對自動化過程的強大影響，為更進一步研究暗示對其他自動化行為的影
響，提供了神經科學的基礎（Egner, Jamieson, & Gruzelier, 2005; Oakley & Halligan,
2013）。特別是對治療師來說，顯然，他們很想幫助自己所治療的個案，消
除不良習慣和自我毀滅的行為。催眠可能比我們從前認識到的更有價值，也
更具有可衡量的影響。心智對大腦影響的這個例子就是強有力的證明。

◆ 催眠和大腦中改變顏色的處理過程

史蒂芬‧科斯林（Stephen Kosslyn）和他的同事（包括大衛‧斯皮格爾醫
生，我們會在第 17 章介紹其參考框架的特色）（Kosslyn, Thompson, Costantini-
Ferrando, Alpert, & Spiegel, 2000）在哈佛大學使用 PET 掃描技術進行了一項頗具
戲劇性的研究。該研究旨在確定催眠是否可用於調節顏色感知。他們選取了

高度可被催眠者作為研究對象，給他們展示一系列圖案，有些是彩色的，有些則只有灰色陰影。無論是在正常警覺狀態下，還是在被催眠的狀態下，相對於處理灰色刺激的區域，彩色刺激都被證明是在大腦另一個單獨區域被處理。研究人員表明，使用 PET 掃描測量大腦活動時，受試者所看到的每張圖像，無論是彩色的還是灰色的，大腦活動都可以顯現出來。

當受試者被催眠，並暗示讓他們將彩色刺激視為灰色時，大腦感知彩色的區域就會變得不活躍，同樣，當被告知把灰色刺激看成彩色時，大腦感知彩色的區域則更活躍（例如產生幻覺）。這時，用於感知顏色的腦區在大腦兩個半球都被激活，儘管他們只看到了灰色陰影，但他們的大腦就像真的看到了彩色刺激時被激活一樣。當受試者處於催眠狀態，並被告知簡單地想像顏色時，大腦只有右半球變得活躍。

因此，這些研究人員證明，被催眠個體的大腦能夠以客觀可測量的方式，對暗示的體驗而不是真實刺激做出反應。研究人員得出結論，催眠是具有明顯神經相關性的心理狀態。這對臨床治療意義重大：透過催眠，我們可以創造出（例如暗示）體驗，這些體驗又可以透過進入心智來獲得影響大腦的能力。

◆ 催眠暗示下的幻聽

加拿大安大略省麥克馬斯特大學的塞赫特曼、伍迪、鮑爾斯和納米亞斯（Szechtman, Woody, Bowers & Nahmias, 1998），利用 PET 對高度可被催眠者的大腦活動進行成像研究，他們事先篩選這些人在催眠中產生幻覺的能力。在 PET 掃描儀中，他們的眼睛被遮住，在四種情況下監測受試者的大腦活動：(1)休息時；(2)在正常清醒狀態下，向受試者呈現一段錄音刺激，錄音中說：「這個人不常說話，但每當他說話時，他的話都值得一聽」；(3)在正常清醒狀態下，簡單地想像錄音中的聲音；(4)在催眠狀態下，回應有關幻聽聲音的暗示，告知正在播放錄音，但實際上並沒有。

PET 掃描顯示，當受試者產生幻覺與聽到實際錄製的聲音時，右前扣帶皮層腦區很活躍。但是，當受試者只是想像錄音中的聲音時，大腦的這個部

分並不活躍。值得注意的是,這些受試者的大腦已經將幻聽聲音記錄下來,就好像它真實存在一樣。這是心智影響大腦的又一例證。

◆ 催眠暗示下疼痛感的改變

在另一項由皮埃爾‧雷維爾(Pierre Rainville)及其同事(1997)在蒙特婁大學進行的催眠 PET 研究中,目標是了解與催眠期間疼痛緩解相關的大腦結構。他們對處於催眠狀態下的志願者進行了 PET 掃描,還把他們的雙手浸入到很燙的熱水中。

當給出的暗示是水會燙人或者只是輕微不適時,負責處理疼痛刺激的體感皮層並未表現出顯著差異。但是,前扣帶皮層是我們已知在疼痛中會變得更加活躍的大腦區域,當有人暗示水不會令人不舒服時,它的活動要少得多。可見,心智的感知對大腦的反應的確有很大影響。

◆ 瞳孔對暗示的想像光的適應

挪威奧斯陸大學兩名學者布魯諾‧朗(Bruno Laeng)和烏尼‧蘇魯特維特(Unni Sulutvedt)採用圖像暗示來確定關於亮度或暗度的暗示,是否會影響瞳孔變化。在首次向研究對象展示亮度和複雜度不同的形狀圖像時,他們使用紅外線眼動儀來監測被試的瞳孔直徑。然後他們暗示受試者,在看著空的灰色背景時想像這些形狀。他們還暗示受試者在看同一個中性螢幕時想像熟悉的場景,如陽光明媚的天空或黑暗的房間。研究人員報告的內容如下:

> 在所有實驗中,受試者的瞳孔分別發生了放大或收縮,以回應想像的黑暗和明亮的物體和場景……因為受試者無法自主收縮他們眼睛的瞳孔,所以觀察到瞳孔的調整是對想像光的調整。對於將心理意象解釋為基於類似感知過程中出現的大腦狀態此一過程,這是強有力的證據。

(2014, p. 188)

這是另一個催眠暗示的例子。它顯示了心智如何影響大腦。它是根據暗示，而不是客觀現實如光或暗的存在與否來解釋刺激。

◆ 生活、同理心、神經可塑性以及不斷變化的大腦和心智

生活經歷，包括催眠體驗，能改變大腦本身嗎？之前，人們一直相信我們生來就擁有我們將要擁有的所有腦細胞。然而，神經發生——即新神經元（腦細胞）的產生——的發現，改變了我們對腦生理學的基本理解。生活經驗在某種程度上，是有助於塑造大腦功能的方式——大腦透過稱為神經可塑性的過程改變自身能力——這是當前神經科學研究中，非常令人振奮的領域（Amen, 2015; Doidge, 2007, 2015, 2016; D. Siegel, 2007, 2010, 2015）。

神經科學家諾曼‧多吉（Norman Doidge）在他2007年備受歡迎的著作《改變是大腦的天性》（*The Brain That Changes Itself*）中，對神經可塑性的例子有精彩的描述，他講述了神經可塑性的機制和結果。多吉斷言，使用諸如催眠之類的體驗過程似乎可以促進神經發生和神經可塑性，這可能是因為，「催眠（相較其他）似乎是種技巧，可以讓陷入某種大腦陷阱中的人從困境中出來，而不是越陷越深」（2015, p. 351）。

催眠已經被證明可以促進神經發生和神經可塑性，這是調頻（attunement）的直接功能，其中部分原因是由於鏡像神經元的作用（Hill & Rossi, 2018; Rossi, 2007; Simpkins & Simpkins, 2010）。在這裡我將區分催眠和在催眠狀態。相較於在催眠狀態裡的複雜性，做催眠相對容易。在催眠狀態裡意味著很多事情，尤其是強調人們對文字療癒的力量，和關係的啟發力量上之靈敏認知。這些影響現在可以在神經科學上得到證明，這一事實著實令人興奮！催眠可以改變大腦和生活。

然而，在實驗室中客觀可測量的大腦，在治療師的治療室中只能被推斷出來，因為治療師通常沒有那些方便的成像設備。但是，我們共同關注的問題是，在我們試圖改變人們的想法和使用催眠作為工具來這樣做時，都突顯了治療關係的重要性。根據目前的情況來看，有超過500種不同形式的心理治療，幾乎所有形式都強調治療師和個案之間正向同盟的必要性。

◆ 調頻與心理體驗的影響

「調頻」這個詞最近變得越來越流行,這主要是基於神經科學了不起的發現。這些發現表明,當我們談論與某人「產生化學反應」時,它不僅僅是個隱喻。當人們互相依戀時,確實還會發生相互的生理變化。

例如,一項針對治療師進行的物理測量研究表明,在具有較高正向情緒時,個案和治療師都有驚人的相似生理反應(Marci, Ham, Moran, & Orr, 2007)。這個發現本身就很讓人著迷。然而,更令人著迷的是,個案後來在這些時刻,對感知到的治療師同理心給予了更高的評價。研究人員寫道:

> 這項研究支持了大腦成像數據,這些數據顯示人類在情感上確實是
> 「有聯繫的」。現在有越來越多的證據表明,在移情連結的時刻,人
> 類反射或鏡映了彼此的情緒,並且他們的生理機能以相同的波長在
> 振動。
>
> (p. 109)

為什麼我們會在直覺層面和神經層面,對他人的行為或情緒做出反應呢?當這些研究人員說「人類在情感上確實『有聯繫』的時候」,他們的意思到底是什麼?他們提到了一項最有說服力的發現,該發現首次啟動了人際關係如何影響我們大腦的調查。與許多重要發現一樣,這一發現是上世紀90年代初期,由神經科學家賈科莫・里佐拉蒂(Giacamo Rizzolatti)領導的一組義大利研究人員偶然做出的(Rizzolatti & Craighero, 2004)。在實驗中,獼猴的大腦被「連接」起來,以顯示猴子從事不同活動時,哪些神經元處於活躍狀態。當猴子抓住一個物體時,特定的神經元會被「激發」,這在意料之中。但最吸引人的是,當猴子被動地觀察另一隻猴子進行同樣抓取物體的行為時,同樣的神經元也會被激發。從神經學上看,就好像猴子的大腦以同樣方式做出反應,無論是牠自己做,還是只看著另一隻猴子做這個動作。被激活的腦細胞會在不同的個體中相互「鏡像」。因此這些腦細胞被稱為「鏡像神經元」。

人類也有鏡像神經元。當我們觀察其他人時,我們大腦的一部分會主動記錄正在發生的事情,並可以主動與他們的經歷聯繫起來。正是出於這個

原因，一些神經科學專家將我們的大腦稱為「社會腦」——我2009年出版的《抑鬱症是有傳染性的》（*Depression is Contagious*）一書中，針對社交大腦對抑鬱症傳播的影響有深入研究。有趣的是，科學家對表現出嚴重社交缺陷的人進行大腦掃描，例如無法對他人表現出同理心的人，就像自閉症患者一樣，結果顯示，他們的大腦與那些可以有意義地與他人互動的人相比，兩者存在顯著差異（Wickramasekera II, 2015）。

人與人之間發生的「化學反應」或「同步」或「調頻」是心理健康的重要組成部分。正如精神科醫生丹尼爾・西格爾博士（Dan Siegel, M.D.）所描述的那樣：

> 當我們與他人調頻時，我們是在允許自己內部狀態發生變化，從而與他人的內心世界產生共鳴。這種共鳴是親密關係中，重要「感覺」的核心。孩子需要調頻才能感到安全和發展良好。在我們的一生中，我們需要調頻才能感到親密和連結。

（2010, pp. 27-28）

心理學家歐內斯特・羅西博士和凱瑟琳・羅西博士（Kathryn Rossi）提出了具說服力的案例，來描述在催眠中被激活的鏡像神經元的作用。他們提出，當前的 DNA 微陣列技術可以測量生活經歷所導致的基因表達變化，而神經成像技術可以顯示意識變化、鏡像神經元變化、分子基因組學（環境引起的基因表達變化），以及催眠治療中大腦的可塑性之間的聯繫（Rossi & Rossi, 2006）。他們詳細描述了暗示和大腦變化的關係，並強調其他大腦研究所證實的內容：

> 在靈長類動物和人類身上，神經科學已經記錄了移情神經機制「鏡像神經元」的活動，我們透過觀察他人的行為並匹配他們的大腦活動模式來了解他們。目前對鏡像神經元和共情的研究，已經將催眠中，治療師與個案親近的關係和治療暗示的歷史、理論與實踐很好地結合在一起。

（2006, p. 275）

謹慎與個案建立治療聯盟與調頻的重要性，無論怎麼強調都不為過。本書後面將討論一些具體方法。心理學家 C‧亞歷山大‧辛普金斯博士和安內倫‧辛普金斯博士（C. Alexander Simpkins, Ph.D., and Annellen Simpkins, Ph.D.）在他們的著作《神經催眠：用自我催眠激活大腦，進行改變》（*Neuro-Hypnosis: Using Self-Hypnosis to Activate the Brain for Change*, 2010）中強調，大腦結構中明顯的延展性與聚焦和注意力有關。他們的書在連結大腦與心智之間的鴻溝做得非常出色，並使用越來越多關於大腦可塑性的證據，提出透過催眠最大化大腦功能的方法。

大腦研究對使用催眠的治療師意味著什麼？

儘管對大腦的研究帶來巨大收穫，但治療師還有太多使治療過程複雜化的問題需要考慮。其中包括：我們能否——我們是否應該——嘗試用完全生物學的術語來定義人的體驗，尤其是他們的問題？正如某些生物學模型的倡導者所建議的那樣，我們是否應該將抑鬱、焦慮以及其他許多疾病，僅僅定義為腦電波節律失常或腦部疾病？同樣，藥廠一直在努力將此類疾病定義為神經化學物質失衡，且需要藥物治療的證據，儘管並不像消費者認為的那樣有效，但這一立場確實使藥商獲得龐大利潤（Lacasse & Leo, 2015; Yapko, 2013）。然而，壓倒性的證據表明，幾乎每一種疾病都與心理和社會性相關，當然，也與身體相關。例如，抑鬱症不僅僅是「不良化學反應」（Yapko, 2001b, 2009, 2013, 2016a）。以單一視角看待多向度的現象必然會扭曲它。

同樣，催眠體驗也需要我們從多個維度來看待。畢竟，它發生在身體和社會（人際）環境中，也不可避免地涉及個人特徵，例如個案動機、專注能力和期望。正如義大利神經科學家朱塞佩‧德‧貝尼迪蒂斯所說：「儘管越來越多的證據表明，催眠狀態和過程的神經基質相當離散，但催眠和催眠反應最好能透過包含生物學、心理學和社會學等領域，更全面的模型來綜合加以解釋。」（2015, p. 154）值得肯定的是，美國心理學家馬克‧詹森（Mark Jensen）提出了生物心理社會模型的催眠理論，該模型談論到催眠機制（Jensen et al., 2015）。

催眠不僅僅是大腦腦波震動、大腦血流和大腦網路之間的功能連接，催眠遠遠比這些豐富得多。儘管如此，治療師還是應該意識到大腦生理學特徵是很重要的，並且這也可以理解為心理症狀的產生，很可能同時也具有其生物學基礎。進行醫學甚至是神經心理學評估通常是治療中明智的第一步。

希望你現在已經開始理解，並努力在神經生物學基礎上，理解與催眠和催眠現象相關的複雜性。在評估此類工作與特定催眠應用的相關性時，需要多考慮一下這些深刻的問題。每個治療師都必須注意到，從多個切入點進入個案主觀的世界時，每一次互動都會在包括神經系統的多個層面上產生影響以及潛在影響。其他一些相關問題我將在後面章節中介紹，希望大家在發展自己的臨床催眠治療思維方式時，可以成為你們的參考。不過，最起碼你現在應該意識到了，在催眠中給出的暗示不僅可以在心理上產生強大影響，而且在身體上也會產生影響。

1. 關於催眠中的大腦功能，你認為研究最終可能回答哪些問題？如果有的話，你認為哪些問題是任何研究都無法回答的？你為什麼會這麼認為？

2. 為什麼你認為有些人會被催眠的科學描述（例如「阿爾法狀態」或「右腦優勢」）所吸引？為什麼這些描述往往使問題變得模糊不清而不是更清晰？如何減少這種趨勢？

3. 在你看來，如果你糾正「錯誤的」腦電波模式，相關問題也會得到糾正，這是否合理？為什麼或為什麼不？

4. 如果有的話，你能夠指出哪些心理障礙症完全是生物性起源的？你的證據是什麼？

1. 看看你是否可以安排與當地醫院的放射科醫生或放射技師會面並進行簡短採訪。他們能告訴你哪些關於進行成像技術的過程，以及掃描時會顯示或不會顯示什麼？你學到了什麼令人驚訝的東西嗎？

2. 盡量打斷你做日常事情的正常順序：比如顛倒穿衣服或洗澡的順序，用非慣用手去拿東西等等。做這些事情對你來說是容易還是難？程度如何？神經可塑性與新穎性有什麼關係？

第5章

催眠與健康：
強化身心關係

　　近些年整合醫學一直致力於提升改善照顧個案的品質。整合醫學此種方法不僅解決身體問題，同時也解決了社會、心理、精神和環境對健康所造成的影響（Horrigan, Lewis, Abrams, & Pechura, 2012）。將催眠應用於解決身體問題，即所謂的「身心」療法，與整合醫學非常吻合，因為催眠從定義上講就是與完整個人的多層次溝通。上一章有一個重點是：「你比你的頭腦還要來得廣闊。」而本章的一個重點是：「你比你的身體還要廣闊。」

　　整合醫學的哲學起源可以追溯到很久以前，但是，直到這些年才有科學證據表明思想、身體和精神確實是相互關聯的整體。治療時，我們要考量每一元素，並將其納入整合治療計畫。此外，醫學界必須要接受一個事實，也就是人們開始尋求替代療法作為正統醫學的互補，有時甚至直接取代科學醫療。美國國家衛生研究院（NIH）估計，「有超過30％的成年人和約12％的兒童使用替代療法，或非主流西醫」（NIH國家替代療法和整合醫學官網，

2018年2月12日資料）。大多數人會使用替代療法來作為傳統西醫的互補或結合使用。

2012年，截至撰寫本文時，美國國家衛生研究院（NIH）的最新數據顯示，在一項針對成年人使用另類療法的調查裡，10.9％使用深呼吸，8.0％使用冥想，2.1％使用漸進式放鬆，1.7％使用引導想像（Clarke, Black, Stussman, Barnes, & Nahin, 2015）。與以往的調查數字相比，所有這些數字均呈現增長趨勢。當然，這些都是與催眠直接相關的聚焦技巧，它們總共代表了近四分之一的另類療法。人們可以清楚看到這些方法其價值所在，並且，似乎也可以安全地預測，隨著整合醫學不斷發展，選擇這些方法的消費者數量將會持續增長。

開始轉向更多維度的治療方法起初並不那麼順利，這只是因為西醫在歷史上將自己定義為僅僅是治療身體的工具。醫生更關注「205病房的髖部骨折」，而不是附著在髖部上的那個人。然而，迅速積累且無可辯駁的證據清楚表明，只治療身體是一種將人的本質（包括他們的思想、精神與身體）割裂開來的錯誤嘗試。事實證明，這種切割很可能是有害的，也會降低身體治療的有效性，甚至有時會完全阻止共同治療的可能性。

許多科學研究都清楚表明，幾乎所有問題，即使是那些看起來是「純粹醫學的問題」，都會受到個案情緒和信念的影響，這對個案病情的病程和癒後都有一定影響。因此，諸如「整合醫學」、「身心醫學」、「整體醫學」和「行為醫學」之類的術語，如今被普遍使用。它們並不完全是同義詞，但都強調使用跨學科方法來治療個人。在本章中，我將使用「行為醫學」一詞來描述那些利用綜合治療的方法。美國國家衛生研究院這樣定義行為醫學：「涉及與健康和疾病相關、知識和技術的發展與行為，以及與生物醫學的整合，並將這些知識和技術應用於預防、診斷、治療和康復的跨學科領域」（www.nlm.nih.gov/tsd/acquisitions/cdm/subjects8.html，於2018年2月12日檢索）。

催眠與行為醫學

催眠在行為醫學的發展中扮演特殊角色。從19世紀晚期巴黎薩爾佩特里

爾（Salpêtrière）醫院的著名神經學家讓－馬丁・沙爾科（Jean-Martin Charcot）和南錫（法國）的伊波利特・伯恩海姆及其共同的維也納學生西格蒙德・佛洛伊德開始，他們指出，催眠暗示的力量可以改變甚至消除個案可能存在心理壓力造成的症狀（尤其是那些患有大多數治療師現在可能診斷為身體形式障礙症的個案），這個發現令人十分著迷（Hammond, 2013）。正如威廉・克羅格醫生描述的，臨床催眠的早期先驅幾乎全部都是醫生，他們不僅使用暗示來解決個案心理壓力造成的症狀，而且還解決了本質上有明顯醫學器質性疾病的狀況。然而，他們只代表了醫學領域的極少一部分，並且在很大程度上他們都被自己的醫學同事忽視甚至誹謗（參見第7章關於他的參考框架）。

催眠一直以來都在向外界公開展示身心之間存在明顯聯繫。催眠經常被用來示範人們改變感官覺察的能力，這使管理疼痛成為可能（第23章的主題）。催眠也被用來證明人們可以增加對自主神經系統的控制，這在很大程度上影響了曾經被認為自主神經系統是無法控制的非自主功能，例如透過催眠暗示減少壓力荷爾蒙的產生（例如皮質醇）（Kendrick et al., 2015）、減少更年期前後婦女以及許多乳腺癌倖存者的潮熱問題（Elkins, Fisher, Johnson, & Carpenter, 2013; Johnson, Marcus, Hickman, Barton, & Elkins, 2016; Kendrick et al., 2015; Roberts, Na, Yek, & Elkins, 2017）、減輕伴隨化療而來的噁心和其他痛苦（Ginandes, 2017b; Handel & Néron, 2017; Levitan, 2017; Walker, 2004），以及幫助胃腸道疾病個案胃腸功能的恢復（Miller & Whorwell, 2009; Palsson & van Tilburg, 2015; Rutten, Vlieger, & Frankenhuis, 2017; Szigethy, 2015）。丹麥研究人員最近報導了使用催眠來改善腦損傷個案的工作記憶表現，這是戲劇性且出乎意料的發現（Lindeløv, Overgaard, & Overgaard, 2017）。透過催眠得到成功治療的醫學範圍實在讓人印象深刻。

最近人們發現了催眠在影響基因表達、增強免疫系統功能，以及促進更好的身體癒合及癒合效果方面的作用（Ginandes, 2017a; Kankerhar et al., 2017）。此外，催眠已被用於鼓勵積極參與治療——許多醫生可能稱之為「治療依從性」——以及促進其他理想的自我管理或以健康為導向的行為，如戒菸、以更健康的方式飲食和定期鍛鍊（Green & Lynn, 2017; Munson, Barabasz, & Barabasz, 2018; Sapp, 2017）。然後，在本章中，我們還將探討催眠在行為醫學中的作

用，探索催眠如何成為多維治療計畫的理想組成部分，以及催眠已經被成功整合運用的方法。

醫學中的安慰劑和反安慰劑效應

透過臨床催眠而產生的期望和信念力量，我們可以從醫學界對安慰劑效應的認同來看到結果。「安慰劑效應」是指給予個案或研究對象的惰性治療。這些個案或研究對象僅僅因為他們期望或相信這個藥會起作用，而確實在治療中獲得效果。安慰劑效應的研究最常見於藥物使用，但也用於靜脈注射液，最誇張的是假手術的研究，也就是個案身體被劃開但並不進行真正的外科手術（Frisaldi, Piedimonte, & Benedetti, 2015）。

1811年，化學家出身的醫生羅伯特·胡珀（Robert Hooper）在當時使用的醫學詞典（Shapiro, 1968）中首次使用了醫學領域的「安慰劑」（placebo）一詞。後來，T·C·格雷夫斯（T. C. Graves）醫生於1920年在醫學雜誌《柳葉刀》上發表的一篇文章中將其推廣開來。這是一個拉丁語詞彙，意思是「我願意」。亨利·比徹（Henry Beecher）醫生於1955年在美國醫學會雜誌（JAMA）上發表了一篇名為「強效安慰劑」的開創性論文。他區分了所謂的「安慰劑反應器」和「安慰劑非反應器」，因為不是每個人的反應方向或程度都相同（就像催眠一樣）。最近，麥基爾大學的神經科學家麥可·利夫希茨（Michael Lifshitz）和他的同事討論了安慰劑對催眠暗示之受測者的變異性問題（Lifshitz, Sheiner, Olson, Thériault, & Raz, 2017）。

安慰劑效應最容易在那些主觀因素特別明顯的疾病中得到印證。這意味著，個人的態度、信念和期望在症狀的類型和程度上扮演重要角色。因此，當問題不太清晰且可能是很多綜合原因時，安慰劑的效果更好。例如，一些頭痛、胃痛和背痛病症對安慰劑的反應比其他問題更有效。抑鬱和焦慮對安慰劑也有高度良好反應。個案接受的惰性治療，通常是糖粉藥丸或「假藥」，但由於個案認為這是會產生治療效果的活性藥物，因此也確實產生療效。

不幸的是，個人期望或信念也會產生反效果。「負面安慰劑反應」（nocebo）一詞是由沃特·肯尼迪（Walter Kennedy）在1961年發表的一篇論文

中所提到。他選擇拉丁詞「nocebo」，意思是「我會有害」（安慰劑一詞的功能反義詞）來描述惰性治療產生的不良與有害反應。給定一種虛擬藥物，個案會基於認為該藥物是危險的信念而產生負面反應。他們認為惰性藥物是有害的，也是導致不良（或更糟糕）副作用的原因。儘管藥物是假藥，但對生理、情感、認知和行為的影響，無論是正面的還是負面的，都非常真實，並且會對人產生深遠的影響。

安慰劑和負面安慰劑效應突顯出身心之間的密切關係。在描述它們的複雜性時，弗里薩爾迪（Frisaldi）等人的聲明如下：

> 過去幾年我們了解到，安慰劑或負面安慰劑效應不是單一的，而是多樣的。每一種都可以由多種心理機制觸發，比如條件反射、期望、焦慮調節和獎勵。這些反過來也會受到其他因素的調節，例如欲望、動機和記憶。

（2015, p. 268）

信念的力量對治療反應的影響，與在醫療中使用臨床催眠有著清晰而直接的關係。在治療中調動個案心理資源的能力，是催眠治療的重要組成部分。因此，讓人的思想和精神與其正在接受的治療保持一致，所產生的附加價值對於個案來說是相當重要的，我們無論怎麼強調這一點都不為過。

◆ 為了讓安慰劑起作用，是否需要行騙？

毫無戒心的人被給予某種「假藥」，以及直接或間接地謊稱該藥物是「真實的」這一情況，長期以來一直是醫學和其他相關領域倫理辯論的主題。這種假設是，只有透過欺騙個案才能讓其相信藥物是有效的，其相關的主觀力量才會被調動到產生治療反應的方向。然而，哈佛大學和貝斯以色列醫療中心進行的一項研究（Kaptchuk et al., 2010）挑戰了這一假設，其結果可能會讓你感到震驚：研究人員嘗試了開放、直接的方法！80 名患有腸易激綜合症（IBS，一種胃腸道疾病）的個案被分為兩組：完全不接受治療的對照組，和被告知將給予安慰劑的安慰劑治療組。他們被指示每天服用兩次糖丸，然後進行為期三週的監測。

被給予糖丸的人被清楚而直接地告知這是糖丸，它沒有任何有效成分，是由惰性物質製成的。令人難以置信的是，「安慰劑」這個詞實際上就印在他們服用藥丸的瓶子上！個案被告知他們不需要相信安慰劑效應，他們應該按照規定服用藥片。他們確實服用了藥片，安慰劑組的症狀減輕幾乎是未治療組的兩倍。事實上，安慰劑組成員報告的緩解效果，等同於服用目前市場上最強力的 IBS 藥物！該研究的主要作者泰德‧卡普楚克（Ted Kaptchuk）將這種益處歸因為「進行醫療儀式」。卡普楚克和同事的研究結果無疑引發了安慰劑在治療中能走多遠的問題，以及它在治療欺騙中可能會發揮什麼作用的問題。

在葡萄牙進行的另一項類似研究中，研究人員使用開放標籤安慰劑治療慢性背痛。他們發現，除了「照常治療」外，接受公開標記為安慰劑的安慰劑組，在三種不同疼痛測量量表中，與僅接受「照常治療」的組相比，無論是單一分數還是綜合分數，都在很大程度上降低了。安慰劑組的殘疾評分也顯著降低了（Carvalho, Caetano, Cunha, et al., 2016）。

心理學家艾文‧克希博士二十多年來一直從事安慰劑和安慰劑效應研究。克希一直是催眠社會認知觀點的有力倡導者，他透過實驗令人信服地證明，個人對催眠的大部分反應是由其預期所決定。什麼是好的催眠引導？在很大程度上，就是個案認為這是很好的催眠引導。有什麼好的治療建議？在很大程度上，就是個案認為這是很好的治療建議。克希的研究中，與本次討論相關的一個特別重要的方面是他將催眠視為「非欺騙性安慰劑」的觀點（Kirsch, 1994; Lynn, Kirsch, & Hallquist, 2008）。

催眠是一種非欺騙性的安慰劑，這是什麼意思？將催眠中給出的暗示與醫學中給出的欺騙性安慰劑對比，克希指出，催眠會導致人們根據所提供的暗示改變他們的生理、行為、情感和認知，但這些暗示沒有任何隱藏或誤導性。提供的暗示是「當你專注且放鬆時……你可以開始體驗與服用強效止痛藥相同的身體舒適度」，只需鼓勵個案獨立找到實現方式的可能反應，即可提供全部或部分緩解。「你的頭痛可以減輕，並且可能會隨著你每次呼氣而逐漸離開你」，這樣的暗示簡單直接地表明了緩解頭痛的可能性。它沒有承諾緩解，也沒有誇大頭痛緩解的可能性，也沒有確切說明緩解何時會明顯發

生或持續多長時間。但是，高度專注於治療師及其暗示、相信暗示準確地反映了真正的可能性，以及感到自己有能力以有意義的方式做出回應的個案，儘管是無意識的，仍可以產生減輕頭痛的效果，且他們自己以及治療師都會非常滿意（De Benedittis, 2017b; Kohen, 2017a）。

2013年在克希參與的一項研究中，他和同事米歇爾‧阿卡迪（Michelle Accardi）、科琳‧克萊爾（Colleen Cleere）和史蒂芬‧傑‧林恩提出了一個問題：「將催眠定義為安慰劑會損害人對催眠的反應嗎？」簡單回答：不會（Accardi, Cleere, Lynn, & Kirsch, 2013）。當人們對信念的反應大於對標籤的反應時，將催眠稱為安慰劑，或公開給藥丸貼上安慰劑的標籤，似乎都沒什麼區別。

讓我們回到第1章開頭的故事，我親眼目睹了那個痛苦女人的教學示範。是這個故事將我吸引到這個領域。當工作坊導師催眠時，他無法事先知道她會如何回應。她會不會因為之前所有疼痛緩解失敗而產生負面的預期？因為治療師看起來可信、善良、樂於助人，她是否有過正向的渴望？無論如何，治療師創造了那個情境，讓她可以回應這些可能對她有幫助的暗示。治療師這樣做是公開的，沒有任何欺騙，而個案確實能從某個地方調動資源，使緩解慢性和衰弱性疼痛成為可能。

至少可以說，與身心康復暗示相關的問題很複雜。催眠暗示是透過什麼機制轉化為身體療癒的？誰能夠透過催眠暗示並在什麼條件下帶來顯著改善？催眠暗示應該有多直接、多透明？在這種情況下，我們要避免對治癒做出無法實現的承諾，但又要知道有證據表明，預期越強，安慰劑效應也就越強，那我們應該在嘗試建立鼓勵正向反應預期的方面走多遠（Benedetti, 2014）？當你一方面想建立正向的預期，另一方面又不想激發虛假的希望時，這在臨床實踐中就是在走鋼絲。

最後一點：太多人認為安慰劑效應「全在你的腦海裡」，就好像效果是想像的一樣。神經科學現在應該已經非常清楚表明，安慰劑可以產生可測量的生理變化，就像催眠暗示一樣（Kirsch, 2017）。

表觀遺傳學：身心問題的前沿研究

　　近年來，我們對遺傳學的了解發生了顯著變化，這主要歸功於人類基因組計畫（HGP）所取得的非凡成就。人類基因組計畫始於1990年並宣布於2003年完成，這是一個異常複雜的項目。其宏大的目標是識別人類DNA中大約30,000個基因（攜帶在我們所有人的23對染色體上），並確定32億個構成人類DNA的化學核苷酸鹼基對的基因序列。在撰寫本文時，大多數基因的功能仍然未知。然而，迄今為止，人類基因組計畫已經發現了1,800多個疾病基因，並且針對人類狀況進行了2,000多個基因測試（你可以到人類基因組計畫的網站查詢 www.ornl.gov/hgmis）。

　　生物體在其生命週期內發展、維持自身的方式，是由一組化學反應調節的。這些化學反應會根據適應需求的需要，打開或關閉部分基因組（DNA）。表觀遺傳學是研究這些化學反應和影響其環境因素的科學。「在現代用法中，『表觀遺傳學』涵蓋了所有不涉及改變DNA編碼序列的生物學特徵之遺傳機制。」（Halfmann & Lindquist, 2010, p. 629）因此，人類基因組計畫清楚地向我們表明，基因不是命運。現在已知很多種環境條件都會影響基因表達。最能突顯這一事實的，是一項對同卵雙胞胎的研究。這項研究跟蹤了一對雙胞胎在一生中基因所發生的改變。同卵雙胞胎可能具有相同的基因組成（基因型），但仍表現出非常不同的外在特徵（表型），例如一個患有情緒障礙症，另一個則沒有，「在50天時幾乎相同的DNA可能在50年後變得明顯不同」（Feinstein & Church, 2010, p. 284）。

　　發展認知神經科學家和遺傳學的專家大衛·摩爾（David Moore）說得很清楚：

> 事實上，人的特徵——包括面部結構等身體特徵或性格等心理特徵——是生物分子與其環境之間相互作用的結果……因為表觀遺傳事件發生在DNA與其環境之間的層面，這些可以幫助我們了解，我們的特徵始終來自於先天和後天的共同作用。
>
> （2015, pp. 5, 6）

◆ 催眠與表觀遺傳學

我們在本章中特別要談論催眠在行為醫學中的作用，催眠的使用對基因如何表達自己有任何可測量的影響嗎？催眠是否可以被視為環境變量，一種以治療為目的而設計和傳遞的體驗？而這種體驗可能具有可測量的表觀遺傳效應嗎？越來越多證據表明答案是肯定的（Kankerhar et al., 2017; Moore, 2015）。我們是怎麼知道的呢？其中一個答案在於一項複雜的技術，即用於測量 DNA 微陣列的基因表達。這些是「基因芯片」，排列著數千個 DNA 微觀序列的晶片，可以在任何身體活動期間，評估人體中任何基因組合的表達。這些 DNA 微陣列可以「在健康或疾病等任何條件或狀態下，在任何指定時刻識別基因表達的活動模式」（Rossi, 2004, p. 40）。

哈佛大學醫學院的一個團隊進行了一項研究，發現了學習發展放鬆技能的表觀遺傳效應。他們使用哈佛大學醫學院身心醫學研究所副教授赫伯·班森（Herbert Benson）醫生在其著作《哈佛權威教你放鬆自療》（*The relaxation Response*, 2000）中提出的模型。首先將一個未經放鬆訓練的實驗組與一個已經訓練有素的放鬆組進行比較，然後訓練這組未經訓練的人在六週內產生放鬆反應。當新訓練的那組重新測試時，他們的基因表達發生了變化，類似於那些有經驗的放鬆者。放鬆技巧對已知參與細胞再生和抗氧化劑生成的基因組，產生了可測量的正向影響。放鬆訓練引發了 1,561 個特定基因的表達變化（Benson & Proctor, 2010; Dusek et al., 2008）！可以公平地說，身為從事催眠的治療師，你是一種表觀遺傳的力量，你正塑造著你個案的基因表達。

考慮到明確的治療目標在於努力影響個案的心態，即使是在提供「純粹的」醫學治療時，臨床催眠的使用與心理治療也是密不可分。每種治療，無論是口頭還是非口頭的，都直接或間接地提供了暗示。將暗示與心理治療分開是不可能的。在治療中應用的暗示對基因有什麼影響？范斯坦（Feinstein）和楚爾奇（Church）聲稱：「心理治療可能會影響（a）導致疾病的基因表達；（b）抑制疾病或影響其嚴重程度的基因；或（c）與適應不良的學習和條件反射有關的基因。」（2010, p. 284）。他們進一步描述了心理治療過程中發生的五個生物學變化：

心理治療可以改善：(1)邊緣系統對無害刺激的過度反應；(2)學習和記憶的扭曲；(3)交感和副交感神經系統活動之間的不平衡；(4)皮質醇和其他壓力激素水準升高；(5)免疫功能受損（p. 283）……事實上，基因表達模式的有益改變可能是所有成功心理治療在生物學上的共同點。

（p. 285）

　　有些基因在被激活後可能需要數小時才能達到峰值表達，但還有一些被稱為「即時早期基因」的基因，可以在幾秒鐘內迅速達到峰值表達。未來的研究將探索催眠如何影響基因表達，以及如何轉化為一些人們發現的奇妙影響，例如縮小或消除惡性腫瘤並加速癒合，或產生諸如控制傷口流血等的神奇現象。

　　心理學家歐內斯特‧L‧羅西博士是研究催眠表觀遺傳學及其與身心醫學相關性的先驅。羅西對他認為催眠的決定性特徵特別感興趣——「意念可塑能力」（ideoplastic faculty）。這是瑞典醫生奧托‧韋特斯特蘭德（Otto Wetterstrand）在他的著作《催眠術及其在實踐醫學中的應用》（*Hypnotism and Its Application to Practical Medicine*, 1897/2018）中創造的術語。韋特斯特蘭德對意念可塑能力的定義是，「思想具有影響身體狀況的力量」（引自 Rossi, 2010）。前綴「ideo」是指某個被暗示的反應之自動性，在後面討論「意動反應」（ideodynamic responses）時將會涉及到。這些反應包括在催眠過程中自然而然出現的各種自動反應，即非自主反應，也包括身體層面的反應。

　　一個比較突出的問題是，為什麼有些人對暗示的反應性很強，但是催眠對其身心關係的影響上卻只表現出有限的能力；而另一些人既對暗示有較高的反應性，又能表現出明顯的身體反應變化？在行為醫學中，「意念可塑能力」是反應能力中介的這個概念，可見是非常重要的。它要求我們對那些最能影響催眠中，改變基因表達和生理能力的因素進行更仔細的研究。羅西開發了一個協議，用於評估治療催眠的創造性意念可塑能力，稱之為「創造性心理社會基因療癒體驗」（Creative Psychosocial Genomic Healing Experience, CPGHE）。透過使用 DNA 微陣列測量，羅西使用 CPGHE 證明「治療性催眠如何開啟基於經驗的基因表達，及其對大腦可塑性的影響」（Rossi, 2010, p. 65）。

　　歐內斯特・勞倫斯・羅西（1933–2020）博士，是催眠史上最有創造力，也是最深刻的思想家之一，他的眼光遠遠超出了大多數人的觀察。他有力地推動了對身心關係的研究，並一直處於表觀遺傳學等新興領域的研究前沿。超過25年之前，他在重要的著作《身心療癒的心理生物學》（ *The Psychobiology of Mind-Body Healing* ）中，向醫療健康領域專業人員介紹了「心智基因」（mind-gene）的相關概念。如今已有研究開始證實他的觀點，即壓力、基因表達、大腦可塑性和環境在健康與疾病中，可以相互影響的關係。羅西博士從表觀遺傳學、功能基因組學、心理生理學、化學、物理學和量子現實的數學等領域發展出自己的見解。他具有不可思議的能力，能夠看到別人無法發現的關係，並在他的著作中表述出來，這對所有有興趣使用心智促進身體健康和心理健康的人來說是一份禮物。

　　羅西博士是心理學家、作家和學者。他獲得了天普大學臨床心理學博士學位和康乃狄克大學藥學學士學位。他謙遜地將自己對社會心理和文化基因組學的貢獻稱之為「從心智到基因，對意義展開的深入研究」。這將使我們在許多層面上，對人類經驗的理解產生深遠的影響。仔細研究過羅西博士研究的人都會發現，他對大腦、心智和身體的探索有著堅實的研究基礎。由於他對心理治療領域的傑出貢獻，他獲得了由米爾頓・H・艾瑞克森基金會（1986年）、美國心理治療協會（2003年）和美國臨床催眠學會（2008年）授予的三項終身成就獎。

　　羅西博士是43部學術書籍和超過215篇論文的作者、合著者和編輯。他的第一本書是1972年出版的《夢與人格成長》（ *Dreams and the Growth of Personality* ）。在書中他闡述了心智、大腦、夢和新意識如何以富有創造性的方式共同創造出新產物。許多人首先透過羅西與米爾頓・艾瑞克森醫生的創造性和富有成效的合作，而認識了羅西博士。兩人合著了四本極受歡迎的書籍，並幫助推動名為「艾瑞克森學派的

催眠和心理治療」這個新興領域步入軌道。正如現在所知，他也幫助定義了自然主義和順勢而為的方法。他與羅克珊娜・艾瑞克森－克萊恩（Roxanna Erickson-Klein）和凱瑟琳・羅西（Kathryn Rossi）在 2008 年至 2014 年間共同編輯了升級版的 16 卷《米爾頓・艾瑞克森全集》。憑藉對超晝夜節律的開創性研究，羅西奠定了現代治療性催眠複雜的神經生物學、心理生理學和分子基因組學基礎。超晝夜節律是指我們自然的 90–120 分鐘的基本活動－靜息週期，在這期間會交替出現壓力、創造力和康復。他撰寫了關於鏡像神經元如何在人際關係中調節意識和創造力的書籍——《突破啟發式》（*The Breakout Heuristic*, 2007）、《創造意識》（*Creating Consciousness*, 2012），以及關於治療性催眠如何促進依賴於經驗的基因表達和大腦可塑性的書籍——《基因表達的心理生物學》（*The Psychobiology of Gene Expression*, 2002）、《與我們的基因對話》（*A Discourse with Our Genes*, 2004）。在描述身心治療的催眠領域，沒有比歐內斯特・羅西博士更重要的聲音了。你可以到他的網站（www.ernestrossi.com）閱讀一些重要論文來了解更多。

關於為何發展出對分析分子基因組的興趣：「我父親是在 1908 年左右移居美國的義大利移民。他在我們家的地窖裡自己釀造葡萄酒。在我 6、7 歲的時候，這對我來說是一個非常神祕的過程。有個故事一直讓我的家人拿我來消遣。我第一次聞到發酵酒的氣味就醉得無法爬回樓上的臺階。後來，9、10 歲的我，用擦鞋存下的所有小費，買了一套化學裝置，以了解葡萄酒中分子轉化的魔力和其他探索。這最終促成了我在藥學領域的學術成就和研究工作。在這個領域我從未遇到過不喜歡的分子。後來，作為 NIMH 的準博士和博士後研究員，我師從國際身心醫學領袖法蘭茲・亞歷山大（Franz Alexander）醫生學習精神分析。從那裡只需要一點點的轉變，就可以跳到米爾頓・艾瑞克森醫生這裡，他的創新性催眠治療方法正在澈底改變身心醫學。」

關於艾瑞克森的影響和轉向表觀遺傳學的轉變：「有了艾瑞克森，身心醫學變成了身心療法。神經科學中，身心聯繫的本質初現

於20世紀70年代，當時我在跟隨艾瑞克森學習，在20世紀90年代它變成了『基於活動或經驗的基因表達和大腦可塑性』。然後表觀遺傳學這門新科學就接過了先天－後天這個命題：外部環境如何調節基於活動或經驗的基因表達及大腦可塑性。我與威爾斯大學基礎生物學和應用生物學教授大衛‧勞埃德（David Lloyd）分別於1992年和2008年召集了一組國際研究人員，編寫了兩部學術著作。這些著作側重於超晝夜節律的深層生物學基礎，和90–120分鐘的基本靜息－活動週期（BRAC），這是一個完整身心交流和康復週期所必需的。它也是一般表觀遺傳學的分子基因組基礎，我相信，這是我們在催眠治療中使用的身心療法其自然機制。當其他人都使用50分鐘的時間進行心理治療時，米爾頓‧H‧艾瑞克森的治療持續了90–120分鐘。為什麼？我只是將這兩個放在一起來推斷。艾瑞克森治療的時間和現象學模式，實際上與 BRAC 中基於經驗的基因表達和大腦可塑性的神經科學新發現是一致的。」

關於環境在調節基於經驗的基因表達中的作用，催眠如何影響的看法：「催眠一直是神祕的所謂『替代、輔助或綜合』的治療方法，似乎超出了主流醫學的範疇。傳統醫學由勒內‧笛卡兒著名的『笛卡兒差距』主導：將身心分為兩個不同的部分。傳統醫學擅長物理概念，例如由分子和基因組成的身體、血液、骨骼和組織。但是，直到現在，我們依然無法理解身心醫學中，身心是如何聯繫在一起的。我們目前的表觀遺傳學概念，以及基於經驗的基因表達和大腦可塑性就是這樣做的！據我所知，是奧托‧格奧爾格‧韋特斯特蘭德在他的《催眠術及其在實踐醫學中的應用》一書中，引入了『意念可塑性』一詞。近一個世紀後，在20世紀90年代，神經科學採用『可塑性』一詞來描述一系列非凡的發現，如新穎性、豐富性和練習（精神和身體層面的）如何喚醒他們所謂的『基於活動或經驗的基因表達和大腦可塑性』。我在2002年出版的《基因表達的心理生物學》一書中指出，它是一般表觀遺傳學，特別是催眠治療的分子基因組學基礎。」

關於療癒中的解離、意念可塑性和催眠：「讓我描述一下我是如何將傳統的催眠解離理論，與治療性催眠新的意念可塑性理論結合起來。我利用經典的四階段創作過程來促進新方案中的治療性催眠，稱為『創造性的心理社會基因組治療體驗』。這個新的意識可塑性方案管理和基本原理，以及進一步研究可參見 www.ernestrossi.com/ernestrossi/Neuroscienceresearchgroup.html。

「一開始，我會先問這個人，『你的哪一手比另一手更熱或更涼？』這種類型的問題，我稱之為『隱祕處理啟發式提問』，它會引發專注的狀態、更高的預期以及緊張的心智－頭腦活動，這些都是治療性催眠的特徵。這樣的問題引發了對立面（熱或涼）之間的感官知覺『解離』，從而提高了人的自我意識、自我敏感性和自我修復的潛力。在一系列這樣的解離之後（例如『哪一手更強或更弱？』、『哪一手看起來是如今的你——哪一手看起來更像是小時候的你？』），人會越來越接近關鍵的治療性解離，由這個問題催化『哪一手遇到了你的議題（問題、症狀等等）——而在另一隻手上，你能體驗到與你的議題相反的東西又是什麼？』」

「任何與問題或症狀相反的東西，都可能是隱藏的內在心腦資源，它可以啟動一條內在心理動力活動的路徑，我假設它可以喚起基於活動或經驗的基因表達、大腦可塑性，以及心理神經免疫力來解決問題。然後我鼓勵這個人在雙手之間體驗一場迷人、神祕、奇妙的內在心理劇，這會在意念可塑性的層面對問題重新框架，重構並解決所有造成問題之原始根源的創傷性解離。兩隻手通常會反射出基於活動的強烈治療過程，這個過程就是所謂『創造性無意識』的分子基因組特徵，它通常具有治療性催眠的自發性、自我敏感性和適應性等特質。」

身心療法自然主義或順勢而為的概念是如何改變的：「我相信艾瑞克森在 1958 年和 1959 年寫的兩篇關於自然主義和順勢而為方法的

論文，以及他在1964年關於『有效心理治療中責任的重擔』的論文具有開創性，這些也是他的治療性催眠和心理治療方法的起點與終點，可謂是天花板級的著作。在這些論文中，艾瑞克森將控制點從醫學模型中的治療師，轉移到心理治療和治療性催眠的創造性模型中的個案身上。我還注意到，基於活動和經驗的基因表達和大腦可塑性的神經科學，為艾瑞克森的自然主義和順勢而為的方法，提供了其所缺失的表觀遺傳分子基因組基礎。我注意到，在我們的日常生活中，及我們對藝術、美和真理的奇妙體驗中，所具有的典型四個階段創作過程，也同樣可以喚起基於活動和經驗的基因表達以及大腦可塑性。目前，我的研究和臨床實踐都在使用我自己的方法，即基於活動的意念可塑性雙手鏡像心理治療方法，以此來促進問題解決和身心康復所具有的創造性四階段過程。我的最終夢想是什麼？我們是否能發明一個簡單的心智－基因傳感器，並以此製造出實用的心智－基因生物回饋裝置，讓所有人都可以用它來提升自我敏感性，並實現自我修復的奇蹟呢？我最近與我的學生理查・希爾（Richard Hill）（2018）合著了一本書《鏡像手的從業者指南：促進自然問題解決和身心治療的個案響應療法》（*The Practitioner's Guide to Mirroring Hands: A Client-Responsive Therapy that Facilitates Natural Problem-Solving and Mind-Body-Healing*）。在這本書的附錄 B 中提到的『物理學、數學、生物學和心理學的綜合量子場論』，是我在本世紀對治療性催眠、意識和認知的新貢獻。這個新的貢獻引入了一個新焦點，即『提高對壓力之自我敏感度的量子水準、90–120 分鐘的 BRAC 和四階段創意週期』，以及身心康復和解決問題的重要因素——『催眠暗示』。」

資料來源：
私人交流，2010 年 4 月 5 日和 4 月 23 日。
2018 年 4 月 8 日更新。

情緒與醫學

當一個人出現健康問題時，與之相關的一些心理問題便在所難免。這些問題會影響他們的病程和癒後。正如科維諾（Covino）和平內爾（Pinnell）所指出的：

> 醫學上的疾病、症候、操作和治療受到心理因素的影響，同時它們通常反過來也會影響心理因素。抑鬱、焦慮和憤怒是疾病的常見後遺症，並被視為疾病發作的重要變量……心理生理學、行為、情感問題以及個案的內心世界和人際世界（即心理動力問題），不僅可以獨立地作用於自主神經系統的活動，也可以與其交互作用，放大自主神經系統活動，並使醫學症狀加劇。
>
> （2010, pp. 551, 552）

生物心理社會模型（Engel, 1977）已被大眾廣泛接受。因為它認識到生物、心理和社會因素幾乎在所有疾病中都會共同發揮作用。最近的研究特別強調心情的作用，尤其是情緒障礙症中的抑鬱，在使現有疾病加劇和增加患病易感性（即風險因素）方面的作用。心理學影響生理學的力量再一次得到了清晰的展現。

◆ 抑鬱症與健康

被疾病折磨時，人通常會有被害的感受，或者感到被困在無法正常運作的軀殼裡，這個軀殼少說正常運作能力受損，大至可能會威脅生存。很容易理解，當人們內心深處感受到被害、失控的時候，很容易會導致沮喪和抑鬱。當一個人的正常生活停止了，行動受到限制或完全受阻，疾病在人的意識中占據了中心位置，身體欠佳的感覺持續累積、對生活可能永遠無法恢復正常（如果曾經如此）的恐懼，以及絕望，這些感覺很容易升級為全面爆發的抑鬱症。

抑鬱對疾病有什麼影響，反之疾病又怎樣影響抑鬱呢？首先要考慮的一點是，有慢性疾病的個案已經被證明患抑鬱症的比例更高（Katon, 2003）。這

種關係是相互的，因為抑鬱症本身會引起無法解釋的多種軀體化症狀。事實上，軀體化症狀是抑鬱症個案尋求醫治的主要原因（Kroenke, 2003）。

心血管系統的健康：據統計，在排除了自殺、吸菸或其他危害健康的風險因素之後，患有抑鬱症的人在任何年齡的死亡率都會增加一倍（Gold & Charney, 2002）。抑鬱症與更高的心臟病患病風險相關。在一項對2,900名55歲至85歲參與者的研究中，那些在研究開始時沒有心臟病，但經歷過抑鬱症的人，死於心臟病的風險是原來的四倍。對於那些已經有心臟病史的個案，患有抑鬱症的人的心臟病死亡人數增加了兩倍（Penninx et al., 2001）。這個研究結果對我們來說頗具啟發性。抑鬱症會增加心臟病發作的風險，也會增加心臟病發作致命的風險，如果第一次倖存下來，還會增加後續心臟病發作的風險（Nemeroff & O'Connor, 2000）。

神經系統的健康：在中風、多發性硬化、癲癇、帕金森氏症和痴呆症個案中，有20％至50％的個案患有抑鬱症（即共病症）（Kanner, 2018）。

心情和心態在醫療環境中顯然是十分重要的。越來越多的文獻描述了一個人總體上的樂觀或者悲觀程度與健康之間的關係（Seligman, 2011, 2018）。一般而言，我們發現快樂的人往往比不快樂的人活得更長，並且遭受的嚴重健康問題更少。這並不奇怪，杜克大學醫學中心、哈佛大學、梅約診所的研究也有過類似的報告（Brummett, Helms, Dahlstrom, & Siegler, 2006; Maruta, Colligan, Malinchoc, & Offord, 2000; Steptoe, Wright, Kunz-Ebrecht, & Lliffe, 2006; Vaillant, 2000, 2002）。

如果你是宿命論，悲觀的觀點認為不值得這樣做，那為什麼還要費心照顧自己呢？僅舉一個例子，吸菸和抑鬱之間的聯繫就是一個強有力的臨床發現，而且它是有道理的：如果你認為自己「無論如何都會死」，或者「每個人都會因為一些什麼死掉」，那為什麼還要戒菸呢？抑鬱症就是這樣，在很多層面上都有如此嚴重的紊亂。我將在第22章詳細討論。

臨床催眠為個案賦能

細胞生物學家布魯斯・立普頓（Bruce Lipton）在他的著作《信念的力量》

（ *The Biology of Belief* ）一書中講述了英國醫生阿爾伯特・梅森（ Albert Mason ）的故事。1952 年，他對一個 15 歲的男孩進行了催眠，目標是清除被認為是疣的東西（ Lipton, 2005 ）。在當時，用催眠去除疣是相對常見的情況，現在仍然如此（ Ewin, 1992; Shenefelt, 2017 ）。但清理這個男孩的疣更具挑戰性，因為他的皮膚很堅韌。梅森對他進行了一次催眠引導，然後直接給出催眠暗示：讓皮膚癒合成健康的粉紅色。男孩的皮膚在相對較短的時間內確實得到了顯著改善，隨後的治療也持續取得進展。梅森帶男孩去見之前的外科醫生，那個外科醫生曾嘗試對他進行皮膚移植手術但沒有成功。外科醫生看到男孩皮膚的變化後頗感震驚。他告訴梅森，這個男孩根本沒有疣，而是患有潛在致命的遺傳疾病——先天性魚鱗病。而梅森卻報告說，這個男孩現在已經過上了正常的生活。

你能想像這個青少年的催眠治療體驗嗎？這將如何改變他對自己的看法呢？怎樣才能結束他因皮膚異常而遭受的欺凌呢？當人們透過催眠發現他們有能力改變自己的體驗，包括身體症狀時，他們自我形象的轉變以及由此產生的所有事情可能都是戲劇性的。「賦能」一詞最適合描述這種轉變。

故事其餘的部分是這樣的……儘管後來許多人來找梅森治療同樣的疾病，但梅森的治療卻無法取得同樣的成功。他將此歸因於自己的態度不同，他過去相信自己能夠成功治療疣，但對於他現在所知的先天性魚鱗病——更嚴重的疾病——他產生了自我懷疑。他可能是對的，但也許不是。這只是催眠的眾多奧祕之一——為什麼有些方法對某些人有效，而對另一些人無效呢？其中還有太多東西需要探索……

催眠在醫學治療中的應用

我最常被問到的問題之一是：「催眠可以用於治療 XX 嗎？」我曾經認為自己應該能夠立即旁徵博引來支持自己通常的肯定反應，但近年來我的策略有所改變。當有人大聲質疑催眠的應用時，我認為引用研究成果並沒有太大的意義。現在我更有可能用這樣的反問來回答這個問題：你認為你所問的這種疾病與精神或情感有關嗎？無論大小如何，你認為這個人的態度、期望

或信念系統，在他們對這個問題的體驗中是否發揮了作用？這個人的感受、需求或自我形象，是否是他們遇到問題的因素之一？在例行問人們這樣的問題時，我不記得有人回答過：「不，這個人的心態一點問題都沒有。」大多數人似乎很容易理解，即使問題明顯源於身體，也會影響心情、心態、期望、人際關係、行為等等。

從本質上講，對於催眠是否可以用於治療某些特定疾病的這個問題，我的回答促進了一個普遍觀點，那就是催眠可以用於治療幾乎所有有人為態度參與的疾病。實事求是地講，儘管研究證據呈指數級增長，但其豐富程度卻遠不及幾代治療師在應用臨床催眠所描述的案例那樣豐富，他們對催眠的應用幾乎涵蓋了所有你能說出的情況。承認使用催眠會產生某種程度的改變，這樣的潛在價值，與催眠暗示可以治癒或消除任何特定情況是完全不同的。我們必須對這個問題保持謹慎，不要讓這個聲音超出證據的範圍。

描述臨床催眠廣泛應用於醫學領域的文獻，其數量與品質一直在穩步增長，支持其治療價值的經驗證據也在增長。一般來說，催眠可以成為傳統醫學治療的有效輔助手段，原因有幾個，其中第一個與身心關係和心智角色相關，包括態度和相關情緒（Lipton, 2016）。有些「奇蹟般治好了」的故事，違背了當前的醫學理解，但似乎又是從個案拒絕放棄的情況下演變而來的，在文獻中並不少見。換個說法，我們為什麼不允許「奇蹟」出現呢？當然，我們不能也不應該向個案承諾什麼，但我們也沒有理由去限制那些不給自己設限的人。我對個案能夠做到的事情感到驚訝和困惑的次數實在太多了！理論上講，這些是根本不可能發生的。

在醫療中使用催眠的第二個原因，是因為催眠與生俱來地強調每個人都應該對自己的健康負責。使用催眠，可以讓人們直接體驗到對自己內在體驗的掌控感，無論是壓力還是痛苦。多年來，我與許多人一起工作，他們真的在一次又一次的會面中，流下了或喜悅或解脫的淚水，因為他們終於有機會體驗到自己放鬆、舒適和正向的狀態，而他們平時更多的體驗則是痛苦和絕望的。尋找舒適的資源或改變他們對自己身體的看法，這種能力是一次戲劇性的經歷，同時也鼓勵他們對自己和自己的健康承擔更高層次的新責任。

在醫療環境下應用催眠

在醫療環境下的催眠，可以透過多種方式來使用，因此有些人也稱之為「醫學催眠」。我們可以提供以下建議：(1)療癒個案正在遭受疾病或痛苦的狀況；(2)以某種方式改變疾病或狀況（比如減緩其傳播或減輕症狀的嚴重程度）；(3)降低疾病或病症發作或惡化的風險因素（比如改善飲食、調整運動頻率以預防或更有效地控制疾病）；(4)提高人的應對能力，以減少與疾病或狀況（或過程，例如抽血或注射）相關的痛苦程度（例如焦慮、抑鬱、迴避）。這些應用過程彼此沒有區別。相反，任何精心設計的治療都在某種程度上包含所有這些可能性。在實際應用中，當不以設立不現實的期待為目標時，這些應用過程中的每一個，就都可以產生賦予個人權力的淨效應。個案會發現，即使他們無法控制問題，也可以學會以不同的方式看待問題，這有助於他們對感受和反應產生有意義的影響。

◆ 盲目樂觀主義的危險：學會創造可能性

提出不切實際的期待，這個問題對健康護理尤為重要。這是非常棘手的問題，因為我們希望創建改善的希望、信念和期待，從而引導個案的康復能力朝著有幫助的方向發展。樂觀可能是件好事，但也可能是危險的。樂觀地相信「我可以吸菸，但不會得肺癌」，或者「我可以吃任何我想吃的東西，而且我不會發胖」，這種盲目的樂觀主義只會助長不健康的行為，隨著時間的推移對人有害無益。

那麼，如何處理這個微妙的問題呢？首先，我們必須詳細了解正在接受治療的人的病情。個案的醫生是病例的負責人，即使採用團隊方法也是如此。與個案的醫生交流是必不可少的。只有透過護理人員之間共享訊息和觀點，才能了解治療計畫的其餘部分，包括誰參與了該個案的護理，以及你的催眠工作會如何展開。

其次，透過詳細了解這些你希望提供幫助的疾病，從病因（起源）到其病程和癒後，你便可以更好地處於訊息暢通的位置，至少可以了解一些對於

這個病人的預期是什麼。當你了解每種疾病或病症的獨特性時，也會知道不該做什麼或不該暗示做什麼。訊息缺乏可能導致治療不當。例如，向多發性硬化症（MS）個案暗示，想像他們正在一個溫暖、舒適的地方——比如炎熱天氣的海灘——這會加重病情，因為熱量會加劇多發性硬化症症狀。提前做一些合理的研究不僅可以區分治療的成功與否，還可以區分哪些不切實際的期待是對渴望一線生機之人的殘忍，哪些是為他們提供慈悲合理的護理。

由於人們總是給治療師帶來驚喜（例如，活得比他們被告知會死的時間更長、腫瘤縮小或完全消失等等），將「用催眠創造可能性」這句話牢記於心特別重要。我不知道也無法提前知道這個個案能夠產生什麼，因此在探索時，保持我們開放的心態會有所幫助。之後，當你了解了允許的暗示風格，就會發現與人交談的重要性在於他們可能會體驗到什麼，而不是你向他們承諾你自己根本無從知曉，或者他們自發產生，又或者是你帶來的具體效果。

在本書中我們還會多次強調催眠為個案提供的是環境，人們可以在其中發現自己隱藏的資源和潛在的能力。催眠什麼都治不好！催眠期間發生的事情，產生了催眠潛在的治療效果：人們可以發展出的新理解，引導他們形成修正後更廣闊的自我、他人和生活觀的體驗。我無法在道德上或倫理上，甚至在務實的層面向個案承諾他們的癌症會被治癒，但我可以談論感覺更好的可能性，隨著他們的身體變得更強壯，可能需要更少的止痛藥，以及日益增長的輕鬆感而非病痛感。我的語言只是可能性的語言，個案有權力聲稱從中獲得的所有好處都是他們自己的功勞。

催眠可以治療哪些疾病？

將生物心理社會學觀點牢記於心意味著，我們必須承認任何一種疾病或狀況，都有多個維度和眾多變量，這些變量會影響個案的生活品質。因此，有許多途徑都能幫助我們進入個案的內心世界。如表達感受、討論精神意義、探索思路、角色扮演、探討社會影響、發展應對行為、日記、鼓勵透過繪畫或音樂等媒介進行藝術表達、管理疼痛或其他痛苦的身體症狀、調動放鬆和專注於增強身心關係的技能等等。治療師的關注點通常取決於他們接受

過的培訓和治療方式。幸運的是，我們可以透過構建催眠來服務你可能想達到的任何特定目標。

所以，可以公平地說，催眠幾乎可以用於治療任何個案，幫助他們以更具適應性的方式來觀察和管理自己的病情。為了強調這一點，在本章的最後一節中，我將簡要提及少數幾個疾病和病症，這些疾病和病症已經被證明可以從催眠應用中獲得改善。鑒於發表醫學催眠研究的科學期刊上的大量訊息，這僅僅是一個大大簡化的列表，旨在說明催眠成功使用的範圍。我們希望大家可以認真研究文獻，以了解催眠可以如何應用於你特別感興趣的任何特定疾病或病症。透過粗略地提及一些文獻，我們已經可以非常清楚地說明，將臨床催眠整合到治療方案中不僅是有意義的，而且確實有幫助。

運用催眠以減少治療過程的焦慮：最近一個多達26項研究的綜合分析，提到了使用催眠來減少與醫療程序相關的痛苦其隨機對照試驗，結果顯示，催眠產生的總體效應是非常大的（Schnur, Kafer, Marcus, & Montgomery, 2008）。埃爾維拉・朗（Elvira Lang）和她的同事（1996, 2000, 2017a）報告了透過使用催眠來減少個案在接受侵入性放射診斷過程中的不適。與未受過催眠訓練的個案相比，接受過催眠的個案其焦慮明顯減少，需要較少的藥物治療疼痛，並且更有可能完成整個療程。蒙哥馬利、蘇卡拉、狄龍和施努爾（Montgomery, Sucala, Dillon & Schnur, 2017）在乳房放療期間遭受痛苦的個案中，報告了類似的發現。約翰遜等人（Johnson et al., 2016）報告了接受治療的乳腺癌倖存者，其焦慮減輕了。泰萊茲等人（Téllez et al., 2017）也是如此。威斯布拉特等人（Waisblat et al., 2017）描述了他們使用催眠來減輕即將接受硬膜外注射的分娩婦女其疼痛和恐懼。雅庫博維茨、凱凱奇和貢博斯（Jakubovits, Kekecs & Gombos, 2017）報告了使用催眠為眼科手術做準備的情況。

運用催眠治療胃腸道（GI）疾病：《美國臨床催眠雜誌》發表了關於用催眠治療 GI 疾病的單一主題特刊（2015年7月）。專題文章討論了催眠在食道疾病（Riehl & Keefer）、功能性腹痛（Draeger-Muenke）、嘔吐和噁心（Lankton）、腸胃炎（Szigethy）等方面的應用。

英國曼徹斯特大學的米勒和沃威爾（Mille & Whorwell, 2009）對催眠在治療胃腸道（GI）疾病，尤其是腸易激綜合症（IBS）這種最常見的胃腸道疾病

中，其治療價值的證據進行了實質性的綜述。有證據表明，「催眠療法為患有功能性胃腸道疾病的個案提供了60％至70％的機會減輕症狀，並且可以持續多年」（Miller & Whorwell, 2009, p. 288）。在許多不同的研究中，專家一致地發現催眠可以明顯減輕症狀，提高生活品質，減少因 IBS 和其他症狀而就診的次數，還能幫助個案獲得重返工作崗位的能力（Gonsalkorale, Miller, Afzal, & Whorwell, 2003）。臨床心理學家和健康研究者、心理學博士歐拉夫·S·帕爾松（Olafur S. Palsson）——北卡羅來納大學教堂山分校的醫學教授——他是使用催眠治療胃腸道疾病，特別是 IBS 的頂尖專家（Palsson, 2006, 2017; Palsson & van Tilburg, 2015）。他建立了一個網站來傳播相關的科學研究及其影響，並且還慷慨地分享了他治療 IBS 已經驗證的方案。可以參考以下網址：www.ibshypnosis.com。

催眠在治療癌症中的使用：《美國臨床催眠雜誌》發表了一期特刊（2017年7月），主題是催眠在癌症治療中的益處。健康心理學家卡蘿·吉南德斯（Carol Ginandes）頗有見地地論述了催眠是如何在治療的每個階段提供其價值的：

> 研究表明，催眠在臨床癌症治療中至少在四個方面有幫助：(1)提高對手術、化療和放療等診斷和療程中的耐受性；(2)緩解噁心、乏力等治療副作用帶來的症狀和苦惱；(3)減輕對疼痛（急性、過程性、慢性）及其必然痛苦的感知；(4)緩解由癌症診斷和治療引起的各種情緒困擾。此外，還可以添加一些測試較少但有希望的領域；(5)減緩疾病進展，加速身體康復，延長生存時間。
>
> （2017a, p. 86）

其他文章討論了催眠在癌症治療中的優勢（Wortzel & Spiegel, 2017）、教授個案自我催眠的好處（Forester-Miller, 2017）、緩和醫療的改進（Handel & Néron, 2017）、改善治療態度（Mendoza, Capafons, & Jensen, 2017），以及催眠在乳腺癌個案化療期間，團體心理治療的益處（Téllez et al., 2017）。

催眠對疼痛管理的作用：證明催眠在緩解疼痛方面的價值，有非常豐富的訊息量，我們將在第23章詳細敘述。

催眠與傷口癒合：催眠已被證明在傷口癒合的很多方面都有獨特的價值。如縮短住院時間、減少手術期間的失血以及減少治療帶來的壓力（Lynn, Kirsch, Barabasz et al., 2000; Pinnell & Covino, 2000）等。壓力已被證明會延遲傷口癒合和手術的恢復時間（Glaser et al., 1999）。經過測試，催眠不僅能增強功能恢復，還能促進組織癒合。在吉南德斯、布魯克斯（Brooks）、桑多（Sando）、瓊斯（Jones）和阿克（Aker）（2003）的代表性研究中，接受醫學推薦縮胸手術的女性，都經歷了相同的手術程序和術後護理，然後被隨機分為三組：接受常規護理組（即沒有心理治療組）、有支持性關注或催眠課程組，以及專門用於有針對性地加速傷口癒合組。在接下來七週的隨訪中，催眠組在手術部位的癒合情況明顯好於其他兩組。吉南德斯還提供了用催眠方法加速骨折癒合的報告（2017b）。達布尼・埃文（Dabney Ewin）醫生是使用催眠治療燒傷個案的先驅，他大量記錄了使用催眠促進此類個案組織癒合的過程（Ewin, 1986; Patterson, Goldberg, & Ehde, 1996）。

催眠與免疫系統障礙症：胡達切克（Hudacek, 2007）提出了關於催眠如何改變免疫系統的簡要總結：

> 儘管大腦影響生理功能的確切訊號通路尚未明確，但關於身心聯繫的一般原則已被廣泛接受。總體而言，壓力，例如由癌症診斷引起的壓力，表現為消極的精神狀態。似乎大腦的生化狀態會影響交感神經和激素訊號，從而導致身體的免疫系統失調。因為催眠改變了對壓力事件的認知，它可以逆轉由壓力引起的下游免疫效應。
>
> （p. 413）

最近，A・巴拉巴斯、希格利（Higley）、克里斯滕森和M・巴拉巴斯（2010）對生殖器感染乳頭瘤病毒（HPV）的個案進行了一項研究。他們研究催眠對增強免疫力的影響。HPV是美國最常見的性傳播疾病（STD），會導致子宮頸癌和其他癌症。標準的醫學治療方法是以酸性藥物、手術或透過冷凍來治療生殖器疣。A・巴拉巴斯等人在城市醫院和農村社區樣本中，比對了僅用催眠與僅用藥物療法的病例。兩種方法都使病變區域和病變數量在統計上明顯減少。然而，在接下來十二週的隨訪中，「完全清除率為5：1，催眠大獲全勝」（A. Barabasz et al., 2010, p. 102）。

倫敦大學金史密斯學院心理學教授、心理學家約翰‧格魯澤利埃（John Gruzelier）博士（2002），在他的一項研究中，對具有毒性和慢性第二型單純疱疹病毒（HSV-2）的參與者進行了為期六週的免疫功能引導圖像培訓。結果顯示，「增加了自然殺傷（NK）細胞對 HSV 細胞的殺傷力、改善了情緒，最重要的是，臨床上減少了復發」（Hudacek, 2007, p. 412）。運用催眠來增強免疫系統功能，以達到更好的抵抗癌症效果，已經取得了一些不錯的結果。在兩項針對患有早期乳腺癌女性的研究中（Bakke, Purtzer, & Newton, 2002; Hidderley & Holt, 2004），都得出同樣的結論：催眠改善了這些個案的情緒，並提高了特異性免疫細胞的水準。托勒姆（Torem, 2007, 2017c）更進一步地總結了催眠增強免疫功能的案例。

催眠在其他醫學領域的應用：催眠以某種方式用來治療疾病和病症的清單很廣泛。以下是能夠提供支持性文獻的情況：纖維肌痛（De Benedittis, 2017a）、頭痛（De Benedittis, 2017b; Kohen, 2017a）、遺尿症（Lazarus, 2017）、吞嚥困難（Alter, 2017）、皮膚病（Shenefelt, 2017）和雷諾氏綜合症（Johnson, 2017）。

◆ 應用醫學催眠需要思考的兩個重要問題

我想強調兩個與催眠和身心治療方法相關的特殊問題。第一個是個案對其健康的責任。我們的目標是正向鼓勵人們使用所有資源來幫助自己。但是，指出他們對自己的責任並不意味著要指責他們的現狀。個案意識到這是自己的責任時最會感到痛苦。醫生或其他善意的專業人員的解釋會進一步加重個案的負擔，他們會因導致自己得病而受到一定程度的責備。這個人生病還不夠糟糕，他們還要被告知這是因為自己一些管理不善的問題引起的。專業人士可能會說一些具有破壞性和不可信的話，例如：「你病了，因為你對自己母親的憤怒情緒沒有得到處理。」他們甚至還會問病人為什麼要這樣對待自己：「你是不是潛意識裡就需要受苦？」不，這絕不是我們的意圖！健康的個人責任應該是正向的，而責備不是。幫助一個人「讓」他們對自己生病感到內疚，是不負責任且糟糕的互動結果。

前面簡要提到過第二個問題，就是催眠在治療中的應用。具體來說，除非你是醫生，或者接受過適當的專業培訓和認證來治療一個人的身體疾病，否則你就是在你的專業領域之外工作，會給你和你的個案帶來麻煩。假如你想幫助某人治療身體疾病，從道德、法律和人道的角度來看，你必須得到醫生適當的支持和參與。催眠很容易被誤用，這可能會延遲甚至阻止人們獲得適當的治療，然而原因僅僅是因為治療師錯誤地假定了問題的心理基礎。例如，你不能簡單地假設偏頭痛個案「只是因為有壓力」。對於這種症狀和所有其他症狀一樣，個案應該首先進行澈底的身體檢查，以確定（如果可能）到底發生了什麼。此外，若證明個案的症狀可能是由器官誘發導致，擁有醫療支持是非常重要的。至少你可以直接致電個案的醫生，詢問你的治療計畫是否會干擾他們。這種情況很少，但如果有的話，你可以在你們之間進行合理的協調。了解個案可能正在服用的藥物、了解他們的症狀對身體的影響，以及了解病情的進程和癒後，這對於制定有效的暗示至關重要。

我們能得出什麼樣的結論？

催眠在醫療上的成功使用實在讓人興奮。如果我們要讓個案充分參與到自己的治療中，並且放大那些神祕、無意識過程的力量，來將生理方向轉向對治療做出反應，那麼我們需要有一個知識淵博、方法靈活的治療師，以及願意打開自己並在催眠中探索自己潛力的個案。這個人的「意念可塑性能力」或將暗示轉化為動態治療反應的能力是什麼？這個人用自己的心智影響身體的能力又是什麼？

這是催眠最令人興奮的事情之一！在開始催眠之前，你可能並不完全了解某人的能力，因此你才有機會時常對人們的反應感到驚訝。這些反應有時簡直是異乎尋常的！當催眠得到良好的應用，並且隱藏在個案身上的催眠能力顯現出來時，個案就有機會發現和使用自己以前可能完全沒有意識到的個人資源。許多個案將這樣強有力的發現描述為「改變生活的」、「變革性的」或「啟發性的」。對自己親眼目睹個案出人意料的改變，許多治療師會感到敬畏，也因此會產生類似的感嘆。

1.「純醫學」問題真的只是生理問題嗎？為什麼或為什麼不？

2. 你認為卡普楚克等人在哈佛研究中，公開告訴研究對象他們正在服用的是安慰劑，卻沒有減少他們的獲益是為什麼呢？

3. 你如何看待催眠是「非欺騙性安慰劑」這個觀點？

4. 你為什麼認為西方社會的身心關係是分裂的？對於看待醫療健康的態度，這種劃分對人們有何影響？

5.「對健康負責」是什麼意思？你會贊同那些聲稱所有疾病都是心理原因的人嗎？為什麼或為什麼不？如果你感冒了，人們問你：「你為什麼讓自己生病？」你會怎麼回答？在你看來，這是合理的問題嗎？

任務清單

1. 採訪醫生，了解他們給個案服用安慰劑的頻率和條件。他們對欺騙他人有任何道德上的顧慮嗎？他們如何解決這些問題？

2. 更詳細地研究表觀遺傳學這個主題。關於催眠的可能性，文獻給你帶來了什麼建議？

3. 採訪大眾，了解他們所做的危險行為，以及他們如何看待這些行為實際上並沒有那麼危險。樂觀情緒如何影響他們的判斷？

4. 用谷歌搜尋「整合醫學」一詞，查看人們使用的各種補充療法。花時間了解每種方式的優點。

第 6 章

催眠的主觀體驗

現象學是對主觀體驗的研究。催眠是高度主觀的體驗，因其高度個人化，所以沒有兩個人可以擁有完全相同的催眠體驗。催眠的許多研究都傾向於關注被催眠者的行為，或被催眠者可測量的大腦變化。但是，當你看到一個人的手臂因手臂懸浮的暗示而上升，或看到一個人對想像體驗的暗示做出反應時，大腦特定區域的血流增加的證據，這其實並不能為你提供太多訊息，如果有的話，也不會是這個人在此時此刻的內在體驗。簡單地說，當你觀察被催眠的人時，你從外面看到的東西可能與其內心發生的事情有很大關係，但也可能沒有太大關係。比如，有人看起來可能平靜而放鬆，但主觀上對催眠的體驗卻十分痛苦（Kluft, 2016b; Sheehan & McConkey, 1982; Terhune & Cardeña, 2016）。或者，也可能主觀體驗與客觀環境相去甚遠：某人可以感覺好像被送回了前世（如所謂的「前世催眠」）、太空船（如所謂的「被外星人綁架」的記憶）或某個遙遠的地方（如所謂的「遠程觀看」或「靈魂出竅的體

驗」)。人們可以有他們體驗為「真實」或認為是「真實」的主觀體驗，但這可能與更客觀的現實毫無關係（Dasse, Elkins, & Weaver, 2015b; Loftus, 2005, 2017; Pyun, 2015）。

因此，如果我們要更好地理解催眠，那麼催眠現象學的思考是必要的。我們需要了解被催眠者的實際體驗，同時也需要以盡可能少的偏見或主觀解釋來看待它。正如澳洲心理學家和學者彼得·希恩（1992）所指出的那樣：

> 採用現象學框架對於探索了解催眠現象而言非常有用。例如，它使我們能夠更詳盡地觀察催眠過程，同時它也顯示了催眠體驗和行為的多樣性與豐富性。
>
> （p. 364）

因此，在本章中，我們將探討催眠的主觀體驗，以及催眠現象學的研究如何為臨床應用提供訊息。

從欣賞每個人的獨特性開始

與現象學主題相關的三個基礎假設，可以用來指導我們的催眠實踐：第一個假設是承認每個人的獨特性，以及這個人全部的一切，包括個人的歷史、個性、成長環境、觀點和反應。第二個假設是每個人都會以自己獨特的方式來體驗催眠。即使個案的行為反應符合你的預期，你也無法知道你的暗示，可能在這個人心中觸發了哪些具體的主觀聯想，直到這些內容以某種方式傳遞到你這裡（除非你是專業委員會認證會讀心術的人）。第三個假設是催眠體驗具有多維性：無論個案正在經歷什麼，都不可避免地具有認知、行為、情感、精神、關係和身體上的特徵。你選擇關注並放大的那個維度，將是你自己的價值觀和治療方式的產物。

如何研究催眠的現象學？

僅僅觀察催眠行為在揭示主觀體驗品質方面的能力非常有限，這一認

識促使研究人員開發了用於獲取現象學訊息這個特定目的的工具（Cardeña & Pekala, 2014）。許多早期的工具都特別關注試圖理解「深度」催眠的體驗：更深層次的體驗是什麼感覺？如何測量催眠的深度？因此，開發了諸如力克龍量表（LeCron, 1953）、北卡羅來納量表（Tart, 1970）、菲爾德催眠深度量表（Field, 1965）和簡要史丹佛量表（Hilgard & Tart, 1966）等，並測試了它們的有效性。

這些量表被證明具有特定的局限性：催眠的深度並不能當作有效的因素，來預測一個人是否能夠成功地表現出暗示所要求的催眠行為。正如澳洲研究人員阿曼達・巴尼爾（Amanda Barnier）和凱文・麥康基所說（2004, p. 49）：

透過這些個人體驗的各種衡量標準，我們認識到，催眠體驗可能並不總是會導致標準化量表索引中，那些與標準相關的行為……相較於對具體暗示的反應，催眠體驗更普遍、更易變，並且其強度也會隨時波動。

此外，量表所能體現的價值受到了人們內省和自我報告能力的限制（Weitzenhoffer, 2002）。

有人可以對某個暗示做出部分反應，但這個反應可能不足以從其行為中明顯看出來：

例如，HGSHS 中的幻覺項目：A（哈佛催眠易感性團體量表表 A，這是常見的催眠能力測試，稍後討論）暗示蒼蠅在人的頭上嗡嗡作響。要獲得正面分數，這個人必須轟走蒼蠅來公開表明蒼蠅的存在。如果他們聽到或感覺到蒼蠅，但沒有做出任何行為反應，那麼單獨的行為量表就無法反映這個體驗；而要求對經驗強度進行評級的主觀量表將捕捉到這一點。

（Barnier & McConkey, p. 50）

此外，由於不可避免的混雜因素影響了報告的準確性，因此很難準確反映個案在催眠期間所經歷的事情。其中一個因素是對記憶的依賴，即人們對瞬間經歷的記憶可能會在經歷結束後，部分或全部消失（由於自發性失憶），除去這個部分，剩下的才是人們能夠準確回憶起他們在催眠中所經歷的事

情。另一個類似的因素是個案對體驗的主觀平均值，當人們對體驗給出了一般性的描述（「很好」）時，由於這種體驗會隨時變化，從而個案無法為我們提供更多他們所經歷的體驗細節。第三個易混淆因素是根據實驗者可能想聽到的內容而有傾向性的報告體驗。

因此，我們需要更好地了解人們在催眠中的反應強度和方向。為了滿足這一需求，一些研究人員目前在他們的現象學研究中使用了大量的量表。其中有兩個特別值得一提：(1)由心理學家彼得·希恩、凱文·麥康基和達里爾·克羅斯（Darryl Cross）（1978）開發的經驗分析技術（EAT）。希恩（1992）詳細描述了它的結構和發展；(2)由心理學家羅恩·佩卡拉（Ron Pekala）（1991, 1995a, 1995b, 2010, 2015; Pekala & Kumar, 2000; Pekala, Kumar, Maurer, Elliott-Carter, & Moon, 2006; Pekala & Wickramasekera, 2007; Pekala & Maurer, 2015）開發的意識清單現象學——催眠評估流程（PCI-HAP）。

EAT 和 PCI-HAP 都努力將報告催眠體驗的常見混雜因素降至最低。它們都已經在各種研究和臨床人群中進行了測試，可以被視為誘發和描述個人對催眠的反應有效但不完善的方法。正如佩卡拉（2002）在討論此類測試的價值時所說的，「因此，我們可以使用這些訊息……來執行催眠策略，使治療更加個性化，也更有效果」（p. 252）。

現象學研究揭示了催眠中主觀體驗的性質。被催眠的人和未被催眠的人之間存在著差異，這些差異可以粗略地分為兩大類：心理上的和身體上的。

催眠的心理特徵

在催眠中可能會發生許多主觀意識的心理轉變，這些包括：注意力變窄、想像能力提高、可暗示性加強、意象變得更加生動、一系列認知和知覺的轉變、主觀信念的加強、非自主反應的體驗、處於改變狀態的主觀感覺、解離的感覺、增強的融洽關係，以及增加或減少的影響等等（Barrett, 2016; Cardeña, 2005; Kihlstrom, 2008; Nash, 2008b; Pekala, 2016; Wickramasekera, 2015）。讓我們簡要地討論其中的一些轉變。

◆ 預期

正如許多社會認知理論學家所指出的那樣，鼓勵個案期待他們的經歷發生變化，並接受那些能夠滿足這種預期的暗示（T. Barber, 2000; Kirsch, 2000; Lynn & Kirsch, 2006; Lynn, Laurence, & Kirsch, 2015; Sliwinski & Elkins, 2013; Wagstaff, 1998, 2010）。許多個案努力尋求將催眠當成治療措施，是因為他們對催眠的預期是正向的。他們期待催眠可以帶來強大、戲劇性且富有成效的體驗（Lynn, Kirsch, & Rhue, 2010）。

◆ 選擇性注意

有許多複雜的因素決定了哪些東西會進入一個人的注意力範疇。其中包括：感覺刺激的程度（刺激的強弱）、刺激的新穎度、這個人的反應傾向（源於社會化和遺傳的複雜相互作用）、在當前背景下的動機、心情，以及環境中共存的其他感官刺激種類和數量。

聚焦於特定的刺激（通常是你的語言或手勢），而排除幾乎所有正在進行的其他刺激，是催眠體驗的基礎，其他現象也以催眠體驗為基礎。如果不聚焦治療師的暗示，就不可能發生任何有效果的事情（Landry & Raz, 2015; Oakley & Halligan, 2010; Spiegel & Spiegel, 1978/2004）。

◆ 解離

歐內斯特・希爾加德的催眠新解離模型（1991）將催眠概念化為放鬆或減少對執行認知功能的依賴。「執行自我」或「中央控制結構」的任務是規劃和監控人格的各種功能，包括服從「執行自我」的各種認知子系統。希爾加德認為，在催眠中，各個子系統之間是可以相互獨立或解離的，因此，它們也可以獨立對治療師的暗示做出反應。

實際上，解離意味著一個人正常整合和協同運作的部分，越來越能夠獨立運作。解離是體驗中非常重要的組成之一，甚至可以毫不誇張地說，如果沒有某種程度的解離，催眠就不會發生（Cleveland, Korman, & Gold, 2015）。

◆ 增加或減少影響

回顧早先關於意念動力反應的討論，特別是意念情感反應，體驗中的情感成分在催眠體驗中，發揮著直接的作用。意念情感、情緒反應可以而且確實是自發產生的，也就是說，沒有任何暗示會產生任何特定的感覺。當然，情緒可以是正面的（如欣喜或快樂），也可以是負面的（如悲傷或焦慮）。這些感覺可以與治療相關的內部過程相關聯，也可以是對治療師的反應。觀察並「調頻」到與個案步調一致，願意探索他們的感受，這些總是有助於建立治療聯盟，同時也有利於治療本身。

◆ 歐內斯特・希爾加德的「隱藏的觀察者」

處於催眠狀態的個案可以有多個層次的意識，且每個層次在功能上都是相互獨立運作的。舉個簡單的例子，實際上，你可以在體驗催眠的同時，觀察自己正在經歷催眠的體驗。其中一個是客觀的層次，它對體驗的性質有相對現實的理解，是希爾加德（1977）稱為「隱藏的觀察者」的其中一部分。「隱藏的觀察者」與暗示體驗是直接分離（解離）的，並且可以對體驗保持一定程度的客觀性。希爾加德這樣描述它：「『隱藏的觀察者』只是個訊息源的便利標籤，具有高水平的認知功能，但並不會讓被催眠的人有意識地體驗到。」（1992, p. 77）催眠的這種解離特徵允許個案以「相信的想像力」（Sarbin, 1997）關注和回應暗示，同時讓個案更客觀地觀察他們自己的經歷。隱藏的觀察者是指即使在更深層次的催眠體驗中，個案通常也知道自己在做什麼以及正在發生什麼。

◆ 馬丁・奧恩的「催眠狀態的邏輯」

在描述催眠對該領域的開創性貢獻中，精神科醫生馬丁・奧恩強調，催眠體驗最重要的屬性之一是能夠舒適地容忍在暗示中出現不協調或前後不一致的內容，而通常在「清醒」狀態中，這種不協調或不一致會令人不安（Orne, 1959）。奧恩舉了一個例子，在這個例子中，個案認為自己看到的那個

人是透明的：「這很奇怪，我可以看到喬坐在椅子上，我還可以透過他看到椅子。」（p. 295）奧恩將這種現象稱為「催眠狀態的邏輯」。

在臨床中，催眠狀態的邏輯是指個案不需要客觀化他們的經歷。換句話說，個案可以接受一個暗示的現實，無論它是多麼不合邏輯甚至是完全不可能的，但好像它就是唯一的現實一樣。例如，如果我想對個案進行催眠治療，目前他無法接觸到他的父母（他們可能住在遙遠的地方或已經過世），我可以暗示個案去看他們的父母並與之互動，共同處理需要解決的問題。催眠狀態的邏輯允許個案在「此時此地」回應他們的父母，就好像他們真的在那裡一樣，而不是用理智評估來互動，例如「我的父母住在歐洲，怎麼可能會出現在這裡？」。

那些對於被催眠者來說沒有太多邏輯的事情，在催眠狀態的邏輯中卻可能是完全合理的。這使得治療師有機會進行具有高度創造性和想像力的臨床會議，而不受傳統現實感的束縛。催眠狀態的邏輯是個案自發接納暗示，而不進行批判性評估，因為批判性評估會破壞該暗示的有效性或意義，尤其是那些基於幻想或根本不合邏輯的暗示。「好像」做某事是真實的，這可以為更深層次的感受和治療創造新的途徑。

◆ 提高個案對暗示的反應性

上述選擇性注意和解離的品質可以使個案對暗示的反應能力增強。事實上，正如第 1 章所討論的，美國心理學會第 30 分會對催眠的最新正式定義強調了這一點：催眠是「注意力聚焦和外圍意識降低的意識狀態，其特點是對暗示的反應能力增強」（Elkins et al., p. 382）。事實證明，反應能力增強是因為個案更願意接受治療師的暗示。此外，根據定義，相較於在沒有催眠的情況下，處於催眠狀態的人會對他們的體驗做出更大的反應。

請勿將反應性與輕信或對暗示的非批判性接受相混淆（T. Barber, 1969, 2000）。與神話相反，在尊重個案的臨床或研究環境中，催眠體驗實際上擴大了人的選擇範圍，包括選擇拒絕不合心意或不相關的暗示。增強對暗示的反應是個案的選擇。他們信任治療師的指導，並認為治療師想要提供幫助。

如果個人、人際和環境的動態不佳，反應則不存在，結果就是典型的「反應不佳」，甚至是「阻抗」。

◆ 聚焦水平的波動

正如你可能已經透過自己的催眠體驗發現的那樣，你的體驗每時每刻都在發生變化。有時你會更主動地參與向你提出的任何暗示，而有時你則不那麼投入。有時你會全神貫注於處理一些圖像、想法或記憶；有些時候，你則會因為一些無關緊要的事情或干擾而分散注意力。這是很自然的，也是意料之中的。你可以對某人說：「你可以讓自己進入更深的催眠，再深些，再深些。」但這並不太可能讓他們真的就這樣做。事實上，人的思想在某種程度上是遊走的，因此注意力會不可避免地發生波動，這是可以預測的，而且也是應該被允許的，我們並不會對他們有負面評價（比如「你為什麼抗拒？」）。隨著會話的進行，個案會變得更加專注，並積極參與體驗，催眠體驗的強度自然而然也就建立起來。

◆ 認知和感知的靈活性

所謂的認知風格不同，其實就是人們對經驗的思考方式不同。這不僅在個體之間如此，在個體內部也是如此。你對不同類型的經歷也會有不同的思考方式。例如，有些事情你可能會更全面或一般性地處理，而其他事情你會更具體或「抓細節」地處理（Crawford & Allen, 1983; Erbas, Ceulemans, Koval, & Kuppens, 2015; Gfeller & Gorassini, 2010; Sloman & Fernbach, 2017）。你如何思考問題自然也會影響你的看法。

正如你已經了解到的，與催眠相關的諸多認知變化都體現在記憶、意識、專注、理性、想像力、意象和注意力等方面（T. Barber, 2000; Holroyd, 1992; Kihlstrom, 2008; D. Spiegel, 2008）。這些認知改變不僅在現在，而且在將來都會是研究的重點，因為它們代表了催眠最引人注目的方面。然而，認知的靈活性在臨床環境中與研究環境中不同。鑒於所謂的「認知扭曲」（即訊息

處理中的錯誤）經常會與各種障礙症相關聯（Beck, Rush, Shaw, & Emery, 1979; Greenberger & Padesky, 2016），於是應用催眠來提升認知轉變，並促進認知重組就顯得更為重要了。對於增強靈活性，無論是認知、行為、知覺還是其他方面，催眠都有非常重要的價值，這也是將催眠整合進一般心理治療的主要原因，特別是認知行為療法（Alladin, 2010; Yapko, 2001b, 2001c, 2010b, 2016a）。

許多研究人員已經對被催眠者的認知風格做了研究。彼得‧希恩（1992）特別描述了人們對催眠暗示的不同認知反應，但得出這樣的結論：「沒有一種風格可以代表催眠對象對暗示的反應，有趣的是，具有相同催眠易感性的人，卻也可能出現截然不同的反應風格。」（p. 367）他進一步指出，「個案可能在同一催眠過程中，使用一種或多種風格，並且在很大程度上，風格的選擇會隨著任務的複雜性而變化。」（p. 367）就像希恩所描述的，認知靈活性的重點在於，人是否有能力隨著任務的需要，自由出入於不同的認知風格，以及與這些認知風格相關的不同知覺體驗之中，而且隨著催眠的發生，這種能力也會逐步提升。

參考框架：彼得‧W‧希恩博士

彼得‧W‧希恩（1940–）是澳洲心理學家，也是催眠界傑出而多產的學者。他因理解催眠現象學的開創性貢獻而廣受認可。對於希恩教授來說，催眠體驗的意義與價值，只有透過探索個體主觀體驗的不同面向才能得到更好的理解。簡單地在催眠中向某人提供暗示，然後衡量其反應，這對希恩教授來說，就是用過於狹隘的視角來審視催眠現象的價值和意義。

希恩博士是澳洲布里斯本昆士蘭大學的心理學教授，後來擔任副校長及研究生院科研副院長。他的催眠研究實驗室實際上是澳洲近四分之一個世紀以來的催眠之都。他在澳洲天主教大學擔任了十年副校長，並於2008年退休。

希恩博士還曾擔任澳洲心理學會主席、國際心理學大會主席、澳洲社會科學院院長。他獲得了許多專業和人道主義獎項，其中包括著名的澳洲官佐勳章，以表彰他一生對心理學、科研和教育事業的貢獻。

希恩博士是《意象的功能和性質》（*The Function and Nature of Imagery*, 1972）的編輯，與心理學家坎貝爾・佩里（Campbell Perry）博士合著了《催眠方法論：當代催眠範式的批判性評價》（*Methodologies of Hypnosis: A Critical Appraisal of Contemporary Paradigms of Hypnosis*, 1976），這本書是他研究工作的科學基礎。他還與心理學家凱文・麥康基博士合著了《催眠及體驗：現象和過程的探索》（*Hypnosis and Experience: The Exploration of Phenomena and Process*, 1982）和《刑事調查中的催眠、記憶和行為》（*Hypnosis, Memory, and Behavior in Criminal Investigation*, 1995）。他還在許多重要期刊和書籍中撰寫了數十篇關於意象、催眠易感性、可暗示性、記憶和假性記憶等主題的文章和書籍章節，尤其是關於催眠現象學的內容。

希恩博士對催眠的興趣引領他在還是博士生的時候，就接受了費城實驗精神病學研究所的博士後職位，與已故的醫生馬丁・奧恩一起進行催眠研究（參見第13章中馬丁・奧恩的參考框架）。在那裡，他學習和改進了催眠研究策略和程序，特別是研究催眠環境中「真實」與「模擬」的行為，以及定義後催眠反應本質的參數。他的研究清楚地表明，如果不探索催眠體驗的本質，就無法真正理解催眠的意義。

這項職業生涯早期的研究引起了希恩博士對催眠現象學的興趣，他逐漸得出結論，努力理解人在催眠中的感知，對於真正理解催眠現象和過程是至關重要的。催眠是個體且異質的現象，而不是普遍共有的體驗，在某種程度上如此定義催眠似乎再明顯不過了，但這種推論與一般催眠研究的目標背道而馳。催眠研究在當時是為了識別、分類和分組催眠體驗的類型。對現象學的追求讓他開闢了催眠中尚未開發且令人興奮的新領域。

希恩博士與凱文‧麥康基一起開發了體驗分析技術（EAT），作為一種工具，它被用於描述從催眠對象身上激發的個人現象學體驗。迄今為止 EAT 仍然是非常有用且重要的方法，它能夠幫助我們深入了解主觀催眠體驗的本質，並發展出洞見。

　　關於將意象視為催眠易感性的指標：「這個自信的立場我從來沒有動搖過，即意象以及個體在意象和幻想上所表現出來的差異，是催眠易感性非常重要的一個方面。證據告訴我，如果你是個能夠在腦海中生動成像的人，那麼你是否具有較高的催眠易感性，我無法確定；但如果你是個頭腦中成像很糟糕的人，我知道你一定不是較高催眠易感性的人。這種方法對我來說，強調了催眠的技術因素。如果不考慮被催眠者的天賦和才能在催眠情境中所帶來的東西，那麼無論是臨床環境還是實驗環境，我們都無法真正理解催眠。」

　　關於意象與實際體驗：「在我剛開始做博士研究的時候，我對意象與實際體驗相關的真實性問題非常感興趣。我還想知道對一個可以在腦海中生動成像的人來說，事物真實的信念在多大程度上是其體驗的組成部分。我曾經，現在也仍然被比內特（Binet）和費雷特（Feret）前所未有的發現深深地吸引著，即在每個圖像中總有某種幻覺萌芽。我於是對實際感知和生動意象體驗之間的對應關係，產生了特別的興趣。對研究問題的這種措辭使我開始分析模式的性質。意象是『好像』你正在感知的，就像催眠幻覺中『好像』有個物體真的在那裡，而經歷幻覺的人確信它真的存在。當然，對催眠的『好像』理論之發展，很大程度上要歸功於菲利普‧薩特克利夫（Philip Sutcliffe）、馬丁‧奧恩和西奧多‧薩賓的貢獻，他們以十分不同的方式探索了催眠情境所具有的社會心理特徵。」

　　催眠中的正向動機：「對於具有極高催眠易感性的人來說，某些個案在催眠情境中會存在想要取悅催眠師的特殊動機。許多研究人員以不同方式對這一過程做了理論化。一些治療師會在治療環境下與移

情過程建立連結。在實驗環境中，羅納德・肖爾（實驗心理學家，早期和彼得・希恩一起工作，是有影響力的同事）在他的『原始參與』（archaic involvement）這個概念中表達了這一點。我認為肖爾的原始參與、臨床中的移情型行為，以及具有高度催眠易感性的催眠對象某些時候渴望取悅催眠師之間，存在某種聯繫。我選擇用『動機性的認知承諾』這個概念更廣泛地談論該動機，我在1971年發表於《變態心理學雜誌》（*Journal of Abnormal Psychology*）上的專題文章中詳細闡述了這一概念。我也相信，如果不研究某個人的私人體驗，我們就無法真正理解這些概念。要了解催眠的現象和過程，我們需要用現象學方法來研究催眠。」

主觀體驗的準確報告真的很重要嗎？「我記得和一位精神科醫生談過精神分析中的治療概念，我問：『你怎麼知道這是否真的發生了？』他說：『沒關係。如果我所說的符合他們想要談論的概念，我就可以透過這種重建來實現治癒。』同樣，人們在關於催眠的主觀報告中，什麼是真實的，什麼不是，往往並不重要。很多人會發現這是非常有爭議的說法，不同人也會持不同意見。但是，當我與某人交流他們在催眠中的體驗時，我並不太擔心這對他們來說是否客觀真實。他們所經歷的對我來說才最重要。不過，一定會有例外。司法環境就是其中之一，真相在這裡當然尤為重要。」

關於在實驗室和臨床環境中的動態關係：「我認為在臨床環境中研究催眠的治療師，與在實驗室環境中研究催眠的實驗者之間，存在巨大差異。在臨床環境中，如果人際環境敏銳地適應變化，我認為透過治療師的影響，個案可以相對容易地對暗示做出反應。在更受控制的實驗室環境中，我認為個案不會因為實驗者的影響，而能夠得到同樣的反應。這與我上面提到的概念有密切的關係——移情、原始參與和動機性認知承諾。

「考慮到實驗環境中的真實情況，我認為臨床環境中的關係成分

讓催眠成為了比許多人想像中更有效也更敏銳的工具。因此，我完全贊同在實驗室環境中個體催眠易感性差異的概念，並且完全接受臨床環境中個案的催眠結果。這表明，臨床環境中的關係成分，是決定個案行為和體驗結果至關重要且強有力的因素。」（有關該主題的進一步討論，請參見 Sheehan, 1980。）

關於他最重要的研究：「我最重要的一項研究，也是最令我滿意的項目，在我的專題論文『反駁對催眠的先入之見』中有所描述，該專題於 1971 年發表在《變態心理學雜誌》上。該研究項目花了六年時間才完成，隨後我進行了第二個複雜的研究計畫，名為『影響良好催眠互動關係的因素』，該計畫於 1980 年在同一期刊上發表。第二個項目獲得了研究獎，但我一直都認為應該獲獎的是第一篇才對。在『反駁對催眠的先入之見』這篇文章中，我對『動機性認知承諾』這個概念做了理論化描述，在後來的工作中，我將其與個案取悅催眠師的動機聯繫起來。我認為『動機性認知承諾』是深度催眠參與的個案其本質特徵之一。我將這些研究項目和我的其他研究項目在《催眠及體驗：現象和過程的探索》一書中，做了對我來說最重要，也是最全面的整合。」

關於記憶扭曲：「催眠的現象學與催眠中出現的記憶扭曲問題，以及催眠產生的證人證詞密切相關，但在某些實際情況下，現實的介入變得十分必要。我們所感知到的情況往往並不能代表真相，在司法環境中，真相至關重要。

「催眠記憶的真實性必須輔以獨立查核證據來確定，對此，我立場十分堅定。如果你把我的現象學研究放在法庭的實際問題背景下，我馬上就會問一些關於真實性、信心和準確性的問題，有時甚至是尷尬的問題。所以，若法庭上有人說，『我絕對確定我看到那個人手裡拿著把刀』，我認為，研究人員更有可能對這種確定性展開詢問，因為他們並不會使用現象學的方法來看待這個人的話。在法庭上必須調

查證詞，並試圖予以證實。有太多情況下口頭陳述是不可信的。那些被關進監獄的人，他們的證詞完全令人信服，但卻非常不準確。」

關於現象學是理解催眠的基本視角：「事物的終極意義必然是現象學層面的，我認為除非我們深入研究催眠的現象學表現，否則我們無法理解催眠的本質。我對催眠研究逐漸轉向腦電圖相關性、神經生物學事件和基因分析的調查感到有點沮喪。對我來說，這些方法將我們引向了簡單化地研究催眠意義。這類研究無疑是可敬、學術和嚴謹的，但我相信它會繞過催眠現象學的有效性，而錯過催眠的終極意義。它可以是有用且有幫助的，但它的思路對我個人來說一直沒有太大用途，這是因為我認為微觀層面的分析，往往不能客觀地對待催眠的複雜性，以及催眠體驗的主觀有效性。」

關於現象學的進一步研究：「我在與凱文・麥康基一起出版的《體驗分析技術》（*Experiential Analysis Technique*）一書中引用了一段話，它始終與我相關，並不斷指導我的工作。這本書旨在揭示『催眠的一部分意義』。我會建議那些從事催眠工作的人：永遠尊重被催眠者的體驗，你會從中找到不一樣的內容。」

資料來源：
私人交流，2011 年 4 月 12 日和 4 月 17 日，以及 2018 年 2 月。

催眠的生理特徵

被催眠的人通常會報告他們覺察到身體的諸多主觀變化。一般情況下，這些對於細心的治療師來說可能並不稀奇。這些轉變可能包括各種身體感覺的變化、身體形象的一般或特定變化，以及不願說話或移動（Barabasz & Watkins, 2005; Cardeña, 2005）。

除非你特別要求個案對內在體驗做出語言或非語言反應（我強烈推薦這樣做），否則你用來評估個案催眠體驗的唯一指標，通常就是其身體特徵。

注意個案身上發生的身體變化，會為你提供可以放大並用於實現進一步治療目標的訊息。但是，如果你沒有事先注意到這些變化，你也就無法使用它們。因此，練習細緻入微地觀察他人的技能是很有價值的。以下是可能對觀察有幫助的身體指標。

◆ 肌肉放鬆

你可以處於催眠狀態而不必放鬆，但身心放鬆是大多數人進入催眠的普遍特徵。大多數催眠過程都會將放鬆視為促進解離的方式之一。放鬆對個案來說感覺很好，以明顯的方式改變了他們對自己身體的體驗，甚至可以讓他們相信自己實際上已經被催眠了。在催眠之前和催眠期間，注意、比較這個人身體的緊張程度，尤其是面部肌肉。當你可以看到某個人肌肉放鬆時，顯然他的內在正在發生變化。

◆ 肌肉抽搐

隨著身心放鬆，通常會出現肌陣攣抽搐或入睡（入睡前的）抽搐，這些痙攣完全是非自主的，與放鬆或身體入睡時發生的神經系統變化有關。這些痙攣的確切原因尚不清楚。

◆ 流淚

人放鬆時，眼睛偶爾會流出眼淚。這被稱為流淚，它通常只是用來清潔和潤滑眼睛。你可能在入睡時經歷過。除非它的數量不正常，否則沒什麼可擔心的。但是，如果你不知道在放鬆時流淚可能是正常現象，那麼你可能會自動假設個案此時正在經歷不安，並在哭泣。但是，這造成了不必要的轉折，可能很快就會讓原本還不錯的會話變糟：個案不會不高興，直到你問他們為什麼不高興：「你為什麼不高興呢？」當你對個案的體驗有疑問時，請記住，要使用中立、非主導性的問題向他們直接徵求回應，例如：「你能描述一下現在的感受嗎？」

◆ 眼睛閉上，眼皮顫抖

人開始轉移注意力並體驗催眠時，他們的眼皮可能會快速顫動，這通常超出他們的意識範疇。此外，在大部分的催眠過程中，你可能也會觀察到眼皮下面的快速眼動。如果在催眠過程中有很多可視化的暗示，則更是如此。

◆ 呼吸頻率的變化

呼吸的變化，無論是加快還是減慢，在催眠期間都是典型的。我們可以在催眠之前和過程中，觀察、比較個案的呼吸模式。當你看到某個人的呼吸頻率和品質發生變化時，顯然他們正在發生一些內在變化。有些人在這個過程中全神貫注，呼吸變得更淺；有些人的呼吸則變得更深了。有些人用胸部呼吸；有些人則從橫膈膜呼吸。重要的是，呼吸的變化不一定是何種具體的變化。你可以用這些變化為基礎，給出強調體驗的暗示：「隨著你放緩呼吸，你可以變得更加放鬆。」

◆ 脈率變化

人的脈率變化有時會加快，但通常會減慢，這也是催眠的典型特徵之一。當個案背靠著椅子坐在那裡時，你可以很容易地觀察到他們脖子上的頸動脈搏動。一些治療師更喜歡（徵得個案許可後）在治療期間握住個案的手腕「以提供支持」，並借機讀取他們的橈動脈脈率。

◆ 下巴放鬆

一般來說，人放鬆時下巴會下垂。對於處在催眠狀態的人來說，下巴似乎很重，以至於需要他們有意識地、刻意努力才能合上嘴巴。

◆ 僵直

「僵直」一詞是指對自主運動的抑制——不願移動或說話，這反映出對

催眠體驗的專注。與常規的意識狀態或甚至幾乎不斷運動的睡眠狀態不同，處於催眠狀態的個案幾乎不會做任何運動，如果有的話也會很少。放鬆且專注的個案，即使他們可以，也需要付出很多努力才能移動。當然，如果他們願意的話也是可以的。此外，處於催眠狀態的個案通常會感到與自己的身體是解離（即分開）的，因此往往會簡單地忘記要動。

每隔一段時間，你可能就會遇到某個人四處走動，尤其對孩子來說，他們不會像你預期的那樣一動不動。在培訓課程中，我有一個學生，在班上的綽號是「折騰大王」。當他經歷催眠時，喜歡在地板上打滾，扭來扭去。催眠結束後，他描述了透過運動放鬆身體的感覺。然而有趣的是，進一步的詢問表明，他所做的很多動作他自己甚至都不知道！儘管個案的動作可能看起來有些過度或具有破壞性，或者被解釋為這是他們沒有「進入」催眠的證據，但實際上他們可能仍處於催眠狀態。你可以使用其他身體指標來支持你對個案參與程度的評估，或者你也可以直接詢問他們正在經歷什麼。在進行臨床催眠時，學會觀察而不干擾是項重要的技能。

◆ 身體感官轉移

人的身體意識可能會以多種方式發生變化：有些人會產生沉重的感覺，好像每個肢體都有一噸重，而有些人則會產生輕盈的感覺，好像他們在失重的地方飄浮著。有些人開始覺得身體很大，有些人開始覺得自己很小。有些人感覺與自己的身體更緊密地聯繫在一起，對身體感覺變得超級敏感，而有些人則變得非常超然，對自己的身體一無所知，甚至到了自發鎮痛或麻醉的程度。

有時，某些人會報告催眠體驗產生的身體不適（Lynn, Martin, & Frauman, 1996; Pekala et al., 2009），可能是輕微的頭暈或頭痛。為什麼會發生這種情況都是大家的猜測。一些人認為它相當於某種身心症狀——心理上產生之有目的的症狀——應該像（這樣）探索和治療。（我個人並不贊同這樣的立場。）其他人則認為這通常只是那個人從現實中迷失的產物——迷失了環境線索。大多數時候，解決辦法很簡單，就是鼓勵對方短暫地睜開眼睛，重新調整方向，穩定下來，然後再重新回到催眠狀態。

與個案核對的重要性

對於所有關於催眠現象學的說法，也許最重要的臨床意義是：如果你想知道個案在催眠過程中發生了什麼，你需要採取有效的步驟來找出答案。因為你根本無法從外部偶然注意到的一些事情中，猜測出個案的內心正在發生什麼。

無論你選擇使用諸如體驗分析技術或意識現象學清單之類的正式工具，還是選擇其他工具，又或者你喜歡像我建議的那樣，簡單地核對並直接詢問：「能描述一下你正在經歷什麼嗎？」從個案那裡獲得的反應，對於幫助你調整相應的方法都是非常寶貴的。

總結

以上所描述的每一個身體特徵都可以用作催眠的一般性指標，但是沒有一個單獨的跡象可以告訴你個案在內心實際體驗到了什麼。從某種意義上說，治療師是他人內心世界的訪客，因此應該保持觀察、謹慎，尤其重要的是，對他人的尊重。

對於何時可以在催眠中從一個階段轉移到另一個階段的評估，例如，何時從催眠引導進入治療應用，這將基於你在多大程度上觀察到個案身體和舉止的變化。你可以在開始催眠之前，觀察個案肌肉緊張度、呼吸和脈率以及任何你可以注意到的方面作為初始基準線，這些會幫助你注意到和基準線不一樣的變化，這些變化暗示了個案發展出和之前不同的體驗。你不可能總是知道這個人正在體驗什麼，但你可以觀察到個案由於催眠引導所產生的變化。你越是熟練掌握觀察這些變化的技巧，越能輕鬆駕馭根據個案在體驗中出現的變化來調整自身做法的能力。表6.1列出了其中的許多變化。

本章提供了一些關於被催眠者其內在體驗的見解。像催眠這樣主觀的體驗無法避免因人而異。因此，本章描述的催眠體驗所具有的一般特徵，可能存在於絕大部分個案身上，但程度會有不同。在某些情況下，它們甚至可能並不存在。關於個案體驗唯一且最有價值的訊息來源，就是個案本身。如果你想知道他們的經歷，問就可以了。

表 6.1 催眠體驗

體驗性和選擇性注意

輕鬆表達

體驗性的、非概念性的參與

體驗的意願

時間／空間關係的靈活性

觀念的改變

參與程度的變化

運動／語言抑制

「催眠狀態的邏輯」；減少現實檢驗

象徵符號處理

時間扭曲

自發性失憶

放鬆

身體感知變化

1. 為什麼有些人很容易集中注意力，有些人卻很容易分心呢？每種風格的優缺點各是什麼？

2. 你認為現代科技，例如我們對智慧型手機的依賴，是否會影響人們集中注意力的能力？為什麼或為什麼不？

3. 根據你自己的催眠體驗和同學的報告，你認為催眠可以在一個人身上產生反社會行為嗎？為什麼或為什麼不？

4. 讓班上每個人都盡可能詳細地描述他們的催眠體驗。哪些經歷看起來似乎很普遍？你認為其中哪些是某個人獨有的呢？

5. 在日常生活中，什麼時候擁有平行意識是種資產？或是負債？

6. 可暗示性如何區別於易被欺騙性？

任務清單

1. 與課堂中的其他人分享一段你度假的經歷，或者任何類似的複雜經歷。你更傾向於關注哪些細節呢？為什麼？在班上其他同學看來，你的故事中有哪些種類的細節是缺失的或者你很少提及的呢？這能反映出你的什麼特點嗎？如果能的話，是什麼特點？

2. 做一些事情，比如在房間裡走來走去，拿起一些你感興趣的東西。這麼做的同時，請你用言語去描述每一個動作。身為活動的參與者和觀察者，你有什麼感受？這麼做是簡單還是困難的？為什麼？

3. 你和你的同學能想到哪些常用的短語？如果有人對這些短語過於字面解讀，可能會引起不必的反應嗎？

第7章

應用催眠的情境
以及氛圍的營造

　　治療的情境自然地定義了你將會用催眠做什麼，以及如何做。催眠的應用非常廣泛，可以應用於許多不同的情境和領域，每一個都有自己的框架來定義治療師與個案互動的目標為何，以及什麼是符合職業道德且熟練的操作。無論你何時使用催眠，都會有這樣做的理由，亦即你希望幫助個案完成的目標。清楚了解個案的目標，以及催眠如何提供實現這個目標的步驟，是大多數在治療應用中的典型特徵。

　　毋庸置疑，催眠是種目標導向的干預，尤其是當我們用它來幫助別人時。人們來尋求幫助的主要原因是他們正在努力爭取在生活中變得更好。所以，無論在什麼環境下使用催眠，你都要努力營造一種氛圍，並使用可以讓個案受益的方式。

　　本章我會簡要描述催眠成功應用的範圍。正如你所預料的那樣，在任何有助於聚焦注意力、改善參與度、增加彈性、豐富資源和以目標為導向的地

方，催眠都可以派上用場。在本章後面，我將加入環境和物理元素，這些元素可以幫助你營造氛圍，讓個案更好地受益於你的專業。

醫學催眠

我們在第5章詳細討論了這個話題，強調了催眠在解決醫學問題中可以發揮的作用。即使有人患有明顯器質性的疾病或病症，例如身體受傷，我們仍可以幫助個案集中精神資源，更輕鬆地控制不適感，為手術做準備，甚至還可能促進療癒過程（Benham & Younger, 2008; Elkins, 2014, 2017; Ginandes, 2002, 2017a; Hill & Rossi, 2018; Kroger, 2008; Kroger & Fezler, 1976; Rossi, 2000; Spiegel, 1995; Thomson, 2017）。

疼痛管理是醫學催眠中更複雜的用途之一，適用於慢性和急性疼痛的患者（Jensen, 2011a; Patterson, 2010）。我將於第23章詳細介紹催眠在疼痛管理中的應用。催眠的疼痛管理技術可用於應對嚴重的疾病和傷害，在手術之前、手術期間和手術之後使用，以促進更順利的分娩，也可以幫助管理各種類型的身體創傷。

在沒有已知康復途徑的身體疾病中，如在臨終關懷或安寧治療中，臨床催眠可以緩解不適，讓患者更好地休息，鼓勵正向的態度，並減少相關的情緒創傷（Brugnoli, 2014; Handel, 2017; Handel & Néron, 2017）。催眠也許無法治癒疾病，但它仍然可以在各個層面上，以有意義的方式提供幫助。

牙科催眠

催眠在醫學領域中的應用顯現了身心之間強大的關係。這一關係也適用於牙科。醫療領域已有多項結果，牙科便是其中之一，由於牙科治療本身就是在身體層面工作，大眾在醫療環境中尋求的多種理想結果，同時也是牙科所尋求的：身體的某些部分——牙齒、牙齦和相關結構——正在接受治療。此外，每個接受治療的嘴巴背後都是一個人，他對正在接受的治療、牙醫和所處情境的態度都會影響干預的結果。

牙醫可能會敏銳地意識到，大多數牙科患者不會提前幾個月在日曆上標明預約的日期，然後滿懷期待地等著這個重要的日子到來。更常見的情況是，來接受治療的患者，他們介於輕微不情願和恐懼之間的某個地方。這時，透過一些精心挑選的話語來幫助患者減少對牙科治療的焦慮，會對治療效果產生巨大影響（Eitner, Sokol, Wichmann, Bauer, & Engels, 2011; Goodman & Filo, 2017; Mackey, 2010; Meyerson & Uziel, 2014; Thompson, 2004b）。顯然，一次良好的牙科治療體驗——無論是真實的還是想像的——都可以巧妙地被用作未來牙科體驗的樣板。這些人可能不會滿懷期待地等待下一次預約，但他們也不必生活在恐懼當中。

催眠在牙科治療中的第二個有效用途，是使用疼痛管理技術。許多人不能或選擇不使用化學麻醉劑（或鎮痛劑），例如新卡因（novocaine）或一氧化二氮，並且在接受牙科治療時，更願意依靠自身資源。用於創造鎮痛或麻醉體驗的催眠技術，可以讓患者將所經歷的不適程度降低到更容易控制的程度，許多人甚至能夠完全消除不適感（J. Barber, 1977; Chares, 1993; Montenegro; Alves, Zaninotto, Pinheiro Falcáco, & Batista de Amorim, 2017; Malliagn, 1996; Wolf et al., 2016）。

催眠在牙科中的第三個用途是它能夠輔助引導血液流動。適當地使用一些技術——真正適合患者自身體驗的技術——催眠可以使流向治療區域的血流量減少（Barabasz & Watkins, 2005; Holroyd, 1992）。這樣的結果可以使患者的創傷體驗更小，牙醫也能夠更清楚地看到自己在做什麼。此外，催眠的另一個相關用途是加快治療後的癒合過程。使用相關癒合的想像（例如，與重建、修復和加強相關的圖像、感覺和聲音）進行催眠，既可以縮短恢復期，也可以在此期間為患者提供更舒適的體驗（Ginandes, 2017a）。

催眠在牙科中的另一個用途是對抗磨牙症或磨牙現象（Clarke, 1997; Holden, 2012）。例如，在克拉克和雷諾德（Clarke & Reynolds, 1991）的一項代表性研究中，磨牙症患者被暗示提高對下頷肌的意識和控制能力。研究結果令人驚嘆，患者報告磨牙和疼痛的情況都明顯減少了。

最後，催眠已經被成功應用於鼓勵更好的牙齒健康實踐（Finkelstein, 2003; Holdevici, Crăciun, & Crăciun, 2013; Kelly, Mckinty, & Carr, 1988）。醫生可以透過催眠暗示增加人們刷牙和使用牙線的次數，以此來鼓勵預防牙齒問題。

許多牙科診所可以讓患者在牙科手術期間（透過耳機）收聽放鬆的錄音，這樣就可以輕鬆地將催眠納入治療。當然，如果牙醫能使用更個性化的方法，也可以產生更好的反應。這需要牙醫有時間、有興趣，同時也要有能力來更多地學習和使用催眠。但很少有牙醫可以做到這些。

司法環境中的催眠

幾十年以前，催眠經常被用於刑事調查過程，用以刷新或增強目擊證詞，無論是證人、受害者還是嫌疑人的證詞（McConkey & Sheehan, 1995; Wagstaff & Wheatcroft, 2017; Wester & Hammond, 2011）。鑒於大量研究證據表明，催眠在記憶增強方面的可信度，並沒有人們以為的那麼高，所以，催眠便失去了作為司法工具的大部分價值。這個話題我們將在後面深入探討。認知訪談是目前向證人取證最常用的方法（Fischer & Geiselman, 1992）。

對證人採取認知訪談與催眠訪談有一些相似的挑戰：如何透過提問獲得更多準確的細節，而證詞又不會被問題本身所汙染？格拉姆‧瓦格斯塔夫和他的同事不僅透過幾個含有催眠元素的實驗解決了這個棘手的問題，而且還表明這些元素可以在不汙染記憶的情況下使用（Wagstaff, Wheatcroft, Caddick, Kirby, & Lamont, 2011; Wagstaff, Wheatcroft, Hoyle, & Duffy, 2014）。由於獲得準確的目擊者證詞對於法律訴訟至關重要，因此我們還需要在該領域進行更多研究。

當催眠成為調查過程的一部分，特別是人們根本無法以任何其他方式獲取關鍵訊息時，在有一定指導方針的情況下（例如錄影和非引導性措辭的提問），催眠仍然可以偶爾用於提升人的回憶，以試圖恢復這個人無法在意識層面記憶起的犯罪細節（Wester & Hammond, 2011）。通常，在目睹或成為犯罪受害者的過程中，人的意識會陷入某種感覺（例如恐懼、迷戀、困惑）當中，以至於意識層面的記憶力很差。由於人類訊息處理的多維特性，所以那些可能逃脫意識層面檢測的記憶和細節，也許無法逃脫潛意識的同化過程然後再回憶起來（Scheflin & Shapiro, 1989; Kroger, 2008）。

有許多著名的，或者說是臭名昭著的刑事案件，都是透過催眠所獲得的

訊息而破獲的。其中一個在美國引起全國性關注的案例是「喬奇拉綁架案」（Chowchilla Kidnapping）。在該案中，一名校車司機和滿載學生的巴士在加利福尼亞州北部的喬奇拉小鎮被綁架。三名男子強占校車，把它開到附近的採石場，車子和裡面的人都被藏了起來。然後他們向鎮上的人索要贖金。不知何故，巴士司機卻設法逃脫了。

身為催眠領域真正的先驅和長期貢獻卓著的專家，威廉‧克羅格博士受邀參與調查該案件。他對司機使用了催眠，然後司機能夠回憶起其中一名綁匪司機的車牌號（儘管數字是顛倒的），以及採石場所在的方位。這些透過催眠獲得的訊息為警方營救兒童提供了莫大的幫助。綁匪被捕，隨後被定罪。克羅格博士的催眠知識之淵博實在令人敬畏。除了長期從事醫學催眠，他還非常了解催眠的司法應用，因此他也是第一個在匡堤科（Quantico）向政府機構調查人員教授催眠的人。

參考框架：威廉‧S‧克羅格醫生

威廉‧S‧克羅格醫生（1906–1995）是推動臨床催眠發展的領軍人物，也是早期最有影響力的人物之一。克羅格醫生從小就對催眠十分著迷，並且在他漫長而傑出的職業生涯中，一直都保持著對催眠的熱愛。出於對人們苦難的同情，他立志成為醫生。而早期職業生涯的影響將他推向了身心醫學的方向，儘管當時該領域仍處於萌芽階段。

克羅格醫生是20世紀中期美國為數不多從事催眠，和透過催眠分娩嬰兒的婦產科醫生之一。事實上，他在1954年拍攝的使用催眠進行分娩的影片是開創性的，今天看來仍然值得我們學習。克羅格醫生是臨床和實驗催眠學會的創始人之一，並與米爾頓‧艾瑞克森醫生共同創立了美國臨床催眠學會。同時，他也組織創建了身心醫學學會。

克羅格醫生寫的《在醫學、牙科及心理學中的臨床和實驗催眠》（*Clinical and Experimental Hypnosis: In Medicine, Dentistry, and Psychology*）這

本書，長期以來都被視為催眠的經典之作。2008年，修訂後的第二版重新發行。由於克羅格醫生與我是要好的朋友，也是我的精神導師，我有幸受邀為這本書撰寫了一篇全新的介紹，將他非凡的工作置於歷史視角來審視。在準備修訂第二版時，催眠分娩的影片，以及1956年僅使用催眠來麻醉進行的甲狀腺切除手術特殊影片，被數位化成 DVD 並附在本書中一併發行。我認為每個認真學習催眠的學生都應該閱讀克羅格的書，看看他不可思議的電影。克羅格醫生獨立撰寫並與他人合著了許多重要著作，其中包括與威廉‧費茲勒（William Fezler）在1976年合著的《催眠和行為矯正：意象調節》（*Hypnosis and Behavior Modification: Imagery Conditioning*）。克羅格醫生尤其感興趣的是大腦影響身體反應的方式，這也促使他將催眠更廣泛地應用於各個領域中，尤其是在緩解疼痛方面。

身為治療師和教師，他培養了一批最有影響力的催眠人才，也正是他們將催眠引入了主流研究和實踐。任何專業從事催眠的人都對克羅格醫生心懷感激，他的開創性努力為該領域能有如今的發展規模鋪平了道路。

關於對催眠興趣的起源：「我對催眠的興趣始於1919年。那時我父親在伊利諾州的埃文斯頓有一家皮草店。為了刺激生意，他聘請了專業的催眠師來催眠一名女性，並以此作為宣傳的噱頭，引起商人協會的興趣。這件事彷彿就發生在昨天。名叫弗洛麗娜的女孩身著紫色飄逸的長袍，頭戴面紗出現在這裡。催眠師用銳利的眼睛靠近她說：『弗洛麗娜，睡吧！』他盯著她的眼睛，然後她向後倒了下去。之後，他們把她放在棺材裡，並埋在地底下。那時，我是個好奇的小混混，於是我過去付了五分錢，想看看這個睡美人。她在墓室裡躺了兩天。我心想：『嘿，這太厲害了！』第三天，他們把她挖了出來。『弗洛麗娜，醒醒！』她睜開眼睛，眨了眨眼，站了起來——這和你今天能在舞臺上看到的一模一樣！於是，我也試著走到附近鄰居家的孩

子身邊，看著他們的眼睛說：『睡吧！』令我驚訝的是，他們中有一半的人都倒了下去！我就這樣做了催眠師的日常工作；就像我現在可以在他們的手臂上別個別針也不會被發覺一樣，我心想：『天哪，我今後可以成為醫生。這對麻醉非常有用啊！』所以，一直到了西北大學，我才意識到催眠可不僅僅只是舞臺工具。在西北大學，我遇到了已故的 J·D·摩根（J. D. Morgan）博士，你可能很熟悉他那本關於變態心理學的書。我們聽過幾次關於催眠的講座後，我說：『天哪，這還是科學工具啊！』」

關於早期對催眠的偏見：「我是芝加哥地區唯一使用催眠的醫生。我被人們嘲笑、譏諷、詆毀，甚至是虐待，被逼得只能遠遠地走在別人後面，就好像我是個痲瘋病人一樣。因為一次示範，我受到了伊利諾州醫學協會的制裁。他們只是反對催眠，（甚至只是）這個詞……

「我所經歷的這些困難……你們根本無法想像！（為了這第一部展示只用催眠作為麻醉手段的甲狀腺切除手術影片）……這是歷史性的時刻！我們是世界首例，而且我們做到了！（醫院主任）就坐在樓下他的辦公室裡，別人不停地幫他傳遞手術的進展情況，這對他來說，簡直就是一次又一次的打擊，因為他希望這個手術會失敗（因為用到了催眠）。

「沒有過切身經歷的人很難理解。你看，今天催眠得到了人們的尊重，但是當時人們會說：『離我遠點兒，你這個痲瘋病人！』他們不希望和我有任何關係。他們會說：『你這個催眠師！』」

關於「催眠狀態」和催眠：「大多數人把它稱為『催眠狀態』。這不是『催眠狀態』。對我來說，這個詞就像用指甲刮黑板一樣刺耳。這是最荒謬的術語。（催眠）是種覺察力增強的狀態。如果你覺察力增強，無論你聽到什麼，都會更深地沉浸其中。如果沉浸得更深，你便會反應得更好，這無論是打高爾夫球還是勃起都適用。正如伯恩海姆所說：『沒有催眠，只有暗示。』這就是我對它的界定。根據神經

科學的概念，我將其定義為在最小噪聲環境中傳輸訊息的方法。如果噪音和訊號比下降，則可以清楚地接收到訊息。沒有其他生命系統可以做到這一點（只有人類才能做到）。想法可以被表達，也可以有名稱。你不能對狗說：『去上廁所。』牠不懂什麼是『廁所』，但人類可以——這就讓人類變得獨一無二，因為他們可以使用符號交流。與其他生物系統相比，人類的大腦皮層是獨一無二的。正是因為有了這個大腦皮層，你才能跳脫（它嚴苛的審查），從而產生某種信念感。那麼，什麼是催眠？催眠就是堅定的信念引導。所有這些人都在談論『催眠就是這樣，催眠就是那樣』——一件非常簡單的事情，就這樣被弄複雜了，而且非常複雜。」

關於催眠引導和信念：「催眠引導技術是一項關於反應控制的有趣研究。我會說：『來，看著我的眼睛，你會發現你的眼睛變得越來越沉了。』他們的眼睛並不是因為我說的話而真的變沉了，而是由於他正在凝視天花板，所以眼睛變得越來越沉。但是這個主題賦予了你神奇的無所不能，他會說：『我的天哪，我的眼睛真的變沉了！這傢伙好厲害啊！』如果他接受了 A、B、C 和 D 的暗示，那麼他也會接受 X、Y 和 Z 的暗示。你一直說：『你是個很好的催眠對象，是的，這就是為什麼會發生這種情況。』自始至終這都與催眠師所說的無關，而是與重構他的信念更有關。」

關於控制論（Cybernetics）和催眠：「我要繼續強調反應系統與催眠理論相關的控制論原則，並透過與電腦類比來強調某些非常重要的神經心理生理學內容。大腦的功能就好比一臺電腦。我並不是說大腦是一臺電腦——我只是說我認為我們可以從控制論原理和反應機制的角度，更好地理解大腦的化學性質和神經生理機制。」

資料來源：私人交流，1987 年 4 月 10 日。

在法庭上使用催眠來獲取證詞的做法至今仍備受爭議。由於催眠對記憶會造成潛在的不利影響，尤其是有意或無意的暗示所造成的記憶扭曲，專家透過催眠所獲取的證詞是否有效這個問題一直存在分歧。一方認為，從被催眠者那裡獲取的訊息，與從記憶中獲取的訊息一樣有用且可靠，並且記憶自然會發生扭曲，催眠對記憶造成的扭曲不會比它更甚。另一方則認為，催眠總是可以改變人的記憶，被催眠的證人可以在催眠中撒謊，並且可能會用幻想出來的材料，或從調查者微妙引導的問題中吸收訊息，以填補自己已經忘記的細節。當這種情況發生時，這個人可以信誓旦旦地保證記憶是準確無誤的，但實際上他們的記憶絕對是錯誤的。精神病學家和催眠專家赫伯特・斯皮格爾醫生曾將其稱為「誠實的說謊者綜合症」，因為此人並非有意歪曲所發生的事情（Scheflin & Frischholz, 1999）。

這個問題實際是關於記憶性質的問題。事實上，兩種觀點——催眠可以產生可靠的記憶，和催眠可以產生不可靠的記憶——都是正確的。所謂的衝突是種偽衝突——由於其「非此即彼」的性質而產生衝突。在這種情況下，二分法是無效的。所有人類的記憶在某種程度上都是對經驗的扭曲。因為記憶是事件的內部表徵，而不是事件本身。體驗某事並隨後記住它的過程受到許多因素的影響。這其中包括關於什麼才是重要的注意事項之價值觀、心境、內部或外部聚焦的品質、預期、以往類似情境下的體驗，及許多其他必須考慮的因素。

在我看來，透過催眠獲取的訊息應該和透過任何其他方式獲取的訊息一樣可以被考慮進來。這些訊息都應該被考量、評估並透過其他方式證實。但是，如果某個人有撒謊的動機，那麼催眠就沒有預防能力。如果某個人一定要歪曲或錯誤地表徵某一體驗，那這也不只是因為催眠的緣故。人不需要正式的催眠也可以填補空白記憶或跟隨他人的引導，這些過程會發生在所有人類身上。我完全同意澳洲記憶和催眠學者彼得・希恩（1995）和凱文・麥康基（1992）的觀點，即當證據清晰地表明記憶扭曲並非催眠所獨有時，將記憶扭曲歸咎於催眠是不合理的。我也進一步同意達斯、艾爾金斯和韋弗（Dasse, Elkins & Weaver, 2015b）的結論，即個人的催眠能力為種下虛假記憶的種子提供了肥沃的土壤。

儘管有越來越多的證據表明，無論是否使用催眠，記憶都是不可靠的，但司法界在處理使用催眠獲取證詞方面的做法卻很不一致。因此，你需要花些時間去了解當地法院如何處理該問題，這非常重要。美國有些州有一項「自身排除」（per sé exclusion）規則，禁止在法庭上使用所有透過催眠獲取的證詞，而有些州的法院可能會在某些準則範圍內允許這樣做。所以，如果不了解所在州的執業規定，可能會讓你在工作時更容易受到影響，也可能會在司法訴訟中讓自己陷於不利境地。

　　催眠在司法界的另一個潛在用途是幫助目擊證人或受害人，減輕與犯罪案件相關的壓力和痛苦。經驗豐富的從業者可以透過將人們帶入另一個不同的心理框架來減輕創傷。他們的做法是幫助這些人將注意力從已經發生的事情，轉移到另一件事情上，或者幫助人們從這個體驗到某個不舒適的維度，轉移到某個中性的維度上，但如果可能的話，最好是轉移到正向的維度上去。當人們被喚起某個創傷體驗之後，他們當時對自己說的話和所下的結論，對於恢復速度和程度所產生的作用是巨大的。

　　在司法環境下使用催眠時，我們必須要特別考慮到人們在回憶創傷細節時的情緒狀態。在這個過程中，我們必須採取措施，以確保被催眠者的情緒安全和福祉。因為如果不這樣做的話，讓被催眠者獨自承受催眠帶來的記憶傷害，那就是讓這些本已脆弱不堪的人再一次承擔額外的創傷（D. Spiegel, 2010）。

教育領域中的催眠

　　教與學是高度精細化的技能，兩者都涉及多個層次且大量的訊息處理。教也是一種學的體驗：學習如何吸引學生的興趣和注意力（這是催眠引導所必需的技能，並非巧合），學習如何以學生能夠使用的方式呈現訊息（這是催眠順勢而為所必需的技能，也並非巧合），還要學習如何讓學生成為自主的學習者（這是透過催眠鞏固治療效果所必需的技能，同樣並非巧合），這樣學生才可以在老師不在場的情況下有能力且有動力去學習。無論老師是教學齡前兒童還是博士生，有效的教學都涉及與催眠模式相通的這些步驟。

學習也是個多步驟的過程。為了簡單起見——學習理論本身就是個複雜的世界——有效的學習必須包括以下幾個基本步驟：首先，必須對要學習的內容有一定程度的關注。其次，必須有某種方法將外部世界的材料帶入內部世界。人的感官（例如視覺、聽覺等）是從周圍世界蒐集訊息的通道。我們對外部世界的任何體驗，都是透過我們的一種或多種感官進入頭腦的。第三，必須有某種方法在內部組織訊息，因為它吸收了先前獲取到的訊息，同時還建立了一個框架來整合未來類似的學習。第四，必須有某種方法能夠根據需要，將訊息從內部提取出來。

催眠是否能夠透過提升記憶來改善學習呢？正如你在上一節中所了解的，催眠似乎對提升準確記憶沒有多大作用。透過催眠提升對有意義和無意義材料之記憶的研究，大部分都支持了這一觀點（Erdelyi, 2010; Jacobson et al., 2013）。

催眠不僅被當作工具且已經被成功使用，因為催眠可以提高注意力和減少焦慮來輔助學習過程。焦慮會干擾上述任何一個步驟，例如「考試時出現大腦一片空白」的情況。此外，注意力不集中也會干擾人們對訊息的充分理解，並擾亂其內在的組織過程（De Vos & Louw, 2006; Jacobson, Kramer, Tharp, Costa, & Hawley, 2011）。

在整個教育體系中，許多有創造力的教師都會在教學中使用催眠，鼓勵學生發揮創造力，引導學生放鬆並集中注意力。例如，最近的一項研究表明，催眠可以用來提升第二語言的學習並取得良好的成果（Çetin, Çimen, & Yetkiner, 2016）。許多學生正在透過練習自我催眠來發展自己，學習管理焦慮，對學習具有挑戰性的材料建立抗挫力，並提高專注力，同時更好地組織科目學習的能力。在教育中，無論是正式還是非正式地使用催眠，都可以有效提高教學技能、創造力以及學生的表現。

教練和商業中的催眠

教練已經成為提高績效和領導力的流行方式（Peltier, 2009; Underhill, McAnally, & Koriath, 2007）。在商業領域，儘管有些人已經正式將催眠成功地

整合到教練過程中（Hartman & Zimberoff, 2014），但相比正式或公開的催眠引導程序，更為實用的是使用催眠溝通原則。以有意義的方式影響人的溝通，是所有催眠視角的重要組成之一。在商業中運用有效溝通的原則可以成就一家公司，同時，如果溝通不當也可以毀掉一家公司。後面章節我會具體討論建議構成的技巧。在這裡我只想說，對於能夠以靈活的方式與他人互動、交流想法的商人，在各個層面上都有更大的可能性來取得成功。在展示市場計畫、處理棘手的員工或主管、面試工作、評估績效、澄清工作標準和期望、營造良好的工作氛圍以及商業世界的各種交流中，溝通技巧都尤為重要。這些都是人際交往的環節，熟練的溝通和影響力的運用可以幫助我們實現目標。

體育界的催眠

參與任何程度的體育運動，都需要具備較高的身體控制能力和注意力集中能力。前職業棒球運動員和球隊經理尤吉·貝拉（Yogi Berra）有句名言，「這場比賽的90％是一半的精神狀態」，他的措辭可能並不合乎語法，但意思卻很清晰。催眠在提高運動表現方面的價值不斷被反覆證實（Carlstedt, 2017; Milling & Randazzo, 2016; Pelka et al., 2016）。

對於運動員來說，能否精準把控自己的身體是取得成績的關鍵。運動員經常提到他們所謂的「肌肉記憶」，即每個肢體、每塊肌肉皆必須到位，才能成功做出動作的敏銳意識。放大身心關係的身體控制，可以幫助運動員將身體推向能力的上限。顯然這要求運動員高度聚焦注意力。而催眠作為將聚焦視為首要任務的技術，可謂是個強大的工具（Liggett, 2000; Morgan & Stegner, 2008; Stegner & Morgan, 2010）。

除了建立注意力和身體控制之外，催眠還可以幫助運動員更好地管理競賽中固有的緊張情緒。此外，透過自我催眠建立對自己的正向預期和正向溝通，也可以顯著提高成績。通常，陷入困境、精神萎靡的運動員在心理上會有失敗的形象，這些形象很容易轉化為真正的失敗。透過催眠和自我催眠建立正面形象，可以澈底改變運動員的表現。當然，催眠不會為運動員提供額外的能力。它只是放大了運動員自己已經擁有的能力，並盡可能地幫助他們發揮這些能力。

心理治療領域的催眠

　　身為受過學術訓練並從事實踐工作的臨床心理學家，我越來越深刻地認識到催眠在治療行為和情緒問題方面，發揮著方方面面的作用。催眠和心理治療之間的聯繫由來已久，羅西、莫蒂默（Mortimer）透過他們對相互關係的文化組學的研究（2013），能夠用現代術語形象地證明這一點。作者是這樣描述的：

> 文化組學是數位人文學科的新興學科之一──即利用演算法在海量文本和媒體數據庫中搜索意義。這一新的數位學科被用來探索來自全球四十多個大學圖書館，超過500萬本數位化書籍中，有關催眠和心理治療200年以來的歷史。它以圖形的方式比較了1800年至2008年間關於催眠、催眠治療、精神分析、心理治療及其創始人的英文單字頻率。
>
> （Rossi et al., 2013, p. 343）

　　它們的圖形十分迷人，因為這些圖形揭示了多年來，吸引催眠和心理治療學者關注的那些東西。可以這麼說，催眠和心理治療之間的關係從一開始就很親密。然而，不知何故，催眠被認為與主流心理治療過程相分離，好像暗示了和治療聯盟並不是每一種心理治療形式的必要組成。實際上，你根本無法在沒有暗示的情況下進行治療，因為即使只是問一個問題（「那麼，你對此感覺如何？」），都暗示了個案應該有明確的相關反應（「我的感覺是這樣的」）。

　　催眠是治療師培訓課程的一部分，這似乎向學生提供了重要的機會，但只有少數正式的學術課程提供了學習催眠專業知識的機會。我認為這是非常遺憾的。我們的學校沒有讓學生學習如何熟練地識別和使用暗示，而是教給學生其他對有效治療實踐不太重要的東西。大多數了解催眠的人，是透過參加由私人執業者和專業催眠協會組織的工作坊和研討會來學習的，而不是透過他們的研究生培養計畫。我真誠地希望這種情況會逐漸改變，以改善臨床培訓的課程安排。

心理治療中的催眠至少可用於以下四個方面：(1)暗示症狀的緩解；(2)獲取並調動個人資源來增強解決問題的能力；(3)教導個案特定的認知、行為、關係或情緒技能，以增強其自我調節能力，或改善情境管理的能力；(4)創建聯想和解離，從而與個人體驗的某些特定元素建立更緊密的聯繫，或與之拉開距離。一個人在臨床上如何使用催眠，直接反映了他們是如何看待以下問題的：是什麼造成了人的問題，以及什麼樣的架構更適合臨床實踐？

「催眠只是簡單地進行引導程序，然後給出緩解症狀的暗示」，這是臨床催眠中最膚淺且最不精細的應用。然而，即使方法可能是膚淺的，但它仍然可以很有價值。例如，抑鬱症患者常常會抱怨失眠。通常，失眠是由反芻模式引起的，某種令人不安、有壓力的想法一圈又一圈地盤旋在腦海。教某人在入睡時，試圖將注意力聚焦在愉快的事情上是種膚淺的干預，但這正是許多人所需要的，當他們的睡眠改善時，對他們來說整個世界都不一樣了。由於對症治療可以而且確實適用於許多人，因此在某些療法中使用它，是個可行的選擇。但請注意，這只是臨床催眠的一小部分。

催眠更複雜、更嫻熟的應用包括以下幾方面：需要有說服力地將個案引入新的視角（這個過程被稱為「重構」）；需要教會個案能夠解決當前問題，並預防未來發生問題的關鍵技能；如果可能的話，可以提供直接體驗來擴大和增強人們對自身、資源和生活的看法。這種催眠體驗對個案來說可能是最深刻的。

在心理治療中使用催眠可以幫助個案邁向更有力量，也更令人滿意的存在狀態。在實踐中使用催眠技術也會反覆向你展示人的多樣性、創造力和力量。我們使用催眠還有一個最重要的原因，那就是我們自己也會成長很多！

無論你選擇在何種情況下使用催眠，你都會注意到，當你對他人展現出更多的靈活性和敏銳性，並在內在鼓勵他們，他們就會以感激回應你。這是理想的「雙贏」局面。

氛圍：進行催眠的環境及個案的身體狀況

◆ 環境變量

　　幾年前在聖地牙哥有間催眠治療中心，其所有者投入了大量資金為催眠治療創造了「理想」條件。他們有大大的雞蛋形豆莢，你需要爬進去，當你被豆莢包圍，牆壁上鋪著厚厚毯子的房間立刻就變得鴉雀無聲。個案可以坐在吊艙裡，聽著預先錄製有關自身問題的催眠引導。這些特殊的吊艙配備了一系列令人嘆為觀止的電腦特效：環繞立體聲設計，聲音環繞在他們周圍，悠揚跌宕，配以隨機閃爍的柔和燈光，吸引著他們的視覺注意力；個案也會收到關於手臂懸浮的暗示，電子設備可以讓扶手緩慢向下移動；還有芬芳釋放裝置，比如，當個案聽到年齡回溯的暗示時，它會釋放嬰兒爽身粉的氣味，當出現置身花園中的想像時，也會伴隨玫瑰香味，還有各種形形色色與之類似的智能技術。

　　如果你要向該中心的治療師詢問進行催眠的「最佳」環境是什麼，他們可能會說他們創造的高科技環境就是理想的。但對這個觀點我很難苟同。（很顯然，他們的客戶也不會同意。他們已經停業了，這就足以說明一切！）

　　從我的角度來看，與個案建立溫暖、以目標為導向的關係，是進行有效治療的必要前提。治療聯盟，包括承認、接受、開放、信任、響應、相互尊重、共同努力、反應等等，其重要性無論怎麼強調都不為過。其他一切，包括你進行催眠時的物理環境等等，都是次要的。次要的，是的，但並非不重要。

　　據我所知，沒有任何一項研究表明某種環境條件，例如家具類型或照明品質，比另一種更可能增強催眠反應。在現實世界，治療師在各種環境中都可以有效地使用催眠，從帶有螢光燈的無菌大學實驗室和不舒服的椅子（顯然，這估計是會計看到便宜貨時挑選的）；去醫院急診室或診所，那裡的監視器發出很吵的嗶嗶聲，同時隔壁床上還有人在痛苦地呻吟；在洞穴般的演說廳，每把椅子似乎都在用90分貝的聲音吱吱作響；在看起來更像客廳的私人辦公室，壁爐、沙發、柔和的燈光和背景中播放的新時代音樂。毋須大驚

小怪，在這些環境中，人們都進行過成功的催眠。有一些環境條件是進行催眠時人們期待的，但顯然不是必需。這些會在後面描述。

◆ 安靜的環境有幫助，但順勢利用干擾也會有幫助

在相對安靜的氛圍中工作特別有幫助。在沒有干擾（甚至更令人討厭的噪音）的環境中治療，對個案來說比較容易使他們更關注內在體驗，而不是外部干擾。然而在實際情況中，我們很可能會遇到電話鈴響、有人敲門、有人在門外交談（如果有門的話）、外面的汽車飛速駛過、飛機從頭頂轟轟地飛過、有人從樓上丟下重物、有人打噴嚏、寵物打翻花瓶、孩子大喊大叫……所以，可能發生的干擾很多很多。

沒有任何環境是完全安靜且不受外部噪音影響的，同時也根本不必如此。有一個關鍵技巧可以幫助你的個案專注於內在體驗，而不被外部事件過度分心，這就是你有能力將這些事件與你的方法聯繫起來。透過評論將它們框定為「正常」，也許還可以暗示些什麼，比如：「當周圍這些正常的聲音在你的意識中飄蕩……其中沒有一個足夠重要，現在都不值得你去關注……你可以越來越專注於我描述的那些有用的可能性上。」這樣個案就可以把這些被定義為「正常的聲音」弱化到背景中去。

你可能已經注意到上面例子中的短語——環境中「正常的聲音」——透過不指定哪種聲音是所謂的「正常的聲音」，你提供了涵蓋所有可能性的全面暗示。此外，這種籠統而正向的措辭可以讓你避免不恰當地使用負面暗示，例如「不要注意到電話響了」，這當然會讓人注意到電話響。此外，特意使用「聲音」一詞而不是「噪音」，是因為「噪音」會引起負面聯想。

如果有干擾發生，最好的辦法可能是使用「連結」暗示結構，你可以在這裡評論當下干擾的事實，然後連結（即關聯）期望得到的回應。這是更大的催眠應用模型之一，我們稱為「順勢而為」。在這種情況下，順勢而為意味著接受和使用環境條件作為催眠技術的一部分。例如，如果在催眠過程中電話響了，你可以直接評論說：「注意到電話能響不是很好嗎……而且因為你不必回應它……就讓自己更放鬆一些？」或者你可以間接評論它，比如

說：「當你放鬆的時候，可以很高興……從自己內心深處的某個地方去接聽這個電話，並讓自己感覺很好……很放鬆，更深地放鬆。」

忽略干擾可能會在不經意間導致個案反而更關注它。但是使用米爾頓・艾瑞克森提出的「順勢而為」的結構，你可以承認並利用這個正在進行的事件，無論它們是什麼，都可以讓個案更容易「放手」。干擾事件會被整合為體驗的一部分，這可以將其影響從負向轉變為正向。

◆ 柔和的燈光

使用柔和、舒緩的燈光可能有助於營造輕鬆的催眠氛圍。一旦個案閉上眼睛，燈光就不再重要了，但對於那些在催眠期間選擇睜大眼睛的客戶來說，房間裡有更柔和的燈光肯定會更舒緩。我不推薦太暗的燈光，也不推薦黑暗。燭光對某些人來說可能沒問題，但對其他人（包括我自己）來說可能會顯得過於深奧或具有暗示性。

◆ 舒適的家具

當個案放鬆時，他們的身體會變得沉重且動彈不得。如果個案沒有得到足夠的身體支持，很容易導致頸部和背部疼痛。家具應該盡量選擇舒適的，最重要的是，可以完全支撐個案的頭部和身體。出於這個原因，躺椅或帶腳凳的椅子是非常好的選擇。躺臥在床上或沙發上可能太具有暗示性，而且太容易讓個案進入睡眠，而在催眠過程中，你絕對不希望這種情況發生。實際上，某些個案可能喜歡躺在地板，在頭下墊個枕頭；有些個案可能更喜歡坐直身體，根本不改變身體姿勢。從一般的暗示開始，比如「在我們開始時請找到讓自己感覺舒服的位置」，允許個案選擇自己喜歡的任何位置。只要有可能，我都會努力讓個案代表他們自己做出選擇。

◆ 在戶外進入內心體驗

這是最後的環境考慮，澳洲心理學家喬治・伯恩斯（George Burns）在他

的著作《自然引導療法》（*Nature-Guided Therapy*, 1998）中提出了令人信服的理由，即如果可能且適當的話，我們希望在戶外進行治療。他闡述了利用自然環境作為刺激，以獲得更大舒適度的創新方法。在自然環境中的聲音和感覺非常有利於催眠體驗。

◆ 身體變量

進行催眠治療時，身體狀況也很重要。我在這裡不是指個案的身體健康，而是指可能影響個案催眠反應的短暫身體體驗。

◆ 身體舒適度

個案感覺身體是舒適的，身體得到了充分的支撐，衣服沒有太鬆，也沒有太緊，室溫適宜，自己沒有必要去洗手間，個案也不會感到被你或環境逼著做什麼。

還有一點非常重要，個案的嘴裡一定不能有任何東西，比如口香糖或糖果，因為在放鬆時這可能導致他們窒息。此外，許多人都會佩戴隱形眼鏡，如果個案在佩戴隱形眼鏡時，即使短暫地閉上眼睛，有些隱形眼鏡也會讓人感到不適。所以，可以詢問個案是否願意摘下眼鏡或隱形眼鏡，或者脫下鞋子及任何可能分散注意力或降低催眠體驗的東西。

◆ 酒精、毒品、藥物

酒精和非法毒品不會增強人的注意力。相反，它們會降低人的注意力程度，因此它們對進行有效的催眠會適得其反。處方藥對人的影響各不相同，必須根據具體情況來評估。注意力品質是對每個個案初步評估的一部分。如果這個人有足夠的注意力，並且在訪談中表現出可以有意義地與你互動，那麼催眠更有可能是富有成效的。然而，如果一個人的注意力因藥物或其他物質，或者他們的症狀（如疼痛、抑鬱和焦慮）而受損，那麼沉浸在催眠中對他們來說可能更具挑戰性。當然，你仍然可以進行催眠，使用催眠來幫助個

案建立注意力——這是刻意訓練注意力的過程。在嘗試最終將催眠用於治療之前，這可能是個重要的初始目標。

◆ 其他需要考慮的身體因素

考慮到現在有多少人工作太努力、玩得太努力、睡眠太少，疲倦是個很常見的因素，它會損害個案進行並繼續參與催眠過程的能力。疲倦的個案可能不只是無法保持注意力集中，甚至可能在放鬆時無意中就睡著了。重要的是，你要仔細觀察個案，在會話進行時透過要求語言或非語言回應來防止他們睡著。如果在會話期間你不要求他們做任何事情，而是被動地聽你講話，那麼他們就更容易入睡。一旦個案睡著了，他們就不太可能從你的暗示中獲得任何有意義的訊息，這與關於睡眠學習優勢的神話剛好相反。你希望個案放鬆且專注，而不是睡著了。

你對個案的預設越少，就越希望尋求有關他們狀況的客觀反應。你不能假設這個人聽力正常、生理正常、沒有隱形眼鏡、嘴裡沒有口香糖、在治療那天沒有使用非法毒品或酒精等等。詢問只需要片刻時間，你對此類問題的敏感性，可以為你和你的個案在以後節省很多挫敗感。與環境條件一樣，這裡的關鍵是利用自然出現的事件。如果個案碰巧咳嗽，請不要擔心。接受並且順勢使用它，例如，你可以說：「當你清喉嚨時，你的喉嚨會放鬆……然後你可以更深地放鬆。」或者，你可以提供一些不那麼直接的陳述，例如：「清理通路是件好事……這樣更有利於吸收新的想法。」

遵循將「是什麼」與「可以是什麼」聯繫起來的「順勢而為」模式，是在催眠過程中應對不完美的環境以及個案打噴嚏、咳嗽、大笑、皺眉、搖晃、睜眼或哭泣等狀況的關鍵。它有助於將自然發生的事件與你的工作聯繫起來。沒有任何環境或個案是完全可控的，因此你只需要「順其自然」，並將暫時的分心當作推進會話目標的手段。歸根結柢，熟練的溝通是成功催眠的主要因素，而不是你使用了什麼類型的椅子。

總結

　　總之，個人和專業的判斷尤為重要，因為必須這樣。當你為催眠創造一個環境時，必須要考慮舒適度和專業度的良好平衡。有時你別無選擇，因為你無法改變工作的氛圍。而有些時候，你可以選擇如何為自己的工作搭建舞臺。只要從個案的角度來看，這個環境是支持你所做的工作，你就可以繼續應用所需的溝通和臨床技巧，來設計並提供有效的治療。

1. 如果不考慮成本，你會創造什麼樣的物理環境來進行催眠呢？
2. 你對本章描述的「電腦催眠吊艙」有什麼看法？為什麼會有這種感覺？
3. 忽略干擾如何導致個案更加關注它？
4. 你認為來自數位資源的暗示可以與現場提供的暗示一樣有效嗎？為什麼或為什麼不？

任務清單

1. 列出你在工作場所進行催眠時可能遇到的常見干擾。為每個干擾提供五個可以幫助你在催眠過程中順勢而為利用它們的建議。
2. 去拜訪使用不同催眠治療手段的治療師，注意他們的家具類型和環境的布置。你覺得什麼最實用？
3. 每次練習課都安排不同的座位，從靠得很近到相距很遠，從面對面坐到並排坐。你注意到人們對你的反應程度有什麼不同嗎？如何理解這些你可能觀察到的差異呢？

第8章

從社會心理學角度看人類可被暗示性

我們生活的這個世界到處都是人，他人的所言所行都有可能對我們造成影響，而這些事情甚至並不需要專門針對我們。其他人如何影響我們的感知、反應和行為，是社會心理學研究領域最吸引人的地方（Aronson, Wilson, Akert, & Sommers, 2015）。社會心理學研究的是當人們聚集在一起時發生的各種事情，無論是面對面，還是透過媒體或以電子訊息的方式聯繫在一起。社會心理學這門學科主要探討的主題包括：在人際關係中我們如何以及為什麼被他人吸引或排斥，是什麼導致了愛、攻擊、順從、偏見、忍耐、合作、同情、競爭、忠誠、慷慨以及許多其他有趣的事情（Branscombe & Baron, 2017; Gilovich, Keltner, Chen, & Nisbett, 2015）。

相較於臨床研究文獻，在一些非常重要的方面，社會心理學文獻則與臨床催眠實踐相關度更高。它提供了不勝枚舉的洞見，使我們可以更好地理解那些讓催眠互動成為可能的因素。一旦房間裡多於一個人，那麼社會力量就

會發揮作用，所以多一些對社會心理學的了解，會對你的工作大有裨益。此外，隨著我越來越認識到社會力量是如何影響問題的定義和處理方式的，心理健康領域的工作也就變得越來越複雜。如果你認為可以不考慮人與人的關係，就可以有效地治療這個人的問題，無論這個問題是吸菸、抑鬱還是工作壓力，那你的這種想法就太過簡單了，根本無助於實際的催眠臨床實踐，或者就此而言，幾乎無助於任何治療。

在本章中，我們將探討社會心理學與人類暗示現象的相關性。是什麼原因導致我們如此容易受他人影響？第4章討論的鏡像神經元可能為對他人做出反應提供了神經生物學基礎，並強調我們的基本社會屬性。鑑於嬰兒在發育過程中長期依賴，臉部辨識顯然具有演化優勢（Xiao, Perrotta, Quinn, Wang, & Sun, 2014）。我們天生就要與他人聯繫，甚至我們出生時的完全無助也突顯了我們與生俱來的社會依賴性。因此，我們必須與他人建立聯繫，並發展出與他們建立聯繫的模式，以顯示我們社會需求的廣度和深度（Lieberman, 2013）。

從這個角度來看，吸收他人訊息和觀點的能力是滿足我們個人和集體需求的基礎。當然，這並不意味著要吸收他人的所有訊息和所有觀點。隨著人們逐漸形成個人認同感和批判性思維的能力，通常他們也可以學會選擇要相信什麼，以及對誰做出怎樣的反應。在個人身分和批判性思維沒有得到充分發展時，人們更容易受到外部的影響，這對他們來說往往是不利的。

暗示——我們都具備可被暗示性

暗示是直接和間接的訊息，它用來傳遞訊息（「這是事實」）、觀點（「這就是他們的意思」）和行動呼籲（「你應該這樣做的」）。這樣的訊息無處不在，每天都數以百計地出現在你面前：試著數一數每天你接觸到多少電視廣告、廣播廣告、廣告牌、網路彈窗、報紙廣告、雜誌廣告以及家人和朋友的推薦，所有人都試圖以某種方式來影響你。你每天收到的建議數量是驚人的！這裡有一個重要的問題需要你思考：你如何決定接受哪些建議？

對他人影響（以及對自我暗示影響）的相關脆弱性，是人類可被暗示性的本質所在。可被暗示性之所以存在，是因為每個人的認知都是有限的——

畢竟，沒有人全知全能。無論你在某個領域的知識多麼豐富，你所知道的訊息也都不完整。當我們遇到那些自己知之甚少的領域時，特別是當我們相信自己對一些事情可能存在盲區時，我們往往會變得更加開放，並接受我們認為在這個領域的可能權威之影響。史蒂文・斯洛曼（Steven Sloman）和菲利普・費恩巴赫（Philip Fernbach）在他們了不起的著作《知識的錯覺》（*The Knowledge Illusion*, 2017）一書中很好地描述了這一現象。他們談到了一個關鍵時刻，即當有人意識到他們知識不足時，儘管以前他們可能認為是足夠的，就會出現非常容易被暗示的時刻。

催眠和可被暗示性

雖然沒有人可以對他人的影響做到完全免疫，但很顯然不同的人受他人影響的程度是不一樣的。正如下一章我們要詳細討論的那樣，有些人比其他人更容易被暗示。該領域實際上一致認為，人們在暗示性和催眠反應性方面存在差異，但對於使用催眠的原因，以及這對臨床醫生可能意味著什麼，該領域存在分歧。

有許多不同的因素會影響可被暗示性，其中之一是人們認為有必要或希望對他人的建議做出回應的程度。有些人以自我為導向多一些，而有些人則更多以他人為導向。一般來說，自我導向的人更傾向於遵循自己的想法，行為更自主。他們可能不太注意或關心相關的社會習俗或他人的想法，甚至可能會炫耀，並以此來彰顯自己不受他人影響。以他人為導向的人，一般來說，對他人的反應和感受更敏感，更有可能表現出尋求他人認可和取悅他人的行為，也就是說，這些人很可能對他人的暗示反應更強烈，也更願意去遵從。因此，在臨床催眠的實踐中，面對他人的影響時，需要考慮的重要問題是，這個人是自我導向的還是他人導向的？是開放的還是保守的？告訴某個自我導向的人該做什麼會招致反抗，而告訴另一個他人導向的人該做什麼可能會產生順從，但他不一定會真正去整合你的訊息。催眠的環境顯然是種人際環境，我們應該充分發揮社會性力量，最大限度地挖掘催眠的全部潛力。

催眠和可被暗示性之間的關係仍然是該領域備受爭論的話題，也是科學探究的焦點。催眠和可被暗示性一樣嗎？我們能否確定催眠增加了可被暗示性？催眠的證據就在於可被暗示性的增加嗎？催眠現象和可被暗示性之間，這種「雞生蛋還是蛋生雞」的循環關係既明確又讓人困惑。催眠的發生到底是因為人們可以被暗示，還是人們之所以可以被暗示是因為他們處於催眠狀態？這一點形成了在第1章所提到的，對美國心理學會第30分會提出之催眠定義的批評基礎（Elkins, Barabasz, Council, & Spiegel, 2015; Yapko, 2015）。

可被暗示性與臨床效益之間的關係是催眠領域的重要課題。假設在某些臨床環境中，我們努力使用催眠來幫助一個人，當然會想要知道我們的治療建議是否對個案產生了有益的影響。可被暗示性僅僅是在不同環境中，以穩定形式存在的個體人格特徵嗎？如果是這樣的話，那麼努力以某種方式來客觀地確定人的可被暗示程度，對治療師來說意義非凡。如果確定人是可被暗示的，那麼這個人就會更容易接受建議。或者，除了個人對暗示的反應能力之外，是否還存在其他因素可以決定人的可被暗示性呢？比如暗示的重要性、提供暗示的環境或者提供暗示之人的舉止等。可被暗示性的測量分數是否會考慮這些或其他此類因素呢？而且，它是否可以代表個人準確回應的能力呢？我們會在下一章直接詳細討論這些基本問題。在這裡我只想說，可被暗示性是種多維現象，在個案治療過程中，治療師的反應發揮著非常重要的作用。

「隱形的治療師」的錯覺

一些治療師相信，他們可以在不影響過程動態的情況下進行治療或催眠。比如，他們認為自己可以用催眠的方式「挖掘」隱藏的記憶，並且讓所出現的記憶其品質不受影響（Bessette-Symons, 2018; Goodman, Goldfarb, Quas, & Lyon, 2017; Scoboria et al., 2016）。有些治療師可能會認為，自己可以拒絕站在任何一名家庭成員的立場，或者不提供個案直接建議，以此在治療中保持中立（Gelso & Kanninen, 2017; Patrika & Tseliou, 2016; Rogers, 1986; Sanford, 1987）。相信自己可以與個案互動但又不參與互動，這是否現實？我們應該如何看待「事

實上，所有催眠都是自我催眠的形式之一」這句話？催眠界仍然有許多人認為這是正確的（Spiegel & Spiegel, 1978/2004, p. 34）。相信自己可以與某人處於治療關係，但又不在這個關係中發生的事情上扮演任何角色，這是錯覺，且存在著潛在的危險。一旦治療出了差池，這種想法就可以讓治療師對發生的事情不承擔任何責任。

　　臨床環境中的催眠通常是種指導性的方法，這意味著它的應用是有目的的，並且要考慮治療目標。對個案產生影響是公開的目標，而非隱藏的議程。如果治療師的治療理念是認為，對個案產生影響在某種程度上是錯誤或不可取的，那麼他們可能難以發揮影響力。多年來，隨著「治療師是一面鏡子」這一人文主義治療概念對心理治療師之吸引力降低，這種哲學已經逐漸褪去。治療師似乎對教育、指導、激勵、挑戰和支持處於困境中的個案這樣的責任感到更加自在。面對問題（「醫生，你認為我應該做什麼？」）時，用另一個問題（「好吧，你認為你應該做什麼？」）來回答，是治療師對責任的放棄。

　　透過定義治療或臨床催眠是個人際過程，從而相信你可以對個案進行治療或臨床催眠。這絕不僅僅只是引發個案內在的變化。如果是這樣，你就忽略了治療師的角色以及治療過程中治療關係的力量。這樣的觀點也會造成誤解，也就是以為治療效果完全在於技術，而非治療關係，即使技術是有效的。也是出於這個觀點，我認為在治療中應該盡量避免使用腳本化的催眠方法。

　　讓我們繼續討論特定環境中的社會影響。

廣告的影響力

　　在美國，每年花費在廣告產品和服務上的金額達數十億美元。所有這些廣告真的有效嗎？對於那些每年為電視廣告、廣播和雜誌廣告、網頁「彈窗」和直郵廣告預算數億甚至數十億美元的公司來說，答案顯然是肯定的。廣告從四面八方無情地向我們襲來，無論我們是否能夠意識到，我們其實都很容易吸收這些廣告內容。一旦吸收了，它們就會影響我們的購買習慣。為什麼你在購物時會購買你購買的商品？你如何選擇這個品牌而非另一個？

如果你購買更便宜的商店自有品牌或包裝簡單的品牌，而不是你真正想要的更有吸引力的知名品牌，為什麼你可能會覺得自己做出了犧牲（Branscombe & Baron, 2017; Kahneman, 2011; Lehrer, 2009; Myers, 2009）？

廣告這個行業大量使用暗示性技術，來試圖影響你購買商品。廣告商是如何做到這一點的？他們通常從創造消費者對產品的需求開始。他們可能承認現有的需求，或者他們可能創造需求。例如，你怎麼可以把你最心愛的智慧型手機，放在那個無聊的普通殼子裡呢？你必須擁有一個個性化的手機殼，一個能體現你的個性和品味的手機殼，一個讓人眼花撩亂的手機殼！然後廣告商會使用一些技巧，比如宣傳廣告中的人物身分，這樣你就會意識到你可以使用為你訂製的產品來解決你的問題：「看哪，這個人現在有多幸福啊！他擁有了一個訂製的手機殼！當他漂亮的女朋友先注意到他訂製的手機殼──然後才是他時，一段新的關係就此出現！」最後，他們會獎勵你做出如此出色的選擇，來強化你的購買習慣，本質上是要告訴你，你是多麼開明，多麼有智慧（或有膽量，或性感，或其他一些特質）而選擇了他們的產品，它會使你的生活變得特別美好。廣告試圖產生與產品相關聯的感覺（例如愉悅感）或其他關聯（例如證實其優越性的科學數據），從而可能誘導你購買這個品牌而不是另一個品牌的產品（Aronson et al., 2015）。

就算不刻意關注，廣告仍然會產生影響嗎？社會心理和認知研究表明，訊息可能會在意識之外的層面被吸收。當你在商店看到產品時會觸發某種認可感，這種現象被稱為「啟動現象」（Lynn & Sherman, 2000; Molden, 2014; Prentice & Sheldon, 2015; Sherman, 1988; Weingarten et al., 2016）。社會心理學在許多不同的研究中也表明，當我們對某種事物越熟悉，就越傾向於對它有更正面的看法。一般來說，熟悉度是正向的。比如，當你在陌生的地方旅行，感到飢餓時，看到一家熟悉的漢堡餐廳，你可能會鬆一口氣。重複和熟悉是傳遞訊息的正向方式。在我們的意識體驗中，重複通常會很無聊，但當這些訊息不會威脅到我們時，無意識過程似乎更容易被接受（Aronson, 2011）。

廣告顯然比以上這個簡短的描述要複雜得多，但這裡的重點是，廣告試圖以文字和圖像的方式來影響你的購買行為，甚至可能會影響你的生活方式。那麼透過研究廣告的影響力動態，催眠能否從中學習並有所收穫呢？

對明確性和確定性的需求，有助於建立治療聯盟

社會心理學和常識都告訴我們，當人們經歷不確定性時，作為訊息來源的其他人會變得非常重要。老話說「入鄉隨俗」，這反映的就是當我們不確定怎麼做才合適的時候，我們會參照他人的判斷和行為，並以此為樣板。

你可以在 YouTube（www.youtube.com）上觀看以前的電視節目《街拍》（Candid Camera）和最近的加拿大節目《爆笑一籮筐》（Just for Laughs），這兩個節目都透過故意捉弄人，來讓大家享受被捉弄之人的困惑。因為被捉弄的人會試圖把事情搞清楚，並拚命試圖從荒謬的困惑中解脫出來。例如，在某一集中，一輛「特殊」的汽車駛入位於山腳下的加油站，司機要求服務。掀開汽車引擎蓋，服務員驚訝地發現這輛車竟然沒有引擎！服務員臉上的表情全然不知所措，他試圖理解這種荒謬。這對於偉大的電視節目來說是必不可少的。通常情況下，人們在《街拍》和《爆笑一籮筐》節目場景中的第一反應是困惑，然後他們會尋找其他人來幫忙，想弄清楚在這些令人不知所措的情況下該怎麼做。但他們求助的對象通常是這個節目的「幫凶」，這就讓可憐的「受害者」心情變得更加複雜。

在面對不確定性時，人的從眾行為會有所增加。這一原則與臨床環境直接相關（Erickson, 1964a; Haley, 1973; Zeig, 2015）。對個案而言，他們的問題是困惑和不確定性的根源，因為他們不知道該如何解決這些困惑。自我糾正的嘗試失敗了，隨後他們去專業人士那裡尋求專業幫助，因為專業人士接受過高級臨床培訓，所以也具有更多解決相關問題的知識。當然，有些人寧願與美髮師交談也不願跟醫生講話，有些人寧可向同事傾訴而不是找心理學家，還有一些人寧願給某部落客發消息，也不願直接與任何人傾訴。人們很可能僅僅因為認為某人比他們知識淵博，就賦予他力量，即便這個人的想法很可能也是錯誤的。

治療師和個案的關係品質已經被確定為所有治療體驗，特別是催眠體驗的主要基礎。我所知道的每一種療法都非常強調治療聯盟的重要性。在臨床催眠的應用中，如果人們能夠意識到促成它的因素，那麼我們就能更好地定義治療聯盟。其中一些內容我們將在本章的其餘部分討論。

治療師的力量

當有人因為困擾來尋求幫助時，他們便賦予了治療師權力，使其成為權威人士。他們希望醫生可以幫助自己從痛苦中解脫出來。通常這個權力不是治療師簡單擁有的東西，相反，它是從個案對他們的認可中獲得的（Kottler, 2017; Lynn & Kirsch, 2006; Spinelli, 1994）。因此，權力是種能力或潛力，而不是人格特質。治療師可能具有潛在的影響力，但每個治療師都是在進行治療時，透過不成功的案例艱難地學習來的。

◆ 史丹利·米爾格蘭和服從權威實驗

社會心理學家史丹利·米爾格蘭（Stanley Milgram, 1974）進行了一系列著名且極具爭議的實驗——權力具有動力學特點。這些研究極具戲劇性地說明了普通人是如何被一個冠以權威的人領導的，他們又是如何以服從的名義對他人造成明顯的傷害。

米爾格蘭設計了一個基本實驗，最終透過改變參與者彼此之間的親近程度、改變實驗的環境等多種方式進行各種變化。該實驗包含了欺騙不知情的實驗對象，告訴他們將參與一項有關學習的實驗。同時向不知情的受試者和實驗助手（在研究中稱為「助手」）下達指示，對於不知情的受試者來說，他們自然認為這個助手也像他們自己一樣什麼都不知道。他們被告知這項研究的目的，是發現以電擊作為懲罰是否會增加學習者學習詞語搭配的能力。不知情的受試者被分配了教師的角色，而實驗助手被分配了「學習者」的角色。該實驗要求教師觀看「學習者」被綁在椅子上並接上電擊裝置，他們會聽到「學習者」說自己患有心臟病（「學習者」要遵循的腳本）。然後這些教師被安置在附近的房間裡，他們面前放有電擊觸發器。電擊觸發器標有特定的逐步升級電壓（15、30、45伏特等）以及定性描述符（如輕度、中度、嚴重和極端電擊）。接著教師得到指示，在「學習者」給出錯誤答案時向他們發出電擊，並且逐漸加大強度。

這些教師很清楚，每次按下按鈕時，「學習者」受到的電擊都會增加。

隨著實驗的進行，震驚程度越來越高，來自「學習者」的尖叫聲（「啊！啊！」）和敲打牆壁的聲音（「讓我離開這裡……我的心臟受不了了！」），這些對教師來說，房間裡的情況似乎是充分的證據，足以證明「學習者」確實受到了他們親自實施的電擊。當然，實際上，這些「學習者」並沒有真的被電擊。發電機和連接器只是舞臺道具而已。然而，正是因為對這一點一無所知，也就意味著教師必須自己決定他們願意將實驗進行到哪裡。他們覺得痛苦，因為他們不想傷害「學習者」，但他們同意參加實驗，因此又對實驗者有某種義務。大多數處於教師位置的受試者會變得非常焦慮，很快地就有人不願意繼續實驗，開始向實驗人員尋求指導並獲得許可來結束實驗。實驗者的工作只是堅定地說：「你必須繼續。你別無選擇，只能繼續。實驗必須繼續進行。」

最終，大約65％的教師都觸發了最高的電擊程度，超過了機器上標有「危險！嚴重電擊」的等級，這時原本在尖叫的「學習者」突然變得異常沉默，在老師看來他們可能真的是死於心臟電擊。鑒於今天更嚴格的研究倫理標準，這一戲劇性的實驗恐怕再也無法以相同的形式進行。那今天的人還會像米爾格蘭實驗一樣回應權威嗎？聖克拉拉大學的心理學家傑瑞·伯格（Jerry Burger）最近進行了溫和版本的米爾格蘭實驗，也得到了類似的結果（2009）。

米爾格蘭的實驗是基於二戰後紐倫堡納粹戰爭罪行審判中，明顯的「服從權威」現象。許多被指控犯有極其殘暴罪行的納粹分子聲稱「我只是在執行命令」，並以此作為替自己辯護的藉口。米爾格蘭想知道這是否是納粹獨有的現象，或者是否有人可能會以服從權威的名義，被誘使去傷害他人。這一確定無疑的結論確實令人不安：人們會竭盡全力服從自己認為可以信賴的權威，或者如果他們除了服從，別無選擇的話，那他們就會服從。如果他們認為沒有可行的替代方案，即便命令具有破壞性，他們也很可能會服從。

在米爾格蘭實驗中，也有一些受試者被告知「你別無選擇！必須繼續實驗！」時，他們將雙臂牢牢地放在胸前，說道：「正相反，我有很多選擇，我拒絕繼續。」然而，這樣的受試者少之又少。大多數人只是服從。服從權威的現象在許多日常環境中都可以觀察到，包括工作（「你不這樣做會

被解雇的！」）、教育（「你不這樣做會被淘汰的！」），甚至是一些親密關係（「你不這樣做我就離開你！」）。某些關係，例如治療師和個案之間的關係，也不可避免地建立在明顯不成比例的權力平衡上。幸運的是，並不是每個人都願意濫用權力，故意傷害他人，以謀取私利。然而，這麼做的人會讓我們的生活變得困難重重。

服從權威的社會心理問題引發了另一項研究，即催眠現象是否存在人們只是被動遵從催眠師的暗示問題？林恩和舍曼（Sherman）直接而明確地回答了這個問題，他們說：「當然，如果催眠只不過是順從或偽裝，那麼任何人都不會感興趣。然而，催眠對社會認知理論學家來說很有趣，因為催眠會引起人們主觀改變自己『深信不疑』的信念。」（2000, p. 296）對於這個問題，催眠研究的先鋒學者尼可拉斯・斯巴諾斯博士從研究中得出了結論：「現有數據還表明，順從性本身並不能充分解釋催眠行為。」（1991, p. 336）嚴謹的治療師應該可以意識到，無論是否使用催眠，順從性都是治療中的因素之一，因此治療師必須謹慎地選擇對個案提出的要求。然而，除了順從性之外，催眠還產生了特殊的多維反應，在使用時值得進一步考量（Lynn, Maxwell, & Green, 2017）。

◆ 權力與治療師

那麼，像米爾格蘭這樣的治療師或研究人員，他們的權力又從何而來？為什麼有些人除了服從別無選擇，而有些人卻能夠拒絕？顯然，一個人能夠擁有多少權力，反映出的是其他人願意給予他多少權力。人們可以將特殊的權力賦予並不真正擁有它們的其他人，就好像那個人真的知道我們死後會發生什麼，或者如何透過觸摸治癒癌症，或者知道我們是否都經歷過前世。相信的需求和意願，是人類的基本需求。

特別是臨床環境和賦予治療師的權力，治療師的地位是個關鍵因素（例如著名大學的教授），而人們認為的專業性是另一個關鍵因素（例如獲得某些著名獎項）。然而，最大的權力能力可能來自治療師所處的社會角色。治療師與個案的關係通常來說並不平等，而且永遠不會平等（Kottler, 2017; Spinelli,

1994; Szasz, 1978）。前來尋求幫助的人必須向一個自己所知甚少的人，透露個人的敏感訊息，他們只知道這個人的專業地位，好奇心更強的個案也就是知道這個人的學術背景和臨床培訓經歷，僅此而已。

個案所處的位置，是要向一個看似成功且生活相對無憂無慮的人揭示自己的問題、不足和恐懼。這或多或少取決於每個治療師感到自在的自我展現程度。有時自我展現過多，因而損害與個案之間的關係，有時展現不夠也可能是有害的。無論如何，這種關係的特點是：治療師是專家，是權威，而個案對如何解決問題無所適從或者別無選擇的現狀，很容易導致他們服從治療師的權威。想想看，有些形式的治療是多麼極端，甚至許多都是愚蠢的，但人們依然特別願意遵守「專家」告訴他們要做的事情。

至少有五種不同的權力類型：(1)強制力，源於懲罰的能力；(2)獎勵，源於從金錢到心理等範圍給予好處的能力；(3)合法，來源於職位，包括選擇和被選擇的職位；(4)專家，源自具有某一領域的更多知識；(5)參照物，源自個人特徵，例如可愛程度或魅力（Aronson, 2011; Aronson et al., 2015; Myers, 2009）。這五種權力中的任何一種或全部在幾乎任何情況下，都在某種程度上起作用，但在治療環境中它們尤為明顯。認真思考任何一種形式的權力在你工作中的作用，可能都會有所幫助。

接納的需求

對那些尋求專業幫助，甚至只是尋求一些專業訊息的人來說，他們通常都是在某些方面感到了不足或有所欠缺。人類最基本的需求就是其他人，這也是任何社會的基礎。當你將缺失感與對他人的需要結合起來時，獲得接納的動力就開始出現了。被接納是我們每個人在不同程度上都想要的東西。真的有人對別人的反應漠不關心嗎？有沒有人真的喜歡被拒絕？許多人的問題不在於他們想要被接納或認可，問題在於他們試圖從無法提供或根本不願意提供的人身上去尋求它。他們可能只是加倍努力，而沒有認識到這一點並相應地調整自己的期待。為了得到對你來說很重要的人的認可，你願意下多少功夫呢？

前來向我們尋求幫助的個案心中，最常見的恐懼之一是：「如果我向你敞開心扉，讓你看到我所有的恐懼、懷疑、怪癖和不完美，你會喜歡我並接納我嗎？還是你會覺得我軟弱可憎，因此拒絕我？」個案尋求幫助的潛在風險在於治療師是接納還是拒絕，鑒於所有證據都指向治療聯盟所具有的潛在力量，個案的這個憂慮非常合理。這也是為什麼人本心理學家卡爾‧羅傑斯在其「以個案為中心的治療」中提出的「無條件正向關注」這個概念如此有吸引力的原因所在（Rogers, 1951, 1986）。當我們在處理個案是否會服從臨床治療要求，以及如何服從這些要求時，承認並尊重個案被接納的需求是我們需要考慮的重要因素。你的個案又會花多少力氣來獲得你的認可呢？

◆ 所羅門‧阿希和從眾研究

社會心理學文獻中最著名的研究之一是所羅門‧阿希（Solomon Asch）關於從眾研究的經典著作（1951, 1955, 1956）。他的研究就像米爾格蘭的研究一樣，在今天和當時都同樣重要。阿希設計了許多研究來確定他人如何影響我們的看法、決定和態度。在一個著名的實驗中，阿希帶了三個研究人員作為助手與一個單獨不知情的受試者互動，進行感知實驗，或者說是告訴不知情的受試者他們在進行一項感知實驗。實際上，該實驗是一項關於從眾動力的研究，用來確定人的行為、信仰或態度會按照他們周圍其他人的動態而改變（Aronson, 2011; Gilovich et al., 2015）。

阿希向實驗組展示了一系列具有不同長短線條的卡片，分別標記為 A、B 和 C，以及第四個 X。小組成員的任務似乎很簡單：他們要識別 A、B 和 C 三個之中哪一個的長短最接近 X 線。辨別任務很容易，因為這些線條的長短有明顯的不同。根據實驗設計，前幾輪所有四個人的答案都完全一致。然而，在後面的幾輪中，研究人員的助手被指示給出明顯不正確的答案。

對於不知情的受試者來說，小組中的其他三個人明顯給出了看似錯誤的答案，但令人不安的是，他們答案一致而且這些人之前的判斷還不錯。正如你可以想像的那樣，這些不知情的受試者臉上出現的皺紋，表明他們產生了很大的猶疑和焦慮。典型的不知情受試者非常困惑，以至於當其他三個受試

者都同意看似錯誤的答案時，這個受試者也同意並給出了錯誤的答案！後續採訪顯示，私下裡，這個人的看法實際上並沒有改變。他們只是給出錯誤的答案來順應這個群體，而並沒有真正與他人分享自己的看法。

　　為什麼受試者會在群體環境中表達明顯錯誤的觀點呢？透過在前面幾輪測試中大家所表現出來的一致性，某種群體認同感或群體歸屬感便形成了，甚至還會形成相互的依存感。「歸屬感」滿足了人們的基本需求。對於阿希實驗的眾多受試者來說，公開表達不同意見，或者成為不從眾的人，會有效地將自己與該小組的其他成員隔離開來，這太讓人不舒服了！人們希望能夠像其他人一樣擁有歸屬感，從而獲得情感上以及其他無形的好處。根據社會心理學文獻顯示，指導關係的一個基本原則是：相似意味著獎勵，而不同意味著懲罰。這可能在你自己的經驗中也可以得到驗證。

　　被接納的需求和歸屬的需求也存在於催眠關係當中。個案為了避免與權威人士發生衝突，會做一些取悅他們的事情，比如誇大治療效果、送些禮物，或者迎合他們的語言風格、價值觀和思想理念等，所有背後的這些需求都是我們在治療關係中可以去探索的。這與前面關於權力的討論也相關，也因如此，治療師的獎賞便可以成為整個治療過程中相當大的一股力量。

　　斯巴諾斯、弗林（Flynn）和加博拉（Gabora）（1989）進行了一項關於催眠的實驗，該實驗與阿希的從眾實驗非常相似。他們分別向45名具有高度可被催眠性的受試者給出暗示，當他們在催眠過程中睜開眼睛時，會看到一張空白的紙。而事實上，這張紙上有個大而清晰可見的數字8。45人中有15人，即整整三分之一的人，反覆表示這張紙是空白的。催眠結束後，另一名自稱對他們的經歷持中立態度的實驗者向他們詢問，他們「到底」看到了什麼。他還要求這些人在紙上畫出他們看到的東西。最初聲稱這張紙是空白的15人中，有14人畫出了數字8。

　　人們聲稱的體驗可能與他們的實際體驗之間存在著明顯差異。這突顯了在催眠後向個案講解，並盡可能以中立方式詢問有關體驗的重要性。任何臨床環境都無法完全避免治療中所謂的「命令特性」，但有意識的治療師可以努力減少個案表面上的順從，更多地激發他們對治療過程的內化。

預期

　　預期對我們體驗的影響可能是深遠的。預期的力量在許多地方已經得到證明，並被賦予許多名稱，幾乎所有的心理治療模型都強調了正向預期在提高治療結果方面的價值（Kirsch, 1990a, 2010; Lynn & Kirsch, 2006; Patterson, Anderson, & Wei, 2014）。可能使用最為廣泛的術語就是「自證預言」，它描述我們的行為如何在不知不覺中，與我們的預期保持一致，無論是好是壞，從而增加了最終實現它的可能性（Aronson et al., 2015; Gilovich et al., 2015）。

　　當有人來尋求幫助或尋找訊息時，通常這個人對事情的結果都會有個預期。一個人對這種期待投入的情感越多，就越不可能經歷任何與之相矛盾的事情。例如，如果某人堅信自己試圖解決的問題是無法解決的，或者是根本毫無希望可言，那麼即使別人為他提供了潛在有用的解決方案，他也不會去嘗試。這就會導致問題仍然無法解決，這同時也再一次證明了他認為此問題無解這個觀點的「正確性」。在另一個例子中，如果有人自吹自擂地認為自己是一個很了不起的人，每個人都認為自己又善良又敏銳，那麼如果有人站出來說他做了一些非常刻薄的事情，他就很可能會視之為嫉妒的證據，從而不予理睬，並重申自己真的是又善良又敏銳。這種循環的過程在系統論領域被稱為「校準循環」，本質上它描述的是一種機制，人們可以透過這種機制來努力保持不變，它既可以幫助人們保持良好的自我形象，也可以維持糟糕的自我形象。用簡單的話來說，就是人們努力保持不變，並想方設法證明他們的錯誤決定和錯失的機會是正當的。社會心理學家卡蘿．塔芙瑞斯（Carol Tavris）和艾略特．亞隆森（Elliot Aronson）（2015）的精彩著作《錯不在我》（*Mistakes Were Made (but Not by Me)*）為我們提供了很多具有啟發性，且非常有趣的例子，來說明人們如何創造性地證明一些非常糟糕的行為是合情合理的。

　　預期既可以幫助人們實現期待的結果，也可以造成阻礙，這要看預期的特性是正向的還是負向的。在臨床實踐過程中，有人可能會專門找你，因為給他們推薦你的人曾經接受過你的幫助，這也增加了你幫助他們的可能性。或者，這個人有正向的預期，因為你很受人尊敬，或者因為你的頭銜和

地位，或者因為幾十個什麼別的原因。不幸的是，人們同樣也會出於任意的什麼原因而對你產生負向預期：比如他們不喜歡你的性別、年齡、走路方式、你工作的機構、他們必須等好長時間才能見到你等等。無論是解決你的預期還是個案的預期，都具有良好的臨床意義，同時也有助於建立治療聯盟（Lynn, Laurence, & Kirsch, 2015; Matthews, 2001）。

有一些較古老的催眠儀式，目的是在個案身上建立正向預期，也就是讓他們相信，他們自己可以擁有催眠體驗，或者已經在催眠體驗之中。還有各種可被催眠性的測試以及與之相關的子測試，其目的也是為了讓測試對象相信，他們體驗過某種改變了的意識狀態。例如，當個案被暗示無法睜開眼睛時，就是我們所謂的「眼睛凍結」，然後挑戰讓他們睜開眼睛。如果他們通過了這個測試，那麼他們可能會更好地相信自己可以處於催眠狀態中。這可能會在他們內心產生預期，認為自己可以從催眠中受益，這也會促使他們在更大程度上接納對催眠師的進一步暗示（Jensen, Adachi, Tomé-Pires et al., 2015; Kroger, 2008）。

其實，許多被認為是專業實踐基礎的事情都旨在建立個案的正向預期。為什麼要將你的文憑掛在牆上？或者為什麼要展示你獲得的獎項？為什麼要打印標題花俏的名片？為什麼要採用專業的舉止，除了讓個案對你產生信心之外？在一個人身上建立對治療的正向預期到底需要什麼，這個因人而異。熟練地找出一個人需要什麼來建立正向的預期，可能是讓催眠和治療過程朝著有益方向發展的主要催化劑。尤其是我在與抑鬱症患者一起工作時，他們因無助和絕望而痛苦著，因此有很多負向預期，這也讓我明白了正向預期對於最終康復是多麼重要。臨床上的挑戰是從絕望中創建希望，我已經在其他地方描述了一些催眠方法（Yapko, 1992, 2001b, 2001c, 2010c, 2016a），在這裡我只想說，幫助個案共同創造令人信服的願景，讓他們知道生活中還有什麼可能性，這可能是治療中最重要的事情了。

心理學家艾文・克希博士是安慰劑研究項目的副主任，也是哈佛醫學院和貝斯以色列女執事（Beth Israel Deaconess）醫療中心的醫學講師。他是研究安慰劑效應與治療效果的頂尖學者，也是催眠觀點的特別擁護者，認為催眠主要與預期有關（Kirsch, 1990b, 1991, 1994, 1997; Lynn, Kirsch, & Hallquist, 2008）。

他說：「預期是催眠的一個重要方面，也許是最重要的。」（1990b, p. 143）他的研究證明了催眠反應受個案信念和預期的影響。因此，對於個案來說，好的催眠引導很可能是個案認為它是好的催眠引導。同樣，良好的催眠體驗也是與個案所認為相符的體驗（Kirsch, 1990a, 1990b）。克希的建議是，治療師需要提出讓個案信服的理由來將催眠引入治療，並以符合個案需求和信念的方式進行，這是非常合理的建議（1994）。

克希的許多工作都源於 T・X・巴伯（1969）開創性的研究。巴伯很早就開始質疑「催眠是不同於其他任何一種意識狀態的獨特意識狀態」這一概念，並有力地證明在沒有催眠儀式的情況下，只需邀請研究對象進行「想像練習」，催眠期間出現的相同類型和相同幅度的反應也可能出現。巴伯在他的著作中以毋庸置疑的方式強調了自己的觀點，他將催眠這個詞放在引號中，就是想讓人們注意到，「催眠」只是人為創建出來的概念而已。

參考框架：西奧多・X・巴伯博士

西奧多・色諾芬・巴伯博士（1927–2005），有著不同尋常的職業生涯。自20世紀50年代早期接受舞臺催眠師培訓以來，他一直致力於催眠的實踐和研究。他在讀研究生時第一次被催眠所吸引，同時，也將自己對催眠的興趣歸功於 A・A・梅森（A. A. Mason）博士在英國醫學雜誌上發表的案例研究，該研究中，有個案例是使用催眠幫助 16 歲兒童改善頑固的皮膚狀況。這激發了他對催眠、身心關係以及如何將暗示轉化為多維反應的畢生追求。

到了20世紀60年代初，以 T・X・巴伯為名發表的研究在該領域變得越來越多且極具影響力。巴伯博士對催眠領域提出了持續的智力挑戰，這些挑戰的重要性無法被忽視，更無法被低估。舞臺催眠師的經歷和他早期的實驗讓他明白，為了解釋催眠行為，一些定義模糊且深奧的現象被人們定義為「催眠狀態」（trance），這是完全沒有必要的，甚至是誤導性的創造。相反，巴伯博士提出催眠現象最好用社會

術語來理解。這是一個遠遠領先於那個時代的概念。

　　那個時候，其他人正在投入大量的精力來研究「催眠是特殊的意識狀態」，認為催眠在特徵上與其他意識狀態不同。而巴伯博士正在進行的研究卻説明了他的核心觀點：當環境適宜，且個案有足夠的動機來執行被暗示的任務時，他們的反應與那些經歷過正式傳統催眠儀式的人並沒有顯著差異。在他一生不斷孜孜以求的研究中，他越發堅定地認為，催眠是根植於社會現象的。巴伯博士於 2000 年 1 月在《美國臨床催眠雜誌》上異常詳細和清晰地闡述了對研究的發現及其影響，他説：「當我們看到對這些社會科學的基本原理有多少解釋時，我們就可以在更廣泛的背景下理解催眠，將它視為卓越的社會現象，這些現象的基本原理其實已經被幾代文化人類學家、社會學家和社會心理學家全面地記錄下來。」（p. 232）

　　巴伯博士的臨床經驗幾乎與他的研究興趣一樣廣泛。他會為那些被精神科診斷為嚴重障礙症的患者使用催眠；他會在養老院裡給老年病人催眠；他也在私人執業時使用催眠。巴伯博士的研究興趣包括：人格與催眠能力之間的關係，尤其強調他所謂的「易幻想」和「易失憶」的個體對催眠具有更高的反應性；催眠和改變的意識狀態、催眠和學習、催眠和人類潛能、催眠和癒合，催眠和幾乎所有東西！他的興趣異常多樣，這也反映出他好奇而聰敏的才智。因此他的作品也出人意料，例如他根據對動物智力的觀察，寫出了名為《鳥類的人性》（*The Human Nature of Birds*）這樣一本富於挑戰性的書。

　　巴伯博士在催眠領域發表了數十篇重要的文章和書籍章節，其中包括《關於改變的意識狀態和人類潛能的研究進展》（*Advances in Altered States of Consciousness and Human Potentialities*, 1980）、《催眠、想像力和人類潛能》（*Hypnosis, Imagination and Human Potentialities*, 1974，與尼可拉斯·斯巴諾斯和約翰·查維斯〔John Chaves〕合著）以及他的里程碑之作《催眠：一種科學方法》（*Hypnosis: A Scientific Approach*，最初於 1969 年出版，1995 年再版）。

巴伯博士於1971年至1972年就職於美國心理學會第30分會，現稱為心理催眠學會，並擔任主席。在他的職業生涯中，他居住於麻薩諸塞州，並在那裡執業，曾與哈佛大學和波士頓大學、梅德菲爾德（州立）醫院，以及庫欣（老年）醫院合作，並在麻薩諸塞州阿什蘭的跨學科科學研究所度過了他職業生涯的後半程。巴伯博士的工作已經對催眠領域的最新思想產生重大影響，而且這種影響將會繼續存在。他對於催眠的社會認知視角所做出的貢獻是不可磨滅的。

關於早期的學術訓練：「我的第一個本科學位專注於研究偉大的哲學家，這激發了我對某些問題的興趣，比如，現實的本質和要素——生與死、精神與物質、上帝與宇宙，這些到底是什麼？然後我開始了第二個本科專業，專注研究『硬核』科學，尤其是廣闊的生物學領域。這些研究讓我得出結論，認真研究基本問題，尤其是那些與心理、意識和身心問題有關的問題，這些都需要對心理學有更深入的了解。」[2]

關於催眠培訓：「在攻讀心理學博士學位時，我廣泛閱讀了令人心醉神迷的催眠史。這讓我意識到催眠是用科學方法解決基本問題的『王道』。由於那些年沒有關於催眠的學術和專業培訓，我便在舞臺催眠師那裡學習，並在讀研究生時以此謀生。我進行了一系列關於催眠的實驗，作為我在美國大學博士論文的一部分，和在哈佛大學博士後研究工作的一部分，並有幸獲得美國國家衛生研究院對這項研究的持續資助，這保證了我能夠在幾十年間持續專注研究催眠以及與之相關的分支領域。」[2]

關於沒有正式催眠引導的有效催眠：「無論有沒有進行催眠程序，當實驗對象對催眠或暗示情境有正面態度、體驗催眠的正向動機以及對催眠有正向預期（或暗示的效果）時，他們在催眠敏感性或可被暗示性量表上（其中包括手臂懸浮、手臂僵直、麻醉、年齡回溯、幻覺、實驗後行為和遺忘的測試），都會獲得相對較高的分數，他們也可以體驗到暗示的內容。這些被積極設置的受試者會體驗到各種催

眠暗示的效果（或與催眠有關的類型），因為他們會跟隨暗示去思考和想像，同時也會放下干擾性的想法。」[1]

關於情境因素和催眠：「個案體驗暗示的效果會因一系列情境因素的變化而有所不同。這些因素包括各種社會因素，例如社會要求、角色和期望，這些因素會迫使社會化個體的合作和遵從。它們還包括：實驗人員或催眠師的特徵和技巧（如交際能力、創意、與個案連接的能力）；初步程序或催眠引導程序在引導個案對暗示思考和想像方面的有效性；以及暗示想法本身——它們的意義深度、創造力，以及對特定個案的效力。」[1]

關於特殊的「易幻想」催眠對象：「一小部分實驗對象具有不尋常的生活經歷和個性特徵。這讓他們相較於其他受試者更易於對催眠程序和催眠暗示做出戲劇性的反應。我們稱這一組（占我們受試者的比例不到4%）為「易幻想」的人。這是因為他們有著獨特的生活經歷。他們所有人都是在以幻想為基礎的活動中，度過了童年期令人難以置信的大部分時間，例如玩假扮遊戲、與想像出來的同伴互動、生動的白日夢以及對愉快性經歷的想像重溫等。成年人的他們仍會繼續私下花大量時間幻想，他們通常會堅持自己看到、聽到、感覺到的東西，並體驗自己的幻想。在催眠實驗中，他們會利用自己在創造生動、逼真的幻想方面發達的天賦，以活靈活現的方式與暗示的（幻覺）對象進行感知互動，體驗生動的年齡回溯（他們會用自己早年的記憶來補充暗示裡出現的早年經歷幻想），透過有意識地幻想自己處於不同的情況（沒有疼痛刺激）來體驗麻醉等等。」[1]

關於特殊的「易失憶」催眠對象：「第二個反應異常的受試組，我們將其標記為『易失憶』組，約占學生樣本的1%。他們的特點是在生活中經歷過多種失憶，通常包括幾乎整個童年時期的遺忘、生活中其他零散時期的遺忘、日常生活中的『失誤』或微失憶、兒童時期的遺忘，以及對夢的遺忘等。在催眠中，他們通常會像深度催眠狀態中的對象或夢遊者一樣做出反應，表現出類似睡眠的外表、被動地對

暗示做出自動反應，以及令人信服的催眠後失憶。他們類似催眠狀態裡的行為與其各種失憶，都與童年的身體、心理和通常的性虐待有關，在這些虐待中他們學會了『隱身』或進入『離線』狀態，並在精神上切分（壓抑、解離或遺忘）特定的刺激或事件。」[1]

關於各種經歷如何影響觀點：「（在形成我自己的觀點方面）我們的實驗研究發揮了最大的作用。然而，我在治療中使用催眠程序的臨床工作，使我熟悉了大量個案的生活經歷，這對於描述『易幻想』和『易失憶』的受試者來說很重要。舞臺催眠的經驗有助於得出這樣的結論：社會情境變量，例如較高的預期，以及精心選擇的高反應性受試者和有力的暗示，是呈現戲劇性舞臺表演所需要的一切。我在自我催眠方面的經驗支持了這樣一個結論，即對那些具有正向態度、動機和預期的受試者而言，他們可以體驗到各種各樣的暗示效果。」[1]

關於在催眠工作中最令人愉快的驚喜：「我驚喜地發現，我們可以透過暗示使人產生生理或身體的變化（例如成功地暗示使局部疣消失），這意味著存在某種新的、令人興奮的身心解決方案。簡而言之，透過有意義的暗示，身體可以產生精確的局部變化。這種能力表明，神經細胞確實可以將精確的訊息傳遞給身體中的其他細胞，而這些細胞會理解並執行有意義的訊息所攜帶的暗示。細胞確實可以準確地交流並理解其中意義的現象，反過來也表明細胞（以及它們所構成的有機體）是物質精神實體或身心實體。當細胞和有機體被視為心智化的物質或具有思想的存在時，身心問題就會消失（或得以解決）。」[1]

關於個人興趣：「像大多數人一樣，我也喜歡我的家人和朋友。我熱愛陽光、雨露以及美麗廣闊的大地。我獨特的『愛好』可以追溯到童年在希臘小島上的那段時光，當時我學會了和各種各樣的動物（驢、豬、綿羊、山羊、松鼠、鳥類，甚至螞蟻）建立『人際關係』，也愛觀賞樹木和野生植物，從大地上生長出來的農作物對我來說魔力無限。因此，我今天獨特的快樂就是從童年開始的，透過沉浸在閱讀關於動物行為的文獻中得到了最大限度的放大和概念化，包括與我周

圍的動物可以用意想不到的方式真正地互動和交流。我另一個與此相
關的樂趣，是整理隱藏在大量文獻中關於動物的類人智能研究（這在
科學上還是個禁忌），從90年代出版的某本書開始到現在我正在寫的
另一本書，我一直在繼續擴展它。」[2]——他所指的這本書名為《鳥類
的人性：具有驚人影響的科學發現》（1994，企鵝出版社）。

資料來源：
1 私人交流，2002年10月10日。
2 私人交流，2002年11月13日。

內在一致性的需求：認知失調

　　當我翻閱雜誌或看電視時，許多產品的廣告宣傳常常令我驚訝不已。有
的減肥產品保證這個產品好到你看著就能瘦（誇張一點）；有些書保證你可以
活力四射，從而進入最精英的社交圈；有些產品承諾可以清潔你的皮膚，讓
你禿了的頭頂長出頭髮，治癒你的關節炎，讓你成為千萬富翁，把你的房子
變成一個展臺，在短短幾週內讓你擁有「洗衣板一樣的腹肌」等等。

　　誰會根據這些最不可靠的承諾去購買產品呢？誰是這些煩人的廣告裡的
人，滔滔不絕地談論著這種產品如何從根本上給他們提供繼續生活的理由？
這就是新瓶裝舊酒。現在，這種「神藥秀」的客戶評價是在演播室裡對著熱
情洋溢的觀眾拍攝的，向那些持懷疑態度的買家展示，這樣「真實的買家」
已經購買並體驗過該產品的神奇效果了。150年前的「神藥秀」是一個騙子
駕著有蓋的馬車從一個城鎮走到另一個城鎮，與一兩個事先派來的同夥公開
購買一瓶「能治百病的神藥」，並在服用後立即恢復了健康。其他想要實現
這樣效果的人自然就會購買這種藥品，騙子便可以從中賺取可觀的利潤。但
奇怪的是，當中的某一些人也真的會感覺好了些。

當然，在這種情況下，人們的正向預期（安慰劑效應）產生了一定的作用。但這裡還有另一個需要考慮的因素：內在一致性或內在協調的需求，這是人性的核心組成部分。社會心理學家萊昂·費斯汀格（Leon Festinger）因闡述了「認知失調」（1957）的原則而名震四方。他描述了人們必須保持自我意識穩定的需求，以及與之相關聯的，保護我們對自身看法的需要。我們如何做到這一點呢？其中一種方式就是努力減輕我們內在的困惑和矛盾，可能是忽略一些相互矛盾的訊息，也可能是扭曲這些訊息，直到它們能與我們的內心融洽相處。正如社會心理學家卡蘿·塔芙瑞斯和艾略特·亞隆森在他們的書《錯不在我》中所寫的，人們可以合理化那些不合理的事情，從不良行為到代價高昂的判斷失誤，這是嚴重的自欺欺人！但在此過程中卻始終保全了自己的自尊（2015）。

舉個例子，讓我們從不同於前面描述的角度，來討論一下催眠中控制感的問題。如果我想控制自己，怎樣才能在滿足你的要求的同時，又不讓我自己覺得放棄或多或少的一些自我控制感呢？困境是，我想聽從你的建議，但我也想控制自己，這樣我才能感覺好一些。那麼，我應該如何解決這個矛盾呢？

社會心理學研究一再表明，就像心理治療中的個案一樣，實驗中的受試者一旦意識到實驗中對變化的引導、實驗的目標以及用來施以影響的技術，那麼他們就會表現得非常糟糕（Gilovich et al., 2015; Lynn & Kirsch, 2006; Lynn & Sherman, 2000）。想像一下史丹利·米爾格蘭或所羅門·阿希告訴研究對象的，「我們正在測試你對權威的服從程度」或者「我們正在測試你有多大的可能性，會遵循其他人的錯誤判斷」。簡單來說，這個實驗就不會產生如此戲劇性的結果。因此，使用間接的方式和欺騙的方法，是為了引起受試者自發的行為，受試者必須在內心找到讓自己感覺良好的方法，即使他們當時所做的事情可能讓他們感覺很糟。

人們通常都非常善於尋找方法將不同的體驗融合在一起。但是，這裡更重要的一點是，要理解許多個案所展現出來的抗拒，也就是說，他們會抵抗在其看來屬於治療師公然操縱他們的行為。沒有控制感，人們就會感到無助，甚至會誤認為治療師「控制慾太強」。有些人甚至可能一廂情願地在他

們沒有控制力的地方感知到控制力，從而形成了「控制力錯覺」，即他們認為自己擁有比客觀上更強的控制力。如果想要有效使用催眠，就必須思考如何加強個案自己的控制感，但同時又要鼓勵他們走出「舒適區」，去做一些不同的事情。這的確很矛盾。

人們強烈地渴望確定性。也許是因為所處的環境很新奇，當人們不太確定自己的想法時，他們通常會向其他人求助並了解他們的想法。他人提供的解釋越符合他們的個人需要，他們就越容易在更深層次上接受這種解釋。因此，我們相信的很多東西其實與「真相」無關，而更多的是與個人想要或相信的東西有關。

沙赫特和辛格（Schachter & Singer, 1962）在他們經典的社會心理學研究說明性文章中，明確地說明了關於不確定性和透過向他人求助來解釋一個人的感受。如果你被熊追趕並且感到脈搏和心率加快，你很容易將這些生理變化歸因於對熊的恐懼。不過，如果你經歷了同樣的生理變化，但卻沒有明確可以解釋的原因該怎麼辦？沙赫特和辛格的實驗會給受試者注射腎上腺素（會引起生理興奮的合成腎上腺素）或安慰劑。受試者被告知他們正在接受維生素補充劑，其中有些受試者被告知他們會經歷心率加快，這是由於藥物的副作用，但其他受試者沒有得到類似的訊息。對於那些沒有被告知腎上腺素副作用的受試者，當他們的心臟開始在胸腔裡狂跳，他們的手開始顫抖時，他們會得出怎樣的結論呢？因為他們無從理解，所以他們通常會將周圍人的反應內化為自己的反應。

在實驗中會有研究人員的助手參與。受試者被告知，另一個受試者和他們一樣，也注射了相同的維生素補充劑。助手都已經收到了如何作答的指示。在某些情況下，他們表現得好像很高興，但某些情況下，他們則會表現得很憤怒。實驗對象並不確定其身體反應的原因，但通常他們會表現出與其他受試者相同的反應。當受試者確定了他們反應的原因時，周圍人的行為影響會變小，甚至根本沒有影響了。然而，當他們不確定時，其他人的反應則會對他們產生相當大的影響。這項研究進一步說明，受試者感受的模糊性是如何引導他們順應他人觀點的。

對我們自身反應的合理化需求是發展個人自我意識和保持心理健康的重要組成。但是，他人的影響顯然也會影響到我們賦予自己內在體驗的意義。所以，對個案來説，我們如何解釋他們那些具有意義又存在著潛在脆弱性的經歷？你對此有哪些啟發呢？

　　這裡有一個與此高度相關的例子：催眠體驗通常是非常主觀，也是模稜兩可的體驗，有時會導致個案在催眠後睜開眼睛問：「這就是催眠嗎？我是被催眠了嗎？」如果你説：「哎呀，我也不確定。」你的個案無疑會繼續對催眠、對你、對他們自己或對所有這些人產生懷疑。但是，如果你選擇直接回答：「是的，這就是催眠。」然後向個案提供特定的指導，比如「你是否注意到呼吸的變化？你是否意識到肌肉組織發生的變化？你感覺自己有多放鬆？……」那麼個案很可能就會採納身為專家的你，對這種模稜兩可的互動所表達出的明確觀點，就好像這也是他們自己的觀點一樣。對確定性的需求，以及對可以將體驗整合進去的感知框架的需求，可能會促使人們輕而易舉地接受你對其催眠體驗的解釋。

　　對認知一致性的需求有時會以有趣的方式出現，這也突顯了人們天性中古怪的一面。在一項現已成為經典的研究中，研究人員調查了一名實驗助手往排隊使用影印機的人群中插隊的能力（Langer, Blank, & Chanowitz, 1978）。當實驗助手在沒有任何理由的情況下，簡單地請求排隊的人允許他插隊時，服從率約為60％。當助手想在其他人面前插隊，但提出了有意義的理由，比如「我有一個重要的會議，我快遲到了」，服從率一下子就上升到94％。但是，當助手要求插隊並給出完全沒有其他訊息的理由，他只説「因為我必須影印一些」，服從率竟然也有93％！正如林恩和舍曼得出的結論：「請求再加上個理由似乎會自動觸發順從反應。」（2000, p. 306）現在你有充分的理由向你的個案建議催眠了嗎？

　　對認知一致性的需求也會以其他方式表現出來：個案或多或少需要從接受專業幫助中得到一些收穫，這取決於個人。當人們在某件事上投入金錢、希望和時間時，他們通常會真誠地希望這是有效的，哪怕「只有一點點」。他們有必要向自己和其他人證明這個投資的合理性。這種需求隨著他們在治療過程中付出的努力而增加。這就是為什麼許多治療師都非常強烈地要求個

案從治療一開始，就要成為治療過程中積極主動的合作夥伴的原因之一。

預期的作用和認知一致性的需要可能也有消極的一面。想想那些將自己視為沒有希望，然後竭盡全力證明這一點的人。有些人，就像我們在前面描述的，那些想要上臺證明自己不會被「催眠控制」的人一樣，表現得好像他們需要證明自己對失敗的承諾。這是種奇怪的心理，但不幸的是，當一個人的成功取決於其失敗的程度時，這種心理並不罕見。有些病人，看過城裡每一位醫生並為自己始終無法得到幫助而莫名其妙地感到自豪，這些病人就是很好的例證。另一些人則在心理治療上，從一個治療師換到另一個治療師，但卻從不曾真正與他們之中的任何一位進行有意義的接觸。

垃圾產品廣告中的推薦有時就是由廣告商編造的欺騙性策略。然而，這通常是消費者自己將那些強大的功能歸功給了無用的產品，他們的感受也是真實的。畢竟，他們看了整個電視購物節目兩次，並在規定時間內打電話領取了他們的「福利禮品」，並支付了89.95美元，外加稅金。對了，還有運費和操作費。

溝通風格

你的溝通風格是影響個案可被暗示性品質的另一個重要因素。所謂溝通風格，是指你傳遞訊息和向個案表達可能性的方式。風格可以多種多樣，每種風格的影響力都有不同範圍和品質，它們能夠影響你的個案在多大程度上接受你提供的訊息和視角（Barber, 2000; Terhune & Cardeña, 2016; Zeig, 2014）。

如果治療師想要將訊息傳遞給個案，他們就必須考慮什麼樣的溝通風格最能夠讓此人以自己期望的方式做出反應。互動應該是理性和推理占主導的，還是情感訴求可能會更有效？這些技術應該是直接的還是間接的？所採取的立場應該是支持性的還是對抗性的？面對這個人，我應該是高標準嚴格要求，還是假裝不苛求寬鬆處理？是前後不一致的訊息（「混合訊息」）會產生更大的影響力，還是一致的會更好？催眠暗示的結構和風格我們將在第11章詳細討論。在這裡我只想說，有很多方法可以打包思考，沒有一種單一的風格對每個人都有效。可被暗示性是人類普遍的一種特徵，但具體到每一個人需要怎樣做才能有良好的反應，因人而異。

總結

　　當我們努力更好地去理解什麼是好的治療和好的催眠時，本章中所有關於人類可暗示性因素的討論都是重要的參考因素。關於什麼是最有影響力的溝通，或者什麼是最好的催眠，並沒有既定的規則。對某人有吸引力的東西對另一個人可能並沒有。有些人在遇到困難時會感激並尋求專業幫助，而有些人則寧願自己解決問題或者尋求友好鄰居的建議。有些人希望被明確告知要做什麼，並以嚴格且按部就班的方式愉快地遵循這些指示，而有些人則會拒絕這些明確的指示，甚至將其視為有人試圖控制他們，因此更願意獨自一人自己想辦法。有些人需要透過嚴格的要求才能更好地達到目標（例如治療師有很長的等候名單，需要很長時間才能見到但「一定值得等」），而有些人則根本無法忍受這樣的要求（如果面臨很長的等候名單，他們就會去看另一位隨時有空的治療師）。有些人需要科學證據來支持你所說的一切，而有些人則對科學和提倡科學的人持懷疑態度。有些人在感到困惑時，會敞開心扉接納他人的想法，而有些人則會閉嘴並試圖自己解決內心的困惑，即使他們因此得到了錯誤的訊息。

　　本章特別關注如何發展鑒賞力，品味臨床催眠所具有的社會心理學特點，研究人們的社會性本質如何賦予他們權力，又如何剝奪他們的權力。我或直接或間接地討論了諸如信念、預期、態度、從眾、服從、自我合理化和依從性等基本主題。仔細閱讀本章，你可能會發現，如果能夠認識到自己具有影響個案的力量，那麼你也許就能更好地理解臨床環境中的催眠，並以敏銳的方式應用到個案身上。治療師面臨的挑戰是如何以最有效和尊重的方式做到這一點。

1. 哪些廣告看起來最能夠影響你的購買行為？在這些廣告中，你能看出是哪些因素對你最有影響力嗎？

2. 你對哪些產品或服務幾乎一無所知（例如汽車維修、牙科工作或電腦維修）？對這些事情的無知如何影響你身為消費者的這個角色？

3. 你認為如果完全複製米爾格蘭關於「服從權威」的實驗（儘管出於道德因素，以及與之相關的欺騙和隨後令人痛苦的研究對象，今天真的不可能再複製），今天仍會產生相同的結果嗎？為什麼或者為什麼不？

4. 請描述一或兩個你屈服於同齡人壓力的例子。你的感覺如何？你認為不遵守規則會面臨什麼樣的懲罰？你能控制自己嗎？

5. 舉一或兩個例子，描述當你認為他們對你的要求是錯誤的時候，你仍然服從了權威。你為什麼服從？你對當時的經歷有何感想？你現在感覺如何？

6. 當你遇到不認識的人時，什麼會讓你印象深刻？別人是如何對你產生正向預期的？

7. 治療師如何擁有本章描述的五種能力？請具體説明。

任務清單

1. 採訪一些醫生，了解他們對「安慰劑效應」的看法。他們對這種現象的描述是什麼，他們又是如何解釋的？如果有的話，他們會在什麼樣的情況下使用安慰劑？

2. 列出一些你最看重的特徵。當你得到的反應與你對自己的看法相矛盾時，你會如何反應？你會改變自己的信念嗎？為什麼或為什麼不？

3. 列出你覺得自己最容易以正向方式（即開放、接受）受到他人暗示的情況。你會説些什麼或做些什麼，才能讓別人感同身受呢？

4. 你什麼時候最有可能為自己錯誤的決定或不良的行為辯護？在紙上列出一些具體方法，使你可以更好地識別自欺欺人。

5. 在網上查找一些催眠網站並查看他們所做的承諾，例如「立即緩解疼痛」或「在別人不知情的情況下催眠他人以獲得你想要的東西」。都有誰會相信這種誇大或虛假的說法？如果有機會，你會如何糾正他們的錯誤觀念？練習幾次，大聲說出你的回答……你會需要它的！

第9章

催眠反應性：
人口因素及評估工具

　　只要使用正確的技術，任何人都可以被有效地催眠並在催眠中產生有意義的反應嗎？你可以去看看有多少關於催眠的書，在標題中使用了短語「魔法詞彙」等類似的說法，這個暗示就不言而喻了。也就是說，如果你使用這種「魔法詞彙」，那麼就可以保證催眠的成功。如果真是這樣，我相信每一位有良心的臨床工作者都會願意不遺餘力地付出全部努力，以獲得實踐100％的成功。但在現實中卻沒有人能做到這一點。影響個體對催眠反應性的變項眾多，因此我們很難完全理解為什麼有些人對催眠體驗的反應如此靈敏，且甚至人生就此發生了翻天覆地的變化，而有些人卻對催眠體驗的印象沒有那麼深刻。

　　誰能被催眠，誰不能被催眠，該領域一些頗具影響力的學者，已經對這個複雜的問題做了深入研究、理性的探討，甚至是激烈的爭辯。當你從源頭開始思考這個重要的議題時，你很容易就能理解：我們應該如何為催眠、

可催眠性、可被暗示性、催眠反應性、體驗深度和專注狀態等關鍵術語做出操作型定義，以便能在足夠數量的人群中測量它們並得到有意義的結果（Council, 2015; Lynn et al., 2015）。

催眠定義委員會（Hypnosis Definition Committee, HDC）是個由知名催眠專家組成的小組，由當時的美國心理學會第30分會主席阿里德·巴拉巴斯（Arreed Barabasz）博士任命，專門負責修訂2003年的催眠定義。回溯到本書第1章，他們將催眠定義為「包涵注意力集中和周邊覺察減少的意識狀態，其特徵是對暗示的反應能力增強」（Elkins, Barabasz, Council, & Spiegel, 2015, p. 6）。請注意「對暗示的反應能力增強」這句話。催眠定義委員會接著將可催眠性定義為「個體在催眠期間體驗到對所暗示的生理、感覺、情緒、思想或行為等方面做出改變的能力」（p. 6）。這些定義在語意學上意義非凡，它們會引發不同的體驗效果（Wagstaff, 2010, 2014）。可催眠性與可被暗示性相同嗎？催眠反應性與可催眠性一樣嗎？許多專家對這些定義提出異議，因為它們的措辭不夠精確且過於籠統（Christensen & Gwozdziewycz, 2015; Sanchez-Armass, 2015; Yapko, 2015）。術語很重要：西亞拉·克里斯滕森（Ciara Christensen）調查了臨床和實驗催眠學會的成員，他們通常更喜歡可催眠性（hypnotizability）這個術語（2005）。歐洲有一項針對國際催眠學會會議與會者的調查，其中首選術語是進入催眠狀態的能力（trance capacity）（Munson, Trenkle, & Gallawa, 2015）。我個人更喜歡將對催眠的反應能力（ability to respond to hypnosis）稱為催眠反應性（hypnotic responsiveness）。

學者安德烈·魏岑霍夫區分了「催眠」與「催眠術」（2002），這只是語意學上眾多令人頭痛的情況之一。他認為催眠是個人的主觀體驗，是獨立於暗示之改變的狀態。催眠術是催眠和暗示相結合的產物，是引發催眠的過程。這確實令人困惑。無論是在自我催眠還是在異源性他人催眠中，催眠是否可以在沒有暗示的情況下產生並發展呢？答案是肯定的。正如兩位斯皮格爾（1978/2004）以及克魯夫特（Kluft）（2015）在描述不同形式的催眠時所指出的那樣，其中有一種形式一定是自發的。

人的催眠能力各不相同：人口統計研究

　　無論是專家、研究人員還是從業者，大家都有個廣泛的共識，那就是雖然絕大多數人都可以在某種程度上體驗到催眠，但並不是每個人對催眠都有同樣的反應（E. Hilgard, 1965; H. Spiegel, 2008; Weitzenhoffer, 2000）。不同的研究受試者在接受不同的催眠引導和暗示時，在不同條件下他們所表現出來的反應性也是不一樣的（Barnier & Council, 2010; Laurence, Beaulieu-Prévost, & du Chéné, 2008; Spiegel & Spiegel, 1978/2004）。因此，許多專家得出結論，人的可催眠性（在研究中通常被定義為對暗示的體驗做出積極反應的能力）實際上與個人因素更有關，而不是人際因素或環境因素。

　　體驗催眠能力的研究中，考察了許多不同的個人變項，包括人格類型（T. Barber, 1964, 2000; Spiegel & Spiegel, 1978/2004; Tasso & Pérez, 2008; Varga & Kekecs, 2015）、想像能力、意象能力和幻想傾向（Barnier & McConkey, 2004; Braffman & Kirsch, 1999; J. Hilgard, 1980; Sheehan, 1972; Wilson & Barber, 1981, 1983）、智　力（Geiger, Peter, Prade, & Piesbergen, 2014）、專注能力（Brown & Oakley, 2004; Roche & McConkey, 1990; Sapp, 2015）、預期（Kirsch, 2000; Lynn & Kirsch, 2006）、性別（Page & Green, 1007; Peter et al; 2014b; Weitzenhoffer, 2000）、　年　齡（Morgan & E. Hilgard, 1973）、依附史（Peter et al., 2014a; Peter et al., 2014b; Rotaru & Dafinoiu, 2014）、解離能力（Cleveland, Korman, & Gold, 2015）、同理心（Barrett, 2016; Reid, 2016a; Vargas, 2016; Wickramasekera II, 2015, 2016），以及許多其他因素。

　　那麼，這些對個體催眠反應性的研究有何啟示呢？總體而言，研究顯示，那些對催眠更敏感的人往往具有更強的想像力、更詳細的意象、任務動機更明顯、可以更沉浸於專注體驗、可以更輕鬆自如地處理訊息、對自己的反應能力有更強的預期，並且，隨著時間的推移，這些能力也保持了相對的穩定，幾乎沒有明顯的變化（Cox & Bryant, 2008; Green & Lynn, 2011; Lynn & Kirsch, 2006; Shimizu, 2016）。

　　儘管有越來越多的證據顯示，催眠反應性在個體之間存在著明顯差異，在個體內部卻是種長久穩定的特質（E. Hilgard, 1965; Piccione, Hilgard, & Zimbardo, 1989; Spiegel & Spiegel, 1978/2004）。但在臨床實踐中，許多催眠專家

更喜歡專注於最大化案主對催眠介入的效果，而不是去評估他們的催眠反應性（Montgomery, Schnur, & David, 2011）。他們的操作是基於某種前提假設，即在治療介入中，各種因素的協同作用可以增強案主的催眠反應性，僅僅透過某種標準化工具來評估催眠反應性，會遺失這種效果（Geary, 2001; Gfeller & Gorassini, 2010; Gorassini, 2004）。

催眠反應性只是在不同情境下，以某種穩定形式存在的個體人格特質嗎？如果是這樣，那我們努力以客觀的方式，來確定一個人的可被暗示性對臨床工作者來說確實意義非凡。也就是說，當某個人被認為是易受暗示的，那麼他也許會更容易受到暗示的吸引。或者有沒有可能，可被暗示性取決於個人對暗示的反應能力之外的其他因素呢？比如暗示的顯著性、給出暗示的情境或暗示人的舉止等。可被暗示性測試的分數是否會考慮這些或其他此類因素，並準確代表一個人的反應能力呢？

這些問題是可以回答的：可被暗示性並不是橫跨所有情況下的穩定特質。某個人對正式的可被催眠能力量表的測試和再測試的結果表明，隨著時間的推移，催眠反應性在量表上可能會表現出相對穩定的特性，但這與現實生活情境中的可被暗示性截然不同。一個人在某種情況下可能很容易受到某個特定之人的暗示，但對另一個人則完全不會。對暗示的反應增加或減少，會根據許多不同的因素而變化，這其中是有選擇性的。這一點在本章和整本書中都有描述。

人格因素和催眠反應性

許多研究人員探索了人格向度與催眠反應性之間的關係。他們研究了明尼蘇達多項人格測驗（MMPI）、瑟斯通人格量表、羅夏克墨漬測驗、主題統覺測驗（TAT）、加州心理量表（CPI）和許多其他標準化人格量表的測試分數，以了解其與標準化測試測量的可被催眠能力的關係。這些研究都得出了相似的結果，即催眠反應性和這些評估工具的分數之間不存在特定正相關關係（Kihlstrom, 2008; Kirsch & Council, 1992）。在一項研究中（Nordenstrom, Council, & Meier, 2002），用於描述人格個體差異的「五大因素」模型（Costa &

McCrae, 1997）被用於研究催眠能力這方面。這五個因素包括開放性、嚴謹性、神經質、親和性和外向性。並且再次證明催眠反應性和這些人格特徵之間，沒有發現存在任何有意義的關係。

◆ 想像的能力、幻想傾向及催眠反應性

約瑟芬‧希爾加德（Josephine Hilgard）博士在1980年出版的《人格與催眠：關於想像參與的研究》（*Personality and Hypnosis: A Study of Imaginative Involvement*）一書中有這樣的論斷：人的可催眠性最好透過其想像參與的能力來預測。她將可催眠性定義為「幾乎可以完全沉浸在某些事物中，排除不相關之競爭刺激的能力」。她明確倡導選擇性注意的知覺過程，但在她的表述中也加入了額外的元素，即選擇性地關注或沉浸在想像的體驗中。

西奧多‧X‧巴伯博士在《美國臨床催眠雜誌》（2000）發表的一篇開創性文章中描述：有證據顯示，「至少存在三種非常好的催眠對象——即具有幻想傾向的、具有失憶傾向的和具有積極設置的」（p. 208）。在他的觀點中，他將容易幻想的人描述為更容易產生富有想像力的活動、白日夢和幻想。同時大量研究也支持了幻想傾向與催眠反應性之間的關係（Barrett, 1990, 1996; Lynn, Laurence, & Kirsch, 2015; Sheehan, 1979; Wilson & Barber, 1981, 1983）。

在想像體驗和訊息處理方面，人們的能力和風格是多種多樣的。由此帶來的必然結果是他們的意象能力也大不相同（Gordon & Cohen, 2017; Sheehan, 1979）。有些人非常具象化，直接與他們的體驗相關聯，沒有太多想像力，你需要將他們已經擁有的體驗描述得非常詳細，才能讓他們體驗到催眠。而有些人可能具有非常高的抽象能力，能夠創造出既不屬於他們過去的經歷，也不屬於他們現在正在經歷的體驗，在這些體驗中，想像力和幻想可以在他們的腦海中遊蕩，並為他們帶來有意義的體驗。鑒於催眠體驗的主觀性，人的思維到底有多具體或者多抽象，以及他們有多「現實取向」，都會影響他們對催眠的反應性。

催眠不是具體、理性的體驗，也沒有明確的界限。它不像火箭發射時會拔地而起，也沒有警報聲響起，更沒有遊行樂隊揮舞著橫幅來確認「你現在

處於催眠狀態！」。催眠體驗可以是微乎其微的，與正常的警覺狀態幾乎無法區分，但也可以是非常深刻而獨特的體驗，其特徵是某些強烈的感覺和知覺共同組成的「催眠」。對於那些具象且缺乏想像力的人來說，他們對輕度催眠體驗通常的反應是「我沒有被催眠……你說的每一個字我都聽到了」。一般來說，面對這種具象化的參與者，我們應該用具體的語言來描述可以被驗證的體驗。使用抽象的語言，比如「能量流動的變化」、「汲取你的精華」、「靈魂的共鳴」，或者使用開創「新篇章」的暗示，比如「讓你的生命自由流動，以實現與宇宙大系統的和諧」等，都可能會導致重大失敗。有些人的想像力是有限的，因此你在制定方法時，還需要考慮一下這個變項。

◆ 聚焦能力、注意力和可催眠性

聚焦於體驗的能力，是另一種觀察選擇性注意知覺過程的方式。這個過程在催眠反應中非常明顯。精神病學家和催眠專家大衛·斯皮格爾是這樣描述的：「（聚焦能力）是以縮小周邊意識為代價，去集中注意力的能力（例如，沉浸在一部好電影或小說中，以至於進入想像的世界並失去對周圍環境的覺察）。」（2010, p. 418）

特勒根和阿特金森（Tellegen & Atkinson, 1974）將聚焦能力描述為「對自我轉變經驗的開放態度」，並設計了名為特勒根聚焦能力量表（Tellegen Absorption Scale, TAS）的工具，來衡量人的聚焦能力。包含34個項目的 TAS 問卷是被廣泛使用的聚焦能力測量方法。事實上，它在很大程度上預測了研究對象的催眠反應能力（Laurence et al., 2008; Radtke & Stam, 1991）。泰德·巴伯（Ted Barber, 2000）提出，許多具有失憶傾向的人也非常有能力進入更深層次的聚焦狀態。不過，有個有趣的發現，就是 TAS 與其他已經創建的可催眠性量表只有有限的相關性。毫無疑問，無論以何種方式解釋這一發現，在催眠過程中培養聚焦能力無疑都有益於這一過程（Hammond, 2015; Jensen, Adachi, Tomé-Pires et al., 2015）。

注意力是研究者測試催眠能力更當代的焦點（De Benedittis, 2015）。如第 4 章所述，大腦同時依賴於多個注意力系統，這些系統之間的功能既相互獨立

又相互關聯（Landry & Raz, 2017; Hoeft et al., 2012）。斯皮格爾對催眠中的聚焦能力和注意力之重要性，及其在塑造催眠反應中的重要作用，給予了相當大的關注（Spiegel & Spiegel, 1978/2004）。事實上，赫伯特‧斯皮格爾後來指出：「這三個基本特徵以不同的組合出現，反映了催眠狀態發生時，低、中、高三種不同的可催眠性。這些特徵是——聚焦、解離和可被暗示性。如果缺少這些變項中的任何一個，就不會發生催眠。」（H. Spiegel, 2008, p. 149）

◆ 預期、「積極設置」和可催眠性

在塑造對催眠、心理治療、醫療和生活經歷的反應方面，預期的作用是深遠的。前面提到的著名社會認知理論家、心理學家艾文‧克希博士深入研究了預期，特別是它與催眠反應的關聯。在這個過程中，他發展出了催眠的「反應設置理論」（Kirsch, 2000）。他引用廣泛的研究來支持這一觀點，即個體對於自身「對暗示做出反應的能力」的預期，會影響他們最終的體驗。他說：

> 暗示是種明確的陳述，旨在引發對經驗和行為發生改變的預期。這一點在直接暗示上尤為顯著，例如「你的手臂越來越輕」、「你的手臂變得麻木了」，以及「你會忘記這次會談期間所發生的一切」。接受暗示就是相信或期望這些事件實際上會發生。
>
> （Kirsch, 2000, p. 279）

克希進一步指出，這些預期可以讓個體在毋須任何催眠引導的情況下，產生被他人稱之為催眠表現的反應。克希寫道：「有很好的實驗數據表明，在大多數情況下，催眠反應在很大程度上體現了體驗中的真實變化……然而，由催眠所產生的體驗和生理變化，並不必然需要一個人處於催眠狀態之中。」（Kirsch, 2000, p. 278）

泰德‧巴伯對此表示贊同，並且描述了具有高度「積極設置」的人。他說：

> 他們對催眠的高度反應性主要是由於他們良好的「催眠暗示準備度」，即他們已經準備好了思考、想像，並在精神上「順應」催眠

引導和暗示，同時「放開」矛盾和無關的想法。反過來，他們良好的「催眠暗示準備度」應該要歸因於他們的「積極設置」。「積極設置」涵蓋了三個維度：正向的態度（對催眠的想法、對特定催眠情境、對特定有血有肉的催眠師的態度）、正向的動機（體驗催眠和暗示的效果），以及正向的預期（他們可以體驗催眠及其所暗示的內容）。

（T. Barber, 2000, p. 224）

預期，是中介催眠反應中特別重要的因素之一（Lynn et al., 2015）。我曾在之前的章節中提到過，現在也要強調（Yapko, 1988b, 1989b, 1993b, 2001b, 2001c, 2006a, 2010b, 2016a），促進個案的正向預期，可能是治療介入中最重要的初始目標。

性別與催眠反應性

關於催眠反應性是否存在性別差異這個議題，早期研究得出的一些數據支持了這一信念，即通常情況下，女性可能比男性更容易被催眠（E. Hilgard, 1965）。然而，對催眠反應性的性別差異研究成果，並沒有隨著時間的推移而得到進一步證實。魏岑霍夫這樣總結了他在這個問題上的發現：

男女之間（催眠反應性的差異）一直是模糊的。也就是說，總體上女性（的催眠反應性）略高於男性，但這個差異從未達到5％的顯著水準。這導致過去的研究人員拒絕承認差異存在……差異實在太小以至於不具有實務重要性，或無法表明理論上重要的東西。

（2000, p. 281）

儘管性別在催眠易感性標準化量表上的反應缺乏普遍的差異性，但鑒於有大量數據表明，性別在不同條件下確實呈現出不同的求助行為、不同程度的脆弱性、不同的進程以及對治療的不同反應，我們還是有充分的理由將性別作為重要的參考因素（Lemkey, Brown, & Barry, 2015; Linden, 1999; Waalen, 1997）。例如，一項後設分析研究發現，基於催眠的吸菸治療存在性別相關

差異，研究顯示相較於女性，男性參與者在戒菸方面的效果更明顯，「這個差異雖小但具顯著效應」（Green, Lynn, & Montgomery, 2008, p. 259）。近些年來，人們越來越強調承認性別差異的重要性，並將其納入催眠程序的考慮因素，但萊姆基（Lemkey）和她的同事認為我們做得還遠遠不夠（Lemkey et al., 2015）。特別是女性相關的議題，在該領域中受到了越來越多關注（Hornyak, 1999; Linden, 1995, 1997, 1999）。在促進這個領域發展的進程中，技術最嫻熟、最有影響力也是最重要的人物之一當數凱‧湯普森博士，她對此功不可沒。

參考框架：凱‧湯普森博士，牙科醫生

　　凱‧湯普森（Kay Thompson）博士，牙科醫生（1930–1998），她是位傑出的女性，為催眠領域做出了巨大的貢獻。湯普森博士於1953年畢業於匹茲堡大學牙科學院，她是當時班上唯一的女生。多年之後，她成為賓州牙科協會120年以來第一位當選主席的女性。

　　從牙科學院畢業後不久，湯普森博士就收到了一本推廣催眠課程的廣告冊。懷著好奇，她參加了這個課程，由此也開啟了她長達一生對臨床催眠的痴迷和欣賞。僅僅幾年之後，也就是1957年，由米爾頓‧艾瑞克森醫師和威廉‧克羅格博士創辦的美國臨床催眠學會（ASCH）成立了。湯普森博士迅速加入學會，在這裡繼續接受培訓並發展專業技能。她與艾瑞克森醫師尤為親近，她曾這樣描述：「除了那位把我生下來的女人以外，他對我的影響最為深遠。」多年以來，他們之間的專業合作可謂是頗具創意且碩果纍纍。

　　湯普森博士很快地成為ASCH廣受尊敬的老師，並因其技能、臨床敏銳度、敏感性和創造力而享譽國內外。最終，她出任了ASCH的主席——這是有史以來第一位女性主席。湯普森博士也是ASCH以及美國其他主要專業催眠協會、臨床與實驗催眠學會（SCEH）頒發之最高獎項的獲獎者。她十分慷慨地分享自己先進的知識和技能，指導年輕的牙科學生，並奉獻時間在一家護理機構，為身心殘障的成

年人提供牙科服務。對於任何有幸認識她的人來說,她都是個楷模。身為第一位在男性主導的領域中獲得權力和威望的女性,她成為世界各地女性特別重要的榜樣。湯普森博士對此也有深刻的認識,並十分認真地對待這一使命。

湯普森博士在世界各地就催眠語言模型的複雜性舉辦演講,不斷強調刻意使用語言的重要性,同時需帶著「意義在於人而不是語言本身」的意識。她還經常談到疼痛管理和催眠在牙科和其他需要管理疼痛的物理程序中的應用。她在工作和催眠的使用上極富創造性,並且和其他人一起發明了最有意思的催眠方法之一,即「雙重引導」的超載技術。雙重引導是指兩個人同時對一案主進行催眠的過程。湯普森博士的作品集收錄在由薩拉莉‧凱恩(Saralee Kane)和凱倫‧奧爾內斯(Karen Olness)編輯的《治療性溝通的藝術》(*The Art of Therapeutic Communication*)一書中(2004, Crown House Publishing)。

湯普森博士喜歡大象,她蒐集大象雕像、大象圖片,還有所有有關大象的一切。我在聖地牙哥野生動物公園從事大象繁育項目時,收穫了改變生命的獨特經歷。我與訓練員和飼養員一起運用我知道的技能培養策略,透過日常廣泛的接觸,我了解了許多關於大象的一手資料。我將關於大象行為的故事分享給湯普森博士,她對此如痴如醉。不過,這麼多年以來她一直用自己的技能、知識和以人為本的精神吸引著我,我給她的這份禮物實在太微不足道了。

關於成為牙醫:「我是獨生女,同時生長於整個社區中唯一的專業家庭——我父親是牙醫。他總是在幫助人,所以在我看來這是一份非常有愛心的工作。並且也沒有人告訴我我不能當牙醫!一直以來,我都有非常強烈的職業道德感和責任感。」[1]

關於學習催眠:「不知道為什麼,我總是能吸引來那些感到害怕和有牙科恐懼症的病人。我收到了一本關於催眠的小冊子,於是就去參加了這個課程,希望能夠獲得一些『魔法』,幫助那些難搞的病

人，從那時起，我就進入了催眠的世界……在我看來做催眠的有兩種人：一種是真正有興趣的，他們把催眠當成幫助病人和案主的方法；另一種則是出於自我炫耀的需求而進入這個領域的人。」[1]

關於遇見艾瑞克森：「1953 年 10 月，我遇見了艾瑞克森。艾瑞克森著實嚇到我了！對我來說，任何一個可以那樣一眼就看穿你靈魂的人都很迷人，但也令人害怕。他所做的每一次示範都表現出這樣的能力。在他進行深度催眠示範時，我總是試圖把自己藏起來，但是有很多次，我都不得不成為『志願者』。我一直都在他身邊工作，直到他去世。」[1]

關於在醫學和牙科領域進行催眠介入：「與心理治療相比，牙科和醫學治療對病人生理上的侵入性更大。病人會對我們將要對他們所做的感到困擾和擔憂，而我們沒有多少時間來幫助患者解決這些問題。所以，如果我們有做任何治療的話，也必須是短期治療……催眠是非常重要的工具，我們不能將其局限在純粹的心理治療上。使用催眠也可以獲得非常多生理上的好處。」[2]

關於量身訂做個性化的介入：「我一直在強調，催眠引導不能是食譜。每一個催眠引導都必須是個性化的。當然，雙重引導也不是使用別人說的話，或者某個腳本。我見過一些有經驗的人會先讀一段催眠引導，但我不明白這是為什麼。我們的來訪者總是可以感覺到這個催眠引導是否專門為他們量身訂做。這也是艾瑞克森必然會強調的，也是我要特別強調的。」[2]

「練習、練習，再練習。觀察、觀察，再觀察。學習正式結構化的催眠引導技術以學習觀察，然後慢慢地走向隱喻的順勢而為使用……這會花很長的時間——年復一年地將事物放入你的無意識中，以便能夠仰賴它自發地運作……學著精進，透過學習日益精進……你不會總是知道自己要期待什麼，但是你可以學習如何處理那些意料之外的情況。」[2]

資料來源：

1私人交流，1988年12月8日。

2貝蒂・愛麗絲・艾瑞克森（Betty Alice Erickson）的專訪，發表於米爾頓・H・艾瑞克森基金會通訊，1994年春季。

承認男女之間的性別差異，可能會影響你和不同案主之間的溝通品質。語言的選擇、得體的舉止，以及你對希望傳達的特定概念或觀點的重視程度，都可以很好地契合客戶的需求。當然，人不僅僅是他們的性別，但不可否認，性別是塑造主觀認知的因素之一，因此在治療計畫中應該予以考慮。

年齡與催眠反應性

人的年齡會影響他們對催眠的反應嗎？一般來說，答案是肯定的。特別是年齡和催眠的議題一直圍繞著兒童和成人之間的催眠能力差異所展開。該領域的研究通常使用適合兒童發展階段的標準化測試項目，來檢查兒童的催眠反應能力（Cooper & London, 1966, 1976, 1979; Kohen & Olness, 2011）。由於測試項目與成人量表非常相似，因此這個測試也可以用來描述各年齡段的催眠反應特徵（Cooper & London, 1971; Rhue, 2010）。

有證據表明，人對催眠的反應5歲左右出現在低水準，7歲到9歲急劇上升到反應峰值，在青春期早期開始逐漸下降，並在整個成年期保持相對穩定的水準（J. Hilgard, 1980; Morgan & E. Hilgard, 1973）。

一般來說，兒童對催眠也會產生反應，但自然需要一些與成人不同的方法（Quant et al., 2017; Vandenberg, 2002）。畢竟，兒童的個人經驗非常有限，而且認知和社交能力都還沒有得到完善的發展。當然，作為一種平衡，兒童對現實的看法往往也不那麼僵化，他們具有更強的遊戲能力，包括角色扮演和想像力，以及對權威更高程度的反應。我們將在第24章重點介紹兒童催眠。

精神狀態與催眠反應性

催眠反應性與特定臨床障礙症的發展之間是否存在某種相關性呢？正如心理學家麥可‧奈許（Michael Nash, 2008a, p. 204）指出的那樣：「從一開始，那些使用催眠治療患者的治療師就觀察到，患者在催眠期間出現的心理狀態（知覺、認知、關係和行為層面）的改變，在功能上和系統上，似乎都與某些形式的精神病理學之心理狀態的改變相關。」對暗示的反應性增強、解離能力增強、體驗聚焦的能力增強，所有這些和其他因素也可能會結合起來，成為各種障礙症的基礎。這是「用儀器輔助催眠研究」的基礎，其中催眠暗示被用作「探索正常和異常心理狀況下，認知和神經認知機制的技術」（Oakley & Halligan, 2013, p. 571）。澳洲催眠研究人員羅謝爾‧考克斯（Rochelle Cox）和阿曼達‧巴尼爾（Amanda Barnier）將催眠描述為用創造「虛擬患者」來模仿記憶障礙的方法，例如虛談和身分妄想（2013, 2015）。「負向自我催眠」（Araoz, 1995）或「症狀性催眠」（Gilligan, 1987），這兩個平行概念對強調我們早先提出的觀點很有價值，即催眠是種中性現象，能夠產生廣泛的體驗，既包括治療性體驗，也包括抗治療性體驗。

催眠的反應性與一些特定的症候群有關（Alladin & Amundson, 2016b; Barnier & Council, 2010）。透過使用標準化的催眠反應性測量方法，人們發現，與更高程度的可催眠性相關的部分包括：恐懼症（Frankel & Orne, 1976）、創傷後壓力症（Dell, 2017; Spiegel, Hunt, & Dondershine, 1988; D. Spiegel, 2010）、解離性身分認同障礙症（Bliss, 1986; Colletti, Lynn, & Laurence, 2010）、以惡夢為特徵的睡眠障礙症（Belicki & Belicki, 1986; Kohen, Mahowald, & Rosen, 1992）以及飲食障礙症（Nash & Baker, 2010; Pettinati, Horne, & Staats, 1985）。

如果催眠反應性與各種障礙症之間產生的只是相關關係，而非因果關係，這是否意味著我們不應該對那些被障礙症折磨的人使用催眠呢？很顯然，你當然可以對個體催眠，但並不是根據他們的診斷標籤，而是根據個人需要，為他們量身訂做個性化的治療方法。例如，你對憂鬱和反芻思考而無法做決定的人所使用的方法，必然會不同於你對焦慮和逃避的人使用的方法。不過，更重要的是，我們要治的是人，而非被診斷出來的疾病類別。

沒有人需要在接受治療時避免催眠，或至少避免處於催眠狀態。畢竟，在接受治療的過程中，你難道不希望案主對新想法、新觀點和新體驗保持聚焦、專注和回應嗎？治療的是人而非被診斷出來的病，這句話的含義是強調與人連結，並盡可能使用催眠來幫助他們改善現狀。這意味著我們要盡可能與人進行有意義的連結。但實際上，有些人的治療難度之所以很大，就是因為與診斷標籤相關聯的症狀。

　　精神狀態顯然是影響一個人是否以及如何與你和你的暗示產生聯繫的常見因素。一般來說，我的建議是，帶著善意進行實驗。有時除非你嘗試，否則永遠無法真正了解一個人的能力。曾經有很多次，我都驚訝於案主出乎意料的反應。只要我們關注的是人的優勢和局限性，而非其診斷標籤，就有幫助他們的潛力。這點在我與絕症患者薇琪（Vicki）的治療過程中尤為突顯，該案例可以在本書隨附的網站上找到（www.routledge.com/cw/Yapko）。專家只看到了她的精神疾病標籤，卻忽視了薇琪個人真正的需求。可悲的是，這讓薇琪付出了生命的代價。

催眠反應性是固定的還是可變的？

　　透過使用標準量表對催眠反應性進行測量－再測量的研究，數據顯示出高度相關性，這表明催眠反應性在時間上是相對穩定的現象（Piccione et al., 1989）。這導致許多專家將催眠反應性視為與其他人格特質可相比較的人格特質（Hilgard, 1965, 1994; Hoeft et al., 2012; D. Spiegel, 2008）。在他們看來，雖然一個人是否天生就擁有或高或低的「催眠易感性」基因結構尚不清楚，這種特質是否透過後天社會化過程習得的也不明確，但不管怎樣，催眠反應性特質的存在或缺乏都是相對穩定的狀態。換句話說，如果缺乏對正式催眠引導的反應性，那麼這個人就會被認為是糟糕的催眠對象，是個「低可催眠性」的人。進一步的研究也支持了這種結論的可靠性：透過反覆嘗試使用相同或類似的程序引導同一人進入催眠狀態，糟糕的催眠對象似乎總是難以產生良好的效果，而好的催眠對象似乎會保持穩定。有些人可能會認為，預期在相同的刺激下產生相同的反應是合理的，這更多是衡量對測試的反應而不是催

眠能力。催眠反應性到底是固定的能力，還是某人對催眠的反應確實可以增強呢？

◆ 增強催眠的反應性

臨床工作者的一個實際問題是如何最大限度地提升案主對治療的反應。如果將反應能力完全視為是與生俱來的，那麼就根本沒有必要嘗試不同的暗示結構和風格。案主要麼擁有「它」，即催眠能力，要麼沒有它。同樣，在手冊化的治療過程中，技術要麼有效，要麼無效。雖然方法的標準化在研究領域是必要的，但臨床工作者通常不會被輕易說服，認為他們所做的事情可以簡化為例行治療，或者他們的方法與案主的反應無關。因此，許多臨床工作者和研究人員都非常有動力去超越「催眠反應性是固定特質」的數據，努力探索增強催眠反應性的方法。

研究需要標準化。無論是在催眠研究還是在其他領域的研究中，每個研究對象都必須經歷完全相同的過程，該研究才能被視為是科學的，即可控和可複製的。在標準化催眠引導過程中，程序必須是相同的：時間、催眠師的聲音力度、研究者和催眠對象之間關係的正式程度、對程序反應的記錄、地點、燈光和幾乎所有其他變項都必須小心加以控制。因此，大量的研究對象首先會接受相同的催眠程序，然後進行測試（即一系列規定的暗示）以確定他們的反應程度。由此產生的統計數據會被視作一般人群對催眠反應程度的證據予以發表，研究人群則被視為代表性樣本。

為推進催眠的科學觀點而進行的技術標準化是一把雙刃劍。一方面，如果我們要更好地理解催眠機制和應用範圍，就需要對催眠有更深入、更科學的理解。另一方面，將案主概括為「低」、「中」或「高」（或其他一些識別標籤）會降低臨床工作者對每個人的獨特能力之注意和回應。催眠和治療一樣，永遠不會只是科學。它終將是涵蓋依靠臨床判斷、創造力和靈活性的藝術。我將竭盡全力確保這本書強調的是催眠的藝術性與科學性這兩個方面。

催眠的反應性可能不像某些人認為的那樣是個固定的特質。想像力、專注力和幻想傾向的技能可以被教導嗎？強大的治療聯盟可以提高案主的反應能力嗎？切合實際的預期和良好的態度可以增強反應的能力嗎？有證據表明答案是肯定的。

（Facco et al., 2017; Meyerson, 2014）

　　卡爾頓大學的研究員尼可拉斯・斯巴諾斯提出了一個認知技能模型，該模型將催眠的反應性視為各種內在技能、人際技能和情境技能的結果，例如我們之前已經討論過的許多技能，包括聚焦能力和期望的品質等。斯巴諾斯非常有說服力地指出，當人們獲得有用的訊息和訓練時，這些因素中的每一個都是可以改變的（1982）。麥可・戴蒙德（Michael Diamond, 1977, 1989b）與斯巴諾斯持相似立場，並直截了當地指出，「可催眠性是可以改變的」（1977, p. 147）。傑弗瑞・格費勒（Jeffrey Gfeller, 1993）從認知技能模型中列舉了四種可以增強催眠反應性的具體方法，使更廣泛的群體可以更容易獲得催眠治療。格費勒的四項策略是：

1. 將催眠描述為與許多日常生活現象相距不遠的認知體驗。

2. 討論目標導向的幻想，或想像參與的概念，及其在催眠體驗中的作用。

3. 闡述聚焦能力和暫時擱置對現實的認知之於促進最佳催眠反應的重要性。

4. 將催眠解釋為主動的過程，案主可以將其視為因應技巧來學習。

（p. 240）

格費勒和戈拉西尼（Gorassini）（2010）提醒大家注意以下事實：

為增強催眠能力而提出的策略中，其有效性主要來自催眠的社會認知技能模型。有大約30項研究在10個不同實驗室進行並得到了支持。這些研究記錄了當人們接受促進訊息和認知技能的訓練後，催眠的反應性會明顯提高……超過15項研究表明，最初低可催眠性

的人之中，大約50％至80％在參與多元成分認知技能訓練後，表現出高可催眠性。

（p. 350）

克希提出了一些增強催眠反應性的可能性，包括提供具體暗示以增強正向的預期。具體建議包括：

允許以具有治療性質的雙重束縛之方式來呈現並尊重案主的選擇，這樣一來，無論案主做出何種選擇，都可以促進改善。從案主幾乎肯定可以完成的簡單任務開始，以防止失敗。然後逐步加大任務難度。對於任務的界定，要以不可能失敗為原則。構建預期，以便將很小的改進也視為重要的開端。對案主的表現保持警覺，注意其狀態的隨機波動，並利用那些朝著預期方向發生的波動。透過提前將挫折標記為「不可避免的」、「暫時性的」和「有價值的學習機會」，讓案主為挫折做好準備。

（1994, p.104）

林恩和舍曼（2000）提供了一個催眠的整合模型，該模型也強調個體催眠反應性的可塑性。他們這樣寫道：

為了優化臨床反應並根據個人獨特的特徵調整治療程序，整合模型意味著治療師必須：(a)與案主建立正向的融洽關係和治療聯盟，以促進催眠體驗具備自由流暢的品質；(b)了解案主與催眠經驗相關的動機和議程（即一系列的計畫、意圖、願望和預期）；(c)確定催眠對每位案主的個人含義，包括他們對體驗催眠所抱有的衝突和矛盾的心理狀態；(d)評估個人在催眠期間的意識流和內在對話；(e)修改暗示和催眠溝通，以最大程度地減少阻抗，並在案主缺乏控制感時增加其可感知的控制感；(f)鼓勵案主採用寬鬆或寬大的標準來評價暗示的有效性（例如「你不必把我的暗示想像成真實的，即使是模糊的圖像也可以」）；(g)鼓勵案主參與暗示、發揮想像力並注意體驗和反應中的細微變化。

（pp. 303-304）

催眠反應性會發生變化嗎？如前所述，如果你願意，盡可以去嘗試和探索各種可能性。一般的統計數據可能適用也可能不適用於所有的個體。因此重要的是，即使你選擇使用正式的催眠反應性測試來得到某種類型的分數，你仍要保持對案主的欣賞，就像下一節我們要描述的那些，因為案主絕不僅僅只是你看到的樣子，他們要豐富得多。測試結果很可能無法像我們想像的那樣，告訴我們所有想知道的事情。

評估催眠的反應性

我們已經看到，催眠反應性因人而異，幾乎不會有人反對這個觀點。既然我們已經從影響催眠反應相對強弱的一些因素探索了催眠反應的現象，現在讓我們來關注一下研究人員（主要）如何評估個體催眠反應能力的問題。在本章的其餘部分，我們將繼續探討催眠反應性的正式測試這個主題，以及該領域如何處理個體是否需要評估，以及如何評估個體催眠反應能力的問題。

◆ 臨床與實驗之間的分野

在催眠界，研究人員和臨床工作者對使用標準化測試來評估人們的催眠反應能力此觀點大相徑庭，大概再沒有任何一個問題可以讓他們有如此不同的看法了。雖然研究環境需要這樣的標準化測試來充分表徵所研究的人群，但大多數臨床工作者似乎並不希望使用這樣的測試，他們顯然更願意從與案主的直接經驗中，了解他們獨特的催眠天賦可能是什麼。巴尼爾和麥康基（2004）調查了1992年至2003年間發表在國際臨床和實驗催眠期刊上的文章，在該揭示性調查中，臨床和實驗室研究人員之間的分歧顯而易見：82%的臨床研究其實並沒有使用正式的可催眠性測試。我猜從那時起到現在，這個數字應該沒有發生顯著的變化。

在為數不多的同類研究中，謝爾頓‧科恩（Sheldon Cohen, 1989）調查了美國臨床催眠學會（ASCH）年會授課講師使用正式催眠反應性測量的情況。科恩發現，只有略多於一半的受訪者曾經使用過催眠反應性測試。在這些人

當中，只有不到三分之一目前還在使用。正如林恩和克希所說，「我們敢打賭，如果今天重新調查，這個數字不會有太大差異」（2006, p. 206）。我也同意這種說法。因為在我的臨床催眠培訓中，我也經常會詢問專業人士，他們是否使用催眠反應性測試，但很少有人聲稱會這樣做。

為什麼臨床工作者對催眠反應性的正式測試會如此反感呢？原因很多，其中包括測試需要花費的時間（Montgomery et al., 2011），以及此類測試試圖測量的東西並不清晰，還有它們實際測量的內容可能也並非如預期的那樣（Mohl & Schutkofsky, 2017）。

催眠領域內的另一些子群體則認為，應該鼓勵任何使用正式催眠反應性測試的人。因為這將使催眠在科學上更受尊重。用科學術語來定義催眠是個漫長的過程：實驗心理學家克拉克・赫爾（Clark Hull）於20世紀20年代首次將催眠帶入實驗室，隨後出版了經典著作《催眠與可被暗示性：一種實驗方法》（*Hypnosis and Suggestibility: An Experimental Approach*）。這本書成為有史以來第一本關於催眠的科學書籍（1933/2002）。在這本經典著作中，赫爾為了進行催眠研究，制定了一整套有價值的框架，這些框架在今天仍然適用。催眠是個適合實驗研究的主題，吸引了過去和現在諸多傑出的學者，他們要求精確描述催眠是完全恰當及合理的。但實際上，與催眠相關的內在模糊性，使精確性成為難以實現的目標（Lynn et al., 2015; Yapko, 2015）。（順便說一下，我很榮幸為赫爾這本著作的2002年再版書撰寫序言，並從歷史的角度評估赫爾在催眠領域的貢獻。）

在過去十年中，健康照顧行業——尤其是心理學領域——一直在努力為特定形式介入措施的有效性提供客觀證據，於是將催眠定義為科學的壓力也大大增加了。保險公司、消費者和相關專業人士都強烈要求證明催眠此種介入方法是一種「循證治療」（empirically supported treatment, EST），這也催生了催眠社群內部——尤其是研究人員——尋求對臨床催眠實踐進行更客觀可衡量的研究。該領域許多最有影響力的人士都已公開表示，他們不僅強烈倡導要對催眠反應性進行正式評估，而且還強調了其必要性（Barnier & Council, 2010; Laurence, 1997; Lynn & Shindler, 2002; Nadon, 1997; Raz, 2007; H. Spiegel, 2007, 2008）。心理學家埃德・弗里希霍茲（Ed Frischholz）提出了一個強有力的觀點，他說：

大家普遍認為，人們對暗示和催眠的反應存在廣泛的多樣性。如果
我們要解釋為什麼會存在這種多樣性，我們必須鼓勵對這些不同的
催眠反應進行系統化的測量……因此，我建議將評估催眠反應性作
為臨床和司法催眠實踐標準的一部分，就像實驗催眠一樣。

（2007, p. 191）

提倡催眠反應性標準化測試的論點

上面的討論可能已經為催眠反應性測試的優點奠定基礎。催眠評估工具
是研究個體差異以及特定群體差異的手段，其所提供的好處與其他標準化測
量工具相類似，比如評估智力或記憶的工具。如果沒有標準化評估工具，我
們就沒有辦法將催眠的反應性與其他特質或特徵一起做相關分析，例如治療
的反應性或認知風格。

我會讓那些倡導對催眠的反應性進行正式評估的專家來為自己發聲。

心理學家及學者史蒂芬・林恩和凱利・辛德勒（Kelley Shindler）（2002）
總結了支持測試中最為有力的論點，他們寫道：

評估有助於我們理解催眠反應性的各個組成部分，從而優化催眠程
序，將其調整為最佳水準……評估可催眠性的（另一個）原因是得
知催眠失敗是否會付出巨大代價，或者對催眠的正向反應是否會帶
來明顯的好處……（而且）對可催眠性的評估之所以重要，是因為
研究已經發現，可催眠性與某些障礙症和狀況之間存在著一定的聯
繫，以及以催眠介入這些問題的成功治療方式。

（pp. 187-189）

精神病學家赫伯特和大衛・斯皮格爾在他們的《催眠與治療》（*Trance
and Treatment*）（1978/2004）一書中，介紹了他們最初使用的評估工具──催
眠引導剖面（Hypnotic Induction Profile, HIP），稍後我們將詳細討論，在這裡他
們清楚地陳述了此類工具運作的基本原理：

正如催眠引導剖面所測量的那樣，進入催眠狀態的能力與成人整體人格結構之間有著重要的聯繫。可催眠性的評估是種有效的診斷輔助工具，面對整個心理健康和疾病的這個範疇，它可以用來幫助人們選擇合適的治療方法。

（p. 4）

心理學家和著名學者歐內斯特・希爾加德特別大力提倡正式評估。他簡潔地說明了原因：

不科學的療法特點是：只有一種疾病，也只有一種治療。這些療法意味著無論何人出現何種問題，所有人都可以從偏愛的治療方法中受益。而科學療法則以診斷為基礎。在心理治療中，這意味著為患者的狀況選擇合適的療法。催眠只是選擇之一，是否選擇和使用催眠可以從個體對催眠反應性的評估入手。

（1982, p. 400）

心理學家羅納德・佩卡拉（Ronald Pekala, 2002）也提倡使用正式評估，但卻出於完全不同的原因。他建議案主可以從了解催眠反應性這個問題入手，了解自己所處的位置，並從中獲益。透過測試結果，案主可以了解自身的能力；在治療過程中，案主就可以讓自己表現得符合，甚至有動力去超越評估出來的能力。佩卡拉寫道：

當然，如果在治療介入之前沒有對可催眠性進行實際評估，案主可能就不知道他們實際上有多容易被催眠，因為沒有明顯的線索可以讓他們得知這一點。一些臨床工作者認為，在案主不知道他們實際可催眠性程度的情況下，無論催眠能力如何，正向的預期和安慰劑效應都會產生正向的治療效果。雖然這對一些案主來說可能是正確的，但我認為最好能事先了解一個人的催眠水準，並根據該水準制定相應的治療計畫，而不是期待正向的預期會完成其餘工作。

（p. 245）

心理學家威廉・克羅恩伯格（William Kronenberger）、林・拉克拉夫（Linn LaClave）和凱瑟琳・莫羅（Catherine Morrow）（2002）確認了初步評估的價

值，例如透過標準化工具獲得的評估結果。但他們更進一步提倡在每一次的會談都使用正式評估工具。在個體臨床催眠會談過程中所獲得的寶貴測量訊息，促使他們發展出自己的工具，即催眠狀態評估問卷（Hypnotic State Assessment Questionnaire, HSAQ）。他們指出，除了標準的催眠反應性評估之外，對每一次治療進行評估都是有價值的。他們這樣寫道：

> 臨床催眠反應量化了患者在每次催眠會談中的行為和體驗，該催眠
> 會談以臨床為焦點，（通常）是針對患者的議題個別化量身訂做，
> 並且置於整個治療療程的脈絡中（通常會包含多次催眠會談）。臨
> 床催眠反應的評估，可用於記錄案主對特定催眠引導技術的反應、
> 評估一組特定暗示帶來的影響、保持準確和有用的圖表注釋、監測
> 不同療程的變化，以及與受訓者溝通其患者的反應。
>
> （p. 258）

阿蘭・謝福林（Alan Scheflin）律師（2001）提倡進行正式評估的理由很簡單：減少臨床工作者的法律責任。謝福林認為，使用標準化測量工具，可以讓治療計畫被看作是以「案主的科學數據」為基礎的（p. 165）。

反對催眠反應性標準化測試的論點

也有不少臨床工作者和學者公開質疑催眠反應性測試的優點。本節中，我將選取一些知名專家就這個問題發表的意見。

心理學家麥可・戴蒙德（1989a）曾在他的文章標題中問道：「催眠治療是藝術還是科學？」在文章中，他斷言標準化測試只能從整體上為催眠能力提供大體上的指標，根本無法客觀地測量這種特定能力。而實際真正影響催眠治療反應的，是那些特定的能力。他指出，從標準化催眠反應性的測試中，能夠得到的訊息實在少之又少，而所有訊息都可以從更自然、侵入性更小的方法中獲取。他還警告說，評估催眠反應性實際上會帶來一些風險，因為測試分數對治療來說很可能是「誤導性的、侵入性的，並會產生移情汙染的障礙」（Diamond, 1989a, p. 12）。

心理學家史蒂芬·吉利根（Stephen Gilligan, 1987）就標準化評估，尤其是運用在催眠時的局限性提出了類似的觀點，他的表述更加生動：

標準化的測量方法會將催眠交會的成功與失敗都歸因於案主本身。治療師並不那麼重要。這種方法存在一些主要問題。首先，它假設標準化的催眠引導是評估個體普遍催眠能力的有效方法，但本質上，標準化的催眠引導就是指示一個人放鬆並想像各種事物。這就像根據一個人跳狐步舞的能力來評估舞蹈技巧一樣。關鍵是有些人會迪斯可，但不會華爾滋；有些人可以跳廣場舞但不會布吉舞等等……第二個問題是……它根據對測試暗示的行為反應來定義催眠能力。雖然用外在行為來評估內在狀態是可以理解的，尤其是在實驗領域，但它忽視了一個要點：即催眠狀態主要是種體驗，就像愛或憤怒一樣，完全因人而異。

（pp. 7-8）

臨床與實驗催眠學會（SCEH）前任主席、心理學家，約瑟夫·巴伯（Joseph Barber, 1989, 1991），也對一個人的催眠反應性評估分數和實際催眠能力進行了重要區分。他認為催眠反應性的評分對預測臨床結果沒有特別的幫助。不過，他也相信，這樣的分數可能有助於你選擇如何對待案主，這個人的反應程度和品質也許可以幫助你在提供暗示的時候，是更直接還是更間接。

與前面提到的其他人不同，心理學家歐內斯特·羅西（1989）堅定地反對使用這些測試，他說：「敏銳且人本導向的治療師會避免讓他們已經很警覺且疲憊不堪的案主再一次遭受折磨，去做什麼被偽裝成『催眠易感性客觀測量』的權力遊戲。」（p.15）

被許多人視為業內「黃金準則」的可催眠性評估工具是史丹佛催眠易感性量表（分為 A、B、C 三種版本），由心理學家安德烈·魏岑霍夫和歐內斯特·希爾加德共同開發。這兩個名字想必你現在已經很熟悉了。因此，如果魏岑霍夫公開表示這些量表對臨床實踐基本不會有什麼影響，可能會令人震驚。他寫道：

除了被要求必須使用這些量表的情況之外，如果沒有真正的理由，我反對在臨床情況下使用這些量表……我們需要考慮，除了科學上的原因之外，臨床工作者為什麼需要使用它們呢？除了科學原因之外，似乎沒有什麼理由要使用它們。這可能非常不可思議。畢竟，這個觀點是由當代領導量表的主要開發人員提出來的。我的這句話使許多同行感到震驚。事實是，多年來，筆者的立場一直都是以催眠暗示臨床實踐的角度來看的，經常使用量表並沒有特別的作用。我必須強調這一點，因為我的一些同行強烈主張臨床工作者需要經常使用標準的量表，有些人甚至還指責我反其道而行。但是目的是什麼呢？為了證明自己既是科學家又是臨床工作者嗎？這太荒謬了！有很多事情都比「顯得科學」更為重要。

（2000, pp. 276-277）

在談到測試項目的反應與最終的治療反應之間關係時，魏岑霍夫接著說道：

一方面，現有的量表只能測試特定的效果。只有在能夠將這種對特定測試暗示的反應推廣到更多或更少類似的暗示類別時，這個測試才能算作是有效的。然而幾乎沒有證據表明我們可以有效地完成這樣的測試……最終，人們不得不直接去做可以產生所需效果的事情，如果可以實現的話……到時候效果要麼能達到，要麼達不到……反覆試錯才是我們的日常工作。

（2000, p. 466）

很顯然，在關於使用標準化工具評估催眠反應性這個問題上，大家都有聰慧與理性的思考，但立場卻截然相反。評估是否重要？在催眠實踐中，需要去權衡工作的環境、你對評估的喜愛程度、同事和老師對它的重視程度，以及許多其他因素，從而做出自己的決定。

◆ 我對評估議題的個人偏見

在這裡，我要公開承認，在臨床實踐中，我並沒有使用正式的催眠反應性測試。從哲學層面講，我最為認同的觀點是人的可催眠性是種潛在的能力，在正確的人、良好的人際互動以及適宜的情境條件下，催眠能力可以被調動出來。一方面，有研究顯示，「低可催眠性」可以在適當的臨床條件下得到顯著的改善（Gfeller & Gorassini, 2010）。這個研究結果也和我自己40年來在臨床實踐中，與成千上萬的案主接觸經驗相吻合。這讓我深刻地認識到，標準化評估的分數遠不及案主的臨床反應更有意義。另一方面，我從見到案主的那一刻就開始評估他們的注意力聚焦情況和反應水準。不過，我是在我們自發的互動過程中去完成這些評估的。我認為更實用的做法並不是花心思去想案主有怎樣的可被暗示性，而是根據案主的反應風格、注意力風格、認知風格以及其他對主觀經驗的自我組織模型，來找出最適合他們的暗示結構並加以運用，以此增加他們接受暗示的可能性。

參考框架：歐內斯特・R・希爾加德博士

歐內斯特・R・「傑克」・希爾加德博士（1904–2001）是20世紀最頂尖的心理學家之一。當他在職業生涯晚期將注意力轉向催眠這個主題時，他將催眠推向了聚光燈下，使催眠成為值得認真探究的領域。希爾加德博士於1930年在耶魯大學取得博士學位。他職業生涯早期的研究興趣是學習領域。1933年，他和已經與他結婚兩年並獲得發展心理學博士學位的妻子約瑟芬一起搬到了史丹佛，很快地他成為了心理系的全職教授。他早期的經典著作包括：《制約與學習》（*Conditioning and Learning*, 1940）、《學習理論》（*Theories of Learning*, 1948），以及最為暢銷的入門級心理學教科書《心理學概論》（*Introduction of Psychology*, 1953）。希爾加德的餘生都留在史丹佛大學，最終以榮譽教授的身分退休，結束了自己光輝而漫長的職業生涯。他曾出任美國心理學會主席，同時也是美國國家科學院的成員。

希爾加德博士與安德烈・魏岑霍夫博士一起在史丹佛大學創建了催眠實驗室，進行了不勝枚舉的有價值的催眠研究。他們還在那裡培訓了下一代研究催眠的學者，擴大了催眠研究的深度和廣度。希爾加德博士和魏岑霍夫博士一起創建了「史丹佛催眠易感性量表」，這是第一個，也是迄今為止被公認為可以客觀測量催眠反應性的最佳量表。直至今日，這個量表仍然廣泛用於研究中。從希爾加德博士第一次嘗試理解催眠和催眠現象開始，他在後來的幾十年間，直接或間接地幫助塑造了催眠研究的性質。

希爾加德博士創建了催眠的新解離理論，他在1977年出版的《分裂意識》（*Divided Consciousness*）一書中，詳細闡述了這一理論。他發展出頗具影響力的「隱藏的觀察者」這一概念。它是指在催眠過程中，無論受試者有怎樣主觀的催眠體驗，這個人的一部分都可以對當前發生的事情至少保持一定程度的客觀。希爾加德博士關於不同個體對催眠暗示反應的發現，成就了他1965年出版的經典著作《催眠易感性》（*Hypnotic Susceptibility*）。而他之後使用催眠所做的疼痛管理研究，也促成了1975年他和妻子約瑟芬合著出版、具有高度影響力的書——《催眠在緩解疼痛中的應用》（*Hypnosis in the Relief of Pain*）。希爾加德博士憑借他在心理學和催眠方面的淵博知識，以及熱情、溫柔和尊重的態度，成為該領域最傑出的代表人物之一。希爾加德博士最大的貢獻在於他使催眠成為實驗室裡受人尊敬且值得研究的現象，並且在健康服務行業內也成為受人尊敬並值得實踐的方法。

關於對催眠的興趣：「我在耶魯大學擔任講師時，克拉克・赫爾正在寫《催眠與可被暗示性》一書，所以我對它（催眠）有了一定的了解，認為它對實驗者來說是個值得尊敬的話題。但當時我正將自己的職業生涯鎖定在其他方向上，所以並沒有真正參與他的工作，但我確信這是正確的事情且會有所影響。因此，當我在一般心理學，特別是學習心理學方面已經有了很好的基礎之後，在我職業生涯的相對晚期，開始了對催眠的研究。我有一種感覺，即心理學的許多研究都處

理了心理活動的表層。我認為研究一些更具有心理學特色的東西會很有趣。我覺得，在某種程度上，催眠確實有心理學的成分，如何將心理學從催眠中取出，這是我們的課題！」[1]

關於研究所具有的實用價值：「儘管我將自己定義為採用普遍接受的催眠觀點作為本身研究領域的人，我理應擁有自己的理論，但我從未提倡那些超越觀察數據之外的綜合性理論。我想這可能源於我一直以來對功能主義的偏愛，儘管我成長於行為主義的時代。在設計實驗時，無論是關於制約還是催眠的實驗，我所遵循的一般性原則都是在有限的範圍內提出一些問題，以使實驗得出可靠的結果。」（Hilgard, 1992, p. 86）

關於在治療中使用史丹佛催眠易感性量表：「我認為，如果我只從社會學或政治的角度思考，這個量表真的非常有用，而且用處要比臨床工作者他們願意承認的更大。毫無疑問，每當在任何嚴重的情況下，比如嚴重的疼痛，在高可催眠性（對象）身上使用催眠，成功率也會更高。而且是由此量表測量出來的，不是由其他外部方法測量的。但這並不是說一個沒有使用量表測量的人，不能使用其他各種各樣的麻醉測試來達到這個效果。在我看來，這與量表上的項目是一樣的。但是，如果你想使用其他（催眠）技術（如年齡回溯），知道你可以很容易地讓案主獲得真正的年齡回溯，讓他們可以重溫自己的整個童年，這也很好啊！」[1]

關於如何定義「催眠狀態」：「我從來不用『催眠狀態』這個詞，所以從這一點來看，可以說我不是那麼傳統。但是這些事情是在不同的程度上。我曾經使用新解離主義的術語描述過自己的立場，那就是你可以有不同程度的解離……（所以）當人們使用『催眠狀態』這個詞的時候，它應該代表程度非常深的解離狀態，也就是你可以感覺到對方的性格發生了變化，或者個案對現實的整體定向都出現了一些變化。」[1]

關於臨床工作者有必要進行有限的催眠研究：「從另一個角度來看，這也同樣是精神分析所面臨的問題。他們從來沒有真正想過進行任何真正的研究。他們認為精神分析本身就是一種研究方法。你研究個體，某種意義上，這也是艾瑞克森學派的治療方法——它是一種研究方法，試圖為個體量身訂做一個計畫，然後看看是否有效——（很棒！）但這並不是科學建立的方法。因此，如果問我有什麼建議，那就是不要變得太過科學主義，你不必進行變異數分析並成為統計數據的奴隸，（當然，你至少需要）有一些基本的統計學概念：這裡有六個有相同症狀的人，他們接受過三種不同的治療方法。為什麼選擇不同的療法呢？是任意選擇的嗎？為什麼有些人開始時用一種方法，然後又改用另一種方法了呢？加一點點設計在裡面吧！」[1]

關於隱藏的觀察者：「即使被催眠的案主沒有意識到感官訊息，仍然可以用某種方式記錄感官體驗並處理訊息……這個隱喻（『隱藏的觀察者』）可能不太恰當，因為對一些人而言，它暗示著一個擁有自己生命的第二人格——潛伏在意識者頭腦中的小人。『隱藏的觀察者』此觀點僅僅是為了方便標記訊息的來源，該訊息的來源能夠高度運作，而被催眠的案主並不會有意識地體驗到這些訊息。」（Hilgard, 1992, pp. 76-77）

關於催眠在職業生涯中的重要性：「我會說，我真的覺得研究催眠的時期是我職業生涯中最滿足的。我有一種感覺，幾乎每一次，哪怕只是進行一次簡單的催眠量表測試，我都會學到一些東西。我無法用言語全部表達出來，但我確實學到了關於失憶、年齡回溯、幻聽等不同反應類型的相關知識。」[1]

資料來源：
1 私人交流，1988年8月14日。

催眠反應性測試的一般功能

催眠反應性測試的主要目的，是確定人在催眠中對暗示做出反應的能力，以及這種能力的程度如何（如果有的話）。在測試條件下，催眠反應性通常被定義為行為表現的證據，表明受測者對臨床工作者或研究人員各種體驗的暗示做出了全部或部分的反應。催眠反應性測試可分為兩大類：正式的和非正式的。稍後我將為大家分別介紹。

除了確定催眠反應性之外，測試還可以用於許多其他目的。例如，透過使用測試來衡量反應能力，測試過程和獲致的分數可以幫助臨床工作者決定，對當前這個特定的案主採取何種取向可能是最佳方案，即最容易讓他做出反應，或者最快讓他進入聚焦狀態的方法。具體來說，就是你的方法應該主要是直接的還是間接的？你的暗示應該主要是正面的還是負面的？你的舉止應該是威嚴的還是隨和的？案主能否迅速回應，或者他們是否需要額外的時間？努力回答此類問題的前提，是你願意根據每個案主的情況調整自己的方法。有些治療師認為這既不必要也不可取。顯然，我無法認同，因為我非常強調為個人量身訂做治療方法。

催眠反應性測試的第二個正向目的，是為進入催眠提供一個制約經驗。在某種程度上，正式測試是催眠體驗的簡化版。透過幫助案主將他們的注意力聚焦在引導過程上，接著對產生催眠行為的請求做出反應，你很可能就是第一個為這個人提供「正式」催眠體驗的人。使用這種初始體驗作為未來類似體驗的基礎，開始對案主進行制約：在臨床工作者的指導下，他們學習如何進入催眠狀態。因此，案主有機會透過測試與臨床工作者建立治療聯盟，同時也開始對自己體驗催眠的能力建立信心。

催眠反應性測試的第三個有益功能是它能夠完成所謂的「籌備工作之工作」。如果測試只是待完成的「真正」治療工作的最初那部分，那它便可以成為一個好機會，在案主「毫無防備」的情況下為他們提供治療暗示，同時這些暗示也不太會受到案主的批判性分析。你可以說些類似這樣的話：「在我們的治療開始之前，你是不是已經知道了自己有集中注意力的能力？」儘管尚未正式開啟過程，但已經開始引發相關資源。

催眠反應性正式評估的標準化工具

安德烈‧魏岑霍夫在他去世前不久寫的一篇文章中指出:「截至1998年……至少有25種量表被稱為『催眠深度量表』、『催眠易感性量表』、『可被暗示性量表』、『可催眠性量表』及其他各種各樣的稱呼。我很確定我總結得不全,而且很可能從那以後又出現了新的量表。」然後他直截了當地問:「怎麼這麼多?這些我們都需要嗎?」(2002, p. 209)

這到底是為什麼呢?單單列出並描述出目前可以使用的這些量表,就已經遠遠超出了這一介紹性章節的篇幅。不過,還是讓我來向大家介紹幾種催眠反應性測試,它們都是該領域的學者和臨床工作者使用最廣泛的測試。

◆ 史丹佛催眠易感性量表 (The Stanford Hypnotic Susceptibility Scales, SHSS)

1957年,歐內斯特‧希爾加德和安德烈‧魏岑霍夫兩位主要的研究者,開始在史丹佛大學展開關於催眠反應性的全面研究。1959年,他們發展出兩種可以交替使用的量表,後被命名為「史丹佛催眠易感性量表(SHSS):版本 A 和版本 B」(Weitzenhoffer & Hilgard, 1959)。這兩個量表的開發是為了可以進行重複測量,而不會因為「練習效應」而扭曲結果。該量表由12個項目組成,每個項目的說明都有完整的腳本,以確保措辭準確無誤,並可以由任何施測的人複製。當然,每個項目都有客觀的評分標準,產生可以反映催眠反應性的總體分數。

在量表 A 中,測試項目包括「身體後傾」(給出站立、搖擺、不由自主地向後倒下的暗示)、閉目(暗示眼睛疲勞、想要閉眼的感覺)、手臂下沉(伸出手臂,給出沉重的暗示)、「手指閉鎖」(手指交錯互扣,暗示雙手難以分開)、蒼蠅幻視(給出想像有一隻蒼蠅在頭頂嗡嗡作響,想要伸手把牠拍走的暗示)、催眠後換椅子的暗示(在催眠結束後,敲擊鉛筆,讓案主換個椅子坐,並且暗示案主不記得為什麼要這麼做),以及其他幾個項目。當案主在規定的時間內,以被暗示的要求對某個項目做出反應時,他們就會得1分。

具有「非常高」的可被催眠能力者，通常被稱為「催眠專家」，不難想像，他們在所有或幾乎所有（11或12個）項目上的得分都很高。

版本A和版本B普遍受到專業的歡迎。然而，由於大多數項目涉及動作反應，並且因為它不能很好地區分「高易感性者」更具體的特徵，魏岑霍夫和希爾加德又開發出了第三種SHSS量表：版本C（1962）。這個版本旨在強調更多催眠體驗的認知元素。它也有12個項目，但包括檢查知覺和記憶扭曲等不同項目，並以難度遞增的順序呈現，每個正面回應都會得1分。所有SHSS版本的施測都約莫一小時左右。得分為11–12分為「超高易感性」，8–10分為「高易感性」，5–7分為「中等易感性」，0–4分為「低易感性」。

SHSS可能是被研究得最好並在各種人群中廣泛使用的工具，包括墨西哥（Sánchez-Armáss & Barabasz, 2005）、以色列（Lichtenberg, Shapira, Kalish, & Abramowitz, 2009）、義大利（DePascalis, Bellusci, & Russo, 2000）以及許多其他國家和地區的跨國人群。它還針對各種不同的需要做了修改（有關詳情，請參閱 Weitzenhoffer, 2000）。如前所述，許多人認為它是衡量催眠反應性測試的「黃金標準」，其他催眠反應性測試也常以此作為效標。

◆ 哈佛催眠易感性團體量表（Harvard Group Scale of Hypnotic Susceptibility, HGSHS）

1962年，羅納德·肖爾和艾米麗·奧恩（Emily Orne）設計了SHSS: A的團體版，他們稱之為哈佛催眠易感性團體量表版本A（HGSHS: A）。第二年，他們報告了常模資料（Shor & Orne, 1963）。這個量表可以同時測量最多不超過20人的小組，這使研究人員在面對更大量的研究對象時效率更高。鑑於它改編自SHSS: A，所以它也由12個項目組成，並且施測時長也約莫在一小時左右。與所有SHSS版本不同的是，HGSHS: A量表並不是透過現場施測來進行的，而是透過錄影的方式。這個量表最初的目的是用於初步篩選，以便用非威脅性的方式獲得受試者催眠反應的初步印象，但這個量表最吸引人的優勢是能在一小時內同時測試20人，而不僅僅只是測試一個人。HGSHS: A還在澳洲（Sheehan & McConkey, 1979）、瑞典（Bergman, Trenter,

& Kallio, 2003）、 韓 國（Pyun & Kim, 2009）、 波 蘭（Siuta, 2010）、 法 國（Anlló, Becchio, & Sackur, 2017）、 匈牙利（Költó, Gósi-Greguss, Varga, & Bányai, 2014; Költó, Gósi-Greguss, Varga, & Bányai, 2015）及許多其他國家和地區進行了測試，以取得跨國常模。

◆ 催眠引導剖面（Hypnotic Induction Profile, HIP）

催眠引導剖面主要由精神科醫師赫伯特·斯皮格爾開發出來，後來他的兒子大衛·斯皮格爾（1978/2004）也加入。與其他催眠反應性量表不同，HIP 是在臨床環境中開發的，臨床上正在接受治療的病人「動機可能更強，因為病人正在尋求個人問題的幫助，而不僅是出於好奇」（p. 38）。他們對 SHSS 和 HGSHS: A 不滿意，因為施測時間太長了，而且他們認為其中幾項內容可能也太過尷尬。

HIP 包含的項目與 SHSS 和 HGSHS: A 類似，例如手臂飄浮和失憶，但其與眾不同之處在於觀察「眼球轉動」的跡象。

赫伯特·斯皮格爾寫道：

> 透過多年非正式的臨床觀察，似乎有個驚人的規律浮現出來。那些被證明能夠被深度催眠的對象，其向上翻眼球的能力都令人印象深刻。他們眼外肌的運動似乎更加靈活，也格外富有表現力。相比之下，那些被證明無法被催眠的患者，通常不會表現出這種靈活的眼外肌運動。

（H. Spiegel, 1972/2010, p. 15）

案主被告知將眼球向上轉動，彷彿看穿頭頂（評估中「向上凝視」的部分），然後努力閉上眼睛（評估中「轉動」的部分）。眼睛在抬起並閉合時鞏膜（眼白）露出的程度，以 5 點量表評分，然後加在一起，得出「眼球轉動跡象」的分數，該分數指出了催眠反應性的水準。斯皮格爾父子假設眼球轉動跡象是大腦半球相互關聯的表現，並且是催眠反應性的「生物標記」。HIP 的優點是只需要幾分鐘的評估時間，斯皮格爾建議這個測試甚至可以成為催眠治療工作的引導，從而使臨床互動更加順利。

HIP 與 SHSS 或 HGSHS: A 之間不存在顯著的相關性。弗里希霍茲和尼可拉斯（2010）解釋了其中的原因：

> 赫伯將在他 1972 年發表的論文中明確指出，眼球轉動可以預測，而不是直接測量可催眠性。因此，在 25％至 30％的病人樣本中，眼球轉動分數與可催眠性測量之間的相關性並不顯著。一些人錯誤地認為 ERS（眼球轉動跡象）是直接測量可催眠性的方法，但事實上，整個 HIP 測量工具才是真正的直接測量方法。
>
> （pp. 7-8）

赫伯特‧斯皮格爾這樣總結了 HIP 的優點：

> 使用催眠引導剖面測量可催眠性（只需要 5–10 分鐘）時，會出現四個層次的明顯訊息：(1)催眠能力分為高、中、低；(2)性格處理風格；(3)健康—疾病光譜的位置；(4)根據 1 至 3 的資料得出適當策略。
>
> （2008, p. 151）

由於其方便、測試時間短及基於臨床的特性，HIP 迄今為止仍然是頗受歡迎的測量工具。

◆ 艾爾金斯可催眠性量表（The Elkins Hypnotizability Scale, EHS）

艾爾金斯可催眠性量表是由貝勒大學心理學家和臨床研究者蓋瑞‧艾爾金斯（Gary Elkins）博士開發的。他在 2014 年出版了備受推崇的書《催眠放鬆療法：原理及應用》（*Hypnotic Relaxation Therapy: Principles and Applications*），並且在書中引入該量表。艾爾金斯非常清楚其他測試工具的局限性：

> EHS 的設計目的是：(a) 簡潔（在 30 分鐘內完成施測與評分）；(b) 透過使用次序計分方法而不是二分法來測量可催眠性，以提高反映評級的敏感度；(c) 同時考量計分中的行為和體驗性反應；(d) 安全；(e) 對催眠對象來說是愉快的；(f) 與 SHSS: C 獲得的分數高度聚斂；(g) 包括各種類型的測試暗示。
>
> （Kekecs, Bowers, Johnson, Kendrick, & Elkins, 2016, p. 287）

EHS 的得分範圍是 0 到 12 分。信度和效度的初步測試表明 EHS 具有相當高的可信度（Elkins, 2014; Elkins, Johnson, Johnson, & Sliwinski, 2015; Kekecs et al., 2016）。

催眠反應性的非正式評估

如上所述，大多數治療師並不使用正式的量表來評估催眠反應性，原因包括他們認為這些工具「感覺」不自然或者不必要地設置了「通過或不通過」的情況，因此這些量表並不能提供有用的臨床訊息。

心理學家布蘭特·吉爾力（Brent Geary）在 2001 年總結了他偏好使用更自然的方法來衡量催眠反應性，他寫道：

> （我的）假設是，每個具備健全心智的人都可以在某種程度上從催
> 眠中獲益。他們能在多大程度上受益，是透過臨床介入來判斷的，
> 而不是透過執行一系列能夠產生量化結果的流程來判斷……因此，
> 評估的主要脈絡……仍然是案主在當前心理治療關係中持續的敘事
> 和反應。
>
> （p. 3）

安德烈·魏岑霍夫也不看好在臨床情況下進行正式測試的價值，而是推薦「就去做，並看看接下來會發生什麼」的方法：

> 有些心理學家和精神科醫生認為，每個潛在的心理治療案主都應該
> 接受廣泛的評估，其中包括可催眠性等多方面的評估。我認為包括
> 催眠反應性測試在內的任何例行測試都應該受到嚴格質疑。迄今為
> 止，我還沒有聽到令人信服的理由來說明我們為什麼要這麼做。任
> 何測試都應該是基於特定的需求。在這方面，許多實務工作者似乎
> 認為，如果他們事先知道患者的可被暗示性有多強，他們就能更好
> 地制定治療方案。我同意，如果有人要使用特定的催眠效果，就有

必要事先知道它是否能夠產生作用。沒有比直接來並產生該效果更好的方法了⋯⋯我聽到一些臨床工作者抱怨說，這些量表根本無法提供有關使用催眠治療的臨床結果訊息。的確如此，不過，我們也需要記得，這些量表並不是為了實現上述這個目的而設計的。

（2002, pp. 216, 217）

此前，魏岑霍夫曾表示：「當我們真的需要某種效果的時候，要麼可以產生，要麼不能產生。」（2000, p. 466）因此，許多臨床工作者更願意在治療的「真實」脈絡下，簡單直接去觀察反應。反應性被視為是存在於互動脈絡中，而非只是案主固有內在特質的功能。

那麼，如果不使用此前描述的正式標準化測試，而是從非正式的角度來評估反應性，都有哪些方法呢？一些人會使用結構化的「迷你測試」，例如接下來介紹的夏弗勒鐘擺測試、「熱物體」測試和「膠合手」測試。但是，「嵌入命令」和「非語言轉換」是許多臨床工作者（包括我自己）更傾向於依賴的非侵入性，且更自然的評估形式。我也將在後面向大家介紹。

◆ 夏弗勒鐘擺測試（Chevreul's Pendulum）

這是個結構化的「迷你測試」，常常會在正式催眠之前執行，用來幫助案主簡單地「熟悉一下類似催眠的反應」（Bates, 1993, p. 40）。如果你曾經玩過碟仙（Ouija Board），那麼你就已經體驗過夏弗勒鐘擺測試了。測試者會拿一個鐘擺給受試者，並告訴他們用拇指和食指握住繩子（Barabasz & Watkins, 2005; Lynn & Kirsch, 2006）。為了增加戲劇性，測試者還可以讓受試者將鐘擺懸提在一個圓的中心點，該圓包含著交叉線，繪製在一張紙上。這個圓可能看起來像這樣：

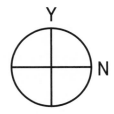

縱軸被任意標記為「Y」，代表我們文化上對點頭的「是」反應。同樣地，我也隨意標記了橫軸為「N」，代表我們文化上對搖頭的「否」反應。

當案主把鐘擺懸提在圓心上方，你就可以給出如下暗示：「深呼吸，放鬆下來，將你的注意力聚焦在握住鐘擺上，讓鐘擺保持靜止……很好……現在，繼續保持專注，同時你也會注意到擺錘開始按照一定軌跡動了起來，允許它繼續擺動。」注意暗示中對鐘擺應採取何種運動缺乏具體說明。當你觀察到鐘擺開始運動時，可以使用額外的暗示來放大這個運動：

很好……現在鐘擺開始沿著 N 軸（或 Y）軸越擺越高，從左向右（或者從前到後），你不需要知道這是如何發生的，也不需要知道是為什麼，它就這樣發生了……只要你集中注意力，鐘擺就會移動，你不需要做任何其他的事情，你只是聚焦在它身上，就能讓它越擺越高……

然後你可以進一步暗示讓它停止，或者換到另一個軸上繼續擺動。鐘擺擺動的幅度越大，說明受試者對暗示的反應性越高。

雖然這個古老的測試看起來可能有些可笑，但它確實很好地展示了超衍生搜尋（transderivational search）和意念動作過程（ideomotor processes）。當案主在處理「從左到右」或「靠近你或遠離你」這些詞的意義時，他們的身體會無意識地對這些詞的意義做出反應，引起小肌肉運動，這稱為「意念動作反應」（ideomotor response），而這些小肌肉運動會在意識之外引起鐘擺運動。由於小肌肉運動是無意識的，所以鐘擺的擺動通常會讓案主感到驚訝。因此，我們能以此作為案主催眠能力的證明，同時也可以證明你的催眠技巧。

◆「熱物體」測試（The "Hot Object" Test）

和大多數測試一樣，這個測試也是將暗示轉化為身體反應。具體來說就是對普通物品產生溫暖的幻覺。在這個技術中，受試者需要閉上眼睛，接著給受試者一個物品握在手中，比如硬幣或鋼筆。然後受試者被告知這個物品會開始變熱。可以給出暗示，例如這個物品被塗上了特殊化學藥品，或者插

上了電源，而它會變得越來越熱，直到熱得無法握住。當物品變得太熱而無法拿住時，指示受試者讓物體從手中無害地掉落。物品變熱所需的時間和受試者體驗到的熱感強度是這個測試中的反應性指標。

◆ 膠合手測試（The Hand Clasp Test）

膠合手測試是史丹佛催眠易感性量表中的一項測試。這個測試會挑戰案主去表現出受暗示的行為。首先，要求案主舒適地坐著，雙手握住，手指交叉。然後，暗示案主想像手黏在一起，也許是用某種特殊膠水。之後，直接挑戰案主，讓其嘗試分開雙手。典型的暗示是：「你越努力嘗試把雙手分開，它們就黏得越緊。」

這個小測試裡有個文字遊戲，就是「嘗試」（trying）和「做」（doing）的區別。「嘗試」意味著付出能量，但並沒有真正去「做」。這個測試和其他類似結構的測試之關鍵暗示是：「你越努力嘗試（分開你的手／彎曲你的手臂／睜開你的眼睛），你就越難以做到。」有些人傾向於對暗示進行字面解釋，正是這種技術發揮作用的原因（如果它起作用）。那麼接下來就該提供這樣的暗示：

我馬上會讓你分開雙手（彎曲手臂／睜開眼睛），然後讓它們自然鬆開，落到你的膝蓋上……你很容易、毫不費力就能做到這點……現在就分開你的雙手，緩慢地讓它們落到你的膝蓋上。

請注意「嘗試」挑戰模式與「去做吧」模式之間的區別。

在這個挑戰測試和其他類似的測試中，另一個變項是你給這個人多少「嘗試」的時間。讓案主進行初步嘗試，並讓他們認識到這比預期要費力，隨後就給他們一個暗示，讓他們「停止嘗試，保持放鬆」。假如你給案主比感受那種最初努力的幾秒鐘更多的時間，當然，他們終究能做到那些你暗示他們無法做到的事情。所以最好快點讓他們停止嘗試！

最後，我們可以理解一些臨床工作者的擔憂，他們傾向於避免任何挑戰

案主的測試。正如林恩和克希提及的：「未能通過暗示性測驗可能會抑制案主正面的治療預期和動力，從而導致治療失敗。」（2006, pp. 206-207）我認為，一般情況下最好避免向案主發出可以很快被他們否定的挑戰。當你暗示案主無法做到某事，而案主很容易就做到的時候，就很難挽回了。

上述三個非正式測試都是常用的結構化測試。顯然，它們在對個案的要求上是相當人為和刻板的。然而，還有其他更為自發的方法來評估個案的可被暗示性，這裡我會向大家介紹其中兩種方法。

◆ 嵌入命令

嵌入指令，也被稱為命令陳述（Watzlawick, 1985; Zeig, 1988），是將特定反應嵌入到更大的溝通脈絡中之暗示。作為鑲嵌在更大溝通中的一小部分，它們具有暗示性，但又不會顯得很突出，因此更容易逃避意識的審查。例如，如果我用聲音略微加強或強調以下句子中畫底線的詞，也許透過語調或音量的變化，我可以嵌入特定反應的暗示：

- 「在一天結束的時候……閉上你的眼睛……這不是也很好嗎？」（我可能會得到眼睛閉上的反應，這是具可暗示性的明顯跡象）
- 「我對我自己說，我可以……深呼吸……然後去仔細想一想。」
- 「你可以像……撓一下癢那樣……就成功了。」

如果你可以給出這樣一種間接暗示，而這個人就真的做了一個深呼吸或撓了一下癢，那麼按照鳳凰城的米爾頓・艾瑞克森基金會主席、心理學家傑弗瑞・薩德（Jeffrey Zeig）的說法，你就獲得了被稱為「最小暗示」的正面回應（1988, 2014）。任何嵌入的暗示都有可能得到回應。與挑戰測試或鐘擺或膠合手這樣的花招相比，嵌入命令更加自發，不那麼強行武斷，可以成為催眠反應更有用、更自然的指標。

◆ 非語言轉換

潛意識行為的非語言轉換也可以作為可催眠性的良好指標。獲得融洽關係的一部分是在案主意識之外「鏡映」他們的行為。非語言轉換可以出現在許多行為中，如姿勢、手勢、抓撓、眼神接觸以及呼吸……等。如果你鏡映了案主的身體姿勢，然後改變你的姿勢，而你的案主在下一刻也做了同樣的事情，那麼你就有了證據表明，在潛意識層面存在著一定程度的融洽關係和可被暗示性。例如，在一次臨床演示中，我與一個名叫麥可的憂鬱年輕男子工作。當我告訴他可以自由調整成舒服的姿勢，從而開始引導催眠會談時，我無意識地向後靠在椅子上，交叉著腿。幾乎是同時，他也完全複製了我的動作！我知道在那一刻我們之間有了一種聯繫，這可能有助於提高他的治療效果。

鏡映某人只有在案主意識不到的情況下才有效。一旦對方能夠有意識地覺察到，那麼這種行為就無法再被稱為是「同頻共振」了，而是「模仿」，並且可能還會失去兩人之間的融洽關係。所以，在使用這種類型的間接技術時，我們需要小心且保持尊重。

總結

為什麼人們在催眠反應性上具有如此大的差異呢？他們的差異為何？這是非常廣泛的問題，有大量的研究文獻都在關注這個問題。對於所有那些對催眠感興趣的學者和臨床工作者來說，這些重要且艱難的問題都存在統一的原則：我們想要人們從催眠中盡可能獲得幫助，並且我們每個人都在竭盡所能以各自的方式尋找如何做到這一點。

1. 你玩過碟仙嗎？你的反應是什麼？你如何解釋發生了什麼？

2. 你如何知道一個人是不是會接受你的暗示？什麼樣的「身體語言」在你看來等同於思維開放或封閉的狀態？你會意識到有哪些例外嗎？

3. 你認為自己對他人暗示的反應如何？是什麼讓你這樣以為？你覺得你對別人的反應程度是資產還是負債？為什麼？

4. 一個人打哈欠一般會引起其他人打哈欠的反應。在你看來，還有什麼其他暗示會讓人自動做出反應？

5.「潛意識的默契」是什麼意思？你如何知道自己擁有起它？

6. 你如何看待「任何能被社會化的人都可以被催眠」這種說法？

7. 為什麼有些研究人員和臨床工作者似乎會得出結論，如果他們不能催眠某個人，那麼其他人也不可能？

8. 制定催眠會談時，應考慮哪些與年齡相關的因素？針對60歲的人和20歲的人，具體而言，應該有哪些不同的方法？

9. 你認為智力與集中注意力的能力有關嗎？為什麼或為什麼不？

10. 什麼時候應該努力滿足案主的期望，什麼時候不應該？你為什麼這麼說？在決定要不要去滿足案主的期待時，應該考慮哪些個人和人際動力學？

任務清單

1. 拿著本章描述的評估工具以及其他工具，花時間研究它們——結構、暗示的措辭、假設等。

2. 讓幾個沒有催眠背景，最好是也沒有玩過碟仙遊戲的人玩一下碟仙。仔細觀察他們，你發現了什麼？他們是如何解釋所發生的事情的？

3. 下次購物時，先與銷售人員討論你打算購買的產品，再討論你沒有打算購買的產品。你在兩種情況下的內在體驗有什麼不同？你的情感和行為在兩種情況下有什麼不同？

4. 為每個可暗示性測試至少找十個不同的人進行測試。將你的風格從威權型改為允許型，並注意觀察每個人對你引導的反應。你從反應風格的差異中學到了什麼？你對這些差異有什麼解釋？

5. 如果有可能，安排精神病院或養老院的參訪。觀察這裡的人，你能確定他們對催眠的反應程度嗎？你能找出一些可能對他們有效的方法嗎？

6. 列出你曾經用來維持某種你早就有意改變之行為的所有藉口。你能看到「認知失調」在起作用嗎？在哪些方面起作用？

7. 花一兩個星期密切觀察你熟悉的某個人在不同情況下的表現。他們在哪些情況下會表現得思想開放與接受？他們又在哪些情況下顯得封閉？你能列出一些似乎形塑這個人反應的因素嗎？

第 10 章

催眠危害——法律問題考量、職業倫理規範

　　當你承諾以任何職業角色來服務他人時，必然會面臨在治療過程中所產生之棘手的道德和倫理困境。有時這些困境是在你僅僅在做你的工作和介入別人複雜的生活時發生，但有些時候，這些困境可能在有人越過一條他們不知道或選擇忽略的線時，變得不好處理。催眠領域需要特別考慮道德臨床實踐中需要遵守的一些額外因素，因此有必要且值得去熟悉法律問題和道德規範，以便用最佳方式為個案服務。

　　湯姆士・南基（Thomas Nagy）博士是專精於倫理學的心理學家。在他的著作《精要心理學倫理》（*Essential Ethics for Psychologists*, 2011）中，描述了執行合法和道德臨床實踐的四個主要基礎：能力、知情同意、隱私和保密以及避免傷害和剝削。這一章節將就這四個領域逐一討論。

　　之前，我強調催眠可以被熟練地運用並有幫助性，但也有可能被濫用，對個案造成潛在地傷害。這一點值得再次強調：任何潛在有幫助的治療方法

都有可能對個案造成傷害。即使我們的意圖是善良的，但一旦越過了不應該越過的線，或者沒有對其相關性、適切性和潛在不利的後果進行評估和深思熟慮就提供治療，就有可能對個案造成傷害。當你聽到有人因催眠治療而受到傷害的例子時，你很可能會認識到，並非催眠本身造成問題，而是由於有人不當、不善或兩者同時發生了。我們的目標是盡量減少這種不幸的可能性。因此，在本章中，我會更仔細地考慮與催眠相關的危害，並說明一些與良好臨床實踐相關的法律和道德考慮。

催眠本質上具有危險性嗎？

我相信當一個領域能夠自我檢查並願意發現真相，即使真相讓人感到不愉快時，便是衡量該專業領域成熟度的重要指標。催眠在很大程度上因為壓抑記憶而有所爭議（Loftus, 2017; Yapko, 1994b），心理治療領域不得不認識到這樣一個現實：善意但知識缺乏的心理治療師可能會對個人和家庭造成破壞。催眠療法領域也在成熟中。現在有更多專家願意探討所有治療方式的不良效應，包括催眠的負面影響潛力。事實上，《美國臨床催眠雜誌》在主編史蒂芬·蘭登的領導下，於 2012 年 7 月發表了一期特刊，由布魯斯·艾默（Bruce Eimer）擔任客座主編，名為「最小化催眠的意外負面影響：臨床和法律應用」。它包含了許多有見地的文章，突顯了此話題的嚴肅性和範圍。

歷史上，催眠的危險很少被討論，而當討論時，則主要集中在兩個問題上，即催眠是否可以被用來迫使人們從事反社會行為，以及催眠是否會對心理不穩定的人造成心理傷害。事實上，臨床文獻中已經有使用催眠後出現負面影響的報告，包括導致自殺行為或精神病反應（Frauman, Lynn, & Bren-tar, 1993; Kleinhauz & Eli, 1987; Stanley, 1994）、焦慮或恐慌（Judd, Burrows, & Dennerstein, 1985; Machovec, 1986; Machovec & Oster, 1999）、難以解開催眠狀態或重新定向（Barabasz & Watkins, 2005; Kluft, 2012a, 2012b, 2012c, 2012d; Orne, 1965），以及頭痛、眩暈或噁心等身體不適（Coe & Ryken, 1979; Hilgard, 1974; Takaishi, 2011）。由於存在這些報告和我接下來提到的其他報告，因此催眠對於某些人來說似乎至少有一點風險。

這些問題和報告暗示催眠可能是危險的，這是你應該擔心的嗎？答案是肯定的和否定的。是的，有潛在的危害，需要你關注和了解。但是，沒有任何證據表明催眠會導致精神病、引發自殺、觸發恐慌、剝奪人們的心理防禦或以其他方式傷害人們。多年來，催眠研究者和治療師一致認為，在受過良好訓練的臨床醫師適當使用下，催眠沒有固有的危險（Barber, 1995; Heap, 2008; Lynn, Kirsch, & Rhue, 2010; Perry, 1990）。

鼓勵專注和經驗吸收並不危險。然而，個人專注和吸收的對象可能會引起一些問題。使用催眠的漏洞涉及需要以洞察力和遠見來管理的臨床問題。在辨別和管理這些臨床問題方面，若缺乏良好的培訓可能會對個案造成不利影響，當治療師沒有足夠的準備來處理某些意外反應時，這一點可能會損害個案。應用催眠的危險與處理處於困境中的脆弱人群，兩者的臨床實踐相同。然而，催眠提供了一個情境，在這個情境中，個案與治療師以及個案本身之間的關係動態也會強化。換句話說，催眠提供了一個情境，情感困難會被放大。平衡點在於認識到催眠也是情感力量可以被放大的情境。

誰可以施行催眠？培訓和催眠認證

這個問題已經醞釀了幾十年，只有偶爾在出現一些極為惡劣的案例之後才會升溫到全面爆發，然後又回歸到醞釀狀態。實際上，有兩個催眠領域：一個是受過學術培訓和持有執照的臨床醫生、心理學家等實踐或研究催眠的領域，另一個是所謂的「外行催眠師」領域，這些人接受催眠技術的培訓並實踐，但沒有正式的學術學位或從事助人工作專業的臨床執照。這兩個領域的人自然都相信他們行事的完整性，每一方對於以任何方式使用催眠都有自己的理由。

一般而言，儘管國際上甚至在美國的各州之間情況可能有很大差異，但法律上幾乎沒有限制誰可以合法地實施催眠。在專業領域，催眠通常被認為是種治療工具——傳遞治療的工具而不被視為治療本身。對專業人士來說，催眠是治療計畫的一部分，是由多年的臨床培訓、通常包括研究生水平的正式學術研究、接受督導的實習和成功透過其各自領域的許可考試發展出的。

相比之下，許多非專業的培訓課程，幾乎接受任何有能力支付學費的人為唯一的入學標準。其中一些培訓項目相當精細，透過教授濃縮實用的形式，使學員獲得類似於正式學術項目的知識。其他針對非專業人士的催眠培訓項目則可能品質低劣，但仍向學員授予資格和頭銜，宣稱他們具備專業技能。

除了可能存在問題的培訓計畫之外，還有許多非專業組織向其只有最低會員標準的成員提供證書和頭銜。實際上，心理學家史蒂夫・艾希爾（Steve Eichel, 2010）寫了一段有趣但令人不安的敘述，講述他如何使自己的貓「Zoe D. Katze」被兩個組織認證為「認證催眠治療師」，並被第三個組織認證為催眠講師。缺乏認知的普通大眾相信「認證催眠大師」是經過充分培訓和認證的，但他們如何區分哪些是接受過更嚴格的催眠治療臨床訓練的專業人士？受過質疑或培訓不足的人在不知道自己不知道什麼的情況下，怎麼會覺得自己可以提供治療，但其實該治療具有潛在危害？接受過多少什麼樣的培訓才足以稱自己是有資格的？有些人學到了足夠的東西便足以產生危險，這麼說其實既公平也不誇張。

催眠沒有嚴肅的認證或許可來證明一些最基本的培訓標準，這對催眠的聲譽造成了傷害（Stanley, 1994; Voit & Delaney, 2004）。證據太充分了，當錯誤使用催眠時，催眠可能成為問題。借用馬丁・奧恩（1965）的話來說，這個規範應該是：你如果沒有資格在不使用催眠的情況下治療這個問題，那你就沒有資格在使用催眠的情況下治療這個問題。此外，教育水平低下的治療師很可能不知道專業實踐的專業規範，因此在許多方面會出現問題，比如不合理地承諾立即治癒、出於無知或貪婪而使用被證明有問題的方法、為了自我膨脹宣揚催眠（「看我可以做什麼！」）以及可疑的目的，如娛樂（舞臺催眠的負面影響發生率比其他應用更高；見 Echterling & Emmerling, 1987; Heap, 1995; Kleinhauz, Dreyfus, Beran, Goldberg, & Azikiri, 1979），或自私的操縱。當這些界限被越過時，對他人的傷害和剝削最明顯。當然，專業人士和非專業人士都可能做出這樣的事情，但更深入的培訓和承諾遵守專業規範，顯著降低了這兩個群體道德違規的可能性。

為了因應這個挑戰，美國臨床催眠學會（ASCH）和臨床與實驗催眠學會（SCEH）均發展出了各自的認證制度。這些認證制度當然是完全自願

的，許多實踐專業人員在使用催眠時已擁有專業許可證，因此並不覺得需要額外的認證。

ASCH（www.asch.net）和 SCEH（www.sceh.us）皆是美國的催眠學會，其會員身分限制只開放給合格的醫療保健專業人員，包括那些具有先進學位和適當州牌照以合法從事臨床實踐的人員。兩個學會皆為會員提供了清晰的倫理和職業規範，舉辦全國和區域培訓，向公眾提供指導以及更多服務。ASCH 及 SCEH 用於催眠的認證資格證書可以給其他人提供一定的保障，尤其是那些困惑於誰有資格展開實踐的個案，因為獲得認證的臨床醫師已經達到了合理的教育和經驗水平。國際催眠學會（ISH）（www.ishhypnosis.org）是許多國家催眠組織的總組織，ISH 不提供認證，但提供實踐的道德規範。關於 ASCH、SCEH、ISH 以及其他專業催眠組織的更多訊息，可在《臨床催眠大全》網站的附錄 A 中找到。

催眠會產生的潛在危險

任何類型的臨床實踐都具有潛在危害，這些包括但不限於：不準確或不完整的評估、不充分的案例概念化、對問題動態的態度武斷和不正確的解釋、治療中定義不清的治療師和個案角色、不現實的治療目標、治療聯盟不充分、評估進展的反應機制不良，以及與個案之間未能有充分的後續跟進。除此之外，使用催眠可能會帶來的潛在危害包括：個案對暗示未如預期地解讀、自發性地退化和強烈的情緒反應、症狀置換、短暫的結果、杜撰、未能充分地重新警示個案，以及未能去除暗示（Barabasz & Watkins, 2005; Erickson, 1964b; Kluft, 2012d; Lynn, Myers, & Mackillop, 2000; Mott, 1992; Weitzenhoffer, 2000）。

◆ 無益的個案解讀暗示

假設你已經與不同的人練習了催眠技巧，那麼你可能已經發現，即使是看似最簡單明瞭的催眠暗示，人們也可能會以出乎意料甚至不尋常的方式做出反應。在進行臨床催眠對話時，人們會從自己的參考框架中解釋你所說的

話，並因此為你所説的話賦予個人特色的意義，這是已經預料到的現象。這一點應該被預期、計劃、接受和利用。請記住之前提到的原則：意義在於個案，而不在於你使用的語言。有時，你從人們身上得到的意外回應實際上比你所希望的更好：個案發現你僅僅隨意提到的某個簡單詞語、短語或概念深刻而有啟發性，並且表現出這種美妙的感知。當那種情況發生時，真是太棒了！

然而有時候，你所得到的意外回應可能是相反的：對方認為你說的話有冒犯、威脅、不敏感或無關緊要的情況。有時候，這是因為你所說的確實是冒犯、威脅、不敏感或無關緊要的。然而更多的時候，對方對你說的話所產生的聯想是古怪的，你或任何人根本無法預測到。這裡有個預防的小祕訣：你可以在發言前先幫個案打預防針，像是「我所說的話自然會有許多不同的理解方式……但是，在你理解我的話時，可以將注意力放在最有用的意義上……」這樣的話。

◆ 自發性退化和強烈情緒反應

這一段指出催眠過程中可能遇到的常見危險：被催眠者突然想起一些沒有被臨床醫師提示的傷心記憶（稱為自發回溯），從而產生情感上的困擾。個案的不安情緒可能從輕微到極端，當然也將導致會談方向發生變化，可能與原始目標無關。這種情況並不罕見，需要以極大的敏感性和關懷來處理。

歷史上，這樣意外（和不受歡迎）的反應被稱為「解離」。我不願使用這個詞，因為它似乎過於病態地看待個案的經歷。我寧願簡單地稱這些事件為：強烈的情緒反應。現實情況是，當你進行體驗性工作，如催眠（以及諸如引導注意力的冥想、想像力引導等類似過程）時，人們可能會產生情緒反應。這是良好的催眠培訓中重要的組成部分，因為你如何在個案最脆弱的時刻回應他們，這將決定工作是否具有治療性。在第25章中，我會更詳細地討論這個問題。

◆ 症狀替代和短暫結果

針對催眠的使用，歷史上最常見的兩個批評，是涉及僅產生暫時結果的可能性（因為催眠被描述為短暫的治療方法）。「表面性」的治療方法只關注症狀，因未能「解決問題的根本原因」，往往容易導致復發或「症狀替代」。症狀替代是精神動力學中的理論構造之一，即假設內部衝突會導致某種精神能量，而症狀就是這種能量的釋放方式。透過消除這種釋放方式（即建議去除症狀），理論認為該能量必須在其他地方重新定向並產生新的釋放方式（Weitzenhoffer, 2000）。換句話說，根據這種理論框架，必須確定和解決產生症狀的潛在心理衝突。如果沒有解決，症狀很可能會再次出現或發展出新的等效症狀，因此稱為症狀替代。

對症狀替代的恐懼肇因於過時且已被澈底證明為錯誤的理論觀點，而非實際的臨床數據。正如巴拉巴斯和沃特金斯強烈指出的：「儘管研究已經證明這些反對意見是無效的……精神分析作家繼續產生相同的批評聲浪，顯然沒有意識到已經有相反的研究和文獻。」（2005, p. 210）為了指責催眠具有這種潛在的責任，必須將催眠視為僅僅是症狀性治療，而不是更具動態或深度取向的治療方法。其他「症狀治療」的方法包括廣受歡迎的認知行為療法，也受到那些支持「深度」傳統心理動力學觀點，以及無根據之指責的質疑。然而，催眠並非治療方式，因此可以融入任何治療模式。因此，「催眠分析」可以被整合到任何治療模式中。有些心理動力取向的治療師實行「催眠分析療法」（Wall, 2018），而有些認知行為治療師則實行「認知催眠療法」（Alladin, 2012）等等。

然而，關於催眠的情況，有一種轉折會對批評的回應變得相當複雜：催眠可以被淺顯地用來治療症狀。催眠腳本以及只是「暗示除去」問題的方法就是個例子。以症狀為導向的方法一定不好嗎？當然不是。例如，在催眠中透過教導感覺改變策略來幫助某人應對疼痛並不是「深入」干預，但這可以對某人的生活產生很大的影響！透過教導自我催眠來幫助個案減輕因為焦慮或抑鬱引起的失眠進而改善睡眠，這不是個「深入」的方法，但卻是很有效的治療。因為睡不好在生活的方方面面都會付出很大的代價。

催眠療法不見得會帶來負面影響。巴拉巴斯和希恩在一份1983年未公開的研究中（報告於 Barabasz & Barabasz, 1992），從一家醫院的催眠和心理病理醫學單位取得六百多名患者的數據，其中只有一名患者報告了與治療相關之輕微且暫時的困難。他們的結論是，心理教育和心理評估（包括心理狀態檢查），很大程度上預防了催眠產生負面影響（Barabasz & Barabasz, 1992）。在治療和臨床人群中，了解情況的個案表現比不知情的個案更好，這是一致的發現。

危險不在於症狀替代。真正的危險在於治療不足、不適當的治療以及復發的可能性。未經訓練的職業人士和知識不足的專業人士，可能會針對特定症狀提供簡單明瞭的建議，但他們對於個案面臨之更深層次的問題並不真正理解，因此，他們提供的治療可能會是誤導。當適當的治療被延遲或被排除時，個案不會得到改善，甚至可能變得更糟。症狀是否對個案有某些意義？它是否會影響情緒、行為和關係？如果沒有對症狀在人生中的多維角色及其相關動力學有所理解，症狀替代和復發可能會是我們不希望發生但又意想不到的結果。然而很顯然地，這是無效治療的結果，而並非單純使用催眠所引起的。

最後，對於催眠產生的結果只是暫時的這個擔憂，是所有治療方式都共同關注的問題，包括心理動力學治療。人們可能會向前邁進，但有時也會倒退。臨床醫生通常致力於預防復發，因為沒有臨床醫生希望個案只享受暫時的治療益處。臨床醫生如何實施預防復發策略，以及在干預過程中實施的方式是否合適，顯然是重要的考慮因素。

催眠並沒有減少或排除預防復發的機會。相反，採用催眠的良好結構化治療，可以有意識地幫助個案將其所學到的新思想、觀點和技能擴展到越來越多的生活領域。有些人問我催眠中給出的建議可以持續多長時間？我的標準回答是：好的想法能持續多久？好的想法可以持續一生。

◆ 杜撰

我先前已經提到，人們有產生虛假記憶的潛力，在第15章中，我將詳細描述我們在回憶過程裡對於暗示的影響是很脆弱的。在這裡，我會簡要地描

述一些關於這個棘手問題的關鍵點，任何要進行催眠的人都應該知道。

當某人無法記起某個事件或事實時，他們可能會填補記憶空白區域，但不自覺地加入了錯誤資訊（例如幻想素材、推論、記憶錯誤等）。附加到記憶空白區域的資訊稱為杜撰（Loftus, 2017; Schacter, 1996; Shaw, 2016）。捏造可以是自我生成的，也可能是將錯誤的訊息暗示當真。這些捏造和其他「記憶中的罪惡」經常出現在大眾之中，並非僅限於催眠。哈佛大學的神經學家丹尼爾・沙克特（Daniel Schacter, 2001）在他的書《記憶七罪：大腦是如何忘記和記住的》（*The Seven Sins of Memory: How the Mind Forgets and Remembers*）中，生動地描述了這些情況普遍存在於日常生活中。

在催眠過程中，當想像與現實之間的界線比平常更模糊時，有人會將杜撰錯誤地視為真相，這增加了危險性（Vance, 2016）。這種誤解在任何時候都可能成為治療的問題，但當治療師努力去完善地處理那些可能有虐待背景（無論是性、身體還是情感上）的人群時，它變得尤為嚴重。這樣的個體可能會誤認為被虐待，即使沒有發生任何真正的虐待，但可能發生直接導致心理創傷之各種真實或虛假的記憶問題（Christensen, 2017; D. Spiegel, 2010）。但是，記憶空白和錯誤的回憶也可能是出現許多與虐待毫無關係之事件的主要原因。因此，催眠的危險性在於如何解釋不同記憶有可能是真實或虛假的，以及這些回憶可能意味著什麼。有些臨床醫生可能會將記憶中的空白視為虐待的證據，雖然實際上並沒有這樣的記憶——因為有可能真的不存在這樣的回憶（Belli & Loftus, 1994; Lynn & Nash, 1994; Yapko, 1993a, 1994b）。在這種情況下，治療師把空白記憶假設為虐待回憶，這完全不是個案的錯！

為了避免錯誤引導假設性回憶，我會明確地陳述：不要推斷沒有事實根據的虐待歷史，不要在催眠中向個案提供引導性建議以便記住什麼和如何記住，不要假定需要揭示每個問題的「根本原因」；確保了解人類記憶的運作方式，了解催眠的局限性，了解記憶可以是詳細和情感化的，卻仍然是虛假的，明確支持與驗證個案那些不同回憶之間的區別（Loftus, 2017; Loftus & Yapko, 1995; Lynn, Kirsch & Rhue, 1996; Yapko, 1994a, 1994b）。

請注意，目前還沒有技術可以區分真相和憑空捏造的回憶。腦神經科學正在努力解決這個問題，希望先進的腦部掃描技術能夠成為真相和謊言的探

測器，但這一天離我們還相當遙遠。任何進行催眠治療的臨床醫生，都不應持有催眠能夠揭示真相此一嚴重錯誤觀念。

沒有研究者比馬丁・奧恩博士更了解人們對於記憶的脆弱性，以及人在催眠狀態下的記憶更加脆弱這件事。奧恩博士早期提出了「催眠邏輯」概念，他開創性的研究提示了記憶易受影響的事實，幫助大眾注意到，人在催眠狀態下可以提供非常詳細的事件描述，並對自己所描述的準確性表現出高度的確信，使其非常具有說服力，卻有可能是錯誤的。

參考框架：馬丁・T・奧恩，醫學博士、哲學博士

馬丁・T・奧恩博士（1927–2000）是醫學博士和哲學博士，他是有史以來最具影響力的催眠研究者之一。很遺憾，我從未有機會見過奧恩博士本人，這是我少數的職業生涯遺憾之一。因此，本節中的引用摘自他的著作，而不是像大多數其他參考框架那樣來自個人互動。

身為教師、科學家和執業醫師，奧恩博士的專業主要在催眠和記憶扭曲領域。在他輝煌的職業生涯中，奧恩博士與他的妻子——心理學家艾米麗・奧恩合作，他們在催眠及其對記憶準確性之影響的研究，已被30個法律案件引用，這些案件來自美國各州最高法院和美國國家最高法院。他的工作得到高度認可，因此在美國心理學會、美國心理博士學會和美國精神科醫師學會中獲得終身貢獻獎。

他出生在奧地利維也納，父親是外科醫生，母親是精神科醫生。他於1938年與父母移民美國。奧恩一家定居在紐約，後來搬到波士頓。奧恩博士於哈佛大學獲得學士學位，於1955年在塔夫茲大學獲得醫學學位，在麻州精神衛生中心接受精神科住院醫師培訓，並在1958年回到哈佛大學獲得心理學博士學位。他在賓夕法尼亞大學擔任精神病學和心理學教授長達32年，於1996年退休成為名譽教授。除了在我們理解暗示對記憶的影響上有重大貢獻之外，奧恩博士還因其在生物反應、疼痛管理、睡眠障礙以及需求特徵在催眠研究中的角

色之卓越分析而廣受推崇。他對於催眠發生的社交背景有遠大貢獻。他是多產的作家，發表了數百篇科學論文，其中許多在本書中被引用並應視為必要閱讀。奧恩博士還擔任《國際臨床與實驗催眠雜誌》（*International Journal of Clinical and Experimental Hypnosis*）的編輯長達30年。他對鼓勵研究心理與身體健康和情感福祉的關係深感興趣，後來他建立了非營利機構——實驗精神病學研究基金會，並擔任執行長，直到他去世前因身體健康狀況衰退而無法繼續。

奧恩博士的專業領域在於人們受到暗示影響，甚至在威逼下會有記憶扭曲的現象，這使他成為很多著名案件以及罪大惡極的刑事案件裡的專家證人。其中包括1981年肯尼斯·比安奇（Kenneth Bianchi）的審判，前保安人員比安奇自稱是所謂的「山坡殺手」，曾在20世紀70年代末殺害五名婦女。比安奇聲稱自己患有多重人格障礙，但奧恩博士能夠巧妙地向法院證明這個多重人格身分是虛構的，並且讓法院滿意。奧恩博士還是轟動的派蒂·赫斯特（Patty Hearst）案的專家證人。赫斯特是個有錢人的繼承人，在被激進團體「復仇聯盟」綁架並關押後，於1974年參與了一起銀行搶劫案。奧恩博士證實了赫斯特是被迫參與搶劫銀行，並借助他對誘導特徵和易感性現象的深入了解，說明了精神控制的可能性。

1990年代中期出現虛假記憶的爭議時，奧恩博士的研究再次引起關注。他揭露了一些心理治療師不幸地鼓勵了「導致虛假記憶」的方法——製造虛假的童年性虐待記憶。奧恩博士利用自己的權威，在他工作的最後幾年裡強調他在哈佛大學本科時所發表的第一篇論文中提到的觀點：年齡回溯的成年人並沒有真正重溫他們的童年，而是透過成年人的理解和觀點來回憶。

奧恩博士一生的成就在很多方面塑造了現代催眠的實踐。下面引用他的文字可以讓你一窺這位偉人的見解。

關於催眠中的暗示性現實：「催眠的重要特徵之一是潛在的可能

性，讓（受試者）主觀地體驗環境中被暗示但不符合現實的變化。」
（Orne, 1959, p. 297）

　　關於人類研究的「需求特徵」：「典型的實驗者－受測者關係中，尤其引人注目的是受測者在何種程度上都會扮演自己的角色，並將自己置於實驗者的控制之下。一旦受測者同意參與心理實驗，他會默許地根據要求執行各種極其廣泛的活動，不必詳細了解其目的，有時甚至不必了解其持續時間。此外，受測者同意在必要時容忍相當程度的不適——無聊或實際疼痛。實驗者可以要求受測者進行實驗，而這基本上都是合法的。這是一句咒語：『這是一項實驗』，並且雙方共同假設受測者的所有行為都有合法目的。」（Orne, 1962a, p. 777）

　　關於治療師受到誤導時，對個案可能造成的潛在傷害：「使用催眠治療的治療師，像其他治療師一樣，會努力與患者的健康願望和志向結盟，但當然也可能有受困擾的治療師與患者的破壞性人格特質結盟，因而促進破壞性行為。」（Orne, 1972, pp. 113-114）

　　關於因為渴望去幫助別人而導致盲目：「我們應該於心中謹記，心理學家和精神科醫生並不十分擅長識別欺騙行為。一般而言，我們會假設在治療的社交情境下，個案不會欺騙我們；同樣地，在大多數治療情境下，我們不會關注欺騙這個議題，因為我們認為要從個案的角度來看世界，這有助於治療師最終幫助個案看見更多樣的現實。」（Orne, 1979, p. 334）

　　關於更詳細的記憶不一定是更準確的記憶：「通常，年齡回溯的個案會自發地闡述大量細節，這些細節顯然只有親眼目睹事件發生才能被揭示出來。正是這些細節令資深治療師感到最有說服力，有時會使他們作證自己確信個案真的處於回溯狀態。然而，醫生很少有時間、精力或需要去確定某個人描述的童年、多年前發生的事件其準確性。不幸的是，若沒有客觀詳細的驗證，醫生相信了在催眠狀態下帶出的記憶其歷史準確性一事，有可能是錯誤的。」（Orne, 1979, p. 316）

關於催眠與法院：「由於一般人普遍相信理性判斷力下降時，透過催眠或藥物可以獲得可靠的真實訊息，因此很自然地，人們嘗試在法庭引入催眠證詞，這成為被告向陪審團證明自己無罪的方法。然而，法院認為催眠證詞不可靠，不能作為確定事實訊息的手段，並適當地拒絕了這兩種技術。」(Orne, 1979, p. 313)

催眠的有效性與個案可被催眠能力的相關性：「有大量臨床證據顯示，個案可被催眠的能力與治療療效無關……這並不意味著個案的改變一定要採用相同的催眠過程，或是取決於個案的可被催眠能力。在某些情況下，催眠治療效果可以歸因於治療的非特定因素，但治療效果可能同樣顯著……催眠過程甚至對於催眠能力較低的個案都可能產生重要影響，特別是有些反應不需要非凡的催眠天賦。」(Orne, Whitehouse, Dinges, & Orne, 1996, p. 355)

關於可被催眠性與治療反應的對照：「很有可能高度可被催眠性並不與治療暗示的高反應度成正比。這一點可以由一種長期以來令人困惑的現象來說明：就算是『輕度催眠狀態』也足以產生治療療效的行為轉變。」(Orne, 1966, p. 725)

心理治療基礎科學的發展建立：「臨床醫學有時被認為是在沒有足夠知識的情況下，做出正確決策的藝術。雖然優秀的臨床醫生經常憑直覺超越所知道的，但整個醫學領域的有效性仍然取決於科學知識。為了在心理治療的背景下闡明科學與藝術的關係，我要求我的住院醫師想像他們需要切除膽囊，並可以在希波克拉底、帕雷（Paré）、比爾羅斯（Billroth）或某位來自二流醫學院的二流外科住院醫師中，選擇他們要想像的外科醫生。然後我讓他們將此舉與選擇心理治療師對比，從希波克拉底、拉什（Rush）、佛洛伊德、阿德勒或二流醫學院的二流精神科醫師中選擇。不用說，對於膽囊手術，他們的選擇總是支持當今醫學。然而，他們對心理治療師的選擇很少支持當代實踐。

> 「在所有的醫療專業中，偉大的治療師比普通的治療師更受歡迎。儘管如此，衡量是否真正了解了某個領域的標準，在於今天的侏儒是否能夠站在昨日的巨人肩膀上，從而比過去的偉大治療師更加有效。雖然藝術的作用在所有醫療專業中可能仍然很重要，我們可以公平地詢問，為什麼心理治療（畢竟被描述為和人類自身一樣古老）沒有發展出容易傳授的積累知識體系，以確保其治療師的平均能力？」
> （Orne, 1975, pp. 3-4）

◆ 未能適當地重新警示

正如精神科醫生和催眠專家理查・克魯夫特（Richard Kluft）博士所說，「絕大多數的催眠狀態都會正常開始和結束」（2012d, p. 142）。然而，卻存在「暴走催眠狀態」。他將其定義為「儘管有重新覺察的努力，催眠狀態仍然持續並產生自我生命力」（2012d, p. 143）。克魯夫特提供了十多種技術來處理那些儘管已有暗示但無法完全重新定向的情況。這些包括他所稱的三個「關鍵元素」，可以有效應對：

> （a）重新檢視引起崩潰催眠狀態的催眠引導方法；（b）去除可能有害的被動因素，並用謹慎的直接治療取代；（c）引導一個救援催眠狀態，用來抓住崩潰催眠狀態。（救援催眠狀態是將個案帶到足夠深的催眠狀態裡，以找到崩潰催眠狀態的源頭。當我們把個案從救援催眠狀態喚醒時，也同時解除了個案的崩潰催眠狀態。）
>
> （2012d, p. 143）

在你引導催眠個案結束催眠療程之前，讓他們完全重新適應和清醒是至關重要的。如果你希望使用正式的工具來幫助你做到這一點，精神科醫生海蒂・霍華德（Hedy Howard）博士開發了一種稱為霍華德清醒度量表的工具，你可能會發現它很有用（Howard, 2017）。

◆ 無法去除暗示

學習催眠的新手學生常跟我說的一個普遍擔憂是無法去除暗示。在做催眠時，有很多事情可以占據你的思維，即制定有意義的建議，同時密切觀察和利用個案的反應，那麼如果你忘記去除暗示會發生什麼？你的個案會無限期地保持年齡回溯狀態嗎？你的個案會一直麻醉並過著「舒服麻木」的生活嗎？我的回答是：雖然不是不可能，但基本上不可能。

未能去除暗示是合理的擔憂嗎？雖然這很少見，但在催眠結束之後，可能會有延遲或隱藏效果出現（Damaser, Whitehouse, Orne, Orne, & Dinges, 2010; Takaishi, 2011; Whitehouse, Orne, & Dinges, 2010）。因此，如果你要向個案提出的建議是暫時性的，那就要明確清楚地跟個案說，它們是暫時性的效果。

安德烈·魏岑霍夫清楚地描述了這個問題，他寫道：

很少有人注意到，對暗示的回應不被允許完成或被阻止時，可能會產生潛在的效應，並在未來某個時候意外地呈現。更進一步，個案通常認為如果催眠後沒有立即效果產生，這表明催眠暗示沒有效，這也可能是非常錯誤的結論。相關的療效可能在未來某個時間點出現，雖然這可能不是經常發生的事情，但確實發生過。出於這個原因，我會終止或取消任何暗示，我不覺得會有能持續療效的暗示。

（2000, pp. 53-54）

魏岑霍夫承認，暗示超出需要時間的情況很少見，但是他建議有意地取消暗示是明智的。為什麼催眠反應通常是暫時的？因為它們是「特殊狀態」（Rossi, 1996, 2002）。換言之，只有當人處於催眠狀態時，這些反應才有效。催眠所產生的反應很少或根本沒有延續到個案的「清醒」狀態，除非有暗示個案要這樣做。因此，如果你在催眠過程結束時忘記刪除給予的暗示，這些暗示很可能會在解除催眠時自動消失。

如果例外出現，即個案持續體驗到暗示的效果，且並不是催眠後暗示所刻意植入的，那麼這個暗示可能對於個案有特殊意義。我們可以再次做催眠引導，找到這個暗示的重要性。個案可以重新被催眠，然後以適當的方式解除暗示。

法律上的考量，尤其是知情同意書

近年來，醫療保健提供者的氛圍正在經歷明顯的轉變。因為針對各種醫療保健提供者的醫療訴訟逐年增加，因而產生許多變革。醫療事故訴訟、備受關注的道德失範，甚至醫務人員犯罪行為的起訴都可能透過媒體而引起公眾關注。同時，網路提供了機會，讓人可以透過誇大的主張和錯誤訊息，來煽動更高、更不現實的期望——迅速治療身體的任何問題。不幸的是，這也增加了失望的機率。並非每個被起訴的醫療保健專業人士都應該被起訴。

一般來說，管理倫理責任的臨床實踐其相關法律指導完全適用於催眠的使用（Nagy, 2017）。儘管是否應將催眠視為獨立的治療方法存在爭議，但所有相關方都同意它至少是應該被所有治療師小心使用的治療工具。

在臨床醫療中使用催眠治療可能涉及其他潛在的法律責任，你必須意識到這一點。在壓抑記憶／虛假記憶的爭議之後，這些問題尤其引人注目。許多訴訟建立了法律先例，規定了處理與記憶相關問題時應如何使用催眠。但是，在法律領域中還存在其他涉及催眠的問題，包括誰應該被允許可以做催眠、什麼構成了不當行為等等。此外，不同的醫療保險公司在看待催眠是否為專業治療手段這件事上有很大的差異。有些需要額外的責任保險，而有些則不需要。在美國，有些人會要求你在做催眠之前必須經過 ASCH 或 SCEH 的認證，而有些人則沒有。健康保險提供商在明顯涉及催眠時的支付時間表也有所不同。最好查看你所簽約的各個保險給付公司的要求、法規、指導方針等等。還有，與你的專業協會代表律師談談，了解在你提供臨床服務的州或地區實踐催眠的法律問題，這會是個好主意。

◆ 知情同意書是必要的

在醫療體系中，知情同意書是每個患者接受治療時都要簽署的。患者必須在知情同意下進行治療。知情同意書賦予患者與醫生合作的權利，身為知情參與者來進行對自己的治療。醫生必須向患者診斷、解釋可用的治療選項，提供成功治療之機率的有用數據。為了幫助引導病患做出選擇，甚至要

解釋給病患聽，如果不接受治療可能產生的後果。

在心理治療的情境下，醫學上的知情同意書模式是否適用？答案是肯定的……但要注意，治療師應該提供多少訊息才不會影響其治療的自發性和情感力量？例如，你能想像嗎？告訴個案：「我將提供一個不合理的治療，以間接鼓勵你採取與我所描述的相反立場，因為那真的是我想讓你採取的立場！」儘管心理治療的知情同意書顯然不像醫療情境裡那樣好用，但它仍然是個不可爭議的事實，即人們想要被告知，當他們被告知時，他們會做得更好。出於這些原因，知情同意在心理治療和醫學上都是法律要求。

催眠在知情同意書這件事上有一些漏洞。本節將特別描述其中一個重要的漏洞，它涉及到司法領域中所謂的「本質排除規則」，即透過催眠所獲得的證人證詞（Giannelli, 1995）。美國許多法院採用了該規則，排除了任何被催眠過的證人（被告除外）證詞。法院在很大程度上依賴催眠專家的證詞，專家明確表示，催眠影響下的證人證詞本質上是不可靠的，因此應禁止當作證據提出。

這是個不幸和誇張的反應：透過催眠獲得的訊息可能是不可靠的，但它並不是全然不可靠。更審慎的法庭認為，催眠與任何其他獲得訊息的方式一樣：也許它完全正確，部分正確，部分錯誤或完全錯誤，需要透過其他訊息來評估其價值。

如果本質排除規則在你所在的州是有效的，它會如何影響你做治療？請考慮以下現實情況：一名女性受到襲擊且被嚴重打傷，她尋求治療來緩解創傷後壓力症狀。治療師出於最好的意圖，使用催眠來減輕她的痛苦並推動康復。治療師既不知道也忘記了她所在的州的本質排除規則，也不知道襲擊者已被抓住，該女性不得不從嫌疑人中挑選出他，然後以證人身分出庭作證指控他。你可能已猜到接下來會發生什麼。當辯護律師發現她因治療後的症狀被催眠過，他會基於證據的不可接受性提出撤訴。她無法作證，案件終止。（事實上並非如此，因為同一個案有可能會起訴治療師，聲稱沒有提供知情同意書來告訴她，進行催眠治療後她將無法起訴加害者。）

在治療領域中，告知潛在的催眠記憶失真問題仍然具有爭議，並且僅突顯了被壓抑的記憶／虛假記憶之爭留下的混亂（Dasse, Elkins & Weaver, 2015a;

Frischholz, 2001; Hammond, Scheflin, & Vermetten, 2001; Lynn, 2001; Spiegel, 2001）。
治療師有責任提供個案簽署書面知情同意書，這個同意書說明了個案知道治療師會做催眠，以避免之後的法律糾紛，書面資料也會提到可能的回憶問題，以及法律上關於催眠的效用承認與否。ASCH 有段時間積極鼓勵其成員使用知情同意書，有些人認為這是個好主意，但有些人認為這是沒必要的警告並可能產生反效果。因此，有些人使用知情同意書，而有些人則沒有。

知情同意書表示治療師必須告知個案可選擇的治療方案、治療師打算提供的治療其科學價值、選擇的治療可能產生的不良後果，以及不接受治療的可能後果（Nagy, 2011, 2017; Scheflin, 2001）。儘管法律並沒有要求，但越來越多治療師會主動告知個案關於催眠過程的研究成果證據，這對治療有幫助。

◆ 線上治療和催眠

由於電腦在我們生活中無處不在，心理治療成為了網路服務，這並不令人驚訝。這種治療方式被稱為線上治療、網路心理治療、網路諮詢、網上醫療、遠距行為健康、遠距精神醫學和遠距心理學。包括催眠在內的網路治療方式迅速增加，這也帶來了新的挑戰、法律條款和新的對應道德規範。

基於網路的治療可以由任何希望宣傳服務的網站提供，消費者要如何選擇與哪些人合作？當治療師和個案處於不同州甚至不同國家時，哪些法律會生效？治療的進行方式如何？如何評估能力？如何維護個案隱私？如何做記錄保存？有關透過網路進行治療的問題突顯了這一切都還很新，我們「邊學邊做」（Kotsopoulou, Melis, Koutsompou, & Karasarlidou, 2015）。

在網路上做催眠是怎麼樣？它真的有效嗎？如果你與個案之前已經建立關係並且進行了「面對面」催眠（即在同一個房間中），那麼這可以輕鬆地成為進一步透過網路進行有效催眠的基礎。請注意，你必須使用 HIPAA 合規平臺來保護個案隱私（在撰寫本文時，Skype 不是 HIPAA 合規平臺，但 Vsee 還有其他平臺是）。與之前從未見過的人在網路上進行催眠更具挑戰性，但有專業人士定期這樣做並報告成功而且幾乎沒有困難。網路可以進行良好的臨床訪談、建立意義，和完成有效治療必需的所有其他事情，但它確實需要

更加敏感地注意到，不在同一個房間而失去或減少的諸多事物。擁有個案附近的緊急聯繫人的電話號碼是個重要的預防措施，能夠以防萬一——例如，如果個案有自殺傾向（Kotsopoulou et al., 2015）。

基於各種原因，你可能會想為你的個案做一些催眠錄音。這些錄音可以對個案做重要的教導提醒，使之重新聚焦於目標，並幫助他們繼續在成長的道路上積極向前；這些錄音也可以提供好機會讓個案靜下心來，放鬆身心並減輕壓力等等。但發送這些錄音需要注意一些細節，以符合 HIPAA 的規格要求，並要特別注意確保個案下載到電腦的任何內容不會被其他人找到。ASCH 網站（www.asch.net）有個關於在網路上提供催眠錄音的附加指南。

在網路上治療居住在不同州（即地理區域）的人呢？對於醫生來說，法律規定你必須在患者居住的州取得執照。對於其他人而言，答案則更加模糊：有些州要求你必須在個案所居住的州取得執照，有些州則要求你必須在提供治療的州取得執照。建議你查看相關州的法律規定。

你在使用社交媒體方面如何？使用社交媒體平臺與使用催眠之間有許多要考慮的因素，這自然與你身為治療師的工作相對應。臨床社工托比·高德福斯（Tobi Goldfus）在其經典著作《從現實生活到網路空間（再回到現實生活）》（*From Real Life To Cyberspace (and Back Again)*, 2017）中，探討了這些棘手的問題。她描述在這個數位時代中設定和維持界限的困難，任何人想要了解你的任何事情都可以在幾分鐘內上網找到，包括你不希望個案知道的事情。

幾乎每個專業學會（例如美國醫學會、美國心理學會、美國諮商學會、美國精神醫學學會等等）都發布了關於基於網路提供服務的具體指導方針。查看你的所屬學會所發布的指南，將有助於你了解法律和臨床執業道德的規範。

道德規範

進行治療過程中出現的倫理問題，可能會讓人感到困惑和焦慮。有時，倫理問題非常明確，該如何處理也同樣清晰明瞭。但是，有時候這個問題卻很棘手，而要找到應對方法並不那麼容易。擁有自己信任的同行並與他們溝

通交流，以及接觸熟悉法律的律師或其他專業人員的幫助，無疑會對解決問題有所幫助。

人們可能會將道德問題看作兩極化的極端。比如最近進行的一項研究，對來自英國和美國的受訪者進行了一項調查。受訪者被問及在不道德的情況下，在人們心中種植假記憶以激發他們健康行為的倫理問題（Nash, Berkowitz, & Roche, 2016）。受訪者被要求評估這種「虛假記憶療法」是否符合道德原則。一些受訪者對植入虛假記憶的潛在可能性感到恐懼，即使目的是幫助他們（「正當目的不能合理化不道德的手段」），而有些人則認為這是個好主意（「有達到目的，方法就沒問題」）！如果有一種技術可以幫助人們並涉及欺騙，我們應該使用它嗎？醫生比人們意識到的更經常使用安慰劑來提供緩解。這是否道德或不道德？

關於其他更具爭議性的催眠使用方式，比如虛擬胃圍術以「說服病患手術已經成功完成」來讓人們少吃控制體重（Greetham et al., 2016, p. 423）；或是創造假記憶，透過前世回溯療法創造虛構身分（Pyun, 2015），其手段的合理性取決於目的？你會如何做決定？

醫學博士埃爾維拉・朗是放射科醫師、前哈佛醫學院放射學副教授，也是一位催眠專家，她開發了名為「舒適對話」的催眠過程，目的是當患者住院或接受侵入性或不適的治療過程中，用催眠來減輕患者的痛苦。朗博士經常培訓護理人員和其他「一線」工作人員使用催眠般的安撫語言，幫助患者變得更加舒適，並最終體驗到更高品質的治療滿意度。最近，朗醫生在一篇引人深思的文章中，強調了在治療過程中使用暗示性語言所涉及的一些倫理困境（Lang, 2017b）。當醫生說「這會很痛」時，這是否是道德的？因為這是真實的；但這可能是不道德的？因為醫師錯過了安撫病患的機會，「你可以感覺很舒適」。如果醫生說「這不會痛」，那麼當醫生撒謊因為他或她知道會痛時，這是不道德的嗎？還是說這是道德的，因為在不舒適的治療過程中提供了可能的舒適？界限並不是那麼明顯。治療師面臨的困境真實存在，並帶有嚴重的影響。因此，所有治療師都必須仔細審查倫理問題和既定規範。

一些建議的指導方針

上述對使用催眠可能出現的合法和道德困難的描述，讓我們知道有必要接受正規教育，了解人類行為的互動、身心相互作用的模式、治療各種臨床情況的複雜性，並深刻地了解自己的問題、需求和動機，知道自己在為他人提供治療方面的限制。需要再次強調的是，法律和道德問題通常只有當某人跨越了他們不知道的界限，或碰到不方便之處時才會出現。在美國擁有許可及合格的臨床醫生之專業學會，以及據我所知包括國際上的協會，都有其道德規範。許多非專業學會也會向其會員提供道德規範。道德規範詳細規定什麼行為是適當和不適當的，每個人都有責任了解和遵守自己行業的規矩。

我假設你是個助人專業的工作者，並且你希望個案得到最好的幫助。因此，我也認為你在這裡學到的對人類本性的理解，和人際影響的能力，將以仁慈甚至高貴的方式加以利用。為了在這方面提供一些幫助，我將在這裡提供幾個基本的道德規範：

1. 第一優先是對人有幫助，而不是傷害人。如果你覺得無論出於何種原因，無法與所面對的人或問題很好地合作，那麼要誠實地評估是否最好將該個案轉介到其他地方，並在適當時候這樣做。在確定治療結果方面，幾乎沒有比治療聯盟更重要的因素。
2. 專業人士的責任是教育而非炫耀。催眠既可用於炫技，也可用於教育。我真誠地希望你學習和促進的催眠現象只用於適當的臨床或教育場合。
3. 我希望你能夠區分個人興趣和你選擇教導個案的內容。你可能對某個領域充滿熱情，但仍然要意識到你的興趣並不與你所幫助的個案有關，因此不應該把那個興趣介入治療當中。
4. 與你的個案建立盡可能清晰的關係，包括治療性質、持續時間、費用、期望、評估點等。讓個案參與並進行教育幾乎肯定會導致更好、更有成效的治療聯盟，並且還會滿足知情同意治療的法律要求（Nagy, 2011, 2017）。

5. 不要超越你的專業範圍或謊稱自己的身分。人類問題非常複雜，不能簡化為一段話。如果你覺得自己在面對某個問題無能為力時，請將該個案轉介給另一個更能滿足他或她需求的人。與同事討論案例、繼續更新訊息，以及進行同儕督導可能有助於你保持界限清晰。

6. 提供錯誤訊息和／或使用間接技巧有時被認為是最好的治療方法。但要小心——這些方法可以幫助個案，但也可能產生不良反應。你的治療策略應深思熟慮，並採取一切必要步驟來防止不良影響，隨時準備好應對。換句話說，要有所準備！

7. 始終在適當的時機點尋找合適的專業健康專家意見。處理身體症狀方面，例如除非你是醫生，不然你在做醫學問題催眠時，應該獲得醫師轉介，並了解身體問題和醫學問題，才可以幫個案解決身體問題。在沒有醫療執照或缺乏進階臨床培訓、知識和督導的情況下做身體醫療（心理學、營養學等）是不合法、不道德，並且是不負責任的。

我們需要考量許多因素，才能進行有能力勝任、合法具有道德的臨床催眠治療。治療師通常是有良好意願的人，希望能與個案進行最高品質的治療工作，但當他們低估所處理的問題之複雜性、不知道某種特定問題或治療方法的危險性，或高估自己的能力時，有時會陷入麻煩。

總結

本章介紹的問題和方法在本書中排名前列，它們是最重要的。我希望它們能夠讓你對負責任的催眠治療所涉及的複雜問題產生敏感性，並為你提供一些適當的指導原則，以便更好地面對這些問題。

用催眠做治療是啟發人們內在資源的方式之一，但並非有很多奇蹟可言。只有很好地告知與很好地設計治療方法，最終才有效。

1. 你認為進行催眠治療必須具備哪些資格條件？你會如何將其作為該領域的標準，又會如何執行？

2. 在什麼情況下一個人「懂得足夠多，卻反而是危險的事」？為什麼這樣的人很難看到自己的問題？

3. 你是否曾經歷過突然強烈的情感反應，似乎是莫名其妙出現的？如果有的話，是在什麼情況下？是什麼因素造成了這種情況？對你有什麼後果？

4. 你可以採取哪些措施在你的案件中「未雨綢繆」？

5. 你意識到「合法」和「道德」之間的區別了嗎？對你個人來說，如何劃分這個界線？

6. 你認為總體來說，好的結果就能正當化所使用的手段嗎？為什麼可以或為什麼不可以？

1. 採訪一些傳統取向的心理學家和精神科醫生，詢問他們對於催眠治療中的危險有哪些看法。你是否認為他們的回答反映了當前的知識水平？為什麼？

2. 發展強大的轉介名單，列出盡可能多個領域的有效專業人士。直接聯繫這些專業人士，確保你知道何時需轉介給他們，及他們提供的治療系統是什麼。

3. 以個人來說，或者最好是作為一個團體，根據每個團體成員所提供的案例來創建特定的倫理指導方針清單。

4. 與其他治療師討論他們在實踐中如何處理知情同意書問題，以及這如何影響治療過程。

5. 在你的州（或國家）諮詢有催眠專業知識的律師，並了解與使用催眠相關的當地法律問題。

6. 與尊敬的同儕創建一個諮詢小組，定期一起審查案例，幫助彼此保持在「正確軌道上」。

第二部

催眠實踐

在臨床實踐中培養技巧與藝術性

希望你現在已經建立了堅實的概念框架,了解如何運用
催眠治療。本書的其餘部分會著重介紹實用技能和實際
應用的催眠操作,供你整合到治療計畫中。

第 11 章

組織暗示：
產生有意圖的語言

建議某個人應該（或不應該）去特定的餐館吃飯或是看一場特定的電影，是常見的人際互動方式。儘管很普遍，但這種人際互動仍然可以很好地詮釋暗示的本質。當你在做任何一種類型的推薦時，你也同時和別人分享了你所經歷的經驗，或你所持有的觀點或信念。舉例來說，基於你對餐館的描述，你談話的對象會對你的體驗形成內在表徵，或許是生動地想像這個餐館看上去怎麼樣、氛圍如何、服務如何、食物的擺盤如何、滋味如何等等。如果這個表徵足夠正向，那麼就可能引起他的興趣，也去那裡直接體驗一下類似的感受。顯然你並沒有命令他們去餐館──你只是暗示一種可能性。

暗示在我們的生活中無處不在。我們不斷被暗示買這種產品，到那個度假勝地旅行，嘗試這家餐廳，看那部電影等等。但是，雖然在催眠中形成並傳遞暗示，與這些更「日常」的暗示有一些共同特點，但卻有所不同，這主要是由於提供暗示的意圖和背景不同。當你進行臨床催眠對話時，你和你的

個案共同創造了這個共享的「意向」。「治療性氛圍」中，個案可以賦予暗示更多的關注、相關性和影響力。就像你所學到的，力量不僅僅在於你的話語或暗示，而是個案激發你的話語並將其用作新的理解或認知的基礎，這可能帶來有意義的變化。

催眠溝通的力量，即是吸引人們的注意力並引導他們體驗某種可能性的溝通。當你的暗示成為催化劑，以目標導向的方式，組織和使用越多個案的內部資源（無論是有意識還是無意識）時，越會有明顯的效果。若處於催眠中的個案注意力集中，更能在體驗層面和多種維度上對暗示做出反應。

你提供的暗示品質在促進專注和提升體驗層面的反應上是否具有重要的作用呢？是的，絕對是的，臨床和實驗證據都證實了這一點（Barabasz & Barabasz, 2016, 2017; Barabasz et al., 1999; Gafner & Benson, 2003; Godot, 2017）。在本章中，我將討論暗示的結構和風格，這些代表了催眠溝通的基本組成部分。

暗示是不可避免的，但無法保證它們被吸收

有效能的治療師其能力在於是否能夠以個案可以接受和使用的方式來構建暗示。只是實施催眠引導並不足以建立這種接受度。事實上，有研究表明，催眠引導的價值更多的是在表現出儀式，而非實際促進催眠的手段（Kirsch, 2011; Lynn, Maxwell, & Green, 2017; Reid, 2016b）。同樣，個案在催眠時有深刻體驗並不意味著他們將接受所給予的暗示，即使這些暗示明顯符合其最佳利益。任何暗示都可以被接受或拒絕，無論是在催眠過程中還是不在催眠過程中。正如你所學到的，許多個人的、人際和情境因素最終共同決定了一個人對暗示反應結果的品質。有許多不同的方法來向某人傳達想法，因此治療師的任務是選擇組織和傳遞暗示的方式，讓它有最大的可能性被個案接受。

暗示的結構和風格：催眠溝通的特點

暗示在結構上是動態的，而非靜止。彼此之間的差異可以同時反映在許多不同的參數上。在臨床治療中，你所有的暗示不可能僅僅屬於一個類

型。相反，當你向某人提出暗示時，會在暗示結構和風格的特定連續軸上下移動。

這些連續體是什麼？在暗示的第一個連續體上，我們有從正向到負向的暗示。在第二個連續體上，我們有占據兩極的直接和間接的暗示。在第三個連續體上，我們有過程和內容的暗示。在第四個也是最後一個連續體上，它描述了暗示呈現方式的特點，我們可以從許可式變化到權威式。另一個相關但獨立的類別是催眠後暗示，這也是臨床干預中至關重要和討論頗多的部分。表11.1總結了暗示的結構和風格。

讓我們逐一討論暗示的每一種結構和風格。

表11.1 暗示的結構和風格：一般結構

正向暗示	你可以做（體驗）X。
負向暗示	你不能做 X。
直接暗示	你可以做 X（體驗）。
間接暗示	我知道曾經有一個人做過 X（經歷）。
內容暗示	你可以體驗到這個特定的〔感覺、記憶等等〕。
過程暗示	你可以擁有特定的經驗。
權威式風格	你將要做 X。
許可式風格	你可以做 X。
催眠後暗示	稍後，當你處於 A 狀況時，你就可以做 X。

◆ 正向暗示

正向暗示是最常見、簡單、有用的暗示結構類型。正向暗示是支持和鼓勵性的，它的措辭方式給個案傳達了這樣一個觀點：他或她可以體驗或完成一些讓他們感到滿意的事情。正向暗示的一般結構是：「你可以做 X。」你會注意到，這也屬於許可式的暗示。由於詞語會喚起頭腦中出現該詞語象徵所代表的體驗，所以構建正向暗示的目的是去創造理想反應。以下暗示同時具有正向和許可式暗示的結構，我在暗示最後的括號中寫出了那個正向意圖為何：

- 每一次呼吸都能讓你感覺更舒服。（加深）
- 你可以回憶起童年時感到自豪的時光。（年齡回歸）
- 你可以發現自己不曾意識到的內在力量。（建立資源）
- 你可以感受到放鬆的感覺有多好。（加深）
- 你可能會感覺到雙手有種溫暖、舒服的感覺。（感官變化）

這些例子是對個案的正向暗示，關於他或她所能體驗到的事物。這些暗示的目的是為了賦能，為個案創造正向體驗，而不去提出任何可能會引發阻抗的要求。擴大可能、有意義和有幫助的方面，是正向暗示的基礎。

◆ 負向暗示

如果巧妙地使用，負向暗示利用的是「反向心理學」的方法。負向暗示可能會透過暗示人們不以期望的方式做出回應來實現。負向暗示的一般結構是：「你不能（或不應該）做 X。」告訴人們不要做什麼，他或她仍然需要處理和解釋你說的話，而在處理和解釋的過程中，各種主觀聯想會不可避免地浮現出來。

以下是負向暗示的例子。當你慢慢地閱讀每一個例子時，留意你的內在體驗。
- 不要去想你最喜歡的顏色。
- 不要去猜想現在可能幾點了。
- 不要注意你腿部的感覺。
- 不要去想你高中時代的戀人。
- 不要去注意你身邊哪個朋友最拜金。

你是否發現自己正在注意那些被暗示不要注意的事情？如果是，為什麼？先前你學到人們需要把你的話語與內在經驗聯繫在一起，以便理解你的暗示含義，否則他們只是聽到從你嘴裡發出的聲音。這就是為什麼如果我告訴你不要注意你的左耳，幾乎可以保證你會注意到你的左耳。你必須先解釋

「左耳」的含義，然後才能對此否定暗示做出反應。

很不幸的是，有時治療師會出於無知，在不經意間使用了負面暗示，導致不必要的反應，而治療師也困惑不已，不知是哪裡出了問題。如果治療師以極大的誠意以及希望能安撫個案的正向意圖說：「不要擔心，你什麼也做不了，所以你不去想它就行了。」個案很可能仍然會擔心並思考「它」。如果你說「不要注意疼痛」，你的個案自然會注意到疼痛。如果律師對陪審團說：「請不要考慮我的當事人所犯下的可怕罪行，相反，把他視為一個害怕、困惑的人來看待。」那麼陪審團很可能會回憶起當事人所有令人噁心的罪行細節和他們對此的感受。不加選擇地使用負面暗示所帶來的意外結果，可能導致只需要半句話的時間就讓之前花費相當長時間的努力都付之東流。所以請謹慎使用。

如何有意地使用負面暗示來促進催眠體驗呢？透過暗示個案不要做你實際上希望他或她做的事情（前提是你面對合適的個案和合適的情境，這些都能保證這種做法是合理的），你鋪平了一條道路，讓個案以合作的方式來做出反應。例如，如果我對我的個案說：「當你聽我講話時，不要讓呼吸變慢，否則你的肌肉可能會放鬆。」此時個案可以讓呼吸變慢和肌肉放鬆來做出反應，這是催眠開始的正向反應，或者他或她可以繼續保持當前狀態，實際上是服從暗示的字面意義，即表現出合作反應。因此，個案產生的任何響應都是直接或間接的合作反應。

其他可能包括負向暗示的例子，例如：
• 絕對不要考慮可能有正面解決這個問題的方式。
• 你沒有理由去考慮這件事情結束後的好處有多大。
• 還沒有確定想要感覺更好之前，不要以舒適的方式坐著。

負向暗示是種「捷徑」，可以繞過阻抗，讓個案被負向訊息吸引的同時要求他們以間接方式做出積極回應。對於那些習慣性消極的個案，即當你說「日」時，他們會反射性地說「夜」的個案，這可能是以他們的參考框架來認識他們的一種方式。個案的典型反應是逐漸忽略負面因素並對隱含的正向暗

示做出回應。最終，當個案更加積極地回應時，你可以過渡到以提出正面暗示為主。

◆ 直接暗示

　　直接暗示是明確且清晰地處理手頭問題或特定的期望回應。直接暗示向個案提供具體的應對指導，因此，它們不以微妙著稱。直接暗示的一般結構是：「你可以做 X。」根據你具體的用詞選擇，直接暗示的形式可以在這個一般結構內變化。

　　為了啟動催眠治療，治療師通常會讓個案閉上眼睛。如果治療師選擇直接的閉眼方法，可能會提供以下任何一種直接暗示：

- 閉上你的眼睛。
- 請閉上你的雙眼。
- 你可以閉上雙眼。
- 讓你的眼睛閉上。
- 我希望你現在閉上眼睛。

　　每一個暗示都直接關聯到讓個案閉眼睛這一特定反應。治療師要求個案做什麼是清楚明白的。透過改變內容（即相關細節），相同的直接暗示結構可以用於暗示幾乎任何所需要的反應。以下是一些例子，所需的反應標示在括號內：

- 你可以回憶起你第一次去參加學校舞會的時光。（年齡回溯）
- 我希望你讓你的手臂毫不費力地抬起，變得沒有任何重量。（感官改變和手臂懸浮）
- 在接下來的幾秒鐘內，你可以讓你的手麻木。（麻醉）
- 現在可以將每一分鐘都視為一個小時去體驗。（時間扭曲）

這些例子中所需的反應是明顯的，因為暗示直接要求這樣做。隨後，可以提供額外的直接暗示——提供實現暗示反應的具體手段或策略：

- 想像你在一臺時光機裡，它將帶你回到第一次學校舞會的情景。
- 你可以感覺到你的手臂被綁在一個大型氫氣球上，飄浮了起來。
- 記得在牙醫診所打痛感鎮靜劑時，你的牙齦會有刺痛感嗎？現在你可以在手上感受到同樣愉悅的麻木感。
- 當你在等待特別的事情時，時間過得非常緩慢，現在你可以注意到時間的指針移動得非常緩慢。

很多治療師幾乎完全只用直接暗示。對於一些人來說，這是因為他們接受培訓的方式，也因為這也是他們最熟悉的方法。其他人即使認為變換溝通方式可能有益，仍然難以發展所需的靈活性。還有一些人認為之所以沒有演變出任何直接溝通以外的方式，是因為他們沒有看到其他方式更加有效的證據。在這個領域，某種暗示技術是否「優於」另一種技術仍然存在爭議，我將在本節直接探討這個問題。

培訓課程和提供標準化「制式化」腳本以面對一般問題的書籍通常採用直接方法。它們使用的暗示乃是對當前問題的正面攻擊。例如，如果個案表示希望減肥，直接取向或許會提供以下暗示：

你想減肥，而你會減肥。你會減肥似乎是無意的，因為你會發現自己對於吃什麼和什麼時候吃變得越來越挑剔。每當你想拿起不健康或不必要的食物，你立即會在你的頭腦中看到你達到理想體重的詳細圖像，這種感覺對你來說是如此美好和激勵，以至於你會發現選擇不暴飲暴食變得更加容易。你寧願減肥也不願意吃不健康的食物。你會對自己這一過程感到非常滿意，減肥變得越來越簡單，你會發現自己對食物的需求也越來越少。隨著體重減輕，你感到精力充沛，因此你也會想做更多運動，利用額外的精力讓自己更加健美和強壯……

這種直接的方法可能對某些人有效，也許對某些高度易受催眠和深受鼓舞的人有效。這並不是說這種直接的暗示不好、錯誤或注定失敗。實際上，對於想要減肥的人來說，他們必須按照暗示減少飲食和多運動。但是，這就相當於對抑鬱的人說：「振作起來！」這是正確的，但並不特別有效。對於大多數人來說，必須提供支持性而非命令式的暗示，並且需要採取更高度個性化的方法，認識到這個人的獨特性。直言告訴別人該做什麼並不能顯示出很高的臨床技能，也不表明對個案的智慧和創造力有多少尊重。人們通常已經知道自己需要做什麼，他們只是缺乏必要的內在資源才能實現它。事實是，你認為世上有哪個超重的人不知道要少吃多運動？最後，這種直接的方法並不像更具合作性的努力那樣，需要讓個案更參與到治療過程。因此，雖然直接暗示很有用，但熟悉和熟練掌握直接和間接方法，對於發展更廣泛、更靈活的臨床催眠實踐至關重要。

以下是直接暗示的簡要「成本效益」分析。直接暗示的優點包括：(1)直接涉及個案眼前要處理的問題，可能減輕個案對你處理問題能力的憂慮；(2)確保個案的目標明確可見；(3)透過積極的方式讓個案主動參與催眠過程；以及(4)他們身為解決此類問題之榜樣的能力，並制定有意識的解決問題策略，為未來出現的任何問題提供借鑑。

直接暗示的缺點包括：(1)過度依賴有意識的意願來遵循暗示，可能較少利用到潛意識資源；(2)更可能在處理個案問題時直接甚至粗魯，從而引發個案的反抗，對某些人可能是種威脅性的經驗；以及(3)將個案的角色定義為僅僅是遵循治療，而非治療的積極參與者（Lynn, Laurence, & Kirsch, 2015; Terhune & Cardeña, 2016; Yapko, 1983, 2018）。

了解使用直接暗示的優點和缺點，是做出明智決定的必要條件，以確定何時使用它們最有可能帶來成功的催眠體驗。

◆ **間接暗示**

間接暗示與當前問題或期望引起的反應有所關聯，但以隱蔽或至少不太明顯、不引人注目的方式進行。它們可能非常微妙，從而不會被個案完全覺

察到和分析。這些暗示與個案目前的問題或希望引起的反應沒有直接關係。相反，它們只是間接相關，因此需要個案找到相關性並理解它們的含義。間接暗示的一般結構是：「我認識一個經歷過（或做過）X 的人。」它被定義為間接，因為我不是在談論你，而是在談論別人。我談論的人可能表面上與個案的情況沒有任何關係，這使得它更成為間接方法。透過談論別人或其他情況，個案被間接地邀請做出反應。使用間接暗示可以讓個案在意識層面上想知道你在談論什麼。它們可能僅僅在意識層面上占據（娛樂、吸引、迷住）人們，但同時會產生潛意識的聯想，從而為改變鋪平道路。通常，個案正處於某種精神過程中，並試圖建立那些不直接明顯相關的事物之間的聯繫。可能會有一個「啊哈！」的時刻——某種洞見。

舉一個孩子的童話故事為簡單的例子：當你給孩子講「三隻小豬」的故事時，孩子可以很容易地被故事的戲劇性和你們「呼嘯著，用氣勢把房子吹倒」的玩耍所吸引和著迷。但是，在故事有趣的內容（即人物和他們互相說的話）之下，你希望傳遞的是更深層次的訊息：計劃、自律和努力工作的重要性，以便在生活中選擇實質性的東西，選擇用磚塊認真建造的房子，而不是用木頭或稻草迅速建造的「花俏」房子，即懶惰的豬用僅有的木頭或稻草快速建造而成的脆弱房子。

人們可以透過故事等間接途徑傳遞和接收更深層次的實質訊息。我們不必直接經歷某事才被影響。從臨床上講，每當有人提供你成功案例時，你可能會對其中的細節感興趣並且被吸引。但給你不可避免卻又間接的訊息是：「當你遇到這類顧客時，可以使用這種方法。」在催眠干預個案問題的方法中，講述故事是常見和普遍的做法。我們將會在第18章重點介紹這種治療手段。

間接暗示可以採用多種形式，包括講故事、比喻、笑話、雙關語、家庭作業、身教，以及偽裝和潛在的暗示。任何讓個案產生回應但不需直接告知或詢問的溝通方式，都涉及某種程度的間接暗示。

「間接暗示的使用是催眠『順勢而為』的研究重點。」許多人認為這在很大程度上歸功於最具創新性的治療師之一——精神科醫生米爾頓·H·艾瑞克森對它們的創造性運用（Zeig, 1988, 2014）。在似乎「不可能」的個案身上，

艾瑞克森制定了成功的干預措施，因而以這方面的技巧和創造力廣受讚譽。他在書中以自己的話語描述引人入勝且不尋常的案例，即《米爾頓‧艾瑞克森的策略療法》（*A Teaching Seminar With Milton H. Erickson, M.D.*, Zeig, 1980a）；傑‧海利也在其經典著作《不尋常的治療：催眠大師米爾頓‧H‧艾瑞克森醫師的精神病學技術》（*Uncommon Therapy: The Psychiatric Techniques of Milton H. Erickson, M.D.*, 1973）有詳細的描述。當你閱讀時會發現，他的許多迷人催眠和策略干預都非常間接，似乎與病人的主訴完全沒有關係。然而，他用催眠和間接暗示的治療有效激發了人們深入分析該方法，並且因為其他人的成功使用而認識到間接方法的價值（S. Lankton, 2010; Lankton & Matthews, 2010; Zeig, 2014, 2018）。因此，如果不直接研究艾瑞克森的工作，及其眾多學生和同事所著關於他的方法之著作（包括 Erickson, 2017; Erickson, Rossi & Rossi, 1976; Erickson & Rossi, 1979, 1981; Gilligan, 1987; Haley, 1973, 1985; Lankton & Lankton, 1983; McNeilly, 2001, 2016; O'Hanlon, 1987, 2009; O'Hanlon & Hexum, 1990; Rosen, 1982; Rossi, 1980 等），就不可能對臨床催眠進行深入研究。

　　為了對比直接暗示和間接暗示，你可以參考上一節透過直接暗示閉上眼睛的例子。如果你根據個案的反應認為透過間接方法更有可能使其閉上眼睛，你可以提供以下任何暗示：

- 反應靈敏的個案通常會在開始催眠體驗前，閉上他們的眼睛。
- 你可以讓眼睛閉上嗎？
- 很多我的個案喜歡閉著眼睛坐在那裡。
- 不用睜眼聽不是很好嗎？
- 我想知道現在你能否想到什麼讓你舒服閉上眼睛的方法。

　　這些例子都尋求眼睛閉上為特定的反應，但都沒有直接詢問。這些陳述是一般性的陳述，個案必須用反應來回答，因為沒有回應也是種回應。從他們對這些暗示的回應方式，治療師可以了解到這個人的思考和反應方式。例如，這個人是否主動做出回應，或者只是等待別人告訴他或她該怎麼做？

　　間接模式可能採取的形式之一是簡單描述他人的經驗，讓個案選擇類似

的反應或產生獨立反應。另一個間接模式是讓個案意識到例行的日常經歷，其中所需的反應是自然事件。隨著個案專注和聯想到這樣的情況，他們可以開始重新經歷它，因為與過去經驗相關聯的反應已成為當前經驗的一部分。例如，如果你能夠想起某個讓你感到非常浪漫和戀愛的時刻，並且真正花時間回想那段經歷的細節，透過你的回憶，這些同樣的感覺可能會自動產生，這種現象稱為意動情感反應。因此，我不需要直接要求你創造出這些感覺的特定反應，而是透過簡單描述可能自然發生這種感覺的情境來間接地提出它們。

就像閉眼一樣，間接暗示可以在內容上變化，以獲得任何反應。以下陳述是示例，希望得到的反應標示在括號中：

- 一名好朋友的女兒參加了她的第一次學校舞會，我不知道你是否還記得你的，但對她來說肯定是非常興奮的時刻。（年齡回溯）
- 小學的時候，當你想說重要的話時，必須緩慢地舉起手來，有時它會像無重量一樣自然抬起，你甚至沒有意識到。（感官改變和手臂懸浮）
- 你能想像赤手打雪仗的感覺嗎？你玩得這麼開心，製作和投擲雪球，以至於忘記自己甚至沒有戴手套？（麻醉）
- 時間很難掌握，一分鐘可能感覺像五或十分鐘。有時一分鐘可能會感覺非常漫長；你或許有過這樣的經驗，當你沉思自己的想法時，一分鐘彷彿變得更長了。（時間扭曲）

在以上的例子中，個案的直接體驗似乎不是焦點，而是其他人的體驗，或是暗示太過一般，不夠個人化，以至於不需要直接回應。個案需要以自己獨特的方式適應治療師暗示的某些回應可能性。這樣便能避免直接命令服從，並且激發個案自身的創造能力來形成個人化的回應。他或她如何找到實現暗示回應的方法會因人而異，並且充滿創意。

在這裡，我們對間接暗示進行了簡化的「成本效益」分析。間接方法的優點包括：(1)更大程度地利用個案自身的潛意識資源來幫助自己；(2)將暗示和預期的目標情緒或行為之間的距離增大，從而潛在地降低對抗性防禦的需

求；(3)鼓勵個案以對自己有用的方式解釋暗示，表現出對個案更大的尊重；(4)定義個案在治療過程中的角色是積極的，而不僅僅是順從的。

間接風格的缺點包括：(1)個案可能會害怕或焦慮，認為治療師無法或不願意直接處理他們的問題，從而產生「如果治療師不能，我怎麼能行？」的不安情緒；(2)治療師可能被視為迴避或不稱職，因為看似不相關地「繞著彎子」說話，或者個案可能會感到被操縱甚至被欺騙；(3)個案的潛意識反應可能會緩解問題，但也可能讓他們在有意識的情況下想知道變化是如何發生的，好像治療是「給」他或她做的，而不是與他們一起做的；(4)問題可能會得到解決，但可能不會讓個案掌握知識和方法以有效解決未來問題和自我管理的模式（Lynn, Neufeld, & Mare, 1993; Lynn, Neufeld, & Matyi, 1987; Yapko, 1983, 2018; Zeig, 2018）。

與直接暗示一樣，了解間接暗示的優缺點，能夠使你更理性地選擇其應用方式。

選擇風格：選擇直接暗示還是間接暗示好？

在該領域中持續存在的爭議之一，是哪種形式的暗示——直接還是間接在臨床上更好？已有大量的研究試圖回答這個問題，正如人們所預期的那樣，在結論上它們存在不同之處（Barber, 1980; Fricton & Roth, 1985; Groth-Marnat & Mitchell, 1998; Hayes & Gifford, 1997; Lynn et al., 2017; Yapko, 1983）。此類研究忽略了一個明顯的觀點：沒有任何暗示本質上是很有價值的。只有當個案接受、整合並有意義地回應暗示時，暗示才變得有意義。因此，對某種暗示形式的優越性進行歸納，最多只能在學術上引起注意，但對個案承接何種暗示並沒有什麼實際參考價值。因此，如果你只會直接表達，你在遇到那些對較為委婉的方法反應更好的個案時將處於劣勢。最明智的目標是熟練掌握所有暗示性方法，並根據情況予以變通。

正如我們在前一章所看到的，對於這個領域的眾多專家來說，關於這個問題的建議是正式評估催眠反應，並使用個案的個人檔案（「低」、「中」或「高」可被催眠性）來確定是否應該嘗試催眠。他們相信，可被催眠性越高的

人，你的方法就越直接。傑弗瑞・薩德（1980a）根據他對米爾頓・艾瑞克森的工作觀察，提出了一個基本指導方針來決定使用哪種風格：「使用的間接性程度與所感知到的抵抗程度成正比」（p. 13）。換句話說，個案缺乏遵循指令的意願程度越大，暗示的間接程度就可以越高。

　　似乎在治療干預方面，很少有絕對的「正確」或「錯誤」方法來組織治療干預的結構。相反，對於特定的個案來說，存在有效和無效的干預方式。在各種不同但成功的干預中，越來越明顯的是有很多「正確」的催眠方法。就像本書中介紹的所有催眠溝通模式一樣，你在任何時候所做的，主要都依賴於個案的反應。畢竟，他或她是決定什麼有效的決定者。如果你的技能庫中有直接和間接方法，你可以更相信自己有能力與更廣泛的人群建立關係。

◆ 內容暗示

　　內容暗示包含高度具體的細節，描述了希望個案在催眠期間能體驗的情感、記憶、思想、感官體驗或幻想。內容暗示的一般結構為：「你可以體驗這個具體的〔例如感覺、記憶等〕事物。」對於所暗示之體驗的描述有越多層面細節，越有助於個案更完整地體驗，因此具有更高的吸收度和臨床實用性。

　　下列語句是內容暗示的示例：

- 想像一朵紅色的玫瑰，它有柔軟、天鵝絨般的花瓣，你可以輕輕地碰觸它，吸入它溫柔、甜美的香氣。
- 想像在一個陽光明媚的日子裡，你在海灘上感覺到陽光溫暖著你的皮膚，聞到海風中的鹹味，聽到海浪拍打著岸邊的聲音。
- 你還記得咬一口鮮嫩多汁的柳橙是多麼美好的感受嗎？你流口水了，汁液流到你的手指上，酸味讓你感受到美味。

　　每一個例子都提供了具體的細節來準確地描述你想到一朵玫瑰花、一片海灘和一顆柳橙時會有什麼樣的體驗。也許這些細節能讓你更充分地體驗暗示的感受，這樣的話這些細節就對你有所幫助。然而，這些例子也能夠展示

使用內容豐富的暗示存在的潛在危險：我指引你注意的細節可能不是你想要關注的。最糟糕的是，它們甚至可能干擾你的體驗。比如，當我說「想像在海灘上」的時候，如果你回憶起在海灘上的一次負面經歷，或者你的一生中從未去過海灘，那麼這些細節將會引導你產生負面情緒，或者讓你困惑應該體驗什麼。無論哪種情況，這些細節都會干擾你的體驗，儘管我的本意是好的。使用內容暗示的潛在問題就在於：你提供的細節越多，你的暗示與個案的體驗相矛盾的可能性就越高。最終結果是個案可能會感覺治療師並非真正與他們在一起，因此不太可能從這次經驗中獲益。

另一方面，如果你向個案提供內容暗示，而你所暗示的細節實際上與他或她的經驗相關，那麼這些細節將增強個案的體驗。增強內容暗示之適配程度的方法之一，是留意個案在自然對話中持續提供的線索，這些線索來自他們的個人經驗。這包括語言風格、個案自發使用的感官詞語，和個案提供與經驗有關的細節，這些細節在後續的催眠中可以反應回去。另一個可能性是進行一次常規的催眠會話，並直接請求個案回應哪些暗示可以加強其參與體驗，哪些似乎不是很有效。另一個解決方案是使用過程暗示而非內容暗示，這將在下一節討論。

◆ 過程暗示

與內容暗示提供的詳細訊息不同，過程暗示提供的細節很少，甚至不提供細節，鼓勵個案自己提供訊息。過程暗示的一般結構是：「你可以擁有特定的體驗（或意識）。」然而，「具體」的體驗或意識實際上並沒有被具體說明。由於暗示中有意的模稜兩可性，個案將自己的個人經歷和參考框架投射進暗示中，以便理解它。因此，過程暗示不太可能與個案的經歷相矛盾，因為生成的細節是他們自己的。例如，我不是選擇海灘作為特定的焦點地點，然後提供大量細節（內容暗示）來描述在海灘上放鬆的感覺，而是簡單地暗示我的個案想像自己在某個放鬆的地方。我不說那個地方可能在哪裡，所以他或她可以選擇具體的地方和要集中關注的特定細節。過程暗示的性質如此普遍，以至於個案可以將個人意義投射到其中，然後以自己的獨特方式與之產生關聯。

如果你看占星術，會有一個關於過程暗示的共同例子。觀察和預測非常不具體，可以適用於幾乎任何人。舉例來說：

你是個喜歡和你在乎的人待在一起的人，但有時你更喜歡獨處。有時你會對生活中的事件感到非常沮喪，甚至偶爾發脾氣。你希望有更多的人欣賞你，而且你經常認為自己應該賺更多的錢。有時候你會對那些你真正關心的人產生可怕的想法，這讓你感到內疚。

我認為上面的描述適應地球上的大多數人群，但你是否發現自己默默地認同並思考：「他怎麼知道這個？」過程指導給了個案使用自己的經驗和細節的機會，因此使乍一看似乎太籠統而無效的事物變得高度個性化。正如你在使用過程暗示時所發現的那樣，人們非常認真地對待他們的投射。即使對於像占星術這樣愚蠢的東西，也有人將其視為每天的行動指南。當人們投射自己到生命的重大問題上時，他們會變得更加嚴肅：我們為什麼在這裡？生命的意義是什麼？死後會發生什麼？

以下是過程暗示的示例，括號中是所期望的回應：

- 你可能有一段特定的童年記憶，你已經有很長很長時間沒有想起過它了。（年齡回溯）
- 當你舒適地坐在那裡時，你會注意到身體中的某種愉悅感（身體感官覺察）。
- 你可能會注意到房間裡某種特定的聲音。（聽覺覺察）
- 你能回想起那個特殊的時刻嗎？那時你非常自信和快樂。（年齡回溯）

所有這些暗示都沒有具體指定任何事情，也就是說，它們沒有說明個案應該體驗哪些具體的記憶、感覺、聲音或事件。當個案對暗示做出反應時，他或她會選擇自己的經歷。不過，請注意，使用「特定的」、「某些」、「具體

的」等限定詞，可以幫助個案篩選所有經歷，集中注意力在某個特定的經歷上。人選擇哪一個經歷，是意識和潛意識選擇的交互結果。通常，個案會想知道你是如何知道他們的經歷，卻沒有意識到你的暗示是多麼普遍，因為它似乎看起來非常具體！由於過程暗示具有「在黑暗中摸索」的特點，其應用通常更難掌握。但是，它們能夠避免治療師提供的細節與個案實際經歷之間的矛盾，因此是我們必須學會善用的技巧。

過程暗示在進行團體催眠過程中特別有價值，因為精細地觀察每個人對內容暗示之反應的機會幾乎是不可能的。使用本質上很籠統但聽起來很具體的過程暗示，能夠讓團體中的每個人對同一組暗示擁有完全不同的體驗。試圖讓一群人分享共通的詳細體驗是失敗的設置。因此，透過過程暗示，承認和鼓勵人們之間的差異，允許群體中的每個成員以自己的獨特方式做出回應。

內容與過程示例可以與治療方法的處理手法相對應：處理經驗結構中所包含的細節或處理結構本身。以內容為導向的治療關注問題的細節，而以過程為導向的治療則集中於問題的結構。例如，許多人在尋求戀愛關係時會尋找某種類型的人、符合某種美好的標準，這些標準可能是有意識的，也可能沒有。因此，如果一個人與某個高大、黑髮、時尚、不露情感、好支配性格的人有一系列的親密關係，每次關係都以失敗告終，那麼可以得出什麼結論？人們有指導行為的模式，這些模式通常是潛意識的。在當前的例子中，內容是一系列伴侶中的每一個具體人物。姓名和面孔會變化，但選擇關係夥伴的結構未變，也就是說，選擇的類型沒有改變。內容治療方法可能會處理這種特定關係行不通的原因，而過程方法會關注伴侶選擇模式的結構。透過改變選擇模式的結構，細節（內容）的變化自然會隨之而來。

使用過程或內容暗示僅是治療師在制定干預方案時的另一個選擇點。隨意從一個暗示結構轉換到另一個是件容易的事情，因此使用哪種結構的決定並非固定的選擇，而是可能需要在會話過程中隨時調整。如果你現在所做的不會獲得所期望的回應，那麼靈活地改變你的方法會是個好主意。

◆ 權威式的暗示

權威式風格是種專橫的風格，診療師利用他或她的職位權力，字面上命令個案以特定的方式回應。權威式風格的一般結構是：「你要做 X。」權威和權力是診療師依賴的關鍵變量，「好」的個案回應是順從。在專制方法中，個案不順從被視為「阻抗」的證據，而且，不幸的是，往往被反射性地視為個案的缺點。因此，個案被視為「沒有準備好改變」或者「不是真正想尋求幫助」。許多治療師只學習了這種催眠風格，在他們的培訓中可能沒有意識到還有其他方法可以應對個案，這些方法不會施加要求個案順從的壓力。

當個案被認為是「抵抗的」，且阻抗被看作是個案的特性而不是治療師的方法時，威權主義醫師通常會先對個案的阻抗程度展開對峙，然後試圖確定其來源和解決方法來消除抗拒。你可以預料到這種對抗性的做法很容易引發「打草驚蛇」的情況。個案與醫師之間的「權力鬥爭」對治療聯盟不會有太多幫助。

權威主義的方法以命令的形式提出暗示。以下暗示是以權威模式組織的，所期望的回應標示在括號中：

- 當我數到三時，我希望你閉上眼睛。（閉眼）
- 當我彈指一揮，你就會變成6歲。（年齡回溯）
- 當你感受到我的手碰觸你的肩膀時，你會進入深度催眠。（深化）
- 你會發現無法彎曲你的手臂。（僵直症）
- 你將不會記得這次經歷的任何事情。（失憶）

指導個體以特定方式回應，從而最小化個人選擇，並不尊重那個人的需求或願望。因此，嚴格的權威主義方法一般應謹慎使用。然而，在某些時候，這種方法不僅可行，甚至是可取的。以下是兩種這樣的情況：當脆弱和困惑的個案需要一個明確負責和果斷的治療師時，以及當你和個案之間的治療聯盟具備良好品質，你所說的話遠比你的外交辭令更重要。

◆ 許可式的暗示

暗示風格連續譜的另一端是「允許」風格,它強調讓個案意識到做出有意義的反應之可能性,而不是對這些反應提出要求。許可式暗示的一般結構是:「你可以做 X。」治療師提供個案可能經歷的暗示,如果他或她選擇了這些暗示,那麼他們便可以做到。許可式方法的合理性在於知道不能強制某人做出反應(例如放鬆或專注)。你只能以這樣一種方式暗示可能性,希望個案選擇利用這些可能性。治療師認為任何反應都是足夠或可用的,這表明尊重人的選擇。這樣,「阻抗」就不再是影響因素,因為個案產生的任何反應都被認為是可以接受的。

許可式的暗示旨在引起回應的可能性。以下陳述是許可式風格的例子,並且每個陳述後面都跟隨著所期望的回應(用括號表示):

- 如果你想要閉上眼睛,可以允許自己閉上它們。(閉眼)
- 你可以選擇鬆開雙腿。(姿勢轉移)
- 你可能願意讓自己更深度地放鬆。(加深)
- 可能以不同的方式體驗你的身體。(感官轉變)
- 或許你能夠回想起一段時光,當時你感到非常舒適。(年齡回溯)

在這些例子中,治療師只是以某種形式表達,如果個案允許,他或她可以有某種體驗。因此,個案在任何方向上的反應都是一種選擇,必須被尊重。治療師的這種接受態度可以增強治療聯盟的力量,因為他們對於有能力為自己做出選擇的個案展示了尊重。到目前為止可能是隱含的,但現在必須明確地說,當你認為個案的選擇將不利於治療計畫時,就必須修訂策略。

整體而言,有些人希望得到明確的指令並且會完全按指令行事,有些人則拒絕跟從任何人的領導,甚至會刻意拒絕他人的暗示,原因很簡單,因為他們抵制「被控制」。如果有人願意服從指令,就可以使用威權主義的方法。然而,大多數人並不喜歡被告知該怎麼做,即使這是符合他們的最佳利益,因此威權主義的風格就更容易引起「權力鬥爭」。

許可式的方法有利於那些希望由自己決策來控制自己生活的人創造可能性，但可能會讓那些想要他人一步一步明確告訴他們該做什麼的人感到挫敗。因此，在進行催眠時，威權主義和放任主義風格都有其使用場所，並且像所有形式的暗示一樣，當你熟悉它們的用法時，會增強你的有效性。

◆　催眠後暗示

　　催眠後暗示是在催眠期間向個案發出的，以鼓勵他們在催眠後的其他情境中擁有特定的思想、行為和感覺（因此是催眠「後」）。催眠後暗示一般具有的結構：「等一下當你處於 A 情境中時，你將能夠體驗（做）X。」它們幾乎已是每個治療過程的標準部分，因為你大多會希望個案從會話中帶走一些可以在日常生活中其他領域使用的東西。催眠後暗示使人們能夠將他們在催眠期間獲得的任何新聯想帶入所需的情境中。

　　如果個案想在未來的經驗中實現新的可能性，催眠後暗示是治療過程中必不可少的一部分。如果沒有這些暗示，催眠過程中獲得的想法、觀點和技能，可能只會局限於催眠過程本身。原因是催眠反應通常是「狀態特定」的，這意味著它們與催眠體驗的即時性相結合，僅在該體驗的範圍內運作。催眠後暗示使得在催眠中獲得的學習能夠泛化，並在其他地方和心態下得到實現。如果個案只能在你的辦公室催眠時獲得所需的體驗，如減輕疼痛，那麼催眠的價值就有限了。當新的資源擴展到許多不同的相關語境時，它的價值呈指數級增長。催眠後暗示便有助於實現這種可能性。

　　以下是催眠後暗示的例子：
- 當你在片刻之間從催眠中清醒過來時，可以享受到比過去任何一段時間都更加滿意的休息。
- 當你下星期開始參加考試時，可以閉上眼睛片刻，這段時間會感覺更長；深呼吸，吸氣時會感到舒適。
- 當你今晚回家後，可能會有某些記憶讓你開懷大笑，這種愉快的方式可以讓你舒緩壓力，感覺非常好。

- 當你與配偶爭吵時，知道他（她）可以不同意你，但仍然愛你的安心感可以使你冷靜地處理事情，這樣你會為自己感到自豪。
- 在未來的一些會談中，你可以更深更快地體驗催眠。

上述每個例子都暗示個案可以在將來的某個時間和地點，基於他們在催眠期間接受到的暗示而經歷某種行為或感覺。最有趣的是，有些個案可能對暗示的起源沒有意識記憶，這稱為後催眠性健忘症，但仍然按照暗示行事。

特別暗示

雖然本章中描述的暗示結構和風格代表了催眠暗示的核心內容，但從中還可以衍生出許多更專業的暗示形式。這些特殊的暗示形式大多由米爾頓‧H‧艾瑞克森及其學生兼合作對象歐內斯特‧羅西首先設想和描述，並羅列在艾瑞克森對羅西進行催眠訓練的書籍中（參見 Erickson et al., 1976; Erickson & Rossi, 1979, 1981），以及羅西（Rossi, 1979, 1981）和艾瑞克森（Erickson, 1954, 1983, 1985; Rossi, 1980）的演講和論文中。本節簡要描述了這些特定形式的暗示。

◆ 評估問題

鼓勵個案透過體驗而非口頭回答的問題稱之為評估問題。評估問題不僅僅是修辭性問句，還將個案的注意力聚焦在其體驗的特定方面，只需透過問題的引導，就可以放大這些方面。換句話說，問題暗示了一個回答。例如：「你是否能回憶起躺在溫暖的陽光下皮膚被溫暖包圍的感覺，是多麼令人舒緩和放鬆？」在臨床領域，評估問題被用來增強治療反應性。

◆ 模糊暗示

你可以有意地在暗示中嵌入模糊性，以鼓勵個案的投射，這與非特定的「過程」暗示有關，但略有不同。模糊性可以圍繞在某個期望個案發生的行

動，或因暗示的含義而存在。例如，你可以暗示：「在這類事情上，人可以非常有毅力和固執。」這種暗示的含義可以被理解為醫生在讚揚毅力，也可以被理解為批評固執。

◆ 對立面共存

利用對立面的共存，提供可以讓個案創建明顯極性體驗的暗示。例如：「當你的左手變得涼爽麻木時，你會注意到右手變得舒適溫暖且敏感。」這些明顯不同增加意識的感受可以導致個案相信：「嘿，我能做到！」這是一種積極的回應，鼓勵進一步的反應。

◆ 綁定類似的選項

為個案提供一系列可比較的選擇，即經典的雙重約束，為個案創造「強迫選擇」的情境。在這種情境下，兩種選擇都會帶來同樣令人滿意的結果：「你是更享受坐在這把椅子上還是那把椅子上，進行深度和令人滿足的催眠體驗？」只要個案不批判性地接受這種暗示，並在暗示的範圍內回應，約束就可能有效。舉另一個例子，當你對一個孩子說：「你想現在打掃你的房間還是一小時後？」而孩子回答：「都不想！」那麼這個約束就沒有用。

◆ 困惑的暗示

有意構建的暗示稱為「困惑技巧」，旨在使個案感到迷惑或混亂，以建立應對能力、超載過度理智的舉止或促進解離。這種方法是米爾頓・艾瑞克森在這個領域中最獨特的貢獻之一（Erickson, 1964a）。困惑暗示是最高級的暗示結構之一，因為它們並不是線性和邏輯的，它們會產生不確定性甚至焦慮，而不是舒適和清晰，並且需要更多的注意力來跟蹤過程的進展。但是，這些方法對於中斷個案當前思維和感知模式來說特別有價值，能為新的可能性鋪平道路。更多關於採用困惑技巧的內容將在後面的章節中講述。

◆ 包含所有可能性

有效增強個案反應能力的方法是在暗示中包括所有可能的回應，從而定義任何具體的回應都是有用的、合作的。例如：「你可能會回想起一個重要的記憶……也許是你生命中很早以前的一個……也許是最近的一個……或者是介於很久以前和最近之間的一個……」那還有哪些可能性呢？明顯地，所有的記憶都是來自過去，無論是最近的、中間的，或是久遠的。因此，個案回憶的所有記憶都符合暗示，故而可以被視為合作回應。另一個例子是：「如果你想的話，可以舒適地睜著眼睛坐著……或者如果你希望的話，可以讓它們閉上……」睜眼或閉眼是唯一可用的兩個選擇，因此個案做出的任何選擇都將被定義為合作的。

◆ 隱含的指令

間接鼓勵對方回應的方法是透過使用隱含的指示。暗示結構的第一部分是間接暗示做某事，然後暗示的第二部分直接暗示回應。例如：「當你在下一個瞬間感受到你的手舉起來（間接暗示），你會注意到它感覺非常非常輕（直接暗示）。」手舉起來是被暗示的，但並未直接要求。

◆ 多層次溝通暗示

經常在不斷的暗示流中重複關鍵詞或短語被稱為多層次溝通（Erickson, 1966/1980）。你可以使用暗示的多層次溝通來加深催眠體驗，促進特定經驗的體驗，為將來的參考「種植」（植入）思想，或僅僅為了重申某個重要觀點。例如，以下是多層次溝通深化技術的應用：「深思熟慮者，即深入思考的人，可以進一步深入理解暗示的複雜性，也可能在獲得對暗示的知識深度時對自己有更深的理解。」

◆ 隱喻

隱喻在臨床催眠領域中已被認為是故事使用的代名詞。隱喻被視為向個案傳達相關訊息的方法中，最強而溫和的方式之一——利用故事將重要的觀點活靈活現地呈現出來。在催眠療法中創造和講述有效故事的技藝值得特別關注，因此第18章將更詳細地探討這個話題。

◆ 矛盾的暗示

矛盾的暗示包含表面上看起來不兼容甚至矛盾的組成部分。矛盾需要一種體驗式的反應，而非邏輯上的。在催眠和類似引導正念冥想的方法中，都能發現矛盾的形式（詳細討論參見 Yapko, 2011b, 2011c）。以下是兩個催眠程序中顯而易見的例子：(1)「我希望你聽我說，並自發地按照我的指示去做。」(2)「我告訴你一個關於別人的故事，所以這個故事不是關於你的，但它確實關乎你。」以下這個例子是為了讓個案準備結束本次會話而提供的矛盾暗示：「你可以花掉世界上所有的時間……在接下來的一分鐘內……完成你內心對新理解的整合。」

◆ 預設立場

預設立場認為暗示的反應會發生。問題不在於反應是否會演變，而在於它僅僅是什麼時候的問題。例如：「當你發現自己已經理解了預設時，你將會有多麼驚喜？」預設立場是建立個案期望的主要手段；考慮到前面所說，個案積極期望對於提高治療成功率的重要性，你擁有這種暗示形式的技能將會是很不錯的。

◆ 雙關語

以幽默作為重構手段是個有價值的方法，可以在同時建立友好和溫暖的情感聯想催眠體驗過程中，吸引個案參與。例如：「有些人喜歡用緩慢而

有節奏的方式提供暗示來進行催眠……甚至將暗示的步伐與個案的呼吸節奏相匹配……但你知道我知道，那種節奏法不是很可靠……」在催眠期間，被催眠的人可以欣賞幽默，甚至微笑或笑出聲音，而不會降低體驗的價值。是的，實際上，幽默對催眠過程的積極聯繫可能會使你的暗示更加有效。

◆ 真實句

真實句是指「常識」陳述，它似乎是顯而易見的真實和不可否認，以至於幾乎不可能拒絕它。例如：「每個人都是獨一無二的（真實句），我們都知道這一點……這就是為什麼你可以用自己獨特的方式體驗深度催眠。」真實句通常被用來建立對隨後暗示的接受，使人們形成願意達成一致的心態。這種建立個案之接受能力的方式，對於建立一般稱為「反應組合」——特別是「是的組合」（因為個案默默地同意並對你的陳述表示「是」）來說至關重要，因為反應組合之容易接受性，對於後續更複雜的暗示其接受潛力具有重要意義。因此，稍後將更詳細地討論反應組合。

總結

語言可以被視為有條件的刺激，它們能夠引起與其所代表的對象或概念相同或相似的反應。因此，選擇語言的方式以及說話的方式都要謹慎。本章詳細介紹了不同風格和結構的催眠溝通方式。它們在不同的人和不同的時間有不同的價值，因此將這些結構和風格巧妙地融入到催眠實踐中對你是有幫助的。

1. 當朋友向你推薦電影或餐廳時，哪些因素讓你決定是否接受其推薦？
2. 為什麼人們會拒絕明顯對他們有利的暗示？
3. 喜歡被告知該做什麼和不喜歡被告知該做什麼的人之間有哪些差異？
4. 你基於洞察做出了哪些改變？你無緣無故做了哪些改變？你認為洞察在變革過程中扮演什麼角色？
5. 當有人告訴你你自己的感覺時，你會有什麼感覺？如果他或她是對的，那麼感覺會有什麼不同？如果他或她是錯的，那又會有什麼不同的感覺？

任務清單

1. 列出最常見的催眠暗示清單（例如「專注」、「放鬆」、「坐得舒適」、「閉上眼睛」、「以舒適的節奏呼吸」等），並按照各種風格和結構寫出五個暗示以表達該想法。這是培養暗示寫作技巧和靈活性的最佳練習之一。
2. 在課堂上，讓每個學生製作一個想像中的產品，然後試著向班上其他同學推銷。哪些銷售策略最好？為什麼？哪些不太有效？為什麼？
3. 每天閱讀星座並辨識所使用的過程暗示。寫下一些較好的暗示並與同學分享。你發現關於語言的普遍性是什麼？什麼樣的人（指定其認知風格）會認為星座有價值？

第12章

實踐技巧：如何有效進行臨床催眠？

　　在上一章中，我描述了一系列如何構建暗示的風格和結構。在本章中，我將會提供一些在風格和結構中選擇特定詞語和短句的準則。這些準則旨在幫助你的暗示更容易被個案所接受。

　　這些指導原則大部分都是基於常識的溝通技巧。雖然這些準則通常適用於大多數催眠過程，當然，你也知道每個原則都有例外情況，這些例外情況可能在應用於特定個案時更有用。因此，這裡將會提供關於每個常規原則的簡要討論，以鼓勵你嚴謹地思考它是否要用在對話中以及如何應用。透過思考原則針對可能不適用的具體情境，思考更有效的替代方案，可以使你面對個案回應的時候有更多選擇。

保持你的暗示簡單易懂

通常，你提供給別人跟隨的暗示或引導越複雜，個案需要投入越多的精力且會依賴意識資源來幫助理解和回應。無論是不是在催眠狀態中都是如此。人越依賴自己的意識資源，就越無法以體驗的方式回應，這會在開始的時候就部分地打擊了催眠的施行。讓你的暗示相對簡單，可以使個案「跟隨流動」，而不必批判性地——因此刻意地——分析、解釋和評判暗示的好處。太多複雜性指令讓人難以跟隨，特別是當對方試圖放鬆、專注和想要得到幫助時。

這個準則的例外包括使用專門的技術，其價值來自於複雜性而不是簡單性。這些高級技術包括迷惑性暗示和負荷技術，即故意提供混淆的想法和過多的訊息。這些技術是對意識心智的過度負擔，因為它努力去理解這一切，最終導致它無法跟上。當這個人最終放棄了跟隨，他或她本質上是放任自己不加批評地讓經驗展開。

那麼，你如何知道你的暗示是否過於複雜，是否會妨礙你的目標？觀察個案的反應。每一個讓個案意識到這是催眠體驗的暗示，以及每一個對暗示未及時的反應，都表明他或她可能沒有跟隨你，這也意味著你可能沒有跟隨個案的節奏。要找出個案當下的體驗，更直接的方式是用中立的方式，直接或間接地詢問個案，關於他或她在催眠期間和之後的語言和非語言反應。

讓暗示容易跟隨並不意味著在催眠過程中去往的方向是可預測和明顯的。如果對方能夠猜到你的下一步，並且能輕易地超前於你，顯然有意識的分析正大量地發生，從而增加了減弱催眠反應的可能性。如果你意識到你在過程中可能已經和個案失去同步，可以退回到前面你覺得他或她跟上你的地方，然後從那裡繼續往前——但顯然不能以同樣的方式進行。如果你能在整個過程中盡可能地觀察，你就不必回到太遠的地方。

請記住，只有你的個案可以確定他或她能夠跟隨什麼和不能跟隨什麼。你可能認為你的指示很容易理解，但你不是在跟隨它們的人——你的個案才是。在整個過程中與他或她保持連結至關重要。

避免使用小花招和小玩意，
它們通常會分散注意力，甚至顯得俗氣

人們會以催眠的名義做各種各樣的事情，包括用花俏的工具或者複雜的戲劇動作加入到步驟中。大多數人都熟悉的來回搖晃的鐘擺、有節奏的節拍器和旋轉的催眠螺旋，這些都不是進入催眠體驗所必需的。除了這些常見的技巧之外，有些人還會使用閃光、眨眼或旋轉的燈光、做誇張的手臂揮舞動作、觸摸個案的前額、站在個案身後用不同尋常的方式搖晃或者移動他或她、做奇怪的手勢、凝視甚至恐嚇個案以集中注意力、散發特殊的味道（例如用嬰兒爽身粉來進行回溯）、使用誇張的語速或單調的語調、利用專門的機器來產生催眠腦波，還有許多類似的工具和花招來虛構催眠體驗。

這些並非臨床催眠療法過程中必要的，通常也不可取，不僅如此，它們往往會產生反作用。它們會不經意地加強「催眠具有神祕色彩」的觀念，使其超越傳統「正常」經驗的範疇。他們認為你需要一些小工具或噱頭才能發生催眠，並因此忽略了臨床醫師和個案之間的互動才是有效催眠的基礎。這會進一步加強不正確的觀念：即催眠是「對你」進行的，而非「與你」合作的，以及催眠是奇怪的，實踐催眠的人也是如此。他們在表演技巧時，戲劇性甚至怪異的行為方式就證明了這一點。

將個案融入尊重且支持性的關係，意味著在過程中不涉及戲劇性和詭計橋段。取而代之的，是專注在邀請個案積極參與認真的治療過程，並發展縝密的合作。

盡可能合理地使用個案的語言

有個特別有幫助的提示，便是盡可能使用個案的語言。詞語代表經驗，即使我們使用共同的語言，我們個人的經驗必然是不同的。採用個案的詞語，然後附加你個人的意義，再翻譯成用於引導的概念性語言，最後再以自己的語言風格進行交流，這些步驟都是主觀的，有增加誤解的可能性。當然，這無法完全避免，因為你也在互動交流中。但是，即使你使用個案的語

言，也不能保證你所説的和他們的理解相同。認識到這一點可以幫助你更加好奇和「調頻」到個案的體驗。你可以使用個案的語言，因為你正在解決他或她的主觀體驗，並且使用共同語言，可以在你所説的和個案所理解的之間建立橋梁。

詞語只是經驗的象徵，而不是經驗本身。它們本身就代表著對真實世界之經驗的扭曲（例如摘要），因此沒有必要用新的標籤再進一步扭曲它們，尤其是對臨床治療師來説才會感興趣的專業術語。例如，我曾經有一些個案去找其他治療師，尋求幫忙「解決移情問題」、「建立自我力量」、「加強他們的裝備」，以及「釋放能量阻塞」。他們做了很多看起來能取悦治療師的事情，然而他們結束治療後並沒有感覺好轉。

我們臨床治療師致力於以某種治療方式幫助個案改變其體驗。我們也可以改變標籤，但是標籤下的體驗是我們暗示的焦點。使用個案的語言其主要好處是你能夠根據個案的實際經歷進行干預，而不是根據你的解釋或標籤來處理。此外，個案可以更好地感受到被理解，從而在你身為治療師的背景下產生更高的信任感。

熟練且有創造性地運用語言需要大量刻意的練習。心理學家傑弗瑞·薩德在臨床治療、教學和撰寫方面一直是特別強大的佼佼者，他在各個層面都為溝通技巧建立了模型。

參考框架：傑弗瑞·薩德博士

傑弗瑞·薩德博士（1947−）是亞利桑那州鳳凰城米爾頓·艾瑞克森基金會的創始人兼執行長。他是出色的臨床治療師和導師，經常穿梭於全球各地演講，向專業人士授課。迄今為止，他已在四十多個國家授課。他尤其以將米爾頓·艾瑞克森醫學博士的先驅工作推至全球而聞名。

薩德博士直接跟隨艾瑞克森學習超過六年。薩德博士的願景和組織能力，衍生了一系列由艾瑞克森基金會舉辦的大型卓越會議，已被全球的臨床治療師廣泛視為最好的大會。薩德博士是世界心理治療發展大會的締造者，那是心理治療領域最重要的會議。每次大會都邀請心理治療領域的知名人士，聚集在同一時間同一地點，因此被親切地譽為「心理治療界的胡士托音樂節」。他將這些大會上的重要內容編輯發表了令人印象深刻的刊物，是臨床治療師必讀的內容。他還組織了短期治療大會、伴侶治療大會、艾瑞克森學派催眠與心理治療國際大會。

　　除了執業的心理學家和婚姻家庭治療師的工作外，薩德博士還編輯和撰寫超過二十多本專業著作，並專著關於艾瑞克森及心理治療領域，包括《米爾頓‧H‧艾瑞克森醫師的教學研討會》（1980a, Brunner/Mazel）、《體驗艾瑞克森》（*Experiencing Erickson*, 1985b, Brunner/Mazel）和《米爾頓‧艾瑞克森》（*Milton H. Erickson*，與 W‧麥克‧穆尼恩〔W. Michael Munion〕合寫）。他最近的書有：《催眠引導》（*The Induction of Hypnosis: An Ericksonian Elicitation Approach*）、《經驗式治療藝術》（*The Anatomy of Experiential Impact Through Ericksonian Psychotherapy*, Erickson Foundation Press, 2014, 2015, 2018）。

　　關於催眠和回應：「催眠與其他狀態之間的區別在於回應，人們如何對溝通的暗示做出回應，人們如何對言外之意做出回應……催眠始於人們開始對溝通的暗示做出回應的那一刻。」[2]

　　關於尋找催眠的生物標記：「尋找催眠的生理相關性就像『尋找獵人心中的野兔』一樣。這是 R‧D‧連恩（R. D. Laing）的一句名言……在心理上，催眠所涉及的不是單一的元素，而是多個元素隨著時間發生動態變化的組合。因此，試圖找到催眠的神經學相關性基本上是徒勞的，因為催眠只存在於「狀態」中，而它只是短暫的經歷。」[2]

關於他與米爾頓・艾瑞克森的個人經歷：「我清晰地記得與艾瑞克森在一起時如何被他所感染。在我拜訪他的第二天，我看著他努力從輪椅移動到辦公椅上。然後，他開始透過他明顯的疼痛與我交談，力圖指導我身為人和身為治療師如何變得更有效。我記得我被深深地打動，他會無私地用有限的精力來幫助我。在此之前我沒有遇到任何偉大的人對我有如此深遠的影響。艾瑞克森有一些非凡之處：也許是由於他敏銳的敏感度、尊重獨立的個體、強烈的熱情、獨特的氣質和面對逆境時的生活樂趣。我看到他努力發掘自己的優點，同時這啟發我想要做同樣的事情。」(Zeig, 1985b, p. 167)[1]

關於米爾頓・艾瑞克森基金會的使命：「我們的意圖是將艾瑞克森學派的方法與其他學派區分開來，並迅速將其整合到心理治療的主流中，這一點我們已經做到了。我們不想將艾瑞克森式治療建立為獨立的學派。艾瑞克森的貢獻對心理治療普遍具有相關性，同時現已納入其他方法中，包括認知行為療法。艾瑞克森的工作推進了心理治療領域發展；他不僅僅只是催眠領域的先驅。」[1]

關於大眾如何看待艾瑞克森：「20世紀有許多傑出人物，包括瑪格麗特・米德（Margaret Mead）和格雷戈里・貝特森（Gregory Bateson）都追尋艾瑞克森。他是天才而受人尊重，因其人文主義而備受喜愛。現在，艾瑞克森被廣泛認可為心理治療中最具創新性的先驅之一。艾瑞克森是他那個時代最公開的治療師之一，他在那個專業公眾演示治療還不盛的時期一直在展示他的工作。他的治療很容易被嚴肅地研究和評判。」[1]

關於艾瑞克森的回顧：「我認為艾瑞克森在開創順勢而為原則、為每個人量身訂做治療、使用困惑和多層次的溝通，以及利用已被充分研究的社會心理學影響原則方面處於當時的前沿。但是，不管有多少研究，也無法闡明催眠的本質，就像沒有多少研究能夠闡明愛的本質一樣。艾瑞克森的藝術性不會因為研究而失落。不斷發展的研究闡明了其臨床工作的有效性。艾瑞克森是研究情境效應如何改變行為的

社會心理學家。最近的心理學主流研究是關於啟動等效應的研究，證明了艾瑞克森在應用類比臨床方法『種種子』方面是正確的，這是艾瑞克森最喜歡的方法之一。」[1]

關於艾瑞克森強調個人發展勝過技巧：「在我看來，我們提出了兩個問題：一是，我們如何進行催眠？另一個是，我們將如何成為催眠治療師？我的偏好是第二個問題比第一個問題產生更多的影響。艾瑞克森從未教導我任何技巧。他從未向我解釋如何進行引導，也從未見過我做引導。他從不解釋如何使用困惑技巧，也從未見過我使用困惑技巧。艾瑞克森所做的是經驗式培訓，給我任務、故事、催眠，以及其他能激發我成為最好的傑弗瑞・薩德的事情。他的焦點完全在個人發展上，從內而外地構建一個人最好的狀態。」[2]

關於對治療師個人發展的鼓勵：「我整合了系統治療、完形和人際溝通分析方法。我以艾瑞克森的教學為基礎，並加入了自己的風格和觀點。比起治療師使用的技術，治療師才更是改變發生的原因。一個不斷成長的臨床治療師可以最好地促進個案的成長。艾瑞克森是『人的建造者』，而不是技術人員。同樣，我更注重幫助臨床治療師成為最好的治療師，而不是幫助他們學習治療技巧。治療師的發展還可以激勵和啟發臨床治療師，並消除疲憊。」[1]

關於所謂暗示的「禮物包裝」：「個案將問題包裝在症狀中，治療師必須解開包裝，才能發現問題。同樣地，治療師可以將解決方案和建議包裝在技巧中，例如寓言和隱喻，鼓勵個案激活以實現預期的訊息。因此，治療是交換禮物（以及當下）。」[1]

關於喚醒式溝通的交流：「溝通可以同時是傳遞知識以及喚醒體驗的。科學和數學的溝通提供事實訊息到大腦皮質中樞；而喚醒式溝通則更為模糊，針對更根本的腦區。喚醒式溝通與表達渠道有關，比如聲調、節奏、距離、手勢以及平行語言和非語言溝通。交響樂就是個例子，它剔除了訊息性（事實性）的溝通。音樂更純粹地運用了喚醒式溝通。音樂是一個動詞，它將我們轉化到不同的狀態。如果你看

一部沒有音樂的電影，你不會感受到情感體驗的衝擊。因此，我一直在研究音樂家使用的喚醒式溝通技術，以及我們如何將它們更好地應用於幫助人們改變自己的狀態，無論是在心理治療還是催眠方面。除了音樂家以外，我還採訪了電影導演、作曲家和各類藝術家。我職業生涯的第一部分是模仿米爾頓‧艾瑞克森，現在我在模仿藝術，試圖理解喚醒式溝通的本質⋯⋯我認為臨床治療師應該知道如何使用喚醒式溝通。催眠是喚醒式溝通，用於引起狀態變化。人們不使用催眠來傳達教義性質的訊息。喚醒式溝通是『大腦邊緣系統的溝通』」。[2]

「我的研究領域是大腦邊緣溝通，這是透過觸及邊緣區域的問題—例如創傷—來達到治療的方式。藝術是喚醒式的，並且是被設計來喚起情緒、心情、觀點和『狀態』的變化。藝術是邊緣系統的溝通，邊緣系統共振是進化社會生物學的一部分。動物用邊緣系統溝通，例如手勢和聲音。在社交中，牠們刺激其他動物的情緒，從而帶領往前或退後。人類複雜的語言溝通是建立在這個基礎之上的。治療師可以利用邊緣系統與個案溝通，幫助他們認識到概念、適應性狀態和身分。」

「個案前來的目標是因為他們想改變現有的狀態。他們責任感不強、缺乏動力、失去連結、缺乏專注力等等。治療師需要一種技術來幫助個案改變其狀態。這項技術的語法存在於藝術中。催眠所使用的方法本質上是經驗性的，並且類似於藝術家使用的方法。經驗性方法是喚醒式的，並可促進狀態的變化。如果你想讓別人笑，認知處理是無法提供幫助的。你需要講一個笑話（提供喚醒式體驗）來引起回應。」

關於催眠和艾瑞克森的藝術性與科學：「催眠最廣泛的研究聚焦在現象的本質，而不是臨床結果。20世紀的主要催眠研究者是科學家，而不是臨床治療師。艾瑞克森的第一個職業是研究員，他更像是進行實地研究的人類學家，而不是配備了變異數分析（ANOVA）的現代心理學研究人員。由於還有很多東西需要學習，我希望艾瑞克森的一些研究方法學能夠被重現和現代化。」[1]

資料來源：
1私人交流：2003年1月15日，更新於2018年2月13日。
2私人交流：2010年12月8日，更新於2018年2月13日。

有時候，使用個案的語言並不合適，也不是理想的選擇。如果某人的言語風格過於獨特，或者與個案所屬的特定族群或其他亞文化有關，而你不屬於該族群或亞文化，則嘗試使用相同的語言來建立積極聯繫，可能會被視為明顯的操縱、嘲諷和侮辱。從這種錯誤中改善是困難的。

有些臨床治療師對使用個案的語言有個人抵觸。我曾經與一位著名治療師互動，他認為如果他的個案使用通俗語言描述問題，那麼他的責任就是用正確的科學術語與那個人交流。當我提出我的回應繼續討論時，他說：「我上學不是為了讓我自己看上去像個無知的門外漢。」好吧，我也並不是為了那個目的接受所有的學校教育。但是，術語通常對於從事這個職業的人比對於他們服務的個案來說才更有意義。他是否可以使用個案自然使用和理解的語言與之共事，而不是期望個案使用他的語言，來擴大其工作對象的範圍呢？很可能。公平地說，是否有個案因他用更加冷靜專業的術語來解決其個人問題而感到寬慰呢？很可能。我想說的是，考慮使用個案的語言可能會增強互動的價值。雖然要做到這一點需要很高的靈活性，並且願意按照個案喜歡的方式解決問題。

讓個案從實際體驗中定義術語

因為詞語只是代表相應經驗的符號，使用與個案相同的詞語並不意味著你在描述相同的經驗。因此，讓個案盡可能詳細地解釋他們所經驗到的細節，而不僅僅使用一兩個詞語（如「我有恐懼症」或「我很悲傷」）代表經

驗，這是具有特別價值的。無論個案使用什麼形容詞，都無法完全理解他們主觀經歷的全貌，但是你對他們經歷的定義和描述知道得越多，你就有更多的機會進行有意義的介入。

一些臨床治療師害怕向個案請求澄清，錯誤地認為這會反映出缺乏理解甚至不稱職。因此，當一名個案說：「我有這種可怕的抑鬱症，你知道我的意思嗎？」迫切想證明自己理解的治療師很可能會回答：「是的，我知道你的意思。」臨床治療師可能會透過個人和／或專業經驗了解一些關於抑鬱症的知識，並將此個案歸為其他稱為「抑鬱」者的類別中。然而，這個特定個案的實際體驗是未知的。更有效的回應可能是：「你能描述一下你的抑鬱體驗是怎樣的嗎？」讓個案以自己的方式描述其經歷，可以幫助你更好地了解如何以及從哪裡開始進行干預。我們不斷努力改變的是他們的實際體驗，而不是他們所代表的標籤。

當個案定義所使用的術語時，臨床治療師可以幫助他們重新定義術語，進而改變其代表的經驗。這就是所謂「換框」技術的精髓，透過使用不同的詞語重新定義體驗，從而改變經驗。因此，「廉價」可以改成「財務保守」，「退卻」可以轉化為「戰略性軍事撤退」，「詭異」可以變成「不羈和古怪」。

言語是臨床治療師和個案之間交流的媒介，而詞語越模糊，誤解的空間就越大。這一點強調了你需要對你話語中的隱喻和字面意義保持覺察。如果個案打算從字面上接受你比喻性的事件描述，或者相反，結果可能是不理想的。

使用現在式和肯定句結構

一般來說，暗示應該用現在時態，而且要用個案當前所經驗的術語來表達。當然，大多數治療暗示都旨在以某種方式影響未來的行為，但是催眠——更希望它是當前和未來之間的橋梁。催眠暗示的基本結構是將當前發生的事情與期望的事情聯繫起來：「當你體驗到這個時，你可以開始體驗那個。」不斷地反應當前狀態是必要的，以使從當前狀態到未來狀態的橋梁產生有效的作用。

在治療中直接與時間變量一起工作時，這一點尤其明顯，例如對個案使用年齡回溯。當你處理記憶，與個案用過去式談論已經發生的事時，會產生相對不同且不太深刻的反應，但如果將過去的經歷邀請到當下的場景中，這會使其產生更加深刻的反應。這是催眠可以被當成工具並產生力量的部分原因。與其在理智上闡述情景，取而代之的是從心理上解脫出來，臨床治療師在此時此地重新創造體驗，並處理隨即產生的問題。

前一章已描述了負向暗示。要小心它們被無意中濫用的可能性。一般而言，暗示應該以肯定的方式表達，告訴對方他或她能做什麼，而不是告訴他或她不能做什麼。還記得我曾讓你不要注意你的左耳的結果嗎？建議某人不要做某事與被告知要做某事具有相同的影響，這在一定程度上是因為超越性搜尋，另一方面是因為沒有提供替代的關注點。透過獎勵或懲罰進行學習的類比可能有助於闡述這一點：因為做錯事情而懲罰某人，並沒有告訴此人該怎麼做才是對的。這樣只學會了不要做某事，反覆受到懲罰而沒有提供替代方案會導致沮喪、憤怒，最終到達懲罰不再起作用的地步。

治療的主要目標是提供正向建議，幫助案主發現他或她可以採取哪些不同的措施來解決麻煩的問題。負面建議在小心使用時可能會有效，但是你使用的絕大多數建議需要是正向的，以幫助個案建立有意義的聯繫。

鼓勵和讚美正向回應

鼓勵個案的過程通常是引導個案獲得更高的自我意識，從而能夠識別、承認和運用個人優勢和之前被忽視的資源。通常，尋求幫助的人會感到失控和挫敗。向個案提供表面上空洞的嘉許，會違背他們自卑的低自尊感，因此通常會被忽視（回想一下之前的認知失調討論）。反駁個案負向的自我概括（「哇，我想我確實做得很好！」），引導他們自我認識並肯定和讚美這種認知，在我的經驗中是種強大的干預手段。讓個案獨立得出他或她的情況比之前想像得更好的結論，對他們來說，比僅僅聽我這麼說可能是更深刻的體驗。

一些臨床治療師認為，個案必須被「擊垮」才能「重建」。對於他們來說，治療通常涉及將人歸為病態，關注他或她身上的問題。他們只看到需要

解決的問題，而不是個案的優勢和潛力。我不支持這種看法，我認為個案的行為並不代表個案本人，而是反映了他們不知道的事情、他們已知的事情不是事實，以及在特定時刻所感知到可以選擇的選項。有關這種觀點及其臨床含義的詳細闡述，請參閱《明智的治療師》（ The Discriminating Therapist, Yapko, 2016b）。臨床治療師的角色是提供更適合患者的新替代方案。當新選擇更加適合個案，並且承認一個人的完整性時，改變的過程會更加順利。

鼓勵和讚美個案是暗示的另一個維度，與接受個案的溝通作為促進催眠引導和催眠之順勢而為的治療有關。這是「順勢而為」的本質，源自於米爾頓·艾瑞克森醫生的研究。它的基本實用原則是「接納並順勢而為」個案的反應（ Short, Erickson, & Erickson-Klein, 2005; Zeig, 2014, 2018 ）。順勢而為的巧妙在於接受而不是反駁個案的主觀信念、價值觀和經驗，然後努力發現並順勢運用它們促進改變。例如，如果個案說「我是個不好的瘋子」，而臨床治療師回答「不，你不是，你是個好人，只是有些困惑」，該臨床治療師並未接受個案對自己的看法。接受並不一定意味著同意，只是意味著要接受這個人的看法當作初次接觸的視角。

構建有意義之回應的其中一部分，是確定這樣一種自謙的陳述是真正的感受，還是只是為了得到免費讚美而做的操縱。接受個案如同他或她看待自己的樣子，並回應類似這樣的話：「你現在可能認為自己是個不怎麼好的瘋子，但是我幫不了什麼，不過我注意到你的這種瘋狂在你個人的情況下，部分是合理的，只是你自己還不知道而已。」達成與其合作的第一步，從而使有效的改變成為可能。此外，它允許了這樣的訊息：「沒關係，你現在所做的事情很好，因為這正是實現你所期望的改變所必需的。」不帶批評地去接受當前狀態，有助於鼓勵個案利用干預的橋梁達到預期的目標。

確定問題的權益並解決問題資源

在表達這個概念時，不同的治療方法會使用不同的術語，每種方法都引導個案接受對自己經歷的事情擔起責任。「代理」是最廣泛使用的術語，反映了對個人經驗的所有權和責任。請參閱由史蒂芬·傑·林恩博士編輯的期

刊《意識心理學》（*Psychology of Consciousness*）2015年9月的特別專題。這個特別專題由文斯‧波利托（Vince Polito）、弗萊維‧華特斯（Flavie Waters）和多麗斯‧麥爾文（Doris McIlwain）擔任客座主編，特色是有許多對代理感知及其對不同體驗品質的影響研究。

有些人可能遭受了非常可怕的經歷，而這些經歷不是他們造成的。他們是不幸的受害者，不應該因為受到傷害且無法控制的事件而受到指責。希望他們努力克服這些事件的影響，並找到前進的方法，這就是韌性的本質。

但有時，人們會做出糟糕的選擇或衝動的行為，導致自己或他人受到傷害。如果個案沒有「代理」的意識，他或她可能會感覺自己是該負向後果的受害者，完全沒有意識到所發生的事情與個人責任有任何關係。當個案沒有代理感時，幫助個案以某種有意義的方式改變會變得更加困難。如果你相信你無法控制自己的體驗，那麼試圖激勵你採取行動以幫助自己的嘗試很可能會被忽視或駁回，並出現類似「是的，但是……」這種藉口來解釋為什麼改變無法發生。幫助人們發現他們有力量去控制生活中的事件，或者至少控制對生活中事件的反應，是治療工作的例行和必要組成部分（Yapko, 2016a）。

每一種治療方法的基本目標都是賦予人們力量。人們感受到自己可以影響其生活方式、解決問題並控制症狀的強度時，他們會變得更加健康。因此，治療的基本環節就是讓個案自我定義為改變過程的積極參與者，和解決問題的資源所有者，以使生活變得更美好。

有選擇性地使用感官模式

根據理查‧班德勒（Richard Bandler）和約翰‧葛瑞德（John Grinder）的神經語言學（Neuro-Linguistic Programming, NLP）模型而普及的實用結構（Bandler & Grinder, 1975a, 1979; Grinder & Bandler, 1976, 1981）被稱為「主要表徵系統」。它代表著大多數人都有某個偏好的感覺，這個感覺發展會變得成熟，並且人們在處理日常經驗中也會更依賴它。這是眾多區別人與人之間不同的方式之一。有些人在視覺技能方面更加發達，意味著他們傾向於以圖像方式思考，在思考中能更清晰地記住或想像圖像，以及更完整地處理體驗中的視覺部分。有

些人偏愛聽覺模式，常常以內在對話的形式思考，談論他們的經驗、記憶或想像聽到清晰的聲音和對話，更全面地處理正在進行的經驗中有關聽覺的部分。還有人喜歡運用身體感知模式，透過感受、記憶或想像與各種經驗相關的感覺，過濾反應並更全面地處理正在進行的經驗中有關身體的感受。對於某些人來說，嗅覺和味覺的表現同樣強大，可以塑造情感和行為反應。

主要表徵系統描述了人在某個時間內主導的感官感受，但這不是他所覺知到的唯一感官體驗。而且，這也不是個穩定的現象，因為主導模式會因環境而呈現差異。實際上，在假定所有感官功能完好的情況下，每個人一直都在所有感官中處理經驗。在這樣的情況下臨床關注點的主題，是識別在特定情境下哪種感官體驗方式是主導的，特別是在症狀環境下。如果臨床治療師能夠識別出一個人的主要感官體驗系統，他或她便可以選擇適應該體驗系統的溝通方式，可能透過建立更好的關係來增加對個案有意義的影響和治療效果。

一個人自然使用的語言——特別是述語，包括動詞、副詞和形容詞——反映了他們處理訊息的偏好風格。語言，因為它很大程度上是建構在潛意識層面上，因此反映了在具體詞語中所選擇的內在體驗，從而反映了潛意識的思考模式。因此，如果在討論過程中，我提出一點，聆聽者回應說「我看到你的意思，那對我來說是合適的」，我可以推斷出聆聽者對我的觀點是視覺型。如果聆聽者回應我的觀點說「我聽到你在說什麼，那對我來說聽起來是合適的」，我可以推斷出這是聽覺型。如果聆聽者回答「我感受到了你的意思，這個想法很吸引我」，我可以推斷這是感覺型的。在每個個案中，我可以使用適合首選風格的語言。例如，對於視覺型的人，使用視覺想像技巧可能會很有效，但對具有強烈身體感受傾向的人來說可能會不太有效果（Hoobyar, Dotz, & Sanders, 2013; O'Connor & Seymour, 2011）。

我很久以前發表的一項研究（Yapko, 1981）表明，當引導語言與研究對象的偏向模式相匹配時，他們能夠更深入地體驗催眠放鬆。透過語言匹配來促進催眠，是使用個案語言並承認每個人獨特性的另一種方式。而且，由於所有體驗最終都可以分解為不同的感官元素，強調經驗感官系統的語言模式將比使用更有距離感、知識性術語的效果更強。比如考慮以下說法的效果：

想想在森林裡漫步是多麼愉快……這是非常令人享受的經歷……

與更豐富的感官陳述對比：

你還記得在森林裡散步的情景嗎……看到高大挺拔的大樹和鮮綠的葉子，與陽光明媚的藍天形成鮮明對比……聽到小鳥婉轉動聽的鳴叫聲……和腳步踩碎落葉時發出的清脆聲音……還有輕柔溫暖的陽光透過茂密的樹葉灑在你的皮膚上……感覺到內心深處的舒適和平靜。

催眠體驗可以將個案的情緒和感受體驗放大到更高一層上，適當利用個人的資源促進改變。更強大的力量在於使用情緒、感受上的語言引導，而非吸引意識腦之智力層面的語言，智力層面的語言力量較小，難以引導人類行為。

許多神經科學研究都表明了這一觀點。例如，埃默里大學的研究人員使用 fMRI 測量閱讀涉及紋理的隱喻時大腦體感皮質的活動。「歌手嗓音如絲綢般柔滑」和「他的手像皮革一樣粗糙」等隱喻，會激活感覺皮層。而沒有紋理隱喻（texture metaphors）的類似陳述，「歌手的嗓音很動聽」或「他的手很強壯」則沒有產生同樣的反應（Lacey, Stilla, & Sathian, 2012）。

最好的基礎感官描述是最能影響個案體驗的描述。因此，能夠傾聽個案、識別他或她所考慮的體驗中最依賴的模式，並將催眠過程帶入該模式，這是極大的優勢。透過這種方式，可以建立更緊密的連結，並逐漸引導個案進入不同的感官覺知，因為目標是提供廣闊的體驗，而不僅僅是強化個案已經在做的事情。這樣的引導可以透過轉換成使用個人平常沒注意到的感官系統之語言來實現。例如，面對視覺型的人，你可以提供視覺建議，然後逐漸引導他們進入身體感受領域，改變其典型的感官模式。

當你看到自己坐在那把椅子上時，可以看到每一次呼吸都在舒緩身體的每一塊肌肉……想像每一塊肌肉都在舒展、舒適地放鬆……當你看到每一塊肌肉都在放鬆時，可以開始感覺到手臂肌肉的舒適感……並感受到舒適感持續向身體其他部位蔓延……

持續告知個案終會獲得所渴望和所需要的

雖然向客戶提供相關訊息很重要，並且獲得知情同意的道德實踐也至關重要，但臨床上也有必要不要提供太多有關干預措施的訊息。讓個案有分析和批評臨床治療師正在做什麼的機會，可能會對治療的目標產生反效果。通常對客戶產生影響的是干預體驗中的自發性，而不是解釋你想做什麼。如果我對個案說：「我現在會採用反向心理學策略給你提供一個負面建議，這樣你會認為自己是自發做某事。」我叫你不要做的事情，有多大機率你會回應我想要的結果？答案：零。

選擇性地呈現和隱瞞訊息可能會成為明顯的倫理困境（Nagy, 2011, 2017; Zeig, 1985c）。如果個案不知道臨床醫師在做什麼以及為什麼，該如何提供知情同意？然而，如果他或她確切地知道臨床治療師在做什麼，那麼干預怎麼能成功呢？這個問題需要根據案例來細緻處理，因為治療師會根據個案想要和需要的成功來獲取訊息。

與晚年的米爾頓・艾瑞克森醫師工作最有趣的維度之一，是他有能力讓病人服從他的要求，有時甚至是匪夷所思的事情。艾瑞克森所處的時代，醫生的權威性幾乎從未受到質疑，所以如果他叫病人爬山，以象徵性地獲得更廣闊的視野，病人通常會聽話照做。但在如今的治療氛圍下，更有可能的回應是：「我為什麼要爬山呢？我想要獲取其他兩個醫生的意見。」如果艾瑞克森解釋他為什麼想讓病人爬山，而不是讓病人自己體驗並發現，那麼這樣做是否會達到同樣的治療效果？但是，病人是否有權知道醫生為什麼會做出如此不尋常的要求呢？答案並不總是那麼明確。

人們經常問艾瑞克森如何激勵人們做他想要他們做的事情（Haley, 1973; Zeig, 1980a）。他的答案很簡單：「因為他們知道我是認真的！」信任、共鳴和尊重個案的整體性是催眠互動中的關鍵要素。

給予個案足夠的時間回應

如果你仔細閱讀催眠書籍和語音材料的標題，你會不由自主地注意到

「瞬間」一詞出現的頻率有多高。這些書籍聲稱提供瞬間催眠技巧、瞬間同步、瞬間深度催眠、瞬間催眠引導、瞬間自我催眠、瞬間頭腦控制、瞬間治療成功等等。我的建議是：保管好你的時間和金錢。

每個人按照自己的節奏行事。在催眠過程中，這種特點被放大至成為互動的重要組成部分，而且臨床治療師必須注意到並尊重這種特點。強迫某人按照你的節奏去回應催眠是行不通的。宣傳「瞬間」為理想狀態可能服務的是自我吹噓，但這並不會促進更好、更有效的治療互動。相反地，你必須允許個案以其選擇的速度做出回應。

大多數人不能立刻產生有意義的催眠現象。他們需要一些時間才能做到。對個案的回應設置時間限制大多是初學者會犯的錯誤，這是由於不確定和缺乏經驗造成的。常常，在我基礎的課程中學習催眠的學生，可能會暗示像手臂懸浮這樣的回應。例如，如果個案的手臂不能立即開始舉起，學生可能會變得焦慮並認為個案正在抵抗或有更多其他原因，例如他或她做得不對。如果他們開始重複自己的話和暗示並且繼續糾纏，我會制止他們，並指示他們只需等待。幾乎總是不久之後個案的手臂便開始舉起，學生現在都已經學會需要多一些耐心，讓個案按照自己的節奏回應。

在引導一個人走出催眠狀態的階段，也稱為「解除」或「重新警覺」，這一點尤其重要。我一直不喜歡使用倒數來引導人們走出催眠狀態（如「當我數到三時，你會走出催眠狀態，睜開眼睛，恢復警覺和清醒」）。這迫使個案適應你的專制要求，而不是讓他們自主選擇什麼時候走出催眠狀態。我更喜歡整體性和容許性的結束建議，例如：「當你花時間完成這個體驗時，可以按照你感到舒適的速度讓自己走出催眠狀態……」

讓那個人花時間來充分發展由你引導的催眠反應。不用著急……

僅選擇性地使用觸碰，且一定要得到個案的許可

你能想像深度放鬆、感覺良好、完全投入到某個重要內心體驗中……然後突然感覺到一隻陌生的手碰到你嗎？哎呀！我見過許多本來進展順利的治療過程，卻因為治療師假定已經建立了足夠的互動關係就去碰個案——如

果他們有這樣的考慮——因為有些「喜歡動手」的治療師永遠不會想到這一點。這種碰觸完全是無意的，雖只是對個案支持或同情的善意表達，卻嚴重打擾了個案。因此，獲取碰觸允許的原則對於許多因素而言都至關重要：

首先，觸碰與親密有關，這意味著跨越了一個人的個人空間。有些個案可能會歡迎這種觸碰，但有些人卻討厭被碰觸，會感覺這是對個人領域的侵犯。對於這樣的人，一個疏忽的瞬間，就可能會阻礙或甚至破壞彼此的和諧融洽。

第二，在催眠時，人們通常（雖然並非總是）將注意力集中在一些內在體驗上。意識或回應臨床治療師的觸摸意味著需要重新將注意力回到外在世界上，通常會對更深層次的催眠體驗其發展和維持產生反效果。如果不加區分地使用觸摸，可能會無意間適得其反。

第三，即使對方並沒有感覺到反感，出乎意料的觸碰也可能會讓他／她感到驚訝。當一個人沉浸在某種想法中時，他們可能已經忘記了你在房間裡！突然並意外地感受到有人觸摸自己可能會嚇到任何人，無論是否正在催眠中。

第四，媒體流傳著一個可怕的錯誤觀念，認為催眠是種誘惑脆弱個案的手段。意外接觸的性暗示很容易在這個敏感領域引發不必要的問題。

你所進行的大多數催眠不需要觸碰個案。然而，有時候你會需要，例如在進行疼痛管理個案時要評估個案的麻醉水平，或者當處理一些困難情況時需要提供支持性握手。在催眠中，向個案請求觸碰始終都要保持禮貌，並徵得個案同意，這表現了對其完整性的尊重。在你的催眠個案開始之前，也可以這麼問：「請問⋯⋯在此次催眠中，我會想觸碰你手背以判斷你的鎮痛程度⋯⋯這樣可以嗎？」或者在催眠過程中的某個時刻，你可以請求許可，比如說：「待會兒我會輕輕地觸碰你的手腕。如果你同意的話，請舉起你的食指。」有些治療師偏好做其中的一種，但我個人喜歡兩種方法都用。如果你只想詢問一次許可，我建議你在催眠會談中進行。

使用預示信號來宣布你的意圖

由於上一節所闡述的原因，顯然最好避免透過一些意外舉動讓你的個案從催眠狀態中驚醒。預防此問題出現的最佳工具稱為「預示信號」。預示信號是你意圖的明確公告，能有效地讓你的個案知道你即將採取行動，以避免驚嚇。此外，這還有加深作用，讓個案感到足夠舒適，以至於他或她不必注意你所說的一切。上述的警戒通常會反過來妨礙催眠體驗。

預示信號是你在催眠過程中對即將來臨的事情做出的簡單提醒。預示信號的一般結構是：「在片刻之後，我將〔填空〕。」例如，我可能會說：「在片刻之後，我將保持沉默一分鐘，讓你加深體驗。」假設我已經講了一段時間，如果我突然變得沉默，而個案不知道原因，這可能會造成干擾。通知個案正在發生的事情，他或她就不必猜測。這是更加溫和和尊重的方法，個案會非常感激這種周全的考慮。當你說「稍後一會兒我會……」，然後按照你所陳述的行動，以完全一致的方式跟進，便可以使個案對你的信任達到新的水平，有助於你們未來的合作。

使聲音和行為舉止與你的意圖保持一致

身為熟練的溝通者，你的工具是你的聲音和身體。除了語言以外，你的非語言溝通可以強化或甚至否定你的暗示。為了讓你說的有最大化的影響力，有必要注意眼神接觸、身體姿態、姿勢、觸摸、時間、空間運用、語音語調以及面部表情。如果不能很好地運用這些非語言交流的元素，那麼正向的結果會很緩慢地出現，甚至不會出現。

掌握語音和身體控制在溝通中大有助益，把自己當作途徑將建議傳達給對方。例如當你建議個案放鬆時，控制自己聲音中的緊張，這是可以避免的不協調。又比如，想引導某人進入不同的內在狀態時，依舊使用正常的對話語調，這是另一種可避免的不協調之處。

在給個案示範你希望他或她體驗的舒適感時，熟練掌握如何使用平靜語調和放鬆的身體姿勢是個好辦法。逐漸從你通常的語調過渡到更慢、更舒緩

的語調，在個案的心中建立某種聯想（有些人稱之為「聽覺心錨」），連結到你的聲音和暗示以進入催眠的邀請。建立這種聯想會讓隨後在會話中可以更順暢地進行催眠。一旦個案進入催眠與你的語調產生連結，你就不必正式宣布「現在讓我們開始進行催眠」。相反，你可以運用聲音的關聯引導個案進入催眠狀態。有效地在沒有正式引導的情況下引導催眠。在整個過程中使用舒緩、安慰的聲音也有助於抑制意識分析、使人平靜以及減少防禦性過度警覺的需求。

你的非語言溝通組成部分在為個案產生成功催眠體驗時是非常重要的。製作自己催眠過程的音檔或影像記錄，有助於了解自己在催眠時看起來和聽起來是什麼樣子。通常，人們對自己與他人互動時的樣子或聲音沒有概念，因此從各種來源獲取反應可以具有指導意義。

串聯結構性的暗示

與本章節提供的其他溝通模式類似，這個特定的模式在催眠中也很常見。「連結暗示」（chaining suggestions）意味著將期望的反應與個案當前的體驗串聯起來。目的是建立關聯，因此將個案當下正在做或體驗的，與他想要做或體驗的事情串聯起來。串聯的暗示其一般暗示結構是：「當你體驗〔這個〕時，可以開始體驗〔那個〕。」例如，當你繼續坐在那裡閱讀這些文字時，可以開始注意你的左腳。

如班德勒和葛瑞德（1975a, 1975b, 1979）所指出的，當前和未來經驗之間存在三種關聯類型，連結強度各不相同。對於這三種連結類型，第一個陳述的前半部分與人的當前體驗相匹配（節奏、接受），而第二個陳述的後半部分則暗示了可能的未來經驗（引導、運用）。

第一個連結被稱為「簡單連詞」。它是最弱的關聯詞，僅僅暗示著現實和可能之間的關聯。它使用像「和」、「並」、「但是」等連接詞。例如：

- 你正在看著我，並開始感到舒適。
- 你可以清楚地看到時鐘，但仍然允許時間慢下來。

第二個連結，是稍微更強的關聯詞，被稱為「暗示因果關係」。使用「如同」、「同時」、「在……時」等連接詞來表達。例如：

- 當你感到自己放鬆時，同時可以讓眼睛閉上。
- 你的意識飄出去，同時可以聽到我說話。
- 在你清晰地回憶高中畢業典禮時，你同時感覺自己變得更加自在。

第三個也是最強的關聯詞是「因果謂詞」。它是最強的，因為它表明的不僅與當前和期望的行為有關，而且是一個因導致了另一個事件。例如：

- 深呼吸能讓你更放鬆。
- 改變身體的姿勢會讓你想閉上眼睛。

每個關聯詞都形成了一座橋梁，幫助、引導個案從當前的行為方式做出特定的反應。使用典型的催眠過程「當你 X 時，你可以 Y」這條串聯公式，可能聽起來是這樣的：

> 當你持續看著我時，可以深呼吸……當你深呼吸時，可以允許自己
> 閉上眼睛……當你閉上眼睛時，可以讓思緒飄回到某個具體回憶
> 中……當你的思緒飄回到某個具體的回憶時，可以開始大聲描述這
> 個回憶……當你開始大聲描述這個回憶時，可以……

從結構上看，每個暗示都與前面的回應相連，開始時以回應陳述作為基礎，向個案展示他或她當下不可否認的現實：他或她正在看著我，並因此可以深呼吸。看著某人並深呼吸通常並不相關，在這個例子中只是透過我自己的創建而強行關聯起來。然後，每個反應都被回應（節奏、接受），成為期望回應（引導或運用）的基礎。

以這種方式聯繫起來的暗示是催眠過程的基礎，催眠是個流暢的過程，而非斷斷續續的過程。當然，從語法上講，催眠用語是嚴格文法學家的噩夢，但對於催眠中的人來說，臨床治療師說話流暢、聽起來輕鬆自然就可以了。

運用過程暗示來鼓勵投射

如果你回顧上一章節有關過程暗示的部分，就可以回想起一個基本原則，即提供越多催眠體驗的細節給個案，越會在不經意間產生矛盾的機會。例如「讓你的右手感到更暖和」這個暗示，針對手部溫暖的具體回應相較於普遍性的暗示更加容易被抵觸；「你可能會注意到你有一隻手產生了一定的溫度變化」，後面的暗示中，哪隻手需要變化並沒有被具體指定，也沒有具體指定手會變得更暖或更冷。無論這個人產生什麼反應，現在都可以定義為合作性反應。

完全避免在暗示中使用細節有其難度，甚至是不可能的。並且，也並不總是理想，因為在催眠過程中提供的細節，通常可以使暗示更容易遵循和更有效。學習「具體而言地概括」，也就是在有意識地具體化的同時保持一定的概括性，可以幫助你避免一些暗示被拒絕的情況。儘早注意到你是否根據個案的反應而過於具體或籠統，必要時在接下來的過程中改變你的風格。

逐步建立回應組合

隨著催眠的開始並且逐漸深入，讓個案對你的暗示建立逐步回應是主要目標。如前所述，大多數人不會立即回應或瞬間產生催眠現象。術語中「建立回應組合」指的是與個案建立更全面、更一致的回應暗示之模式。

在臨床環境中最常用的回應組合是被稱為「是的組合」（yes set）的集合，該組合由艾瑞克森提出（Erickson, Rossi, & Rossi, 1976; Erickson & Rossi, 1979）。個案的「是的組合」是種接受性的模式回應——對你提供的暗示表示接受。在催眠過程中建立讓人欣然接受的心態，任何時候都是有價值的，但特別重要的是在開始時就與個案建立治療聯盟。

建立「是的組合」的最常見方式是使用一系列真實句，這些真實句是上一章中介紹的暗示，涉及到做出通用陳述，這些通用陳述似乎是如此顯然的真實，因此沒有合理的拒絕理由（例如「有時人們會驚訝地發現自己知道自己不知道的事情……」）。當你連續提供三或四個真實句時，個案會默默地同

意每一個陳述。如果你同意第一個陳述，然後再同意第二個陳述，然後是第三個陳述，最後是第四個陳述，那麼你對第五個陳述最可能的反應是什麼？同意。個案的反應起點是朝著接受建議的方向發展的。

通常在做催眠時，你的治療過程是從整體概括到具體逐漸推進的。在你要求特定的催眠回應之前，例如止痛，首先必須建立個案回應的起點，來促進這個複雜的回應。所以，你可能要先提供一系列關於如何開始認為自己的身體感覺到可塑性的一般性陳述（像是真實句）。例如：

> 人體是如此複雜，有許多器官和器官系統是如此複雜……有趣的
> 是，我們對身體的感知有時會改變……有時你會感覺溫暖，有時你
> 會感覺涼爽……有時你會感覺身體得到了調整，有時你會感覺與它
> 相距甚遠……

一旦建立了身體感知的普遍變異性，臨床治療師就可以從概括到具體，暗示特定的身體感知變化，如發展鎮痛。身體變異性的「是的」可能先於產生鎮痛的意願或能力。

「是的」是當下顯而易見的原因，因此是最常用的回應組合，但還有其他類型的回應組合。也許有時候你想有意地鼓勵個案拒絕你的暗示，也許是為了培養更大的獨立性，例如使用「否定組合」，其中你提出你知道對方會拒絕的陳述（例如「你能輕鬆地讀懂別人的想法，以了解他們的真實意圖」）。或者，也許有時候你想鼓勵懷疑或不確定性，對於那些非常自信但也非常錯誤的人使用「我不知道組合」，提供關於本次個案本身的不確定性陳述（例如「你真的不知道我會為你介紹哪些想法或可能性將產生最大的正向影響」）。

熟練的臨床治療師已認識到隨著個案的進展建立個案回應的重要性。實際上，如果你問我互動過程中哪個階段最影響催眠個案的整體成功，我會說是有意識地建立反應組合的階段。如果你不能有效地建立反應組合，那麼不太可能與個案發生太多事情。

如有需要，可以將催眠替換成其他詞語

我並不特別喜歡「催眠」這個詞，所以它被稱為催眠還是其他名字並不重要。只要具有暗示效應，無論選擇什麼名字，實際上就是催眠。催眠幾乎是我所知的每種治療模式的一部分，但幾乎總是在另一個名稱下，並編織成不同的概念框架。事實上，我寫了一本關於正念催眠方面的書，名為《正念與催眠：用暗示轉化體驗的力量》（ *Mindfulness and Hypnosis: The Power of Suggestion to Transform Experience,* Yapko, 2011b）。除了名稱外，在引導正念冥想與催眠中的基本原理及作用機制都是相同的（更多有關催眠和平行過程的內容，將在第26章介紹）。催眠未被其他模式認可的核心劣勢，在於實踐類似技術的人沒有意識到嵌入其方法中的催眠價值。催眠與他們的意識相分離，好像它是他們工作中無關緊要的一部分，而事實上催眠在他們所做的事情中具有重要作用。如果他們直接學習和運用催眠原理與方法，而不是擴散或稀釋催眠，這可能會使其他人的工作更加精確。

由於我對催眠這個詞沒有真正的情感依戀，如果使用其他更可接受的名稱且運用同樣的原則和技術又有助於治療，我也會這麼做。例如，如果癌症患者擔心催眠，但真的想體驗預期的視覺化技術帶來的益處，為什麼要講解視覺化是特定類型的催眠技術呢？這可能會產生不必要的阻抗。他或她可能會對視覺化產生負面情感，而不是對催眠產生積極情感。我不需要使用「催眠」這個詞來獲得催眠可以為患者提供的結果。

有很多個案認為「催眠」這個字眼讓人感到害怕和懷疑，但同樣的，個案卻很樂意學習「漸進式放鬆」這個具體的催眠引導技巧。重要的不是向你的個案推銷催眠，而是幫助他們獲得正向和治療性的體驗。如果個案對之前有過的任何催眠經驗產生了負向反應，你可以選擇使用其他術語來標籤你的干預。一些可能的替代術語包括：

- 肌肉逐漸放鬆法
- 管理放鬆
- 引導放鬆

- 深度放鬆
- 視覺呈現
- 視覺想像
- 引導想像
- 引導虛幻
- 引導冥想
- 心理意象
- 選擇性注意力訓練
- 系統化注意力訓練

這些術語是否都代表催眠？從技術上來說，答案是否定的。這些方法在一些重要的面向存在重疊，但也存在差異。然而，在臨床實踐中，當我們想要做的只是幫助個案集中注意力，並發展重要的個人資源時，沒有必要為相對較小的差異爭論浪費時間並創造衝突。催眠可能在不需要確定它的情況下生效。如果以另一種方式稱之且對個案有效，這似乎是明智的選擇。

總結

儘管本章涵蓋了一些催眠溝通的基本組成，但顯然無法涵蓋催眠時固有的所有細微差別。你可能會想到，討論原則時總會有例外。

表 12.1 總結了此處討論的模式。

表12.1 一些有用的催眠溝通模式

保持你的暗示簡單易懂。

避免使用小花招和小玩意，它們通常會分散注意力，甚至顯得俗氣。

盡可能合理地使用個案的語言。

讓個案從實際體驗中定義術語。

使用現在式和肯定句結構。

鼓勵和讚美正向回應。

確定問題的權益並解決問題資源。

有選擇性地使用感官模式。

持續告知個案終會獲得所渴望和所需要的。

給予個案足夠的時間回應。

僅選擇性地使用觸碰，且一定要得到個案的許可。

使用預示信號來宣布你的意圖。

使聲音和行為舉止與你的意圖保持一致。

串聯結構性的暗示。

運用過程暗示來鼓勵投射。

逐步建立回應組合。

如有需要，可以將催眠替換成其他詞語。

討論

1. 當你被不太熟悉的人自然地觸碰時，你會作何反應？即使意圖良好，自然的觸碰也可能被視為界限干預，為什麼有些人不喜歡被觸碰？

2. 如果有的話，你對訊息處理最發達的感覺模式是什麼？這對你的干預風格有什麼影響？它在你的生活中有哪些優缺點？

3. 語言是否在潛意識層面形成？你是如何知道的？

4. 哪些溝通模式好像可以幫助你更全面地體驗催眠？為什麼它們似乎對你有那種影響？

5. 「個人責任」是什麼？當他人的行為明顯不斷地影響我們時，我們的個人責任究竟有多大？如何知道有人沒有承擔個人責任？

任務清單

1. 分析市售催眠錄音的溝通模式。哪些模式對你來說特別有效？哪些對你來說造成了分心？

2. 列出你認為有價值或有趣的五種治療方法（例如認知的、行為的、精神分析），並列出與它們相關聯的主要技術。催眠如何成為這些方法的一部分？

3. 針對本章討論的各種模式，列出至少一種不適用的情境。

第13章

催眠引導的結構化技巧：
做催眠

　　本章將討論催眠引導和個案催眠體驗的加強（「深化」）。當治療師說「好的，讓我們開始吧……你可以調整到舒適的姿勢」這些話時，表示他們要開始引導過程了，他或她已經清楚地將個案導向即將開始的催眠引導。治療師還表明，個案現在應該把注意力集中在治療師的建議和眼前的事情上。

　　人們經常自發進入體驗沉浸、專注和分離意識的狀態，即使沒有任何正式的催眠引導儀式。這導致許多專家，特別是持有社會認知觀點的催眠專家，開始懷疑催眠引導是否為進行催眠的必要組成，因為有大量研究表示，人們可以毫不費力地產生催眠現象，即使不進行正式的催眠引導程序（Lynn, Maxwell, & Green, 2017; Reid, 2016b）。針對這一點的討論，許多著名的社會認知研究人員表示：

　　　儘管催眠暗示可以在意識上產生明顯而深刻的改變，但我們對此有
　　　些小疑問，這些發現並不能證明某種具體的狀態影響了催眠反應；

在沒有催眠引導的情況下，治療師要求個案「保持清醒和警覺」並提供建議，同樣可以實現相同的催眠反應模式，並且明確要求個案不要「進入催眠狀態」。

（Lynn, Green, Kirsch et al., 2015, p. 392）

人們可以透過各種方式對暗示做出反應，即使被告知要保持不進入催眠狀態，也可以很好地解釋為什麼許多不同類型的治療方法，基本上是非催眠狀態的，也都可以產生良好效果，以及為什麼許多不同風格的催眠都可以產生戲劇性的催眠現象。人們會對暗示有回應。催眠研究發現，相異的風格和方法使得所有催眠經歷都可能是同一種「特殊狀態」變得不太可能。林恩、格林、克希等人明確表示：「注意力和整體催眠體驗通常在個體內外的每個瞬間都有所變化，因此是否應當將催眠描述為單一或具體狀態，值得我們深思。」

表13.1 正式催眠互動的階段

建立治療聯盟

引導導向催眠（催眠的理解與解釋）

注意力吸收（建立起始點）

催眠引導（吸引注意力）

深化（強化）

建立反應組合（增加反應點）

催眠順勢而為（治療）

催眠後暗示，在治療後產生並達到自動化

結束，脫離

對治療師的建議是，每個人進入催眠的路徑都不同，每個人的催眠體驗也不同。從這個意義上講，引導是向個案發出邀請，讓他們創造自己的路徑和體驗。

從理論上講，人們很容易受暗示，引導催眠不應該是件特別困難的事情。事實上，通常來說並不困難，儘管個案可能注意力不集中、動力不足、

對催眠抱有負向期望、害怕催眠，或者如果溝通和影響的人際動態沒有在恰當的情境下被巧妙地應用，這可能會使催眠變得困難。

催眠互動可以被看作是在多個階段進行的，正如表13.1所示。每個階段可以進一步分解成子元素，這些是關於一步一步進行催眠的詳細考慮，將在本書中逐步呈現。

催眠引導具有多重目的

正式開始催眠引導之前，你會與個案面談，了解其主要問題和目標，並希望建立正向的治療關係。一旦你決定將催眠引入治療過程中，透過「催眠引導前的談話」，你將向個案介紹催眠，解釋其好處和目的，並為其潛在價值建立正向預期（Gibbons & Lynn, 2010; Lynn & Green, 2011; Meyerson, 2017; Nash, 2008b）。

臨床背景下的催眠引導過程有多個目的：

1. 提供明確的刺激因素，使個案能夠集中注意力，在日常意識和催眠專注體驗之間建立橋梁（Jensen, 2017a）。
2. 將注意力集中在特定的暗示體驗上，吸引並占據個案的注意力。藉由縮小注意範圍，提供暗示注意或經歷，有效地將一個人的注意力從其他競爭的意識中分離出來，同時還可以刺激自發性的潛意識聯想。實際上，這是催眠引導的主要功能：促進注意力沉浸以及意識與潛意識功能的分離。出現的解離程度提供了一種相對可催眠性、非自願回應的潛力評估。
3. 允許建立「反應組合」，幫助個案進一步對治療師給出的建議做出更高級別的回應。
4. 激活涉及催眠反應的各種大腦系統（Woody & Sadler, 2016）。

「催眠引導」一詞暗示了治療師正在對個案進行某些行為。催眠語言有時有局限甚至具有誤導性，因為個案不僅是治療師暗示的被動容器（Jensen,

2017a; Zeig, 2011, 2014, 2018）。相反，個案是塑造互動的主動力量，治療師必須有意義地回應個體的獨特反應。「引導人進入催眠」這樣的描述可能更準確地代表了治療師的角色。在催眠引導下，你不知道個案正在經歷或即將經歷的精確體驗，因此給予個案空間，讓個案自己體驗催眠不僅是理想的，而且也是必要的。引導一個人進入催眠的過程是個重大責任，因為你變成了主要焦點，個案現在聚焦在你透過暗示刺激所產生的聯想。

我們可以把催眠引導過程看作是催眠體驗的刺激物，在整體互動中顯然發揮著重要作用，因此，決定使用哪種催眠引導方法是值得額外思考的問題（相關引導議題和動力學的一系列優秀文章請參見《美國臨床催眠雜誌》2016年10月特刊，由 V・K・庫馬〔V. K. Kumar〕客座編輯的「催眠引導技巧」專題）。有多少催眠引導方法就有多少催眠從業者，由於列出所有方法既不實際也不可取，我只列了幾種較為常見和有用的方法（有關更廣泛的催眠引導方法，請參見 Barabasz & Watkins, 2005; Gafner, 2006, 2010; Gafner & Benson, 2000, 2003; Gibbons & Lynn, 2010; Zeig, 2014）。心理學家馬克・詹森（Mark Jensen）的書《催眠引導的藝術與實踐：臨床治療大師最愛的方法》（*The Art and Practice of Hypnotic Induction: Favorite Methods of Master Clinicians*, 2017a）由於其形式而成為引導過程中特別有用的指南；每個著名的貢獻者都描述了他們在選擇催眠引導方法時考慮的因素，並詳細考慮了催眠引導中採用的每個暗示的意圖。

我將引導的方法大致分為兩個類別：正式的結構化催眠引導，會在這個章節中介紹；以及較不正式的、對話式的方法，將在下一章中描述。

正式、結構化催眠引導

本章剩下的部分是關於正式、結構化催眠引導，這是較傳統的催眠方法。使用「傳統」一詞來形容這些引導式催眠，我有兩個意思。第一個是字面上的意思，「傳統」意指這些技巧已經被有效應用了很長一段時間，並且是從一代又一代的催眠師手中傳承下來。我對「傳統」的第二個理解，是它與更傳統的催眠模式相關，其中催眠引導的過程一般更具指導性和儀式化。傳統催眠強調透過正式和標準化的引導儀式，來明確定義該互動為催眠，並

以此評估個案的被催眠能力。因此，重點是確定個案如何對非個人化的暗示做出反應。這種方法與根據個案的獨特特點調整方法的觀念形成鮮明對比。精神科醫生赫伯特・斯皮格爾（1978/2004, p. 28）描述了用這種不變的結構方法進行催眠引導的基礎：

> 透過使用標準化的引導步驟，這些步驟涉及對生理、行為和現象學反應的系統性詢問，可以最小化不同催眠操作者對被催眠者表現出的可變因素之影響，並可以系統化地記錄受試者的被催眠能力。

除了逐字稿和催眠腳本，每一個正式、結構化催眠引導都至少有關鍵短語和關鍵概念，這些是技巧上不可或缺的。因此，必須存在這些關鍵短語和概念，以便使用該技巧。簡單地說，如果你沒有使用這些單詞和短語，那麼你就沒有使用這種催眠技巧。在運用催眠以促進個案在體驗中產生某些療效時，治療師可能會選擇採用結構化的方法，但是會根據個案的具體需求或特點改變某些措辭（Weitzenhoffer, 2000; Zeig, 2014）。

◆ 根據需求調整催眠方法

這些技巧在臨床催眠實踐中非常重要，應當作為催眠的基本功來掌握。你所累積的催眠經驗將會讓你看到，即使是完全相同的技巧，你也會得到各種各樣的反應，因為人們之間的差異很大。這就需要你掌握許多不同的方法，這樣當需要時就可以從一種技巧切換到另一種適當的技巧。在進行有效催眠引導的過程中，最重要的技能之一就是要有足夠細心的觀察，注意並運用你得到的反應，以便在符合目標的情況下加強它們，或者在不符合目標的情況下切換做其他事情。

如果因為某種原因讓你所做的催眠無效，你可以靈活地轉換到另一種技巧或風格。如果個案沒有融入，或者更糟的是對這種方法產生了負面反應，當這種技巧沒有得到你想要的反應時，你可以不必堅持使用這種技巧，半途停止這種技巧是完全可以接受甚至是值得做的事情。在中途順利切換的關鍵在於向個案做出過渡性陳述，從目前所處的位置引導個案到你想要他們去的位置。你永遠不應該評價說：「嗯，這個無效，讓我們換一個試試。」相反，

你可以提供一些更接納和自然的建議，比如：

> 這就對了，你可以繼續感覺到自己在椅子上移動，想要放鬆……你
> 還可以開始意識到，在你想要的舒適體驗下，不需要注意到我在說
> 什麼，你不需要聽我說話，這也挺好的……所以，比起聽我說，為
> 什麼不讓你的思緒飄到更加舒適的地方呢……你自己會發現到某種
> 專注，幫助你用自己的方式來更加放鬆……

這樣的說法允許個案以自己的方式發展催眠體驗，而不必因所謂的阻抗
而受到質疑，或者必須堅持不夠有效的技巧。

本章剩餘部分中會談論一些技巧、與該技巧相關的基本概念，以及相關
用語的簡短示範。

開始催眠過程

催眠引導開始時，你可能會希望從個案那裡得到一些最基本的回應。儘
管人們在身體活躍、頭腦清醒的情況下，甚至可以體驗到催眠和產生催眠現
象（Bányai & Hilgard, 1976; Wark, 1998, 2015），但在臨床環境中，讓個案感到舒
適和建立感受性是很重要的基本要素。

直接或間接地暗示個案採取舒適的身體姿勢是很好的開始點。很多被催
眠的個案會出現稱為僵直現象的反應——身體完全不動，而在催眠過程中，
重新調整身體姿勢會耗費額外努力，因此我們必須先確保個案從一開始就處
於舒適的姿勢，能夠毫不費力地保持一段時間。有時候調整身體姿勢所需的
效果似乎是如此巨大，以至於人們會選擇不耗費精力，讓自己處於不舒適的
位置，雖然這看似令人困惑，但它告訴你一個人可能多麼沉浸在催眠狀態
裡：即使是簡單的身體變化也會分散太多注意力和精力而不想做。

第二個考慮因素可能是暗示一個舒適的呼吸頻率。當你累積更多經驗
後你會注意到，預期和入迷有時會導致個案不規則地呼吸，甚至會下意識地
屏住呼吸。你可以鼓勵他們緩慢、有節奏地均勻呼吸，這有助於放鬆。事實
上，許多形式的專注方法，特別是正念冥想，通常以呼吸作為主要的引導焦

點。呼吸是不可避免的，因此請放心，它是值得信賴的潛意識過程之具體表現。呼吸是好的！

第三個考慮因素是幫助個案更加關注自身內在，暗示在開始時閉上眼睛通常是個好主意。閉上眼睛可以阻擋外部干擾，鼓勵聚焦內在，減少外在的影響，將注意力聚焦於治療師的暗示，從而促進催眠引導。有一個例外是「眼球固定」技巧，本章後面會提到，它鼓勵眼睛閉上作為催眠引導的結果，而不是催眠引導的開始。

建議個案閉上眼睛可以直接或間接進行。通常，我會建議：「當你準備好時，可以讓你的眼睛閉上並開始建立內在的專注。」這是個簡單直接的語句，人們很容易接受。模仿眼睛閉上的動作也是個好技巧，你可以慢慢閉上自己的眼睛，同時建議個案：「你可以閉上眼睛……現在……讓自己舒適地放鬆。」但你自己不要一直閉著眼睛，因為了解個案的反應只能從觀察個案的身體變化得到，如果你的眼睛一直閉著，就觀察不到個案了。在整個對話過程中，將注意力放在個案身上是個好習慣。如果你沒有注意到個案的反應，就無法順勢運用這些反應了。

一定會有一些個案不想閉上眼睛，但仍然願意跟隨你的催眠引導。有很多不同原因，可能是某些人在催眠時閉上眼睛會感到不舒服，但最常見的原因是曾經歷過的創傷導致過度警覺。對於有些人來說，他們只是在監控周圍環境，以便及時發現潛在危險。但對於某些人來說，一旦閉上眼睛，他們馬上就會回到創傷經歷裡，所以會迅速睜開眼睛以遠離這個創傷。無論何時都要尊重和接納個案，因為即使某人的眼睛是睜開的，你仍然可以有效地進行催眠。最終，隨著對你和催眠的舒適感增加，當這樣的個案能夠舒適地閉上眼睛並沉浸在某些正向的事物中時，這就是很大的進步。

在這個開始階段的最後一個考慮因素，是運用個案提供的任何行為作為進入催眠的基礎。這是催眠中所謂順勢而為的做法，可以藉由回應個案的行為並將他們與放鬆和進入催眠的暗示聯繫起來。比如：「你每次移動椅子都會讓你感覺更舒適……每次呼吸都可以緩解和放鬆你的身體……」。

隨著個案對治療師所做的催眠引導感到更舒適並有更多回應，催眠引導現在可以順勢進行。以下是催眠引導的具體技巧。

◆ 漸進式肌肉放鬆技巧

　　放鬆有助於減輕壓力、焦慮、改變恐懼和防禦心理，為個案提供賦能感受。當你越放鬆時，事情看起來就更容易處理，不會那麼不安。當然，催眠遠遠不只是放鬆，但放鬆常常被用作這些方面的治療墊腳石（Barabasz & Watkins, 2005; Nash, 2008b）。

　　漸進式肌肉放鬆（PMR）技巧最初是由埃德蒙·雅各布森（Edmund Jacobson）在他1934年的著作《你必須放鬆：減輕現代生活壓力的實用方法》（ *You Must Relax: A Practical Method of Reducing the Strains of Modern Living* ）中介紹的。（如果他認為1934年的現代生活很艱難，那麼……）此技巧在他1938年的著作《漸進式放鬆：肌肉狀態的生理和臨床研究與心理學和醫學實踐中的意義》（ *Progressive Relaxation: A Physiological and Clinical Investigation of Muscular States and Their Significance in Psychology and Medical Practice* ，在1974年重新出版）中變得特別流行。最初的技巧是有意識地依次在身體的各個肌肉群中製造緊張，然後提供放鬆的暗示。目前大多數人在催眠中使用漸進式肌肉鬆弛法的方式是僅提供放鬆的暗示。鬆弛和緊張相結合的方法簡稱為「深度肌肉鬆弛法」。

　　身體可以根據你想要的多寡分為少數或者多個具體的肌肉群（雅各布森建議是16個），這取決於你認為催眠引導過程需要多長或多短（McCallie, Blum & Hood, 2006）。你可以從個案的頭部開始，向下引導至他／她的腳部，或者相反，這只是出於個人喜好。我最常被問到的問題之一是從身體的哪個部位開始。向下引導意味著進入「下沉催眠」的暗示。但通常身體放鬆比心理放鬆容易實現，因此向上引導將使人的頭腦處於最後的順序。根據我的經驗，兩全其美的方法是取決於哪個方向順序可能更有效。

　　可以這樣使用漸進式肌肉放鬆技巧：

> 稍後，我將開始描述你身體的各種肌肉……當我說它們放鬆時，你可以注意到這些肌肉可以輕易放鬆下來。你會感覺越來越舒服，你就像這些肌肉一樣放鬆……當你繼續緩慢輕鬆地呼吸時……你可以注意到你的腳部肌肉開始放鬆了……你可以感受腳趾、腳弓、腳踝所有的肌肉都輕鬆地放鬆下來了，甚至感受到舒適的安定感，輕鬆

地放鬆下來……現在，你可以注意到小腿和脛骨的肌肉正在放鬆，越來越舒服……現在，你膝蓋周圍的肌肉可以放鬆了……現在，你的大腿肌肉感覺更加放鬆和舒服……現在，你的臀部肌肉可以放鬆了……現在，你可以感覺到腹部和下背部的肌肉放鬆，感到放鬆舒服……隨著每次呼吸，背部和胸部的肌肉放鬆，你可以感到越來越舒服。接下來，你的手臂會變得沉重並感到舒服……現在，你的頸部肌肉可以放鬆……最後，你的臉和頭部肌肉可以放鬆，讓你感覺非常舒服，比過去很長很長一段時間都要來得放鬆……

上面的例子是個簡短版的催眠引導過程，可以根據實際過程加長並且更緩慢。你可以在每個具體的肌肉群中重複，緩慢地提出舒服的暗示，以滿足個案的需求。你排列順序的速度必須根據個案的反應而定。如果個案很緊張，你可以慢一點，或者如果個案能夠快速地感到舒適和專注，你可以加快速度。如果過程過於快速，會讓個案感到著急，而如果進程過於緩慢，個案可能容易分心和失去興趣。記住，當你的暗示與個案的持續體驗不符時，他們很容易產生阻抗。

漸進式放鬆肌肉技巧可能需要相當長的時間，也許長達 20 分鐘，但通常只是在最初如此。反覆練習後，身體放鬆的連結會自然產生，通常在個案練習這種技巧一段時間後，放鬆反應會很快地出現。經過一段時間的練習後，按順序只需提到身體部位而不再提到所有詳細的放鬆暗示，就可以讓個案條件反射地產生放鬆反應（Benson, 2000）。這就是為什麼治療師只在一開始用這種冗長而詳細的技巧來做催眠引導，要不然每次治療都要花上太多時間進行催眠引導。將你的催眠引導錄音提供給個案，以加速條件反射的過程，並為他們提供你不在場時可以自己感到舒適的方法，這也是非常有價值的。

第二種漸進式肌肉放鬆技巧的變化，包括相同的條件制約或聯想原則。在過程中使用倒數，將數字跟每個肌肉群連結一起（例如「10……放鬆你的腳……9……放鬆你的小腿和脛骨……」），在治療後半段，你可以簡單地按照已建立的順序向下倒數，每個數字都可以觸發該對應肌肉群的放鬆反應。

漸進式肌肉放鬆技巧的第三種變化稱為「深度肌肉放鬆」技巧。在這種

原始的雅各布森技巧中，身體漸進放鬆的順序過程是相同的，但個案同時還被指示有意識地緊縮特定肌肉群。告訴個案在特定肌肉群裡保持約10秒鐘的緊張狀態，然後放鬆。肌肉會有立即和實際明顯的放鬆。請自己嘗試：握緊拳頭並緊緊地握住10或15秒鐘。你很快便會注意到手變得更暖，然後發麻，在短時間內，它實際上可能開始因你製造的過度緊張而顫抖。當你不能再保持拳頭的緊張狀態時，請放開並讓手放鬆。感受肌肉放鬆的感覺。現在想像一下，如果你對身體的每個肌肉群都這樣做，你會覺得如何！會有非常深度的放鬆。

這種方法尤其適合具體思考的人（需要直接和馬上體驗到緊張和放鬆之間的對比），以及通常很難放鬆的人。這個緊張－釋放的衝擊在一定程度上有效，因為生理上，當肌肉緊張時，必須先放鬆才能再次緊張。肌肉會進入所謂的「不反應期」。你甚至可以預先向個案介紹肌肉生理學的這個解釋，以說明這種技巧「保證成功」。（然而，你不需要告訴他或她的是，不反應期只會持續幾秒鐘。）

重要提示：漸進式肌肉放鬆技巧的變化是最容易做到且最有效的引導方法之一。但需要注意一點：我認識的大多數人在使用催眠時，傾向於用他們個人喜歡的引導方法。我建議你考慮個案的心理需求，而不是根據你的風格使用最喜歡或最有效的方法。在學習每個引導方法時，要考慮哪些人適合這種催眠引導，哪些人會效果不佳。例如，漸進式肌肉放鬆技巧適用於關注身體的人群，因此在使用這種以身體為中心的技巧來協助處於疼痛中或其身體關係紊亂的人時，一般不建議將這個方法作為開始點。你知道為什麼嗎？

◆ 放鬆場景體驗

這種技巧是向個案提出暗示，讓他們在某個特別的地方體驗和自己在一起，讓他們感到放鬆、安全並享受整個幸福的氛圍。當你描述那個特別之處的細節時，個案可以感受到越來越沉浸在暗示的氛圍裡，好像真的在那個地方一樣。

首先，你可以直接問個案是否有什麼特別的地方，無論是真實的還是想像的，他或她喜歡去放鬆，逃離日常壓力或者只是感覺舒適的地方。如果個案能提供這樣的地方，那麼你可以在催眠引導裡，將該處舒緩的特質提供給個案。

　　第二個選擇是你選擇了你相對有把握會讓個案感到放鬆的地方，比如花園、草地或吊床。但這是個潛在的危險選擇，因為除非你詢問個案，否則你無法知道個案對你所選擇的地方有什麼感受。如果你為個案選擇了地點，重要的是要詢問：「你曾經去過海灘、山區、美麗的花園等地方嗎？你在那裡的體驗如何？」這樣能夠避免你帶個案去往你喜歡但個案不喜歡的地方。當然，個案的非語言反應在你進行引導過程時也是很有價值的，但這要在你開始催眠引導之後才能發展並進一步觀察到，而不是在你開始之前就採取預防性措施。

　　第三種選擇是在你的催眠引導過程中避免提及具體地點，而是使用沒有內容的過程性暗示來促進體驗。稍後我會更詳細地談論這一種選擇。

　　向個案提供特定地方的詳細訊息時，你可以使用個案在描述該處體驗的過程中，所用的相同或類似感官詞彙。這可以使個案更深度地沉浸在暗示的體驗中，因為你正在使用他或她已經告訴你具有重要意義的細節。提供其他感官感受的附加暗示詞語，可以豐富整個催眠引導，使個案更加深刻感受在那個地方的體驗。當個案更加參與在暗示的體驗裡，他／她就更加與當下的狀態解離，與當下外在情境脫節，這會提供更有意義的催眠體驗。

　　以下是個豐富內容、放鬆的場景催眠引導範例。這些暗示都與在海灘上的經歷有關，首先提出視覺方面的暗示，然後是聽覺和身體感覺的暗示：

> ……在你的生命中，你曾經有過這種體驗，就是非常靠近海洋，看到它的美麗和廣闊無邊……你可以開始看到……現在心中的海洋……巨大而神祕，你所能看到的範圍內，海洋覆蓋了整個地球……在地平線遠方，你可以看到遠航於海上的船隻和小船……你可以看到和聽到前方無限延伸的波浪，它們輕柔有節奏地拍打著沙灘……你甚至可以聽到它們輕柔地退回海裡……這溫和的聲音如此

舒緩……你可以感受到清涼的海風在你臉上……如此清新放鬆……
讓你深深地感到平靜。海水的氣味是海灘上特別令人著迷的部分，
就像你腳底下細柔的沙子一樣……

無論你使用什麼特別的地方，無論是海灘、森林、藝術博物館，還是
任何個案感到舒適的地方，這個地方都充滿了感官上的樂趣，運用這些細節
幫助你的個案進入催眠狀態。盡可能地使用感官描述性語言，以促進個案能
全方位體驗。你提供的感官細節越多，個案就越能將自己與那個地方連結起
來。然而，請注意，你提供的細節越多，越可能在無意中提供了與場景不符
的內容暗示。

預防性的解決方案是使用過程暗示，以帶出放鬆的體驗。如果你提供的
細節很少或根本沒有細節，個案仍必須對你的整體暗示做出回應，這極大地
降低了不匹配的可能性。然而，這種引導方式的缺點是它更簡短、更重複，
沒有體驗的細節，談論的東西就會少得多。

放鬆場景催眠引導的過程可以如以下敘述：

當你舒適地坐著，閉著眼睛，你可以讓自己的思緒回到愉悅的回憶
裡，或許是你曾經去過、感覺特別美好的地方……那裡讓你感覺非
常舒適、安全和快樂……或是你想創造並前往的地方，在那裡你可
以完全感受到內心的寧靜……你現在可以在腦海中去那個地方，感
受自己在那裡，感受到你想在那裡體驗到的舒適感覺，並注意到那
個放鬆的地方的具體聲音，它帶給你極大的舒適感……你可以在腦
海中看到那個地方的畫面，注意到它對你的吸引力，你在那感覺
非常好……

你不需要知道個案選擇的特別地方，仍然可以詳細描述那個地方的感官
細節。只要是個案能感到舒適的地方，這個技巧就會有效。請注意，在上面
的案例裡，暗示是「創造並前往你喜歡的地方」。如果個案沒有自己感覺良
好的特別地方（治療有被虐待創傷的人時很常見），那麼他或她可以想像創造
這樣一個地方。這個「安全的地方」可以成為往後治療裡非常有用的工具，
超過催眠引導的效果（Covino & Pinnell, 2010; Gerge, 2018; Rhue & Lynn, 1993）。

◆ 眼球固定技巧

如果不是最古老的催眠技巧，一定也是最古老之一，「眼球固定」技巧是經典的催眠引導技巧。這種技巧在電影中廣為使用，經常被傳統催眠師使用，這個技巧需要讓個案凝視某些特定的刺激物（Barabasz & Watkins, 2005; Nash, 2008b; Weitzenhoffer, 2000）。刺激物可以是任何東西：天花板或牆上的一個點、治療師的拇指、搖擺的懷錶或水晶球、壁爐、蠟燭、水族箱、沙漏等任何東西。使用能夠吸引個案注意力足夠長時間的東西，只要能讓個案相應引導做出反應的任何物品，都可以用於這種技巧中。

當個案注視刺激物時，會提出暗示鼓勵他或她注意每一個可觀察到的細節，並且當注視點固定時，他或她可以感受到眼睛變得更加放鬆，甚至疲勞。當這種技巧正確運用時，其中存在一些詭計。個案的眼睛應該抬高到眼眶內，這樣治療師就能使生理機制發揮它的優勢。眼睛的疲勞會自然發生，因此個案確實會體驗到眼睛的沉重和疲勞，正如治療師所暗示的一樣。但是個案自然會將疲勞的感覺歸因於臨床治療師的暗示，而不是生理學。因此，治療師的可信度就會提高。

眼球固定引導方法可以這樣述說，以被動說法的過程呈現：

> 當你聽著我的聲音，可以讓你的眼睛在房間裡搜索，找到一樣特別吸引你注意的地方或事物……當你找到這個具體物品時，可以讓你的頭輕輕下垂，同時讓你的眼睛向上看那個物品……很好……現在你可以繼續看著它，你可以注意到它外觀的每個細節……當你繼續放鬆身體看著它時，是否注意到你的眼睛變得越來越沉重？當你專注地注視那個物品時，你的眼睛變得更加疲憊，你的眼皮變得越來越沉重……一旦你意識到必須很努力才能保持眼睛睜開時，可以讓眼皮慢慢閉上……隨著眼皮閉上，你可以沉浸在這份非常舒適放鬆的身心狀態……

提到個案眨眼，按照眨眼的節奏來說話，甚至模仿閉眼的動作，可以進一步增強你建議個案閉上眼睛的暗示。如果在合理的時間內（不要著急！），個案仍未閉上他或她的眼睛，你可以切換技巧，或者直接建議他們

閉上眼睛，比如：「你可以閉上你的眼睛……現在。」如果你仍然沒有得到眼睛閉上的效果，你可以詢問個案他或她的感受：「因為一些原因你還沒有閉上眼睛……隨著你意識到這個原因……如果你願意，可以告訴我這個原因……這樣可以更容易讓你感到舒適……」或者還有另一種選擇，你可以鼓勵個案與你協調，以獲得閉眼的效果。例如：「保持眼睛睜開……學習有意義的事情時……以積極的可能性睜大眼睛……」

在我個人看來，我不是眼球固定技巧的愛好者，但由於它被如此多人廣泛使用，我認為有必要包含在這個章節中。這樣，你就可以自己決定什麼是有用的，什麼是沒用的。為什麼我不喜歡這種方法？在某些個案身上，閉上眼睛可能需要一段時間才會發生，因此可能會不必要地成為個案和治療師之間「意志之爭」的戰場。早期文獻通常在個案經過很長時間仍未閉上眼睛時，會花費大量時間考慮應該怎麼做，一般建議將其視為阻抗並進行分析和挑戰。我覺得只需建議閉上眼睛，然後繼續引導過程就可以輕鬆許多。

即使個案睜開眼睛，他們仍可能處於催眠狀態，正如前面所討論的。敏銳的觀察力會告訴你這一點，也許可以讓你避免不必要的自我懷疑，或對個案是否適當體驗到催眠產生對峙和爭執。

◆ **數數字方法**

催眠引導的數數字方法通常是向下倒數，暗示「向下」到更深的催眠狀態中，並在數字之間穩定地提供放鬆和舒服的暗示（Erickson, Rossi, & Rossi, 1976）。首先，暗示在數字之間集中注意力和舒適度的過程越慢、越詳細，越好。與漸進式肌肉放鬆技巧一樣，個案可以透過放鬆體驗和催眠後暗示而被制約，之後在數字之間的建議可以越來越少，最後只需透過簡單的倒數，便能完成足夠程度以進入催眠狀態。

該技巧因其簡單性而廣受歡迎，以下是一個例子：

> 稍後，我將開始從 10 數到 1……當我緩慢倒數時，你可以隨著我所說的每一個數字更加深度地放鬆……當我最終數到 1 時，你會發現你可以很輕鬆地體驗到極致的放鬆和舒服……現在我從 10 開

始數……舒服地放鬆下來，並吸氣和吐氣……以你舒適的節奏呼吸……9，更加舒適地放鬆，感覺隨著時間的推移更放鬆了……8，感覺更輕鬆自在……7，比幾分鐘前更加舒服……6，我可以想到有更多舒適的理由……5，接著，4，3，2，1……

另一種數數字法是讓個案從100開始慢慢大聲倒數，而治療師則隨機插入放鬆的建議。此外，治療師可以建議當個案「很快就會發現既要記住又要說出下一個數字需要太多的精力」時，可以「停止倒數並進入更深度的催眠」。很少有人會繼續倒數到80以下。

有一種變化是在同一主題上稍微複雜化一些事情，讓個案從1,000或某些同樣不順口的數字開始倒數7個數字，同時你為放鬆提供暗示。這最終需要太多的精力，以至於個案會因停止計數而鬆了一口氣，飄浮進入催眠。

◆ 「就像是」方法

西奧多・薩賓博士是主張催眠是「相信想像」的社會理論學者先驅之一。在他最新發表的其中一篇文章中，他將「催眠引導」描述為「以『就好像』的方式之邀請行為」（2005, p. 125）。他寫道：「有些催眠引導明確傳遞了某個請求，『就好像』你在讀一本好書或看電影。這些句子足夠模糊，允許根據以前和當時的信念來解釋。」（2005, p. 125）他接著說：

> 人類在一定的限制範圍內構建他們的世界。我們對現實的構建取決於在各種「就好像」層次上運作的技能。這種技能讓我們可以區分三種自我報告，一種是日常感知（「我聽到我媽媽叫我」），一種是想像（「我好像『聽到了』我媽媽的聲音」），和隱喻（「我聽到了良心的聲音」）。這種假設製造能力使人們從現實環境的約束中解放出來。透過這種「就好像」技能，人們可以與觀察事件和虛構事件互動，這些事件可能在空間和時間上都相隔甚遠。
>
> （Sarbin, 2005, p. 126）

保羅・瓦茨拉維克（Paul Watzlawick）博士是策略治療的主要發展者之一。在經典論文〈沒有催眠的催眠治療〉（*Hypnotherapy Without Trance, 1985*）中，瓦茨拉維克將「就好像」樣板與我們期待和最終的經歷聯繫起來，為催眠引導和更複雜的催眠現象生成建立基礎：

> 自我實現預言的機制在我們的日常生活中，很明顯地運用了「就好像」這種能力，治療師幾乎沒有意識到這個臨床重要性。透過把某件事情當成已經或將要發生一樣來做，這會真實地改變現實情況，或者說創造了我們自己的真實世界。現實生活中的基本法則被上下顛倒：想像的結果創造了具體的原因；未來決定了現在；預言本身導致了預言中事件的發生。

通常，針對更「困難」的個案，使用「就好像」的催眠引導技巧是個很好的方法，它不直接向個案暗示要用特定方式回應，而是讓他們「就好像」以暗示中所提到的方式回應（Edgette & Edgette, 1995）。對「就好像」做出回應，降低了直接要求可能產生的阻抗。暗示與回應之間的額外距離可以減少個案可能產生的任何阻抗，使他們更容易朝著全然參與的方向前進。比如，一個人可能會開始用「就好像」的引導方式說：「你可以讓自己調整到舒適的姿勢，就好像要進入更深的放鬆……然後你可以閉上眼睛，就好像要把注意力集中到內在……接著你可以專注在呼吸上，就好像你的身體變得更加舒服。」暗示個案「就好像」他或她感到舒適、輕鬆、回憶起快樂的時刻，或者其他有意義的事情，可以為個案的體驗鋪路，而不需要按照任何治療師的指令來配合工作。「就好像」述說的結束和催眠的開始都是很模糊的，因此得到的個案回應都幾乎一樣（Sarbin, 1997; Spanos & Coe, 1992）。

加強（深化）技巧

本節中所介紹的正式、結構化加深技巧，通常會在正式催眠引導之後立即使用，以加強個案對催眠的體驗（Gibbons & Lynn, 2010）。傳統的催眠模式認為個案的催眠反應是成功催眠的主要因素，與順勢運用方法相比，更注重催眠深度（Barabasz & Watkins, 2005）。個案需要多少的催眠深度呢？深度催眠體驗並不一定會導致臨床上更成功的療效，所以通常只需要體驗足夠深的催眠狀態即可。簡單來說，如果個案只是輕度參與但仍然能接受和應用你提供的暗示，那也是足夠的。實現深度催眠可能並不總是必要的，但它可以產生確切的可能性（例如更完全的解離、更多非自願反應和更容易產生複雜的催眠現象），使深化技巧的掌握成為必要。

◆ 下樓梯（或電梯）技巧

在這種深化技巧中，鼓勵個案想像（看到、聽到和感受）自己站在「特殊樓梯」的頂部或者「特殊電梯」上（Barabasz & Watkins, 2005; Watkins, 1987）。當他或她想像一步一步緩慢地走下樓梯時，「你可以更深地進入催眠狀態」；或者，「當你逐漸隨著電梯下降到每一層時，你可以體驗到更深層次的催眠舒適感」。以下是這種技巧的簡單說法：

> 我很好奇你是否可以想像自己站在一組非常特殊的樓梯頂部，那就是放鬆的樓梯……當你看到自己，甚至感受到自己站在樓梯的頂部時……你會感到非常舒服……知道你將準備下降進入更深刻的舒適狀態……你可以邁出第一步……當你走下放鬆樓梯時，你可以走入更深入的專注狀態……和舒服體驗……你可以非常深度地放鬆下來……現在你可以再往下一步，進入非常舒服、深度沉浸的身心狀態……然後你可以再往下一步，進入更深層的狀態……

每走下樓梯一步都透過語氣和音調強調「進入更深度的催眠」。在開始前確定個案對下樓（比如童年在地下室挨打）或乘坐電梯沒有負向聯想是很重要的。如果有的話，當然要使用不同的加深技巧。

◆ 混合技巧：語言和手動

前一章，我提到了「串聯暗示」或稱「語言混合」的技巧。你可能還記得，語言混合是按照通用公式將一個暗示與另一個暗示聯繫在一起：「當你X，你可以Y。」比如：「當你閉上眼睛時，可以深深地放鬆呼吸。」除了透過自然流暢的方式傳遞暗示，語言混合還不斷在過去的反應基礎上建立新的反應，從而加強催眠體驗，產生深化作用。這是個簡短的例子：

當你調整自己到舒適的姿勢時，可以讓你的眼睛閉上。當你允許自己的眼睛閉上時，可以做幾個深入而放鬆的呼吸，當你深入而放鬆地呼吸時，可以感覺到身體變得更加舒適。當你開始注意到身體變得更加舒適時，可以開始意識到你的思緒慢下來了。當你意識到你的思緒慢下來時，可以回憶起某個你對學習新事物感到興奮的時刻……當你回憶起那個你對學習新事物感到興奮的時刻，可以發現自己很容易吸收新思想……

「手動混合」是將語言深化的暗示與某些身體體驗暗示結合。它通常的做法是提供深入催眠的暗示，同時體驗深化暗示的身體感覺。例如，如果我們已經得到個案的許可可以觸碰個案，你一邊暗示「你可以感覺自己更深地沉入舒適中」，同時輕輕向下按個案的肩膀。或者，在一個人潛意識自發舉起「失重的飄浮手臂」時，你可以暗示「當你緩慢輕柔地讓手臂飄回你的身邊時，你可以慢慢輕柔地進入更深的催眠狀態」。可以從「向下」的身體感覺──推肩膀、手臂或手下降──擴大「向下」的語言暗示，並製造更深刻的體驗結果。

◆ 閉上心眼

我之前被催眠了很多次，並發現這種體驗很舒服，但直到我接觸到這種特殊技巧才真正體驗到更深層的催眠，並對更深層催眠的自發現象有了更深刻的理解（完整的故事可以在Yapko, 2011a中找到）。這種技巧是提供暗示，想像有個「心眼」出現，其做法是即使身體放鬆，思考和想像仍然保持活

躍。提供類似「眼球固定」暗示的方式,將「眼皮變重」暗示應用到心眼,個案可以放下想法和畫面,就像心裡的眼皮合上了,從而獲得更深度的體驗。可以這樣引導:

> 就好像你有肉體眼睛可以看到周遭環境,你還有一雙可以稱之為「心眼」的內在眼睛……它可以在你深度放鬆時繼續活躍地觀察畫面和處理想法……你可以想像你的心眼有眼皮……就像你身體的眼睛一樣,你的心眼眼皮也可以放鬆,逐漸變得疲勞沉重,並開始閉上……在它開始閉上時,它會慢慢放下雜念和雜亂的畫面,並且讓你的頭腦保持安靜、敞開和自由,所以你可以體驗任何你想要的一切……它越來越緊閉……你的頭腦變得更加安靜、更加寧靜……現在你的心眼可以閉上了……把任何雜念或圖像都放下,讓你集中注意力在變得輕鬆和專注……

這種技巧可以是有效的方式,用來「關閉」許多分散注意力或甚至令人不愉快的內在對話,我們稱之為冥想,這種不愉快的對話在我們許多人內心經常發生,因此這個方法更容易實現深度催眠。

◆ **沉默**

如果能巧妙使用,沉默可以成為有用的深化技巧。在催眠引導之後,可以提供暗示,告知個案現在可以「有一些靜默的時刻來享受催眠深度的放鬆,並享受內在美好的安靜,同時當你享受這份沉默時,可以加深你舒適的程度」。

你可以在沉默前加入時間指示器,指引可以沉默多久(例如「你可以用60秒的時間來享受一段靜默時間,在這期間你可以更深入地放鬆……」),或者暗示你的個案在沉默結束後向你發出信號,表示他們準備繼續進行下一步。

以「預設信號」的形式給個案一些保護性暗示,這通常是個好主意,這樣,在一段沉默時間後再次與個案交談時,你的聲音將繼續安撫他們,而不是驚嚇他們。在沉默期間,個案可能沉浸在他們的內在體驗中,以至於忘記

還有其他人在那裡，當你重新開始講話時會被嚇到。預設信號可以防止這種情況發生。

這裡有個小祕訣：將沉默當作加深催眠的手法，可以為你提供機會，構想並思考下一步治療計畫。換句話說，在此過程中，當個案更深入地進入催眠狀態時，你可以考慮接下來需要說什麼和做什麼。

◆ 催眠後暗示和再次催眠引導

這種加深技巧也叫「分段催眠」，對於那些因症狀而注意力減弱的個案來說，是首選的加深技巧。這包括那些重度抑鬱、高度焦慮、疼痛和注意力缺陷障礙的個案。分段催眠可以幫助這些個案建立更好的注意力。

這種技巧需要進行簡短的催眠引導，然後給已經處於某種催眠狀態的個案催眠後暗示：「我們下次和以後每一次一起做催眠時，你都可以更快地進入更深的催眠。」隨著個案從催眠醒來，簡短討論他的體驗後，個案被邀請再次進入催眠狀態，理想情況下，治療師應暗示接下來會更快更深入地進入催眠。至少重複該過程數次，每次時間都稍微延長一點。這樣，個案會開始逐漸建立注意力，並保持越來越長時間的專注。

有些治療師會建立所謂的「提示詞」或「提示符號」，以便經驗豐富的個案能夠迅速進入催眠。建立這樣的提示只是為了減少催眠引導的時間，增加催眠治療的時間。因此，使用催眠後暗示和再次催眠引導作為加深技巧是很有用的，但應注意，如果使用「提示」，應該使用比「睡覺」或「彈指聲」更為溫和尊重的聲音。在我看來，最好的提示是一些微妙提示，比如逐漸改變你的聲音成為與「催眠聲音」相同的音調。你的聲音改變，可以讓個案連結到進入催眠狀態裡，這會讓個案在以後只要聽到類似聲音，就能輕鬆切換到催眠狀態裡。當個案隨著你的催眠引導而進入催眠狀態的次數增加，之前的催眠體驗就可以作為未來催眠體驗的基礎。事實上，運用個案以前的催眠體驗是催眠引導對話的方式之一，我們將在下一章討論這個部分。

總結

本章介紹了一些最常見且實用的催眠引導和深化催眠的正式、結構化方式。任何能夠讓人們集中注意力並促進舒適感和幸福感的技巧，都可以作為催眠引導技巧使用。這裡所介紹的幾種方法旨在提供基礎。

練習這些技巧將讓你發展出流暢催眠的能力。斷斷續續說話會分散注意力，並反映出治療師的不確定性，對於尋求專家指引的個案而言，這會是不安的經驗。

正如催眠的深度之間並沒有明確分界線，催眠互動的不同階段也沒有明確的分界線。比如，在這本書中被確定為可被暗示性的測試，並不是唯一的暗示性測試。可被暗示性測試也可以作為催眠引導或深化催眠的技巧。催眠引導可以用來測試個案能否被催眠，亦可作為深化技巧使用，而深化技巧也可以用作暗示測試或催眠引導。為了更清晰地敘述這些技巧，我將各種技巧分門別類，但是當你需要時，可以靈活運用它們。

討論

1. 治療師是否應該做他或她不喜歡的催眠引導？為什麼或為什麼不？
2. 治療師如何知道自己對於個案的進度是走得太快還是太慢？
3. 這一章列出的催眠引導和深化技巧中，不應該用於哪些特定的個案族群？為什麼？
4. 在什麼樣的情況下，你曾經有「就好像」自己有過某種感受的經驗？而這種做法帶給你什麼樣的結果？

任務清單

1. 在同學之間練習本章中的每一種技巧，在跟不同的人練習時，改變你的風格做法。看看你得到了什麼回應？
2. 廣泛研究其他催眠引導方法，並簡要概述每種方法。
3. 發展詞語清單，並列出每個字詞的同義詞，這些字詞在進行催眠時可能經常使用。包括「聚焦」、「回想起」、「想像」、「放鬆」、「加深」等詞語。

第 **14** 章

催眠引導的對話模式 與催眠藝術

前一章介紹的結構化、以技術為主的催眠引導和深化方法有個假設，即催眠的體驗與其他形式的主觀體驗不同，並可透過某些特殊而不必須是任意的程序引導。雖然大多數治療師認為催眠可以自主發生，而催眠引導的儀式不是催眠發生所必需的（Jensen, 2017a; Kihlstrom, 2008; Lynn, Maxwell, & Green, 2017; Wagstaff, David, Kirsch, & Lynn, 2010），但許多治療師仍然使用儀式化的催眠引導來提供連貫結構，以區分催眠和非催眠互動。使用這樣的儀式既有優點——因為它們有更清晰的樣板，也有缺點——因為它們把非個人的技巧強加給個案，個案必須試著適應。

正如傑‧海利（1973）和薩德（2011, 2014, 2018）強調的，催眠不能被強加。相反，它必須從個案內在引出，引發他或她獨特的內在體驗並從中產生新的關聯。有許多有效的方法可以做到這一點。那些強調從個案內在引出回應，而不是將技術強加於個案的方法有個共同點：你與個案一起做催眠，而不是你對個案做催眠。

當個案找到回應制式化技巧（例如數數字方法）的方式時，他或她正在表現出能夠沉浸其中的能力，儘管數字沒有任何個人意義或舒適感來源（Perry & Sheehan, 1978）。畢竟，數數字有什麼吸引人的地方？（除非你碰巧是會計或數學老師？）然而，數數字方法和其他類似的例行催眠技巧，實際上在許多人身上有效，可能是因為克希（2000）所說的理由，這是人們回應期望的效果，他進一步建議催眠引導是個案所想到並期望發生的事。伍迪和薩德勒（Sadler）（2016）寫道：「催眠引導是催眠社會文化腳本的重要組成——也就是說，是我們的文化把催眠看成是神祕學的主因之一」（p. 139）。

然而，我們要記住，有些傑出並經驗豐富的專家認為，催眠回應的重要性比社會和認知因素更重要，他們不認為催眠回應可以明顯改變，並且他們認為催眠步驟不因個人情況有所不同（Barnier & Council, 2010; Spiegel & Spiegel, 1978/2004）。因此，你對催眠的根本信念會決定你將要做什麼以及你如何做催眠。

艾瑞克森學派催眠，也稱順勢而為學派，是基於米爾頓·艾瑞克森在催眠領域所做出的傑出貢獻，與傳統的結構化方法相比，採用了截然不同的催眠引導方式（Erickson, 2017）。順勢而為方法與其他學派的不同假設，是關於催眠的主觀體驗、催眠引導的特質、催眠回應的能力以及進行催眠的目的（Erickson, 1958, 1959; Erickson, Rossi, & Rossi, 1976; Lankton, 2016）。這些假設產生了矛盾的效果：它們既給臨床催眠增加了複雜性，又使其變得更簡單。

參考框架：米爾頓·艾瑞克森醫生

米爾頓·艾瑞克森醫生（1901–1980）在現代臨床催眠和心理治療專業領域裡，被許多人認為是最具創新和影響力的重要人物。他獨特的背景、觀點與治療方法，幾乎可以看成是治療神話。透過大量的出版物和眾多治療記錄以及進階學習的工作坊，他成為近代催眠治療師學習的焦點。

艾瑞克森醫生有著非比尋常的人生。他是「創傷療癒者」的典型故事，他的情況在貝蒂・愛麗絲・艾瑞克森和布拉德福德・基尼博士（Bradford Keeney, Ph.D.）共同編輯的書籍《米爾頓・艾瑞克森：美國治療師》（*Milton H. Erickson, M.D.: An American Healer*, 2006）中有很好的描述。他天生患有色盲、音痴和閱讀障礙。他努力克服這些限制，並以卓越的成就做到了。艾瑞克森醫生在威斯康辛州的一個農場長大，從小就喜歡簡單和實用。不幸的是，他在17歲時患上了小兒麻痺症，幾乎喪命。癱瘓且無法動彈，除了眼瞼之外，身體完全癱瘓，這使他體驗了漫長而艱難的康復。他經常回顧說小兒麻痺症是他的好老師，小兒麻痺迫使他重新學習最基本的動作和感知模式。晚年，他受苦於小兒麻痺症的後遺症，並最終失去了雙腿和一隻手臂的功能，因而被迫只能在輪椅上行動。然而，他的精神仍然堅不可摧，許多前來跟隨他學習直到他生命晚年的優秀學生，對他在面對小兒麻痺後遺症所帶來的疼痛時的毅力和優雅所折服。也因此，他用自我催眠來管理疼痛。

　　1920年代，艾瑞克森醫生就讀於威斯康辛大學，並在大學期間接觸到克拉克・L・赫爾博士的工作。赫爾博士是極具影響力的實驗心理學家和催眠專家。艾瑞克森醫生對於赫爾和其他人使用的程序化、非個人化和不靈活的催眠方法產生了強烈反彈。他對人與人之間的個體差異有了深刻認識，並發展出在治療過程中承認和運用這些個體差異的實用方法。因此，艾瑞克森醫生的治療工作在治療師中特別具有吸引力，他們發現他強調對每個人做獨一無二、量身訂做的催眠治療，是尊重和必要的做法。艾瑞克森醫生進一步推廣了自然催眠和對話式催眠，採用故事和自相矛盾等間接方法。艾瑞克森醫生樂觀地認為人們具有潛意識資源，可以被組織和誘發用於治療上，這導致一系列了不起的催眠方法不斷發展，這些方法致力於實現他的樂觀主義。

　　艾瑞克森醫生發表了許多論文並舉辦許多演講。他的做法並非全部都經受得起現代科學研究的嚴格考驗，但其大多數教導不僅在臨床

治療上證明有效，而且從根本上來說也是正確的。他強調實現具體治療效果，將家庭成員也納入治療，以及治療師成為創造改變背景的正向因素，這些在半個世紀前的革命性概念，是現在的治療標準之一。艾瑞克森醫生採用策略性任務分配方式，任務常常與個案的症狀問題毫不相干，因為它們是非常間接的方式，但目前的研究證據證實了行為激活的治療效益，這也成為了主流。如果想在臨床催眠上做得好，就需要詳細研究艾瑞克森醫生天才般的工作。

艾瑞克森醫生的工作在治療師中非常受歡迎，艾瑞克森基金會成立於1980年，由心理學家傑弗瑞·薩德博士創辦，定期舉行全國和國際心理學大會，致力於研究艾瑞克森醫生的治療方法。這些心理學大會一直以來都是全世界關於臨床催眠應用最大的會議。此外，有超過130個艾瑞克森基金會分會遍布世界各地，致力於研究和傳播艾瑞克森醫生的理念和方法。

與本書中其他絕大部分心理治療大師不同，艾瑞克森醫生在我有機會親自見到他之前就已去世。下面的引用摘自每個引言末尾註明的來源。

賦能個案：「適當地引導，催眠治療可以讓個案更好地理解自己在實現康復過程中的作用。因此，藉由催眠，個案能夠參與和努力治癒自己，同時不會對藥物和醫療護理產生依賴。事實上，催眠確實為個案提供了舒適感和對自己積極參與治療的態度。」（Erickson, in Rossi, 1980, Vol. IV, p. 34）

治療師的角色：「在催眠中，你希望個案做的是對想法的回應。這是你的任務和責任，要學會如何處理個案，如何與個案交談、如何獲得他的注意，以及如何讓他完全敞開接受符合情況的想法。」（Erickson and Rossi, 1981, p. 42）

對於自信的期望：「應該盡一切努力讓個案對進入催眠感到舒適、滿意和有信心，催眠師應該保持讓個案可以進入催眠的能力，以及不動搖、有絕對的信心和態度。簡單、真誠、謙遜、自信的態度至

關重要。」（Erickson, in Rossi, 1980, Vol. IV, p. 18）

關於詞語和意義：「現在，任何語言中的單一詞語通常都有很多不同的意思。現在，單詞『跑』（run）有大約142個意思……政府可以運作（run），運氣在牌卡中出現（run），女孩可以跑步（run），一群魚在游動（run），女士長襪奔跑的痕跡，一條路上坡下坡（runs uphill and downhill），仍然靜止不動……因此，你需要熟悉個案的語言模式。」（Zeig, 1980a, p. 78）

在認識個體差異方面：「我希望羅傑斯人本治療師、格式塔完形治療師、人際溝通分析師、團體分析師和其他各種理論的治療師能夠認識到，1號人的心理治療方法不會適用於2號人的心理治療。我治療過很多病症，我總是根據個人特質創造新的治療方式。」（Zeig, 1980a, p. 104）。

催眠與改變人：「如果我們期望催眠對象只需輕輕彈指或簡單命令，就能立即發生行為功能的顯著、複雜和持久性變化，這不合理。相反地，我們可以期待一切都需要時間和努力來讓行為發生深刻變化。這樣的改變可能從個案的神經和心理生理變化而發生，這些變化會產生行為改變，而不是單純地聽一個催眠師說的命令就會有用。」（Erickson, in Rossi, 1980, Vol. II, p. 50）

把個案放在首位：「你看，我認為跟個案做治療時，最重要的是做對個案有幫助的事情。至於我的尊嚴……去他的尊嚴（笑）。我在這個世界上會過得很好，我不需要堅持所謂的尊嚴和專業身分。我只做能促使個案找到對他們自身對的方向的治療。」（Zeig, 1980a, p. 143）。

給個案奇怪的家庭作業：「這是我的家人所說的：『為什麼你的個案會做你讓他們去做的瘋狂事情？』我說：『我非常認真地跟他們說，他們知道我是認真的。我完全真誠。我絕對有信心他們會做到。我從來不會想「我的個案會做那種荒謬的事嗎？」不，我知道他們會。』」（Zeig, 1980a, p. 196）

幫助個案看向未來：「對過去的洞察可能有某種教育意義。但是

對過去的洞察不會改變過去。如果你曾經嫉妒你的母親，你嫉妒她的事實始終不變。如果你過度關注你的母親，這也是事實。你可能有洞察力，但它並不能改變事實。你的個案必須與今天的事物生活在一起。因此，你的治療導向是讓個案帶著對明天和未來的希望活在當下和未來。」（Zeig, 1980a, p. 268-9）

如何活得長壽：「你知道長壽的好祕訣嗎？……一定要確保早上能起床。在睡前喝很多水，這可以保證早上能起床。」（Zeig, 1980a, p. 269）

強加式催眠 VS 誘發式催眠

在順勢而為方法中，催眠被視為人們經常發生的自然體驗，而不是「特殊狀態」。在採用這種觀點時，熟練的治療師其中一個任務是在持續的治療互動過程中，首先識別催眠反應，然後以自然的方式有意義地建立並進行對話方式（Lankton & Matthews, 2010; Short，待出版）。另一個任務是圍繞個案的獨特性來組織催眠過程，將治療方法適應他或她的主觀風格、想法、行為。與漸進式肌肉放鬆技術中的「你專注於放鬆，我會掃描身體部位」不同。順勢而為方法透過引出個案內在畫面、內在對話、感受和行為，作為誘發和治療的基礎，這對個案而言是讓個案參與治療，並產生個人獨特感受，具有個人意義。薩德是這樣描述這個過程：

> 啟動催眠引導就像照顧愛情一樣。例如愛，人不可能透過念誦「進入愛情」，而誘發愛的情感狀態。同樣，人無法透過命令被動的病人「進入深度的催眠狀態」而誘發催眠狀態。
>
> 請注意前一句中的關鍵詞「誘發」。催眠是誘發的，而不是引導（儘管有「引導」這個標籤）。催眠治療師會創造一個情境，讓個案喚起之前潛藏的催眠元素。
>
> （2011, p. 45）

換句話説，熟練的治療師可以運用溝通裡的催眠模式來誘發個案做出反應，從而吸引個案的注意力，並將其聚焦於個人和治療上具有重要意義的體驗（Short，待發表）。與其他看重技巧的治療學派相比，（艾瑞克森學派、順勢而為、自然催眠學派的）催眠引導對話指令通常更加個體化、更被動、更間接，也更過程導向。此外，與前一章節在更結構化的方法中從階段到階段的明確轉換相比，艾瑞克森學派的催眠引導其開始、中間或結束通常比較模糊。

　　自發性地「接納和運用」個案獨特的存在，是順勢而為方法的根本原則，這樣的做法使得艾瑞克森催眠無法被程序化或標準化。對於某些人來説，他們無法接受沒有嚴謹結構的方法；但對有些人來說，這一特點是種啟發，如何在特定情境中誘發有意義的有效治療，這是對催眠治療的一大挑戰。這一方法隱含的是治療師身為引導者和啟動者的角色。順勢而為方法中的治療師對個案的責任更大，因為個案被認為能夠採用更個體化和靈活的方法獲得有效的催眠體驗。一般催眠成功則更多地取決於個案對催眠的反應程度而定，而不是治療聯盟的品質或你方法的靈活性的信念，這兩者形成鮮明對比。

　　順勢而為方法中，我們透過意識和潛意識的連結刺激產生催眠體驗（例如認知、感官、情感、生理），治療師透過暗示來誘發個案反應。這種觀點與認為催眠暗示的力量在於暗示本身，而不是個案與暗示的關聯性之概念，有很大不同。認同暗示本身之力量的觀點允許一些治療師編寫逐字稿，在催眠步驟中念給個案聽。催眠腳本與當前趨勢同步，即將治療手冊化，或是「驗證」治療，好像治療的效果是在於技術本身，而不在於個人對技術的回應。任何治療方法都可能由醫生所引起，或對某些人來說具有對抗治療性和負向作用。這是為何我們要保持聚焦在個案，並量身訂做方法以最小化負面回應的關鍵原因。你的言語是否會引發個案的具體聯想，這無法確定。觀察和運用個案升起的回應是必要的，同時調整你的方法。

從對話到對話催眠引導：催眠的藝術

我區分了「進行催眠」與「在催眠狀態」（Yapko, 2011a, 2014）。有些人做催眠但並不具備催眠性，還有些人聲稱他們不做催眠但卻具有很強的催眠性。他們是能帶走你的注意力並持續吸引你注意的人，他們的存在方式極具吸引力，以至於你不想將注意力從他們身上移開，以免錯過重要的東西。獲取並保持個案的注意力是催眠互動的起點。談論個案的議題，將他們帶入治療、講述引人入勝又富有啟示性且與個案體驗有相似之處的故事，以及行事出乎意料但具有目標性的行為，以上是獲取個案注意力的三種常見技巧。當個案的注意力集中在治療師身上時，治療師首先能夠確認個案的反應，然後直接或間接地暗示這些反應可以逐漸擴展他或她解決問題的資源，以此來建立個案的回應。當治療師發現催眠回應正在產生時（例如沉浸感、呼吸變化、姿勢固定、肌肉張力消失等），他或她可以開始透過本章描述的自然技巧，使人進入催眠和深化狀態。

與更正式的「好吧，現在閉上眼睛，讓我們做一些催眠」的方法相比，這種從常規對話到催眠引導的轉變是可以很精微的。治療互動正在進入新階段時，我們可以明確地告訴個案要做催眠引導，但這不是必要的。相反，它可以作為治療過程的自然部分而輕鬆進入。在此期間，無論個案自發做什麼事都可以接納並順勢而為，把這看作過程的一部分。因此，隱含的訊息是：「你現在所做的事情將使你能夠進一步加深你的體驗。」看似「抵抗性」的行為，如煩躁或打斷，都被接納和運用為更進一步的暗示基礎，重新定義它們是可接納甚至是有用的回應。

治療師在進行任何形式的催眠時，巧妙地運用非語言元素，這始終是個重要因素，在順勢而為方法中尤其如此。在進入催眠引導時，有意識地改變語調、眼神接觸、姿勢和其他平行的溝通途徑，可能會成為進入催眠的潛在聯想，對本次以及未來的體驗都有幫助。例如，刻意選擇使用緩慢、輕柔的「催眠聲音」，將可預測地促進催眠反應；這向你的個案發出了邀請，讓他們毋須聽到「現在我在做催眠」的話語就能進入催眠。當你從第一個催眠引導開始使用催眠特質時，這些聲音的特質就與催眠連結在一起了。這只是一個

例子，說明你可以在不直接要求的情況下，從人們身上獲得催眠回應。你的身體姿勢、凝視和呼吸模式都是更多的潛在模式，可以建立產生催眠反應的關聯。表14.1提供了更多技巧，可以使自然催眠引導更加熟練。其中大部分內容已經在本書的不同時間討論過，而其他內容則將在此首次介紹。

表14.1 對話性催眠引導原則

運用個案的現實（過去或現在）
透過提問來專注及引導注意力
使用自己作為榜樣
注意並加強回應
口語串聯：「當你 X 時，你可以 Y。」
前提假設：如何或什麼時候去做 X，而不是⋯⋯？
是否多層次暗示溝通
框架回應（整合）
溝通方式的轉變（非語言）
內在體驗導向
誘發和引導連結

　　本章所描述用來引導人們進入催眠的方法都是很可靠的。它們有一定的結構和傳遞這個結構的工具，但它們比更正式的方法更具自發性和對話性質。每種方法都是將人的注意力從外在經驗轉向內在經驗，特別是由你的暗示引發的聯想。個案長期潛伏的資源可以被重新激活並有目的地用於達成目標，同時可以有意識地鼓勵擴展個人能力範圍的新體驗。

　　那麼，什麼是在催眠狀態，而不只是做催眠呢？這意味著許多事情：

- 意識到自己是個溝通者，體認到你不能不溝通；你的每一個詞語、手勢和面部表情都在邀請他人產生回應。
- 認識到在每種人際互動中，暗示和影響是不可避免的，特別是在治療的情境中，有意或無意地應用影響模式去達到目標，並假設我們都帶著善意出發。

- 運用你的態度來營造臨在感與舒適感，運用你的聲音（例如語調和節奏）來安撫和集中注意力，運用你的詞語來吸引和啟發，以及運用情境來放大和催化你的治療意圖。
- 鼓勵可能性，並邀請個案的好奇心和探索。
- 邀請體驗性，多層次回應。

對話式（自然主義）催眠引導

◆ 以過去催眠經驗作為當前催眠體驗的基礎

當人們發現他們可以自發產生催眠體驗，這使得進入催眠引導階段可以過渡得更加順利（Barabasz & Barabasz, 2016）。所有人都曾自然或自發地體驗過催眠體驗，可能並沒有認出那是催眠，但治療師可以識別出來。描述人們在日常生活中體驗的沉浸體驗其共同點，並用於個人催眠體驗，可以為治療中所進行的催眠引導建立基礎。例如，「高速公路催眠」是種常見體驗，當你開車時，你會陷入沉思，並幾乎沒有注意力或無意識地有開車的行為，但透過複雜的自動化行為安全到達目的地。同樣，沉浸在一本好書中也會讓人「迷失方向」。沉浸在電影中、為一場精彩演講著迷、沉浸於對話中、無私地專注，這些例子都是催眠的一種形式，且在日常生活中很常見。描述這些情況並提醒人們，他們有這些經驗的能力，是展開對話性催眠引導的好基礎，人們可以藉此展開一系列催眠反應。

然而，有些人曾在教育或臨床治療中體驗過正式催眠，他們清楚地知道催眠正在進行。這些過去正式的催眠體驗可以成為建立新催眠體驗的基礎，我們的催眠引導可以鼓勵個案在多個維度裡跟這些體驗連結。

因此，「使用過去催眠經驗」這種對話引導方法，包括兩個大的類別是依先前的催眠經驗而建立：(1)非正式催眠經驗，特別是人們在日常生活中進行的「日常催眠」體驗；和(2)正式催眠經驗，具體指個案以前正向體驗催眠的次數。可以選擇任一種方法，無論是過程導向的還是充滿內容結構的，在本節稍後都會有進一步描述。

◆ 建立在非正式的體驗上

第一種方法是建立在過去非正式催眠體驗基礎上，在注意力沉浸階段，特別是一些關於催眠體驗的催眠引導前討論，同時探索客戶與催眠之間的關聯（Gibbons & Lynn, 2010; Lynn, Maxwell & Green, 2017; Meyerson, 2017; Nash, 2008b）。在討論過程中，治療師可以開始展示增強的專注力、靜止或僵化、放緩呼吸，並開始以催眠的方式描述一個或多個自然情境中會發生催眠的情況。這樣的情境可能包括長途駕駛的無聊、沉浸在一本好書或電影中、按摩或泡澡的放鬆、享受白日夢或任何其他使人身臨其境的情境。

非語言切換，是從正常的節奏和對話語調中變得更慢、更安靜和更有意義的表達方式，這是引導讓人進入他或她體驗過的自然催眠狀態的基礎（Gilligan, 1987; Lankton & Lankton, 1983）。藉由沉浸在那個記憶中，讓催眠反應——即意象動力學——自然而然地在此時此地展開，治療師可以引用「當你體驗到這個時，你可以體驗到那個」串聯公式來注意、接納和運用。個案不需要閉上眼睛才能體驗催眠，但治療師可能希望透過直接或間接的暗示讓個案的眼睛閉上。以下是個範例，說明如何使用以前的非正式催眠經驗，以嵌入式命令的間接暗示形式獲得具體回應的技巧：

你之前提到過你喜歡讀一本好書……我也很享受閱讀，特別是當我有一些安靜的、只屬於自己的時間……安靜的時間，我知道我不會被打擾……就像你從自己的經驗中知道的那樣……擁有這樣的時間真的很奢侈……可以靜靜地坐著……不用做任何事情……可以讓自己深深地放鬆下來……坐在一個非常舒適的位置……而且你也知道那是什麼感覺……靜靜地坐著……只是思考……不動地坐著，彷彿已經過了很長很長的時間……我喜歡讀一些鼓勵你以不同方式體驗自己的書籍……你明白我的意思……它們以不同的思維方式……不同的感受方式……吸引著你。可以讓你擴展自己並以有益的方式進行改變的書籍……你可能很清楚我指的是什麼……當你閱讀時，你的頭腦可以非常活躍，同時你的身體也可以更加舒適地感受每一頁的變化……當你覺得太舒適而無法繼續閱讀時，可以閉上眼睛，漸

漸進入睡眠狀態……我想跟你分享一本我閱讀過而且可能對你有特別意義的書……

上述的催眠引導是從對話開始的，進而轉化為分享個人體驗，以建立與個案的默契感，同時慢下來並建立與進入催眠有關的聯想來進入催眠狀態。隨著重心由自己轉向個案，強調個案的體驗，透過暗示句子的語調來幫助他們進入輕鬆且專注的狀態。當個案沉浸在自己閱讀時的放鬆和學習的回憶時，他們可以在當前的情境中開始建立回應，並成為催眠過程中任何治療轉換的基礎。

以上明顯是個內容豐富的例子，提供了與閱讀體驗具體相關的細節。也可以採用過程導向的方法，下面是一個示例：

你可以回憶起這樣一段時光嗎？當你深陷於極具吸引力的體驗中，以至於你與周圍發生的事情分離，甚至忘記留意周遭的事物。每個人都有類似體驗……你發現自己沉浸在某種活動中……當你放鬆身心……回憶和想到這個體驗時……你很容易便能記得那個具體體驗……那真是特別愉快的時光……你如此投入其中……能夠失去時間的感知……忘記注意外界的景象和聲音……只有你的感官和想法是重要的……你能夠感受到如此美妙的放鬆感……知道你能夠沉浸在自己的想法中，忘卻他人的聲音……與自己的想法在一起……感到舒適……在這樣的時光裡，你能學到一些重要的東西……

上述的例子描述了沉浸於感官和想法的過程，但沒有提供特定情境觸發這些體驗的細節。相反，當暗示選擇一個愉快的具體經驗回憶時，個案自己就會提供這些細節。

◆ **建立在正式的體驗上**

第二種方法是建立在正式催眠體驗上。典型的催眠引導階段前討論，可以把個案的注意力集中在催眠所允許的各種可能性，以及如何利用以往的經驗使未來的催眠更加容易、更滿意和更成功。我們之前提過關於探索個案以

前的催眠體驗之性質和品質，提到過去的體驗是值得的。如果個案在催眠方面有正向和有意義的經驗，那麼治療師就已經奠基在堅實且正向的基礎上。然而，如果個案有負向的催眠體驗，可能是不成功的經驗，或最糟糕的是受傷的催眠體驗，那麼治療師就必須謹慎地盡可能不要提到那種負向體驗，或者在進行催眠時以客觀方式呈現。詢問個案使用的技術，並識別當時產生負向作用的個人、情境和人際關係變異數等等情況，可以使你避免無意中重複以前的負向體驗。

如果個案以前體驗過正向催眠體驗，那麼採用描述內容的正式催眠體驗方法，可以讓個案提供更慢、更詳細的催眠體驗。隨著催眠引導的進行，這種方法通常是大量的互動，臨床醫生同時詢問客戶，暗示可能反應，並在客戶發生反應時建立基礎。催眠引導的機制在結構上與使用非正式的先前催眠體驗相同：當人們沉浸在催眠記憶中時，與該記憶相關的理想動態回應會於此時此地演變。治療師會注意、接納並運用這些反應，以建立催眠回應，並達到互動目標。以下是這種催眠引導方法的例子：

治療師：你之前提到，你體驗過催眠帶來的舒適感。是不是這樣？

個案：是的。幾年前我去找過一位醫生，他用催眠解決我當時面臨的另一個問題。

治療師：當你現在回想起來，你能回憶起催眠是多麼舒緩和平靜的體驗嗎？

個案：可以，我記得感覺非常放鬆。我沒想到能聽到醫生的聲音，但我聽到了。我不確定自己是否被催眠了，但感覺非常好。

醫師：很好……催眠的體驗可以非常放鬆……很舒緩……你還記得當時你是如何坐著的吧？

個案：我想是的……（調整姿勢）。

治療師：很好……現在坐得很舒服……你還記得深呼吸並閉上眼睛的感覺嗎？

個案：（深呼吸，眼睛微閉）是的。

治療師：你可以回想起當時讓你深度放鬆的聲音，不是嗎？你還聽
到了什麼聲音讓你感到舒適？

個案：只有醫生的聲音……告訴我要更深入地放鬆……就像我在飄
浮著一樣……

治療師：很好，你可以回想起全身都輕鬆愉快的感覺……

在某種意義上，個案充當起了自己的催眠師，用過去的暗示在當下給自
己同樣的暗示，因此治療師的作用是簡單地放大。個案已經知道如何體驗催
眠，已經定義它是有幫助的，並詳細提醒自己關於催眠體驗的放鬆和飄浮屬
性。在這樣做時，潛意識重新創造了催眠體驗。透過「討論」過去的催眠體
驗構建互動，而不是讓個案必須對一系列現有要求做出回應。這使得進入催
眠的暗示不那麼直接，且更具有接納性，更自然地適應互動，因此能避免產
生阻抗問題。

用過程導向的方式做催眠，如果需要的話可以消除催眠引導互動對話。
以下是以無內容方式使用正式的以前催眠經驗的例子：

你提到過你以前有一次非常放鬆而且非常有效的催眠體驗。如果你
願意，現在可以開始回憶起那次體驗的細節……回想起你的身體可
以感覺如此舒適……你的呼吸可以開始慢下來……我想知道你是否
記得，簡單地坐著……在一個舒適位置……你聽到有人向你描述了
一些方法，讓你開始用不同方式來體驗……你還記得閉上眼睛是多
麼舒適嗎？……深度放鬆的記憶仍然是你的一部分……即使你最近
沒有時間注意到它……重新發現一些熟悉和平靜對你有幫助，這不
是很好嗎？……也許你還記得你學會如何以這種方式感覺良好時所
在的房間……你可以看到家具，聽到那個地方的聲音，當你想起那
時候的細節……你現在也可以感覺到那次體驗非常舒服。

治療師不知道個案之前有過正式催眠的體驗，也不需要知道具體的體驗
是如何，只要治療師確信個案自己的經驗是好的。治療師僅需喚起並引導個
案將過去成功的催眠經驗記憶帶入現在就可以了。

運用個案以前催眠的經驗，無論是正式的還是非正式的，是最簡單也最有效的催眠引導和深化過程之一。這是種自發、寬泛結構的方法，會產生的抵抗很小，因為一旦開始「我們不是在談論現在，而是在談論過去」，這種心理上的額外距離就在鼓勵個案感覺到更舒服，並對催眠有更多好的回應。

這種催眠方法的輕鬆和自發性以及合作本質，是我最常使用的催眠引導過程。為了更全面地呈現這種方法，我在《臨床催眠大全》網站附上了一份文字記錄，其中包括對暗示意圖的評論和分析（www.routledge.com/cw/Yapko）。

◆ 建立內在關注

我們描述催眠體驗時會說它具有注意力沉浸的特質，通常（但不總是）其特徵是對某個刺激強烈專注而排除其他事物。通常而言，但不總是這樣，這種沉浸是內在導向的。引導個案進入催眠意味著讓個案有選擇性地關注治療師的言語和舉止，治療師的語言和非語言暗示會誘發個案產生主觀聯想。

在日常交往中，無論是治療還是其他情況下，人們都被期待更多關注對方並做出回應。如果你在社交場合中短暫地沉迷於自我，會被認為是不禮貌、不專心或者對他人不感興趣。有些人甚至將其視為自戀或被動攻擊的證據來進行病態化描述。然而，這些內心自我沉思的時刻是正常、自然、頻繁且可以預期的。事實上，在學習和開展催眠的過程中，有些學生面臨的難題之一就是盡可能保持對個案回應的注意力。有時他們會在試著說下一句話時陷入關注自身內在的狀態。如果你在催眠過程中過於關注自身內在，就會錯過個案很多重要的非言語溝通訊息。保持對個案的關注，聚焦在外部是治療師透過觀察和納入他或她的反應來與個案建立聯繫的最佳方法。

建立個案內在專注的催眠引導過程是提供「跟隨」語句，個案在當下會意識到的外在刺激，接著是「引導」語句，描述個案可能開始出現的內在反應（Gilligan, 1987; Grinder & Bandler, 1981）。治療師可以用任何比例進行跟隨語句和引導語句，並評估什麼更有效。換句話說，你提供有關個案經驗的外在暗示和有關個案體驗的內向建議，這個比例取決於個案對催眠的反應。

你可以在跟個案互動的早期就開始評估，了解個案在互動中是如何沉浸於內在或外在。個人的內在或外在導向通常是個相對穩定的特性，但在不同情況下可以大幅度變化。關注內在或外在存在於一個連續體中，沒有人可以完全固定在同個方向上。評估個案的方向和關注程度通常是透過觀察他們如何談論自己的經驗而獲得的。他們是否覺得對自己的問題負責（代理）？他們是否敏感於他人的感受和觀點？還是他們對他人的感受和反應毫無察覺？他們是否容易被外在的日常事物分散注意力？例如電話響起或飛機飛過的聲音。他們是否通常對自己的經驗有深刻的洞察力？或者對內心正在發生的事情感到有些困惑？沿著這些和其他各種評估線索的觀察，可以讓你有機會制定出更有效的催眠引導和治療方案。

　　一旦你評估了個案是關注內在或關注外在時，就可以開始催眠引導了，你可以判斷出多少比例的外在跟隨和內在引導會是有效的，並根據個案的反應進行適當修改。有些個案在開始時已經非常關注內在了，不需要太多引導，你只需說：「現在你可以進入催眠。」但有些個案可能很關注外在，他們可能需要五到十個外在跟隨語句才能提出一個單一的內在引導暗示。

　　隨著催眠引導的進行，外在導向語句會越來越少，而內在暗示會越來越多。以下是一個在催眠開始時被認為是中等外向的人在催眠引導過程的例子。為了更清楚一些，每個外向跟隨語句後都會標示字母（e），而在每個內向引導暗示後都會標示字母（i）。

> 你坐在這把椅子上（e），聽到我描述進入催眠的體驗（e）……隨著你繼續看向我（e），你可能會注意到椅子支撐著你，感受到身體的舒服（i）……當你注意到椅子時，可能會聽到電話在響（e）……這不是很舒服嗎……你知道你不需要接電話，可以輕鬆地放鬆自己（i）……你可以注意到我身後的牆上，有一幅有趣的畫（e），你可能會注意到我桌子上的物品（e）……當你環顧四周時，可以聽到這個環境的日常聲音（e），你可以聽到周圍世界忙碌的聲音（e），你可以發現你的身體更加輕鬆（i）……你的思緒可以開始飄浮到某個愉快的回憶（i）……當你的思緒回到那個回憶時，你可以感受到椅子紋

理在你指尖上的觸感（e），同時也可以聽到我說話的內容（e）……當你聽著的時候，可能會想起某個具體回憶（i）……一些你認為很重要、想要重新體驗和學習的（i）……這個回憶可能提醒你現在想要知道的一些事情（i）……

在上面的例子中，催眠引導從一系列的跟隨句開始，這些陳述與個案當前所覺察到的情境是同步的，反應他或她正在做的事情，然後提供一個一般性的引導句，告訴他或她可以體驗到什麼。跟隨句和引導句的數量會隨著催眠引導過程而改變，從而引導個案逐漸重新體驗某個重要回憶。

你可能已經注意到我們運用視覺、聽覺和感覺作為基礎的詞語。我們會進一步為每個人量身訂做催眠引導過程，有意地選擇你希望個案專注的內在體驗感官模式。許多個案在臨床上提出的議題都可以用特定感官模式的內在或外在關注來描述。最明顯的例子是疼痛，疼痛可以是內在覺察或是身體層面的感受。如你所預見的，疼痛管理是將個案的關注點從內在轉移到外在，或從外在身體感受轉移到內在感受。

大多數催眠引導都會有內在聚焦，而每種方法都不同。這種催眠引導提供了基本框架，幫助個案體驗催眠。我們在這裡所提供的僅是結構化的過程描述，亦即將個案的注意力從外在轉移到內在的體驗。哪種外在模式、哪種內在模式，如何組合，你用哪種治療風格和哪種催眠結構，這些不同組合方式會帶來非常多的可能性。你的引導會有多成功，通常取決於你如何評估個案的反應風格，以及你如何自發性地根據得到的反應來立即調整。

◆ **鑲嵌暗示的隱喻催眠引導**

我在前面章節討論過使用個案過去的催眠體驗作為催眠引導的策略，我描述了如何透過關注「那時」的體驗來和「現在」與期望的體驗之間產生一些心理距離，從而增加個案的回應。隱喻通常是描述其他人（或動物或事件）在其他時間或地點的體驗。使用隱喻是更間接的催眠引導方法，因此可能被視為對個案威脅更少的方法。正如傑‧海利所寫：

當個案對催眠指令有阻抗時，解決問題的方法之一是採用類比的方式來溝通。如果個案抵抗 A，催眠師可以談論 B，當 A 和 B 在隱喻上相關聯時，個案會「自發地」建立聯繫並做出適當回應……採用類比或隱喻的方法對於阻抗的個案特別有效，因為很難阻抗一個暗示，而這個暗示是個案在意識層面上不知道自己正在接納的。

（1973, pp. 26-27）

在谷歌線上詞典中，隱喻被定義為「修辭手法，將某個詞語或詞組應用到實際上並不適用的事件或行為上」（檢索於 2018 年 4 月 21 日）。治療背景下的隱喻可能包括趣聞、笑話、類比或任何其他形式的間接溝通，在個案的意識和潛意識層面上傳遞有意義的訊息。隱喻為個案提供了學習他人經驗的機會，使他們在一定程度上能夠識別出隱喻中的角色、問題和解決方法等隱藏訊息。

借鑒歷史上他人的經驗讓人類文明得以進化。你不必親身體驗某事，就可以了解它，如果你能回顧或思考其他人的經驗，你可以在個人層面上理解並從其中獲益。在成長過程中，你聽過並閱讀了像《白雪公主》和《灰姑娘》這樣的經典童話，你從中學到了有關人性的部分。你父母講述自己童年的故事教會了你關於家庭和成長的事情。閱讀各種書籍，讓你逐漸了解不同的社會、不同的生活方式，以及不同類型的關係。即使在看電視和電影時，你對故事的投入感也能讓你間接地體驗到，與故事角色類似的情感和事件，間接擴大了你的經驗範圍，發展了可以在未來某個時刻引用的資源。

臨床治療中使用隱喻方法，這是近期的發展趨勢，主要得益於米爾頓·艾瑞克森的工作。他引人入勝而通常很簡單的故事能夠在個案的意識層面引起注意力，而他嵌入的暗示則能夠讓個案形成新的潛意識聯想，在治療方面產生效果（Lankton & Lankton, 1989; Rosen, 1982; Thompson, 1990; Yapko, 2001a; Zeig, 1980a）。第 18 章將詳細介紹治療中使用隱喻的方法，而此節重點討論在催眠引導階段中隱喻的使用。

你可能還記得之前的討論，關於個案的症狀可能被視為他或她體驗的隱喻。治療師歷來所接受的訓練，是與個案溝通並「讀懂話語間的細節」，找到與他們的症狀和整體體驗相關的「真正」含義。一旦找出真正含義，治療

師的角色就是提供解釋，並透過解釋產生洞察力，從而引導個案獲得新的視角和理想中更好的行為。換句話說，當個案在意識層面上溝通某個含義時，人們認為同時存在更深層的潛意識含義，但只有足夠敏銳才能檢測到它們。個案的多層次溝通歷來都被治療師以單層次的解釋回應。

艾瑞克森認為這種解釋過於簡單化、刪減化，不能準確地反映任何人類體驗的複雜性。艾瑞克森認為，如果個案能在多個層面上進行溝通，為什麼治療師不能做到同樣的事情？此外，艾瑞克森非常相信潛意識的資源，因此對發展可以實際利用它們的技術具有濃厚的興趣。艾瑞克森在治療過程中更大量地順勢運用潛意識，這也是出於對其個案和學生的人性之尊重。如果一個人真實地阻擋了一些訊息，使其在意識上覺察不到，例如在壓抑中，那把這些訊息帶入到意識層面是否真是尊重個案的做法？艾瑞克森不這樣認為，他認為洞察力甚至可能妨礙治療過程，使人受限於較窄的認知層面，反而會加深智力和情感之間的鴻溝，而不是連結在一起。海利這樣描述艾瑞克森對這些問題的看法：

> 儘管艾瑞克森使用隱喻與病人交流，但他與其他治療師最大的差別是他不願向人們「解釋」他說的隱喻意義。他不會將「潛意識」的溝通轉化為意識形式……他似乎認為如果人們執著在溝通和頭腦的詮釋裡，那麼這種（有療效地）改變深度和切換的能力就會受限。
>
> （1973, pp. 28-29）

在有意識地避免簡化或者平庸的解釋方案中，治療性隱喻是最安全的選擇之一。講述一個能吸引個案注意的故事，讓個案在更深層次上學習新的思維、感受和行為方式是尊重且靈活的治療方式。在催眠引導的背景下，隱喻可以讓個案聚焦在有趣的體驗上，同時治療師將想要的催眠反應嵌入到故事框架裡。

當你在催眠引導中構建隱喻，這會幫助你去了解個案的個人興趣、價值觀和愛好。如果你的隱喻是圍繞在個案生活中已經存在的事物上，這樣的隱喻會更加吸引和保持個案的興趣。當然，本質上引人入勝的事物也同樣適用。治療師所擁有的知識和經驗越廣泛，其隱喻就可以更加奧妙。隱喻是催

眠引導的方法之一，用以讓個案了解其他個案的經驗，有助於建立與治療師的治療聯盟，建立與故事中人物的身分認同。讓個案對於為什麼要講這個故事感到困惑，從而激發個案去尋找意義和相關性，同時建立內在聚焦，對隨後的治療有幫助（Zeig, 1980a）。

也許最簡單的隱喻可以這樣開頭：「我曾經有一個類似情況的個案……」當你描述以前個案的體驗時，個案可以與那個人產生共鳴，並增強對治療師成功處理這些問題的信心。例如，如果個案呈現出過度壓力和低自信心，催眠引導可以是這樣：

> 妳向我描述妳有大部分時間感到不舒服和緊張，我猜不是很經常……或者經常不夠…… 妳花時間放鬆……我想告訴妳，不久前我與一位個案工作……和妳一樣也是一位女士……有許多責任……她來見我時感到非常緊張……對自己不確定……不確定如何在睡眠不足的情況下承受過多負擔……她不知道自己不需要感受這些……她想變好……感到放鬆……當她坐在妳正坐著的椅子上時……她真正花時間注意到坐在這把椅子上有多舒適……然後她讓自己做了幾次深呼吸……她似乎完全放下了日常煩惱……能夠舒適地聽我說話……當她的頭腦可以開始胡思亂想……同時回憶上一次深度放鬆的體驗，讓她意識到現在可以深度放鬆，而且也會花更多時間享受舒服……就只是因為她值得……並且她學會了重新評估她的優先事項……她學會了更自在地拒絕那些她真的沒有時間去做的額外任務……她學會了……

上面的例子只是在催眠引導開始時帶入更多隱喻，以一些可能的方式建立自信心和更好地管理壓力。催眠引導——我們從確認個案的問題開始，然後與另一個有類似問題並獲得正向解答的個案建立身分認同，這些體驗可能對個案有幫助。透過整合個案的自發反應，隱喻有很多空間可以輕鬆操作，並維持良好關係。

以下這個例子是為了闡述針對個案興趣而量身訂做的隱喻引導，我們為了喜歡看電視減壓的人所開發的隱喻案例：

當你有時間想要放鬆時，你喜歡看電視……看電視確實是有趣的放鬆方式……我有時候也喜歡看電視……但這遠遠沒有一些人那麼喜歡……我想你應該認識這樣一個人……他和你一樣，喜歡看電視而不是其他娛樂……作為讓你放鬆、清空頭腦的好方法……他說看電視可以學到很多關於生活和人的東西……有一次他告訴我，他看了一個節目……不僅僅讓他有娛樂性……而且教他很多關於自己的東西……他不知道在那個節目中會有個愉快的學習體驗……有時你會在最意想不到的地方發現重要的事情……他學到了重要的事情……因為他看的那個節目中有一個人……跟你一樣……他對於自己無法解決的問題感到非常不安。

在以上例子中，電視被當成學習工具、放鬆的來源，以及用來引導個案進入催眠的工具。在說完這個例子時，治療師可以進入一個或多個隱喻來討論個案的問題及可能的解決方式。

幾乎任何經驗都可以作為催眠裡的隱喻暗示，只要這些經驗的特質被定義為吸引人、舒適和有意義的。將人的注意力集中在故事的內容上，運用故事結構中嵌入的更深刻訊息，刺激個案的潛意識聯想。隱喻，因為其間接風格，為回應創造了可能性，但是否得到個案回應，這取決於隱喻的引入方式（稱為隱喻的「框架」）、是否適合個案以及在講述隱喻時保持和諧的程度。治療師使用隱喻是因為它的潛在重要性，可以直接開場，例如「我想告訴你我的一位個案，我覺得你可以從……學到有價值的內容」，或透過有意義的聲調和眼神交流的品質間接帶入。隱喻與個案議題的相關性在前面已經討論過，通常要與個案感興趣的內容相關聯。

講故事的藝術性似乎正在衰落。電視和網路在我們的生活裡無處不在，我們很多人在別人的故事裡變成了被動旁觀者。隨著越來越多人在聊天室和簡訊裡與他人「交談」，人與人之間有意義、面對面的互動頻率變得越來越少。培養講故事的技能，對於發展臨床催眠的平衡技巧很重要。積累許多有教育意義的故事並練習講述它們非常有幫助。其中一種練習方法是重新閱讀經典童話、寓言和古希臘、羅馬神話，因為它們是重新發現祖先智慧的絕佳起點。

◆ 用負面暗示做催眠引導

你可能還記得第11章討論負面暗示結構的內容。當巧妙地使用負面暗示時，可以透過其看似矛盾的效果來促進個案的正向回應。這在一定程度上是因為跨源搜索和意念動力學的過程，以及個案接納負面暗示後順勢運用個案的阻抗。在催眠互動中，阻抗這個因素在第25章會有更詳細的討論。在這裡可以說的是，幾乎沒有個案會盲目地服從治療師的暗示。相反，每個個案都會拒絕指令（根據治療師的思維方式，通常被解釋為「阻抗」的證據）來保持掌控感、內在穩定和自主性，即使治療師的指令顯然是為了療癒個案。

有些個案對於控制感非常敏感，很看重個人感受，他們常常會對負面暗示採用相反方式的回應，這對他們來說是比較可靠的做法。如果治療師說「現在是白天」，個案會以相反模式不同意地表示「現在是晚上」。這種極端的回應模式不一定是針對治療師，而可能是這個人在任何地方都使用的一般回應模式。你一定體驗過這些人無論到哪裡都能引起衝突的能力，但他們經常感到困惑，為什麼他們的人際關係很糟糕。這有一個基礎是只有對抗別人的輸入指令，他們才能維持自己內心的平衡和掌控感，因此他們會用阻抗回應任何別人的看法。更有自信的人可以在接納他人意見時，保持自己的個人身分認同。同意別人的觀點並不是一種弱點。

在催眠互動中，負面回應方式可以被接納並運用在催眠引導和順勢而為裡，使用負面暗示的原則是「負負得正」。將負向暗示提供給批判性、控制性強的個案時，他們自然會拒絕並做出相反回應。了解個案傾向，知道他們會以這種相反方式回應後，治療師可以有意地使用個案將拒絕的負面暗示，以便得到相反回應，而這其實是我們期望的。不過要小心，提供負面暗示會看起來很明顯而且像是戲耍別人，除非以微妙、一致且有意義的方式進行。

試想一下，一個緊張不安、對你和你的催眠技術不確定、對自己也不確定，正掙扎著保持個人掌控感的個案坐在你對面。以下是透過負面暗示進行催眠引導的例子，這可能會對你有所幫助。

> 你來到這裡尋求幫助，因為你不喜歡你現在的感受……你可以有不
> 同的感受……但我不指望你現在就知道……現在……很重要的是知

道⋯⋯你可以也可以不要接受我所說的任何事情⋯⋯你不必聽我的
話或任何其他人的話⋯⋯你有權力去忽略任何你想忽略的東西⋯⋯
特別是如果它與你所相信的不一樣⋯⋯你無法期待自己立刻變得敞
開，傾聽和學會你來到這裡想獲得的東西⋯⋯至少現在還不行⋯⋯
現在，你無法預期有意義的改變會發生⋯⋯直到你有機會持續感覺
很糟糕，這還要繼續一段時間⋯⋯所以不要聽我的話⋯⋯也不要給
自己機會感覺更自在⋯⋯你可以繼續在椅子上扭來扭去⋯⋯我不希
望你在這裡或現在放鬆下來⋯⋯我不認為有任何理由讓你停止坐立
不安⋯⋯所以不要靜靜坐著，也不要讓你的肌肉放鬆⋯⋯不要閉上
眼睛，即使它們因為睜著而變得非常疲倦⋯⋯有些人當他們知道他
們不需要認真聽我說話時，他們感覺很棒⋯⋯我們談到，你不需要
發現任何以舒適的方式改變的機會⋯⋯不要讓你自己深刻舒服地放
鬆⋯⋯因為你可能會感覺好一些⋯⋯現在這樣做還太早⋯⋯

在上述例子中，放鬆和改變的暗示是在負面框架裡提出的：「不要這樣
做。」對於那些消極和阻抗的個案來說，表面上我們並沒有提出任何要求，
因此個案無法在意識層面上產生阻抗。在潛意識層面裡，跨源搜索和意念動
力學確保了個案有一定程度（不管有多小）可以對你的建議做出回應，我們
可以順勢運用。你必須想過放鬆才能做到不放鬆，你必須想過改變才能思考
如何不改變等等。重點是在催眠過程中，將那些個案出現的特定自發反應融
入到下一段引導裡，並重新定義這些反應為合作性的。例如，如果你接受個
案坐立不安而不將其歸為阻抗行為，那麼可以鼓勵個案繼續這行為。運用鼓
勵，你將這些行為定義為有效互動，即使個案下意識裡是不配合的。運用負
面暗示來順勢運用個案的阻抗，這是回應阻抗的方式之一。我們在第25章會
進一步提到個案對你的催眠技巧可能產生非理想回應。

在催眠互動的引導階段使用負面暗示的目的，是運用個案的阻抗以幫助
引導他或她進入催眠。一段時間後，個案會意識到你關於不放鬆、不放下、
不集中內在注意力等各方面的負面暗示，其實間接幫助了他們進入催眠裡。
這往往是治療關係的一個正向轉折點。個案現在已經在治療師的引導下完成
了他或她的催眠體驗，不僅成功地經歷這過程，而且發現它是愉快和放鬆

的。當個案發現他不必努力維持控制，可以輕鬆進入催眠，這會對個案產生深刻影響，因為個案開始從自己的直接體驗裡發現，他或她可以不用透過負面回應跟別人對抗，同時可以擁有自我掌控感受。這種最初的催眠體驗可以成為未來催眠體驗的基礎，可以建立起正向的暗示框架。

◆ 用困惑技巧來做催眠引導

誘發催眠體驗的過程是創造稍微解離的狀態，在這種狀態下，個案的潛意識比通常的「清醒」狀態更能自發地回應。困惑技巧特別有效地促進了解離和催眠（Erickson, 1964; Gilligan, 1987）。困惑技巧是最複雜、最難掌控的催眠模式之一，因為它們很讓人困惑。

人類通常不喜歡困惑。困惑會造成不愉快的內心狀態，人們會想要解決這種困惑。正常情況下，人們會有強大動機要解決困惑，就算得到錯誤結論也沒關係，只要有結論、有答案就好。困惑技巧刻意打破了個案的日常心理狀態，讓個案可以在困惑狀態下接受治療師的建議，而不會有太多頭腦的批判（O'Hanlon, 1987; Otani, 1989; Short, Erickson, & Erickson-Klein, 2005）。因為人們不喜歡困惑，所以很容易選到錯誤答案，甚至是自我毀滅性的想法，而不是讓問題保持無解的狀態，治療師的任務之一是破除舊的、傷害性的思維模式，從而建立更好的思考模式。當你對某事物非常肯定，你可能會改變對這件事的態度嗎？不太可能，因為你越確定一個想法或行為，你會感到更穩定，因此更抗拒改變（Sloman & Fernbach, 2017）。當你不確定時，你更有可能接受別人的意見，只要這些建議看起來很可信時，你就會採納它們。

困惑技巧會刻意引起不確定感受，如此就會為態度和行為的改變鋪好道路。當人們感到困惑時，會停下來！然後他們在內在集中注意力（自發催眠？），目的是快速整理他們所知道的一切以解決令人困惑的問題。當人們有意識地忙於理解某件事情時，潛意識就會準備好接納建議，這會降低暗示所帶來的不和諧感受。簡而言之，這就是困惑技巧的機制。相關原則列在表14.2中。

困惑技巧有許多種形式，通常可以分為兩大類：模式打斷策略和過度承載技巧。模式打斷技巧是說和／或做一些事情，刻意打斷這個人在某方面的日常反應。我們可能致力於打斷一個人的思想、感受或行為等等經驗模式，獲得我們想要的療效。打斷舊模式會幫助一個人切換到「新的軌道」上，這個打斷如果足夠久，就可以讓新模式產生深遠影響。我們可以透過表14.3列舉的各種方式來打斷人們的病症模式。

表14.2 關於困惑技巧的假設

人們看重清晰和理解。

困惑或不清楚，會導致不愉快的內在狀態，例如：感受失調。

感受失調會驅使人們追求了解。

因為想要清楚了解，這促使人們尋求意義，對於令人滿意的解釋（就算是錯誤答案）有更大接受度。

人們的行為是有模式的，持續遵循某種熟悉模式就是最舒服的。

如果要阻止這些熟悉模式（即中斷），我們需要產生新的反應。

產生新反應所需的時間長短，是根據對外在提示的放大回應程度而定。

表14.3 模式打斷策略

困惑

驚喜、驚嚇

幽默

重新框架

雙重束縛

悖論，症狀處方箋

任務分配、行為指令，加入個案的參考框架（順勢而為）

當面對質

角色互換

儀式

催眠和催眠現象

苦難

隱喻
放大兩個極端
外化

改變某些圍繞在模式周遭的情境變異數（例如人們「創造」病症的地點、時間，或與誰在一起）；切換模式的次要元素的順序，改變他人對這個模式的反應；誇大或強調模式的含義，用困惑與不相關的內容圍繞在理想催眠回應周圍，並透過令人驚訝和不協調的治療師反應來建立新的模式，以及相關的連結。甚至，你可以用手勢打斷個案，可以誇張使用非語言（即姿勢）溝通，你可以使用模糊或甚至明顯違反正常語言語法的語言模式，個案會感到著迷，因為他們試圖弄清楚治療師的表現為何如此超乎預期，甚至是詭異。

以下是米爾頓・艾瑞克森在治療一個疼痛病人時，使用困惑技巧的逐字稿（收錄於 Jay Haley, 1967, p. 152）。艾瑞克森的策略之一是使用超乎常理的溝通模式，同時鑲嵌有療效的暗示，讓個案感到更深刻的舒服。為了適應艾瑞克森不尋常的説話模式，個案的正常思考模式被打斷，個案在深刻的內心世界裡，可以專注在有意義、有療效的暗示裡。

（……某個家人或朋友）……知道疼痛，也知道沒有疼痛，所以你是想要知道沒有疼痛，但是舒服，而你真的知道舒服，以及沒有疼痛，當你知道舒服增加，你無法對自在和舒服説不，但你可以説沒有疼痛，也知道沒有疼痛，但是知道舒服和自在……

當個案有意識地試圖理解語言文法上的困惑時，在感受層面上艾瑞克森透過暗示啟動了連結，誘發良好感受並感覺沒有疼痛，這就讓艾瑞克森的個案得到了他想要的舒服感受。

以上的逐字稿也展示了其他困惑技巧可以採用的元素，也就是過度承載技巧。過度承載是困惑技巧的工具之一，運用過度重複的語言和感官的過度承載。在上述逐字稿中，艾瑞克森不停重複對感受舒服和沒有疼痛的暗示，如此頻繁而且過度述説，同時鑲嵌其他困惑的陳述句，以至於在暗示的基礎上，個案無法一一阻抗每個暗示。重複暗示會讓個案的頭腦思考變得很疲

累，甚至無聊，然而重複是眾所周知的潛意識學習過程的強化技巧。在困惑技巧中鑲嵌暗示，實際上是明確且合理的。與困惑的灰暗背景相比，鑲嵌暗示就像霓虹燈一樣鮮明突出，因此更容易引起注意，並產生潛在影響。

另一種形式的過度承載是感官過載，把來自多個外在環境的訊息過度加載到個人的頭腦意識中，以至於個案跟不上速度。當個案努力保持意識專注時，潛意識便可以做出更好的深度回應。過度感官承載技巧的一個例子是「雙重催眠引導」技巧，由凱‧湯普森、雷‧萊斯科拉（Ray LeScola）和羅伯‧皮爾森（Robert Pearson）創始（在第9章裡提到的湯普森「參考框架」部分），由凱‧湯普森（2004a）描述。透過兩個（或更多）治療師同時說話（不是一人一句），對一個個案進行催眠引導，個案最初可能會嘗試跟隨兩個治療師的聲音，但很快就會發現無法長時間有意識地跟隨兩個治療師。無論治療師說了什麼，都會繞過意識的偵測和分析，在潛意識層面上整合，並且對於備受疲憊和超負荷的個案而言，他們不可能同時進行頭腦多方審查的工作，就可以放下，進入不錯又放鬆的催眠裡。

感官過載可以是多個（兩個或更多）治療師為一個個案做催眠，或多個不同層次的刺激同時發生（聲音、氣味、視覺等）。如果你沒有多一個治療師可以一起嘗試這種技巧，治療師可以製作一份概括性的催眠引導錄音，在跟個案做催眠期間播放它，同時在現場，治療師可以提供量身訂做給個案的催眠。你甚至可以建議你的個案說：「你可以聽到我在說話……或者，你可以聽到我的錄音！」這種過載技巧在治療疼痛的個案中特別有效（Yapko, 1988a）。

表14.4 困惑技巧的分類

認知層面
感官層面
關係層面
時間層面
角色
身分
情感層面

空間層面
行為層面

在催眠引導裡的困惑技巧需要治療師保持頭腦清晰，治療師要知道在每一個時刻所說的話和所做的事。同時還需要治療師（以及個案）有些解離能力，才不會落入他／她所製造出來的困惑情境裡！實際上人們可以在任何維度的體驗裡創造困惑，從今天是星期幾（「你可以在星期二放鬆，但不像在星期三那樣放鬆，如果你在星期日回想起那個在星期五放鬆的感覺，你也可以記得在星期一做個深呼吸⋯⋯」），到回憶（「你怎麼可能忘記進入催眠裡的深刻美好體驗，當你記得要忘記你所記得的東西時，這會提醒你去忘記記得舒服和平靜，記得去忘記你曾經忘記要記得，關於忘記緊張和記得舒服⋯⋯」）。表14.4列出了我們運用困惑時的具體體驗面向。

治療師以富有意義的方式給予困惑暗示，帶領個案在更深層面上尋找和發現意義。困惑技巧特別適用在高度理性、高度思考、很聰明的個案，他們會把很多問題和情緒合理化。聰明頭腦無法長時間跟隨眾多有意義的不理性困惑暗示，這個過度承載就會將理性的個案切換到更多情感深刻的連結裡。

總結

本章介紹的催眠引導方法是以自然和合作的方式引導催眠，是最自發和最有效的方法之一。它們無法以一字不差的方式進行腳本撰寫，但這正是它們的優勢。催眠腳本可以讓治療師在引導時更有安全感，但也會導致工作變得更加死板，缺乏創造力。使用這些結構鬆散、自發性方法來發展催眠技能的治療師，只有透過多次仔細觀察個案的反應來做到這一點，同時發展靈活性，將從個案身上獲得的每一個反應，都轉化為進一步提高治療互動的品質。

1. 在本章描述的催眠引導中，跨源搜索和意念動力學過程如何運作？

2. 一個人對周遭世界的一般性內在或外在取向是如何發展出來的？要做到有效催眠，我們應該選擇哪一種關聯模式，如何運用？

3. 在日常生活中，如何做到「負負得正」？請提供具體例子，並描述每個例子背後的動力原理。

4. 治療師是否應該在還沒有事先告知個案治療意圖時，就開始引導個案進入催眠狀態？為什麼或為什麼不？

5. 艾瑞克森聲稱「從困惑裡會產生頓悟」，這句話的基礎是什麼？困惑是否可以用來促進改變？為什麼或為什麼不？在你自己的經驗中，是否有在體驗困惑之後得到「啊哈」頓悟體驗的時刻？請描述一下。

任務清單

1. 列出25個有明顯催眠元素存在的日常生活經驗。寫下一組催眠暗示，描述它們，就像是在做催眠引導步驟。

2. 試著讓兩個同儕同時針對兩個不同主題與你交談，並嘗試跟這兩人同時對話。你體驗到什麼？

3. 以盡可能催眠的方式（慢慢地、模仿沉浸、使用感官描述等等）在課堂上跟其他人描述某種實際上不是催眠的體驗，在這種體驗中，你可以舒適地放鬆（例如騎自行車、在樹林裡徒步旅行、坐在蒸氣室裡）。這些聽眾有什麼樣的反應？

第15章

催眠現象：
調動隱藏的能力

概述

　　本書前面的所有章節所提供的概念框架和技術，都在為這個關鍵章節的主題搭建舞臺：現在，假設個案正在催眠中，我們要如何幫助他們去體驗那些具有治療價值的事物？在本章中定義和描述的經典催眠現象，皆是催眠治療應用的基礎成分。此外，它們是所有生活經驗的基本構建單元，我們的記憶、期望、希望、絕望、意象、感覺、思想、愉悅、痛苦，以及我們所有的主觀經驗，都是由這些定義了我們的基本成分以不同形式的組合構成的。作為臨床催眠過程中出現的現象，它們與日常形式的不同僅在於程度，而非種類。

儘管催眠現象的特質在日常體驗中也存在，但是只有當其在結構化催眠過程中被提煉到本質時，才能最大程度地被觀察和體驗。思考這些催眠現象時，重要的是，我們要從一開始就認識到，它們與生俱來不具備任何正向或負向的性質。它們可以根據相關聯的內容和應用環境，以有益或有害的方式組裝在一起。簡而言之，同樣的催眠現象可以用來解決問題，也可以用來製造問題。關於這個重要觀點，稍後我會更詳細地說明，特別是關於催眠現象和症狀形成的部分。

　　各種不同的催眠現象代表了人類寶貴但通常未能充分發揮的能力。一般認為，每個人在正式催眠互動中都有機會發展出這些催眠現象的能力，因為它們在某種程度上是透過臨床的結構化過程，將日常經驗放大（Erickson, 1958; Voit & Delaney, 2004）。事實上，我們能正常健康地生活，這些能力在我們的經驗中不可或缺（Bányai, 1991）。聲稱某人根本不能被催眠是有問題的，因為如果這個人不能集中注意力，不能記憶、想像、自動化地行動或展示其他類似的催眠能力，他就根本無法生存。儘管如此，如我們所見，人的催眠能力存在顯著的差異，有些人可能只有較弱的能力。但是要想找到完全無法體驗任何這些催眠現象的人，也是極為罕見的。

　　在描述各種催眠現象時，我會加入日常情境中它們自然或自發發生的例子。一般人通常不會認為這些隨機體驗與催眠有什麼關係，但它們在結構上其實是相同的。當它們發生時，人們會輕描淡寫地把它們說成是某種「有點奇怪」的變化，之後就不再去想它們了，因為它們似乎「就這麼發生」了。一般人不會感覺自己參與或直接控制了這種體驗。這是去獲得催眠模式技能的主要原因所在：與其讓這些潛在有用的體驗停留在隨機發生和看似無法控制的層面，熟悉催眠的治療師則可以自主地促進這些體驗以有意義的方式發生，用以幫助個案，同時也幫助他們在生活中獲得更多的掌控感。

　　在大多數情況下，認識到人們身上經常發生催眠現象這一事實，是順勢而為的方法所特有的。在其他催眠模型中，催眠現象通常被認為是種叫做「催眠」的獨立且特定狀態之顯現。即使其他人聲稱催眠現象是日常事件的濃縮形式，但用於獲得這些反應的技術仍是儀式化與人為的。順勢而為的方法強調了更自然、更富個人意義的風格來促進這些反應。然而，我的願望是

為了讓你了解各種可能性，因此本章將同時介紹引發催眠現象的結構化與自然主義方法。這些現象的臨床應用將在後面的章節中探討。

在你閱讀以下每個部分的時候，都可能會想起自己經歷過的特定催眠現象，尤其是在什麼樣的情境下發生了什麼。探索催眠體驗的日常面向，可以逐漸幫助你注意到並運用你與個案互動時出現的更多自發性催眠反應。事實上，熟悉催眠反應發生的日常情境，是順勢而為方法的基礎（Erickson, 1958; Erickson & Rossi, 1981; Yapko, 2001a; Zeig, 1980a）。一般的方法是找到並催眠性地描述常規情況，在該情境中所期待的反應很可能自然發生。個案可以沉浸在那個被暗示的體驗中，接著可能會自然發展出該催眠現象。長期以來，人們一直都知道，只要簡單地想像某個身體動作的發生就能引起那個動作，這被稱為意念驅動反應（Arnold, 1946; Kroger, 2008）。T · X · 巴伯、尼可拉斯 · 斯巴諾斯和約翰 · 查維斯寫道，可以透過想像「一種情況，如果實際發生，往往會引起所暗示行為」來產生催眠反應（1974, p.62）。同樣地，情感、知覺與幻想也能被暗示並誘發產生催眠現象。

催眠現象

假設此時你就在臨床互動中，你已經與個案進行過會談，並獲得了所需要的重要訊息，讓你得以設計並提供有意義的催眠體驗。你向個案介紹了催眠，且獲得了他的同意讓他接受催眠，進行引導和深化，建立反應組合。現在，有一個專注等待你下一步行動的個案。治療策略可能已經在引導和建立反應組合時埋下了伏筆或預示，但是既然現在已經建立了介入的脈絡，它就會更直接地被激發。如何構建催眠會談，以及使用哪些催眠現象來服務治療目標，將因個案而異。表15.1列出了一些主要催眠現象，可用於治療目的。

以下是經典催眠現象，按英文字母順序排列，以便參考。

表 15.1 經典催眠現象 *

年齡回溯（Age regression）

年齡進展（Age progression，艾瑞克森的「偽時間定向」）

失憶（Amnesia）

鎮痛（Analgesia）

麻醉（Anesthesia）

僵直（Catalepsy）

解離（Dissociation）

幻覺（Hallucination，正性、負性）

意念動力反應（Ideodynamic responses，意念情感、意念認知、意念動作、意念感覺）

感覺變化（Sensory alterations）

時間扭曲（Time distortion）

＊作為基石的價值：中性

◆ 年齡回溯

描述

　　年齡回溯被定義為對記憶的強化吸收和體驗性運用。年齡回溯技術有兩種一般形式：(1)引導個案回到過去的某個事件，以好像發生在此時此地的方式重新體驗它，這個過程稱為「情景重現」（revivification）；和(2)簡單地讓人以盡可能生動的方式回憶起某個經驗，這個過程稱為「超記憶」（hypermnesia）。在情景重現中，個案會沉浸在體驗裡，以與該記憶實際發生時相近的組成方式重溫記憶。人們感覺並從那個過去的時間點回應，就好像它根本不是在過去，而是在當下。在超記憶狀態下，人們保持在當下，同時也可以生動地回憶起記憶中的細節。

　　大多數人都有種直覺的理解，即我們先前的經驗對當前的想法、感受和行為產生了深刻影響。當然，心理學也蒐集了大量訊息來證實這一點。因此，年齡回溯是心理治療工作中最廣泛使用的催眠模式之一。年齡回溯是臨床技術的一種，提供了讓人們回到過去的機會，無論是最近還是遙遠的過去，以便回想起被遺忘的記憶，或重要事件中被忽視或低估的細節。這得以

幫助個人重新定義對自我的觀點，或「修通」舊記憶以得到新的且更適應性的結論。記憶是個過程，而不是一個事件。記憶基於主觀知覺，因此是可塑的、動態的（Dasse, Elkins, & Weaver, 2015b; Kandel, 2007; Squire & Kandel, 2008）。記憶的品質可以隨著時間的推移而改變，因為新經驗會交織影響舊的經驗。記憶會受到有意或無意的影響，因為它是主觀的、可被暗示的（Loftus, 2017; Loftus & Hoffman, 1989; Sheehan, 1988, 1995）。

將年齡回溯定義為對記憶的強化吸收和體驗性運用，有助於讓年齡回溯的日常面向變得明朗起來，因為人們的思緒會習慣性地進入並沉浸在回憶之中。如果電臺播放了與高中戀人有關的歌曲，聽到歌曲的人可能就會沉浸在與那個人的記憶中，並清晰地回憶起他們在一起做過的事情以及那個時期發生的事件。在一段時間內，外界其他的事物會從意識中淡化，而這個人也會深深地向內沉浸在記憶之中，甚至重新體驗到自己生命中那個時期的感受（意念情感反應）。

年齡回溯與那種經歷一樣普遍。任何引起人們回憶或重溫事件的信號都會激發「自發性年齡回溯」。看照片、聽某種聲音或短語、聞特定的香味、見老朋友……引起回憶的觸發器可以有無數種形式。透過這些方式沉浸在回憶中，都是慣性年齡回溯的例子。

年齡回溯可以被結構化成刻意讓某人參與一些似乎與他們正在經歷的症狀有關的記憶。人們會根據他們的記憶來定義自己，特別是那些充滿強烈情感的事件。許多症狀確實是導因於人們如何解釋過去事件的意義，因此探究和應對記憶通常成為治療的關鍵部分。尤其是與遭受過創傷的個案合作時，他們不僅經歷了一些可怕的經驗，而且還將這種經驗置於某種可能會使已經很糟糕的情況變得更糟的想法（他們的思考方式）中。告訴自己「我永遠無法從這件事中走出來」、「我的整個人生都毀了」、「沒有人會愛我」，或對發生的事件採取其他類似的傷人觀點，這些都會增加他們的痛苦。這些結論通常是治療的靶向，旨在幫助人們獲得新的、更有自我提升能力的觀點。

虛假記憶：年齡回溯是該領域最受爭議的核心

我現在必須提出一個不僅在催眠領域，也在整個心理健康行業都劍拔弩張的問題。它被稱為「壓抑記憶爭議」、「虛假記憶辯論」、「記憶戰爭」，以及更多具有煽動性的名字。在 90 年代後期，我們幾乎每天都聽到備受矚目的法庭案件，閱讀專欄報紙文章，聽電視專家激烈爭論著：透過一般治療，特別是催眠年齡回溯挖掘出的所謂壓抑記憶，是否應該被視為有效？（Loftus, 1993; Terr, 1994; Yapko, 1993a, 1994a, 1994b）雖然隨著冷靜的頭腦和堅實的研究逐漸占據主導地位，爭議已經大為減少，但仍偶爾會出現新的法律案件和涉及創傷、記憶和易受暗示性之關聯性的臨床困境（Goodman, Goldfarb, Quas, & Lyon, 2017; Levine, 2015）。

許多治療師經過學術培訓或自學，認為幾乎所有症狀都是過往經歷的產物，特別是過去的創傷。這些創傷通常包括所謂的童年性虐待，需要識別並「修通」。因此，如果某人無法回憶起任何足以解釋其症狀的類型與嚴重度的虐待記憶，持有這種錯誤觀點的治療師便會假設關於受虐的記憶已經被壓抑，亦即，從有意識的覺知中分裂出來的一部分成為了心理防衛。同時還會進一步假設，挖掘被壓抑的記憶對復原是必要的（Blume, 1990; Fred-rickson, 1992）。

在搜尋所謂的壓抑記憶時，關鍵的問題是：創傷記憶是否被「鎖住」了，而使用催眠或其他記憶恢復技術找到「鑰匙」是否能夠打開它們，以便準確回憶？或者，用於查找和檢索記憶的技術本身，治療師或個案是否有可能在潛意識的狀況下，汙染或扭曲記憶？更進一步，具有良好意圖的治療師和不明就裡的個案，是否可以製造出複雜、情感強烈且看似真實的記憶，但實際上完全是捏造的，即所謂的虛談症？

對於絕大多數的人，在創傷之後，可能會對發生的特定細節有一定程度的遺忘，但仍然會保留遭受創傷那既痛苦又持久的全面認識（Levine, 2015; Rothschild, 2017）。此人現在知道且一直都知道發生了虐待行為。對於一個人遭受了虐待，尤其是持續多年的反覆虐待，而設法壓抑所有這些情節的情況是罕見的，許多專家甚至會認為是不可能的。要透過什麼樣的心理機制才能發生這種情況？

儘管我們仍然有許多不明白的地方，就像我稱之為「關於壓抑記憶令人困擾的未知因素」（Yapko, 1997b）一樣，很難相信治療師在搜尋所謂的壓抑記憶時會如此自信，但很多人確實如此。這些未知因素包括很多仍然存在爭議的問題，比如：為什麼有些人的已知創傷記憶一去不復返，但有些人卻能恢復這些記憶？在語言之前，是否存在著「身體記憶」？如果存在，我們該如何準確地評估它？我們如何將身體記憶和其他與虐待無關的身心症狀區別開來？在哪個年齡階段才可能出現壓抑，如果它存在的話？有可能壓抑數十次甚至數百次的虐待事件嗎？如果有，是一次一個還是一次一批地壓抑？如果是批次壓抑，那麼這種突然且如此大規模的「記憶抹除」，其觸發與機制又是什麼？我們如何區分真實的記憶和充滿細節的虛談？是什麼讓某些人比其他人更容易受到虛假記憶的影響？人們真的必須記得才能變好嗎？

　　當個案向治療師呈現要處理和解決的症狀，但不記得它們是如何或何時開始的，或者不記得太多童年的記憶時，假定存在著被壓抑的記憶是非常危險的推測。我認為芭貝特・羅斯柴爾德（Babette Rothschild）的免責聲明是出於善意的警告提醒。她是創傷工作中的主要聲音之一，也是《身體記得》（ *The Body Remembers, 2017* ）的作者。她說：

> 本書中討論的每個資訊和每個治療程序都基於理論和推測。並不是
> 因為這些內容有什麼問題，而是因為理論和推測是我們真正擁有的
> 全部。在心理學或創傷壓力研究和治療領域中，沒有什麼是鐵的事
> 實。沒有什麼是我們確定知道的。
>
> （p. xv）

　　這是一條警告訊息，但也是可能在治療中犯錯的自我辯解，而這些錯誤可能會帶來害處而不是幫助。治療師知道什麼時候他們只是在推測並基於這些推測建立治療嗎？而且，誰的推測比誰的更好呢？

　　說「心理學中沒有鐵的事實」這句話是在誇大其辭，它試圖表達仍然有很多東西我們不了解，就像前面說過的那些「令人困擾的未知因素」。心理學還有很長的路要走，但我們確實知道一些事情。我們知道記憶是易受暗示的，我們應該要知道當我們向那些否認任何這樣歷史的人暗示虐待時，這意

味著什麼。了解記憶的運作，對於理解諸如許多人所謂「沒有關於童年的詳細記憶」是有幫助的，因為原因可以很多，且與虐待或壓抑無關（Bauer, 2015; Kandel, 2007; Schacter, 2001）。任何治療師在對個案的記憶進行工作時，都應該對記憶本身如何運作有較高水準的理解。

可以提及但不一定需要回答的問題，是關於這些被埋藏的記憶（被壓抑或只是被遺忘？我們如何才能知道？）其準確性，這些記憶是個案在回應暗示性治療時浮現出來的。當某個記憶在催眠時從某人的腦海深處浮現出來，它應該被視為「真相」嗎？這些記憶可以完全準確、部分準確、部分不準確，或完全不準確。沒有客觀證據來證實一段記憶，也沒有已知技術可以確定它的真實性。催眠並不能揭示真相。事實上，記憶在催眠中浮現出來──故事包含了更多細節，更情緒化地描述某個事件，但這並不意味著這個記憶就更真實。所謂的「真相藥」或測謊儀也是如此，這就是為什麼在通常情況下，法院不允許使用這些工具獲取訊息（Kassin, Redlich, Alceste, & Luke, 2018）。由於真正恢復的記憶無法可靠地與虛談區分──即使是所謂的「專家」在實驗中也無法做到這一點；因此對於治療師來說，盡可能減少因無意中使用暗示而可能汙染了記憶，就變得更加重要。

以上關於記憶恢復技術本身會扭曲或甚至創造記憶的問題，都可以堅定地回答「是的」。研究表明，記憶對各種暗示的影響都非常敏感，無論是否在催眠中（Brewin & Andrews, 2017; Heap, 2008; Loftus, 2005, 2017; Loftus & Yapko, 1995; Mazzoni, Heap, & Scoboria, 2010; Pena, Klemfuss, Loftus, & Mindthoff, 2017; Schacter, 1996, 2001; Wagstaff, Wheatcroft & Jones, 2011）。當實際上沒有發生任何虐待時，有人真的會相信自己被虐待了嗎？是的。因此，韋斯特（Wester）和哈蒙德（Hammond）的觀點有理有據：「在記憶問題上，問題不在於催眠本身，而是使用催眠的會談風格與方式。」（2011, p. 257）

在這裡，我需要澄清並強調本節的關鍵點：這場爭議是圍繞著治療師向個案提供關於虐待的暗示性記憶展開的，尤其是個案在就診前出現了一些症狀，他們希望解決這些問題，但是卻沒有任何與此相關的創傷性回憶。如果某人一直都知道自己遭受了虐待，只是過去從沒告訴過任何人，那麼討論這個問題就沒有意義了：我們可以相信這些記憶，並認為它們與其他記憶一樣可靠。

年齡回溯的一般應用

在臨床上使用年齡回溯時，至少可以採用兩種一般性策略，每種策略都會產生多種具體可行的技術。第一種一般性策略，將回溯到負面甚至創傷性的經驗上。這樣做的意圖是允許個案探索事件，釋放被壓抑的情感（「宣洩」），同時提供看待該情況的新方法（「重構」），這可能有助於釋放或重新定義曾經給他們的生活帶來負面影響的事件。在這種策略中，可以使用場景重現或者超記憶，治療師可以根據個案在體驗中沉浸程度的深淺，判斷如何使個案在治療中獲得最大收益。例如，如果個案覺得自己被母親拒絕，因此而感到毫無價值（「如果連我自己的母親都討厭我，那我肯定非常沒價值」），治療師可能希望透過場景重現幫助個案回到過去，重溫形成這種感覺的一個或多個關鍵互動。這可以透過幫助個案重溫那些感受、重新體驗事件的景象與聲音，同時支持他們表達這些感受來實現。然後，治療師可以讓個案關注那些在過去的經驗中忽略或忽視的面向，為那段記憶增加新的理解和洞察，進而幫助個案重新定義記憶。例如，可以鼓勵個案去感受母親的愛與關懷，事實上，母親確實愛著他們，而她卻困於自己的某種情感限制而在受苦（「她愛你，但因為她自己的毒癮而無法陪伴你」）。

對舊經驗得出新結論可以極大地改變你對自己的感覺。透過場景重現策略讓個案沉浸在體驗中，可以產生強大的情感衝擊。相反地，如果你的工作對象是一名經歷過可怕性侵經驗的女性，那麼透過場景重現將她重新置於那種強烈的處境，通常是不可取的；儘管有些專家認為，精心計劃的場景重現帶來的情感強度是恢復的關鍵（A. Barabasz, 2013; Fine, 2012）。正如你所預測的那樣，場景重現是在情感上非常有力量的方法，因為個案可以完全沉浸在體驗中，就好像它正在發生一樣。透過較大心理距離的超記憶技術，可能會更好地幫到個案。在這種方法中，她可以安全地處於此時此地，同時修通過去的創傷（Lynn & Kirsch, 2006; D. Spiegel, 2010）。創傷的場景重現是否有可能再次傷害某人？會的，的確如此。建議謹慎行事（Fine, 2012）。

年齡回溯的第二個一般性策略，是獲取和放大個案自身的資源，這與第一個策略不僅兼容且很容易整合。此策略包括辨識和運用個案在過去情境下，所表現出來解決問題的特定能力。不幸的是，個案目前並未使用該能

力，而這對他自己造成了不利的影響。通常，個案具有自己並沒有意識到的正向能力，但因為自己沒有覺察到這些能力，也沒有獲取它們的手段，所以這些能力處於休眠狀態。

使用年齡回溯，治療師可以幫助個案重新發現他們自己過去的個人經驗，這些經驗能幫助他們以更具適應性的方式來應對當前的困難。例如，如果有人抱怨學習新事物困難，治療師可能會引導這個人回到過去的各種經歷，最初在學習某些東西時感到沮喪，然後展現每次挫敗後又是如何引導至最終掌握該技能並在這個方面增強自信的。這是建立挫折耐受性的一個例子。學會穿衣、閱讀和寫作、開車等無數經驗，開始時都是令人生畏的新經驗，後來卻成為了慣常、自動化的能力。讓個案沉浸在過去「掌握最初看似困難的技能」此種滿足體驗，接受不確定性是學習過程的正常部分，並將其應用於當前的挑戰，這可以幫助個案建立更積極的態度。

誘發年齡回溯的方法

任何使個案主觀體驗回到過去的暗示模式，都可以被視為年齡回溯的方法。一般性的年齡回溯方法包含使用結構化和富有想像力的意象暗示，這是重新捕捉過去體驗的觸發器。其他也包含了更自然、更日常地沉浸在記憶中的方法。任何方式都會是好的，這取決於個案的回應風格。

特殊交通工具的想像：利用個案想像力的模式，包括各種「特殊交通工具」，如一輛特殊火車、飛機、時間機器、宇宙飛船、電梯，或其他可以將個案帶回我們所考量事件的交通工具。特殊載具想像是種人為的、具體和以內容為導向的手段，用於構建年齡回溯暗示，因此需要相當詳細的細節來促發個案。以下年齡回溯方法的範例使用了「特殊列車」為載體：

> ……現在，你已經可以舒適地放鬆自己……你可以讓自己體驗……想像到達一座特別的火車站……與你過去曾到過的火車站完全不同……在那裡，能夠將你帶回到過去……回到你很久、很久沒有想起的重要經驗……而你可以走到其中一輛火車前，看到自己爬上這輛最有趣的火車……而且你可以很容易地找到一個舒適的座位坐

下……非常柔軟，你可以在那裡休息……深深地休息……然後，當你感覺火車以柔和而愉快的方式開始移動時……你可以體驗到火車運動的明顯變化……逐漸地回到過去……最初是緩慢的……接著加快……有強大的動力……當你望向窗外……看著生命中的事件像你在路上經過的許多電線桿一樣從你身邊飛過，昨天的記憶……然後是前天……然後再前一天……然後再前一天……以及之前的所有日子……它們可以在你的腦海中飄移，當你越走越遠進入過去……當過去成為現在……然後火車開始減速……然後火車到站了……你現在可以走下車，發現自己正處在那個對你來說很重要的情境中……而此刻所在的這個情境，你可以看到景象、聽到聲音，感受到當時當地的感受……

此時，治療師和個案之間可以開始對話，以引發個案重新體驗記憶的細節。詢問個案此時身處何處，還有誰在場、事件發生的確切情況，以及他們的想法、感受和行為與其他相關問題，這可以讓治療師更好地了解該經驗，以及個案的記憶如何組成。這為治療師提供了創建更適應性暗示的可能性，以作為治療的一部分。

直接回溯到特定的時間或事件：如果個案知道某個重要事件發生的時間，治療師可以讓個案回溯到該具體的時間。然而通常的狀況是，個案往往不知道某種感覺、想法或行為是從什麼時候開始的。在這種情況下，治療師可以提供一些過程導向的暗示，就如同上述的特殊火車範例，並沒有特別指出回溯的具體年齡或情境。在該範例中，完全由個案選擇一個代表他或她主訴問題演變的經驗。治療師必須讓個案在某個時候將自己的經驗口頭表述出來，以便能夠協助個案盡可能地獲得記憶，並決定於何時與何處進行介入。

無論你選擇採用何種方法作為年齡回溯體驗的催化劑，使用更多感官細節來連結個案，都會鼓勵他們更大程度地參與該體驗。為了實現更個人化或情感上遠離過去事件的體驗，可以提供暗示，讓個案在安全的此時此刻存在（解離），以類似「就像你正在觀看一部關於自身經歷的電影……當你舒適地觀看時……你可以觀察在那裡的自己來學習一些重要的東西……」

可以獲取訊息的問題：更自然的年齡回溯方式包括提供間接暗示，以幫助人們回到過去的記憶，而毋須正式地說：「現在你可以回到過去。」這種模式包括將人們導向自己個人的過往歷史中，在交談中分享過去個人或專業經驗的學習。透過提問引導個案回憶自己的過去經歷是一種方法，它讓個案在搜索過去的過程中，回想起適當的事件，以便做出有意義的回答。這樣的搜索一開始可能只是在認知上記住一段較遙遠的記憶，但隨後經過巧妙的進一步提問，便可以讓個案沉浸在回憶中並實際地再去體驗它。以下是這種模式的範例：

治療師：你還記得你四年級的老師嗎？（引導個案回到9歲或10歲）

個案：當然，是史密斯老師。我記得她是一位非常好的老師。（開始記起那位老師和一些有關的童年經歷）

治療師：四年級在一個人的生命中真的是個有趣的時期……許多想法可能都在那個時候開始發生變化……我想知道你是否記得那段時間中，哪個事件對你特別重要？

個案：嗯……有一次我在學校闖了禍，我的母親……（講述該故事的細節）

治療師：你能夠……清晰地看到在那個經歷中的自己嗎？……當你看到自己在那個經歷中時，你能夠記得你當時的感受，不是嗎？……那些當時所感受到的情緒，現在仍是你的一部分……這些重要的感受，教會了你某些重要的東西……即使你很久沒有想到它們……你可以看到其他人……他們的樣子……他們穿的衣服……你可以聽到他們說的話，對你很重要的話……他們在說什麼？

當治療師要求個案填補記憶的細節時，個案自然而然會變得越來越沉浸其中，甚至到某個點開始重新體驗到它。此外，注意時態從過去式到現在式的變化，微妙地從「曾經」轉變到「正在」，這是重現記憶的手段。這種回溯是許多不同心理治療的例行程序，特別是那些為了更好地理解和管理現在而關注過去的手段。如此在記憶中逐漸深入，是個專注於過去的平穩自然的方

法。隨著治療師盡可能地讓個案參與記憶的所有感覺成分，這種參與也會變得越來越深入。

透過隱喻回溯： 為了使回到過去的體驗不那麼讓人感到被威脅，另一種方法是描述治療師自己或他人與過去相關的經驗來間接促發回溯。當他人的經驗以故事的形式描述時，便是隱喻的應用。個案自然會傾向於將自己投射到那種情況中去，想像自己身臨其境的感受或行動。例如，談論別人童年的經歷，可以基於個案自己的童年經歷，為個案建立起認同感。因此，回溯是透過認同和投射間接發生的，個案可以回到過去的回憶或重新體驗相關的記憶。

下面分享一則使用這種方法的案例。個案在她僅6歲時，為了父母的離婚感到了不必要和不公正的罪惡感。回溯涉及將個案帶回到那個時間，重新體驗非理性的感覺最初的發展，亦即她認為自己對父母的離婚負有某種責任。這個案例在做出傷害性決定之前就停止了，且並沒有進入針對此問題的重新決策的實際治療。

治療師：妳不認為孩子非常了不起嗎？

個案：是的，他們每天都會讓我感到驚喜！

治療師：有時孩子們會認為整個世界都圍繞著他們轉……就像生活是一場「躲貓貓」的遊戲……整個世界會停下來一會兒……然後去別的地方……天曉得是哪裡……可能是非常平靜美麗的地方……當孩子閉上眼睛而世界消失的時候……妳還記得小時候的情景嗎……閉上眼睛……然後想著大家都去哪裡了？

個案：我小時候常常玩捉迷藏，我記得有時候會擔心自己孤單一個人，當我閉上眼睛時，所有人都不見了，我再也找不到他們了……但當然，那只是小孩子幼稚的恐懼。

治療師：有趣的是，我正在與一個孩子合作，她描述了同樣的感覺……她現在快7歲了，對於上一年級感到非常自豪……興奮和激動……像幾乎所有孩子曾經那樣……妳能記得，

不是嗎？……關於上學和學習還有許多需要學習的東西……還有個龐大而複雜的世界在外面……比一個6歲孩子的世界大得多……但6歲孩子還不知道這一點……她仍然需要學習閱讀和寫作……學習科學和數學……學習有關成年人和其他孩子之事……學習相愛和離開……6歲孩子的世界始終在變化和成長……但不如她想像的快……因為她的一部分仍然認為世界圍繞著她轉……她可以讓大事發生……而且直到她長大了才會學到……世界根本不會圍繞著她……她只有6歲……可以理解，她害怕獨自一人……

在上述案例中，治療師將個案感到過於負責任的部分，與另一名6歲孩子的想法和感受進行匹配。當以一種可以讓個案重新捕捉到相似想法和感受的方式描述時，她可以用更加自發和自然的方式回到6歲。此外，當治療師以非威脅性的方式指出6歲孩子的扭曲感知時，同時也為後續的治療埋下了種子。這能為個案打開一條路，最終接受當時她的想法可能也是被扭曲的，因此更容易轉變。

其他回溯方法：其他年齡回溯技術包括：(1)情感或身體橋接，將個案當前的感受或覺察與其第一次或最早有相同感受或覺察的時刻聯繫（「橋接」）在一起（「……當你繼續覺察到你所描述的『被遺棄的感覺』時，你可以回到過去，清楚地回憶起你第一次有同樣感覺的時刻」）；(2)時間錯亂，利用混淆性暗示使個案從「現在」迷失到另一個時間，並重新引導人們回到「當時」（「有時會發生的是……回想起當時會讓你現在想起當時……如果當時如此重要，如果當時成為現在……因為昨天導致了今天，你可以像現在一樣回憶起昨天……因為不時有如現在回憶起當時是如此重要……」）；(3)年齡進退，將個案首先引導到未來，在那個時候，他們可以回憶起過去發生的事情（「在時間中往前看以至於你可以往後看……」）。首先定向到未來，這可以為體驗過去創造更大的情感距離，使過去的體驗更容易恢復並用於治療。

年齡回溯是臨床催眠中最廣泛使用和最有益的應用之一。可以喚起遺忘已久的清晰記憶，也可以重組持續的侵入性記憶，這些都是一般臨床治療的常見組成，尤其是催眠的使用。了解記憶的機制，包括其強度和限制，對於

良好的臨床實踐至關重要。如果你還沒有學習過記憶方面的知識，我鼓勵你在下一個個案進門並說出「當我10歲時，發生了這樣的事情……」之前就嘗試一下這樣做。表15.2列出了年齡回溯策略。

表 15.2 年齡回溯策略

意象，特殊交通工具技術
直接回溯到特定時間或情境
可以獲取訊息的問題
透過隱喻回溯
情感或身體橋接
時間錯亂（困惑）
年齡進退

◆ 年齡進展

描述

　　與年齡回溯關注過去相反，年齡進展是利用對未來的投射（Bonshtein & Torem, 2017）。年齡進展會引導個案經驗性地進入未來，在那裡他們可能有機會想像和體驗當前或新選擇的結果，將暗示整合到更深層次，演練新的思維、感受或行為模式，且一般來說，對自己的生活能有更全面的了解，而不是僅狹隘地關注日常生活。你可以將其視為在實為前瞻的狀況下鼓勵後見之明。任何引導個案體驗未來事件的暗示性溝通策略都屬於年齡進展模式。

　　從心理治療到對抗憂鬱藥物的反應，縱觀各種治療，預測治療反應的最強因素是個案期望的性質（Hunter, Leuchter, Morgan, & Cook, 2006; Kirsch, 1990a, 1990b; Lynn, Laurence, & Kirsch, 2015）。同樣地，一個人的傾向是樂觀還是悲觀、對未來的性格傾向，都可以預測他的生活品質，其中包括情緒、健康、工作表現及社交受歡迎程度（Seligman, 1989, 2011, 2018）。因此，在多個層面上關注個案對未來的看法是非常明智的。

　　根據當前趨勢來預測未來的發展不僅僅是未來學家的消遣活動，前瞻性

更是重要的自我管理技能,顯然也是治療師可以教導個案的最佳預防工具,要是有更多治療師有足夠前瞻性來做到這點就好了。面對未來,人們顯然有能力規劃和允許各種可能範圍,但往往都會想像最壞的情況,以有害的方式使用它。預測壞事發生,特別是再佐以豐富的細節、迫在眉睫且無可避免等,會讓任何人感到驚恐不安!以如此焦慮的方式思考未來,很可能會建立起對憧憬未來的阻抗,這是一種稱為迴避的負面因應方式,因此合理的規劃被拋在了一旁。

前瞻性是一項資源,透過練習可以變得更加熟練和高效。但是,即使只是基本形式,多數人都會對今天與明天如何關聯有一些理解。常見的例如「下週見」、「我明天會閱讀那份報告,並在下週五之前回覆你」、「我明年想參加那個新的培訓計畫」以及「當我退休時,我想花時間去旅行」,這些都是關於未來意圖的陳述。為了使這些表述具有現實意義,關鍵顯然是人必須將自己的一部分投射到那種體驗中,並在一定程度上想像出那些體驗會像什麼樣子。當這些表述是空泛的願望而不是詳細的計畫時,就是不現實的,因為這種不具體的計畫很難成功。有句話雖然很老套卻很實在:人們不會計劃去失敗,而是失敗於計畫。

對於未來導向的動態,有不同的理論觀點。一些人認為,個案對未來的投射純粹是幻想出來的,與隨著時間展開的實際生活體驗幾乎沒有關係。這種投射的有用程度,就像人們的羅夏克墨漬反應一樣沒什麼用處——只是潛意識動力的有趣反映,但對未來不會產生什麼真正的影響。另有一些人持有完全無法證明的觀點,認為潛意識中包含著「預設的命運」。如果他們有著社會學習取向,會認為這是在早期透過社會化獲得的;還有一些人則認為,它存在於受孕或出生時;對於生物學取向的信徒來說,它是透過基因獲得的;對於具有精神或哲學取向的信徒來說,它是透過靈魂的進化而獲得的。他們認為,當治療師進入「全知的潛意識心靈」時,人的命運就可以透過年齡進展的催眠模式而呈現出來。

我個人的看法是,年齡進展只是個人趨勢的外推,包括一個人的動機、感受、行為和互動模式。在催眠中,個案可以檢視和外推相關趨勢,並根據他們對這些趨勢的洞察程度,預見最終結果。許多個人模式,無論是有意識

的還是潛意識的，都是相當可預測的。當你知道他們傾向於如何看待事物時，你不需要會通靈術，就能準確預測某人的反應或行為。這也適用於預測自己。但是，年齡進展不僅僅是預測。它允許制定詳細和現實的計畫，演練新的想法、感受與行為，使改變不那麼未知和可怕來減少焦慮，增加應對挑戰的自信心，如此等等。它專注未來有如專注在當下，這會產生其他方式難以獲得的理解、感知與情緒。治療師常常花費時間聚焦過去，但是米爾頓·艾瑞克森卻說，「人們不是來治療過去的，而是來改變未來的」，這才是正確的。

年齡進展的一般應用

年齡進展至少有兩種一般性的互補用法。一種是治療手段，另一種則是對臨床工作的檢查。兩種應用都涉及引導個案進入未來導向，但目的不同。

用於治療目的的年齡進展可以有許多不同的結構方式。大多數治療師都很清楚「自我實現預言」的概念，即行為與期望的潛意識吻合。一種思考年齡進展的方式，就是將之視為刻意創造的治療性自我實現預言，亦即，將個案對改變的期望轉變成個案發展新的適應性行為的基礎。艾文·克希的另一個平行概念認為催眠是種「非欺騙性安慰劑」，強調了預期在催眠與心理治療中至關重要的作用（1994, 2000, 2006, 2017）。在年齡進展的過程中，最重要的是能夠透過治療體驗到一些改變帶來的好處。提前「跳轉」並預覽甚至感受到實現重要變化所帶來的正向後果，有助於激勵個案繼續前進並實際採取行動。這將「改變」從理論和模糊的領域中脫離出來，在個案的心中賦予了它們一些生命和一些實質。許多其他治療方法，比如認知療法使用「成功想像」策略，讓個案在心裡演練期望的行為，從而獲得成功的結果，同時讓個案認識到走出現在、關注未來利益的價值。但催眠可以使這個過程變得更加強烈和多維（Torem, 1992a, 2006; Bonshtein & Torem, 2017; Yapko, 1992, 2010a）。

利用年齡進展來檢查某人的工作，是評估治療介入兩個重要向度的方法：介入的結果是否可能持久，以及介入將對個案的生活產生什麼樣的影響。即使所考量的改變似乎明顯有益，也可能存在著不太明顯的作用力，可能會妨礙甚至阻止個案完全成功。年齡進展允許個案投射到未來，並考量他

或她在改變後的看法與感受如何、以新的方式處理舊情況的看法與感受如何、其他人可能對他的改變做出何種反應、哪些領域可能仍有困難，以及整體而言，個案的哪些生活領域受到影響而變好或變差。這些訊息對於治療師在制定介入措施，同時檢查其工作的影響而言非常寶貴。這是建立預防復發的治療介入的機會。

如果個案經歷年齡進展，仍然持續出現問題，那麼顯然治療尚未結束。例如，如果與想要戒菸的個案合作後，治療師感覺已經引導個案接受自己不再需要或想要吸菸，並且隨後進行年齡進展技術，個案在未來的一個月（一天、一週、一年或其他）仍然認為自己是個吸菸者，那麼治療就不能算成功。詢問年齡進展的個案關於治療後各方面的「最近」經驗，可以幫助治療師發現在治療中沒有得到充分解決的因素，該因素可能會在個案重新開始或繼續吸菸時扮演重要角色。如果年齡進展的個案聲稱在治療後不再吸菸，直到某次與老闆爭吵，治療師便知道必須再次向其提供一些有效管理這種情況的工具，以避免個案再次陷入吸菸。因此，年齡進展可以作為預防復發的手段，也可以作為治療策略規劃的手段。

米爾頓·艾瑞克森有一種雖然複雜，但更為「狡猾」的年齡進展使用方式——他稱之為「偽時空定向技術」（Erickson, 1954/1980）。他讓個案在時間軸上往前走，並將那個時間當成現在，艾瑞克森可以問他的個案是如何克服問題的——特別是艾瑞克森對個案說了什麼或做了什麼，或個案學到了什麼或做了什麼決定才幫助他或她克服問題。當個案提供「過去」的治療中曾經有幫助的細節時，艾瑞克森便促發對這個過程的失憶，因此讓自己直接從個案那裡獲得治療策略！

催眠後暗示必然涉及年齡進展，有時也涉及失憶。催眠後暗示是為了讓個案在將來的某種情境下以特定的方式做出反應，為了讓個案接受這種暗示，個案必須經歷一定程度的未來導向。事實上，引導個案去往未來的正向可能性，是任何心理治療的必要組成部分。即使是強調洞察過去的治療方法，也可以鼓勵某些未來導向，尤其是當期待此類洞察能為個案的未來帶來新可能性時。

誘發年齡進展的方法

促進年齡進展的模式可以從結構化的直接方法，到不那麼直接、更具對話性的交流方式，如預設前提等。促進年齡進展的直接方法，與促進年齡回溯的直接方法非常相似。這些方法可能包括「特殊交通工具」帶你進入未來、一個可以觀看甚至走進未來電影的電影銀幕、一本關於你的未來以及如何發生的書籍，或者想像未來事件的照片合集，這些都是促進未來導向或投射的結構化方法。正如你所看到的，催眠的方法就像你的想像力一樣豐富。

有一個簡單、直接、許可式的年齡進展暗示方法，在以下的段落中舉例說明：

　　……既然你有機會發現有關自己非常重要的事情，我想知道你將會找到多少種方法創造性地運用自己的新能力來服務自己……距離這次會談好像已經過去了很長一段時間……幾天……時間過得很快……然後是幾週……幾個月前我們在一起度過了一段時間，你學會了可以感覺那麼好……那時你有個想法讓你可以用不同的眼光看待自己……現在感覺也不同了……回顧那時以來的所有時間，這個想法對你有什麼影響？……你有何不同？……你現在可以帶著平靜的自信，做哪些你以前做不了的事呢？

在上面的例子中，鼓勵個案以最終有益的方式，將一些新的想法或學習整合到生活中。直接向個案暗示「好像已經過去很長時間」將他們導向未來，好像那就是現在——反思最近的變化及其後果的時刻。像上面例子中的問題，需要不斷涉及「那時就是現在」的體驗，並可以為治療師提供具體的想法，增加整體治療中的其他因素。

未來導向的間接暗示可能包括：(1)隱喻性方法（例如「我想告訴你一個個案的故事，她能夠清晰地想像自己在我們會話兩個月後，正在做我們現在談論的事情，當她以那種方式看到自己時，她發現……」）；(2)嵌入命令（例如「我有時喜歡環顧四周，想像著未來當你回顧並對自己所做的所有變化感到滿意時，會發生什麼……」）；(3)預設前提（例如「我想知道當你開心地意識到你已經好幾天沒有吸菸時，你將在哪裡，做什麼……」）；(4)間接嵌入

問題（例如「你能告訴我你將如何向朋友描述你是如何解決這個問題的，對吧？」）。這些方法和範例都展示了引導個案進入對未來產生正向預期的心態之能力。年齡進展模式是從這裡到那裡、從現在到未來的橋梁。正如某智者曾經說過，如果想像力不能創造新的方向，意志就無處可去，只會在原地打轉。表15.3提供了年齡進展策略的一般結構。

表15.3 一般年齡進展策略

1. 催眠引導
2. 建立關於未來的反應設置（「是的」設置）
3. 與未來相關的隱喻
4. 辨識正向資源
5. 辨識具體未來情境
6. 嵌入在 #4 中辨識出的正向資源
7. 行為序列演練
8. 將正面資源類推到其他選定情境中
9. 催眠後暗示
10. 脫離
11. 重新定向至通常的警覺狀態

解構策略： 在心理治療中，一般的年齡進展策略當然應該針對個人需求進行調整。此策略說明了在催眠過程中步驟序列的思路，以努力促進個案最大程度的反應。策略目標是鼓勵正向的預期，並成為正面行動的基礎。

一般策略涉及11個步驟，簡述如下：

- 步驟1：提供任何類型的催眠引導。

- 步驟2：提供一系列關於未來的自明之理，具有以下兩個目的：透過與個案的一致性來建立回應治療師的動力，並開始以正向的方式引導個案朝向未來。一個未來導向自明之理的例子可能是：「人們經常思考他們想在未來擁有的體驗……」

- 步驟3：涉及提供至少兩個關於未來的隱喻，例如科學、醫藥、

社會等領域的變化將如何發生，間接地引導個案考慮未來的可能
性，並強調漸進變化的不可避免。

- 步驟4：涉及辨識個案已經具備的特定資源（例如智力、敏感
  性、毅力），這些資源是個案已經擁有的、值得肯定的且有利用
  價值的。

- 步驟5：涉及辨識個案在未來情境可能面臨的特定挑戰，這些情
  境是關注的基礎與成長的機會。

- 步驟6：涉及將個案現有資源與未來可能有用的情境相關聯或連
  結起來。

- 步驟7：提供「演練」機會，讓修訂後的未來序列，有如此刻正
  在發生。

- 步驟8：提供機會，識別出運用相同新技能也同樣會有幫助的其
  他情境。

- 步驟9：涉及提供特定暗示，在有幫助的情況中使用這種技能。

- 步驟10：將導向未來的工作收尾，並重新建立與當前情境的聯
  繫。這被稱為「生成」新的、有益的回應。

- 步驟11：最後一步，讓個人從催眠狀態中離開，並仔細讓他或她
  重新警覺。

無助和絕望的狀態經常見於身處困境的個案身上。年齡進展建立了對現
實的希望感和賦予個人掌控自己生活的方法，是良好治療的重要成分。

◆ 催眠失憶

描述

催眠失憶是種被暗示而無法回憶的能力，最簡單的描述是引導忘記某件
事的體驗。在催眠研究和臨床實踐中，催眠失憶通常涉及無法回想起被特定

暗示的項目，無論是透過直接或間接的暗示，且當失憶的暗示反轉後個案就能回想起來（Cox & Bryant, 2008）。失憶的性質可能是廣泛的，例如當某人報告沒有多少關於9歲之前的童年記憶；或者可能是特定類型或類別的訊息，例如親眼目睹搶劫案的經過。

米爾頓‧艾瑞克森稱潛意識為「一個人所學所記的寶庫」（Zeig, 1980a, p. 173）。荷蘭心理學史教授杜威‧德拉伊斯馬（Douwe Draaisma）深刻指出，我們用來描述記憶的隱喻往往是擴展的：記憶就像電腦、檔案庫、圖書館、倉庫。他說：

> 從本質上講，記憶的隱喻是博物館所建構，鼓勵我們將記憶想像為保存能力，最好是完整地保存一切。這似乎完全合乎邏輯，但問題正是如此。因為事實上，記憶被遺忘所支配。當外部世界影響我們之後，遺忘就開始接管……這是我們被自己的隱喻迷住的例子。事實上，遺忘存在於記憶中，就像麵團中的酵母一樣。各種「第一次」的記憶都在提醒我們後來也有遺忘的內容……即使是對臉孔有好記憶力的人，也有記不住人臉的時候。我們當中哪個人可以誠實地聲稱，在不借助照片的情況下，記得我們身邊的人在十年前長什麼樣子呢？在我們對記憶和遺忘的簡單二分法中，當我們發現自己對一個事件的記憶與以前不同了的時候，我們又該把這個記憶放在哪裡呢？

（2015, p. 2, 4）

德拉伊斯馬對遺忘科學的迷人評論，就像派翠西亞‧鮑爾（Patricia Bauer）所做的那樣（2013, 2015），解釋了其在各種認知過程中的基本作用。因此，在實驗催眠領域，催眠失憶成為廣泛研究的對象也就不足為奇了。暗示和可逆的失憶能夠潛在地揭示記憶和其他潛意識過程的認知基礎。多年來，出現了許多不同的觀點，其中包括催眠失憶所扮演的社會規定之角色（Wagstaff, 2004）、外顯記憶而非內隱記憶的中斷（Mazzoni, Heap, & Scoboria, 2010），以及特定記憶檢索機制的格式中斷（Kihlstrom, 1980, 1987）等。還有很多，我們僅舉幾例。

西奧多‧巴伯（2000）是該領域中最多產、最有影響力的催眠研究者之一。從催眠成千上萬的人並讓他們接受不同性質和經驗的暗示中，他觀察到每個從事催眠的人都會觀察到的現象：不同的人有不同的反應。然而，巴伯尤其擅長以各種不同的方式表徵這些差異，包括他對催眠反應者「類型」的描述。特別是，他描述了一種類型為「失憶傾向」的個體，他們如此專注內在，如此脫離當下的催眠互動，以至於自發地出現對經驗的失憶。他們無法有意識地記得會談中所談過的內容。耐人尋味的是，他們會對暗示做出回應，並在你提出重新警覺的暗示時迅速達成。他們在哪裡，會談內容的記憶在哪裡？

一個人的失憶性質和失憶傾向在診斷和治療方面可能很重要（Barnier & Council, 2010）。米爾頓‧艾瑞克森相信，雖然人可能會因為催眠體驗而發展出失憶，但他們仍然可以在這個過程中吸收經驗教訓。他說：「現在你不必真的聽我說，因為你的潛意識會聽到我說的話。你可以讓你的意識朝任何想要的方向遊蕩。」（Erickson & Rossi, 1981, p. 189）從艾瑞克森做過的多項類似陳述中，許多人開始相信你可以就「相信你的潛意識」吸收它所需的東西。然而，現代認知神經科學充分證明這並不是那麼簡單。生成失憶作為促進治療目標的手段說起來容易做起來難。讓我們更加仔細地討論一下。

每當你試圖回憶某件事情時，都在嘗試從潛意識中喚起一些訊息到意識覺察中。在你閱讀這句話之前，很可能沒有想到你以前居住的鄰里。然而，這些記憶仍在你的潛意識中，直到你選擇獲取它們。然而，並非所有的記憶都能夠被帶入意識的層面。有些經驗只被表淺地關注過，未能融入長期記憶；而有些則沒有個人的意義，因此也未以任何可恢復的方式被整合到記憶中（Baddeley, Eysenck, & Anderson, 2015; Gluck, Mercado, & Myers, 2016）；還有一些則是對個人的威脅性太過強烈，以至於必須透過某種方式扭曲它們來加以防衛。

經典的防衛機制稱為「壓抑」（儘管「抑制」可能更準確），與解離一起運作，是催眠或結構失憶的主要機制。壓抑和解離是指人在潛意識中「分裂」威脅性的想法、經驗、感受和衝動的心智能力，從而使人避免有意識地承認和處理威脅（D. Spiegel, 2010）。這些過程被認為在處理創傷的過程中尤為突出（Peebles, 2018），儘管該主題仍具有爭議性。在治療上，許多涉及此類創

傷性記憶的治療形式其目標是揭示並「修通」它們。治療師在對人們的記憶（或者缺乏記憶）工作時必須謹慎對待。我強烈建議治療師應該在這個領域接受進階培訓。

在日常生活中，與催眠失憶相似的遺忘例子不勝枚舉。例如丟失鑰匙、忘記電話號碼、錯過約會、忘記認識的人的名字、錯過任務、參加會議或約會時出現在錯誤的日期、忘記重要經驗的細節，以及忘記藏了重要東西的位置等，這些都是常見的例子。在日常生活中，有無數的機會可以觀察到人們忘記了看似不會忘記的事情。這些不是像催眠中暗示的失憶，但它們突顯一個關鍵原則：有些條件可以增強記憶，而有些條件則會干擾記憶。其中一些是生物性的，如歐內斯特‧羅西描述了他對狀態依賴學習中的考量（1996, 1998, 2001），另一些則是社會性與情境性的（Gluck et al., 2016）。透過在催眠狀態下結構化某個人的經驗，創造「分離」訊息的條件，以嘗試有意識地創造失憶，有時這在治療過程中是個目標。

失憶的一般應用

在心理動力治療方面，對自己的動機和相關的內在心靈動力獲得洞察，被視為諸多不同學派的主要改變方法，其中主要認為有意識的心靈在改變過程中的作用最為重要（Nash, 2008a）。這就是催眠的順勢而為取向和其他強調發展更高意識覺察的治療方法之間其根本差異。順勢而為取向強調潛意識過程中更大的積極潛力，因此經常利用失憶現象（Haley, 1973; Lankton, 2016; Zeig, 1980a）。潛意識被認為是每個人積極且有能力的部分，能夠將記憶和學習整合到生活模式中，使人得以因應。潛意識能否真的獨立於意識理解之外，組織因應的反應和模式？人們很容易想到可以相信潛意識對生活壓力產生正向的反應，但正如先前的討論，顯然這種單一的潛意識視角是站不住腳的。事實上，當代的神經科學家不再經常談論「潛意識」，彷彿它是個單一且有組織的實體。相反，他們談論潛意識歷程。然而，在潛意識層面形成的反應，確實對個人有幫助。因此，使用失憶來分裂意識覺察，專注於刺激潛意識過程，可能具有治療效益。

人能夠在覺察之外整合新的、具有特殊意義的訊息，也許是因為它的起源（即值得信賴的治療師的暗示）相關性，以及改變的動機；個案可以經歷「自發」的改變，似乎很少或根本沒有意識到這種變化是如何發生的。例如，你是否能意識到為什麼你不再喜歡穿不久前買的，當時認為很棒的那件昂貴的衣服了？具體原因是什麼？可能無法回答。你態度上的改變「就這麼發生了」。

米爾頓·艾瑞克森堅信，他常常稱之為「潛意識心智」的東西比人的其他部分更有力量產生改變。他進一步認為，如果向個案的潛意識心靈提供符合其參考框架的適當訊息，理想地減少來自意識心靈的干擾，那麼潛意識心靈就可以實現迅速而持久的變化。因此，艾瑞克森開發了各種促進失憶以便在潛意識層面上促進變化的方法（Zeig, 1985a）。透過引導個案有意識地遺忘所提供的各種暗示和體驗，可以使個案的潛意識形成自己獨特的反應，自由地按照其意願創造性地、獨特地使用催眠暗示和體驗。通常個案憑藉治療師的暗示催化，其解決方案比治療師的解決方案更富創造力。

除了提供旨在影響潛意識過程以解決問題的治療暗示外，如果被認為適當，失憶可以且經常更直接地刻意被用於幫助處理令人痛苦的記憶（Christensen, 2017; Dowd, 2016; Lankton, 2001）。在促進壓抑時必須謹慎，確保個案了解該記憶並未永遠消失，而是「被儲存在安全的地方……毋須干擾你的日常生活……可以在你需要的任何時候重新取回」。因為它只是被保留起來而不是刪除掉，在這樣的狀況下，個案如有需要重新取得記憶仍是可行的。請記住，大腦不是一臺簡單能夠刪除記憶的電腦。只有當某些解決方案先出現時，關於失憶的暗示才可能被接受。也可以提供一些將強烈感受與記憶解離的附加暗示（Barabasz, Barabasz, Christensen et al., 2013），如此一來，如果個案確實重新體驗這段記憶時，也不會再有先前與之相關的強烈情緒。

結構化失憶與自發性失憶

失憶是深度催眠經驗的常見特徵。當個案從催眠中恢復時，即使沒有明確提供失憶的暗示，他們也可能對催眠的體驗很少或幾乎沒有記憶。出於明

顯的原因，這種失憶稱為「自發性失憶」或「催眠後失憶」，在「失憶傾向人格」中最為顯著（Barber, 2000）。如果失憶確實是治療師希望個案發展的特定反應，那麼靠自發性失憶並不是穩操勝券的賭注；相反地，扮演更積極的角色來促進結構化失憶，可以增加個案獲得失憶反應的可能性。

　　失憶並不必然伴隨催眠自動發生——這是許多人的錯誤信念。事實上，對於那些非常依賴知識手段進行自我控制的人，仔細關注和記住一切發生的事情可能會減輕焦慮。正如我們所預期的，要對這樣的人引發失憶會更加困難。如果個案有動機在催眠時記住暗示和體驗，他們就會記得。當自發性失憶發生時，它可能在某種程度上反映了個案對治療師技能的信任。它表明個案沒有覺得有必要仔細審查治療師所做的一切。

　　當治療師試圖使用結構化失憶時，決定個案應該和不應該知道哪些事情是治療師的另一個責任範疇。當然最終，個案始終有權選擇接受或拒絕任何暗示，但治療師可能以不良的方式影響個案，正如你可能從先前人類易受暗示性的討論中回想起的那樣。失憶可以是非常棘手的過程，其力量，像潛意識過程一樣，很容易被低估。

誘發失憶的策略

　　失憶，與其他催眠現象相比，較不可能透過直接暗示來得到。直接暗示某人「忘記這段時間發生的一切」可能產生極大的威脅感，即便是對高反應性和信任的個案來說亦是如此。根據我的經驗，在促發個案的失憶方面，間接方法通常更容易為人所接受。表15.4列出了催眠失憶的技術。

表15.4 催眠失憶技巧

直接暗示
間接暗示
注意力轉移
困惑
隱喻
播種

直接暗示：這通常不是個好選擇，原因如上所述。採用失憶的直接暗示時，如果以更許可式的方式提供，通常較有可能被接受。例如：「你現在可以輕鬆選擇忘記那段經驗，因為它在你的生活中已經沒有了位置……」

間接暗示：間接方法可能採取不同形式，包括間接暗示、注意力轉移和困惑暗示。對於失憶的間接暗示會創造失憶發生的可能性，而不需要你明確地要求它作為特定的反應。以下是失憶間接且分散注意力的方法範例：

> ……當你繼續放鬆下去，每一次呼吸都讓你感到舒適……我想知道你是否已經注意到飄浮在你腦海中的不同念頭……你的大腦在放鬆的時候仍然可以如此活躍……於是你會理解，要記得七分鐘前我在談論什麼是多麼困難……你可以試著想起九分鐘前我所說的話，或者你四分鐘前在想些什麼，但這難道不是要付出太多努力嗎？……不值得努力這麼做……那麼為什麼不讓自己舒適地放鬆……知道自己不必記住，當嘗試本身就已經太過辛苦時……

上述範例是間接的，因為它並沒有明確暗示個案忘記，它只描述了記憶的困難。另一個間接的失憶暗示是：「你只需要從這次經驗中記得你選擇記住的東西……」這個暗示帶有未言明的隱含意義：「你可以忘記你選擇忘記的。」我認為這個暗示是種尊重的方式，提供失憶作為個案的自主選擇，而不是要求個案。

注意力轉移：另一個間接促進失憶的方法是「注意力轉移」。當你考慮某個日常互動時，這種方法的機制較易於理解。你對朋友說：「我有些事情要告訴你。」你的朋友說：「嗯，我也有事要告訴你，而且因為這真的很重要，所以讓我先說。」你同意了，於是你聆聽並回應你朋友的掛慮。最後，當他們說：「好了，你本來要告訴我什麼？」然後你說：「呃，唉，我……忘了。」你朋友煩人但可預料的反應是：「喔，那可能不是很重要！」實際上發生了什麼？你的注意力本來在特定的「軌道」上，關於你想告訴朋友的事情的特定思路。但當你離開這條軌道去關注你朋友的意見時，思考流中斷了並變得難以提取，進而產生暫時性失憶。你有種感覺，就是你想分享的訊息「在舌尖上」，但你越努力去回想它，它就越難以捉摸。只有當你把注意力從

試圖回憶它的刻意努力轉移開來時，它最終才會浮現出來……然而這通常是在你的朋友已經離開很久之後！

注意力的轉移顯然會對訊息在意識和潛意識的經驗層面之間來回產生影響。刻意地將個案的注意力從催眠體驗中轉移開來，是讓他們刻意「跳軌」，進而對催眠產生失憶的方法之一。為了做到這一點，當個案從催眠中脫離時，治療師就可以詢問與催眠會談完全無關的事物，優雅且一致地分散他們的注意力。例如，治療師可能會看起來煩惱，然後說：「喔，我剛想起來。我需要問你一下，你上次身體檢查做了哪些測試。你記得嗎？」透過鼓勵個案突然轉換思維，讓他們去回想上次的身體檢查（或其他事情），他或她的意識轉移到你的問題和如何回答它。你讓個案沒有機會有意識分析他或她剛剛所經歷的催眠體驗，讓它滑到「腦後」。當你的暗示從個案的意識中滑出時，在先前討論過以目標為導向的方式下，可能仍會在潛意識中處理。然而，你不會知道這個人是否整合了任何東西，直到後續會談時，你才有機會發現是否有任何改變，以及此人對改變有意識覺知的程度。

透過「跳軌」來阻礙有意識分析，或以其他方式鼓勵失憶發展，會抑制個案剖析或拒絕催眠體驗維度的機會，因為意識分析可能認為這些維度是不合理的。催眠通常涉及到暗示各種體驗，例如「在時空中平靜飄浮」，這些體驗可能情感上很強大，但從邏輯上講是不可能的。即使對理性思維意義不大，人們仍可以對暗示產生有意義的反應，這稱為「催眠邏輯」，在本書先前已經討論過。

困惑： 在之前的章節中，已經討論過困惑這種誘導技術。困惑暗示還可以用於促進各種催眠現象，並在獲得失憶方面尤其有用。在回應困惑暗示時，個案越來越專注於試圖理解那些既不合邏輯且非線性的暗示。與之前的方法類似，個案的注意力轉移——跳軌——從先前的位置轉移到當前令人困惑的輸入，但添加了個人而形成有意義回應的動機元素，這可以讓引發失憶的方法更有力。以下是為了促進失憶的困惑技術範例：

　　……在這次會話中，你已經有機會發現新的可能性……你可以從過去的經驗中學習……同時你的意識可以開始思考……要如何知道記

住哪些事情……只有你的潛意識需要知道的事情……然後你才能記得……要忘記……或者你可以選擇忘記去記得……但是，當你記得去忘記你已經忘記要記得的東西時……你關於忘記的記憶，也會忘了它所遺忘的……但只有當你發現已經太難記住時，你才能忘記你所遺忘的……然後你可以忘記所有的困惑，更深地放鬆……

隨著個案將更多的注意力投入到澄清困惑中，此人可以在潛意識層次回應嵌入的遺忘暗示。雖然注意力轉移通常在催眠結束時使用，但並不一定如此，困惑方法可以很容易地整合至催眠過程的任何時刻。

其他方法：促進遺忘的其他方法包括(1)隱喻，即透過講述嵌入了遺忘暗示的故事（「……當她睜開眼睛時，就像從深度睡眠中醒來，幾乎記不起任何事情，只有一個寧靜夜晚的美好感覺」）；(2)播種，在失憶的暗示之前提供有關失憶的提示（「有些人經歷如了此深刻或有意義的催眠，以至於當他們稍後重新定向時，會訝異於記得的是如此少……而他們變得更好的過程是如此有趣，即使他們不一定記得發生了什麼……」）；以及(3)解離，意味著可以提供有關記憶和遺忘作為獨立機制的暗示（「你的記憶能力與你的遺忘能力相輔相成……當你的思維記住那種情況時，你的感情可以忘記在那裡，因為它們記得其他地方更重要、更舒適……」）。

在展現記憶力的不同情境中觀察自己和他人，可以教你很多關於記住和遺忘的常規本質。建議進一步研究人類記憶的本質，有助於引導個人發展使用失憶的技能。

◆ 鎮痛與麻醉

描述

減輕疼痛到可控程度，甚至完全消除，是臨床催眠最有意義的應用之一。考慮到患有慢性和衰弱性疼痛的人口眾多，以及我們每個人因受傷和醫療狀況而遭受疼痛的潛在可能，任何有效管理疼痛的工具，價值都是顯而易見的。因此，透過催眠緩解疼痛可能是所有催眠現象中研究最密切且實證支持最強的應用。

由於疼痛管理對許多人來說如此重要，因此整個第23章將詳細討論臨床催眠在疼痛管理中的應用，包括問題、應用和技術的描述。

◆ 僵直

描述

僵直是指自主運動的抑制，並與強烈的專注經驗有關。這是種外顯表現，是專注於一個新的、不同現實（無論它是什麼）的行為結果。僵直反應可能包括固定的凝視、全身不動，以及「蠟樣可塑性」（通常與僵直性精神病人有關）：病人可以將四肢保持在醫生擺放的任何位置上，肌肉僵硬、活動緩慢（稱為精神動作遲緩），並減緩基本生理過程，如呼吸、眨眼和吞嚥（Weitzenhoffer, 2000）。僵直的徵象可以當成個案處於催眠狀態的間接指標，或者為了特定的治療原因而直接暗示。僵直被視為催眠體驗的最基本特徵之一，因為它幾乎與其他所有催眠現象直接或間接相關。僵直有助於為人們鋪平道路，以足夠長的時間擺脫「舊」現實，從而創造年齡回溯、鎮痛、感覺扭曲等治療體驗。

正如歐內斯特‧羅西在他對僵直的討論中所指出的（Erickson & Rossi, 1981），所謂的「日常催眠狀態」，即在日常生活中可能出現的自發性催眠狀態，常常是一段時間的僵直特徵。人們可能處在白日夢中、自我沉浸、著迷、入迷——總之他們的注意力被強力占據，以至於暫時無法移動。例如，在晚餐時，當對話瞬間變得激烈和吸引人時，人們經常中途停下拿起胡椒粉（或其他東西）的手臂。同樣地，當越來越多的心智被用來理解看似需要有意義回應的情況時，人們會僵直地站在某個位置、維持同個姿勢。

舞臺催眠師通常會透過暗示志願者發展全身的極度僵硬來展示「全身僵直」（例如「就像你的身體是一塊又長又厚的鋼鐵一樣」），然後將受試者僵硬的身體懸掛在兩把椅子之間。有些人在這種方式下，會在受試者被懸掛時站在他或她身上，以增強戲劇性效果。如果個案接受，暗示身體的某個部分變得僵硬，例如「手臂僵直」或「大肌肉僵直」的演示（例如「你的手臂如此僵硬，以至於你會發現自己無法彎曲它」）。「閉著的眼睛或眼肌僵硬或鬆

弛，無法張開眼睛」，個案可能接受這樣的暗示，從而產生「眼睛僵直」或「小肌肉僵直」。

　　僵直暗示經常被用來評估個案對暗示的反應，正如你可能從暗示性測試的討論中回想起來的那樣。對手臂飄浮程序、米爾頓・艾瑞克森開發的特殊「握手技巧」(Gilligan, 1987)，以及其他各種模式之中斷方法的反應，都是僵直的呈現。手臂飄浮是個暗示反應，顯示了懸在半空中的飄浮手臂其僵直狀態。握手技巧涉及與某人開始進行常規的握手，然後在手應該接觸的那一瞬間前去做其他事情（例如彎腰繫鞋帶）以中斷常規順序。對方的手被懸停在空中，個體現在更多的是外部導向以及具反應性，因為他們「凍結」了並試圖理解這種不尋常的情況。

　　很長一段時間，僵直僅被認為是個案被動反應的一種形式，但催眠也是如此 (Kroger, 2008; Watkins, 1987)。為了讓某人如此專注於治療師的暗示，必須以與一般催眠反應相同的方式來看待僵直的表現——以主動和動態的過程而言，需要主動形成有意義的反應。僵直意味著在一或多個層面上具有強烈的內部吸引，也表明在其他層面上對治療師指導的高度活動和接受度。這就是為什麼專注於某一層面的個案可能會將他或她的手臂放在某個位置並留在那裡，實際上正是太專注於其他更要緊的事情，而不是花費精力來移動它 (Barber, 1996b)。

僵直的一般應用

　　引發僵直狀態有許多治療用途，但可總結為兩種一般方式。一種是透過個案認識到他或她的非自願反應來促進深化，另一種是將個案本身作為目標反應。身為加深者，僵直狀態可以成為確保關注的基礎，「當你發現自己變得更加專注，你的身體會變得太過沉重而難以移動」。而僵直狀態也可直接作為目標反應，例如可用於協助任何需要盡量減少身體活動的個案，以便更快、更舒適地從身體傷害或燒傷中恢復過來。

誘發僵直的策略

任何引起個案強烈興趣的事物都可以促發僵直反應，包括有趣的故事、驚訝或震驚，以及困惑。因此，即使你沒有暗示，僵直可以且通常會以自發的催眠現象發生。透過口語或非口語方式，直接或間接地引發個案的僵直都是可以實現的。對於手臂僵直的直接暗示，在以下關於手臂飄浮的暗示中很明顯：

> ……當你繼續吸氣……吐氣……以你覺得舒服的速度……你可以開始注意哪隻手臂感覺比另一隻手臂更輕……輕盈，幾乎是無重力的……而你的手可以輕鬆且不費力地飄浮……上升……很好……毋須任何努力即可升起……你的手和手臂可以像連接到一個非常大的氫氣球一樣飄浮在空中……當你發現你的手臂飄浮在你面前時，可能會驚訝地發現這是多麼愉快的體驗……就好像它完全沒有重量……而且可以毫不費力地保持在那裡，同時，你可以開始注意到另外一個更加有趣的感覺……

另一種間接鼓勵僵直的方法是提供放鬆和靜止的一般暗示，例如以下：

> ……了解你的身體知道如何照顧自己，這可以讓你感覺非常好……它知道如何舒適地呼吸……吸氣，緩緩呼出……毫不費力地……它知道如何深深地放鬆……你將繼續毫不費力地呼吸……當你的思緒飄移到某個特殊的記憶……一個你很久、很久沒有想起的記憶……而且它知道如何靜靜地坐著，讓你陶醉在那個記憶裡……難道不感到舒適嗎？……安慰……知道你的雙臂可以沉重地靠在椅子上休息，毋須移動……當你感到如此舒適時，移動所需要付出的努力似乎不值得……

以上兩個例子顯然是引發僵直的語言使用方法。使用手勢和碰觸可以在非語言層面上促發僵直狀態。你可以在引導過程中模擬僵直狀態，並展示出固定凝視和逐漸減少運動的狀態。透過將自己的身體作為樣板，你可以刻意地從常規談話的生氣勃勃模式，轉變為向個案展示催眠狀態下潛在的靜止模式。逐漸將注意力集中在個案身上，停止身體移動，並以越來越緩慢、專

注、「催眠」的方式，用語言暗示（全程採用此處描述的溝通模式），你正在向個案展示僵直的可能性。如果你和個案之間的關係良好，你的個案就可以跟隨你的引導。你甚至可以透過緩慢地做手勢，並在適當的時候停頓彷彿深深地沉浸在思考中，從而展示被深深吸引而失去自主運動的可能性。

許多進階技術都建立在與僵直有關的潛意識反應上，特別是那些強調身心療癒的技術（Hill & Rossi, 2017; Rossi & Cheek, 1988）。儘管一般的靜止是僵直的典型應用或表現，但請記住，僵直的定義是自主動作的抑制，這給潛意識或非自主動作留下了充足的空間。

◆ 解離

描述

此前，我們在介紹歐內斯特‧希爾加德的新解離理論時，探討了催眠狀態中心理功能的解離，該理論認為存在「以不同程度的自主性，從意識主體中分離出某些心理過程」的現象（1992, p. 69）。就臨床運用而言，解離可以被定義為將整體經驗分解成其組成部分的能力，為加強一部分的意識和減弱其他部分的意識設置舞臺。（我選擇這本書封的理由之一，正是因為解離在視覺上得到了體現；大腦的稜鏡將整體的白光分解成它的彩虹顏色。）

大多數治療師在臨床培訓中學習過解離，但幾乎無一例外是以心理病理學為基礎研究解離性疾患，如解離性身分疾患、心因性遺忘、漫遊狀態等。在創傷中，解離被視為人的基本反應，例如當性侵受害者報告她在遭受攻擊期間感覺飄浮在自己的身體上方（D. Spiegel, 2010）。運用於這些狀況中的解離防衛，與解離性疾患的發生有關聯（Barber, 2000; Colletti, Lynn, & Laurence, 2010; Kluft, 2016a; D. Spiegel, 2010）。

解離，就像其他催眠現象一樣，是價值中性的，可以用於正向或負向目的。為了因應導致解離性身分疾患的創傷而進行的解離，顯然是種不健康的適應。相比之下，疼痛管理策略的解離允許人們「遠離痛苦」，則是完全相同的超然原則之潛在有效運用。每個人都曾體驗過自己內心的分裂感，好像同時又是某種經驗的參與者和觀察者。即使是常見的陳腔濫調也反映了解

離狀態：「我欣喜若狂」、「我一面想走，一面又想留下」、「我已經失去理智了」。重要的是要明白，決定某個過程是正面或負面價值的，是它產生的結果，而不是過程本身。

透過解離，人們不一定需要與他們當下的體驗聯繫在一起、投入其中、「在」，如果不這樣做對他們較好的話。他們可以「走過場」但實際上並不「在場」。意識可能四處飄移，被其他注意力所吸引，從而導致更多的自動、潛意識的反應。當然，這可能是好事，也可能不是。正如正念的倡導者所正確提醒我們的那樣，太多生活問題源於不「活在當下」，且未能充分體驗某些時刻所能帶來的強大好處。但有些時候，超越當下的時刻更有優勢，脫離一個即時的體驗可以更好地管理它。

催眠本質上是種解離的體驗，解離可以被視為催眠的定義特徵：你可以在催眠中而不放鬆，但你不能在催眠中而沒有某種解離的明顯表現。催眠體驗越深，解離程度越大，非意識反應的機會也越大。

解離的一般應用

解離能以多種方式用於治療。將一個整體的經驗分成多個部分會帶來一些非常有趣的可能性。例如，一個人可以將體驗的知識組成與情緒組成分開。這對於那些想要將信念從感受中區分出來，但常感到困惑的人非常有幫助，例如焦慮和憂鬱的個案。

當你的個案說「我有感覺，但沒有記憶……」時，請小心前行。

涉及想法和感受的解離形式較特殊，會反映在如下的陳述中：「我有種被虐待過的感覺，但我沒有記憶」，這對於心理功能和治療的潛在風險尤其具有指導意義。這種情況比你想像的更為普遍，當個案發表這樣的陳述並接著再問：「你會幫我找回這些記憶嗎？」你的回答應該是強烈的「不！」。之前提到挖掘記憶可能會創建虛假記憶的那些觀點全部都很重要。以上這種情況提供了一些見解，亦即它們通常如何被創建的途徑。

這種想法和感受分離的現象在舞臺催眠秀中是如何被演示的：舞臺催眠師暗示被催眠者想像（正向幻覺）自己正在觀看他們看過最有趣的電影。被

催眠者自然而然地遵從催眠師的暗示，開始大笑。然後，舞臺催眠師讓被催眠者想像正在觀看他們看過最悲傷的電影，現在這些被催眠者開始哭泣，甚至流下了真正的眼淚。然後，舞臺催眠師暗示電影又變得有趣了，被催眠者又開始大笑起來。這是令人印象深刻的「情感引導」，透過暗示引發人們情緒狀態的能力。更有趣的是，當舞臺催眠師問受試者：「你的電影有什麼好笑或悲傷的地方？」典型的受試者反應會是：「我不知道！」現在，在繼續閱讀之前，請暫停一會兒，問問自己，這裡到底發生了什麼？

這個受試者並不僅僅是不願描述電影中發生的事件，那些事件導致如此強烈的情緒與哭笑的反應。相反地，受試者就只是不知道，正如他或她的真誠陳述。舞臺催眠師暗示有趣和悲傷的情緒經驗，但這些感受並不與特定記憶有關，它們是與特定脈絡脫離的感受。

解離感受可以存在且影響行為，僅需一般的暗示去感受那種感覺，而不必附著於特定情境，這點是許多參與壓抑記憶爭議的治療師所不理解的。如果個案報告說：「我有一種感覺，可能曾經遭受過虐待，但我沒有這樣的記憶。」而治療師錯誤地假設只要有感覺，就必然和某個隱藏的情境有關。然後，他們開始尋找能夠證明這些感覺的情境，而在這個過程中不知不覺地用編造的經歷創造了情境設定，用想像的經驗填補了記憶的空隙，從而這些想像的經驗與真實的記憶變得幾不可區分。希望透過你對催眠的學習，現在對記憶、創傷和易受暗示的關係已有更深入的了解，可以避免類似代價高昂的錯誤。

解離和人的不同部分

解離讓個案的自動或自發性反應得以發生：遺忘的記憶可以被憶起、手可以非自主地抬起、身體可以忘記移動或不注意到感覺等等。將人們視為由許多不同的部分構成（例如理性、情感、玩樂、認真、勤奮、懶惰等）的綜合體，是一種引人入勝的治療框架。同時，當你在某些情況下表達一個部分而不是另一個部分，而該部分的對你不利時，思考這種問題也是非常引人入勝的。

通常不受關注或不具表達手段的部分，可以用全新、擴張性的方式被突顯和運用。促進一個人被忽視或未能有所體現的特定部分之表達，可以對治療產生深刻的影響。例如，找到並治療個案感到虛弱和無力的部分，當個案其他部分感覺強大並有能力承擔有意義的風險，便給了治療師機會來幫助個案解決「似乎無法理解」的問題。另一個例子是，在親密關係的背景下，處理對個人潛意識的虛弱、無力和憤怒的部分，可以讓他或她以適應性的方式強化該部分。讓該部分有更直接表達自己的機會，幫助他或她擺脫該部分先前症狀化的表達模式。

自我狀態療法（Ego state therapy）是由約翰・沃特金斯和海倫・沃特金斯（Helen Watkins）（1997）發展出來的方法。他們將人的這些部分稱為自我狀態，並描述了每個自我狀態所具有的功能、角色和與之相關的情緒。催眠與自我狀態治療相結合，已經是特別成熟的模型，可用於處理人們的這些部分，並幫助人們承認、充分運用它們（即部分）。（參閱《美國臨床催眠期刊》2013 年 7 月刊上的優秀文章。本刊是由克萊爾・費德里克〔Claire Frederick〕醫師擔任客座編輯，關於「自我狀態療法與催眠」的特別刊。）

在催眠的文獻中，可以找到不計其數關於解離的例子，但最好的例子是在日常生活中出現的。你觀察到人們以自動化方式做出反應的情況是什麼？人們在什麼時候心靈和身體會最不合一？理智和情感？過去和現在？樂觀和悲觀？男性化和女性化？你越能夠在各種層面上（即物理、心理、情緒、行為和靈性）產生盡可能多的極性或「部分」，來描述人們能夠經驗到的不同範圍，就越能夠理解有多少不同且相互關聯的人類部分。每個人都有能力被解離，也可以在臨床治療中被強化。

太多時候，人們擁有可以幫助自己的個人資源，但這些資源要麼被失敗或錯誤的假設、無望和無助的感受所遮蔽隱藏，要麼他們根本就不知道如何獲取。在這種意義上，那個具有解決問題適當技能的人的部分，可能已經存在但解離著。在這種情況下，治療師的作用是建立新的連結（即提示、觸發、橋梁），使個案在所需的情境下獲得更多自己的能力。在這樣的介入後，個案通常會說「我忘記我早就知道如何做了！」，因此，解離是成為有能力過好生活過程中寶貴的墊腳石。

誘發解離的策略

促進經驗分裂的暗示就是解離的暗示。例如，一個引導可以透過強調個案能夠毫不費力地、自動地體驗和學習事物來產生意識和潛意識的解離（Lankton, 2010, 2016）。（例如「你的意識正在聽我說話，你的潛意識正在進行比你意識到的更深層次、更重要的事情」。）有意識的心靈被賦予了思想和體驗的焦點，而潛意識的心靈則被鼓勵以其他方式回應，並在超出意識覺察的層面學習。除了在催眠引導期間引發解離之外，解離可以透過以下各種方法促進，包括將體驗分成部分的直接暗示、艾瑞克森的「空無地帶」技巧，以及主觀分裂的間接暗示等。

直接暗示： 直接針對分裂進行暗示，讓個案發現或重新發現，無論是哪種情況，都可以在不同層面上同時體驗，並且這些體驗可以自發、自動地發生，而毋須計劃。暗示手臂飄浮來例證解離，其他非自主運動也有類似的作用。透過暗示「感覺你的身體在這裡輕鬆地休息，而你那小部分不舒服的身體卻遠在那邊」來鎮痛，也是直接暗示分裂的方式之一（你會在「薇琪」的案例中看到諸多這樣的暗示，可在本書的網站找到：www.routledge.com/cw/Yapko）。

暗示年齡回溯：「你的情感可以回到6歲的時候，而你其餘的身體則保持成年，與我同在此時此刻。」同樣是直接暗示解離的另一個例子。任何符合一般解離暗示模式的話語，「你的一部分正在經歷這個，而另一部分正在經歷那個」，都是直接暗示解離的方式。更多例子可以在許多心理治療模型中看到，它們大量使用解離，但從未真正將其明確地標認為解離，包括完形治療（重視部分的整合）和交流分析（將每個人解離成「父母－成年人－孩童」狀態）。

「空無地帶」： 米爾頓‧艾瑞克森經常使用的一種解離技巧叫做「空無地帶」（Zeig, 1980a）。透過引導個案到一個叫做「空無」的地方，這種矛盾的暗示會產生將人分裂成身處某個地方但又不在任何地方的體驗效果。這種方法的案例可能是像這樣的：

> ……當你那樣坐著時，很容易意識到你的一部分在這裡……但當你的其餘部分飄浮離開……它可能會飄走……而你真的不知道它去了

哪裡，對吧？……去到空無中……沒有時間……沒有地方……在虛無之中……只有我的聲音……和你的思緒……而空無是如此美好的地方……因為在任何別的地方你都無法像在空無一樣自由……畢竟，你總得待在某個地方、某個時間……但不是現在……虛無很好……而且在空無中是非常愉快的地方，不是嗎？……

在這個例子中，鼓勵個案去到「空無」，不需要與任何人、任何地方或任何事物有任何聯繫，毋須追尋特定的目的。當個案在「這裡」和「那裡」之間分裂他們的意識時，他們會體驗到解離加劇。

間接方法：每當提供一個特定催眠現象的暗示時，亦即間接暗示解離。使用隱喻、困惑和其他形式的間接暗示都可以促進解離。隱喻基本上是故事，鼓勵你離開當下，體驗性地進入故事的情境中去。困惑是促進解離的間接技術，讓人有意識地、努力地試圖理解看似無意義的溝通。困惑會占據有意識的注意力，掙扎以求取清晰度，從而使個案的潛意識更容易接受暗示，因為分心而無暇他顧。

引導解離的間接暗示在下面的隱喻範例中：

……我想這件事或許會讓你感興趣，我曾經有過與你類似的體驗……這個體驗讓我對自己和他人有了更多的了解……我想告訴你的是……能從其他人的經驗中學習重要的東西……難道不是如此神奇嗎？……那些表面……看似平凡的事情……有時候你可以如此專注地傾聽……就好像你的一部分正在經歷著它，而另一部分則在舒適的距離之外觀察著自己體驗的過程……好奇接下來會發生什麼……當一切結束後會有什麼感覺……然後，曾經在某個層面令人困惑的事情，變得明晰無比，在我們的一部分得到理解……在更深的層次……如何更有創造地思考……而每個人都有創造性的一面，我相信你也會同意……在我的經驗中，我發現自己處於某個情境之中……

在這個例子中，解離暗示出現在許多不同的點上。創建了「體驗」的部分和另一個「觀察」的部分；一部分能夠「好奇」，另一部分能夠「感受」；

一部分可以「清晰」，還有另一部分可以「創造」。現在每個部分都可以分開、處理並運用以達成某個治療目標。個案可以識別出他或她內在存在的每一部分，即使這些暗示是治療師間接透過對自己或對一般人的評論。

在促進解離時，治療師的最終考量是關於再整合的過程。解離的部分應該完全再整合嗎？部分再整合？還是不再整合？一個疼痛區域可能最好在療癒期間保持解離，或者至少被部分解離作為減輕疼痛的策略，如果疼痛沒有其他預期可以解決的治療。正向的部分，例如創造性或適應性部分，可能需要完全再整合，並為個案提供一種主動感。在這裡，治療師的任務對個案的需求和動機具有某種洞察，以便知道解離或再整合個人的哪些部分，可能與有益或有害的後果相關。你可能會想起，年齡進展可以在這方面提供幫助（Alladin, 2013a; Frederick, 2013; Torem, 1992a, 2006）。

◆ 幻覺與感覺變化

描述

如果有機會，精神病院的住院病人可以向你解釋文化對幻覺的偏見。一般來説，人們在日常生活中遇到一個正在經歷別人沒有經歷過的事情的人會感到有點不安。喜劇演員莉莉・湯姆琳（Lily Tomlin）曾問過這個問題：「為什麼當我和上帝説話時我在祈禱，而當上帝和我説話時我就思覺失調了？」幻覺是非自主的，或者説是種因應機制（儘管是高度失功能的幻覺），通常被視為神經失常或精神病患潛意識的投射，這取決於一個人的觀點。但在任何情況下，它們都是非適應性的、非自主的。

透過催眠創造的幻覺是暗示性的體驗，個案可以從當前更客觀的現實中脱離出來，但是這種創造幻覺的暗示是被結構化為適應性的。它們是為了治療目的而做的暗示，強調想像力的參與，和創造力在有效解決問題時的力量。催眠幻覺允許在適當的條件下跳出常規現實，以便獲得一些不能以其他方式經驗的好處。例如，其中一個治療應用是讓個案回到過去（年齡回溯）並與已故的父母進行有意義的對話，以解決一些懸而未決的個人議題。在治療會談的邊界內操作，看到不存在的父母是種視幻覺，但它受控且有目的。

幻覺，就定義而言，是指不具外部刺激的感官經驗。簡單來說，正常人的感官系統中至少有五種感覺，因此幻覺可以存在於任何或所有感官系統中。為了簡單起見，本討論中的動覺感覺將包括幾個單獨但相關的感覺系統：可偵測壓力、溫度的系統，以及能使你在空間中定位你的身體、位置以及動作變化的肌肉回饋系統。催眠可以促發視覺、聽覺、動覺（觸覺）、味覺和嗅覺幻覺（Edgette & Edgette, 1995; Kahn, 2010）。幻覺可以進一步分為「正向」或「負向」兩種。這些名詞不是指幻覺對經驗者情緒上的影響，而是指幻覺的結構。

正向幻覺被定義為擁有某種（視覺、聽覺、動覺、嗅覺、味覺）體驗，但客觀上並不存在。例如，你可以慢慢地、放鬆地深吸一口氣，而當你吸氣時，你會聞到嬰兒粉的香味⋯⋯而當你聞到爽身粉的香氣，你也會意識到，你剛剛經歷了一次正向嗅幻覺。

負向幻覺是指無法體驗到客觀存在的事物，因此與正向幻覺是相反的。當你閱讀此句子時，你的注意力可能會轉移到你環境中的某個聲音，而你直到現在才注意到它⋯⋯當你意識到那個聲音，以及未能及早注意到它的驚訝感，你就可以意識到自己經歷了負向聽幻覺。

在引導幻覺時，治療師改變了感官輸入的意識。許多與催眠有關的幻覺是自發的，而其他一些則是直接或間接地被暗示。例如，催眠鎮痛可以看作是降低了運動感覺體驗的感官意識。它可能只是由於催眠所伴隨的僵直和解離而自發地產生。另一種描述相同鎮痛現象的方式是，隨著你在其他感官層面上越來越專注，也許會經歷生動的視覺意象，你會解離並產生肌肉感知體驗的負向幻覺。第二個例子中，可以將催眠失憶描述為有意識地忘記體驗，但描述相同現象的另一種方式是說，個案體驗的組成部分產生負向幻覺。具體而言，在催眠時個案可能不記得治療師說了什麼，因為他們在另一個層面上如此主觀地參與，因此對治療師的聲音和暗示產生了負向幻覺。

日常生活中經常發生正負向幻覺。正向幻覺的日常例子包括：嗅到你渴望食物的味道、發現身上或附近有昆蟲時全身發癢、無論你轉到哪裡都認為看到了試圖避開的某個人、聽到沒有人在場時有人喊你名字、認為有東西燒焦時其實沒有東西在燃燒。負向幻覺的日常例子包括：因為專注於某件事而

沒有聽到門鈴響，或者沒有注意到你每天上班路上經過的某座建築，然後突然有一天看到了它並驚叫「哇！那是哪來的？」。感官變化和幻覺是不同但密切相關的術語。感官變化被定義為感官意識的改變，無論是以哪種方式放大或縮小。它們之間重疊存在，是因為為了促發幻覺，治療師必須改變個案的感官意識；而在改變個案的感官意識的同時，將創造出感官幻覺。根據需要，個案的一個或多個感官會變得更加敏感或不敏感，更加活躍或不活躍。

幻覺與感覺變化的一般應用

幻覺可以在治療中讓個案沉浸在無法於「現實」世界再現的情境中。引導個案進入可以讓他或她以某種有意義的不同方式體驗自己或世界的情境中，顯然會增加他或她的經驗範圍，從而灌輸寶貴的新資源。當人沉浸並生動地體驗幻覺的細節時，被暗示的現實可以變得幾乎像「真實」生活一樣真實有力。個案可以體驗到他或她渴望聽到的話語、體驗他或她錯過的感覺、看到他或她需要看到的地方和人等。感覺變化的暗示可以用來將好的感覺與情境或經驗聯繫起來，例如使用感官聚焦練習來鼓勵在非性接觸中更加舒適和愉悅的狀態，作為在性方面更加舒適的前奏。同樣地，負向幻覺的暗示可以減少觸發不適的反應，例如不再注意曾經讓人煩惱的某些事物（Kahn, 2010）。透過暗示出現的幻覺和感覺變化，個案可以有結構化地體驗以促進個人的成長和發展。催眠中的「相信想像力」在這方面特別強大（Barabasz & Barabasz, 2017; Sarbin, 1997）。

誘發幻覺與感覺變化的策略

幻覺通常可以且會在催眠過程中自發出現。在催眠中，對自身身體（比如當人們報告說「我感覺失去了身體」）或治療師的聲音（例如「我後來就聽不到你的聲音了」）產生負向幻覺，對個案來說是很常見的體驗。在催眠中也很常見的是看到和聽到過去的臉和聲音，甚至可能聞到記憶中人的香氣。

直接和正向的暗示： 為了刻意促進幻覺體驗，直接和間接的方法都可以很好地發揮作用。在第1章開始時所描述的暗示，「你可以把你的疼痛看作

地板上的水坑」，是對視覺和肌肉感覺幻覺的直接暗示。直接暗示去體驗某件事（例如「你可以睜開眼睛看到自己在那邊有一個特別的體驗」）通常足夠了。一般來說，在治療師嘗試促成幻覺時，他們應該早已獲得了充分的融洽關係和個案的反應性。

對於幻覺的暗示，無論是正向或負向，通常應該提供正向的暗示結構，這樣個案就知道他或她正在努力體驗什麼。例如，你可以回顧本節稍早部分，我向你提供了正向的嗅幻覺體驗，即嗅到爽身粉的直接暗示。我以非常直接和具體的方式告訴你，你可以經驗到什麼。在與個案進行催眠治療時，提供的細節越多，個案就可以擁有更多的感官體驗。因此，可以擴充前述提到的那個例子，如果你希望個案在對面的椅子上看到他或她已故的母親，以便最終進行從未發生過的有意義的對話，那麼透過直接暗示增強母親的正向幻覺，個案可以看到他或她母親的衣服、聞到她的香水味、觸摸她的肩膀、看到她的身體位置、聽到她的聲音，盡可能地以真實的細節體驗。所有這些暗示都可以直接提供，每個暗示都可以讓個案越來越強烈地沉浸在體驗中。總的來說，透過直接暗示可以相對容易地實現正向幻覺，以下是一些範例：

　　……你可以看著那裡，並且看到你很久、很久沒看見，一直想看到的人……那個人看起來如何？……

　　……你可以聽到一個聲音告訴你一些你真的不應該知道的東西……這是誰的聲音？……它在說什麼？……

　　……你能聞到咖啡沸騰的香味……這種氣味讓你回憶起你很久很久沒有想起的情境……你在哪裡？……

在上述範例中，雖然指定正向幻覺的感官模式（即看、聽、聞）出現，但幻覺的內容並未指定。以上暗示中個案所體驗的人、聲音和情境，都是由於個案自己的投射。現在你可以識別出這些幻覺過程的暗示。如果治療師希望的話，同樣容易暗示個案看到特定的人、聽到特定的聲音或體驗特定的情境，並提供所有適當的感官細節。

間接暗示：間接暗示也可以用來促進幻覺。暗示個案注意手臂，是對腿不注意的間接暗示。回顧先前有關負向暗示的討論，就很好理解為什麼

「不要注意你脖子的疼痛」無法作為負向動幻覺的暗示。因此，幻覺的間接暗示，通常採用正向體驗的暗示形式，並預先排除不要的體驗。例如，為了讓個案在負向幻覺中看不到其他人，不是直接暗示「你不會知道其他人在場」，而是透過直接暗示「你可以獨自一人」或嵌入問題中的間接暗示「其他人都去哪了？」來間接完成這種負向幻覺。

以下是關於幻覺的間接暗示範例：

>……看著自己作為孩子站在那裡，你有什麼感覺？……
>……你聽到的是誰的聲音？……
>……你為什麼沒有早點注意到你的手如此輕鬆地飄浮呢？……
>……當我去森林裡聆聽寧靜、聞著松針的芬芳香氣時，我相信

你也懂得那些感受。

在上面的例子中，暗示以假設前提的形式用以促發看到自己、聽到聲音和感受手飄浮的體驗。透過詢問個案看到孩子的感受如何、聽到的聲音是誰，或者何時注意到手在飄浮，治療師預設個案正在有這些經驗，間接地暗示他們這樣做。最後一個例子是隱含命令的隱喻，間接暗示某些感官體驗。「聽到寂靜」也是負向幻覺的間接暗示，讓聽覺體驗消失。

由於個案在催眠期間傾向於暫停現實檢驗，因此他們可以更容易地沉浸在所暗示的現實中。正如你所學到的，人通常會保持一些客觀的現實感（回想希爾加德「隱藏的觀察者」），但只有在人意識到更客觀的現實時才會這樣做。有時，個案會沉浸在幻覺中，不知道自己正在幻想，就像導致人們相信他們被有敵意的外星人綁架的虛構一樣。因此，治療師必須非常敏銳，確保促進幻覺體驗的會談不會無意中放大或引發虛構或精神病。

對於感覺變化，只需考慮在什麼情況下你可能想要增強或減弱某人的感官能力。暗示降低對耳鳴（一種耳朵中的聲音）的聽覺敏感度，或增強對配偶聲音中壓力的聽覺敏感度，以鼓勵更多的同理心，這些都是適當的聽覺感覺變化暗示的例子。

◆ 意念動力反應

描述

在日常生活中，我們可以透過許多不同的方式觀察到制約的強大影響，因為我們大部分的日常功能都是在自動、潛意識的層次上完成的。如果你每天都必須注意所做的每一件事情，當你淋浴、更衣並準備工作時，就到下班時間了！

我們的自動化功能得以釋放心靈自由參與更高層次的活動。人類能夠自動執行的功能存在於至少四個不同的層面上：認知、動作、感覺與情感。這些統稱為「意念動力反應」，這個術語暗示著將一個念頭轉化為動力反應（Erickson & Rossi, 1981）。分別來談，這些反應包括「意念認知反應」、「意念動作反應」、「意念感覺反應」和「意念情感反應」。每個反應都是在潛意識層次上，對外部或內部刺激生成的自動反應。

意念動力反應的一般應用

意念認知反應是認知行為治療師（CBT）所謂的「自動化思考」，這是個案為了回應治療師的暗示，而在思考過程中被觸發的潛意識認知聯想。催眠過程採用各種程序，鼓勵自我限制的意念認知（所謂的認知扭曲、非理性信念和不切實際的期望）浮現出來，以便進行識別和糾正。尤其是當催眠與認知行為方法結合使用時（Alladin, 2008, 2012, 2016, 2017; Yapko, 2001b; Zarren & Eimer, 2001）。

意念動作反應是心理經驗的身體顯現，換句話說，是身體對自己思想的潛意識身體反應。夏弗勒鐘擺（在第9章介紹過）是這種關係一個牽強但有用的演示（Lynn & Kirsch, 2006）。身為乘客坐在汽車中並移動去踩煞車是另一個例子。所謂的「肢體語言」是個完整的類別，充滿了數千個意念動作反應例子（身體潛意識地移動，作為思考或話語的類比）。

身體的動作通常非常微小，以至於它們保持在意識之外（因此是潛意識的），但通常可以被肉眼觀察到。當然，它們最容易透過類似測量心率、汗腺反應和肌張力等多指標生理記錄儀等設備來測量。多指標生理記錄儀就是

一個例子，它能夠檢測受試者在回答檢測者的問題時，不自覺的身體可測量變化。

意念動作反應可促發用於診斷及治療目的。在診斷方面，治療師可能暗示個案對問題產生自動身體反應。例如，如果對問題的反應為「是」，則暗示個案會自動且不費力地輕輕點頭；而如果回答為「否」，則個案的頭會不自主地左右搖擺。個案經常在口頭表達「是」反應的同時，用頭部指出「否」的反應。你會相信哪個回答？有些從業人員認為，意念動作反應比有意識的反應更能反映真相（Ewin, 2009）。雖然意念動作反應肯定不是測謊器，但是它可以提供證據，顯示個案內部存在多層次的認知控制和衝突情感（Cheek & LeCron, 1968; Ewin & Eimer, 2006; Shenefelt, 2011）。

在治療上，意念動作反應可以用來促進解離、深化催眠、作為反應性的指標，甚至當使用「自動書寫」或「自動談話」等技術時，可以作為治療師和個案之間交流的一種手段。自動書寫是種能力，個案在寫作（或繪畫）時沒有意識的參與（Hilgard, 1992）。簽名和塗鴉是自動書寫和繪畫的例子。自動談話涉及個案在沒有意識參與的情況下說話（Barabasz & Watkins, 2005）。自言自語、大聲朗讀和漫不經心地對談都是自動談話的例子。向個案提供明確但允許的暗示，例如，他「可以寫並迫不及待地等待看看你的手寫下了什麼內容」。僵直狀態的個案可以進行自動且通常是生澀的動作，以執行意念動作反應，例如手臂飄浮、手指信號（暗示個案這樣做以提供訊息，或指示他或她何時完成思考、恢復記憶、準備前進等等）和點頭。

意念感覺反應是與暗示處理歷程相關的自動感覺經驗。擁有正常的感覺範圍和對感覺體驗的動覺記憶，為意念感覺反應提供了基礎。當有人暗示你回憶起花生醬卡在嘴巴頂部的經歷時，由於你對暗示的理解，感覺可以很容易地自動回到你身上。僅僅因為過去的經驗，花生醬的味道和口感馬上就可能會為你所用。如果你從未嘗試過花生醬，暗示將沒有任何效果。詳細描述與體驗相關的各種感覺，允許個案再次體驗到這些感覺，程度的大小取決於個人以往經驗的數量和類型，以及此人通常所具有的動覺感知程度。

意念情感反應是自動附著於每個人所經歷各種體驗的情感反應。人們對生活事件具有各種多樣範圍的情感反應，每種情感反應的類型和強度都不

同。在眾多體驗中完全保持中立很困難,甚至是不可能的,尤其是那些顯著到足以帶入治療的問題。因此,當個案經驗到治療師的暗示時,暗示中包含的不同觀念所產生的情感會浮現出來。壓抑的負面情感,如傷痛和絕望感,可以突然湧現,而正面的歡快或愉悅情感也一樣。人們對暗示的情感強度往往會讓個案和治療師都措手不及。要好好準備!

意念動力只是完整經驗的結構組成成分。你擁有的每次經驗都發生在不同層次上,每一層次都以不同和互補的方式增強了整個體驗。在進行催眠時,基於兩個原因,意念動力是重要的變項:第一,它們反映了個案在尋求改變的潛意識層面上之內在體驗。第二,它們是當前治療體驗的一部分,並且將是治療中想法、行動、情感和感官基礎的組成部分,人們將回想起並依賴它們作為未來改變的基礎。

誘發意念動力反應的策略

與許多其他催眠現象不同,無論你做什麼,意念動力反應都會出現。幾乎沒有辦法讓個案防止潛意識的身體動作或思想,或避免對你的暗示做出感覺和感覺的再經驗。在催眠促進意念動力反應時,問題在於個案是否能對特定自動反應的暗示做出良好回應。因為意念動力反應被定義為潛意識反應,因此當解離程度越高,治療師暗示的想法、感受、感覺和動作將更容易產生反應。因此,在嘗試自動書寫或意念動力信號等程序之前,促進解離是必要的第一步。

直接暗示:以許可式提供的直接暗示,對促進意念動力反應非常有用。以下是此類暗示的範例:

> ……當你聽我描述那個體驗時,我想知道什麼樣的想法會在你的意識中閃過,可能會讓你感到驚訝……(意念認知反應)
>
> ……隨著你讓身體放鬆……你的頭開始緩緩往下垂……讓它做它想要的……(意念動作反應)
>
> ……當你的肌肉繼續放鬆時……你可以感覺到那個點的刺痛感……(意念感覺反應)

……當你回想起自己小時候的照片時……你可以注意到照片在你心中喚起的感受……（意念情感反應）

以上每個暗示都直接暗示了自動產生而非意識創造的經驗。當個案跟隨暗示時，它們「就這麼發生了」，個案不必付出任何努力來使它們發生。

間接暗示：對於意念動力反應來說，間接暗示也非常有用，只要治療師謹慎選擇用詞，因為所使用的詞語會引發特定的反應。意念動力的間接暗示包括：

……你可能反射性地認為自己應為事件發生承擔責任，但新的想法會出現，使你嚴重懷疑它……（意念認知反應）

……我不認為你的意識會知道你的潛意識早已經知道那件事情，直到你的手指已經舉起……（意念動作反應）

……我想知道你是否能想起在烈日下曬得又熱又乾之後，跳入清涼的游泳池有多舒服……（意念感覺反應）

……發現原本以為難以處理的事情，實際上你能夠嫻熟地處理，這會帶來極大的解脫……（意念情感反應）

讓個案專注於暗示的內容，有助於促進意念動力反應，因為當個案投射自己到所描述的情境中並試圖理解它時，他們已經在意識之外做出了反應。識別每個人潛意識中使用的特定非語言溝通模式，可以成為了解此人訊息的豐富來源。然而，注意到這些模式和解釋它們是兩個不同的方面，雖然我鼓勵注意到這些模式，但我積極反對對它們做出解釋。說一個手勢「意味著」這個，或某個姿勢「意味著」那個，是極度的簡化，那很可能只是觀察者潛意識的投射。大多時候，人們的解釋是錯誤的。

◆ **時間扭曲**

描述

時間的體驗是純粹主觀的，這意味著你以自己的方式體驗時間流逝，任何時刻皆是如此。每個人都曾經體驗過做一些令人愉快和有趣的事情，結果

發現看似很短的時間，實際上比想像的長，「快樂的時光總是特別短暫」。同樣地，你毫無疑問也有過處於困難或無聊場景的經驗，檢查手錶並等待後……似乎已經過了三天……然後再次檢查手錶，發現僅過了五分鐘，這讓你非常沮喪。主觀時間的流逝會顯得比客觀實際更長或更短，這取決於你的注意力焦點。時間的這種扭曲是所有人的經驗，就像所有其他主觀經驗一樣，透過恰當的催眠暗示，可以刻意地顯著改變時間的體驗（Cooper, 1952; Edgette & Edgette, 1995; Erickson & Erickson, 1958; Kahn, 2010; Martin, Sackur, Anllo, Naish, & Dienes, 2016）。

時間扭曲的一般應用

促進個案感知時間扭曲可以帶來非常有用的治療體驗。想像一下縮短或延長時間感知在什麼情況下會很有幫助：例如，當個案疼痛時，將一段漫長的疼痛經歷壓縮成似乎很短的時間，可以是最人道的介入（Bejenke, 1996; Patterson, 2010）。擴大婦女分娩時收縮間舒適時間的感知，可以使分娩經歷更加舒適（Kroger, 2008）。讓一個漫長的工作日在主觀上顯得更短，可以使困難的工作更容易處理。在短暫的時間內考試，卻在主觀上體驗到充裕的時間，可以提高表現。這些只是時間扭曲催眠現象的一些潛在應用示例。

誘發時間扭曲的策略

「讓路」：促進時間扭曲的方法可以從簡單的「讓路」讓時間扭曲自發地出現，到刻意引發的直接或間接暗示。時間扭曲通常在沒有暗示的情況下出現，因為一旦人們閉上眼睛並專注於內在經驗（例如想法、記憶、感覺……等），「真實」的世界就會淡出背景，時間的流逝通常不重要，而且很難對經過多少鐘錶時間進行現實的評估。你可以試試：查看時間，閉上眼睛，然後讓你的心智飄移到任何它想去的地方。在你感覺經過5分鐘的鐘錶時間後，再次睜開眼睛。你的估計差了多少？你是低估還是高估了？對於在催眠狀態下放鬆、專注於有意義和有助益的經驗，並享受該經驗的個案來說，通常傾向於低估時間的流逝。個案通常會認為一次20或30分鐘的會談只有5或10

分鐘長。當人們重新警覺，並發現牆上的時鐘顯示與他們「內部時鐘」的訊息有巨大差異時，通常可以說服他們實際上被催眠了。

直接暗示：直接暗示時間扭曲，特別是以允許的方式提供時，可以很好地促進體驗。以下是關於時間扭曲的直接暗示範例：

……而且你可能會感覺彷彿過了很長一段時間……而且你已經獲得好幾個小時的高品質休息時間……（時間擴展）

……一個小時可能會感覺像一分鐘……時間可以過得如此快……當每個想法都以如此快的速度在你的腦海中閃過時，讓想法快速流逝比試圖抓住容易多了……（時間壓縮）

……你的頭腦和身體一直在這裡非常忙碌……而你所做的一切都需要很多時間……在你如此專心的同時，時間似乎已經過去了好幾個小時……（時間擴展）

間接暗示：時間扭曲的間接暗示，是溫和地植入時間體驗可以改變的概念。間接暗示（例如「我想知道在這段輕鬆的時間裡過了幾分鐘……」）、故事包含時間扭曲經驗的例子（例如「我如此忙碌，甚至沒有注意到時間流逝了多久」）、對話前提（例如「你對自己在短短幾分鐘內所取得的成就感到驚訝嗎？」），以及雙重束縛（例如「對你來說，這似乎是一段很長的時間，還是只是有點長？」），都能促發時間扭曲。以下為每種暗示提供了範例：

……追蹤時間有時很困難……現在很難知道過了5分鐘還是6分鐘……誰又能確定知道只過了5又1/4分鐘或是5又1/2分鐘……或是過了5又5/8或是5又3/4分鐘……（間接暗示時間壓縮經驗，實際上，已經過了20分鐘）

……不久前，我曾與一位個案合作，她一開始感到非常不舒服……她的問題嚴重困擾著她……但當她閉上眼睛，聆聽我說話時……深深地……她忘記了時間的流逝……她讓自己如此放鬆……感覺像是幾個小時的舒適……舒緩了她的心靈和身體……她感覺很好……經過一段長時間之後……（針對時間扭曲體驗的隱喻）

……而且你一直都很舒適地坐在那裡聽我說話，不是嗎？……
很好……不過很難知道多長……很長的……一段時間已經過去了，
是嗎？（用於時間擴展的對話前提）

　　……現在我想知道你是否意識到這段時間過得如此快、如此
短……如果你想要你可以猜一下……你會說已經過去了5分鐘還是
7分鐘呢？……（強制選擇引導人們到一個特定的時長，儘管實際
上已經經過了更長的時間）

在上面的第一個例子中，有關時間的暗示都反映出比實際經過時間更
短的時長，以幫助個案感覺到漫長的過程，但實際上只花了5到6分鐘的時
間。如果治療師想要擴展時間，暗示的時間框架可以誇大（例如，對於10分
鐘的催眠療程，治療師可以暗示這是個難以確定經過了20分鐘或20分鐘半
的過程……）。

在第二個例子中，透過建立起個案與故事人物之間的認同，提供了一種
隱喻，讓個案知道，透過催眠，他們可以在很長一段時間內感到舒適。

在第三個例子中，運用了對話前提。透過要求個案意識到評估經過時間
的長度有多麼困難，暗示了間接的前提假設，即時間已經經過了很久。

在最後一個例子中，個案被迫在兩個時間之間做出選擇，這兩個時間都
比實際經過的時間短得多。人也可以透過強制選擇（雙重約束）的方式擴大
對時間的知覺，使時間體驗變得比實際流逝的時間長得多。

當個案脫離催眠，發現他們對時間的感知是多麼扭曲時，他們知道自己
經歷了一些非同尋常的事情。結果可能會讓人對自己內在世界的複雜性和精
妙性產生新的尊重。學習控制以前被認為是無法控制的主觀事物，如時間的
感知，可以提高個案的自尊心。如此輕鬆實現的提升，是催眠最正向的層面
之一。

結束催眠會談

◆ 結束與脫離（回復清醒）

催眠感覺很好，但最終你必須結束會談，從催眠體驗脫離，並繼續你的日常生活。結束和脫離是催眠互動的最終階段。個案可能會因為注意力減弱並開始移動和伸展，而表明準備脫離。治療師必須在觀察到這些跡象的那一刻決定那個會談的工作是否已經完成，或者個案的脫離是某種可被治療的逃避行為。

治療師指導治療過程，通常也應該要決定何時開始結束和脫離是適當的，就像決定何時適當引導催眠一樣。在決定何時適合結束和脫離時，治療師也可以決定結束和脫離的方式。何時及如何結束會談和脫離，是個人的臨床判斷以及基於整體治療計畫和該特定會談的成果。至此為止，治療師在對個案的方法中採用了暗示風格與結構，而結束和脫離可以與之保持一致。如果治療師一直相對直接，他或她可以提供以下暗示以結束和脫離：

……你可以輕鬆地結束這個體驗，以舒適的速度帶自己脫離催眠狀態……你可以盡可能用自己的時間舒適地完成這次體驗……

……當你準備好了，你可以睜開眼睛，重新定位自己回到此時此地，感覺身心舒暢、煥然一新、完全清醒……

……當你在大約一分鐘後睜開眼睛，重新發現外面的世界時……你會保持警覺，並注意到處於催眠狀態的感覺有多好……

引導個案脫離催眠通常被稱為「喚醒」。但這是過時且不幸的術語選擇，因為這個人並沒有睡覺。使用「重新警覺」這個術語是更好的選擇。大多數直接的結束和脫離方法都採用了權威的倒數方法，例如「我要數到三且彈一下手指，你就會完全清醒……」這種方法不太尊重個案按照自己的節奏脫離催眠體驗的需求。此外，期望任何人對彈手指做出反應都是貶低和不值得提倡的行為。

如果催眠會話是非正式、自發的，治療師可以選擇與其方法保持一致，透過提供間接暗示來結束和脫離。以下暗示是這種方法的典型代表：

……我想知道你是否意識到，讓你的心智來思考這種可能性會有多麼舒適……這是讓人大開眼界的經歷……

　　……而在經過像剛剛那樣的良好休息之後，你肯定能喚起自己對生活的樂趣……

　　……我告訴過你我是怎麼學到這個的嗎？……當時我太專注於自己，沒怎麼留意周圍的事物……但人可以變得不那麼自我陶醉，在世界到處走動，注意到身外的事物……打開眼睛，留意新的可能性……

　　在決定脫離催眠的時間和方式時，治療師可以考慮是否需要暗示失憶，以及可以提供哪些催眠後暗示。如何結束催眠體驗將對個案產生重大影響，因為人類記憶通常更容易回憶最近的事件，這種現象被學習理論家稱為「近期效應」。換言之，當個案從催眠中脫離時所感受到的情緒，通常是他們最有可能與整個催眠聯繫起來的情緒。這就是為什麼讓他們有自己想要或需要的時間，來完成自己對催眠過程中事件的處理，通常是最佳選擇的另一個原因。讓個案以自己選擇的速度脫離催眠，可以讓他們有機會在你的關照下感到放鬆和從容。

總結

　　本章詳細描述了催眠治療應用的最基本構建單元。臨床治療將始終涉及其中一些或全部的催眠現象，因此必須明確每種主觀體驗的真正含義。在你能夠有意義地應用它們之前，最好花些時間觀察這些經驗在日常生活中出現的方式，特別是如果你試圖發現觸發這種現象的原因。對人類日常經驗的範圍進行如此仔細地觀察後，可以提供日常的例子作為這些經驗的間接暗示，使催眠中引出這些經驗變得更為容易。

　　作為構建單元，各種催眠現象可以排列和重新排列成無數的配置。你可以決定哪些催眠現象是對個案有用的經驗。更具體地說，你可以決定將要呈現的引導概念的類型、要使用的引導類型和風格、要使用的催眠應用（治療策略），並特別考慮其內容、風格和複雜程度。

以不同的催眠現象作為介入構建的基礎，治療師的任務是在有意義的方式下設計和提供這種經驗，這是相當複雜的任務。下一章會更詳細地探討這個問題。

1. 當你發現催眠現象的一些日常面向時，你的反應是什麼？這會讓你更容易還是更難將催眠視為治療中的特殊手段？

2. 你對前世回溯（透過催眠讓一個人回溯到前世）、催眠的心靈感應（透過催眠來增強超感官知覺）以及其他催眠的超自然應用有什麼看法？你的看法是基於什麼？

3. 如何在各種心理疾患中看到各種催眠現象？（例如，解離性身分認同疾患涉及人格部分的解離，也可能涉及對每個存在部分的失憶。）

4. 在什麼情況下（如果有的話），促進各種催眠現象可能會是禁忌？請解釋你的理由。

5. 你將如何使用年齡進展來輔助你學習催眠？

1. 列出每種催眠現象自然發生的10個常規情境。你能辨認出哪些因素似乎會促成這些現象的出現嗎？

2. 在年齡回溯過程中，請你的受試者在不同年齡時寫下自己的名字。你是否觀察到符合年齡的書寫風格差異？你得出了什麼結論？

3. 列出你個人發展中最重要的10至20個事件。你會如何界定哪些是正面的，哪些是負面的？哪些看起來似乎附著最多的情感？為什麼？這會讓你更容易還是更難回想起它們？

第16章
設計和實施臨床催眠會談

　　前一章詳細介紹的經典催眠現象，是嵌入到更大治療框架中的暗示性體驗。當你與案主開始催眠會談時，是因為你有一些想法，你相信它們會產生治療影響。這可能是你希望此人有的某個經驗、你希望他或她吸收的想法，或者是你希望他或她採納的某種觀點，因為你認為這會以某種有意義的方式增強他或她。考慮到你的意圖是仁慈的，現在的挑戰是設計和實施能夠實現此意圖的會談。在本章中，我考慮了一些將催眠引入和整合進治療脈絡的實務基本原則。當你知道你使用的每個字詞、句子都有產生正面影響的潛力時，你將如何決定對一位正在受苦的案主說些什麼呢？

　　前句中的關鍵詞是「潛力」。你不應該抱有幻想，認為如果你說得恰到好處，彷彿只要你非常想要，你就會成功。我理解人們渴望學習「魔法詞語」的幻想，但其實並不存在。正如你現在所了解的，很多因素都會影響治療的結果，無論是否使用催眠等方式。其中一些因素是你可以控制的，比如

你選擇的措辭和時機，另一些因素則不在你的控制之下，比如你的案主對你語意的獨特解讀、案主可能正在服用藥物的不良副作用、無預期的外部干擾、干擾並中斷治療接續的生活事件等等。本章旨在提供一些指引，幫助你控制自己能控制的因素，以增加你在治療中應用催眠時的潛在有效性。

我強烈主張擁有深思熟慮和組織良好的治療計畫。我知道有些人提倡「相信你的潛意識知道該說什麼」的理念，但是在會談目標與實現這些目標的手段方面深思熟慮，並不會因此排除治療過程中的自發性與直覺。我的觀點反映在湯瑪斯·傑弗遜（Thomas Jefferson）這句簡潔的話中：「我是幸運的堅定信徒，而我發現我越努力工作，我的運氣就越好。」

一份可行的會談計畫很重要，而在必要或想要的情況下能夠迅速靈活地改變計畫也同樣重要。臨床技能很重要，儘管它不能代表一切，而本章中的許多注意事項，旨在提高你應用催眠的臨床技能。

重新探討做催眠（Doing Hypnosis）與催眠性（Being Hypnotic）之間的區別

有許多催眠師知道如何執行催眠技巧和讀催眠腳本，但不一定被視為具催眠性。具催眠性意味著能夠完全引人投入、與案主如此協調連結，因為你正在做的事情和你提供的東西是如此相關和引人入勝，使人難以忽視或掉以輕心。

想想那些吸引並牢牢抓住你注意力的人——那些你不想移開目光的人。他們身上有什麼吸引你並讓你集中注意力的地方？不管那種品質是什麼，那都是具催眠性的，即使那個人並不一定在做催眠。你什麼時候才會具有催眠性？你是否意識到在治療時，你的案主似乎對你的每個字都非常著迷的特殊時刻？是什麼因素讓這成為可能？

具催眠性意味著有目的地與人交流、承擔起作為影響和改變行動者的責任、努力明智而敏感地運用你的影響力。具催眠性還意味著知道吸引人、引人投入、有影響力的能力不只發生在正式引導中。具催眠性簡單地意味著將

集中注意力的催眠原則融入你的存在方式中，並為它們引入正向的可能性，從而透過每次互動或多或少地揭示出來。

臨床工作者的技能

成為有效的臨床工作者所需的技能是很豐富的。其中包括對當前臨床文獻的廣泛知識、與案主建立治療關係的能力，以及組織和指導結構完整的介入之能力。這些都是複雜的技能，需要投入大量時間和精力才能發展壯大，也定義了真正的專業。

我們身為人的本質是我們的基礎，後來接受的臨床培訓是黏貼於其上的一層裝飾。考慮一下你為什麼會以特定的方式結構化你的臨床實踐。身而為人，你堅持自己的個人治療理念，被某種特定的治療方式所吸引並努力良好實踐，甚至以試圖引導客戶相信你的方式進行實踐，這對你來說意味著什麼？不管你是直接還是間接地這樣做？

這並不是什麼新概念。我們很長時間以來都知道，我們被吸引並且進行治療，包括我們的催眠介入，是基於我們主觀上認為有吸引力的東西。例如，有人參加了一個催眠療法工作坊，學習和體驗了「內在聖者」的引導技巧，發現了一些以前未曾發掘的內在智慧，並認為這是一次啟發性的經驗。因此，他或她帶著新的熱情回到工作崗位，開始對幾乎每位案主都使用「內在聖者」的技巧。或者，有人參加了關於新的、有爭議的「XYZ 疾患」的會議，然後開始在以前不知道擁有「它」的案主身上看到它。正如你在本書的參考框架部分已經發現的那樣，優秀的專家各有其觀點，就像你有自己的觀點一樣。而你的觀點將是決定你是否以及如何應用臨床催眠的關鍵因素。

理想情況下，我們的個人背景和興趣不該是設計和實施我們介入措施的主要依據（無論是催眠或其他方面）。不過，在「現實世界」中，我們所有的臨床培訓都是為了在與案主會談時關注「這個」而不是「那個」，以便我們能夠理解發生了「這樣」的事，然後以「那樣」的方式治療它。擁有哲學或信仰系統為你提供了一致的治療框架，既是必要的也是可取的。也許臨床工作者有時犯錯的地方在於，他們只看到一種方法，卻不伸展自己去考慮其他觀

點也有助於理解和解決案主的問題。幾乎任何問題都可以從很多不同的角度進行可信的理解與治療。至少對我來說，區分案例中的事實與設計介入時可能做出的詮釋與推論很重要，這樣你的推論就不會成為死板的教條。

本章的其餘部分以必要的假設繼續推進，即假設你已經創建了一個治療脈絡，在該脈絡中你的案主願意參與一般治療，特別是催眠。現在我們可以更直接地關注如何設計和實施有效的臨床催眠會談。

四個問題以協助指引會談設計

在進行超過四十年的心理治療和進行數不清的催眠會談後，我對治療的想法隨著時間的推移越來越簡單而非越來越複雜。我對治療的哲學和各種理論構想的複雜性越來越不感興趣，而對有效的臨床工作者實際上說和做的「底線」越來越感興趣。我經常發現，他們說他們做的事情與他們實際做的事情截然不同。

以簡單為出發點，當我與案主合作時，我給自己提出四個基本問題。當然，我還提出了許多其他問題，但這四個問題特別有幫助，可以幫助我更清楚地關注我想要在治療中解決的問題，以及我想要如何解決它。以下是這四個問題，它們有助於組織我的治療：

1. 案主的目標是什麼？那麼，依照推論，解決這些問題的適當順序又是什麼？
2. 案主需要哪些具體的個人資源才能實現目標？
3. 案主是否已經在他或她過往歷史中的某處明確擁有必要的資源，主要是需要幫忙調動這些資源？或者，案主是否沒有這些必要的資源，並且首先需要幫助案主識別然後構建它們？
4. 如何實現脈絡化？也就是說，如何在適當的情境中得到必要的資源？

第一個問題是關於目標。催眠是種指導性方法，使用它需要先設定一個目標並為之努力。接下來的章節中我將集中討論目標設定的問題，因為這是整個過程中的第一步，也是後面一切內容的框架。

第二個問題是關於資源。深入解決第二個問題的前提是，你知道為了實現某些目標需要哪些特定技能。不幸的是，治療的語言通常非常抽象，臨床工作者有時會失去準確的含義和產生預期效果所需的具體行動。我們說著「心理術語」，使用例如「建立自尊心」、「增強自我力量」、「建立可滲透邊界」等詞組，然後表現得好像這些抽象短語實際上意味著某種精確的東西。它們代表著經驗，而了解它們所代表的經驗由哪些部分組成至關重要。我回答第二個問題的任務，是對這個人到底需要、能夠說什麼，或做什麼不同的事情有個具體的定義，無論是在他們自己內部還是在外部世界，這將使實現目標成為可能。如果沒有具體的步驟可遵循，那麼它就不是一個目標。相反地，那只是個願望。

第三個問題是關於當必要的資源被確定為成功的關鍵之後，這些資源將從哪裡獲取。在心理治療的大部分歷史中，重點完全放在評估人們的動機上。也許你曾有過體現這種觀點的互動：你可能對某人說過：「老天，我真的想在我的生活中做這件事，但我做不到。」然後，另一個人回答：「嗯，如果你真的想做，你就會去做！」你還記得當你聽到那句話時的感覺嗎？

如果人有正確的動機，也就是「有志者，事竟成」，那麼他們可以做任何事情嗎？我認為這是個潛在的有害想法，因為它將所有問題僅僅定義為動機問題。更正確的說法應該是「有志者，也許事能成」。沒有必要能力的動力會令人挫折，產生「受困」的感覺。同樣地，擁有能力但缺乏使用它們的動力也會停滯不前。在治療中，動機和能力都很重要，但單憑一項不足以完成任務。在我的經驗中，往往人們已經有足夠的動力，但缺乏實現他們希望實現的技能。當你要求某人闡述達成目標的步驟時，如果他們毫無頭緒，那麼任何動力都無法彌補能力的不足。

因此，我首先想評估案主可能有哪些顯著能力，但他或她尚未利用，從而對他們造成了損害。然後我想創建一座體驗橋梁，使他們可以使用這些能力。這種「橋梁建設」是催眠的主要用途。如果案主沒有完成他或她想要或需要完成的任務所需的必要能力，那麼在治療中，我的任務就是提供結構化的手段，以便教導那些技能並讓它們易於學習。教導技巧是催眠的另一個重要用途。當人們專注且放鬆時，他們更容易學習技能，這難道有疑問嗎？

第四個問題涉及到脈絡化。擁有資源是一回事，但在適當的時候有效地

使用它們是另一回事。就像在學習催眠後暗示所了解的那樣，催眠後暗示的主要功能是建立所需反應和適當情境之間的聯想和聯繫。當然，除了催眠後暗示外，還有其他建立這種聯繫的方法。你可以採用角色扮演策略、認知排演（或有些人稱為成功意象），以及家庭作業來達到同樣的目的。這個階段的目標只是將在催眠和治療中所學到的東西，有效地應用於日常生活中。

以上四個問題在治療過程中自然會引發許多其他問題，考慮其他問題也很有幫助。但我發現這四個問題幫助我清楚地了解如何在催眠會談中與案主交流時特別有用。也許你也會發現它們對你有幫助。

催眠與治療的目標

只有達到有意義的目標才能視為成功的催眠會談。然而，確定目標並不總是容易的，因為案主通常會向臨床工作者提出類似「我只是想感覺好些」或「我只是想有一段好的關係」之類的陳述。這類陳述如此空泛或全面，只不過是純粹的願望。它們不是臨床介入的明確目標。

如果臨床工作者不清楚他或她需要具體解決什麼問題，介入可能會毫無進展。豐富多采的前職業棒球運動員尤吉・貝拉對常見短語做了例行修改，這相當著名且深受公眾喜愛，他曾經說過：「如果你不知道你要去哪裡，那你要小心，因為你可能到不了那裡。」他當然是正確的，強調了深思熟慮制定明確目標的優點。然而不知為何，圍繞著催眠實踐，出現了某種神奇的思維文化。那些被理想主義和自鳴得意觀念吸引的人，宣揚這種思維——即有組織的、明智的和仁慈的無意識：臨床工作者被告知「相信你的潛意識」，以（神奇地）發展合適的介入措施，而案主被告知去「相信你的潛意識」以（神奇地）學習相關的內容並（神奇地）解讀隱喻的含義。

我不建議你依靠「相信你的潛意識」方法。相反地，我認為應該蒐集關於案主經驗的具體訊息，闡明並達成一致的明確目標，以明智的策略來實現這些目標。在我看來，一般治療特別是催眠治療，效果最好的時候，便是在良好治療關係的脈絡下，有一個要打擊的目標和明確的方法。

我認為沒有人比大衛・斯皮格爾醫師更能體現深思熟慮的優點。斯皮格

爾博士處於臨床研究和實踐的最前沿，倡導基於紮實的研究知識之負責任的臨床實踐，從而廣泛受到尊重。

參考框架：大衛・斯皮格爾醫師

　　大衛・斯皮格爾醫師（1945–）是精神醫學和行為科學系的副主任，也是史丹佛大學醫學院的威爾森教授（Wilson Professor）。他還是心理社會治療實驗室的主任與整合醫學中心的醫療主任。自1975年以來，他一直在史丹佛大學任教。斯皮格爾醫師在耶魯大學獲得學士學位，並在哈佛大學完成了他的醫學和精神科培訓。他是才華洋溢的研究者和教師，在該領域具有強大的影響力，因為他提倡進行科學的催眠和心理治療。2012年，他獲選為美國國家醫學院院士。

　　斯皮格爾醫師是五百多篇出版品的作者，包括他1989年標誌性的著作，探討了心理社會治療對轉移性乳腺癌案主存活的影響（Spiegel, Bloom, Kraemer, & Gottheil, Lancet, 2: 888-891）。該研究表明，對於末期患病的婦女來說，支持性／表達性團體治療可以改善其生活品質，更戲劇性的是，可以顯著增加她們的存活時間。大多數研究，包括兩項最近涉及乳癌和肺癌的研究在內，皆證實了這一發現。正如斯皮格爾醫師在《美國醫學會雜誌》（*Journal of the American Medical Association*, 2011）的一篇評論中指出，心理社會對癌症存活的影響，在最困難的情況下似乎最為明顯，好比醫療最為無效的疾病末期。他在這個至關重要的領域中持續研究，最終成就了他的暢銷書《在極限外生活：面對威脅生命之疾病的新希望和幫助》（*Living Beyond Limits: New Hope and Help for Facing Life-Threatening Illness*, 1994），為患乳癌的婦女及其家庭提供了更多的數據和觀點，以及因應技巧的指引。斯皮格爾醫師喜歡提醒人們，他的工作表明，存活不僅僅是心理作用（mind over matter），而是心理確實很重要（mind dose matter）。他最近的書籍是《創傷性解離：神經生物學與治療》（*Traumatic Dissociation:*

Neurobiology and Treatment, American Psychiatric Publishing, 2007），與艾瑞克・維默坦（Eric Vermetten）博士及馬丁・多拉伊（Martin Dorahy）博士共同編輯。他的研究使他獲得了許多著名獎項和同行的高度尊重。

斯皮格爾醫師是身心醫學和臨床催眠研究領域的先驅。他對催眠的專業興趣始於早期的職業生涯，部分受到他著名的父親——精神病學家赫伯特・斯皮格爾醫師的影響，他曾多次見到父親示範催眠。他在哈佛大學時修習了他的第一門催眠課程，並在1978年剛完成住院醫師訓練和博士後研究後不久，與父親合著了一本在催眠界公認為經典的書籍，名為《催眠與治療》第二版（*Trance and Treatment*, American Psychiatric Publishing, 2004）。在這本書中，斯皮格爾父子描述了一種診斷系統，用於評估臨床和研究中催眠反應性的方法，稱為催眠引導剖面（HIP），本書第9章曾提過；同時還有催眠的多樣化臨床應用。斯皮格爾與其他作者合著的一篇論文發表在《美國精神醫學雜誌》（*American Journal of Psychiatry*, Kosslyn, Thompson, Costantini-Ferrando, Alpert, & Spiegel, 2000），因為其非凡的發現引起了廣泛關注：接受暗示產生幻覺的被催眠研究對象，在查看黑白照片時，大腦用於顏色處理的部分在腦部掃描中「亮了起來」。相反地，當受試者被指示產生消除彩色圖像中顏色的錯覺時，相同的腦區顯示出減少的活動。他稱此為他的「所見即所得」實驗，第4章中曾提過。這一顯著的發現表明催眠反應中顯著的強烈神經生理歷程，有助於該領域更進一步了解催眠現象的神經科學基礎。

斯皮格爾醫師目前正在利用功能性磁振造影（fMRI）來辨識催眠狀態下的神經網路運作（Cerebral Cortex, 27 (8), 4083-4093, 2017），並區分高度易受催眠個體與低度易受催眠個體的神經功能（Archives of General Psychiatry, 69: 1064-72, 2012）。他已經展示出，大腦衝突檢測區域——背側前扣帶迴皮質的活動會在被催眠時被關閉，而執行控制區域——背外側前額葉皮質和主理身心控制的腦島之間的功能連接則變得更強。此外，執行控制區域和掌管自我反思的一部分大腦區域——

後扣帶皮質之間的功能性失聯，有助於解釋催眠解離。他也表明，即使在休息（未被催眠）狀態下，高度催眠易感個體在執行控制和衝突檢測腦區之間也具有更大的功能連接性。因此，他的工作展示了催眠的神經基礎。

關於催眠易感性測試：「催眠易感性測試將引導轉化為推論。你可以在五分鐘內甚至更少時間內獲得有關個人對催眠反應能力的有用訊息。透過標準化的輸入，你可以最大限度了解對其反應的差異，並利用它來指引你對患者的治療，並教導患者他們的反應能力。你還可以減少在初始催眠會談中的緊張——你的角色是評估而不是讓人陷入催眠狀態，而他們是在探索自己的能力，而不是被迫『順從』或『抵抗』。」[1]

關於自發催眠和催眠能力：「關於專注的研究表明，即使沒有正式的引導，催眠也會自然發生。『心流』時刻、高峰表現和強烈愉悅——具有自我改變和強烈的注意力之組成部分，因此近似催眠。雖然許多人有這樣的高峰體驗，且有些人有解離體驗，但並不是每個人都有。研究表明，催眠易感受性是種穩定特質，與智商一樣穩定，並涉及強烈而專注的注意力。人類的心智經驗沒有理由比人類的身體特徵更均等分布。」[2]

關於心理社會支持、催眠和乳癌：「一些但並非全部研究的證據表明，參與團體治療可以延長乳癌的生存時間。尚未證明催眠是其中關鍵成分。然而，催眠在減輕與癌症相關的疼痛和焦慮方面極有幫助。癌症可以理解為一種壓力源，專注注意力並結合解離狀態非常有助於因應各種類型的壓力，從死亡焦慮，到以較少疼痛和焦慮更快地完成困難醫療程序等。」[2]

關於不同催眠風格：「雖然每個臨床工作者都需要嘗試各種方法，以從中找到對病人最有意義和最有用的方法，但身為研究者和教師，我感到有義務找到和測試治療中起作用的關鍵因素。我覺得在過去的幾個世紀，催眠一直是個神祕的領域，我們只有在將其精華提取

並使用時，它才最有可能被應用於醫學領域（且用得好）。我發現，透過促進他們對治療方法的理解來邀請他們合作，患者能良好運用清晰、直接的方法。」[1]

關於催眠使用的臨床技能：「臨床工作者必須具備基本的診斷評估技巧和各種治療方法的知識，無論有沒有使用催眠。成為主要的專業人員（如精神醫學、心理學、牙科等等）而不是「催眠師」至關重要。然後，學會清晰且悲憫地溝通，並將你與患者的關係當作治療工具，是最有幫助的。」[1]

關於這個領域的興奮與失望：「我和其他同事很興奮地發現，催眠可以深刻地影響大腦功能，例如處理顏色感知與疼痛，以及影響身體功能，例如氣喘、胃酸分泌、疣等。當每年有66,000名美國人死於吸毒過量時，至少一半是肇因於鴉片類藥物濫用，我最大的失望是像自我催眠這樣可以有效控制疼痛的技術仍然沒有被廣泛應用。相關技術如正念的使用大幅增長，這是令人鼓舞的。它們不太關注症狀控制，那被視為自我提升而非治療技術。必須有更好的方法來識別和傳播涉及調節意識的心智技術，並將其應用於管理普遍存在的問題，如疼痛、壓力、焦慮和習慣控制。催眠現象具有足夠的彈性和有趣性，因此許多方法都有空間進行富有成效的競爭。在治療領域的醫療創新步伐受挫的時代，我們需要找到一種方法來將催眠的力量可靠地納入標準治療，以幫助人們控制疼痛、焦慮、不良習慣和各種身體功能障礙。催眠可以加強許多常見和嚴重醫療問題的自我管理。催眠是西方最古老的心理治療概念，幾個世紀以來一直緊隨主流照顧之後。我們需要認真對待並善加利用它。」[1]

資料來源：
1 私人交流，2002年8月5日。
2 私人交流，2011年1月23日。
修訂於2018年1月6日。

設計介入措施：首要關注的方向

　　現實世界的情況與許多傳統療效研究的參與者不同，若研究對象在單一研究條件之外還存在其他問題時，可能被排除在研究之外，然而案主通常具有多重問題，甚至多重診斷。面對多重問題需要解決，臨床判斷需要做出從何開始的決定。並非所有問題都是相等的。有些症狀是案主一生中普遍存在的，有些則特定於特殊情況。有些僅只是很煩人，而有些明顯很危險。有些相對容易解決，而有些是難治的。

　　首要任務當然是解決緊急情況，緊急性取決於危險潛力。自殺意念、藥物濫用，以及危及自己或他人生命的魯莽行為，這些只是幾個例子。當臨床工作者必須為介入建立優先順序時，如果症狀或問題行為不構成立即危險，所做的選擇可能不同。

◆ 建立治療動能和反應組合

　　大多數情況下，案主呈現的症狀或議題並不緊急：他們已經持續了幾個星期、幾個月，甚至幾年。雖然它們是令人擔憂的合理原因，但它們沒有「著火」。那麼，如果沒有任何緊急症狀或行為需要立即關注，你應該從哪裡開始呢？一般而言，最好從能夠迅速緩解症狀的地方開始治療，從而開始建立正向的治療動力。透過儘早獲得一些成功，可以減少案主過早退出治療的風險。很多時候，促使人們退出治療的原因是低挫折忍受度，他們需要一些相對快速的成功，否則他們會對看似徒勞無功的事情失去興趣。

　　臨床催眠的應用中，最常被低估但實用的概念之一是所謂的「反應組合」（Erickson & Rossi, 1979），之前曾詳細討論。作為提醒，構建反應組合意味著建立反應性的動力。舉例來說，如果我向某人提供四個我知道他或她會同意的連續陳述，那麼這個人對我下一個陳述最可能的反應是什麼？很可能會是同意。例如，如果我向你提供以下這些自明之理：「每個人都是獨一無二的個體……人類經驗通常是複雜的……人們經常擁有比自己意識到的更多資源……有時候只是坐著放鬆一下感覺真好……」你自然同意那些所有陳

述，這些同意的動力很可能將你帶入下一個陳述的同意領域。

那麼，在臨床催眠實踐中，有效運用這一原則意味著構建從一般到具體的介入措施。因此舉例來說，在給某人提供具體的暗示來發展年齡回溯之前，你可以先提供一系列你知道他或她會同意，關於記憶的一般暗示或自明之理，像是：「每個人都能夠記住許多不同的經驗……一些回憶比其他回憶更加栩栩如生……」這些關於記憶的自明之理，引導人們在著手處理具體的記憶之前，先思考記憶的一般性質。

同樣地，如同對催眠的反應性可以在會談療程中建立起來，對治療的反應性也是如此。在可能需要解決的多重問題中，通常最好從最容易快速解決的問題開始，從而建立治療進展的動力。

設計介入措施：以風險因素為介入目標

全面的治療必須考慮到其他問題和復發的風險因素，以及當前的症狀。風險因素是指增加某種疾病或疾患發生概率的任何因素。在治療中需要針對的風險因素及其相關症狀，代表了催眠和心理治療更深層的應用。僅關注案主的症狀而忽略潛在的風險因素，是相對膚淺的介入，因為只解決了問題的內容，而沒有解決它的結構。內容指的是問題的細節（what），而結構則指症狀如何產生的過程（how）。

各種問題關鍵的風險因素可能存在於個人生活的許多領域中，例如家族史、飲食、身體活動水準、社會連結的數量和類型、個人習慣（例如吸菸或飲酒）、藥物使用、生活形態、信念、因應技能、解決問題的能力、工作環境……以及其他等等。風險因素可以單獨或結合處理。

實施介入措施：在第一次會談中使用催眠如何？

取決於臨床工作者與案主會談並將訊息轉化為合理治療計畫的技能水準。即使在第一次治療會談中，臨床工作者可能已經獲得了足夠的訊息來制定有意義的催眠介入。有些臨床工作者認為，在進行催眠前應該有詳細的案

主歷史，和建立在許多次會談療程中的強大治療聯盟。當然，如果案主願意等待治療師提供實際的介入，這是合理的。然而，研究明確指出，無論臨床工作者的首選理論或風格如何，最常見的治療會談次數是一，且單次會談的治療可以是有效的（Dryden, 2018; Hoyt & Talmon, 2014）。簡言之，有時你可能只會在案主身上得到一次會談，而第一次會談就是唯一的會談。

想讓案主在第一次會談後繼續參與治療是個值得追求的目標。有時間了解這個人、建立有意義的合作關係、吸收並運用每次會談中的回饋，這些都是治療中珍貴的資源。但是，臨床工作者也必須願意盡早伸出援手，幫助處於困境中的人。催眠可以在建立信任之後實施——也可以用於建立信任。事實上，我在薇琪的案例中展現了這個過程。我第一次（也是唯一一次）見到她時，她要求進行催眠以控制癌症末期轉移相關的疼痛。我提及這個特殊的案例，是因為它可以在《臨床催眠大全》的網站上觀看（www.routledge.com/cw/Yapko）。我建議觀看這場會談時，仔細關注治療聯盟如何建立，以創建有效的單次會談介入。

催眠的能力，即使只是膚淺地用來減少焦慮、降低激動並減少反芻思考，都是治療早期使用催眠的極佳理由。透過向案主展示他或她的症狀具有可塑性，臨床工作者可以有效地建立治療的正向期待，從而顯著增加治療的整體成功率（Kirsch, 1990a, 1990b, 1997, 2000, 2001, 2011; Prochaska & Norcross, 2018; Wagstaff, David, Kirsch, & Lynn, 2010）。即使是第一次會談，臨床工作者的職責也是盡快促進希望並至少滿足一些緩解的需要。催眠可以幫助你做到這兩點。

實施介入措施：向案主介紹催眠

從臨床會談和與案主建立融洽關係，到開始實際的催眠介入，這個轉變比許多人想像的容易許多。你可以與案主會談，然後在會談進行20或30分鐘時（假設你想對案主進行催眠），說一些類似以下的話作為催眠的引入：

> 在剛剛的至少半小時裡，我一直專注地傾聽你說話，你描述了你的
> 症狀和問題，以及你如何努力嘗試因應。你的苦難和絕望程度讓我

印象深刻，而在我看來，很明顯你想要改變。你一直專注並全神貫注於那些最令人痛苦的想法和感受，對我來說顯而易見的是，如果你能開始思考並沉浸於不同的、讓你感覺更好的想法和感受裡，對你來說會是多麼有價值。你來到這裡，知道以不同的方式看待事物是很重要的，為了幫助你開始以不同的方式思考和感受，你可以閉上眼睛，然後讓自己專注於我想要向你描述的一些可能性……

　　於是，催眠會談開始了。在我多年的實踐中，當我介紹以這種方式聚焦的目的時，我沒有想到有哪個案主拒絕參加，或甚至只是對參與此過程感到猶豫不決。通常，案主正在尋找方向和回饋，知道某些事情必須改變，但他們通常不清楚是什麼需要改變。

　　當然，還有另一種更傳統、更有結構性的風格引導案主進入催眠，臨床工作者會詢問案主是否嘗試過催眠，以及對治療中的催眠工作有什麼感受。臨床工作者透過描述什麼是催眠、被催眠的感覺如何、在他或她的具體情況下催眠的潛在好處是什麼等等，找出對催眠的現有態度，識別並糾正任何誤解，以建立合作和期望（J. Barber, 2008; Gibbons & Lynn, 2010）。一些臨床工作者甚至會讓案主簽署催眠治療的授權同意書，作為知情同意的確切證據。

實施介入措施：選擇你的催眠風格

　　本節簡要介紹催眠風格的議題，鼓勵你去思考在你實施暗示時，想要更直接或更間接、更正向或更負向、更內容導向或是過程導向，以及更權威或更許可。我建議你根據案主自我組織的模式選擇你的風格，而不是基於某些不變的公式、腳本或個人偏好。這樣做的目的是熟練掌握各種風格，並根據案主的要求靈活運用。

　　在形成直接和間接暗示、正向和負向暗示、過程和內容暗示、權威和許可暗示方面，擁有一系列技能是無可取代的。以各種方式靈活地傳遞訊息和觀點，這就是臨床藝術的意義所在。因此，去爭論直接暗示或間接暗示哪個更好，是浪費時間的。至此我們應該早已明白，只有當案主選擇回應它，直接或間接的任何暗示才是有力和有用的。簡而言之，無人採納，任何暗示都一文不值。

設計介入措施：臨床催眠會談的一般結構

催眠會談的結構變化遠少於它們的內容變化。如果考量進行一次正式催眠會談所需的結構要素，可以創建由主要成分構成的「一般結構」。這樣的一般結構包含在表16.1中。

正如你所看到的，一般結構為你的會談提供了一個框架。你對會談目標和內容的決定，例如採用哪種引導和風格，或者用哪種暗示來解決什麼問題主題，會導致一名案主的治療與另一名案主的治療有很大差異。因此，即使你可能正在治療五個不同的案主，比如憂鬱症，你實際上對每個人説的話也會根據他們的個人需求和自我組織模式，而有很大的差異（Yapko, 1988b, 1989a, 1992, 2001b, 2006a, 2010c, 2016a）。讓我們逐一介紹一般結構中的每個成分，這樣你就可以清楚該過程中的每個階段發生了什麼。

表16.1 催眠治療會談的一般結構

引導案主進入催眠狀態

進行引導程序

建立反應組合

直接或間接引入治療主題1（即你打算解決的問題）

提供處理主題的暗示（你希望根據治療目標傳遞的治療訊息）

詢問案主衍生的意義

引入治療主題2（主題3等等）

提供處理主題的暗示

詢問案主衍生的意義

提供催眠後暗示（脈絡化）

提供結束

暗示脱離（重新警覺）

◆ 引導案主進入催眠狀態

如果你有意對案主進行催眠，在互動中的某個時刻，你會想要將此人的注意力從原來集中處轉移開來，並重新導向到創造一種準備開始催眠過程的狀態。「現在我們已經花了一些時間談論這個問題，看起來這是個好時機，讓你開始專注於讓自己感到舒適，這樣我們就可以做一些催眠了。」這種清晰、直接的陳述，通常是很好的開始。

◆ 進行引導程序

鼓勵案主找到舒服的姿勢、舒適地呼吸、閉上雙眼、專注聆聽，然後單純地放鬆，這些都是開始催眠引導的基石。使用哪種引導方式當然需要臨床判斷，所有考慮因素都在先前的章節詳細介紹過了。只要是能確保和引導案主注意力過程的方法，都能很好地發揮引導程序的作用。

◆ 建立反應組合

建立案主反應動能的重要性不言而喻。事實上我已經指出，我認為這是整個治療流程中最重要的一步。因為如果沒有鼓勵案主做出反應，當你提出後續暗示時，可能不會發生太多其他事情。

許多人無法簡單地在要求下立即產生催眠現象，例如鎮痛或回溯。但是，在給予時間和鼓勵探索的氛圍下，人們通常可以發展足以用於治療目標的催眠反應。關注於刻意建立反應組合，只是增加對催眠經驗產生正向反應之可能性的一種方式。

作為重要的提醒，建立反應組合的一般模式是這樣：在要求案主給出具體反應之前，你可以用一般性和無可辯駁的方式呈現想法，表示這樣的反應在全人類甚至個人層面上都是可能的。因此舉例來說，在催眠會話中稍後嘗試在個人特定身體部位產生鎮痛現象之前，首先讓人們對於「注意或甚至創建有關身體感知的變化是可能的」的概念感到舒適並與之相符，這麼做是有幫助的。例如暗示：「有時你的身體感到疲倦，有時感覺休息得很好……」

在這個例子中，案主以普遍的方式，無可辯駁地認識到人對自己身體的體驗是有變化的。建立這一點，作為實現會談更大目標的墊腳石，即透過鎮痛的暗示創造感覺上的特定變異（將在第23章中描述）。本質上，你正在說：「你對身體的體驗會變化，而既然會變化，它可以像這樣變化。」這個反應組合使案主朝向更大的治療目標前進，但尚未要求他或她做出具體的反應。

◆ 引入治療主題1

你想對這個人說些什麼話以幫助他們？你想解決什麼案主的錯誤認知或自我限制的信念？你想幫助案主連結到什麼賦能的資源嗎？

當你清楚地知道你想要傳達的有用訊息時，你就建立了治療主題的話題。例如，如果你有位案主認為自己是情況的受害者，且似乎忽視了自己可以做出積極有益的選擇，如果你只是對這個人說「你可以做出積極有益的選擇」，案主很可能完全不買單。然而透過使用催眠，你有機會以更加專注、經驗式、有力的方式傳達同樣重要的訊息。因此，你可以向案主引入有關「了解可控因素的重要性」的顯著治療主題，旨在激勵他們做出深思熟慮的選擇，並教導人們「認識什麼是自己掌控範圍內」的技能，這是朝向積極主動過上美好生活所邁出的第一步。你想要在25個字內傳達的訊息是：「別再扮演受害者，掌控自己的生活！」但為了緩和過於突兀和威脅情感的訊息，需要以更為舒適和易於被有受害者心態的案主接受的方式來表達。因此，我可能會透過這樣的話輕柔地引入這個主題：

> ……當我持續與你談論不同的想法和不同的可能性時，你很可能會意識到不同的人以非常不同的方式體驗生活……有些人認為生活只是發生在他們身上的事情，而另一些人則認為他們可以創造自己想要的任何生活……有趣的是，有些人認為他們對生活的品質有掌控權，而其他人則覺得他們沒有這種權力……有時候人們會高估自己的控制力，試圖去控制那些自己實際上掌控不了的事情……而有些人則低估了自己的控制力，不去嘗試控制那些自己本可控制並

做出正確選擇的事情……要知道什麼是自己能控制的而什麼不是，是很令人困惑的，不是嗎？……當你用有點不同的方式去處理一件事情時，發現曾經看似不可能的事情可以變成可能，這真的很有啟發性……我可以告訴你一個人的故事……他曾經感覺自己被困住了……（接著呈現一個賦能的隱喻）。

我現在已經引入了主題並將個人的注意力集中在「控制性」這個治療議題。在這個階段，更直接的方法是說一些像這樣的話：

你把自己視為情況中的受害者，就好像你無法控制生活中發生的事情一樣。你擁有比你意識到的更多的控制力，你不僅僅是受害者，我想和你談談如何開始掌控自己的生活。

治療過程的下一步，將建立於你在此階段向案主介紹的任何治療主題之基礎上。

◆ 提供處理主題的暗示

一旦引入治療主題，並引起案主對你打算解決的問題的注意，下一步就是提供暗示來解決問題和／或實現治療目標，以處理治療主題。這是實施治療策略的階段。你想要教案主一種特定的技能，使他或她更有力量嗎？挑戰他或她認為是真的，但實際上是誤解或自我限制的信念？分享你認為他或她可以從中受益的，關於生活有意義的觀察或哲學？嘗試改變他或她參與的知覺過程？無論你使用催眠的目的是什麼，希望你在心中有一些策略，以實現該次會談的目標。你會透過講述某個其他人的成功故事——感人並激勵人心的故事——來進行情感上的呼籲嗎？或者間接威脅如果繼續這樣下去，可能會發生可怕的事情？訴諸邏輯？承諾改變將帶來巨大的個人回報？

你決定採用哪種策略，決定了你將使用哪種暗示來處理治療主題。「停止這樣做並開始這樣做」的直接暗示可能是治療中最常用的方法（比如告訴吸菸者：「……每當你感覺到吸菸的衝動，你可以走到外面慢慢地、刻意地深呼吸，呼吸清新的空氣……你可以享受知道自己正在逐漸變得更健康的

美好感覺……你可以因為自己專注並渴望完成某件事而對自己感到特別自豪……」)。間接暗示（最常見的是透過講故事）也很常用來暗示思考和應對老問題的新方法，如下例所示：

> 當鎮上居民開始出現奇怪的症狀時，他們終於意識到工廠的煙囪對他們和家人造成的危害……即使對於他們來說這很困難，因為許多人受僱於工廠……他們被誤導以為工廠幫助他們生活……他們意識到必須關閉工廠，才能再次呼吸到乾淨的空氣……並恢復健康……因為如果你生病了，工作還有什麼用呢……或如果你在乎的人生病了呢？

你在處理治療主題時所採用的暗示，旨在將一些新的反應與問題脈絡相關聯。你的暗示還可以用於讓案主預覽後續可能指派的家庭作業。你可以透過引導他或她接受這個觀念，即透過經驗可以學習到什麼（這通常稱為「播種」過程），從而再把這種經驗當成家庭作業指派給他們（Geary, 1994; Haley, 1973; Zeig, 1990）。

◆ 涉及衍生意義的互動：「確認」

這是催眠會談中「向案主確認以了解發生什麼狀況」的階段。無論你的暗示是直接和／或間接的，無論你認為你的暗示多麼清晰和相關，交流都是雙向的。無論你的訊息意圖如何，案主實際接收到的可能會有相當大的不同。正如你所學，意義不在於你使用的詞彙，而是在於以不可避免的特殊方式與你的話語聯繫上的人。因此，你可以直接暗示某個人在感到壓力時出去散步，而此人卻聽到了一句輕蔑的「滾蛋！」；或者，你可以向某人講述關於另一個有類似問題的案主的精彩故事，而他或她聽到的只是你在舉例中談論你的案主。然後他或她會被焦慮包圍，想知道你是否會以他或她為例子，因此無法聽到你故事中的任何重點！

與其對案主說話並希望他或她吸收一些預期的訊息，在會談的這個階段，你已經提供了某種類型的暗示來幫助案主，現在你需要一些回饋，看看他們是否從你的暗示中得到任何東西。最簡單的方法是直接對案主說：

待會兒我會請你描述一下你現在所意識到的，也許是你〔理解、身體、感知、感受〕的不同，而你可以繼續沉浸在舒適之中，同時你也能容易地向我描述你現在所意識到的事情。

你有沒有注意到那個暗示中治療性的假設前提？然後，案主可以口頭表達出他們的任何不同，而如果有用的話，你現在有機會強化它；或是如果沒有用的話，駁斥它。只有在會談中與案主確認，才能知道他或她是否從你的會談中得到了有用的東西，從而有機會在必要時對你的方法進行中間調整。考量到與案主確認的重要性和價值，令我感到驚訝的是，有多少使用催眠多年的人，從未讓他們的案主在催眠狀態下與他們交談。

你在一個療程中應該確認多少次？這是判斷的問題。確認次數過多，案主就會面臨過度分析經驗的風險；確認得不夠，你可能會錯過他或她內心發生的事。不過，最起碼做一次確認，這是至關重要的。通常是在會談結束時，當你已經涵蓋了很多內容，並想了解它是如何開始落定下來的。

◆ 引入治療主題 2、3 等等

在一次催眠會話中，可以涉及多少個話題或主題？這取決於案主。具體來說，多少刺激、挑戰、支持、減輕負擔、啟發，會讓這個人感到適切，而多少會讓這個人感到過載？如果你給某些人單一的新概念來思考，他們會做得最好；有些人則是如果你不給他們很多新想法來思考，他們就會感到無聊。你必須評估此人的專注、刺激需求水準、痛苦水準、對過程的開放性，和其他有助於你決定一次會談中要包含多少內容的變項。無論你選擇在會談中涉及多少主題，顯然你將會提供暗示，並希望你在途中與案主確認。

◆ 提供催眠後暗示（脈絡化）

透過本階段的會談，你已經引入了旨在幫助案主的思路、觀點和方法，且已經「確認」並收到一些跡象，表明他或她對你引入的有益可能性，有了一些新的覺察和感覺（希望如此）。現在的挑戰，是如何幫助案主將它們融入

到他或她的生活中。你可能需要在此過程中總結會談其他部分的關鍵概念、洞察或暗示，作為將它們與後續生活經驗聯繫起來的前奏。然後，使用先前學過的催眠後暗示的一般結構（「之後，當你在 X 情境中時，你可以做 Y 和 Z」），你可以提供直接暗示，建立這些連結到人們日常生活中，就像以下的例子：

> 下一次……每一次……你覺得有人想利用你，將他們的意願強加於你時……你可以提醒自己，雖然其他人可能想要他們想要的……這是非常自然的……但你現在有一個新的選擇……而不僅僅是屈服於他們……你可以對他們的要求說「是」也可以說「不」，取決於你認為什麼對你和當時的情況最有利……並且享受因此變得更強大的感覺……

◆ 提供結束

會談現在已經完成，接著促進結束的過程開始了。給予案主所需的時間，處理會談期間發生的事情，這點非常重要。有些人處理事物非常快，並且準備立即結束會談；有些人在同化新想法方面則較慢，需要一些時間來吸收所有內容。大多數人，無論其處理速度如何，都喜歡感覺放鬆和舒適，並不急於結束會談。因此，在實際建議結束之前，最好先透過以下的話語，來引導人們接受結束的想法：「在準備讓這次會談舒適和滿意地結束時，你可以回顧和吸收任何你想要的重要的新可能性。」然後你可以暗示他們開始以舒適的速度離開催眠，例如：「當你準備好，你可以開始以漸進和舒適的速度，帶自己離開催眠。」沒有人喜歡匆忙地離開催眠狀態，如果鼓勵案主過快地離開催眠狀態，可能會讓人失去定向，甚至不舒服。透過讓案主控制重新定向的速度，你可以避免催促某人的錯誤，因為突然結束美好的體驗，可能會令人至少有些輕微惱怒。

◆ 暗示脫離

在此過程的最後一步中,我們鼓勵案主緩慢地重新定向和睜開眼睛,可以暗示說:「當你準備好時,你可以完全重新定向自己,並隨時睜開眼睛……完全重新定向,變得完全警覺……睜開眼睛。」人們睜開眼睛後的第一瞬間是特別敏感的,因為他們會一邊思考這個會談,一邊與你「重新聯繫」。靜靜等待,直到他們想要說話,這通常是個好主意,儘管此時你也可以悄悄地提供與你目標相符的進一步暗示,因為案主通常仍處於部分催眠狀態。重新定向是一個過程,而不是一個事件。在送案主離開之前,關注案主是否完全重新警覺,是有根據的(Kluft, 2012d)。

實施介入措施:追蹤會談

當催眠會談結束時,找機會與案主針對此次會談的情況做一些彙報。與治療過程的其他方面一樣,這需要一些周全的規劃。一方面,透過詢問諸如「對你來說怎麼樣?」或「你的經驗如何?」等問題來詳細彙報會談狀況,可以為你提供有關案主如何反應,以及他或她想法或感受的寶貴回饋。這可能是幫助塑造未來催眠會談甚至治療整體方向的重要回饋。另一方面,在催眠會談期間發生的某些事情,像是沒有邏輯基礎的幻想意象,例如讓成年案主重新體驗無憂無慮的童年,產生對他有很大幫助的強烈情感反應,但在意識的審查下,這些幻想可能會崩潰。因此,你必須考慮要分析多少會談,以免此類分析對會談結果產生不利影響。

下個追蹤的機會通常是在下一次會談中。有任何變化嗎?如果有,是什麼?案主看起來是否已吸收並利用在催眠會談中提供的暗示?如果是,那麼案主是否覺察到自己已經這樣做了?或者任何的不同似乎是「自動」的,發生在他或她的覺察之外,毋須刻意努力?

催眠似乎最神祕和最引人注目的時刻,就是當案主對你提供的暗示有明顯反應,從而做出改變,但這個人似乎沒有意識到你的暗示和自己正在做的不同事情之間的聯繫。這種結果賦予了催眠那種「神奇」的品質,這是

迷人的，但在臨床上也可能是不可取的：如果我們想增強人們的力量，讓他們做出改變卻沒有讓這些改變與個人產生聯繫（這種聯繫通常被稱為「能動性」），可能只會強化剝奪權力的信念——即這些事情只是發生在他們身上，而不是由他們造成的。我非常喜歡把這個過程中的魔力去掉，代之以案主深思熟慮的感覺，強調他或她確實以某種方式積極參與以使改變成為可能，即使他或她尚未覺察這一點。將新行為與改善的處境聯繫起來，詢問並強化「你正在做的事情是不同且效果更好的」，可以鼓勵更大的能動性。

如果下次會談這個人回來，一切都沒有變化，更糟糕的是，如果實際上狀況變得更糟怎麼辦？關於任何類型的介入（包括催眠）失敗的原因，有很多不同的可能性。有一些可能是因為案主本身（如負向期待、不適切的動機、錯誤地應用了暗示的概念、不願意嘗試新的可能性等等），有些可能是由於臨床工作者（可能是因為漏失了治療的適當目標、過於情緒化威脅、過於控制，或過於居高臨下），還有一些可能是由於兩者間的互動（如不足的融洽關係，或衝突的目標）。對於臨床工作者來說，這種狀況更需要對案主詳細地釋疑。你的案主是否再次聆聽了會談的錄音？（我規律地錄下我的催眠會談，並提供給案主作為強化工作的結構性手段，且發現這是非常有用的策略。）如果是，什麼對他們有作用而什麼不起作用？如果有什麼不起作用，為什麼？如何為他們的需求更好地量身訂做？

我想知道在接下來的會談中，我可以做些什麼不同的事情來更有幫助。即使案主的議題明顯是阻礙治療進程的原因，我也必須能夠解決這些限制並努力解決它們，這是治療過程的一部分。但這意味著在以不同方式繼續之前，需要先退後一步或兩步來解決這些議題。如果是我的方法需要調整，我會盡力調整。如果是我們互動品質的問題，我也會盡力改變我在那裡所做的事情。重要的是，回饋允許改變的可能性，無論需要的改變在過程的何處被指出。當然，將缺乏進步歸咎於案主可能比較容易，但正如你所知，我不傾向於責怪案主不知道如何做。我更願意努力創造一個脈絡，讓他或她能夠探索各種可能性，並學會做出明智的選擇。

設計與實施臨床催眠會談的藝術

　　進行良好的臨床會談，獲取重要的訊息並洞察病人問題的結構，是一門藝術。與案主建立融洽關係與良好的治療聯盟是種社交藝術。根據案主的特點調整自己的風格和態度，例如，為了讓治療能留下深刻印象，小孩所需要的與給成年人的完全不同。揭示你的藝術性和行為靈活性，設計一次會談來認可，並融入案主的獨特屬性，同時保持對目標的關注，是組織藝術。傳達成功的期望並鼓勵案主發現新的可能性，是建立以成長為導向的治療脈絡之藝術。

　　在本章中，許多有關使用催眠進行臨床介入的實際細節被整合到一個通用的框架中，以便發展執行臨床催眠的藝術。沒有任何一本書、任何一個人或任何一項科學研究能夠準確地告訴你，在何時以及如何說什麼，對特定案主是最佳的。唯一能夠給你關於「什麼有效」的關鍵回饋的人是你的案主本人。此外，對一個人奏效的方法，可能完全不同於對另一個人奏效的方法。因此，也許很諷刺地，具有強烈目標導向的高度指導性方法——催眠——也是最尊重案主、最以案主為中心的方法。

1. 你認為誰是具有「催眠性」的人，為什麼？這個人是有意要具有催眠性嗎，或只是他或她做人的方式所致？
2. 你接受的臨床培訓，是黏貼於你本質上的一層裝飾，這句話是什麼意思？你為你獨有的治療脈絡帶來了什麼特別嗎？
3. 你是否能區分願望和目標？你如何為一個困惑於此的案主區分它們？
4. 你的治療風格如何反映你這個人，至少和你看待所欲解決之問題的方式一樣重要？

任務清單

1. 隨著治療更加強調以實證為基礎，了解所在領域的當前研究是很重要的。挑選一個你遇到的特定症狀，閱讀一些最新的期刊研究結果，以了解有效解決該症狀所需要的治療數據。然後，制定一套有彈性的催眠暗示以解決它。
2. 簡述三個曾讓你感到具有挑戰性，但出乎你意料成功克服的生活事件。列出你的個人資源清單，說明是什麼讓你做出了這樣的反應。
3. 列出常見症狀。如果一位案主同時出現了其中幾種症狀，你會先關注哪一個？為什麼？詢問他人，並比較你們的答案。

第 17 章

將臨床催眠整合至心理治療之策略

心理治療領域已經不斷地朝著多個不同方向發展和演進。透過應用治療技術以提升表現，它催生了流行的教練運動，將其牢固地嵌入了綜合醫學中，並藉由媒體得到推廣，尤其是在以治療作為教育和娛樂的電視節目中（Hartman & Zimberoff, 2014; Hockley & Fadina, 2015; McGrady & Moss, 2018）。無論心理治療走到哪裡，催眠都緊隨其後。這兩者基本上密不可分。

催眠在心理治療脈絡中的運用尤為廣泛，原因眾多。催眠的使用創造了改變的脈絡：它幫助人們建立專注、更容易學習新技能，將自己定義為有資源的、發展能動性的感受、考慮和排練增強新生活的可能性、成為更好的問題解決者、發展更好的因應能力以應對壓力與壓力情境……諸如此類。

催眠的本質毫無疑問是以目標為導向，在心理治療的脈絡中進行催眠時，你心中必須有個特定的結果。當然，治療的目標是由案主確立，他們通常知道自己想要什麼，但不知道如何實現。臨床工作者透過催眠創造一個脈

絡，使人能夠發展必要的技能來實現那些目標。要重申的是，催眠本身並不治癒任何東西；而是催眠期間發生的事，有很大的潛力具有治療的作用。你安排會談的方式、你想放大案主經驗中的哪個面向、你努力產生哪些特定的關聯和解離，以及你如何按順序呈現暗示，所有這些都在會談的價值中扮演重要角色。鑒於目前使用的治療方法有數百種，顯然治療師有很多不同的方法來思考和治療人們的問題（Prochaska & Norcross, 2018）。本章首先闡述了在治療中應用催眠所需考慮的一些因素，特別是將症狀現象視為催眠現象的概念。然後，提供了催眠過程中常用的六種具體策略，並概述如何運用它們來解決案主在心理治療中最常呈現的一些問題。

它能有助於辨別熟悉的問題主題

每次會談的目標和實現這些目標的步驟，自然會因個別案主而異，但在心理治療中，一些特定的問題主題經常會在許多案主身上出現。這些重複出現的問題主題包括：(1)鼓勵人們為自己負責；(2)鼓勵人們為自己積極主動；(3)幫助人們發展更高的自我覺察與自我接納；(4)幫助人們建立和維持清晰的個人界限意識；(5)幫助人們做出具有洞察力和遠見的明智決定；(6)幫助人們調整適應困難的處境。當然，還有許多、許多其他重複出現的主題。

這些熟悉的問題主題會在心理治療的過程中定期浮出水面，無論它們以何種形式出現，識別它們都是有益的。例如，一個人表達無助感的特定方式，可能與另一個人的表達方式完全不同。然而，敏銳的臨床工作者會看穿不同的內容，並識別出需要解決的主題，即承擔責任以積極主動地制定和實施良好決策。在你的技能中，針對這些反覆出現的主題，擁有各種可用的催眠策略來處理和促進有意義的解決方案，這是非常有價值的。因此，第20章將提供其中一些主題的範例腳本，說明催眠可能用於解決這些主題的方式。

◆ 在心理治療中運用催眠蘊含的假設

每種治療方法對過程都有一些假設，從如何定義治療的目標，到治療師

和案主在關係中扮演的角色。將這些假設明確地闡述出來，有助於工作更加透明和明確。基於這些原因，表17.1列出了我認為在心理治療中使用催眠的相關核心假設。

表17.1 我對催眠心理治療的假設

影響是不可避免的，所有治療在一定程度上都是指導性的。

臨床工作者是改變的催化劑。

案主想要改變發生。

問題在於案主的看法，而不在案主本身。

人們不僅僅是他們的診斷標籤。

問題是多元的，包括生理、心理和社會成分。

案主擁有可利用的、改變所需的相關資源。

沒有人是完全無助的。

人們透過體驗過程學得最好。

人們可以同時在多個層次處理訊息。

催眠是傳遞訊息、想法、觀點以及創造機會來加強個人資源的載體。

催眠不是治療，催眠鑲嵌並服務於更大的治療框架與治療計畫中。

有效催眠的最佳機會，來自於根據個別案主的需求和特點所量身訂做的方法。

症狀結構和催眠現象

在第15章中，我把經典催眠現象描述為主觀經驗的中性構建基石，可用於組織良好或惡劣的結果。培養根據相關催眠現象來看待日常經驗的能力，可以幫助你更輕鬆地識別經驗的結構（亦即，問題模式是如何組織的），而不僅僅是它們的內容（亦即，症狀是什麼）。當催眠現象成為案主症狀的認識基礎時，它可以幫助臨床工作者認識到：案主已經在某種程度上（儘管是無意的）進行了自我催眠，但是朝著錯誤的方向。治療有時可能只涉及幫助案主重新引導他們的注意力和資源。

人們的問題經常可以被定義為聚焦的問題：人們聚焦於痛苦、不可改變的過去，而他們本可以關注未來正向的可能性；他們聚焦於自己受傷的感

覺，而他們本可以關注於採取正面的行動；他們聚焦於其他人，而他們要是關注自己會更好（或反之亦然）；他們聚焦於尋找問題的解釋和怪罪的對象，而非關注於發展解決方案；他們聚焦於希望事情是怎麼樣的，而錯過了關注和適應事情到底是怎麼樣的機會；以及他們聚焦於什麼錯了，從而放棄關注什麼是對的機會。這也是催眠在治療中如此有價值的原因之一：催眠提供了一個機會，當原本的方向和品質對此人不利時，使人們能夠轉移焦點的方向和品質。

識別出與案主症狀相關的誤導性焦點與催眠現象，可以讓你更快速、更全面地了解問題。了解症狀產生所涉及的序列步驟，使你有機會選擇在症狀序列的哪個點引入介入措施，並以某種有益的方式改變它。

◆ 範例：視覺化和飛行恐懼

探討一個害怕飛行的例子。人是如何形成這種恐懼的？什麼是症狀產生的內在序列？撇開個別差異，大多數患有飛機恐懼症的人都遵循此一般內在序列：他們在飛行前數週就預期自己會焦慮，並對即將來臨的飛行感到恐懼（負向期待）。一旦坐在飛機上，他們以生動的視覺細節想像自己坐的飛機起飛，而在想像的起飛之後不久，他們以視覺化想像引擎掉落或熄火。然後他們會驚恐地看見飛機墜毀，以最高速度墜地，然後他們看到扭曲的金屬和散落在山坡上的屍體的詳細畫面（稱為災難化的認知模式）。在這個全神貫注序列的最後一步，是覺察到純粹的恐怖感。在這個例子中，視覺化——自我催眠形式——可以是很好的治療工具。然而，在這種情況下，它被用來產生與飛行有關的強烈焦慮症狀。視覺化、想像、自我催眠和催眠都是中立的，能夠產生治療經驗，也能夠產生症狀經驗。

想像自己坐在一架即將墜毀且會導致死亡的飛機上，是一連串可怕的影像。有了如此令人不安的意象，很容易理解對飛行的恐懼是如何產生的（Wilson, 2009）。去詢問為什麼有人會想像這種事件序列是不必要的。空服人員在每次飛行開始時，都會說明如果飛機失去機艙氣壓或動力，以及在「水上迫降」的情況下該怎麼辦。每個人都會想到飛機失事的可能性，因為身為

乘客，你必須參與安全簡報。但是，即使每個人都聽到了安全訊息並了解墜機的可能性，大多數人並不會感到特別焦慮。為什麼？請仔細考慮你的答案，因為這是學習的絕佳路徑：人們如何做到這件事情，例如在這種情況下舒適地飛行？你對人們如何做好事情的洞見越多，你在催眠會談中能與案主分享的潛在有用觀點就越多。

　　治療這樣的個體有很多不同的方法，從更深層次的、充滿象徵的、對精神進行分析的介入（「對於你來說，飛機象徵著……」），到更直接的認知行為策略。催眠可以與任何一種方法結合使用，暗示關於飛行的替代圖像與思考方式。即使是最膚淺的催眠方法，至少也會提供暗示，讓你可以想像一下舒適的飛行、看到目的地後即將體驗精彩事物的詳細畫面，或許將飛行視為「可以擴大你的世界的解放體驗」。從本質上來說，臨床工作者正在說：「這裡，視覺化這些令人放鬆的畫面，而不是那些可怕又引發焦慮的畫面。」在這種介入中，視覺意象的內容發生了變化，無論是解決方案與問題，都是由未來的圖像組成（亦即，年齡進展的元素），這些圖像可以立即感受到當下的真實。

　　舒適地乘坐飛機的人，對安全訊息採取了截然不同的做法。他們承認墜機的可能性，但立刻將其最小化，將其視為僅僅是遙遠的可能性。透過觀點遠離（解離）自己與該可能性，也許透過想著「對啦，我想這架飛機可能墜毀……我想我也可能被加冕為美國國王」，這個威脅被最小化了。對於恐懼症的案主來說，策略正好相反，不是分離和最小化：威脅是巨大的，每一個顛簸或聲響都被解釋為證據，表明致命的墜毀是不可避免的。

◆　催眠現象在常見問題中是顯而易見的

　　一般形式的年齡進展，即經驗性地沉浸在未來可能會發生壞事的恐懼中，通常在焦慮性疾患中顯而易見。同樣地，可以根據相關催眠現象來表徵其他問題。表17.2提供了一些相關原理和例子。

表17.2 作為催眠現象的症狀現象

---

1. 識別症狀模式中明顯的催眠現象，例如：
   超重：身體解離、感覺改變
   吸菸：身體解離、感覺改變
   憂鬱：年齡回溯、僵直、感覺改變
   焦慮：年齡進展、時間扭曲、感覺改變
2. 在介入中使用互補性催眠現象
3. 透過任務指派和行為處方等經驗性方法來脈絡化治療反應

◆ **範例：解離和吸菸**

　　請從催眠現象有多明顯的角度來考慮一般吸菸者。吸菸是極其可怕的自毀習慣，儘管有警告標籤和不鼓勵吸菸的法律（例如透過徵收菸草產品的重稅），仍然有近四千萬美國人繼續吸菸，而全世界有近十億人吸菸（Jamal et al., 2018）。他們之中大多數人在青少年時期開始吸菸，一開始是為了「酷」，而這種習慣就這樣類化到各種情境。這不是個需要分析的深層「原因」。儘管在開始幾次會感到不適，他們仍然忍受噁心最終克服了它，並逐漸對香菸產生依賴。

　　個人為了抽菸，到底必須做些什麼，才能夠吸入那含有七十多種致癌物質的難聞煙霧和氣體，甚至還聲稱那是享受？不管怎樣，他們必須學會與吸菸造成的負面身體影響分離（解離）。這就是為什麼吸菸者通常不會意識到每吸一口菸，他們的身體就會受到立即的壓力和傷害。他們通常不會感覺到當身體為氧氣而戰，心率和血壓升高，也不會感覺到致癌物質在身體中循環。他們不會聞到菸草在衣服、頭髮、呼吸或環境（汽車、家裡、辦公室）中的惡臭，並且他們通常相當忽視吸菸對感官和身體的諸多影響。此外，雖然並非所有吸菸者都如此，但許多人不太可能關心或意識到吸菸對別人的影響。鑒於二手和三手菸的毒性，這是問題中尤為惡劣的面向。他們選擇吸菸，並願意為此將他人置於危險中。

　　你知道許多人何時決定戒菸的嗎？當工作中的電梯壞掉時！走樓梯可以很快突顯出他們身體的（不）健康程度。這或許在字面上是真實的，但是隱

喻上更加貼切：典型的吸菸者不會嘗試戒菸，直到某些情況戲劇性地將吸菸的負面影響帶入其意識——某個連結的經驗。

在症狀現象中辨識出潛在催眠現象的主要意義在於，它讓你對你想要催眠的經驗類型有一定的了解。作為一般原則，治療的形式是提供互補經驗，幫助人們發展出未開發或未充分發展的個人資源。例如，在吸菸的情境中，解離是問題的主要部分。因此，連結亦即解離的互補經驗，將成為解決的主要部分。建立連結線索（觸發點）以鼓勵提高身體和感官意識，是成功治療吸菸者的一條可能途徑（Green & Lynn, 2017; Munson, Barabasz, & Barabasz, 2018; Zarren & Eimer, 2001; Zeig, 1980b）。透過使用催眠後暗示，將改善健康狀況的線索與特定脈絡連結起來，並在其中重新定義自己為「非吸菸者」，是治療的重要步驟。

請注意，此處描述針對吸菸者的介入措施，並不是基於對吸菸「意義」的詮釋。將吸菸詮釋為自殺願望、社會挑釁行為、口腔滿足（代表性心理發展階段的口腔期固著），或任何其他這樣的意義分配，都是武斷又無法證明的。然而，清楚的是，吸菸者處於解離狀態。無論原因為何，他或她需要與自己的身體建立新的健康關係（例如保護而非虐待身體的欲望），同時需要發展其他資源，以在沒有香菸的情況下讓生活繼續向前（例如衝動控制、社會責任感、挫折容忍度、正向因應策略等等）。

人們症狀的解離面向是個特別值得注意的點。案主經常會描述症狀「就這麼發生了」，意思是這並非個人的自願反應。我通常定義治療為一個過程，其中包括模式中斷（即讓人停止做一件事）和模式建立（即讓人做另一件事），幾乎所有治療都必須這樣做。建立新連結的最佳方式是透過直接體驗，例如催眠過程或結構化的學習機會，如角色扮演、家庭作業和行為實驗（Greenberger & Padesky, 2016）等。

因此，本節的關鍵要點是雙重的：首先，利用催眠現象作為參考點，可以是理解症狀結構的有用手段。其次，解決方案可以採用的形式，是透過使用互補催眠現象來建立新的連結。

正如表格 17.2 中列出的例子那樣，在你最常治療的疾患類型中，識別出哪些催眠現象是明顯的，或許會對你有用。

六種心理治療中有效的催眠介入模式

　　臨床催眠的應用，就像使用催眠的臨床工作者的數量一樣多樣化和富有創造性。沒有任何人類問題可以透過「一刀切」的公式來解決。僅僅給催眠案主簡單明瞭的暗示來解決問題也是可能的介入形式，因為這種方法在一些人身上可以奏效。但是，本節中簡要描述的模式是基於這樣的認識：大多數人需要更多向度的東西，而不僅僅是減輕症狀的直接暗示。

　　個別化的治療總是必要的，這意味著量身訂做介入的一般模式以符合案主特定的需求。催眠介入的模式，可以從相對簡單和明顯的，到非常複雜和隱微的範圍。以下是一些介入案主問題時，較為常見、基於催眠的模式。臨床催眠文獻中還可以找到更多的方法（有關本書的參考文獻以及《臨床催眠大全》網站上推薦閱讀的簡短清單，請至 www.routledge.com/cw/Yapko）。以下描述的模式按英文字母順序列出，以便於參考。

◆　存取和脈絡化資源

　　以催眠存取和脈絡化資源的過程喚起了這樣的信念，即人們擁有比自己想像中更多的優點與資源。當案主關注於他們的症狀並感到無能為力時，這尤其有價值。而感覺無能恰恰是感覺富有資源的對立面。這是正向心理學的實踐，可能也是我最喜歡的催眠策略，因為它的氛圍如此正向，為案主提供了極大的賦能。

表 17.3 催眠存取和脈絡化資源的一般結構

- 引導程序
- 建立關於記憶的反應組合（針對一般經驗）
- 針對特定記憶進行年齡回溯
- 意念動作信號（例如舉起手指）表示已檢索到記憶
- 促進口語表達的暗示
- 關於記憶的口語互動
- 在聆聽記憶描述時，辨識位於過往脈絡中的特定資源

- 鞏固資源（命名出記憶中明顯的資源）
- 導向未來，並將資源擴展到所需的脈絡中
- 整合的催眠後暗示
- 結束和脫離

　　表 17.3 提供了策略的結構。策略的本質是深入挖掘個人的歷史，找到良好使用資源的例子，這些正是有助於應對問題情境的資源（存取資源），接著將這些資源結晶並擴展到問題情境中，作為更好的問題因應方式（脈絡化資源）。使用年齡回溯來回想或喚起過去有意義的事件，然後識別和命名出資源，如勇氣、創造力或毅力，接著使用年齡進展將這些資源整合到某些麻煩的點，以便這些資源能夠引出有幫助的新觀點、新反應和新行為。當人們重新連結他們自己的資源——這些資源在過往歷史中無可爭議地存在——相對於在催眠之外以較認知的方法體驗，往往特別感動且具有轉化性。

　　此策略另有更詳細的描述、會談記錄及評論（Yapko, 1992）。

◆ 改變個人歷史

　　這種被稱為「改變個人歷史」的模式，已經以各種形式和各種名稱廣泛應用於臨床介入中。從名稱可以看出，催眠介入的目的是幫助人們重新定義他們對自身個人歷史的看法。在治療中，人們常常認為自己被負面歷史所束縛，永遠受到傷害且無法改變。這種策略適用於此類案主，特別是當案主提出的問題起源於一段傷害性的事件，在事件中，案主做出了一些負面的生活決定，從而使他或她的痛苦持續存在（Masson, Bernoussi, & Regourd-Laizeau, 2016; Phillips, 2004）。例如，如果案主經歷過童年時期的身體虐待，並形成了「世界是個充滿虐待的地方，人們永遠無法信任」等傷害性的結論，臨床工作者可能會用年齡回溯，引導案主回到最早的記憶，並暗示「重新決定」這種傷害性的決定，以促進他或她感受到他人的愛、關心和保護的（想像）體驗。情感和關懷的資源可以透過想像的互動暗示來提供，但這些互動同時也是現實的。例如當他或她帶回一份出色的成績單，他或她的母親表達了愛與

認可，或只是自發地擁抱和表達感情。然後，案主會被引導，帶著這樣的主觀感受穿越時間，在他或她往後所有的生活經歷中，感受到愛和關懷的存在（Phillips, 2004; Spiegel, 2016）。透過這樣做，他或她對自己和他人的感受可以朝著更健康的方向改變。

　　這裡有個說明這種模式的案例：這是我曾與之工作的一名男性，他的母親在他7歲的時候就去世了，他做出「決定」（無意識地），「不應該信任和接近女人，因為她們會離開你」。透過年齡回溯回到他母親去世的日子，他憶起被拋棄、生氣和受傷的感受，於是他決定從此不再靠近任何人，特別是女性，這是避免這種情感痛苦最好的方式。正如你所能想像的，他的生活孤獨而痛苦。

　　我在他身上使用了改變個人歷史的策略。當他回溯到對母親最美好的回憶時，那些他曾感受到親密和愛的時刻，就有可能讓他在想要的時候，更容易回憶起那些有她在身邊的美好感覺。這是透過與那些美好感覺建立「錨點」或連結來實現的。具體地說，每當我碰觸他的手臂時，他可以在心中生動地「看見」她和「聽到」她的聲音回應他。下一步是暗示在會談期間暫時遺忘他母親死亡的現實。一旦這一點被建立，我們可以審視他的生活經驗，無論好壞，並讓他「回想起」與母親分享的經歷，彷彿她真的在場。在催眠狀態下，她可以隨著他的成長而變老，並以他需要的方式陪伴他。有母親在身邊的體驗可以讓他感受到母親的陪伴。擁有這麼多年以來，在各種非常具體的生活情況下，他的母親「陪伴在他身邊」的經驗，例如為第一份工作做準備、獲得駕駛執照、請求使用家庭汽車、高中畢業，這些經驗讓他能夠重新定義他對她的看法，以及他與她的關係。突然間，他的母親沒有拋棄他，女性也不是那麼不可靠了。這改變了他對女性的感受與行為，尤其是當他意識到「無論如何，死亡顯然不是她的主意」。

　　為了透過催眠幫助他「改變」個人歷史（的看法），我只是提供了一種方式來體驗他與「缺失的部分」（即他的母親）之間許多重要的生活經歷。有了她在的覺受（felt-sense），而不是她本應該在的空洞，讓他逐漸從一個不同、更健康、更快樂的視角，去感受、聽到、看到了生命。他是否知道在催眠中與母親產生的人生經歷都是想像的？是的，他當然知道。但它們是否仍然在

情感上具有強大的力量？是的，它們是的。

催眠的力量在於幫助人們沉浸在非客觀的「真實」體驗中，這使得催眠治療介入具有潛在的治療性。請回想一下先前關於催眠邏輯和「信以為真的想像」的討論。

這個策略另有更詳細的描述和會談記錄（Yapko, 1992）。

◆ 關鍵（創傷性）事件流程

人無法在生命中不經歷過某種形式的創傷。車禍、死亡、戰爭，以及人們似乎不時演進出新的、富有創造力的方式來傷害彼此。除了這些極其殘酷的現實，較輕微的「日常生活」創傷也可能產生嚴重影響：班上那個刻薄的孩子無情地霸凌你、有人拿你開玩笑讓你站在那裡尷尬得要死，還有在公共場合輕率而殘酷的言論讓你蒙羞，這些都是「日常創傷」的例子，可能對你的生活產生深遠的影響。多年後，這樣的創傷甚至可能在邏輯層面看起來愚蠢且不合理，但仍會給人們帶來巨大的情感打擊。在經歷某種創傷的人們當中，這種創傷事件可能是其人生的轉折點。在這種情況下，催眠關鍵事件流程可能是適當的治療策略（Baker & Nash, 2008; Erickson & Kubie, 1941; D. Spiegel, 2010）。

這是種情感強大的催眠流程，旨在初始階段釋放與創傷事件相關的積壓情緒（「宣洩」）。如果案主對關鍵事件的內容有著完全的意識記憶，你可以簡單地以相對直接的方式進行。然而，如果創傷事件似乎已經以解離和失憶的因素來應對（這是種常見狀況），這個流程就會比較危險，需要非常小心處理。在你嘗試在這個敏感區域工作之前，強烈建議你接受創傷解決技術方面的進階培訓（Christensen, Barabasz, & Barabasz, 2013; Fine, 2012; Kluft, 2016a, 2017）。

執行關鍵事件流程時，重要的是讓案主按照自己的節奏去工作。在案主感覺自己有能力之前，不要逼迫他或她處理某事。意念動作詢問，亦即使用手指信號來回答有關「是否準備就緒」的問題，可能有助於你評估案主是否準備好、是否有意願和是否有能力處理創傷經驗和／或在生活中的後果。

表 17.4 提供了關鍵事件流程的一般結構。

表 17.4 關鍵事件流程的一般結構

- 引導、建立舒適的錨點（例如「安全場所」）
- 年齡回溯到創傷的脈絡
- 探索脈絡
- 引發情感、身體、認知、知覺的聯繫
- 辨識和修正對創傷的誤解或錯誤結論
- 允許／鼓勵情感釋放（宣洩）
- 情感解離（仍與那時聯繫在一起的感受）
- 重新框架該經驗的意義
- 重組焦點與記憶內容
- 放大替代性的表徵，想像一個不同的結果（例如「我反抗了」）
- 帶著新的資源做年齡進展（例如「我是一名戰士」）
- 用於未來存取的催眠後暗示
- 結束和脫離

　　關鍵事件流程涉及年齡回溯回到創傷經驗的時期。一般來說，較好的做法是先回溯到一個正向的經驗中，向案主展示他或她可以相信臨床工作者的指引，能夠在自身內部找到舒適或一些正向的事物，並維持對催眠經驗的控制。然後你可以促發超記憶或復甦，這取決於重新處理該情況所需的適當情緒強度水準。復甦比超記憶更具情感強度，但如果缺乏某種「逃生通道」（例如內部可以去的安全場所，或表示需要離開體驗的手指信號），對於這個人來說，就可能變得過於強烈，從而使他或她再次受到創傷。這裡再次強調，治療可能會有害，儘管出於良善的意圖。

　　一旦案主沉浸在該經驗的記憶中，讓案主出聲描述經歷，好讓臨床工作者知道發生了什麼以及案主如何詮釋發生事件的意義。臨床工作者的主要角色，是為案主提供探索這一事件的支持。同時，治療師可以辨識並放大事件中，案主過去沒有注意到的某些部分，例如其他涉及其中的人在當時可能感到多麼不安（生氣、生病或受傷等等）；或者案主在面對逆境時如何勇敢應對；或者一些類似的事情，這些事情可以成為支點，用來開始重新定義創傷事件儲存和記憶的方式。此外，如果人們努力想要改變該情況的歷史，可以透過在互動中添加新的東西，使其更容易承受，例如這次成功擊退了攻擊者。

透過支持案主表達痛苦的情感，臨床工作者通常可以引導案主進入某個點，讓他們開始對該情況有一些不同的感受。經常發生的情況是，在支持性氛圍中，哪怕只是有機會講述從未說出的恐怖故事，並釋放一些被壓抑的情感，都具有豐富的治療價值（Barabasz, 2013; Phillips & Frederick, 1995; Rothschild, 2017）。然而，這個流程最強大的部分，在於引導案主形成對該經驗意義的新覺察或新理解，透過賦能的方式，重新定義它在自己生命中的位置。為了完成這個流程，案主可以透過年齡進展，將釋放傷害有關的思想和感情變化整合到未來中，讓案主對於關鍵事件和他／她自己，做出新的結論。

人們也可以使用相同的流程，復甦對自己的生活而言，至關重要的正面體驗。這可以是種特別強大的手段，幫助人們獲得自己最好的部分，並與之維持聯繫。然而，造成人們情緒上最大的浩劫，並推動他們前來接受治療的經歷，通常是創傷性的，這需要治療師具有高度的敏感性。在使用以創傷為焦點的治療時必須謹慎。我知道的許多治療師都是「情感偷窺狂」，他們想要或需要幫助他們的案主「與痛苦接觸」。事實上，如果你尋找人們的痛苦，你總是會找到的。然而，這不一定是治療性的，實際上可能會透過不必要的放大傷害，產生反治療作用。建議謹慎行事。

◆ 以催眠「播種」家庭作業

大多數臨床工作者都聲稱會定期使用「家庭作業」，也就是在兩次治療會談之間，案主需要完成的教育任務（Cummings & Cummings, 2000）。這些家庭作業旨在鼓勵新行為、發展新技能、測試個人觀點的正確性，以及放大臨床工作者認為重要的特定想法、感受和行為。家庭作業作用於實際且直接經驗的層面，比僅僅只是知識的層面更加強大。家庭作業有助於人們在多元層面上整合新的學習。此外，家庭作業的指派，案主必須花費努力，從而增加他們更重視治療的可能性（Lynn & Sherman, 2000; McAleavey & Castonguay, 2015）。

在最近一篇回顧家庭作業和心理治療文獻的文章中，研究人員得出結論：無論治療的取向為何，那些給予案主家庭作業，並促進案主對作業抱持

合作態度的治療師，往往能得到更好的治療結果（Detweiler-Bedell & Whisman, 2005; Kazantzis et al., 2016）。只要適當開立，好的家庭作業往往可以解決當前問題的無意識動力。當案主積極參與某項活動，而能以不同的方式體驗自我並直面自我設限的想法、感受和行為時，新的連結便得以形成，並可能實現期望的改變（Greenberger & Padesky, 2016; Haley, 1973; Lankton & Lankton, 1989; Lankton & Lankton, 1983）。

家庭作業並不一定是催眠，但它確實具有催眠性，它有可能將人們吸引到新的思維框架中，並加深對自身及生活處境的理解。然而，家庭作業可以在催眠中完成，可以在「主動－警覺」的催眠框架中，以「清醒」的狀態執行（Capafons & Mendoza, 2010; Wark, 2006）。家庭作業也可以被視為治療過程中的一種經驗式隱喻，如同案主的問題一樣，只不過是鑲嵌在活動而不是故事當中。

讓案主做好家庭作業的準備，也是催眠的有效使用方法之一。這個過程稱為「播種」，傑・海利將其描述為建立某些想法，之後在此基礎上進一步發展（1973）。傑弗瑞・薩德將播種定義為「透過提供先前的提示來啟動預定的目標」（1990, p. 222）。在催眠會談的療程中，要解決治療主題並提出經驗可能性的暗示時，臨床工作者可以間接提到，人們或許可以到某個地方去觀察或學習一些有價值的東西。然後在催眠結束後，再提出一項家庭作業，讓案主實際去做和體驗在催眠中間接提到的事情。

◆ 播種和布置家庭作業的範例

在這個案例中，我與一位憂鬱症案主工作時布置了家庭作業。在治療過程的某個時刻，我想以這位女士的憂鬱模式為目標，這個模式是以負面的方式比較自己和他人。她假定並真的相信「所有人都很快樂，除了我」、「所有人都能享受生活，我不能」、「其他每個人的生活都很輕鬆，我的很艱難」等等。她幾乎從未離開她的即時舒適區，去到任何有趣的地方或嘗試任何新鮮事物，而且持平而言，她非常乏味。

如果只是簡單地告訴她「妳知道嗎，妳對事情做出太多假設。而妳付出的代價，是從來不曾實際檢查事情是否如妳所想」，這樣的介入很可能起不了作用。她太容易形成想法並相信自己了。我和她做了一次催眠會談，引入了「人們思考的事情最終證明是錯誤」的主題。我談到了發現事物的價值大於只是假設，並讚揚好奇心的優點，好奇心能作為想要查明你所認為或相信的事情是否真實的動力。這些暗示為我在催眠之後接下來要給她的作業鋪平了道路（種下了種子）。

　　因此，在她重新警覺之後，為了讓這個觀點更具經驗性，我指示她去附近的州立公園，在那裡沿著一條名為杜鵑花格林泉步道（Azalea Glen Springs Trail）的小徑徒步健行。聽起來很美，不是嗎？你能想像美麗的杜鵑花田嗎？你能想像清澈的山泉傾瀉在岩石上嗎？好吧，不要這樣想。在這趟徒步健行後，你可能會看到四株杜鵑花；而所謂的「泉水」，其實只是一根金屬管子從一個泥土丘旁滴下水來！這位案主，因為憂鬱的心態，總是把事情看得遠超過實際狀況，並經常讓自己處於谷底。我指示她走這條小徑時，我知道她會把花田和泉水想像得豐饒、美麗、流水潺潺。但我也知道，當她走了好幾英里難度不低的徒步健行後，發現這樣一個意外和乏味的景象時，她將會非常驚訝。而且我知道，對於幾乎從不離開起居室的人來說，這次經歷會非常戲劇性。的確如此。

　　當我在她健行回來第二天見到她時，她的樣子是我認識她以來最活躍的一次。在健行開始時，她因為我鼓勵她去而對我感到惱怒，也對自己同意去而對自己感到惱怒。她不明白在步道上她可以學到什麼，是她不能更直接、更輕鬆地在我辦公室學到的。但值得讚揚的是，她堅持了下來。當她終於走完漫長而塵土飛揚的徒步旅程，帶著滿心期望抵達了杜鵑花格林泉後，發現只有一根小管子滴著水，從標著「泉水」的一堆泥土中伸出來，她感到困惑。但是接著她覺得非常、非常有趣，她徒步健行了這麼長時間，期望值也這麼高，卻只發現從地上冒出來一根滴水的管子！

　　在她回程的徒步健行中，她認真思考，為什麼我會要求她去走一條令人失望的小徑。過了一會兒，她意識到，她在腦海中把泉水打造成一些特別的東西，這讓自己失望了。而實際上，泉水根本不是她想像的那樣。她放寬了

思維，有了一個「啊哈」的領悟時刻——她意識到自己幾乎總是將事物想像得比實際好，把自己想像得比實際差。她當場下定決心，要更加努力地從自己的親身經驗中發現事物的真正價值，而不是基於自己的不安全感做出的假設。

這項家庭作業為她自身提供的經驗強度，遠大於我在催眠中或催眠以外對她說：「妳在腦海中把事情想的比實際情況要好，把自己想的比實際情況更糟，所以停止這樣做！」這次健行具有多種治療目的：象徵性地匹配了她「上山對抗世界」的感覺、讓她的身體活躍起來（是消散憂鬱的絕佳工具）、讓她面對自己無意識的模式——最大化一切和其他人，同時最小化自己。這也讓她有了更好的自我掌控感，從而增強了她的自尊，因為她獨自完成了一些有意義的事情。

布置家庭作業或指派任務來解決案主的擔憂，可以採取多種形式。除了上述象徵性任務之外，另一種任務類型可能涉及「讓症狀給人帶來不方便」。

一般來說，症狀會被溺愛和迎合，因為案主會調整自己的生活方式以適應它的存在。讓案主做一些事情，從而讓症狀變得特別不便，可以促成出乎意料快速和持久的改變。它可以動員對症狀本身的阻抗（Haley, 1967, 1973, 1984, 1985）。舉個例子，我治療的一位女士接到的任務是，必須在門口等待其他人為她開門，然後才能通過。這項作業針對她自我限制的消極模式，並創造了一個不便的脈絡。在這種情況下，消極很快就會變得很惱人，並促使她為自己採取行動。

家庭作業任務比起僅僅口頭對話，可以讓治療對象在更多維度上參與治療。它還允許介入措施類化到臨床工作者辦公室之外的時間和地點，從而使改變更容易整合到案主的生活中。家庭作業可以同時直接或間接地在多個層面提出觀點，巧妙地運用時，它們本身就是種藝術形式。

◆ 催眠重新框架

一個事件或者一則溝通的意義，很大程度是由它出現的脈絡所決定的（Watzlawick, Weakland, & Fisch, 1974）。舉例來說，一個單字例如「不」，實際上可以有很多不同的含義，範圍從堅定明確的「不行」，到含糊不清的「我

不知道」，再到肯定的「我想是的」——這取決於說話者的語氣、身體姿勢動態和社交脈絡。當同一個行動或事件可以用多種合理的方式解釋時，幫助案主放掉一種傷害性的解釋，接受另一種有益的解釋，這就是重新框架的過程。瓦茨拉維克等人（1974, p. 95）如此定義了重新框架是：

> 改變關於情境如何被經驗的概念和／或情緒設置或觀點，將其置於另一個框架中，該框架同樣能很好地，甚至更好地適用於這個具體情境的「事實」，從而改變了整體意義。

改變溝通的脈絡就會改變其意義和價值（Zeig, 2014）。一種行為在某種情況下可能完全可以被接受，但在另一種情況下不行。以偷竊行為為例。從盲眼乞討者那裡偷錢是沒人會讚同的行為；從貪婪的化學家鄰居那裡偷一種能治癒你母親末期癌症的血清——他發現了治療方法，但要價一百萬美元，而你沒有這麼多錢買該藥物——同樣都是偷竊行為。然而，它能夠激起大多數人的同理，而不是激起憤怒和懲罰犯罪者的欲望。政府對公眾的謊言被認為是背叛，除非它是為了「國家安全」。一個表現出奇怪行為的人，若貧窮就被稱為「瘋狂」，但若富有就被稱為「古怪」。

英語中大量存在的各種婉轉語法，都是簡單而有效的「重新框架」。隨著一個短語的轉變，尤其是催眠期間，負債會轉化為資產、創傷事件會轉化為學習經驗、弱點會轉化為優勢等等。重新框架可以透過單一評論完成，也可以涉及較長、較經驗性的沉浸催眠體驗。任何鼓勵案主對問題有不同看法的方法都涉及重新框架。一旦你說：「你可以這樣看待它……」你就是在嘗試重新框架。

重新框架所涉及的臨床技巧，是懸置案主自我設限的信念系統，懸置足夠長的時間，讓他或她考慮替代觀點。將「半空」的杯子轉為「半滿」的杯子是個明顯的例子，說明負向的觀點可以轉化為正向的觀點。重新框架也可以從另一個方向發揮作用。例如，當一名案主投入某種行動，原本感覺良好，直到臨床工作者說：「你怎麼能讓自己做那件事？」這句話可能會迅速地將他或她的舒適變成痛苦。然而，大多數的介入措施，都旨在將傷害或痛苦轉化為舒適。

在採用重新框架作為介入策略時，一個潛在的假設是：每一個想法、感受或行為都有某種正面的價值，但並非在所有的狀況下。人們通常都有著良好的意圖（例如自我保護），但隨後採取了對自己不利的策略（趕走可以與之建立正向關係的好人）。透過接受案主認為是負面的某種經驗，並評論該經驗在另一種狀況下，如何與為何可能實際上成為他們的資產，我們可以改變案主對該經驗的態度——特別是當臨床工作者還在暗示中提供了新的、更好的替代方案來替換不起作用的部分時。重新框架實際上是在說：「你不是病態的，而是在那種脈絡下，你的處理方式是無效的。」它為催眠會談搭建了舞臺，暗示案主：「當你在做的事情無效時，你可以做一些不同的行為。」

重新框架策略的另一個範例，是一名女性抱怨她丈夫打鼾的習慣干擾了她的睡眠。當她偶然向一位剛剛喪偶的朋友抱怨打鼾問題時，她聽到了一個情感充沛的故事，深深地影響了她。這位寡婦描述了自己丈夫去世後的孤獨，丈夫離世沉重地影響了她感受到的所有經驗，以及她有多麼渴望聽到已故丈夫的鼾聲，這是她在丈夫在世時曾經痛恨的事情。對於這位抱怨丈夫打鼾的女性來說，這位朋友造成的影響在於，她立刻就能欣賞丈夫的鼾聲，因為那清晰、可靠的聲音證明了他仍然健在。他的打鼾實際上成為了一種安慰。她丈夫打鼾的行為是一樣的，只是她的態度發生了改變。這就是成功的重新框架。

找到一種將減號轉換為加號的方法，或者在適當的時候將加號轉為減號，是臨床工作的基本。學習和使用重新框架技術，特別是在催眠中，當人們傾向於更加靈活，並且對於暗示和隱含意義變得更具反應性時，可以使案主個人現實的轉變過程更加順暢、高效。

◆ **治療隱喻**

以故事作為教學工具一直是人類歷史上教育和社會化的主要手段。在催眠的世界中，隱喻通常意味著在治療過程中使用故事。治療隱喻的使用是大多數現代催眠過程的核心組成，這是向米爾頓·艾瑞克森對催眠領域影響的長久致敬。當其他催眠實踐者的方法都是直接且專制時，他用通俗易懂的故

事來教導病人，在當時是偉大的創新。研究艾瑞克森的工作，發現故事作為傳遞思想強大而難忘的手段的價值，導致了有關該主題的書籍和文章激增。在催眠中構建和講述故事作為傳遞治療訊息的載體，但矛盾的是，這需要發展一個簡單卻複雜強大的治療技能（Burns, 2001, 2005, 2007, 2017; Erickson, 2001; Haley, 1973; Lankton, 2008; Rosen, 1982）。隱喻的使用原則，和構建、傳遞隱喻的方法，將在下一章詳細描述。

有關治療模式的總結

本節中描述了六種基於催眠的介入模式，每一種都以一般方式呈現，以便讓你熟悉該過程中固有的可能性。當你在後面的章節，閱讀臨床背景下的催眠腳本選例時，其中許多模式對你來說將變得尤為明顯。

每個流程都有很多組成部分，且為了使其有效，每個部分都必須被考慮並適當整合。為了更全面地了解這些概念和技術，以及數百乃至數千種結構化催眠會談的方法，這些領域的其他文獻是無價的。當然，其中許多內容包含在參考文獻和《臨床催眠大全》網站提供的推薦閱讀清單中（www.routledge.com/cw/Yapko）。隨著你閱讀更多關於催眠的臨床和實驗研究，你將會學到更多，你的治療範圍也將多樣化。

透過催眠來處理心理治療中常見的臨床問題

在臨床實踐中，即使是聚焦於特定專業的治療師，也會遇到各種各樣的問題。有些問題很少見，而有些問題非常普遍。無論少見或普遍，在遇到時該怎麼做，都需要你的深刻理解。基於定義和治療人們問題的方式如此之多，顯然你個人的觀點和實踐風格有很大的空間，但是掌握科學知識仍然很重要（Prochaska & Norcross, 2018）。定期閱讀領域內的主要期刊，必須是催眠培訓的基本要素。文章摘要可以線上查閱，再方便不過了。關於各種各樣的問題，我們已經積累了大量的優質資訊，這些資訊可以很容易地融入到你的催眠會談中，豐富並增加它們對案主的價值。

本節提供了六種常見臨床問題的簡要淺顯考量，以及如何在治療中直接或間接使用催眠的一些快速想法。回顧先前介紹過的，關於設計治療計畫和識別與打斷症狀序列的想法：不僅從症狀是什麼的角度來思考人們的問題，也從人們如何產生症狀的角度來思考，可能會有所幫助。你越了解人們如何產生症狀，包括他們聚焦的品質與方向，以及他們追求目標的方式中所缺少的資源，就會擁有越多有效介入的標的。

◆　焦慮與壓力

　　有人說當今是「焦慮時代」，這麼說是有充分道理的。我們面臨壓力源的數量和頻率，很大程度上是由於快速變遷的社會、政治、經濟、環境和科技景觀，留給平靜的空間越來越少。在一項調查中，問美國人是否擔心地球的長期健康狀況，反映美國廣大人口的抽樣樣本表示，他們經歷的憂鬱與焦慮，與他們對氣候變遷的擔憂直接相關（Helm, Pollitt, Barnett, Curran, & Craig, 2018）。考慮到人們在多個層面上的生存恐懼，焦慮疾患是人們尋求治療時最常見的問題，就不令人意外了。

　　關於我們國家的未來，美國心理學會（APA）在2017年8月進行了一項調查，並在三個月後發布了一份報告，名為《美國壓力：我們國家的狀態》（ *Stress in America: The State of Our Nation* ）。完整報告可參閱 APA 網站（www.apa.org）。報告顯示，近三分之二的美國人（63％）認為國家未來的不確定性是主要的壓力源，其次是金錢（62％）和工作（61％）。75％的受訪者報告在近一個月內至少出現了一個壓力症狀，最常見的是失眠（40％）、易怒或憤怒（35％）和疲勞（34％）。慢性、高水準的壓力對我們的生活產生了重大影響，心理和身體狀況惡化加劇，也損害了個人關係。

　　當我們是處於戰爭狀態的國家，核毀滅的威脅被輕率地提及，恐怖主義行為也可能隨時隨地發生，焦慮疾患的一個核心問題──個人安全就變得不確定。經濟據說正在改善，也許對於一些人來說確實如此，但大多數美國人聲稱他們無法應對一場花費1,000美元的緊急情況。太多人想知道他們的下一份薪水從哪裡來，以及他們將如何維持生計。一旦我們習慣了一項科技進

步，它就變得過時，需要我們重新調整。將社會凝聚在一起的傳統價值觀已經並將繼續惡化，強調個人主義和個人利益而不是社會責任，甚至使最重要的關係看起來也只是曇花一現。性別角色不再那麼死板，在進行策略性的職業變動時，忠誠的婚姻與家庭關係正退居二線，這讓許多試圖弄清楚如何維持關係的人感到困惑。光只是閱讀這些內容便讓人感到焦慮！我們生活中潛在的壓力來源越來越多，大多數人在生活中的某個階段，都或多或少掙扎於這些問題。

壓力是無法預防的，只能管理，因為生活經常會帶給我們各種各樣的事情。但是，壓力不僅是由上述各種外部情況產生的，它也是由主觀看法產生的。這些主觀看法可以包括不切實際的期望，例如嚴重的完美主義，或對自己或他人「應該」成為什麼樣子的死板想法，這些想法會導致失望和幻滅；或當生活中很少事情如此時，仍需要以嚴格的方式讓事情變得有序和可預測；或抱持自己太脆弱或易受傷害因而無法因應問題的信念，導致迴避型因應；或任何人們用自己的內在議題來折磨自己的諸多方式。催眠可以用來處理所有這些議題，不僅僅透過放鬆技巧來安撫人們，還可以教導更合乎現實的思考、更大的靈活性，以及更好的因應和問題解決技巧。

焦慮有個特別需要考慮的面向，即使只是簡短的。這與焦慮的基礎有關。大多數人的焦慮有兩個獨立但相關的結構組成：一是傾向於高估自己所面臨的風險，二是傾向於低估自己成功應對這些風險的資源或能力（Barlow, 2000）。因此，教導人們如何更現實地評估他們面臨的風險，以及如何熟練地應對這些風險，可以有效地減輕人們的焦慮。我們身為治療師無法保證任何人的安全，包括我們自己的安全。

現實是，沒有任何地方能完全安全地避免所有的潛在危險，而許多生命經歷本質上都是模糊不清的，需要我們在它們出現時嫻熟地處理它們。這個挑戰在於幫助人們發展其所需的資源，以建立對自身的信任，相信自己能夠「隨機應變」並有效地處理需要處理的事情。相信自己可以透過洞察和先見之明來管理未知，而不是讓自己變得不知所措和恐懼，這對保持焦慮在正常範圍內至關重要。使用催眠來教導風險評估和個人資源等至關重要的技能，是非常重要的應用。本章前面詳細介紹的「存取和脈絡化資源」策略，可以

很好地提醒人們，他們擁有比自己意識到的更多的資源，他們可以學會開始信任這些資源。

催眠在焦慮管理上最淺顯但仍有幫助的應用，就是能幫助案主建立放鬆技巧並增強自我控制感（Alladin, 2014, 2016; Alladin & Amundson, 2016a; Daitch, 2007, 2011, 2014）。向案主傳授自我催眠的技巧、催眠引導以及他們可以隨時對自己進行的運用，是在臨床脈絡中對所有案主使用催眠的必要部分。透過從焦慮的想法和感受中抽身出來，運用自己深度放鬆並重新組織你的想法、感受和行為的能力，只要知道這些便能阻止焦慮螺旋式上升，這樣的理解可以有力地幫助你更好管理壓力和焦慮（Clark & Beck, 2011; Greenberger & Padesky, 2016）。知道你可以採取措施，刻意以有益的方式改變你的內心體驗，便會充滿力量。有效地管理焦慮，有助於提高集中力、讓思維與問題解決更清晰、增強自尊、改善時間管理、提高工作表現、更容易接受新思維，幾乎一切都會變得更好。

◆ 憂鬱

2017 年初，世界衛生組織（WHO）指出憂鬱是全球失能的主要原因，是整體全球疾病負擔的主要因素。WHO 估計憂鬱影響了超過三億人，其中大多數人不會接受任何治療，而那些接受治療的人，很可能治療不足。憂鬱是非常複雜、多向度的問題，儘管已經開發出有效的治療方法，但其盛行率仍在增長。僅此一點就能看出，憂鬱已經是多麼嚴重、普遍的問題，以及太多弱勢人群的未來將會是什麼樣子。

憂鬱十分嚴重，並與其他疾病有著錯綜複雜的聯繫，因此需要有效的治療，包括催眠，故而我將在第 22 章深入探討這個主題。

◆ 關係問題

考慮到這個國家大多數的婚姻以離婚告終，以及如今越來越多人獨居並感到孤獨，這很明顯地表示，與過去相比，人們與其他人建立和維持健康的

關係變得越來越困難。為什麼？有許多原因：男女角色依然不斷變化，可能使持久的關係變得不必要；人們對其伴侶抱有不切實際的期望；家庭結構的多樣性可能方便，但可能並不總是對其中的成員最有幫助；日益增長的科技進步，不斷減少我們與社交媒體以外其他人接觸的需求；離婚的容易程度；在未受過教育下要找到一份好工作的經濟困難，會讓人推遲數年才能考慮成家；缺乏良好的榜樣來教導健康關係所需的技能；當你很快要再次搬家時，地理流動性會讓你很難獲得並保持情感聯繫，以及儘管疱疹、愛滋和其他性傳播疾病的蔓延，但人們對性的態度仍然很隨意。這些只是影響每個人有能力以正向和平衡的方式與他人建立關係的一些因素。

良好的關係並非偶然發生。它們的意義遠不止是「良好的化學反應」。它們需要滋養和相當廣泛的技能，包括同理心、慈悲、容忍、衝動控制、問題解決、談判、溝通、自我犧牲，以及保護的態度等，這只是其中一些技能（Gottman & Silver, 2015; Johnson, 2008, 2013; Perel, 2017; Weiner-Davis, 2001, 2017; Yapko, 2009）。介入處理關係問題時，需要考慮的因素包括每個人期望的品質（一個人滿意度的主要決定因素。好比當對方做出你認為他或她「應該」做的事情時，你和他或她在一起會更開心）、他們溝通技巧的品質，以及他們在「權力」和「親密關係」等關鍵議題上的主觀看法。對一對情侶來說，經常存在不良的溝通技巧、模糊不清甚至不當的期望、更關注於「正確」而非有效性、更傾向投資於提升自己而非關係，以及其他建立有效關係的障礙。催眠可用於一對伴侶以建立技巧、增強溝通、增加同理共感、緩解憤怒，並建立更健康的關係模式（Haley, 1973; Kahn, 2010; Kershaw, 1992, 2017; Zarren, 2006）。義大利精神科醫師與家族治療師卡米洛・洛里多（Camillo Loriedo）在這個主題上一直是特別多產的作家和教師。

在與伴侶和家庭合作時，你較不太可能使用正式的催眠。儘管如果你認為這是適當的介入措施，也可以很容易在其他人面前催眠其中一位成員，或催眠整個團體（Loriedo & Torti, 2010）。然而，更有可能的是使用非正式催眠，使用諸如隱喻、想像、症狀處方或角色扮演等催眠策略，使家庭成員聚焦並吸引他們接受你向他們呈現的想法和觀點，這些想法和觀點旨在賦權，使他們能夠更有效地互相連結（Haley, 1973; Parsons-Fein, 2001; Robles, 2001）。許多

臨床工作者會將伴侶或家庭視為一個單位，然後再單獨會見其成員。此時，便可以採用催眠策略來澄清期望、提高尊重並巧妙地解決關係分歧的動機水準、增強溝通技巧，並解決干擾關係發展的自我設限模式（例如增強同理心、挫折容忍能力、衝動控制等等）。

即使伴侶和其他家庭成員無法進行伴侶或家族治療，你仍可以進行所謂的「系統知情」介入，在治療中考慮其他人的角色和影響。健康的關係可以作為抵抗各種情感和身體疾患的緩衝器，因此在形成多重治療時考慮到這一點很重要。使用催眠增益案主的關係也可以增進治療關係。

◆ 自尊問題

你的自尊是你對自己身而為人的價值之主觀評估。它在某種程度上是根據我們從他人那裡得到的回饋所形成的，但更大程度是由我們的信念，以及信念如何過濾我們得到的回饋所形成的。你可能會回想起先前討論過的認知失調，以及它對人們允不允許自己獲得某些經驗的影響（Festinger, 1957）。如果你認為自己不好，那麼即使別人告訴你你很不錯，可能也不會改變你對自己的負面看法。認知失調會讓你過濾掉那些與你對自身信念不符的回應，作為維持現狀的感知機制，儘管現狀可能是不幸的。

自尊一直是許多治療師介入的目標。他們始終錯誤地認為大多數問題源於低自尊心，因此將提高案主的自尊作為主要治療目標。事實上，隨著時代的推移，年輕人的自尊不斷上升，正如心理學家珍‧圖溫吉（Jean Twenge）在她的優秀著作《我世代：為什麼今天的美國年輕人更自信、更果斷、更為所欲為——同時比以往任何時候都更悲慘》修訂與更新版（*Generation Me-Revised and Updated: Why Today's Young Americans Are More Confident, Assertive, Entitled - and More Miserable Than Ever Before*, 2014）中指出的那樣，更高的自尊導致更專注於自我，與他人的關係更差，對自我的期望也更不切實際。

在這方面，自尊被大大高估了，而將之視為文化來關注可能比大多數人意識到的更具破壞性。自尊是關於你對自己感受如何的聲明。良好的自尊並不意味著你更有社會意識或技能，或者是更良善、更有同情心的人，或者在

任何方面更有技能。良好的自尊僅僅意味著你對自己感覺良好。地球上一些問題最嚴重或最惡毒的人，例如澈底的社會病態者，就具有相當好的自尊。他們是功能失調或具有破壞性的人，卻碰巧不當地對自己感覺良好。

儘管如此，相比簡單地告訴人們他們有多「特別」，幫助人們提高技能，是提升自尊的便捷途徑。我希望我的案主能夠在日常生活中有效運用所學，並在一天中多次對自己說：「我喜歡我做的那件事。我喜歡我處理那個情況的方式。」人們在生活中發展、運用和注意自己的技能，自尊隨之提高。自尊是從行動而非權力中逐漸建立起來的。

當以催眠的方式針對自尊議題工作時，可以鼓勵案主，透過規劃和實施深思熟慮且有效的行動方針來掌控局勢。人們可以學會，他們的問題不是由於個人缺陷而引起的，而是由於缺乏重要技能所致。這些技能可以學習，而學會技能可以改變損害自尊的嚴厲自我對話（Andreas, 2002, 2012, 2014）。讓人們全神貫注地學習處理生活議題的替代方法、沉浸於解決問題，同時教導他們更廣泛的問題解決技能，是良好治療的基本組成部分。催眠可以被結構化，用來增強技能的獲取、鼓勵嘗試新行為的意願，並讓人們對自己感覺更好（因為他們會更好地「擁有」自己所做的正向改變）。催眠還可以幫助案主學習將技能類化到他或她生活的其他領域。

◆ 睡眠困擾／失眠

失眠是伴隨焦慮與憂鬱最常見的主訴，而這兩種是臨床工作者最常被要求治療的疾患。一個人可能會抱怨一開始難以入睡或難以保持睡眠，後一種情況表現為半夜醒來或清晨早醒。

慢性失眠的負面後果相當重大。在職業方面，包括更高的缺勤率、使用更多的健康服務、更多的意外事故，以及生產力下降。在個人層面上，慢性失眠案主報告生活品質降低、記憶功能喪失、感到疲勞、無法集中注意力、對社交或投入愉悅活動的興趣減少，進一步加重憂鬱症狀。睡眠障礙會增加與酒精相關問題的風險。報告睡眠障礙的調查受訪者，在超過12年後，其酒精相關問題的發生率是其他人的兩倍（Yapko, 2006b）。

使用諸如自我催眠的自助技巧以增強睡眠，具有幾個關鍵優點：自助技巧不會導致成癮或依賴，它可以應用於所有情況，同時不會與其他介入措施產生潛在有害的交互作用。

有大量的臨床報告描述了使用催眠治療失眠和睡眠障礙（Becker, 2015; Lam et al., 2015; Valente, 2015）。失眠的患者可以學習一些特定的技能，這些技能會產生正面的影響。這些技能包括：放鬆、良好的睡眠衛生和減少芻思（重複的思考）。芻思會激發身體和認知，這兩者都可能增加失眠，但證據顯示認知激發是較大的問題。最低限度的認知處理和放鬆地關注睡眠是關鍵的治療目標。

催眠可以教會人們引導自己想法的能力，而不僅僅是對想法做出反應。減少躁動心靈中緊張的思緒漫遊並放鬆身體，同時幫助人們創造與跟隨一系列令人愉悅的想法和意象，得以舒緩和平靜一個人的情緒，這些都是有助於增強睡眠的寶貴目標。為了實現這些目標，治療計畫需要包括一些重要組成：

教導案主如何有效地區分有用的分析與無用的芻思。對於芻思者來說，當他們讓想法縈繞並分析問題時，他們錯誤地認為自己正在做一些有用的事情。有用的分析和無用的芻思之間最重要的區別特徵，在於是否能從分析轉化為行動。這個人實際上可以做哪些有幫助的事情？催眠對於激發行動的價值是無價的，將在第22章處理憂鬱的被動性時討論。

1. 提高「時間組織」（區隔化）的技能，以便更好地將就寢時間與解決問題的時間分開，設定明確的目標來將它們分開。

2. 建立更好的因應技巧，包括更直接和更有效的問題解決策略。

3. 處理睡眠衛生和睡眠心態的議題，以確保個人的行為和態度與良好睡眠一致（例如在黑暗、涼爽的房間裡睡覺、在睡前大幅降低咖啡因攝入等等）。

4. 教導「心智淨化」或「心智專注」策略，尤其是各種自我催眠技巧，幫助個人將思維引導到完全無害的方向上。

（有關使用催眠處理失眠的詳細討論，請參見 Alladin, 2008 與 Yapko, 2006b。）

◆ 物質濫用

我們當今社會上，某些最嚴重和普遍的問題，是直接和間接地與物質濫用有關。截至本文撰寫時，美國的鴉片類藥物危機因其致命後果而受到高度關注。在2018年1月，美國國家藥物濫用研究所（National Institute on Drug Abuse, NIDA）發布了一份報告，指出每天有九十多名美國人因服用過量鴉片類藥物而死亡。NIDA 進一步指出，美國因處方鴉片類藥物濫用而造成的經濟負擔，每年達785億美元。雖然鴉片類藥物已受到應有的關注，但其他藥物的濫用也在增加，包括最常用的物質：酒精和大麻。

不幸的是，這是催眠應用研究最少的領域之一。儘管缺乏足夠的臨床研究，治療師經常在與藥物濫用之案主的工作中納入聚焦策略，以處理調節濫用的許多關鍵模式。巴拉巴斯和沃特金斯總結了一些可用的研究（2005），凱迪和庫馬也是（Cadegan & Kumar, 2010），還有佩卡拉（Pekala, 2017）。

在一般大眾更常見的是其他藥物濫用的例子，例如過量飲酒與其他藥物、吸菸和暴飲暴食。通常，此人正以有意識或以其他方式經歷不舒服的感覺，例如恐懼、孤獨、無聊、憤怒或憂鬱。此人通常採用「逃避型因應風格」，而不是直接有效地辨識和處理不舒服的感受。逃避本身就是削弱力量的策略，實質上是透過表達「我無法處理這個問題，問題比我更大、更強大」，將自己置於「弱勢」的位置。以這種方式宣稱自己無助，沒有人能指望來巧妙地解決問題。因此，物質被用來改變或迴避個人的感受，那似乎讓感受更容易控制，即使只是很短暫的一段時間。

物質濫用也具有很強的社會成分。人們圍繞著物質建立他們的人際關係，也許還建立了他們的身分認同。治療必須與問題一樣多向度。使用催眠來教導自我安撫策略、更好的問題解決技巧，和更好的衝動控制，全都是治療的重要部分。此外，處理和解決任何潛在的憂鬱和／或焦慮顯然很重要，同時要定期增強對清醒或戒斷的強烈承諾感。對未來有方向，並持續關注健康和改善生活的事物，這非常有幫助（Bonshtein & Torem, 2017; Green & Lynn, 2017）。這些以及許多其他此類賦能技巧，只是處理藥物濫用問題的一些可能方法（Bell-Gadsby, 2001; Levitt, 1993; Pekala, 2017）。

從不同的角度來看，物質濫用者通常處於某種程度的身體解離狀態，對物質在身體造成的負面影響之覺察明顯降低。此外，物質濫用者的生活會逐漸地圍繞在以物質為中心：吸菸人士在一般情況下不爬樓梯，而肥胖者通常不會仔細觀察自己在鏡中的身體。每個人都想避免那些迫使他們面對（即連結）習慣造成的身體影響。因此，與身體的解離有助於讓這種模式持續。

　　催眠可以用於培養更多的身體覺察、更正面的自我保護態度，以及更強的獨立感，這樣無論遇到什麼情況，都可以更有效地處理，而非自我傷害。

總結

　　希望本章能提供你很好的機會，接觸各種創造性方式和有意義地在心理治療中應用催眠的方式。學習如何、何時、何地應用這些可透過催眠獲得的諸多不同潛在治療性體驗，需要大量的實踐和研究。你對每種疾患的多樣化組成了解越深，就越能尊重被稱為「案主」的精細平衡系統之整體完整性。你越深入理解如何定義可解決的問題並有效地處理它們，你對所選的工作技能感和滿意度就越高。

1. 個別化治療的優缺點是什麼？它們是否互相抵消？為什麼？

2. 你能否辨識出你對自己抱持了某種信以為真的信念，而這阻止你擁有某些經驗？它是如何做到的？又產生了什麼影響？

3. 你有什麼證據表明現實是主觀的？是否存在客觀現實？你怎麼知道？

4. 如果有的話，什麼時候應該強迫案主直接處理一些非常痛苦的事情？你為什麼這麼說？

5. 討論你認為這些陳述的含義：(a) 個人問題是負向自我催眠的結果；(b) 所有變化在某種程度上都涉及催眠。你是否同意？為什麼？

1. 研究你所在領域中的各種治療介入措施。催眠如何直接或間接成為這些介入措施的一部分？

2. 讓班上的每個成員盡可能地找出婉轉語法。例如，它不是「二手車」（used car）—— 它是「之前曾被擁有過的汽車」（pre-owned automobile）。重新框架各自如何體現？你的領域中有哪些婉轉語法？

3. 向團體講一個你小時候某個事件中的「有趣」故事。請他們找出你在該事件中表現出的任何優點。你能夠與他們對你優點的看法產生「連結」嗎？

第 18 章

催眠中的隱喻：
這就是故事

值得一提的故事

你可能聽過古老諺語「天底下沒有免費的午餐」……並且你清楚明白，花費精力和時間是成功的必要因素……讓你能夠放棄那個想要不勞而獲又不切實際的想法……有一個特別的故事，是我長期以來很喜歡的故事……我想與你分享。我認為這可能會成為你最喜愛的故事之一……一開始聽起來可能會很具體……但每次你聽到這故事時，它都會有更廣泛的意義……這將是那種故事，可以像其他你聽過無數次的故事一樣帶給你啟發……每次你都以不同方式享受……這是個古老的故事，一個伐木工人和另一個人前來解決他們激烈的爭執……他們等待法官開始……每個人都仇恨地盯著對方……最終，法官要求伐木工人解釋他到法庭的原因……他們到底在爭論

什麼，為什麼情況變得這麼嚴重……伐木工人開始向法官講述這個故事……幾乎控制不住內心的憤怒……他說：「我整天辛勤工作換來這些銀兩……這個自私自利的人卻認為他有權享受我的一半收益……我拒絕給他一半。他一點貢獻都沒有！今天早晨，當我還在寒冷中發抖時，我就起床了……我將斧頭和工具裝載在我的驢子身上……我走了好幾英里到森林裡……我從驢子身上把工具卸下……砍了木頭……我使勁揮動斧子，一斧一斧地劈倒了那些樹……我將木頭切成小塊，然後把它們運到村裡去賣……我將它們綁好，裝在驢子背上……我在烈日下揮汗如雨……我費盡力氣，使勁拖動驢子……我走回村裡……我與那些不想公平付款的顧客討價還價……我掙來了這些硬幣，我值得擁有它們！」法官轉向另一個人，詢問他的故事又是什麼……問他做了什麼值得獲得這個伐木工的一半收入？那個人回答說：「法官大人……如果不是我，這個伐木工的工作將變得辛苦兩倍，需要兩倍時間完成。我是那個負責抱怨早晨又冷又暗的人……我是那個抱怨森林有多遠的人……我是那個抱怨斧頭有多重的人……我是那個當樹木沒有倒在正確方向時詛咒它們的人……我是那個當驢子不肯動的時候尖叫的人……我是那個抱怨太陽有多熱的人……所以如果沒有我，這個伐木工的工作就要多花費兩倍時間……」法官考慮了這兩個人告訴他的事情……過了一會兒，他派出一名法庭侍從去拿一只銀盤給他……他等待時，另一名法庭侍從拿了伐木工人的錢袋給法官……伐木工人抵抗並憤怒地試圖取回錢袋硬幣……但他被劍尖攔下了……他非常憤怒！另一個人對自己的好運笑了……當法官接過銀盤時……他伸手進袋子裡拿出一枚硬幣……大聲地把硬幣放在盤子上……發出悅耳的響聲……然後法官再拿出一個硬幣，大聲地放在銀盤上……然後是另一個硬幣和另一個……隨著每一枚硬幣從他辛苦賺來的錢袋中取出……伐木工人變得越來越生氣……而另一個人的貪婪表情越來越明顯……當錢袋只剩一半時，伐木工人伸手去拿錢袋……但法官擋住了他的努力，不讓他拿到錢袋……另一個人更加貪婪地笑了……法官繼續

不斷地丟硬幣，直到整個錢袋都空了⋯⋯伐木工人非常憤怒，以為法官要拿走他所有的錢⋯⋯而當然，另一個人對這個意料之外的情況感到高興⋯⋯然後，法官一個快速的動作，把所有硬幣倒回袋子裡⋯⋯然後把袋子扔回給伐木工人⋯⋯然後法官轉向那個開始抗議的另一人⋯⋯堅定地說：「你發出了抱怨工作的聲音⋯⋯現在你也聽到了付款的聲音。」然後他解散了這些人⋯⋯他們毫無疑問一生都會記得這次經歷⋯⋯

自從我三年級在學校第一次讀到這個伐木工的司法故事以來，我就很喜歡它。由於我在三年級的回憶並不像以前那麼清晰，因此我冒昧以引言的方式介紹它。這個故事從三年級開始一直留在我記憶中，這證明故事對於塑造觀點和賦予意義所帶來的力量。這個故事包含許多有意義的訊息，當然可以有很多不同的解釋方式。但是，每當我想要向被動的個案傳達「行動會得到獎賞，空說無益，行動勝於言辭」的訊息時，這個故事總是我喜歡講述的。多少人在治療中需要吸收這些強有力的訊息呢？

故事療法

故事以多種方式和出於多種原因代代相傳。有些故事教會我們關於人民的共同歷史，有些故事僅僅提供娛樂，有些故事能帶來人生的深刻啟示，還有一些故事可以告訴我們「我們是誰，我們為何是現在的樣貌」，有些故事可以教育且激勵我們成為更好的自己。一個故事可以實現所有這些。

在本章中，我聚焦於在催眠中呈現故事作為治療方法。這些故事，在催眠領域被稱為治療隱喻，可以出於多種原因講述，而所有這些原因都在幫助個案朝著目標前進。這些故事有目的（Hammond, 1990）。

從技術上，隱喻並不算是故事：詞典給隱喻的正式定義是「修辭手法，其中一個詞或短語被用於它本身不直接適用的對象或行動上；一件事被視為代表或象徵著其他東西，特別是一些抽象的東西」（谷歌線上詞典）。但是，在米爾頓・艾瑞克森的影響下，他隻手重塑了如何在治療中使用催眠，他說故事的方法成為催眠治療的主流做法。

艾瑞克森熱愛語言和文字遊戲，三年級時他就讀完整本字典，因此得到了童年綽號「字典先生」，而且他以語義有多層含義的雙關語和笑話而聞名（Havens, 2003）。在艾瑞克森發展出創新方法——在催眠中講故事——之前，幾乎一整個世紀以來只有直接建議和權威式指令來進行催眠。對其他傳統催眠師來說，艾瑞克森的非傳統方法通常被視為可疑和甚至敵對的。

大部分傳播和推廣艾瑞克森治療的人，通常專注於他使用的說故事技巧，並將他的故事定義為隱喻，這個詞現在已經牢牢地根植於該主題的文獻中（Burns, 2001; Gilligan, 1987; Haley, 1973; Hammond, 1990; Lankton & Lankton, 1989; Zeig, 1980a）。研究艾瑞克森的工作時，他們運用了深入分析來進一步理解心理治療中一個好隱喻的要素。本章節將闡述這些原則，並提供詳細案例，其中隱喻被順勢運用作為治療的關鍵要素。

在催眠裡使用治療隱喻

故事無處不在。你的生活中充滿了關於你個人遭遇的故事，你告訴自己對未來的希望的故事，你觀看電視新聞並聽取新聞人員認為值得你關注的故事，你和朋友在咖啡館交換故事等等。當你每天接受來自不同來源的眾多故事時，如何把那些日常故事與可能具有治療價值的催眠故事區分開來？

並不見得故事說得好，就會決定這是個適合治療的好故事。任何值得說出來的故事，無論它來自哪裡，都具有潛在的治療價值。它可以是一條八卦，也可以是一則新聞報導。如果人們對所有新聞故事都更加關注和參與，比如關注酒醉駕車導致無辜人員死亡的新聞，那麼就不會有酒醉駕駛繼續奪走人命。但是，電視新聞故事只有在人們能夠並願意參與其中時，才有作為教育工具的價值。否則，故事只是流經我們的意識而沒有實質性聯繫，那麼這個訊息就會丟失，這會讓昨晚聽到可怕新聞故事的人今晚繼續去喝酒開車。

催眠創造了有意義的情境。催眠賦予故事某種品質感，這就跟簡單的說故事不一樣。催眠鼓勵專注，催眠互動的前提是催眠師有值得關注和吸收的內容。因此，單靠催眠的情境，你講述的故事就具有影響力，強化了你的訊息。但實際情況並不像傳統上認為的那麼簡單——「講一個故事，個案就好

了」。在治療中使用隱喻涉及許多因素，這些因素包括個案的個人因素、催眠師與個案之間的人際因素，以及隱喻結構和傳遞方式等情境因素。

個人因素：隱喻是間接的溝通方式。一旦我講述一個故事，我就不再談論你或你的處境。我在談論不同環境中的他人。這就是隱喻中的悖論：這個隱喻不是關於你的。但當然，我告訴你這個故事的原因是它與你的情況有關。這個隱喻確實是關於你的。

由於隱喻是間接的，因此個案會理解你的故事和他或她自己的情況之間的關係嗎？因為隱喻是抽象的溝通方式，個案能否拆解其中含義，或者他／她的想法太過具體，無法實現此目標？

說故事並假定「個案的潛意識能夠理解含義」，這是完全無法確定的事情，因為我們都從認知神經科學學習知識，而不是潛意識。

關係因素：一如既往地，治療關係的品質、治療師和個案之間的共鳴都會對隱喻的有效性有重要貢獻。當個案信任你並信任過程，他們相信你是在為他們著想，感受到你所說的話是有意義且值得思考時，你就建立了隱喻的有效基礎。如果個案跟你沒有參與感，你的故事似乎會分散注意力並跟「真實」治療無關的話，那麼很可能你說了一些很厲害的故事卻無法獲得認同。

情境因素：並非所有故事都具有同等相關性和教育價值，並非所有故事只要講得足夠吸引人就會提升故事價值，並非所有故事只要是好的構思，就可以引起個案參與他人經歷的興趣。你在哪裡說故事、何時說故事、故事內容、如何說故事、為什麼說故事，這些都很重要。

在心理治療中隱喻的可能功能

現在讓我們更詳細地探討隱喻，從它們在治療中可能具有的用途開始。你已經學到了關於暗示的一般性知識，這同樣適用於隱喻，你知道它們的目的首先是誘發，然後引導個案內心聯想，達成某些治療目標。隱喻可以具有表18.1列出的多個功能。

一般來說，在心理治療情境下，隱喻最常見的用途是用來解決個案問題，提供潛在解決方案。表18.1列出的其他用途都是為了達到這個更大的目

標。透過跟你說故事、獲得你的回應，我可以診斷出你的認知頭腦風格（比如具體或抽象處理），以及你對我所描述的故事裡反應最大的事情，對你來說最敏感的議題。透過跟你分享一個故事，我可以建立親近關係，清楚理解你的擔憂，並致力解決你的問題。在表18.1中列出的治療用途都是不言自明的。

表18.1 隱喻在心理治療中可能的功能*

診斷
建立親近關係
治療應用
為了表達或闡述觀點
提出解決方案
讓人們更認識自己
播種想法、增強動機
嵌入指令
減少阻抗
重新框架和重新定義問題

＊基於 Zeig, 1980a。

隱喻溝通的原則

在心理治療的歷史中，人們曾經假設病症的存在是有一定目的。在許多領域，現在仍然是這樣假設，人們教導說病症是其他潛在問題浮到表面上。這種觀點假設，無論何時出現症狀，都需要確定和解決其潛在原因。如此一來，症狀被視為隱喻：男人之所以過重，是因為他身上的脂肪象徵性地保護著他，不受到他對親密關係的恐懼影響；女人之所以吸菸，是因為她對尚未處理的悲傷進行了象徵性地緩慢自殺。心理治療師很容易把症狀當作隱喻，作為他們臨床培訓的一部分。然而，認知行為療法（CBT）以及其他療法的發展，已經超越了這些想法，而仍然產生有效治療。（解釋人們病症的「意義」，其實真的不是必要。）

如果病症真的可以從個案的角度看成是一個隱喻，那麼這些病症本身就可以被看作是間接溝通方式。治療師毋須解釋病症含義，便可以直接回應個案的間接溝通風格，用隱喻的方式回應個案的間接溝通需求，這樣治療師就跟個案在同一層次上溝通了。不去當面對質或詮釋個案的間接溝通，這可以是建立和維護治療關係的重要因素。使用隱喻畫面在治療裡特別有幫助，也可以用於解決問題（Davenport, 2016; Gordon & Cohen, 2017）。

表 18.2 隱喻式溝通的原則

病症可被視為隱喻式溝通。
隱喻是有療效的，如果這與個案的間接溝通風格相符合。
隱喻會吸引個案的注意力。
隱喻是間接的，因此較少情感威脅。
隱喻將學習情境化，使這些故事帶到生活裡。
隱喻可以讓個案獲取個人資源。
隱喻鼓勵尋找相關性和投射。

有很多原因讓我們將隱喻視為某些個案最理想的治療形式。可能使用隱喻最有說服力的原因是：(1)它們讓個案參與其中（確保個案的注意力）；(2)它們對個案的情感威脅較小，因為個案只是間接參與在與他／她有關的敏感問題裡。這可以使個案更容易在不那麼情感緊繃的氛圍裡，學習嵌入故事中的相關治療原則；(3)它們為學習提供了一個情境，把某個抽象原則放在難忘的故事裡並帶到「現實生活」；(4)它們透過強調解決問題的資源進而引發個案的內在資源；(5)故事能夠鼓勵個案積極聆聽，進而「尋找故事相關性」。個案了解到了便會說這個故事是有原因的，並且獨立思考，或透過治療師的邀請去積極尋找那個原因。透過這種尋找相關性的思考，個案會產生關於他或她在面對類似情況時該怎麼做的投射，個案會從中看到相似之處，從而發現解決方法。

表 18.2 列出了隱喻式溝通的原則。

◆ 創造治療隱喻

任何治療的第一步都是要清楚知道你想要傳遞的訊息是什麼。正如我之前提到，如果你沒有清晰的治療訊息，治療過程很容易就會漫無目的地偏離主題。一旦你清楚了自己想要傳達的內容，那麼你講述的故事就會反映這一訊息。考慮本章開頭關於伐木工的故事。我想表達的訊息本質上是「採取行動！」，但這一訊息被嵌入故事中，講述了一個人只會發出噪音而缺少實質行動，因而無法獲得真正的回報，而另一個努力工作的人最終得到他應得的報酬。

考慮到隱喻無處不在，每當我們打開新聞、拿起報紙或上網，或是與朋友聚會閒聊他們的生活，我們便可以選擇無限多的故事來分享給個案。創造故事的能力是一項很棒的能力，但你不必刻意創新。你可以只是保持觀察。當你觀察正在發生的事情，無論是你正在觀看的電影還是你正在購物的商店，你可以採取下一步，問自己：「這一集節目想要表達的是什麼？」你就會開始累積很多有重要訊息的故事。當你看到父母合適地管教孩子時，你就有了關於良好界限的故事可以講。當你看到有人為被不公平對待的人站出來，你就有了關於勇氣和正直的好故事可以講。生活的課題隨時隨地都在我們身邊，只要你注意並聆聽。

當你想在催眠裡告訴個案故事時，有一些基本的指導方針會對你有幫助。表18.3提供了一些結構式治療隱喻的指導方針。

也許最簡單的隱喻是以「我曾經有一個個案，和你很相似，他／她……」開頭。這種隱喻通常能夠鼓舞大多數個案，他們會感激並知道他們在這個問題上不是孤單的，而且你已經成功地治療過類似問題。如果個案認同故事中的人物，治療解決方案的積極聯想就更容易建立。然而，並非總是如此。正如我在《運用催眠治療抑鬱症》（*Treating Depression with Hypnosis*, 2001b）一書中所討論的那樣，沉浸於個人無助感中的個案往往不會被別人的成功故事所啟發。相反，他們可能會感到更糟，他們會總結：「你看，別人都能做到，但我做不到。我是個失敗者！」

請記住，在進行催眠治療時，使用隱喻並非「必要」的。所有先前提供的有關建議句的準則都必須考慮在內。如果沒有仔細評估個案風格和舉止就開始說故事，你可能會為自己創造問題，他或她會覺得你們浪費時間談論他人的問題，而不是談論個案的事，這會破壞治療關係，影響治療結果。

表18.3 結構式治療隱喻

1. 蒐集訊息，包括：
   - 參與的重要人物；
   - 問題本質與情境；
   - 期待的結果；
   - 可獲得的資源；
   - 需要討論的面向（比如生理、認知、情感等）。
2. 承認過去嘗試解決問題沒成功，對失敗嘗試的挫敗感，但堅持繼續努力。
3. 建立或選擇類似於問題的隱喻或任務：
   - 根據個案的興趣選擇情境；
   - 同構（結構相似的）角色、情節；
   - 問題重新框架；
   - 直接或間接的解決建議；
   - 建議對於替代反應的可能獨立發現。
4. 畫隱喻的地圖：
   - 某個特定主題上的隱喻數量和順序。

我們可以創造與個案問題相平行的治療性隱喻，讓個案沉浸在隱喻的描述裡。正如我的澳洲心理學家朋友兼同事喬治‧伯恩斯在其關於隱喻（2001, 2005, 2007, 2017）的一系列優秀書籍中指出的，除了理解治療師想要傳達的故事點之外，個案還可能在故事中投射出治療師並未想要傳達的含義。這些含義產生的影響，可能比治療師預期的含義更大。

你的隱喻應從哪裡來？最好的隱喻通常是來自個案自己的直接經驗。自然地，這些更加個人化、更直接，對個案來說更容易理解且帶來意義。如果你花時間回顧個案生活中那些有特殊意義的事件，也許是因為這些事件教

會了個案關於生活中有價值的東西，或者只是因為個案對這些事件有情感衝擊，那麼你就可以立即獲得豐富且帶有潛在含義的隱喻。

同樣地，你自己的背景和個人歷史反映了重要的學習經驗，這些也可以作為治療隱喻的基礎。但要注意的是，自我披露可能產生複雜影響：一些個案可能透過你的自我披露更感受到你的真實和親切，但有些個案則會因為你使用他們的治療時間談論自己的故事而反感。請觀察個案的反應做選擇！你更好地過生活，就有越多經驗可以選擇或構建治療隱喻。你處理過或讀過的案例也是隱喻的好來源，它們會帶來有價值的觀點。其他來源包括故事書、電影、笑話、揭示人類本質的故事、報紙報導、電視節目以及其他你透過別人經驗而學到的重要功課。本章稍後提供的案例使用了一部電影中的隱喻，完美地滿足了個案的需求。

故事的品質該如何？它們應該是幻想故事還是真實生活的故事？真實生活的故事幾乎總是更好，因為它們是真實的。我可以告訴你一些小兔子的故事，但是如果我使用一些與你生活情況有些相似的例子，那麼連結感就更強大。我特別喜歡使用目前在新聞上的故事，因為我知道當那個人去新聞網站或打開當晚新聞時，我的論點很快就會得到強化。

帶著催眠口氣說故事

學習以催眠口吻、吸引人的方式說故事是學習精進催眠的重要技能。說隱喻時必須以某種口吻來說，邀請人們參與其中並從中學習。這一技巧稱為「隱喻構建」。所以，你可能會說：「我要講一個故事，起初你可能會想為什麼我要說這個……當你更加細心聆聽……並陶醉在故事中，我相信你會發現一些對你有價值、有幫助的東西。」隱喻與個案問題的接近程度或距離，需要臨床判斷能力。關於這個主題要說多少故事以及要強調故事的哪些元素，這也是臨床判斷的範圍。一般來說，關於一個主題提供至少兩到三個不同內容但表達相同意義的隱喻。你無法預測哪一個故事會最深刻地留在個案心中。

隱喻很明顯地是間接溝通，向個案暗示可能性。與其跟個案說「這樣做」，你基本上是說「曾經有一個個案面臨了和你相似的問題，有一天他嘗

試了這個方法，很有幫助」。鼓勵個案從他人經驗中學習，無論是應用特定建議的解決方案，還是一般地願意嘗試新的可能性。鼓勵個案進行「相關性搜索」，積極參與故事並探索其適用性。隱喻的使用並不是強制性做法。相反，這是尊重個案的方式，建議可能性而不對個案提出太多要求。這種方法的一個常見結果是，改變有時似乎毫不費力氣，就像「事情自然發生了」，治療師可以允許這種可能性發生。

總是要正式做催眠引導的必要性減少了，因為有時你提供了引人入勝的故事，用催眠的方式講述，便不需要正式的催眠引導。當個案沉浸於故事情節裡，催眠引導自然間接發生。個案可以自然地聽治療師講話，飄浮於催眠和非催眠狀態之間，這可以被治療師運用，並用隱喻的方法放大（Battino, 2002; Erickson, 2017; Zeig, 1980a）。

不談論關於潛意識全能智慧的神祕解釋，我可以簡單地說隱喻有種刺激個案內心聯想，並將它們導向解決問題的方式，這方法不僅能夠讓人理解，而且有效。可以肯定的是，有些變化確實「毫不費力地自然發生」，不需要明顯的內心拉扯，這聽起來有點「神奇」。比如，想想過去你很不喜歡的食物，而現在你真的喜歡了。這些可能不是你強迫自己學會喜歡的食物。相反，你的口味改變了，它們進化了——而且改變是相對輕鬆地發生。

顯然，並非所有或是大多數的變化都是如此輕鬆簡單地發生，使得治療過程在實踐和成功率上都不平均。但是，運用隱喻來傳遞有價值的訊息（即故事的戲劇性或力量），很有機會促進自發改變的發生。花一兩天時間注意生活中發生的事情，這些事情說明了有效生活的原則。練習說故事，同時引導個案發現故事背後的原則和意義，你就是在精進你設計和傳遞治療隱喻的能力。積累許多不同故事，而每個故事都在說明共同的治療主題，這可以提高你的自信心，同時相信你確實有很多值得說的故事。

下一段將詳細介紹隱喻作為治療主要工具的使用案例。

在催眠裡順勢運用隱喻的案例研究：增強決策能力

治療情境：在一次由米爾頓‧艾瑞克森基金會贊助的短期心理治療大會

期間，我進行了一次現場臨床演示，以闡明我在臨床治療方法的某些面向。短暫介紹了催眠如何增強解決問題的方法後，我詢問觀眾是否有人願意當我的示範個案。我眼角看到有人舉手示意，便轉過頭來看到了這位志願者，並同意請她作為我的治療示範夥伴。一下子我就意識到她有些眼熟。

原來，我的志願者在大約七年前曾經參加過我的大型工作坊，她當時還擔任過該工作坊的示範個案。除了那次多年前的接觸，我與她沒有任何其他聯繫。

訪談過程：我的志願者名叫卡蘿，她開始時提醒了我，我們之前是如何相遇的。我開始治療時詢問卡蘿是否有某個特定目標或問題需要今天解決。她說：「其實我現在處於人生的十字路口，相當重要。我正在努力決定我是否應該在61歲時成為單身女性，或者是否應該繼續婚姻。」她接著說：「我已經想了很長時間，我認為這可能是個需要處理的好議題。」

我向卡蘿提出以下問題：「妳會如何做出人生重要決定？」為了闡明我是想了解她做決定的過程，我說：「我不是在問這個決定是什麼，而是在問妳將要怎麼決定。」

卡蘿回應道：

嗯，我已經思考一段時間了，發生了一些事情促使我做出這個決定。我與同事、非常親密的朋友交談，雖然人數不多，但我嘗試更加關注自己的內在，以不同的方式看待自己，看到自己生活中不同的可能性。這既讓我興奮又讓我害怕。但我最近注意到，比起害怕，這更讓我感到興奮，並且我對此感到好奇。我一個人待著，而我很享受這種獨處。

她接著說，她感覺自己正在「更將自己視為獨立個體，而非家庭或婚姻伴侶中的一部分」。

卡蘿一直在試圖做出的決定，顯然是矛盾不定到癱瘓的程度。向朋友詢問意見是合理的，但一半的朋友說「做這個」，而另一半說「做那個」。混合的結果通常只會增加矛盾感。

但是……她真的不知道她想要什麼嗎？還是她害怕追求她想要的東西？仔細檢視她以上所說的，特別是斜體字的短語。你對她留下了什麼印象？

找到治療目標：當我和個案面談時，通常發現我很容易與個案的目標保持一致。我的臨床經驗顯示，大多數時候人們知道自己想要什麼，他們不確定如何獲得它。有時候，人們知道他們想要什麼（例如昂貴的跑車），但卻找不到足夠好的理由去追求它（因為實際上我需要的是大型家用車）。然而，有時候，人們會發現自己處於被迫做出選擇的情況下，但是沒有一個選擇有吸引力。更糟糕的是，有時他們覺得自己必須在不僅不吸引人，而且可能甚至是痛苦的選擇之間做選擇。

這是卡蘿的困境：她在婚姻中感到不快樂已經很長一段時間了，她不想繼續，同時她又害怕離開她的婚姻。任何一種選擇都不好，兩種選擇都可能帶來相當大的情感痛苦。這是經典的「靠近－逃避」的內在衝突。卡蘿需要能夠做出決策並付諸實施，現實地知道無論她做出什麼決定都會對她產生一些負面後果，但如果她知道自己在做什麼、為什麼這樣做，並且如何現實地管理，她就能應付任何負面後果。

所需資源：是什麼讓人們能夠忍受分離或離婚的痛苦？是什麼幫助人們應對並最終超越這種痛苦的人生事件？在我的經驗中，有幾個因素決定了一個人是否能夠做出艱難的決定並付諸行動：

第一，必須有強大願景，即長期來看，正面價值足以超越忍受短期困擾的代價。除非卡蘿清楚意識到利益最終會超過成本，否則單單思考成本就可能非常巨大，令人癱瘓。

第二，個案必須有正向應對機制，例如管理他們的矛盾情感以及不可避免地提供餿主意的其他閒雜人等。卡蘿將不可避免地會對自己的決定是否正確產生懷疑，同時也可能有其他人質疑她在做什麼以及為什麼這樣做。如果她想避免因反悔而引起的罪惡感思考，她需要能夠在有懷疑時堅持自己的決定。

第三，隨著時間推進，個案需要感受到自己有在前進。必須有個參考依據來表明事情確實以想要的方式前進。如果卡蘿要建立對自己和自己能力可以做出明智決定的信任，而且不會後悔，她必須能夠沿途注意到自己選擇的道路上種種的跡象，從而增強自信心。

矛盾與決策：有人會在卡蘿的情境裡而不會感到矛盾嗎？很可能大家都

會跟她一樣矛盾。無論她選擇什麼道路，這都是冒險，賭上自己的幸福感受（待著或離開）。她承認自己既恐懼又興奮，但這兩種感覺都交互存在。

然而，卡蘿並不想接受在這種情況下產生無可避免的複雜情緒，她希望清晰地只有一種情緒感受。她說：

> 我決定讓事情順其自然，意識到我會知道何時準備好做這件事以及何時是正確的時間……我相信更多地了解自己，感覺內在強大，把這感覺帶到外在環境，這將會帶我走向我真正需要去的地方……我認為我會越來越清楚知道什麼是對的事情……我將會知道並準備好做我需要做的事情。

如果卡蘿的首要決策標準是不再有矛盾感，那麼她的標準是不現實的。在有矛盾感中做出積極的決策更符合現實。

卡蘿希望她最終會「本能地」知道「正確的事情」該怎麼做，並相信她的決定會是「舒服的選擇」。在我的判斷中，她在這兩個方面都是錯的。首先，知道該做什麼是對的，這預設了有一個「正確的」事情存在。實際上，這種決定不在於做「正確的事情」，而是在於做「一件」正確的事情。卡蘿做出的任何決定，無論是留在她不幸的婚姻中還是離開，最終都會如她所願地發生。任何決定都會付出代價，同時也有好處。

問題在於，無論是現在或不久的將來，都沒有一個決定是舒服的。學會適應不幸福的關係不是舒服的選擇。同樣，適應單身並面對新的挑戰也是不舒服的選擇。因此，為了讓任何一個決定感覺正確，或者明顯成為最好的選擇，並不是個現實觀點。這與現在緊密聯繫在一起，而重點應該放在未來：每個決定路徑會發生什麼，以及要付出多少代價？回答這些問題可以讓卡蘿決定值得付出代價去得到的是什麼。然後，卡蘿可以決定自己是否能夠為了目標而付出代價，並且覺察到好處大於代價。因此，在我跟她會談的主軸裡，我提醒卡蘿，她做決定的過程中，如果她的人生要繼續前進，就意味著必須放棄一些東西。每一步前進都意味著放棄某些東西。

為什麼在卡蘿的案例中使用隱喻？

與卡蘿工作時，是在數百名陌生人面前進行治療，這不是尋常的情境，我的方法需要具有支持性並且不具威脅性。我不想問太多問題，讓她在大家面前感到很脆弱，我也不需要太多訊息。更多細節和她的生活故事，只是在告訴我本就已經知道的事情。在這種情況下，包括使用隱喻的間接建議較為理想。比如在個案可能脆弱的情境下（大家面前），而個案可能既想要直接建議，又抗拒直接建議，希望自己可以獨立思考得到答案。因此，使用隱喻似乎是尊重個案的方法，同時又挑戰和支持個案。

此外，由於卡蘿天生傾向比其他人更深入思考事物，因此我發現我可以使用隱喻來運用卡蘿的天生傾向，從而進行個人意義的相關搜索。然而，並非所有過程都是間接的：當我質問卡蘿如何進行決策過程時，我直接描述關鍵問題。當我在治療最重要的片刻引入主要隱喻時，卡蘿已經對我所提出的問題有了同頻：透過聚焦最終好處，儘管現在存在著矛盾情感，她可以做出並執行困難的決定。因此，她很容易吸收故事所提供的認知和感受框架。

在催眠狀態下，向卡蘿傳達隱喻

當卡蘿專注時，她閉上了眼睛，她對我的話非常關注，我開始向她描述在某些情況下擁有複雜感受是正常的，並說了我在她身上找到的正向內在資源。我以概括的方式談到了生活中不可避免的變化，無論是社交環境、生態環境、工作環境、友誼，還是個人興趣方面的變化。我暗示說，所謂的心理健康就是能夠適應這些變化的能力。我接著描述許多不同的決策方式，並指出在某些情況下，某些決策過程是有效的，但在其他情況下則不然。我接著描述人生本來就是有很多模糊的事情，沒有所謂明確定義或最佳決策。我們所有人在生活中需要做出的重要決定，都是根據不充分的訊息做出來的。然而，我們的生活品質取決於我們做出決定的後果。因此，我引起卡蘿對於模糊概念的注意力，並幫助她正常化自己的不確定感，比如說，她可以接受恐懼或懷疑的情感，這是不可避免的感覺，同時能夠聰明地做出決策。

一旦引入和發展了模糊概念，我就能夠加強一個觀點：不確定性意味著風險。這就自然引導到任何重要決策都會有利益和責任伴隨而來。提到這點讓我可以描述，即使是明顯的進步轉變，也會有一些負面結果隨之而來。在催眠過程中，講到這裡，我談到主要隱喻，一段1960年經典電影《風的傳人》（*Inherit the Wind*）中的片段，演員包括史賓塞·屈賽（Spencer Tracy）、弗雷德里克·馬區（Fredric March）和金·凱利（Gene Kelly）。這部電影是根據同名書籍改編而成（Lawrence & Lee, 2003）。

為什麼選擇《風的傳人》這部電影？我選擇講給卡蘿聽這個故事，是因為我覺得她一直在逃避做出重要的人生決定，因為她本能地知道無論做出哪個決定都會很痛苦。她花費多年探索可能的決定，是為了避免真正做出決定。卡蘿想要避免離婚或繼續婚姻的痛苦，然而，繼續她的無所適從和停滯不前的生活也給她帶來了痛苦。因此，我想讓卡蘿關注更現實和有力量的想法，如果她要在某個方向上取得進展，她的進展將會付出代價。我不會推動她朝某個特定方向發展——這不是我需要做的決定。相反，我只想挑戰她的信念，即如果她做出「正確」的決定，她不需要付出代價。我尤其想傳達的訊息是，任何有價值的東西都會有與之相關的代價，而明智的做法是知道這個代價是值得的。例如，接受良好教育非常美妙，但它需要多年的學習，還得時常犧牲個人的閒暇時間。

源自《風的傳人》的比喻，其中一句我是從記憶中改編的，它表達了這樣的觀點：隨著我們不斷推進科學和社會知識，這些進步也會付出代價。史賓塞·屈賽扮演的亨利·德拉蒙德律師為一位老師辯護，該老師敢在一個深信宗教的小鎮學校教授進化論，而當地居民對《聖經》的解釋非常字面化。德拉蒙德指出，隨著我們的知識增長，可能意味著我們不得不修正甚至放棄之前看重的觀念。他建議說，儘管有時可能感到不舒服，但這些短暫的不舒服不應該使我們選擇更加舒服的無知。德拉蒙德的演講，概括在給卡蘿講的比喻中，強調了具有遠見和勇氣去付出進步代價的重要性。下一節中包括了給卡蘿講述的比喻及其描述。

風的傳人：關於進步所付出代價的隱喻

……有一件事情能使艱苦的工作變得容易，不是嗎？那就是目的感……知道工作背後的意義……沒有人比追求使命的人更為強大……這些年來發生的……當妳有自我覺察時發生的事……妳的自我成長……使命……妳一直在做的事……這真的不是巧合……妳現在能做的事情……許多年前……妳曾經預測的未來似乎沒有出現……因此妳有了好奇心……當妳注意到自己的進化時……這非常有趣，我用了「進化」這個詞……因為對我來說，這是非常刻意的選擇……我記得多年前深受那本書影響……然後看了那部電影……《風的傳人》……上個世紀早期在田納西州的「猴子審判」（Scopes monkey trail）的故事……史賓塞‧屈賽將其演繹得淋漓盡致……當他轉身向陪審團時……考慮那個敢於教導進化論的人的命運……他說：「陪審團的先生女士……知識、進步是有代價的……」然後他陷入了一種沉思狀態……對著陪審團說話……但不是與他們交流……他如此沉浸其中……他接著大聲說：「好像有一個小人坐在桌子後面，負責給出進步的代價……小人說：『是的，女士，妳可以擁有投票權……妳可以平等地參與政治……但妳將不能躲在圍裙後面……』還有，『是的，先生，你可以擁有飛機……可以快速到遠方旅行……但雲朵會散發出汽油的氣味……鳥兒也會失去牠們自由的飛翔……是的，女士，您可以擁有電話……並且您可以與他人即時共享訊息……但是……您將放棄一些隱私……距離將失去其吸引力……』」這是妳父親說過的，「即使很難也要做正確事情」的意思……這是親愛的艾比說過的，「機會經常被錯過，因為它們偽裝成艱苦的工作」……而可以持續下去的是……會談結束後仍然持續的是……進化的含義……每一步前進……都意味著遺留一些事物……無論妳前進到未來而這種關係繼續……某些事情將發生改變……如果妳進入未來這種關係沒有繼續……某些事情將發生改變……那寬闊的肩膀和上半身的力量……以及更深……更深層……

感覺⋯⋯妳不需要知道⋯⋯正在發生什麼⋯⋯妳只需要知道⋯⋯無論進步的代價是什麼⋯⋯妳都可以愉快地支付⋯⋯舒服地⋯⋯明智地⋯⋯所帶來的力量⋯⋯來自努力的感受⋯⋯因此，卡蘿，花點時間⋯⋯深入吸收和整合⋯⋯當妳想到投票時⋯⋯看到飛機⋯⋯使用電話⋯⋯持續的線索⋯⋯強有力的提醒⋯⋯關於自己的進化⋯⋯妳自己的演化⋯⋯

　　我讓卡蘿恢復清醒，她睜開眼睛說出的第一句話是：「我負擔得起！」當我要求她進一步闡述時，她說：「當我聽你講的時候，我想說，我負擔得起！我負擔得起！當你快要結束時。」這些自發而有力的描述說明她從隱喻中理解到，任何進步都要付出代價。她的決策策略可以從需要舒服，到認識她可以做出正確決定但仍然不舒服，而她承擔得起這代價。

　　在接下來的 17 個月裡，我多次透過電子郵件跟進卡蘿。在我們的會議後的 10 週，她寫信告訴我她為自己租了一間公寓，並計劃舉辦開放式品酒會來舉杯慶祝「我的心靈和靈魂的進化」。七個月後，她寫信更新她正在經歷的積極變化，並確認我們的會議「對我的生活和工作產生了非常積極的正向影響」。17 個月後，她寫信說：

> 我的個人生活正在緩慢但肯定地展開，正如我們預測的那樣。經過 44 年的婚姻，我正在參加離婚調解程序，並發現我能負擔得起。事實上，我已經發現我不能不這樣做了。我參加那次示範治療的決定對我而言是關鍵點。

（這個臨床示範治療可從出版商 ZeigTucker〔www.zeigtucker.com〕購買。）

總結

　　有時人們會「卡殼」，因為他們不知道有哪些選擇，有時他們會因為知道所有選擇但都不喜歡而卡殼。艱難的決定之所以難，是因為它們帶有令人不願意面對，甚至是痛苦的後果。如果不是相信離婚最終會讓自己變得更好，人們如何願意承受如此痛苦煎熬呢？但是，當一個人只看到短期困難巨

大地在前方等著，而沒有感受到長期利益在遠方，這又會發生什麼？如果一個人想得太多，特別是負面想法（一種「沉思」模式，只會增加焦慮），或者如果一個人總是想逃避（試圖避免、推遲或躲避不可避免的痛苦），那麼這個人會做出糟糕的決定或根本就不做決定，從而停留在「等待中」的狀態裡，這是非常令人沮喪和不舒服的狀態。

催眠作為轉移人們焦點的工具特別有價值，而隱喻可以是促進經驗性改變的極強大工具。我認為卡蘿的進步彰顯了這一點。在這個案例裡，卡蘿發現，更多時候模糊來自於複雜情緒所產生的問題，而不是個人能力不足。她學到了，不管她採取什麼行動，都會產生一些負面後果，儘管她希望避免這種情況發生。聽到她從催眠清醒後第一句說出的話「我負擔得起」，真的非常棒。她是對的——她做得到。卡蘿擁有許多很棒的個人資源，我很榮幸能夠在本次示範治療裡與她工作。

我希望這個隱喻案例能夠幫助你從有意義的角度來看待本章節所教的內容。我也希望你在生活中能有很多精彩故事可以分享！

1. 為何當人們聽到其他人做壞事的故事，有些人就會去做相同的壞事呢？

2. 你在做治療時，會加入哪些隱喻？比如，沒有本我、自我或超我，它們是隱喻的說法。你沒有內在小孩——這是隱喻說法。隱喻是否對於催化改變有幫助，還是妨礙了改變？你覺得為什麼是這樣？

3. 好的說故事者具有什麼特點？好的說故事者能讓平凡故事變得更好嗎？如果可以，他／她怎麼做到的？

1. 讓課堂上每個成員講一個對其個人有意義的故事，且他們在該故事中學到了什麼重要的人生功課。當你傾聽這些故事時，你的內心感受是什麼？這跟直接聽故事的重點有什麼不同之處？

2. 在小組裡，讓每個人講一個故事。當故事結束後，讓每個小組成員寫下他們認為故事裡的重要訊息。你從故事中發現了什麼意義？

3. 蒐集跟治療常見主題相關的故事。比如，你需要告訴個案多少次建立和維護良好的個人界限？或是該如何優雅地接受讓他們失望的某人的決定呢？當你已經知道你的催眠治療裡將要處理什麼議題時，在你的電腦或筆記本裡創建一個故事資料庫，可以讓你在下一個個案到來之前有機會準備好故事。

第19章
催眠和正向心理學：
聚焦在正確之事

如果你能走路，你就能跳舞。如果你能說話，你就能唱歌。

辛巴威部落（Zimbabwe Tribal）諺語

1972年，約翰・藍儂和小野洋子在當時很受歡迎的娛樂節目《麥克・道格拉斯秀》（*Mike Douglas Show*）擔任嘉賓。約翰美好地描述了他與小野洋子的第一次相遇，當時她是一名前衛藝術家，其作品將在約翰一位朋友所開的倫敦藝術畫廊展出。她邀請約翰在公開展覽前私下來參觀。小野洋子在展覽中展出的其中一件藝術品需要爬上白色踏板梯子，然後透過放大鏡看向掛在畫廊天花板上的一幅小畫作上的字。當約翰爬上去並透過放大鏡看時，他清晰地看到了這個字：「Yes」（是的）。「Yes」這個字吸引了約翰，他喜歡那種「正向訊息」，他說這「感覺就像是對我的個人肯定」。他還說，如果這個

字是「No」（不），他相信他將不會對小野洋子的藝術作品或她本人產生進一步興趣（可以在 YouTube 上觀看這次採訪，搜尋「麥克・道格拉斯秀」，約翰・藍儂和小野洋子，1972 年 2 月 14 日，第二部分）。這是「肯定」力量的獨特證明。

無論你是否本能地朝向肯定或否定、正向或消極以及生活經歷中的對與錯，這些都強烈影響了你的生活品質。你面對生活中不可避免的起伏和波折所產生的態度，對許多生活品質都有巨大影響，令人驚訝的是，直到最近，才出現了關注「正向人生態度」的心理和社會科學研究，這門科學被稱為正向心理學。

自 1999 年 8 月 21 日馬丁・塞利格曼在美國心理學學會年度大會上的演講中，首次提出這一思想以來，正向心理學在受歡迎程度、主題的深度和廣度以及實證支持方面迅速發展。在《美國心理學家》（the *American Psychologist*）的特刊中進一步闡述了這一思想（Seligman & Csikszentmihalyi, 2000）。現在已經有很多關於這個主題的經驗研究、書籍和文章發表。它得到大量的經濟支持，獲得許多研究經費。2009 年夏季舉行的第一次國際會議，吸引了來自五十多個國家一千五百多人。來自世界各地不同的正向心理學協會及其國際會議持續吸引著眾多專業觀眾。現在許多頂尖大學都提供正向心理學課程，且是最受歡迎課程之一。

我將在本章描述正向心理學的一些關鍵面向，以及如何使用催眠來放大它們的優點。作為心理治療工具，催眠提供了實現正向心理學目標的實際方法，我將詳細闡述。

什麼是正向心理學？

正向心理學被定義為「科學研究個體和社群能夠茁壯成長的優勢和美德」的學問（2007 年，賓夕法尼亞大學正向心理學中心，網站 www.ppc.sas.upenn.edu）。它被進一步描述為「研究正向情感、正向性格品質和支持機構的總稱」（Seligman, Steen, Park, Peterson, 2005, p.410）。

正向心理學的首席架構師和領軍人物馬丁·塞利格曼描述了正向心理學萌發的時刻，不僅僅是知識性的好奇心。那是在他與5歲的女兒妮基一起除草時發生的互動。他認為自己是個目標導向的脾氣暴躁者，在風光明媚的天氣底下跟家人相聚一起，卻如同「移動的暴風雨」（2002, p.28）。塞利格曼一心想著除草的目標，卻對妮基玩鬧地扔草、跳舞和唱歌感到不耐煩。塞利格曼寫道：

> 因為她讓我分心了，我不耐煩地對她大喊一聲，她就走掉了。
> 幾分鐘後，她又回來了，說：「爸爸，我想跟你說幾句話。」
> 是的，妮基？
> 爸爸，你還記得我5歲生日前的日子嗎？從3歲到5歲之間，我總是喋喋不休地發牢騷。每天都發牢騷。但在我5歲生日那天，我決定不再抱怨了。
> 那是我做過最難的事情了。如果我能停止抱怨，你也可以停止發脾氣。
> 這對我來說是個頓悟……在那一刻，我決定要改變。
>
> （2002, p. 28）

塞利格曼在那一刻意識到妮基是對的——他是脾氣暴躁的人，但他不想再繼續這樣了。他在生活的許多方面都有很棒的成就，有什麼可以抱怨的呢？他自我挑戰的目標很明確：將重點轉移到正確的事情上，而不是專注於克服錯誤，他能否真正變得快樂？

他在那一刻也意識到有效地教育小孩不僅僅是找出和糾正妮基的缺點：「現在我知道，養育孩子遠非僅僅修補他們的不足。它涉及找到和放大他們的優點和美德……」（2002, p.28）。

然而，塞利格曼與志同道合的同事很快就發現，幫助人們變得更加正向的想法在過去只有偶爾被考量，這些內容更被視為哲學上的思考，而非科學上的訊息。當他們閱讀文獻時，發現了卡爾·羅傑斯在如何成為更「完整的人類」方面的開創性工作（1951）、亞伯拉罕·馬斯洛關於如何成為「自我實現」的研究（1962），以及艾瑞克·艾瑞克森（Erik Erikson, 1963）和喬治·瓦

蘭特（George Vaillant, 1977, 2000, 2002）等許多人的工作。當然，他們的工作都是有價值的，但在缺乏科學基礎的情況下只能達到這麼多。它強調了不僅需要經驗支持的方法來治療心理疾病，還需要培養人們的幸福感。只有研究人類最佳面向的紀律科學才能提供持久的觀點和方法，這些方法可以真正產生影響。我們要歸功於塞利格曼，才能夠使正向心理學成為心理學領域，以及其他關注人類表現和健康領域其持續成長的力量。

◆ 建議將注意力從病態學觀點轉移開來

在正向心理學剛開始時，尋找人類強項和美德方面的文獻是一項挑戰。實際上並沒有太多這方面的文獻。大部分心理學文獻都是關於人類各種弱點和脆弱處。例如，關於快樂與抑鬱的文獻相比之下，抑鬱的文獻要多得多。更糟糕的是很多臨床文獻認為人類正向經驗的體驗是心理防禦的產物，是對潛在問題的補償。比如，由於內心的負罪感而變得慷慨，而不是真誠地想要幫助他人。微笑是掩蓋潛在敵意的方式。正向特質通常被認為只是掩蓋了「真正」的負面因素。塞利格曼提出了以下重要問題：

> 社會科學是如何看待人類美德——勇氣、利他主義、誠實、信仰、義務、責任、歡樂、堅持不懈——是為衍生物、幻覺和防禦；而人類的弱點——貪婪、焦慮、貪慾、自私、恐懼、憤怒、抑鬱——被認為真實存在？為什麼人類的優點和缺點在其真實性上不對稱？
>
> （2000, p. 416）

當塞利格曼表達「正向心理學」目標時，在專業領域推動了除去將人的問題病理化之直接反應，焦點從負面轉向正向（2000）：

- 表達出讓人能夠理解且有吸引力的「美好生活」願景，同時又具備經驗主義的合理性。
- 展示哪些行動可以帶來幸福感。
- 展示哪些行動會導致正向的個體。
- 展示哪些行動導致繁榮社區。

- 記錄哪些類型的家庭會讓孩子茁壯成長。
- 記錄哪種工作環境能夠提高員工工作滿意度。
- 記錄哪些社會和政治政策會導致強大的公民參與。
- 簡言之，確定人們最有價值的生活方法。

心理學家克里斯‧彼得森（Chris Peterson）是積極心理學領域的關鍵人物。他詳細地描述了三個主要研究領域：

> 我們可以將該領域解析為三個相關主題：(a) 正向主觀體驗（幸福、享受、滿足、實現）；(b) 正向個人特質（個性強項、才能、興趣、價值觀）；以及 (c) 正向機構（家庭、學校、企業、社區、社會）。
>
> （2006, p. 20）

對於心理治療師而言，這三個主題往往都非常有吸引力。但正如帕克（Park）和彼得森所指出的那樣：

> 在正向心理學的支柱中，品格可能占據最為核心的角色……如快樂和心流等正向體驗會隨時間而流逝，而這些體驗都要依賴良好的品格支撐。正向機構……只有由擁有良好品格的人組成，才能真正成為正向機構。
>
> （2006, p. 29）

但是，我們對於個性，尤其是個性的優點和美德，以及如何鼓勵其發展，真的了解多少呢？

彼得森和塞利格曼參與了一個項目：「定義、描述、分類和衡量性格優點——如善良、愛、寬恕、希望和幽默」（2004, p. 29）。結果成就了一本令人印象深刻的書，名為《性格優點與美德：手冊和分類》（*Character Strengths and Virtues: A Handbook and Classification*, Peterson & Seligman, 2004）。該書與定義描述病理的精神科手冊形成了鮮明對比，已成為心理健康領域專業人士使用的必要分類系統，書中顯示了經過充分研究的跨國、跨文化相關數據和見解，被稱為個人「特有強項」的特徵。

特有強項被視為個體之間在類型和程度上各種不同的性格優點，包括：

1. 智慧和知識（包括創造力、好奇心、開放性、熱愛學習和洞察力）
2. 勇氣（包括真實、勇敢、堅持和對生活的熱情）
3. 人性（包括友善、愛、社交智慧）
4. 正義（包括公正、領導才能和團隊合作）
5. 節制（包括寬恕、謙遜、謹慎和自我調節）
6. 超越（包括對美麗和卓越的欣賞、感激、希望、幽默和靈性）

（Park & Peterson, 2006）

正如帕克和彼得森細心指出的，「關注優點並不意味著以任何方式否認或忽視弱點……然而，找出優點……並加強它們可能是改善任何治療的好方法」（2006, p. 31）。

心理治療提供了明顯的情境幫助人們發現、加強和有效利用他們的特點優勢。在心理治療中，受苦的人尋求專業人士的幫助，治療師被委託減輕他們的痛苦。即使在最好的情況下，這也是艱鉅的挑戰。對於認識到要擔負推動變革這般巨大責任的治療師來說，他／她的觀點——究竟是肯定還是否定、弱點還是優勢、正向還是負向——這將塑造治療的互動關係。治療的目標是減少病症還是拓展心理健康呢？這不僅僅是語意問題。相反地，正如澳洲心理學家喬治・W・伯恩斯在其優秀著作《幸福・治療・提升：應用正向心理學的案例手冊》（*Happiness, Healing, Enhancement: Your Casebook for Applying Positive Psychology in Therapy*, 2010）和《增強幸福和健康的101個故事：在正向心理學和治療中使用隱喻》（*101 Stories for Enhancing Happiness and Well-Being: Using Metaphors in Positive Psychology and Therapy*, 2017）中巧妙捕捉到的那樣，你的治療取向定義了臨床互動的每個階段，從治療訪談中要問什麼問題，到如何結構化治療，以及何時結束治療。

樂觀主義、悲觀主義與生活品質

據說世界上有兩種神祕主義者——樂觀主義者和悲觀主義者。過去，無論一個人把人生之杯看作半滿或半空，這似乎都是個人觀點和哲學的簡單問題，並不會產生任何嚴重後果。然而，隨著科學證據快速大量積累，你的相對樂觀或相對悲觀程度在多個方面都會對你的生活產生深刻影響，包括身體健康和長壽、情緒、工作效率、社交吸引力和在逆境面前的適應力（Dunn, 2017; Lopez, Pedrotti, & Snyder, 2014）。有大量實證證據顯示了樂觀主義的優點。樂觀主義者身體健康問題較少，而且即使偶爾生病，他們看醫生的次數較少、併發症較少，住院時間更短。樂觀主義者往往壽命更長。樂觀主義者往往情緒問題較少。他們在工作中也更有生產力，更受其他人喜歡。樂觀主義者也能更快、更完全地從逆境中恢復。

這些都是想要激發樂觀主義並鼓勵人們有更多幸福感極具有說服力的理由。快樂的人有哪些一般性特質？社會心理學家大衛・G・邁爾斯（David G. Myers）至少研究了二十年幸福感，並對這個最重要的問題有一些見解：

> 在許多研究中，有四種正向特質標誌了快樂生活……首先，快樂的人喜歡自己……第二，快樂的人往往比較外向……第三，快樂的人通常感覺有個人控制權……第四，快樂的人通常持樂觀態度。
>
> （2000, p. 330）

因此，許多治療師會關注如何促進個案身上的這些特質（Ruyschaaert, 2014）。正向心理學家已經發展出許多策略來幫助實現這一目標。稍後的部分將描述其中幾個很好的例子。

◆ 快樂是好事嗎？

儘管個人和人際關係對幸福的受益是可以衡量的，關於促進幸福的洞見正在不斷發展，但並不是所有人都一致支持研究這個主題。有些人對幸福的益處在抽象哲學層面上進行了討論（「當其他人在遭受苦難時，我是否有權利感到幸福？」），並且有些人甚至質疑它是瑣碎的追求。正向心理學在部

分心理學家中引起了一些公開的敵對反應，他們認為這個專業應該關注更嚴肅的問題。一位治療師在《家庭治療雜誌》（*Family Therapy Magazine*）回應有關幸福主題的特刊（2006年11月至12月）中寫了以下的信：

> 我無法相信這種膚淺、迎合文化且全球缺乏敏感性的做法……當我們討論「幸福」時，世界其他地方正在面臨戰爭、饑荒、強姦、無家可歸以及自然災害……在我們國家，數百萬人在尋找醫療保健、負擔得起的住房、足夠的食物和工作，而我們正在討論中上層階級的嬌生慣養。

這個批評並非完全沒有道理。然而，它卻漏掉了更大的觀點：正向心理學致力於更好地理解人與人所組成的機構中最好的品質，而這可以減少乃至消除這些問題。我們的目標並非讓人們變得快樂卻在道德上破產。目標是在不同層面上激發人們的最佳表現。其他評論家也表達了類似的擔憂（Brown, Lomas, & Eiroa-Orosa, 2018; Lazarus, 2003; Kristjánsson, 2010）。除了對致力於鼓勵幸福的相對價值提出質疑之外，他們還指出了正向心理學運動中存在一些內部衝突和矛盾。我們應該如何看待這些批評？

正向心理學領域尚屬年輕，仍處於最初的發展階段。在方法和研究結果上難免存在不一致性，甚至領域內也存在相互矛盾的觀點。這些問題短時間內還不會消失。同樣的話也適用於任何社會科學領域和具體學科，即使是那些存在已久的學科。心理治療領域的深刻分歧就證明了這一點。

這部分的內容非常重要，因為每位閱讀這些文字的治療師，都必須仔細考慮如何運用從這裡學習到的催眠技巧。在治療中，個案通常不關心哲學上幸福帶來的優點。對他們來說，更重要的是個人感受。他們正在受苦，希望感覺更好。身為指導別人追求更健康的道路的治療師，我們應該如何做出更好的選擇？這個問題的答案，必須由每個治療師根據他們的臨床培訓、哲學和觀點來決定。治療師對生命的正常反應是更傾向於「肯定」還是「否定」會決定治療品質。

米爾頓‧艾瑞克森捕捉到了這個困境的本質，當他評論在心理治療情境下學習的價值時，認為這是種體驗式方法，可以放大人們身上的優點。他

說：「假設原始的不適應必須以某種令人不安的形式再次出現，這意味著良好的學習既沒有內在重量也沒有持久品質，唯一在生活中持久的力量是錯誤。」（1954, p. 127）艾瑞克森的評論突顯了提供正向體驗、正向觀點和正向技能療法的優點。

這些正向因素必須是現實的。人們是否可以過於樂觀？是的。他們可以輕易地自欺欺人地認為：「我可以抽菸而不會傷害自己」、「我可以喝酒並且仍然能正常駕駛」，或者「我的孩子很有韌性，無論我做什麼，他們都會沒事」。不論是個人還是國家，一些最具破壞性的決定都是在樂觀主義的浪潮下做出的，但這種樂觀主義與現實關係不大。因此，目標不僅僅是要更樂觀。相反，目標要現實一點：幫助人們更加現實地看待事物，從而做出更好的決策。這不僅有巨大治療價值，而且還有預防價值。

基於正向心理學的治療

根據邁爾斯對幸福人群的充分調查研究，以及對多維度樂觀主義特質的研究，有一些重要且良好的心理治療目標顯而易見。心理治療應該(1)鼓勵尊重自我、自我接納；(2)建立和保持良好的人際關係；(3)賦予人們技能去更好地做出選擇；及(4)鼓勵對未來的正向態度（Burns, 2017）。為了回答根本問題，正向心理學是否能使人們更持久地幸福，研究人員設計了透過網路提供的幸福練習（Seligman, 2011; Seligman, 2005）。參與者是塞利格曼（2002）的書籍《真實的幸福》（*Authentic Happiness*）所創建的網站訪客，他們點擊了名為「幸福練習」（Happiness Exercises）的連結（這些已在修訂和擴展的網站上替換 www.authentichappiness.sas.upenn.edu）。參與者被選擇是因為他們表達了希望更幸福的願望，與治療目標一致。參與者需要至少進行一週的練習，並在六個月內持續追蹤，其間他們需要完成抑鬱和幸福程度的測量。

在五項幸福練習和一個安慰劑對照練習中，有兩項幸福練習成功地增加了幸福感並減輕了六個月的抑鬱症狀。第三項幸福練習產生了巨大的正向變化，但只持續了一個月。其餘的練習，包括安慰劑，對幸福感和抑鬱症狀產生了正向但短暫的影響。正如塞利格曼、史丁（Steen）、帕克和彼得森所寫

的：「我們一點也不感到驚訝，參與者正向地繼續自己指定的練習，並在規定的一週期限之外繼續練習，這對他們產生了長期正向的影響。」（2005, p. 416）。

產生的影響最持久（長達六個月）的兩個練習是：

生活裡的三件美好事物。 在這項練習中，參與者被要求每晚寫下一天裡發生的三件美好事情，包括導致這些事情的原因，時間為期一週……

用新的方式運用個人獨特強項。 參與者被要求在線上填寫性格強項清單……接著會收到客製化回覆，了解自己前五名獨特強項。然後他們被要求在一週內每天以新的不同方式使用其中一項強項……

（p. 416）

有個練習產生了巨大正向變化，但僅持續一個月，這個練習是：

感恩之旅。 參與者有一週時間，寫一封感恩信並親自送給一個對他們特別友善但從未得到過真正感謝的人。

（p. 416）

其他兩個練習（找出獨特強項，不用新的方式嘗試，就只是簡單寫出生活故事，描述這些獨特強項最好時的狀態）和安慰劑練習（持續一週，每晚寫出早期記憶）幾乎沒有產生效益。

產生持久效果的練習已經得到進一步闡述、磨練和測試，並且發展出許多新的練習。專家致力於促進心理健康，因此文獻基礎也在逐漸增長。所有這些都強調在管理生活挑戰的技巧和能力的重要性。在索妮亞·柳波莫斯基（Sonja Lyubomirsky）2008 年出版的傑出著作《這一生的幸福計畫》（*The How of Happiness: A New Approach to Getting The Life You Want*）中，很好地描述了這些技巧。芙瑞德瑞克·班寧克（Fredrike Bannink）在她 2017 年的著作《201 種正向心理學應用》（*201 Positive Psychology Applications*）也詳盡地介紹了大量練習。瑞克·韓森（Rick Hanson）則從神經生物學的角度探討在實踐心理健康技能時發生的可衡量大腦變化，這在他 2013 年出版的著作《大腦快樂工程》（*Hardwiring Happiness*）中有詳細闡述。而蘇珊和詹姆斯·帕維爾斯基（Suzann and James Pawelski）則在他們2018年的著作《快樂在一起》（*Happy Together*）提供了基於正向心理學的練習，以增進親密關係。

所有這些旨在增加幸福感甚至快樂的練習，真的能夠有所改變嗎？正如塞利格曼、史丁、帕克和彼得森從他們對幸福練習效果的研究中指出的那樣：「效應大小為『中等』或更大，這與普遍信仰相違背，一般人認為由於不可避免的適應或不變的享樂設定點而追求幸福是徒勞無功的」（2005, p. 419）。此後多年的研究在許多不同的情境裡強化了這一點（Lopez et al., 2014; Seligman, 2011, 2018）。這個訊息明確，並加強了本書中已經以許多方式多次表達的觀點：經驗可以改變人們，謹慎建構的經驗可以改變基因表觀、神經、情感、行為、認知、社交和靈性。

催眠在推進治療裡的正向心理學觀點扮演什麼角色？

正如這本書在許多地方討論到的，無論是稱它們為「幸福練習」還是「治療策略」，治療師所描述的特定行為只能對任何衍生的利益擔負一部分責任。我們要時刻牢記的是，任何技巧只能在相對應的情境裡產生療效，技巧本身的價值有限。在最糟的情況下，技巧不僅可能沒有效用，還可能阻礙個案的進步。我們在治療關係的情境下運用技巧，並且涵蓋許多變異數：信任、時機、交付、期望、要求程度以及其他許多方面。

從某種程度上說，這使得幸福練習的結果更有說服力：它們匿名地透過網路傳遞給受測人員，研究人員與這些人沒有任何個人關係。幾乎所有治療師都認為治療關係至關重要，可能在這項研究中也有類似關係，但沒有實質意義。因此，這項研究和其他類似的研究突顯了在催化治療結果方面，結構性體驗學習的重要價值。

體驗式學習的價值是我們與個案進行催眠治療時，幾乎可以說是最具說服力的原因。僅僅告訴他們「停止那個！」或「做這個！」並不足夠。我們如何創建情境——即治療環境，使之具有所有相關的複雜變異數，用來支持我們採取的策略？這是催眠在支持任何治療方法時（無論是在正向心理學、認知行為療法還是其他方法）的角色。

◆ 犁耕土地後，用催眠方法種植正向主義之種子

這些幸福練習一開始沒有聚焦在個案身上，只是建立他們的正向期望，逐步引導他們進入渴望心態，然後讓他們專注在具體的新畫面和新想法，我們可以聯想到個人正向心理學。研究並沒有鼓勵參與者嘗試新行為，也沒有承諾會有具體利益，也沒有鼓勵他們在出現個人疑慮或結果不如預期時繼續練習。同時，也沒有保證當新的反射觀念整合時，結果會繼續自然積累。這些都是使用正向心理學框架進行催眠的人可能做的事情，以使幸福練習不僅僅是一個練習。這種練習成為發展新資源的基礎，更加熟練操作後，可以成為個案每天生活中穩定、可靠的重要部分（Guse, 2014）。

讓我們思考一下催眠在啟動正向心理學練習裡所扮演的具體角色。

生活裡的三件好事：催眠的基本原則——「你聚焦什麼就放大什麼」——讓這個練習產生了療效。我之前已經說過，我們知道人們最大的問題就是他們會聚焦在問題上。不快樂的人關注的是他做錯了什麼，錯過了什麼機會才發現什麼是正確的，或者聚焦在分析無法改變的過去，又錯過了機會去發展吸引人的未來。當人們聚焦於不完美或錯誤之處，自然會引發許多負面反應：憤怒、沮喪、怨恨、自我批評等等。催眠就是用來改變聚焦的方向和聚焦的強度。

這個練習是每天寫下至少三件發生在生活中的好事，有些人稱之為「感恩日記」。這個練習需要有意識地關注日常生活中至少一些做對的事情。它有可能減少負面情緒，同時鼓勵你覺察到生活中的好事。關注自己做對的事可以放大與正向事件相關的正向感受，從而提供絕佳機會，讓你有更好的感受。它可以強力地重新框架「我的生活全是糟糕的事」這種僵化信念。

然而，在開始練習之前，先進行催眠鼓勵個案認出他自身感知的可塑性，這會帶來多少價值呢？我們所關注的會影響我們的情緒狀態，當我們轉移注意力時，就會產生自我調節、自我增強和自我延續。讓個案專注進入催眠，暗示一個持續成長的覺察：「美好事物可能一直都在，只是你之前從未注意到」。這個催眠可以為更多聚焦在「生活中美好事物」的快速反思鋪平道路。在催眠中使用隱喻，強調正向感知轉變的能力，可以是種有用的方法（Burns, 2017）。感恩練習會進一步建立延伸覺察，發現生活裡每天都有美好

事物值得注意，當你主動去關注時就會找到。更進一步的催眠治療會持續鞏固療效，並使其穩定。

使用個人獨特強項的新方式： 治療中的重複主題是，個案感到被害，個人甚至沒有能力去感知，更不用說採取有效行動來解決問題。告訴這樣的人說「你是個好人」或「你有能力做到更多」，對他們不會有什麼作用。事實上，簡單地找出個人獨特強項而不採取任何行動的相關正向心理學練習證明了這一點。它沒有持久價值。我們很容易理解為什麼。早期的不協調理論預測，當你告訴人們某個想法但與他們所相信的（特別是與自己相信的）事情有所衝突時，人們通常會拒絕接受你告訴他們的話。如果你覺得自己很糟糕，我告訴你你有強項，你可能會將我說的話當成「治療師都應該說好話」的說法而拒絕接受。

然而，這項練習不僅是要認出個人獨特強項，不僅是要認出它們在日常生活中的表現，而且是有意識、主動地將它們應用在新奇的做法上。也就是說，這就是行為上的催眠後暗示：我身為治療師的工作之一，就是幫助你把在治療中學到的東西，運用到你生活的各種情境中。人擁有某項特定技能、資源或特長時，通常他或她不會想到把這能力運用在其他相關領域來擴大其價值。治療的目標之一就是幫助個案在任何有助益的情境中，使用他們在治療中所學到的東西。比如，你可能只討論了如何更加有耐心地對待年老父母、更有同情心，但你同時可以創造另一種可能性——更有同情心地面對別人，同時刺激個案思考，同情心在每一段人際關係中都非常重要，而不僅只局限在跟父母親的關係裡。

在進行個人獨特強項的新穎練習之前，你可以先進行催眠會談，從一般性描述到具體描述，首先描述人們用不同方法在自己身上，發現了過去不知道但一直擁有的獨特強項。這有很多例子，比如，我們經常在電視新聞中看到，在某些絕望情況下表現出英勇行為的人，儘管他們謙虛地說「我不是英雄，我只是做了任何人都會做的事」。這意味著人們——包括你在內，擁有你甚至不知道自己擁有的資源，但你可能會逐漸了解和欣賞自己。

在催眠過程中，治療師可以繼續這個過程，並更加具體地標籤和重申個案先前確定的優點強項。特別挑選其中一項重點關注並當作例子，治療師可

以描述至少三種不同的生活情境，在這些情境中，個案可以如何運用這個優點強項。這些情境中，差異越大越好：我們希望個案能夠找出使用該優點強項的機會，即使這些機會看起來差異很大。為什麼呢？因為人們的一部分局限來自於感受的僵化。除非機會明確看起來像「這樣」，也就是你實際正在討論的機會，否則他們不會發現這是機會。感知的僵化，其中一部分也源於具體思考風格。你談論這個強項如何適用於情況 X，而不是情況 Y。因此，你如果沒有明確顯示 X 和 Y 以及其他情況之間是有關係的，具體思考者不會自己認為這些情況相關聯。

這個練習幫助教導人們如何在不同情境下認出使用該獨特強項的機會，而催眠治療可以積極地支持這個學習。此外，這個練習也鼓勵人們主動出擊，預設了更大的個人掌控能力，而催眠治療也充分支持這種賦能做法。

感恩之旅：這個練習的治療好處在於它能夠直接而正向地與人連結。它鼓勵人們認出在對別人好的時候，也會感到自我良好，甚至這是感受良好的最強大途徑，是條寬廣的道路。正向的社交連結是心理健康的重要組成，許多正向心理學文獻已經證實，我在我的書《抑鬱症是有傳染性的》（2009）中也詳細探討過。這並非巧合，每個主要宗教都強調慷慨地給予他人所帶來的精神好處。

當人們感到壓力、不快樂和沮喪時，他們往往會極度自我封閉。人們喜歡孤立自己，當他們被迫與他人接觸時，往往會散發出「遠離我」的態度。但自我封閉不僅僅與抑鬱或出於任何其他原因的壞情緒有關。事實上，心理學家珍‧圖溫吉和 W‧基斯‧坎貝爾（W. Keith Campbell）在他們的優秀著作《自戀時代：現代人，你為何這麼愛自己？》（*The Narcissism Epidemic: Living in the Age of Entitlement*, 2010）中指出，自我封閉現象正在逐漸增長，越來越多的人相信，沒有什麼比滿足他們個人的感受和需求更重要的了。這些人對現實的期望更高，這些期望往往是不現實的（例如「你可以擁有一切」），他們更加看重外表而非內涵（例如作弊得到更好的成績以進入更好的大學），他們迷戀名人和名氣，即使只是因為純粹為了有名而出名，他們只在虛擬世界中建立「關係」，以及其他文化所誘導的理解和看法，這些都會使人失去連結。後果可能會相當嚴重（Wetter & Bailey, 2017）。

在進行這個感激之旅練習前，你可以先進行催眠會談，承認其他人可以是痛苦的來源，但他們也可以是慰藉和愉悅的來源。你可以讓個案注意到世界上有很多美好的人，不幸的是，也有一些真正糟糕的人。你可以強調掌握學習一個技巧：如何更好地區分好人和壞人，並與好人交朋友。這比避免受到傷害而獨自承受痛苦要來得更有價值。

接著從這些一般性的想法轉向更具體的計畫，你可以提醒個案，沒有人可以只靠自己毋須他人就獲得成功：我們都依靠父母、老師、朋友、同事、導師、精神領袖和無數其他人在整個人生中支持我們。然後鼓勵個案至少想到三個曾經為他或她的生活做出有價值貢獻的人，不管是推薦一部值得看的電影或一本書，啟發了他或她從事某個職業，或僅僅是個令人難忘的微笑或擁抱。讓個案在催眠狀態下不僅回憶這種正向經歷，而且真正重新感受這種正向經歷，這可以為個案提供體驗性提醒，也就是這世界上有好人存在，他們應該受到肯定。然後，你可以繼續問個案是否有還活著且聯繫得上的人，這些人曾經做出重要貢獻，個案希望給予這些人肯定。這個感激之旅就在體驗式過程中「種下」種子，並在體驗式過程裡進行下一步行動。

事實上，感恩之旅對實驗研究對象產生了巨大正向影響，但持續時間相對較短，這再次突顯了需要使用催眠來幫助人們理解基本學習，並且在不同情境下持續做這個練習。寫和發送感恩信是很棒的方式，以正向而溫馨的方式重新連結他人，但由於各種原因，這種做法並不一定總是可行。儘管我們無法總是聯繫得到生活中的「大人物」，你仍然能輕易地找出感恩的價值，發現每天生活裡人們的慷慨和友善。幫助個案體驗到一天當中有許多不同方式呈現其他人的善心、奉獻、慷慨、慈悲和正直，這是另一種重新框架的做法：只要你留心並回應，就會發現身邊到處充滿了美好。此外，這個訊息也很明確，你可以成為推動善行的力量，從而得到人類最好的回報。正如甘地最有名的那句話：「成為你想在他人身上看到的改變。」而且，正如達賴喇嘛所說：「任何時候只要有可能，就要實踐仁慈。而且，這總是有可能發生。」

總結

　　正向心理學領域可以從催眠領域學到很多。精心構建的暗示所帶來的力量、關注互動過程，聚焦可塑性，以及創建一個支持做練習的情境，改變人們對自己和他人的看法，這些原則我們都在應用催眠裡看見了。催眠有潛力產生更全面、更立即反應的感受和行為，這會帶來更深刻的自我覺察、增強個人品格美德，以及與他人和機構聯繫的感受，這些都是強有力的理由，證明了為什麼我們要將催眠整合到正向心理學的框架裡。

討論

1. 催眠的第一原則是你聚焦在什麼，你就會放大什麼。心理學專業對精神病理學的歷史關注是否在某些方面限制了它的價值？如果有，是怎樣的限制？
2. 你如何判斷在特定情況下某人的樂觀或悲觀是實際的？
3. 有些人認為幸福不是值得研究的領域，也不是值得追求的目標。他們為什麼這麼說？你是否同意或不同意？你的理由是什麼？

任務清單

1. 請至少做一個月的感恩練習。看看你發現了什麼？
2. 調查你的同學或其他你認識的人，問問他們認為人類最棒的三種美德或性格優點是什麼。你對人們告訴你的答案感到驚訝嗎？
3. 辨識你的強項和品格美德。這些如何影響你在使用催眠治療時的治療風格？
4. 關於每種性格強項，你能否確定該強項在哪些特定情況下會是一種優勢？哪些情況下是負債？這對個別情境和意義有何暗示？

第20章

過程導向的催眠：
從問「怎麼做？」到
建立催眠情境

在第11章中，你學到了有關催眠的內容和催眠過程的暗示。這些暗示會因特定細節的存在或缺失而有所不同。在催眠內容和催眠過程構建的基礎上，制定催眠治療方法時要做出重要區分：集中聚焦在個案問題的內容，或是聚焦在連結的過程。換句話說，你應該對個案描述的細節（內容）做回應，還是對個案形成問題或症狀的過程做回應？在本章中，我將描述並提供一些案例，如何使用催眠來增進心理治療療效，避免陷入不必要的細節裡，同時聚焦在更大的願景上。

治療的過程與內容

當治療師與個案訪談時，個案在回答治療師的問題時，不可避免地會透露出一些訊息和過程的混合回答。「內容」指的是個案提供有關人生經驗各方面的細節。比如，如果個案報告因婚姻衝突而感到煩惱，當他或她提供

有關最近一次爭吵的詳細內容時（比如，我說了什麼，我的配偶說了什麼，我們爭吵時在哪裡），他或她正在提供內容，告知治療師發生了什麼。內容很有價值，但只有在它為治療師提供了關於過程的洞見時才有意義，比如，夫妻如何爭吵，如何管理衝突，如何達成或未達成解決方案，如何完成後期修復等。人們產生問題的過程讓治療師能深刻理解他們為何做這樣的事，而不是猜測為什麼這樣做。透過探索他們的生活經驗，治療師可以更好地確定此人（或夫妻）解決問題的方式是否有真實成功的可能性。正如策略治療和問題解決導向的治療師在他們的著作中非常清楚指出的那樣（de Shazer, 1985, 1988; Haley, 1984; Haley & Richeport-Haley, 2003; Watzlawick, 1978, 1985）：人們試圖解決問題時，只會讓問題變得更加糟糕。

「如何」這個提問技巧架設了過程導向催眠治療的舞臺

當我問人們如何做出或將要做出決定時，他們經常告訴我，他們會根據想到的人或根據事情應該如何處理來做，而非根據實際情況來做出決定，或者他們會依靠自己的「直覺」，卻沒有意識到他們所信任的感覺，實際上會扭曲他們的判斷力。有些人甚至說在涉及到他們的某些情境裡，他們並沒有考慮該怎麼做；任何逆境的發生「就只是發生了」，似乎僅僅是巧合，好像他們所說或所做的事情（或者沒有說或做的事情），在事件中沒有發揮任何作用。人們經常向我描述廣泛、糟糕的決策方式，這些決策在某種程度上傷害了他們。治療師問他們「如何做」的問題可以很容易地幫助個案看見，當錯過使用有意義的區分策略時，這會對他們產生糟糕的結果（Yapko, 2016b）。

「如何」問題可能包括：

- 你會如何決定……？
- 你怎麼知道……？
- 你如何決定……？
- 你如何得出這個結論……？
- 你如何說服自己……？
- 你如何分辨……？

說明治療的過程比內容重要的案例

瑪麗說她在與男人的關係中受到了傷害。她說他們對她撒謊、欺騙她，使她害怕再次約會。她承認自己很孤獨，想要一段忠誠的關係，但無法信任他人，不願再次讓自己變得脆弱。

如果我採用基於內容的方法，我會問瑪麗關於每個糟糕的關係，蒐集她與誰在一起、發生了什麼傷害、她為此做了什麼、她的感受等詳細訊息（內容）。根據我對治療的取向，我可能會讓她談論她對失去的悲痛或對男人的憤怒，或者分析她與父親和童年依戀的關係，甚至探索為什麼她需要選擇壞男人約會。

如果我採用過程導向的方法，就不需要聽她在每段失敗的感情中發生的所有細節。相反，我需要解決她選擇戀愛伴侶的模式。當我問：「妳如何評估約會的男人，以確定他們適合長期健康的關係？」而瑪麗的回答是：「如果他讓我感覺特別。」問題立即顯現。她無法現實地評估一個人是誰或他們能提供什麼。相反，她沉浸在他們所激發出的感情中而迷失了自我。問題是什麼？真正的反社會人格者可以讓你感覺很棒……就在他偷走你所有財產之前。瑪麗對她約會的男人感覺良好是關於她和他在一起時的感受，而不是關於他這個人的陳述。因此，過程導向的催眠治療可以讓瑪麗學習如何從感受移開，有技巧地評估他是個什麼樣的人，以及他作為潛在伴侶是怎樣的人。當她更善於讀懂人，無論是男人還是女人，她就可以更加知道如何選擇，和有技巧地選擇她要帶進生活中的人，並且在自我方面也更有洞察力，知道她為自己的關係帶來了什麼。

經驗缺失和治療方法

我使用「經驗缺失」一詞來說明個案思考或行為中缺少的東西，這可能會導致他們錯誤判斷情況和做出糟糕的處理。經驗缺失最容易透過「如何」的提問變得明顯，當一個人提供他們發自內心相信的錯誤訊息，回答不相關訊息，或者當他們明顯地不知道如何回答問題時，這就在他們的知識上出現

了明顯差距（Yapko, 2016b）。經驗缺失，也可以稱為人的「盲點」，為催眠治療需解決的問題提供了重點。

當治療師糾正和教育個案時，這可以是強有力且有效的治療方法。過程導向催眠致力於用更間接的方式來做到這一點，而不是直接挑戰個案或陳述事實。過程導向催眠是處理個案問題的方法之一，包括討論個案能夠吸收的想法、觀點（重新框架）和可能性。這會討論個案如何產生當下的問題，同時鼓勵個案用新的有效方法來解決問題。在風格上，過程導向的方法引導個案調動和利用誘發的內在資源，而不是強加治療師偏愛的特定解決方法。治療師希望傳達的是治療訊息，但並不是針對特定病症或問題。相反，它鼓勵個案用全新的思考維度，面對當前正在處理的問題以及其他未來可能存在或發生的類似問題。

過程導向的催眠治療案例逐字稿

在本段中，我提供了三個過程取向的催眠治療案例逐字稿。與下一章節中專注於特定病症或障礙的催眠治療案例不同，這裡的治療案例更關注一般的發展過程。當然，這兩種方法都非常寶貴，這就是為什麼這本書包含了這兩部分。當你閱讀這些逐字稿時，我鼓勵你注意我所使用的過程建議，思考一下個案可能識別和運用的特定資源，以及思考在各種情境下如何獲得這些對個案有幫助的資源。

請注意，這些逐字稿為一般性質，並不適合與你的個案閱讀逐字腳本。一如既往，我強調需要根據個案的需求和背景來調整你的治療過程。這些逐字稿旨在說明過程導向的治療是如何進行。

◆ 治療主題：啟動促進成長的資源

治療概述：賦能個案是所有治療的主要目標。就最普遍的意義而言，賦能個案意味著幫助個案發展和連結那些可以在某種程度上增強他們的資源。當個案感到無助、被過往受傷的生活經歷擊倒，或者在他們生活的某些重要

時刻無法完成任務時，治療師提供一次令人安心的催眠治療，可以讓個案連結到可能的成長。當你問「你如何應對困難？」，而個案的回答是「很糟糕」，催眠治療就會變得有用。與其困在感受「我無法處理這個問題，我無法應付它」的挫敗感裡，催眠治療為個案提供了機會去考慮成長如何發生。個案可以連結到某個體驗，他們在生活中透過各種方式不斷成長，而這個成長過程可以繼續。成長是過程導向的，當你成長時，也可以超越成長，經歷成長的潛力，這會為個案的具體問題提供解答。透過連結人們的成長潛力，這種催眠治療可以大大激勵個案持續努力進步。

治療逐字稿：現在是聚焦的時候了……你可以透過幾個深呼吸開始放鬆……現在對自己逐漸創造了強大的可能性……對你自己……美好的聚焦，深入專注在美好體驗……這將以最佳方式為你服務……跟你自己的內在力量連結……內在資源……當你成長時用新的方式調動它們……甚至超越成長……那些不再相關的事物……你可能感到驚訝……如此快速，如此輕鬆……你可以允許自己感到舒服……我們很確信從這樣聚焦的體驗，我們學會……這就是學習專家所說的練習成果……從許多反覆的體驗裡你會發現……這些體驗的品質改變了……你學會發現和發展更快速放鬆的能力……更快聚焦的能力……

但現實是，快速完成並不會得到獎勵……對於發展深度和舒服的專注體驗來說……速度真的不重要……無論你花費兩分鐘還是五分鐘去發展那個非凡品質的體驗……你就是知道……儘管你無法用言語來形容……你就是知道……有個內在深刻的舒服……與自己不同而重要的體驗部分建立強烈的個人連結……我在我們的聚焦過程裡所說的話語……是鼓勵舒服的語言，鼓勵專注的語言，但也需要一些行動，一些有意義的行動，帶著正向意圖注意到，這個重要性……但我也鼓勵你考慮更深沉的東西，當你專注在信念裡，生活裡的東西就是它本來的樣貌……有時候這可能是真的……某些情況這就是它原本的樣貌……某個人就是他本來的樣子……成長接受那個現實是非常明智的……但有時候，有些人認為某些事情或某個人無法改變……他們在探索實際可能性之前就放棄了……對於有些人來說，放棄是自動化的行為……很熟悉的……而你和我都知道大多數人對於熟悉的事物感到非常舒服……

有時候，即使他們想要新的東西，創新的事物……人性總是走在細微的線上……想要創新，同時想要熟悉感……這不是讓人感到好奇嗎？人們花時間建立日常習慣……因為這很熟悉……很容易……最終它會變得自動化，甚至可能變得令人不舒服地受限……然後這個人可能會去心理治療，說：「這是我一直都在做的事情，但我不想再這麼做了。」……他們發現自己陷入困境……但是與其爬出這個困境，他們只是簡單地修飾它……他們試圖讓它變成更好的困境……這是個奇怪的適應，讓人無法渴望，也不太有用……我經常想著……為什麼有些人年紀變大，也更聰明……而有些人只是變老而已？……思考現在你所有學到的東西……啟發的事物和有趣的事物……挑戰的事物以及強化舒服和熟悉的事物……還有在你成長生活中正等待出現的事物……我在辦公室有一件美麗的陶瓷雕塑，上面是一隻海龜寶寶正在破殼而出……用力突破那個堅硬的殼……我想這是最有力量的畫面，從最基本的層次上浮現……你自己的浮現可能會有不同或類似的畫面讓你聯想到……有很多事情你已經在你的生命當中看到了……大自然世界中的事物……人類創造的事物……提醒你不僅要變老……還要變得更加有智慧……你一定注意到了一件事……人們經常互相給出建議……無論是電視上的醫生……充滿許多建議的自助書籍……或是一個更簡單的例子，人們建議一家很棒的餐廳……或一部很好的電影……人們經常給你建議，你可以做什麼，甚至你應該做什麼……你可以或應該體驗什麼……以及你如何看待或應該怎樣看待某些事情……有時候，這些建議對你立刻有幫助……甚至可能有人曾經給你建議，你當時可能覺得不相關或無法接受……但現在，當你從更舒服的位置開始考慮可能性時……或許更遠的位置……這很有可能，你曾經得到的一些建議現在具有全新意義……可以重新考慮……現在，老實說，對於我來說，我不在乎有人聽從我的建議或是別人的建議……重要的是這些建議……接納或是拒絕……作為你生活中前進的催化劑……現在……那是個奇怪的說法……向前走……向前走……我幫一個小男孩做治療，他當時才8歲……他媽媽帶他來見我……媽媽很明顯地擔憂……因為他在整個學年中一直表現很好……然後在學年快結束的時候……他開始表現得很糟糕……他拒絕交作業……他考試成績很差，讓人清楚地知道他是故意考得很糟糕……沒有人能搞清楚為什

麼……他的老師不理解……他的母親不理解……他的父親也不理解……然後他的姐姐比他年長兩歲，對此並不在意……當我幫他做了一次簡單催眠療法時……我平靜地講述一個簡單的想法……有時候事情並不是像表面那樣……而人們通常出於自己的私人原因做出令人困惑的事情……很快就變得非常清楚……他是那麼愛他的老師……他想要故意不及格，這樣他就可以和他的老師再共度一年學校時光……現在，從邏輯上講，這並不太合理……但對於一個8歲的孩子來說，在情感上確實有道理……所以我開始向他描述孩子的成長和發展……我問他在他更年輕時，發生過哪些變化……比如他小時候喜歡玩的玩具現在不再玩了……他在更小的時候曾經喜歡玩的遊戲……我提醒他在8歲時，很難享受躲貓貓的遊戲……當我說話時……他微笑了……他似乎明白情感會改變……依賴也會改變……並意識到我指出這個重要的學習智慧……每向前邁出一步，就意味著要放下一些東西……有時比其他時候更容易理解這一點……但新想法取代了舊想法……有時我們不得不放下過去曾經合理、我們堅信的東西……但時間和經驗需要我們進行修正……無論是相信對小學老師的愛還是相信有限的宇宙……那麼，如何向任何想要尋找更多已知事物的人解釋，這並不是說生活如何擴展或個人資源如何增長？生活是不停擴展的，而這並不總是容易解釋……有時候這真的很有挑戰性……比如，地球上最聰明的人——物理學家史蒂芬‧霍金已經證明宇宙仍在擴展……現在，我並不否認這個事實，但我確實不太理解……如果空間在擴展，那它擴展到哪裡去了呢，如果沒有更多空間的話？……但你我都不必完全理解它才能知道它……正如我們難以理解這樣的催眠體驗如何創造這麼多的正向可能性……即使我們不完全了解你的深層自我如何被激活……並獲得訊息……透過經驗……我們不需要完全理解它，依然可以巧妙運用它……能夠以新的方式使用知識和資源真是件美妙的事情啊，不論是否有人建議你這樣做……不論你想要擁有同一位三年級的老師或不想……不論你想要再玩一場躲貓貓遊戲或不想……都是如此。正是這種事物變遷的必然性質，讓人做出非常不同的回應……以做出更令人滿意的事……無論是短期和長期……這意味著你現在可以做一些事，你在當下和未來都可以享受的事情……現在，我不知道你是否知道亞伯拉罕‧馬斯洛的名字……他是非常有名的心理學家，在1950年

代開始研究人們的動機……是什麼推動人們前進……是什麼鼓勵人們更好地發展自己……馬斯洛使用「自我實現」一詞來描述個人成長過程……他發展出一種理論，描述人們擁有的需求層次……從最基本的溫暖、食物和住所等需求……到更高階的需求，智力和社交成長……馬斯洛說過一段令人難忘的話：「人們可以選擇回歸安全或朝向成長前進……我們必須一次又一次地選擇成長。我們也必須一次又一次地克服恐懼。」……我喜歡這句話……因為它強調了我們可以選擇……你有能力選擇最好的，而不是選擇最簡單或最熟悉的……當我思考這句馬斯洛的話，關於一次又一次地選擇成長，一次又一次地克服恐懼，它強調了我們的人生不是活在單一章節……也許偶爾會發生一生中僅有一次的獨特情況……但是你在生命中還將面臨多少次挑戰……許多情境需要你去調整……適應……深入你內心找到勇氣和力量……你已經知道它本來就在那裡的？……你可以預期到這些事會進入你的生命裡……你將有機會讓自己驚嘆……每一次當你將自己放在……故意將自己放在……新的成長環境裡……你將提醒自己……矛盾的……這只是把自己放在新環境底下的一個例子……找到資源可以熟練地處理……我可以想像……什麼是新鮮的，什麼是熟悉的？……為什麼有人說太陽底下沒有新鮮事，而有些人則認為每次體驗都可以像是第一次體驗？我很好奇你會怎麼回答這個問題……人們想要一些東西……有些人想要的事物很明顯：更多幸福、更健康、更好的關係、更多金錢、更多自由時間……你一生都是以目標為導向……從最早學習走路……學習說話……學習閱讀，學習寫字，玩新玩具……但現在，身為成年人……你可以有個更清晰的聚焦，推動你前進的那些目標的價值……你有機會享受某個力量，想要更多東西不僅僅是提升你的生活。透過你的工作所觸及到的人們的生活……透過你的家庭……透過你的友情……你現在比以往更能覺察到正向話語的價值……和刻意思考的力量……接下來，我將安靜一分鐘……在那一分鐘的安靜時間裡，你也許會發現自己在思考什麼是目標導向和成長導向……什麼是深刻覺察到內在動力，推動你欣賞自身內在資源……當我在一分鐘後再次說話，我的聲音會使你更深地放鬆……現在開始安靜一分鐘。（安靜一分鐘）

（恢復說話）你可以繼續放鬆……繼續感到舒服和自在……在這很短暫

的時間裡，你可以思考一下我所說的……還有我所暗示的，選擇一次又一次地前進……認出那些帶領我們成長和前進的目標……你可能會發現，成長不見得是要有更多自信……事實上，這是關於你如何面對自己沒有自信……你有沒有什麼目標是可以在前進過程裡細微調整的……還是你躲避那些不熟悉的事物……這不是要你感到確定……這是跟你如何前進有關……當你沒有直接經驗，只能依靠內在智慧、正向意圖、自我覺察、適應性……以及做一個對於有效方法的良好觀察者……並多做那些有效的事……

現在暫停一下，因為我們準備結束這個催眠了……你的腦海中可能有許多不同想法……新的洞見……熟悉的提醒……和新的覺察，帶著你前進……因此在未來的日子裡你總是能讓自己感到驚奇……以美好的方式……

給你自己足夠多的時間去思考和整理想法和感覺……因此你可以溫柔地消化吸收……當你有足夠時間去整合和考慮各種可能性……你可以開始這個過程，逐漸恢復清醒，重新連結你的身體、這個環境，舒服地待在這裡……稍等一會兒……當你準備好……你可以全然恢復清醒……允許自己睜開眼睛……從這個體驗中全然恢復清醒……感覺很棒！

◆ 主題：你所有的部分都是有價值的，在某些地方……但不是每個地方

治療概述：治療中反覆出現的主題是自我拒絕的模式。人們對自己可能非常殘酷，用最負面的方式無情地批評自己。說「我做得很差」這是一回事，但說「我是個完全的失敗者」又是另外一回事。當人們看到自己身上自己不喜歡的事情，無論是抵擋不住對糖的誘惑，或是需要不斷確認自己沒問題，以下是個寶貴的機會，提醒著人們，他們不僅僅是他們如此厭惡的那個部分。

當人們問你「幫我擺脫那一部分……幫我擺脫我愛吃甜食的壞習慣」或者「幫我擺脫我總是需要別人」時，這是個重要的機會，讓我們可以幫助人們接受這樣的訊息：你不用「擺脫」自己討厭的那部分，而是學會重新定義與它們的關係。當你提供重新框架，即使是他們討厭的那部分，在生活裡也

有某種功能或角色時，他們便可以開始接納這部分，並進入下一階段：如何整合、何時要整合，讓它成為有用的東西，而不是破壞性。

這個以過程為導向的催眠治療裡，主要的訊息是當你把每個部分都擺在適當位置時，每個部分就會產生好的價值。換句話說，問題不在於這糟糕的部分，問題在於你不支持那個糟糕的部分可以在特定情境下好好表達它自己。你需要有靈活性，在特定情境裡發展另一個更有效的部分。這個催眠治療促進了這個過程。

催眠逐字稿： 現在是時候要專注了……你可以做幾個放鬆的深呼吸……讓自己進入安全、舒服、可預期的狀態裡……這會成為熟悉的經驗……簡單地讓自己享受幾分鐘時間，聚焦在自己身上，清空頭腦……你知道，我也知道……對我們大多數人而言，生活的步調就是越來越快。所以這個部分特別好……偶爾……花幾分鐘時間呼吸……在你的想法裡真正舒服……在身體裡……在靈魂裡……在你的靈魂深處……在這一次以及每一次會談……我誠摯邀請你用我所知道最溫柔和最尊重的方式……就只是享受內在平靜感受的演化……當然，每一次你體驗到這些聚焦的治療過程……都會有點不同……有時候你的想法會飄向一個方向……有時候你的想法會飄向其他方向……然而，每一次都有某種深層感受……深刻的覺察……某種價值感，用最好、最有益處的方式和自己在一起……對我們大多數人來說，有時候我們會自我批評……對自己不滿意，當我們不能達到自己設定的期望或標準時……有時候，我們總是會懷疑自己……你只在乎別人的看法……只要你想要表現得更好……你自然會批評自己……其中很多可能是不公正且嚴厲……但是這樣批評沒有建設性……不會教會我們什麼……就只是嚴厲而不舒服……這是多麼解脫，當你花時間……提醒自己，沒有哪一個體驗或是你的哪個部分可以完全定義你這個人……這是多麼解脫的感受，當你花時間……提醒自己豐富的人生經歷……人生旅途上遇到有趣的人……和你去過的特別的地方……你所經歷的寶貴事物……這些都是個人財富……生活裡總是會有一些豐富非凡的機會來到我們生命中的永恆提醒……有些財富是我們自己創造的機會……主要是因為我們帶著洞察力和遠見做選擇——我們想要去哪裡，和我們想要體驗什麼……其他時候，我們剛好在對的時間和對的地方……就只是很幸運能

看到一些事情，遇見鼓舞人心的人……或是體驗到一些強有力的事物，激勵你的事物……我最喜歡這種聚焦體驗的其中一件事情是……它可以如此仁慈和溫柔地提醒人們自身的優點……也是種慷慨的方式幫助人們找到並認出他們隱藏的天賦，你可能都不知道自己擁有這些天賦……這可以是種支持且實際的方式，再次確認你不需要完美才能做得很好……我喜歡這個……我喜歡認出、找到人們的優點和資源。經常很多時候，人們會將自己的優點視為理所當然……如果我跟隨你一天24小時，我會注意到你擅長做什麼嗎？……毫無疑問我會發現你擅長很多事情……可以把它們延伸到新情境裡……把這些技巧用新的方式運用在新的互動中……好的，這就是人們如何繼續擴展和成長的方法……

這是多麼非凡的事情，可以定義自己再重新定義自己……你曾經以為自己是怎樣的，現在你發現你不再只是那樣了……你曾經希望自己會是怎樣的……你很喜悅地發現自己正在成為你想要的樣貌……每天，生活給了我們建立和重建的機會，舒服地走在一條安住於心的道路上，同時希望體驗更多……這是個好奇的經驗組合，保持滿足，同時想要更多……對自己所擁有的感到舒服……同時有野心想要更多……舒服地同時享受這兩者……它們看起來如此矛盾……這是我在催眠聚焦裡發現最有趣的事情之一……我們的經歷不必合乎邏輯或有意義才有價值……比如，你可以同時在這裡和那裡……你可以思考和不思考……你可以深刻地覺察和深刻地不覺察……做個很奇妙的觀察……在一個頭腦框架裡看起來相互矛盾的事情……非常容易地整合和整理，當你感到舒服和聚焦時……所以我鼓勵你享受這些美妙的能力……這只是個美好的方式來加強你已經知道的東西……你內在擁有很多很棒的資源可以去探索、進一步去發展……和享受……這是感知的奇妙之一……有時你聽到的東西一開始似乎與你無關……然後逐漸變得更加相關……或者有些東西似乎很遙遠你覺察不到……但是它會逐漸靠近，直到你覺察到一些有趣……令人驚喜……但肯定有用的東西……這是舒服地存在當下，聚焦的體驗會帶來的許多價值之一……我們很容易可以欣賞……很容易欣賞……你體驗的每個層面都有價值，有些地方，有些時間……當你做享受的事情的時候更明顯……重點是……每個體驗在某個地方都有其價值，但沒有哪種經驗是

任何地方或任何時候都有價值的……你可以喜歡某種特定食物，但你不會想每天都吃它……你可以享受放假時去一個特定的度假地方，但有時你也想看看別的地方，體驗其他事物……你可以真的熱愛一個地方，但今天仍然想要去別的地方……一路上你學到了一個很重要的原則，事物的價值取決於情境，它隨著環境而變化……能夠時而挑戰他人，甚至挑戰自己，這是很棒的事情……有時選擇和諧和容忍，這也是很棒的事情……而智慧就在於知道什麼時候該做什麼選擇……同樣，有時候能夠接受當下情況，這也很有價值，同時知道，何時需要創造改變……現在，你可以很容易地開始構建一個印象，即我提到的每種經驗的潛在價值……你可以這樣做……我真的不知道你是否開始把它帶到下一步……開始欣賞你自己的每一部分，在某個地方、某個時間都有價值……這甚至包括過去你可能不喜歡……不理解的部分……你可以感覺到有些事情正在改變……你覺察到那部分有正向價值……如果在合適的情況下好好運用，就會有正向潛力……這就是熟練地過好生活的生活藝術……學習有目的地創造正向可能性……經常，在我的經驗裡，人們告訴我，他們對自己的某個部分感到糟糕，感到無法接受……他們會這樣跟我說：「幫助我擺脫我的憤怒」，或「幫助我擺脫我的競爭心……」或者「幫助我擺脫我總是尋求別人認可」……通常，人們需要一點時間才能真正領會我回答的精髓……當我告訴他們，你不需要擺脫這些東西……你不需要擺脫自己的某個部分……相反地，你學習如何有選擇性地、明智地運用它們成為你的優勢……為你關心的人謀求最大利益……你發現這些部分也有價值……在某些地方……只是不在你習慣使用的地方或習慣使用的方法……當它們跳脫有用的情境時……

這需要不同的觀點……學習如何接納你所有的部分……而不是致力於消滅你不知道如何處理的部分……當你獲得這個不可避免的體驗時……你的每個部分就在某個地方變得有價值，但不是所有地方……這真是個美妙的發現，你可以欣賞過去你只能批評或拒絕自己的那個部分……對我來說這是趟神奇旅程，在多年的培訓之後，我學會如何在臨床上幫助個案……然後再更多年培訓後，我學會幫助伴侶和家庭……當你開始探索家庭環境……家人所扮演的不同角色……你真正學習到我們如何被期望、需要愛與認同、比較，

以及許多其他力量所影響……這很有趣，家人做的選擇會創造這些力量……哪個家人是負責任的？……哪個家人是不負責任的？……哪個家人是嚴肅的……哪個家人是好玩的？……哪個家人是支持的……哪個家人是愛比較的？……哪個家人不在乎自己是否正確……而哪個家人總是堅持自己是正確的……即使他或她是錯的……這是很有趣的問題，我們如何被形塑成現在的自己……我們對人類大腦和想法的了解越多……我們越需要問自己一些困難問題……我們真的是自己的主人嗎？……選擇舒服看起來似乎是自由意志的選擇……決定要走哪一條路看似是自由意志的選擇……或者想要點哪道菜……但我們越需要放下過去學會的東西……這些曾經有價值，現在不再有用的東西……我們就越需要學習新的方法來善用我們許多有價值的部分……我們真的更少自由……帶著理解和慈悲行動……這個當下，是你在自己內在發展的美德……當你在許多不同層面上處理這些經驗時，這是非常好的理由——也是個很棒的理由——開始發展對自己的深刻信任……這不正是你當下正在發展的嗎？你可以思考深刻的信任，一些強化和蛻變的體驗……

這真的說明了每個人內在深刻的隱藏能力……你的隱藏能力……因此，當機會來臨時，你可以抓住成長的機會……每天這些機會都會來到，你有機會注意到什麼是對的……有機會讓別人感到重要和受到尊重……有機會提醒人們你愛他們，你為什麼愛他們……有機會從簡單的互動或事件中學到有價值的東西……無論這個互動或事件發生在什麼地方……可能是雜貨店、街角或坐在公車上……每天都有許多穩定的機會……出現在你面前……只要你注意到它們……要做到這一點，需要一顆好奇心而不是批評的心……能夠享受真正健康的好奇心，可以讓最平凡的經歷都充滿更多深刻驚喜……

再一下子，我將安靜一分鐘，時間上的一分鐘……你現在知道，一分鐘只有60秒長……但它提供了永恆的機會……我很好奇你會如何利用它，這個開放的時間將如何幫助你發現……一分鐘後，我將再次說話，當我說話時，可以簡單地幫助你深化你舒服的體驗……一分鐘的沉默現在開始。（一分鐘沉默）

（繼續說話）你可以繼續放鬆，保持自在，舒服地休息……現在花一點時間注意到明顯的不同……比如呼吸的變化……你更舒服的狀態……同時也感激你不需要費力去做……這種集中注意力的方式不需任何努力……這只是

種輕鬆的方式，跟自己在一起，將你的注意力聚焦在正向的可能性上……

現在，我要談論許多你可以考慮的可能性……提醒你，你不需要完美地生活……但你有很多機會可以好好生活……消化吸收這個訊息，並轉變成你會溫柔地對自己說的話……你看見自己有價值的方面……同時切換注意到其他人和周圍世界，值得你去看見的美好事物……你可以享受發現這些變化……尤其是當你發現你是看見這些變化的人時……它們是你的……你現在知道，可以像你希望的那樣注意到這裡出現的許多可能性……畢竟，你會創造和享受這些體驗……你要決定從這個和之後的每一個經驗中留下什麼……因為這些值得保留……甚至等一下我請你恢復清醒……有些人會繼續保持舒服的感受……有些人記住了那種真心珍惜人生體驗的感受……有些人記住了他們可以定義自己和重新定義自己……我當然希望你現在有的美好感受可以輕鬆地被記住，並在你閒暇時不斷地出現……

當你有足夠時間去感受這個體驗……並思考與消化更深的含義……然後你可以開始將這個體驗帶往舒服的結束……給自己足夠時間……當你覺得準備好了……可以開始讓自己回復清醒，用漸進、輕鬆的方式……因此等一下……你可以全然回復清醒……讓你的眼睛睜開……感覺完全清醒並且深刻的煥然一新……

◆ 治療主題：打破規則和修正自我

治療概述：沒有人能逃脫社會化的力量。在我們一生中，特別是在我們的早年，我們透過家庭、社區、文化、同儕團體等社會力量的影響而被塑造。所有這些都給我們壓力，告訴我們「應該」怎樣做。我們學到「說這句話可以，但最好不要說那句話。你可以把手放在這裡，但不要放在那裡。你可以這樣做，但不要那樣做。你最好相信這個，否則……」。

我們吸收了他人的期望，我們需要歸屬感，這會導致我們尋求社會獎勵（會員資格、接納）並避免懲罰（排斥、拒絕）。有時候，我們想要的東西可能會與別人預期我們「應該」如何的觀念有直接衝突。你爸爸希望你打球，但你更喜歡演奏音樂。你媽媽希望你高中畢業後上大學，但你更寧願揹著背

包去歐洲旅行。當你勇敢想要追求自己想要的，但它與別人想要你做到的有直接衝突，我們在生活中都面臨過很多次這樣的對抗。你如何決定要做什麼？你如何決定是獨自行動，還是配合別人的需求？這個過程導向的催眠治療，是關於你在生命中遇到這種兩難困境時，我是否犧牲自己想要的，為你去做這件事情；或是我做我自己想做的事情然後讓你失望？

對於任何想要獨立自主、試圖定義自己的人，任何想要定義並對自己真實的人，這個治療可以幫助他或她發展自我覺察和自信，根據情況做出明智的決定。有時候，自我犧牲是最好且正確的選擇；有時候，這是毫無意義甚至自毀的選擇。有時候，如果想要對自己全然真誠，你必須「打破一些規則」。

催眠逐字稿：你可以開始做幾個深深的、放鬆的深呼吸……暫時把注意力轉移到內在……接下來幾分鐘，我會談論不同的想法、不同的可能性……當然，你已經體驗過一些聚焦的催眠……讓自己更加舒服，逐漸沉浸在身體和心理都非常舒服的狀態……這變得很簡單，你也歡迎這個狀態到來……你可能開始珍惜這種安靜沉思的時刻……當然，這深刻強化了我堅信的一件事……也就是，能夠暫時停下手邊的事情，只是「存在」……對有些人來說這很有挑戰性……花時間去聚焦……對有些人來說，這蛻變進入了緩慢的愉悅……對有些人，這可能很快發生……更立即地發現專注在新想法的價值上，新的可能性……因此，無論你是否快速地或緩慢地放下日常生活的例行工作……這都很好……現在你可以暫時放下平常事務……就是義務的冗長清單……每個人都有……現在，我可以提到這些例行事項和義務，因為你可能注意到你對這個清單的感受正在改變……就只是簡單地提到它們，並且刻意地提醒你，如何不同地定義自己是很有價值的……提醒你你比你的工作還重要，這很有價值……你比你的頭銜來得重要……你比你的「待辦」清單來得重要……你比所有那些令人印象深刻的事情還要重要……例行公事……你每天在做……這很美好，真的很美好，思考一下，你可以為別人的生活帶來多少東西……當你選擇分享你自己……因為你可以為別人帶來這麼多東西，你可以想一下留一些時間給自己，這也是非常有價值的……給自己時間來恢復、更新……有些人在這方面比其他人更容易做到……因為他們看重他們的私人時間……是恢復能量的重要時間……現在，每次我談論到這樣的重要話

題，都是給你一個邀請……溫柔和尊重的邀請……你可以思考一下這個話題
與你的關係……它對於你的自我認知會帶來什麼意義……它如何影響你的
選擇、反應、存在和做事的框架……它如何允許你去吸收？你可以吸收很
多東西……從你很小、很小的時候……你被告知這個世界如何運作……你父
母告訴你……老師告訴你……其他人告訴你……你可以把什麼放進嘴巴裡，
你不能把什麼放進嘴巴裡……你可以把手指放在哪裡，以及你不能把手指放
在哪裡……你可以對某人說的話，以及你不能對某人說的話……你應該感興
趣的事情，以及你不應該感興趣的事情……你學到並吸收了各種規則、指引
和存在的方式……你周圍的人會讓你清楚知道他們在意的事情是什麼……同
時他們也告訴你，他們認為你該如何生活……因此你早年生活中的許多規則
對你來說都很有幫助……它們對孩子或學生來說真的是很有價值的準則……
如果我問你早年學到的哪一條規則、哪兩條規則、哪三條規則最能增進你的
生活……你也許能清楚地表達你真正欣賞和看重的規則……甚至現在仍然如
此……現在，我真的不知道，你何時第一次發現有些你學過的規則並不是所
有人都通用。我很好奇你在幾歲發現你學過的一些規則是完全不公平的……
這些規則是你成長環境……以及撫養你長大的人們所獨有的產物……你最
終發現有些規則不適合你……因為你有了一些經歷，讓你看到了其他做事
的方式也是可行，甚至更好的……你現在發現，你一生中有很多機會去學
習……然後修正你的觀點……學習更多，然後再修正更多……我擁有最棒的
機會……當我在專業領域裡成長，成為心理治療師……受教育成長，被某
人影響……他質疑了有爭議的規則，關於治療的規則……一開始很簡單，
他問我為什麼治療時間規定是一個小時，為什麼對於一些治療師來說規則
是50分鐘……他對我提出了令人困惑的問題……他問，如果你沒有遵循治
療傳統並按小時收費會怎樣？如果相反地，你按病症來收費會怎樣？我以
前從未聽說過如此奇怪的建議……所以我真的不知道該如何回答……他問我
關於意識和潛意識功能的看法……以及為什麼我們會將意識放在頭頂，把潛
意識放在身體底部，這種不可逆的階級制度……他問我為什麼它們不能左右
並存……我們談論了短期治療和深度治療，以及為什麼短期治療比長期治療
更深刻的原因……他一直在問我問題……教我質疑基本假設……關於事物應

該是怎樣……特別是什麼建立了治療規則……有時候感覺規則太嚴格，或有時候規則太陳腐……它讓我很好奇……你知道好奇心很有價值……我如何學習……我如何知道我認為我知道……以及你如何知道你認為自己知道？……現在，你有個絕佳機會，跳脫你的思考框架，問自己你所預想的事情……你學到了什麼，或許你可能從未質疑過……直到現在……你可以重寫什麼……為你自身利益……和成長……當你花時間安靜地坐著……你現在的方式……你有獨特的機會去替自己重新畫線……這些界線是用來定義你，定義你的感受，和你的生活方式……你可以檢視你過去的想法如何……在反思之後，你更好地意識到，你並不是……你過去認為的樣貌……你曾經是……在經過深入思考後，你真的是你現在認為的那個人……你對自己的看法不斷擴展……給了你重新畫線的自由，定義自己，因此你可以繼續學習和修正……學習和修正……你何時會真正完成學習？在這一輩子不可能。你何時結束教導，作為他人學習的榜樣？在這一輩子不可能。你永遠會有能力修正你的想法和你自己，隨著更多新訊息出現……隨著新觀點演化……這真是超凡的能力，可以修正你的看法……畢竟，在多年歲月裡，你對自己或他人或某種情況的看法改變過幾次呢？儘管人們喜歡熟悉感，有時會過於努力地保持事物穩定不變……但我們每個人……包括你……都希望事情朝好的方向改變……有時候你的注意力飄移，發現新的可能性……或許一點點不同的做事方法……你的注意力總是在內心和外在某些地方飄移著……就像是現在這個體驗，你可以聚焦，更少地聚焦，有時更多地聚焦……回到你所熟悉和舒服的感受真的很不錯……你可以甚至嘗試說服自己，當你回復清醒時，一切事物都保持一樣……但是不要被自己騙了，因為有些東西不一樣了……或許是某個想法……或許是某個行為……或許是某種感覺……你也不會總是能立刻察覺這些變化……有些對你影響最深刻的事情是逐漸演變，相當緩慢……我說的是你成長過程裡學會的規則、你定義自己的界線，然後重畫這些界線，你用有意義的方式繼續成長……這可能在某些我所談論的層面上很明顯……你可以把我在暗示的東西變成是明顯的……接下來我會給你一分鐘的安靜，你可以用一分鐘來想想你曾經打破過的最好的規則……那些你所打破的規則，以你能夠欣賞的方式擴展了你人生的視野。

我接下來會短暫地安靜一分鐘，雖然它看起來可能更久，一分鐘也可能看起來更短，在這完整的一分鐘裡，你在腦海中反覆想著這句話：「你曾經打破過某些最好的規則。」你可能突然想到某件事情……一分鐘後當我再次說話，我的聲音會讓你更加深刻地放鬆，現在安靜的一分鐘開始……（一分鐘的安靜）

（開始說話）你可以繼續放鬆……繼續保持自在……舒服地休息……就只是專注在這寧靜時刻，這舒服的空間，提醒自己你感覺到多麼美好，當你修改某個規則所帶來的價值，打破某個規則或者遵循某個規則，按照那個規則生活……有能力去強化和質疑……當這個治療結束後，什麼可以持續發酵……是個證明，當你自己好奇想著：「如果我嘗試另外一種方式會怎樣？」當你問那個問題……你必須決定……你是否能處理不確定的感覺？你是否能夠處理在那一刻你並不感到特別自信？這真的很有趣，你曾經打破過的一些最好的規則都會帶來不確定感受，不是嗎？你真的可以享受不確定感受……

片刻之後，我將鼓勵你緩慢地將這個體驗做個舒服的結尾……當然，你如何做結尾，並沒有任何規則。我只知道，你可以逐漸、舒服地，依靠自己對時間的感覺，這是學習來的並總是能夠修正……花點時間，當你準備好……你可以開始回復清醒的過程，舒服地、非常舒服地……現在全然回復清醒……當你準備好，你可以睜開眼睛……慢慢來……

總結

在本章每個過程導向的催眠治療裡，是「如何做」這個問題賦予了治療過程潛在價值。詢問「為什麼」一個人會有問題，這會產生一些解釋，可能是有洞見的答案，或是奇怪的答案，我們甚至無法知道這個解釋是否準確。但是，無論那個解釋是什麼，這個人仍然需要學習相關技巧，以不同方式來處理這個問題。

人如何思考自己的成長潛力，人如何思考和運用自己不同的部分，以及如何思考他或她自己的自我定義，這些都是終身學習的過程。運用催眠來鼓勵這些過程，以更好的方式隨著時間推進而開展，這可能是廣泛治療最好的應用之一。

1. 列出一些普遍性的人類經驗，無論性別、文化、種族或族裔，所有人都會經歷的事情。比如，如果你是成年人，我相信你一定經歷過童年。如果你有嘴巴，我相信你一定有特別喜歡的食物。盡可能列出許多普遍性，並討論如何在過程導向的催眠治療裡運用它們。

2. 客戶在你的催眠過程裡是否能夠獨立創造自己的解決方案，而不受你的建議影響？如果可以，這是如何發生的？你認為為什麼有些客戶比其他客戶更容易做到這一點？

3. 當過度一般化思考的個案見到過度一般化思考的治療師時會發生什麼事？這是好的配對還是不好的配對？你為什麼這麼説？

1. 請你向同學詢問三件他們認為自己做得非常好的事情。然後詢問他們如何做到這一點。他們能夠解釋清楚嗎？他們的解釋是否足以讓其他人做到同樣的事情呢？為什麼可以？為什麼不行？

2. 除了本章所提供的治療外，再找出至少三個過程是人們在生活進展不順利時，可能會參與或是用作治療目標的。現在設計一個催眠治療用來增強這些過程。

3. 列出你一生中曾經打破過的一些規則清單。這些規則是誰制定的，你為什麼要打破它們，結果是什麼？你最喜歡打破的規矩是什麼，為什麼？

第21章

催眠治療的案例：常見問題的逐字稿

在這一章節中，我提供了七個完整的臨床催眠治療逐字稿，以說明我們如何針對特定問題做治療。然而，在進入逐字稿之前，有兩個主題我希望簡單再強調一下它們在構建治療的重要性。第一個主題是關於我們是聚焦在問題的內容還是過程（結構）上，第二個主題是關於在催眠治療裡使用腳本。

在定義治療目標時「內容」與「過程」的比較

在前一章裡關於過程導向催眠，我們清楚區分了催眠治療的內容形式和過程形式。這指的是治療是否針對個案問題的結構或是問題的內容。

我鼓勵治療師使用那些不僅可以幫助個案解決問題，還可以教導個案解決問題的過程。為了實現這一點，可能不需要花費過多的時間篩選問題相關的所有細節。如果你引入了更有效的新方法來解決問題，並使人們能夠吸收

和應用新的概念和方法，那麼內容也必須作為直接和可預見的結果而改變。

　　治療過程中有個重要的決策點，亦即你可以選擇在內容層面治療、過程層面治療，或兩者兼顧。從上一章的過程導向治療逐字稿中，你會注意到我主要關注過程。在本章提供的逐字稿中，我將更注重內容，透過直接指出病症模式，提出建議來中斷該模式，並發展出更好的新模式。但是，在一個治療裡，你也可以同時處理內容和過程，有時這樣做甚至是最好的。

治療逐字稿

　　我在本書中多次強調：要有效地使用臨床催眠，需要根據每位個案的獨特特徵，量身訂做獨特方法。然而我也認識到模仿作為教學工具是很棒的價值，因此提供這些逐字稿來幫助你了解催眠治療的用字遣詞。要請你注意，我提供這些逐字稿並不是要你一字不漏地用於你的個案治療裡。

　　以下治療逐字稿是源自與實際個案進行的催眠治療，這些個案希望解決各種問題。我希望你能謹慎思考個人、人際關係和情境因素，這些因素可能導致了我所創造的治療建議。你將會了解到每個個案的背景、該特定催眠治療的目標，以及該次治療與個案治療的更大目標相關聯。

　　關於這些逐字稿案例的最後一點，我選擇在本章中僅呈現我對個案說的那些話，以說明催眠建議的各種形式。在閱讀以下逐字稿時，你可以積極思考我所提供的建議，並推理其包含的原理來增強你學習催眠。除了本章提供的催眠逐字稿外，你還可以參考《臨床催眠大全》網站上的薇琪案例（www.routledge.com/cw/Yapko）——如果一邊閱讀完整的逐字稿及其評論和分析，你會發現這是一次令人感動的治療，並且特別有教育意義。那次治療涉及一位42歲的癌症晚期女性，她透過催眠尋求緩解疼痛。該治療更全面地呈現了如何透過臨床催眠進行合作、互動和個別化過程。

案例1：自我定義與自我照顧

　　個案是個60歲初期的女性，最初尋求治療噩夢、有關童年遭受性騷擾反

覆出現的創傷畫面、自尊心低下，以及無法有效地在人際關係中設定界限。支持她處理與創傷相關的情感是治療計畫中明顯且必要的一部分。她的治療還聚焦於缺乏自我的問題——許多治療師稱之為缺乏「自我邊界」。堅定性和設置界限的能力可以在治療過程後段實現，但首先必須定義值得保護的自我感。這位女性在自我理解方面非常全面化，非常無私地對待周圍的人，她幾乎不了解自己的思想和感覺。我們把這個稱為「無法辨別情緒差異」。簡言之，當你不知道自己真正的感受時，很難自我調節情緒。下面的逐字稿呈現了催眠治療的早期階段，主題是建立界限和進化更清晰的自我定義。

　　好的，莫莉，妳可以開始做幾個深刻……放鬆的呼吸……讓自己感到舒服……讓自己進入……進入內心的體驗一段時間……因此妳可以真正享受意識覺察和潛意識覺察之間的平衡……讓每一次呼吸都更放鬆……暫時自由放任妳的想法……直到它們疲憊不堪……然後一點一點，它們可以慢慢……變得非常慢……所以妳可以花更多精力在學習上……在自己內心最深……舒服的感受之處……距離遙遠的體驗……從妳所有的覺察聚焦……所以妳可以深刻地了解……所有內心世界……妳的內在風景……都可以舒服地旅行……看著這個自然形態……還有那個自然形態……感覺和想法……歷史標誌……妳的好奇心……以及深刻認知……內心能力……觀察這些演化很有趣……發展的體驗像是什麼感覺……看到一個新生兒……沒有人真正知道嬰兒在思考或是在想什麼……看嬰兒如何發現自己的手指、自己的腳趾……看到嬰兒臉上的愉快表情……當他發現他可以讓手指擺動……自由地……逐漸地……那嬰兒學會……這是我的身體……它是分離和獨立於世界上任何其他東西……跟其他人、地方、事物分離……妳皮膚的每一吋……都是邊界……在妳的內心世界……外在世界之間……而事實上妳不可能跳出妳的皮膚……妳是自給自足的……有趣的是……有些人沒有住的地方……他們相信天空是他們的屋頂……地球是他們的家……而有些人則標出了巨大領土，許多英畝的土地……他們清楚地標明這是他們的……人建造的每堵牆壁……把某些東西留在裡面，把某些東西擋在外面……有

石頭圍牆……木頭圍牆……鋼筋混凝土牆……還有一種牆……妳可以為自己建造……刻意地、快樂地……莫莉的牆……透明的牆……能夠選擇讓什麼東西進來，讓什麼東西出去的牆……而這正是那種牆……可以跟不舒服產生足夠距離……可以在高速公路上開車……舒服……它是穿越的牆……當有人在談話中發表評論……妳可能有共鳴……那就能保持舒服的距離……一種保護……無論從哪裡來的評論都可以保持距離……妳可以放心，每個人給妳的回應都必須在妳的前門經過檢查……在妳決定是否讓它進來之前……在妳決定是否做出回應之前……如果妳回應了……決定妳會如何回應……什麼是有效回應……在妳內心最深處感覺良好……那麼，為什麼不來個建築派對呢？建造美麗的牆……有創意的牆……我很好奇妳會採用什麼顏色……使用哪些材料……檢查門口長什麼樣？……有多少房間？……很多很多的成長……還有這些牆……當妳想要的時候，它們總是可以被移動……它們可以擴建或縮編……妳可以安裝窺視孔和全景窗……畢竟，這些牆是屬於妳的……而我知道有個能力……走進一個開放空間……一方面……無限自由……但另一方面……如何建構框架讓體驗變得有意義？……當我現在進入這個特別的辦公室時……這是個巨大空間……我需要畫張草圖……詳細說明我需要多少牆壁……以及我希望它們在哪裡……需要多少電源插座……需要多少門……是向內開門還是向外開門……以及需要多少……「打開」開關和多少「關閉」開關……妳內心深處明白……設計空間的用途……是一門真正的藝術……隨著時間前進妳發現……妳的每一個部分……所有的部分……都擁有一些空間……妳想如何使用那個空間……這顯然是個人設計的問題……美感……這裡有高牆，那裡有低牆……這裡留更多空間，那裡少一些……妳可以真正欣賞……讓人難以置信的清晰……伴隨著……越來越複雜的設計……可移動和可拆除的牆壁……妳可以輕鬆地知道……沒必要讓所有經歷都直接流經全身……妳有很多內在保護……內在力量的牆壁……妳也看過中國長城的圖片……妳聽說過哭泣牆……妳讀過柏林圍牆……妳

知道華爾街……或者妳可能聽說過南達科他州的沃爾德酒吧……或者洛磯山脈的天然牆壁……或者拉霍亞的懸崖峭壁……所有這些不同的可能性……妳的潛意識可以……毫不費力地……可以計劃……可以建造……如果妳為保全公司工作……妳會真正了解保障內外分離的牆壁的重要性……24小時全天候保護……每週七天……一個人真的必須保護自己的空間……和幸福……有很多更深層的含義……我真正了解……妳可以吸收和利用……過一天是一天……所以慢慢來……思考……建造……然後……當妳感覺妳想要……當妳準備好……當妳可以全然回復清醒……當妳準備好時可以睜開眼睛……

我多次與莫莉進行治療，強調擴展內在覺察、認出和接受自己的獨特性、能夠為她自己的行為做正確選擇，以及將過去的創傷分隔以便允許未來成長。莫莉後來變得非常善於識別人們試圖影響她的行為，而那些行為經常是出於自私的目的。她覺得有力量更明確更清晰地說出不，她表示這是人生第一次感覺到她的生命真正屬於她自己。

案例2：失眠

個案是一位40多歲的女性，她出現了多種問題，包括焦慮、抑鬱和失眠。某些失眠經常與焦慮和抑鬱連結在一起，由於失眠所產生的後果嚴重且有多方面的影響，因此我們可以把失眠看成是治療的早期目標之一。它會引起主觀困擾，並影響社交和工作能力。失眠患者會說他們的生活品質下降，難以集中注意力，感到疲勞（抑鬱的第二常見症狀），並降低對社交或參與愉快活動的興趣，進一步產生抑鬱症狀。

有許多因素會導致失眠，但其中最常見的因素之一被稱為反覆思考。反覆思考是種認知過程，不斷重複思考相同的事。這是對持續發生的問題和壓力所產生的應對方式，會導致焦慮和抑鬱症變嚴重。反覆思考會產生身體和認知上的刺激，這兩者都會加重失眠，但證據顯示想法上的刺激是更大的問題。最少的思考處理和專注於睡眠，是關鍵治療目標。

在這個案例裡，個案明確表達她有反覆思考的模式。當被問及她睡覺時

會想什麼，她回答說：「一切！我拖欠的工作項目，我必須做的簡報，並且知道我老闆會對我有很多意見，我女兒在學校的問題，我丈夫在他討厭的工作中的壓力等等。」有誰能在腦海中想到所有這些事情還能入睡呢？

因此，這個治療致力於在就寢時創造「無思考區」——讓心靈淨化的機會，而不是解決問題。如果你想要獲得良好睡眠品質，在就寢時不要想著解決問題。

妳可以讓妳的眼睛閉上，瑪德琳……當妳閉上眼睛時，可以立刻注意到不同之處……這意味著妳不再專注於周圍事物……這意味著妳已經關閉了對外界的眼睛……暫時……在某種程度上，妳可以想著……簡單的閉上眼睛的動作……當開始閉上眼睛……外面的世界……現在，妳肯定會聽到……聲音……平常的聲音……妳的環境……因為它們太常見了……無論是狗叫或蟋蟀叫……或是交通噪音……無論……它是平常的事……都不值得過多關注，僅僅是輕輕地流經妳的覺察……它只是在那裡……不需要妳對它做些什麼……僅僅是持續而很容易忽略的背景……簡單地不斷地提醒妳……用間接方式……外在世界正在照常運轉……沒有什麼特別重要的事情發生……現在沒有什麼特別需要妳注意的事情……這讓妳的頭腦自由……專注於睡前的這一刻……妳可以讓自己的想法……變得更加安靜……更加舒服……注意到這種感覺很棒……現在，妳知道，我知道……人們……經常……與自己談話……透過自己的想法……所以妳可能已經注意到……就像是……有個聲音在妳的腦海中……妳跟自己說話的聲音……這很正常……事實上，它可能會帶來舒服……而妳平常可能會和自己談論……今天早些時候發生的事情……或是明天可能發生的事情……或者在妳生命中發生的重要事情……這是很舒服的，現在發現妳可以……慢慢調低……那個聲音的音量和速率……直到妳發現自己……在緩慢、安靜的細語中思考……幾乎聽不見……多麼驚喜和美好地的安靜，它可以……在妳的頭腦裡……現在我早先提到，睡眠良好的人經常說，當他們入睡時什麼都不想……即使他們經常說他們什麼都不想……這個答

案其實不太準確……因為他們的頭腦並不是空白的……事實上，他們繼續思考……並在入睡時覺察到自己……但當你詢問他們關注什麼時……他們說他們關注的是如此簡單……如此容易……它幾乎可以等同於不存在……有人告訴我她想到了在她的想像中，她創造了美麗、安全、放鬆的特殊之地……有個男士告訴我他的想法自動飄移到他在喜歡去的度假勝地那幅美妙畫面……還有個女人告訴我她聚焦在和她的狗快樂玩耍的畫面裡……另一個人告訴我，他從小學會數羊，每晚都這樣做……但不會很久，因為這很單調，能讓他入睡……重要的是妳也有同樣能力，專注於任何使妳感到舒服……放鬆……和愉悅的想法……就像妳即將享受一份特別待遇……而美好睡眠就是一份特別待遇……妳可以每晚享受它……妳可以自由地引導妳的想法去到妳想去的地方……妳可以想著那種空無一物，真的是舒緩心靈……妳可以發展自己獨特的畫面……聲音……香氣……和感受……可以幫助妳感覺舒服，飄浮到睡眠裡……但在妳等一下進入夢鄉之前……我想提醒妳一件事……關於妳頭腦裡擁有的自由……妳現在需要的所有自由……有這麼多自由只需要放鬆，不需要思考……妳可以感受自由……可以……飄浮……進入夢鄉中……慢慢地……有意識地……當然，妳已經知道……這不是一件事……妳可以讓自己做到……就像妳不能讓自己成為七英尺高一樣……實際上，這是一件事……妳允許自己體驗……引導妳的想法……去到有用的方向……在這種情況下……飄浮的方向……進入美好……寧靜的睡眠……而妳的想法在哪裡最舒服？……沒有地方……無處之地……杳無人煙……中間……某個地方……妳不需要思考……妳的身體只是舒服地休息……妳可以注意到規律……升起……落下……妳的胸腔……當妳呼吸時……慢慢吸氣……然後緩緩吐氣……然後一點一點……妳可能發現……妳真的沒有在想任何特定事情……而妳的注意力更加集中在……美妙的……舒服……即刻的……安全和溫暖……深刻舒服的溫暖……妳的床……這樣妳可以感受妳的身體……對某些人來說，他們的身體感覺非常沉重……沉入床裡……

當妳躺在那裡⋯⋯就好像融化進入床裡⋯⋯對某些人來說⋯⋯他們的身體感覺非常輕盈，幾乎像是毫無重量地飄浮在雲端⋯⋯然後妳可以注意到細微的感受⋯⋯與入睡有關⋯⋯妳身體的哪些部位⋯⋯似乎首先感到在飄移？⋯⋯哪些部位最沉重⋯⋯就像要花很大力氣去移動？⋯⋯哪些部位最輕⋯⋯最自由⋯⋯當妳慢慢地呼吸⋯⋯妳的頭腦⋯⋯變得更安靜⋯⋯感覺非常美好⋯⋯飄浮⋯⋯很輕鬆⋯⋯毫不費力氣⋯⋯很有趣⋯⋯當妳開始飄移⋯⋯妳首先發現自己⋯⋯處於⋯⋯中間狀態⋯⋯還沒有入睡⋯⋯然而⋯⋯也沒有完全清醒⋯⋯在這種中間狀態⋯⋯妳發現⋯⋯有身體的感覺⋯⋯床的充分支撐⋯⋯妳的頭腦⋯⋯也隨波逐流地游移⋯⋯沒有特別停留⋯⋯在任一件事上⋯⋯然後妳會發現⋯⋯感受織物觸感⋯⋯妳的床單⋯⋯簡單、美好、平靜的感覺⋯⋯妳的毯子⋯⋯貼合妳的身體⋯⋯妳的枕頭⋯⋯完美無缺⋯⋯這些舒緩的感覺⋯⋯身體覺察⋯⋯沉浸在體驗中⋯⋯在體驗的中間⋯⋯飄浮⋯⋯進入深層⋯⋯平靜的睡眠⋯⋯深刻⋯⋯平靜的睡眠⋯⋯允許妳一覺到天亮⋯⋯出奇地美好⋯⋯讓妳的想法四處碎落，直到沒有任何想法⋯⋯留下妳完美的自在⋯⋯非常棒的想法⋯⋯睡得很好⋯⋯頭腦裡空無一物⋯⋯身體舒服⋯⋯非常平靜⋯⋯心裡放鬆⋯⋯因此，妳注意到⋯⋯妳的身體⋯⋯和心靈⋯⋯在漂流⋯⋯漂流⋯⋯還不需要進入睡眠裡⋯⋯直到妳真的想⋯⋯妳可以允許自己⋯⋯奢侈地⋯⋯待在這種⋯⋯頭腦⋯⋯和身體⋯⋯很長的休息時間⋯⋯當妳在這深沉、充分休息的睡眠後醒來⋯⋯好幾個小時之後⋯⋯妳會自然地感到休息得很好⋯⋯精力充沛⋯⋯這是很棒的體驗⋯⋯重新發現⋯⋯很自然地⋯⋯妳可以睡著⋯⋯妳可以睡著⋯⋯深深地⋯⋯這樣妳可以⋯⋯盡情享受⋯⋯舒服⋯⋯平靜的感覺⋯⋯妳可以帶進妳的夢裡⋯⋯睡著⋯⋯睡著⋯⋯現在⋯⋯妳可以飄浮⋯⋯飄浮⋯⋯睡得很好。晚安⋯⋯

這個催眠治療有錄音（我實際上會錄音我所有的催眠治療，並將錄音提供給個案回聽），個案會定期回聽錄音，作為入睡時聚焦於舒服的工具，而不是聚焦在問題上。兩週後，她已經能夠睡著，不需要回聽錄音，並且她驚

訝地發現，可以一覺到天亮，只需要去一、兩次洗手間。她可以輕易地重新入睡，反應說感覺充滿精力，她已經很久沒這種感受了。長時間跟進後發現她保持著這些進展，當她偶爾特別有壓力時，也會預防性地回聽錄音，仍然能夠睡得很好。

案例3：人生方向的探索

個案是一名50多歲的男性，他面臨「卡殼」的問題，陷入一段「斷斷續續」不穩定的關係中，這讓他感到痛苦；他還患有高血壓，並且在職業問題上拖延。他表示「想要有足夠的個人成長，以便人生能夠向前邁進」。他沒有明確的目標，不知道什麼是「向前邁進」。如果個案的目標沒有明確定義和具體步驟來實現，那麼這並不是真正的目標，這只是個願望。因此，這個個案治療的一個目標就是幫助他在生活中獲得清晰的方向感。

在治療過程中，利用催眠來鼓勵未來明確而具體的發展，足以讓個案在現在採取一些果斷決定和進步的行動（行為激活）。個案是教育工作者，他聲稱對臨床催眠有足夠了解，特別是對艾瑞克森的治療工作有所了解。

……好的，傑瑞，你可以開始做幾個深呼吸，放鬆……並逐漸地……讓不同的回憶……飄浮在你的覺察裡……這看起來像是個深刻催眠……以愉悅舒服的方式……有一段時間了……距離你最後一次體驗……一個正式的催眠過程……我在引導你……但是有一次……不久之前……當你第一次熟悉……聽到我的聲音……變得更加安靜……聽到我……緩慢地說話……刻意的方式……在那個最初的體驗……當你開始學習催眠時……對更深的可能性打開……你允許自己體驗……一些最有趣的維度……做催眠……自從我們第一次催眠療程到現在……自從那時以來，你已經在許多方面成長……這無疑會更容易……飄浮進入更深的體驗……更舒服的心理和身體狀態……每時每刻……這是一個……非常有價值的機會……重新發現……你的能力……飄浮……以有用的方式……以有意義的方式……我知道……各種可能性……當你探索你的經驗……

可以是最有趣……各種可能性……允許你自己重新發現……舊的覺察……為新的覺察鋪路……當新的覺察飄浮……到你的意識裡……當它很容易……發現有多少注意力……是必要的……允許各種舒服……我們可以在……未來每一天的體驗……建立……我覺察到你的思緒在漂移……沒有特定的目的地……此刻你所想的事情……連結……過去經驗……和未來的期望……你知道我知道……往往是這樣……如果今天……種下種子……它就能帶來最豐碩……最有價值……未來的可能性……艾瑞克森精準地指出……你無法改變個案的過去……只能改變他對過去的看法……過去對未來的影響……你將會逐漸了解……因為現在與過去緊密相連……引導到未來的可能性……你願意探索……你存在於當下……確認這一點……你讓自己存在當下……正向的未來……明智地整合過去的學習……以及當下的經驗……關於過去、現在和未來的所有談話……並不是為了讓你感到困惑……這確實有價值……真的可以幫助你……看見不同觀點……當下的衝動……可以有不同的看法……當你發現……最值得做的事情……你可以在內心完成……從內心……你內心深處的自我……你的深刻自我……如果你回想起來……透過你已經體驗過的有價值的事物……其中很少有事情是輕易獲得的……原因很簡單……你所獲得的一切……你所努力的一切……很多次……在成為老師的過程中……很容易地……蹺課……去玩……去海灘……或出去跑步……而你當然可以這樣做……但你深刻地感覺……有更重要的東西需要獲得……以犧牲的名義……而每一次為了自我提升所做出的自我犧牲,實際上並不算是真正的自我犧牲……因為當你考慮犧牲與進步之間的關係時……並且你改進了犧牲……並且你犧牲的少於你進步的……你真的沒有犧牲什麼……你只是進步……並且向前邁出一步……從內心出現的問題……這產生成長的動力……體驗……內部壓力的減少……每一次新的體驗可以帶來舒服……每一次新的機會……成長……能夠發現它是什麼……隨著時間經過,你學到很多……你已經改變這麼多……並且隨著每個改變,內在壓力

平衡外在壓力……透過深刻地回應內心的需求……你已經變得如此熟練……結果已經顯而易見……你可以有強大影響力……當你允許自己……釋放……或許是教導……分享……你已經知道的知識……去學校只是其中一個方法……進化……改變……用付出的方式……這會帶來更大的自我成就感……比你經歷過的任何事還要更好……透過你的過去……有自我犧牲……有一個光環……照顧自己……在這些底下……當一個人成為父母時……很明顯地……無私的父母之愛……光亮的表面……自私的決定……要生孩子……個人希望會反映自身……引以為榮……成就感……爭論這個要生孩子的自私決定、自私的本質……繼續進行……犧牲……有愛的關係……你從中獲得你想要的……你也知道給予代表什麼……為了得到……你必須打開地付出……成長……輕鬆地……你在內心更深更深地理解……付出才能得到……是種很棒的方式……建立堅實的關係……特別是與自己……尤其是……與自己……因此……為什麼不……自私與無私地……每天犧牲一點時間……給自己……以便從自己身上得到……更多舒服……更少壓力……做事的方式……更少壓力……血液循環的方式……在身體非常健康……舒服……可以深度放鬆的能力……你從你所合作的人身上知道……你可以假裝他們沒有在聽……但你知道他們的潛意識……他們可以假裝他們沒有在聽……但你不要被騙了……因為每個人都有一個部分……無論是否受過教育……有能力學習……和成長……改變……有些人可以致力於保持現狀……但你知道我知道，改變是必然的……所以不要被它騙了……現在我將靜默一分鐘……讓你探索自己的內在……想法和感覺……流經你的覺察……這對你變得重要，而你的意識心智尚未發現……當我一分鐘後再度說話時……我的聲音會讓你更深地放鬆……現在開始片刻的寂靜……現在……（一分鐘的安靜）……沒錯……你可以繼續放鬆……繼續感覺自在、舒服地休息……你使我覺察到……治療過程的許多目的……學習的機會和個人成長機會……專業成長……有意義的體驗……我很好奇你將會發現多

少……從這些專注的體驗裡……當你注意到不同的想法和不同的觀點時……你可以享受知道……每一個催眠過程……都會有不同結果……並產生不同模式……一種方式，你的潛意識……可以下意識地允許……當你的意識心智向前看……發現……各種可能性……過一天是一天……因此，請花點時間……處理你的想法……你體驗的不同面向……並想想你的期望……以及哪些學習最適合順勢而為……本週……哪些學習可以等到下週……然後，當你準備好了……你可以開始讓自己回復清醒，回到當下……這個房間和這個地方……當你想要……你可以緩慢地讓自己清醒過來……然後你可以讓自己的眼睛睜開……

個案反思了一個基本真理：任何他所擁有有價值的東西都是他努力工作得來的。他輕易地回想起當他在學校上課而其他人正在享受娛樂活動時，他所做出的犧牲。這個治療激勵他直接面對生活中每個領域的無目標感，並導致後來的治療處理了設定目標、放棄即時滿足，為有價值的未來可能性而努力，並在他的關係中更加積極負責（付出以得到）。

案例 4：發展靈活度

以下逐字稿是一名50多歲的心理學博士，在我的臨床催眠培訓課程中接受催眠治療的內容。儘管他認為臨床催眠的概念和技術可以更好地理解人們在心理治療裡的主觀經驗，但他無法將治療方式從他長期以來的心理動力學派轉移到催眠治療。在培訓中的一個現場示範個案裡，他要求進行催眠治療，以幫助他更好地吸收新知識，並在治療方法上擁有更大靈活性。因此，這個治療是在其他同學面前進行，這個情境更多是教育性質而非臨床治療。

……班，你可以調整到自己最舒服的姿勢……然後逐漸地……讓自己看見某種可能性……非常放鬆……非常舒服……自己感覺非常自在……我知道歐內斯特・希爾加德……他提出一個想法……人可以被催眠的能力……進入深度催眠狀態……是個固定特徵……

並不會隨時間推延而改變⋯⋯我很好奇你是否發現什麼⋯⋯美好滿意的基礎，與希爾加德說的不一樣⋯⋯或許發現人們可以進入更深的催眠狀態⋯⋯更快速地進入更深的狀態⋯⋯透過練習⋯⋯透過經驗⋯⋯你可能有興趣知道⋯⋯你可以進入多深的催眠體驗裡⋯⋯或者你可以多快速到達⋯⋯一個非常舒服的層面⋯⋯在你內心⋯⋯真的沒什麼關係⋯⋯無論你聚焦在深度⋯⋯或速度⋯⋯或者希爾加德⋯⋯或者你自己⋯⋯真正重要的是⋯⋯享受伴隨而來的快樂⋯⋯發現在自己內心各個層面上⋯⋯你真的可以感到舒服⋯⋯我知道對你來說保持頭腦活躍很重要⋯⋯思考和分析⋯⋯總是清醒⋯⋯並時刻關注周圍一切⋯⋯這是你的模式⋯⋯你透過一輩子的學習提升自己⋯⋯然後分析⋯⋯你知道我也知道⋯⋯身為心理治療師⋯⋯有時候人們是學習的主人⋯⋯其他時候⋯⋯人們是學習的受害者⋯⋯每次你花時間學習新事物⋯⋯你有機會⋯⋯將這些與你已經知道的整合⋯⋯深刻地⋯⋯我不知道你知道多少⋯⋯關於你所知道的⋯⋯關於米爾頓・艾瑞克森所知道的⋯⋯關於他所知道的⋯⋯人們如何知道他們所知道的⋯⋯不知道他們所不知道的⋯⋯一個著名的幽默家說過⋯⋯重點不在於你所不知道的⋯⋯那是個問題⋯⋯而是你知道並不是這樣⋯⋯米爾頓・艾瑞克森⋯⋯一個紳士，你現在熟悉的人⋯⋯並不相信正規的人格理論⋯⋯米爾頓不會描述你的模式是⋯⋯強迫的或是不受控制的⋯⋯他不會給人們強加標籤⋯⋯然而⋯⋯有些人堅持這樣做⋯⋯我在醫院工作很久⋯⋯知道⋯⋯醫生會說⋯⋯210號房的骨折怎麼樣了？⋯⋯325號房的髖關節置換怎麼樣？⋯⋯104號房的情緒障礙怎麼樣？⋯⋯彷彿人們不再有名字了⋯⋯沒有人是人⋯⋯只不過是一個標籤⋯⋯這不是艾瑞克森的信仰系統⋯⋯我很好奇你會怎樣想⋯⋯深刻地⋯⋯對於艾瑞克森的觀察的反應⋯⋯當你的潛意識有⋯⋯足夠的資源可以用來幫助促進改變⋯⋯在你自己身上，和在其他人身上⋯⋯這是學到的限制⋯⋯學習到的限制⋯⋯強化了艾瑞克森稱之為僵化的⋯⋯行為模式⋯⋯即一個人學習一個特定順序⋯⋯一種特定風格⋯⋯一種特定反應模

式……而這是他會重複做的事……用僵化的方式……當你建議他從那個模式中偏離……你可能遇到阻抗……當你建議某個人站到外面……他的模式邊界之外……你可能會遇到阻抗……直到這個人打破他自己的模式……對相同的舊模式做出反應……新的反應……最有意義的變化才會發生……有刻板的思考模式……有刻板的情感模式……有刻板的行為模式……有刻板的社交模式……有刻板的治療模式……並且存在固定思維模式……固定情感模式……從動態上來看……在特定情況下的刻板反應……為什麼不跨到外面……在常規界限之外……為什麼不要求自己在舊情境裡有新反應……為什麼不做些不同的新事情……享受不同的新結果……並享受發現……你真的可以很靈活……做出不同回應……用初次發現的心態……透過你的頭腦意識……我很好奇你今天可以做多少新鮮事……你今天可以產生多少意外反應……你是否足夠靈活……以不同方式反應……當你平常的緊張程度給了一條道路，進入你現在明顯擁有的深度放鬆時……這是非常舒服的模式改變……當不舒服變成舒服時……有了改變，同時……一點一滴……你開始發現……在舊情境裡新的可能性……這可以感覺非常美好……在所有層面上……為何不……允許自己……有不同反應……可能是更舒服、更不激烈的反應……在那種情況下，這會是最有幫助……和最少限制……打開新的可能性大門……關上門……保持門關閉的學習……一次過一天……所以請花些時間慢慢來……思考我說的話，你的意識心智可以理解……安全地……如果你願意，假裝一下沒有更深層次的含義……為了讓你的潛意識學習……當你覺得你準備好……想要回到現在當下……你可以開始這個過程……把自己帶回來……到不同層次的回應……當你準備好了……你可以睜開眼睛……

在催眠治療之後，示範個案反應說他在過程中覺察到自己有了重要的重新框架。他說他從不覺得自己的治療方法是「死板」的。相反地，他只是認為它們是「正常程序」。在聽到他的模式被描述為「刻板回應」，並消化了成長是來自跨到「常規界限」之外這個想法後，他反應說他感到了自由，可以

嘗試以前沒有做過的事情。在課程剩餘的幾天裡，他多次評論發現自己「擁有更多自由做治療的解放感受」。

案例5：體重管理

個案是一個40歲初的女性，她是電腦工程師，她提出她的擔心，她想要保持減重的效果，她參加結構化減重計畫並成功減重。她已經成功掌控所有令她煩惱的飲食習慣，除了零食加麵包，特別是法式長棍麵包。她希望能夠節制吃麵包的習慣，就像她在飲食中對待其他食物一樣。她是重視邏輯的女性，長期以來她與她的感覺多是解離的關係。這份逐字稿是三次治療裡的第二次治療。

……好了，格爾達……妳可以做幾個深深的、放鬆的呼吸……暫時將注意力轉移到內在體驗……在某個地方……比理性更深層次……在邏輯之下……在左腦右側……在日常生活之上……當妳在上面和下面時……在右邊的事物到了左邊……每個方向都提供妳新的機會或更深的感受……舒服……很長一段時間……妳已經有很多機會去理性思考……關於更深層次……電腦的邏輯……程式的順序……所有的練習……對於頭腦來說……但妳知道而我也知道……事物真實的平衡……坐落在……持續地移動……持續細微地調整……在每天的經驗裡……把我們從平衡帶到不平衡……再帶回平衡裡……希望和調整……所有這些……關於不平衡很重……平衡很輕……紅光……藍光……白光……輕盈的感覺……輕鬆……啤酒……輕盈的空氣……輕盈的想法……還有什麼能比空氣更輕……飄浮……妳的身體哪部分更輕？……左側……或右側……上半身……或下半身……背部的前面……前面的後背……妳真的不知道……但當妳體驗到……某種提升的經驗……真的提升了妳的覺察……妳可以感受到一部分很遠……同時另一部分像是飄浮……在妳眼前……如果想法在這邊……感覺在那邊……那妳或許……引導到失去方向的體驗……無論是時間上失去方向或是身體上失去方

向……引導到妳如何讓身體失去方向……然後妳引導到想法……妳是否注意到當妳過於關注自己身體時，妳的想法變得錯亂無序……它似乎離妳很近，卻又猶如天邊……妳可以想著妳理解，妳知道自己聽到什麼……但如果妳不知道妳聽到什麼，當妳在這裡，那或許妳知道那裡有什麼……當妳在玩的時候……那個光……那種無憂無慮的感覺回來了……而妳的想法可以微笑……當妳的身體咯咯笑出聲時，多麼美妙……哪一部分……體驗到幽默？還有關於……對於一般的線索感到迷惘……常見的模式……妳真的想要縮小……讓自己變明亮也允許了這種可能性……記得我曾經跟妳說過，海洋有能力可以保持它的樣貌……在更深層的地方……妳的潛意識正在學習自然的方式維持身體……充滿水的身體……身體有多少部分是水組成？……妳知道所有化學反應……分子……原子……有自然的吸引力……這個化學組成是什麼……法式長棍麵包相比較於黑麥？……當他們打包麵包……帶回家……妳內在深層的結構提供了一個有趣的成長機會……有太多要消化吸收……一次做完……當意識頭腦過載時……潛意識可以暫時享受一下成為焦點的感覺……這是當它真的發光……我不知道是否有任何人知道這為什麼是真的……我只知道……妳有一個意識心智……很聰明……有一個潛意識心智……更加聰明……我記得……我有個同事叫傑弗瑞‧薩德，他有一次跟我說……艾瑞克森曾經告訴他……多樣性……是生活的……調味料……但他說的有點不一樣……他讓薩德坐下……他說每個人享受食物的方式不一樣……有些人真的享受一頓飯七道菜……哪一道是正確的第一道菜？……有些人喜歡湯……然後是沙拉……有些人喜歡相反的順序……一個人可能享受……先清潔口裡的味道……哪一道配菜搭配哪一道主菜？……我知道一個人他喜歡先吃甜點……我認為這是非常沉重、嚴肅的選擇……但每個人都有不同選擇……艾瑞克森就持續這樣描述……有多少種方式來健康地、滿足地吃東西……他最終得出結論，如果男人不能僅靠麵包生存……那麼女人可能也不應該這樣做……當薩德工作過度時……艾瑞克森提醒他……生活不僅是蛋白質……而一個潛意識心智如何理解更深刻的

訊息呢？……把這些變成細微改變，真正美好的感受……好的，讓妳的意識心智好好咀嚼消化一下……如果妳有個體驗是發現自己很頑固且太過認真時……將會有個機會提醒妳……當妳不了解自己為什麼在做妳正在做的事情時……這時需要找一位好翻譯……或者現在進行催眠……我不知道哪一個……但我知道……這可能是感覺到……有趣正在引導妳……這並不會讓妳對於所學到的重要東西分心……這可以是餘音繚繞的感覺……很久以後……對妳所完成的事情感到滿意……無論妳是否記得……有意識的還是無意識的……或者兩者都有……妳真的不知道……直到妳等一下恢復清醒……發現自己睜開眼睛……發現妳所知道的……這不一樣……花些時間……在妳有那個驚訝體驗之前……

個案對於這個混亂技巧感到非常幽默——超然反應，這讓她覺察到在非理性層面所帶來的影響力如此顯著。她通常強調邏輯思考，這種模式並沒有幫助她減肥或保持體重，她發現她的經歷實際上是主觀且可被塑造，這對她而言很有意義。她經常回聽這次催眠治療的錄音，發現每當她經過經常光顧的麵包店時，一句話「女人不能光靠麵包生活」，會輕鬆地出現腦海中。過程中運用幽默，把治療內容與正向情感連結起來。就像所有其他模式一樣，我們要小心選擇使用幽默。

案例6：壓力管理

個案是一個30多歲的男人，他的問題是「太多的事情落在我身上，我無法應付」。他是建築公司的管理階層，在工作中承擔了重大的責任轉移，他的第一個孩子（4歲）患有健康問題，然後他的妻子懷了他們的第三個孩子。他覺得生活各個方面都不穩定，這些都是壓力來源，他希望學習有效地管理壓力，以避免任何嚴重後果。他分享了一個幻想，他想逃到加勒比海海島上，並希望有一種方法可以預防生活中的壓力事件發生。以下的逐字稿記錄了在總共七次會談中的第一次催眠治療。

……好的，肯，你可以開始做幾個深刻、放鬆的深呼吸……你現在可以開始引導自己……去感受可能性……非常舒服……非常放鬆……一點一滴，世界繼續圍繞著你轉動……何不讓自己感到舒服……當然你越專注……在你內在體驗……外在世界就越不重要……每個人都需要一些時間獨處……一些時間休息……把他們的注意力轉移到其他方向……我最喜歡的電視節目是《M*A*S*H》（外科醫生）……我偶爾還是會看這些老舊的重播節目……就只是回顧一些舒服熟悉的時光……我不知道你是否是那個節目的觀眾……但這偶爾會發生……那個「外科醫生」所在的醫院……要被敵人轟炸了……許多爆炸發生……炮彈如雨落下……每個人都驚慌失措四處逃跑……不確定自己是否能夠生存下來……你可以想像……為了生命而奮戰……可以是非常嚴肅的戰鬥……然後在某個時刻，總是會發生這樣的事情……炮轟停止了……有人會評論……傾聽沉默……（停頓）……每天生活……炮轟有許多不同形式……炮轟可能是與他人的紛爭……對環境的擔憂……對自己所應該做的事持疑……可以是內在戰爭……也可以是外在發生……可以很短暫……可以被容忍……可以是激勵人的……可以促進成長……可以擁有創造力去超越當下……但也會有安靜的時刻……有時候所有喧譁都結束了……當噪音停止了……當你的思考變慢了……當所有事情看起來都不重要時……正是這些安靜時刻會幫助你準備好……為了那些不安靜的時刻……短短幾秒鐘，可能感覺像很長一段時間的安靜……它們恢復了舒服感受……平衡……給你力量……關於任何……未來的某些時刻……耐心和理解所在之處……可能非常有效……而現在你正處於這種沉默期之一……而這個世界如此不可預測……很難知道……事情是否會保持安靜……下週……下個月……明年……這真的不重要……真正重要的是……你現在如何利用你的安靜時期……無論你把安靜時光用來帶給自己力量……照顧自己……祝賀自己……並欣賞你的成長和做更多的事情，而不僅僅是生存……在我小時候的一段時期……我生活在牙買加島上……

我住在一個非常小的村莊裡……在島的西端……很少有美國人會去……那裡沒有人學會閱讀……沒有人會寫字……沒有人知道世界事件……當地人感到非常震驚和難以置信……當我向他們描述美國人如何將人類送上月球……並安全帶回時……儘管他們很無知……有某種程度上的滿足……了解他們所居住的島嶼……大多數時間天空很清澈，藍天白雲……但是就像熱帶地區典型的氣候……偶爾……巨大的雲團飄過來……下起大雨、打雷、閃電……然後雲朵又會飄走……一開始我覺得很不安……無法預期……我享受陽光的時刻……可能在任何時候被打斷……很明顯，我沒有控制權……對於打雷……和下雨……你很快學會……響亮的雷聲……可以欣賞這與安靜相反的時刻……就是這麼響亮的聲音……讓熱帶雨林變得生機蓬勃……促進許多成長……有時候很不方便……有時候看起來不必要……事實是……黑暗的雨水……導致茂盛綠意植物的成長……允許了愉悅……萬物都保持平衡……你可以舒服地安定下來，這真是美好感受……這會幫助你準備好面對不安時刻……短暫的不安時刻……讓你真正欣賞……安頓、舒服時光……像現在這樣……何不好好享受……安靜時光……感激它們所提供的一切……何不接受那個無可避免的……雨落下來……人們改變……事情變得美好……一次過一天……當你學會更多包容……享受舒服和穩定的美好時光……這可以變得越來越容易……有彈性且流動地移動……穿越下雨，穿越陽光……無論你在牙買加或是聖地牙哥……歐洲或非洲……內心的陽光……讓我們更容易面對外面的雨水……有人曾說……沒有消息就是好消息……但你必須自己決定……花時間享受舒服感受……享受內心的安靜……這真的很美好……知道……炮轟已經停止了……體驗這個舒服……是一種特權……為何不帶著它到任何地方……任何允許你舒服的地方……分享一些，保留一些……放下一些……堅持一些……當你開始回復清醒的過程……就帶剛剛好的部分回來……享受這個安靜……當你感覺準備好了……你可以安靜地睜開眼睛……

個案發現催眠過程是從例行壓力中得到「好的休息」，並感到有趣的是，我提到《M*A*S*H》（外科醫生）這個電視節目，正好是他最喜歡的節目之一。他特別想到了鷹眼這個角色，以及他如何使用幽默在瘋狂情況下保持理智。他決定採取類似行動，並給自己安排一個任務，用跟人們講笑話的方式來緩解緊張氣氛。他認為除了他所學過的自我催眠，以及他讀過的有關幽默和療癒的事情以外，這是正向應對壓力的方法。

案例7：劃分區塊

個案是一個將近30歲的女性，她的問題是「情緒過於不穩定」的擔憂。她很容易因為一點小事就對人發脾氣，經常發現自己想著，為什麼她會這樣做。她是過度一般化思考者，隱喻上來說是「只看見一整座森林，而沒有看見樹木」。簡單來說，她不會把她的體驗區分成小部分，從而決定要對哪個部分做反應。相反地，她會立即反應，火力全開。因此，本次治療的主要目標是鼓勵片刻的停頓（控制衝動），根據建議的樣板，決定在特定時刻對某件事情做出最重要的回應。這需要將經驗分解成不同部分的能力，也就是將整體經驗（比如在某種情況下感到情緒上受到威脅的互動）分解成一些組成部分，用來決定要對哪一部分做出回應，以及她自己要從哪一部分做出回應。這是四次會談中的第三次。

> 妳可以開始做幾個深刻放鬆的深呼吸……現在就像妳已經逐漸熟悉的那樣，芭芭拉……妳可以開始重拾內心的寧靜感……每一次呼吸……讓妳更加放鬆……更加深入……享受簡單的節奏……呼吸的對稱……每一次吸氣……進入更深層的舒服……每一次吐氣……放下……妳真的不需要的部分……每次吸氣……允許妳的身體……變得更舒服……每次吐氣……是釋放……給自己舒服……知道這個時間是妳的……這個體驗是妳的……妳已經創造了這個時間……就只是……提供一些空間……放鬆的空間……學習的空間……成長……從妳聽到我所說的事情……更重要的是……從妳自己體驗到的事……當妳有像這樣的經驗時……一個片刻接著一

個片刻……流進……妳的想法裡……一個片刻接著一個片刻……流到治療裡……同時……這不總是一樣……這不僅是放鬆的治療……儘管這確實是……它還有更多……更多、更多……因為當妳有像這樣的經驗時……它有許多不同面向……有內心的對話，透過妳的想法妳跟自己說的話……頭腦裡面跑動的對話……有外在的對話……我的聲音……我的話語……使妳安心……鼓勵妳……有外在環境……生活中例行公事圍繞著妳……無論那些外在因素是什麼……無論是風吹過樹梢的聲音，或遠處的交通聲音……或狗叫聲，或小孩玩耍的聲音……甚至就只是環境的寂靜無聲……但這些都是外在的……還有內在環境……感受的品質……妳體驗到妳的身體放鬆，妳的想法開始慢下來……妳開始體驗到舒服的流動……就只是跟自己在一起……簡單……放鬆……這是個重要的體驗……無論妳處在任何體驗裡……有很多不同元素……許多不同元素……當妳看一場電影……妳不只是看一場電影……有很多不同元素……當然有在電影銀幕上的畫面……妳在看的東西……但這些畫面……是一個觸發……一個催化劑……刺激妳的情緒反應……當妳對於觀看的東西有反應……因此當妳在看很好笑的喜劇……那個幽默讓妳毫不費力氣地笑出來……愚蠢的、荒謬的……是什麼這麼好笑……這不只是畫面激發感受……還有電影配樂……特效音樂……讓它變得豐富而清晰……這會變得好玩，輕鬆對待……當妳在看喜劇……或是當妳在看一部戲劇，需要認真嚴肅看待……它是回憶的催化劑……當妳記得……從妳過去的經驗連結到所觀看的電影……如果妳跟某人一起看電影，讓你們彼此連結……社交層面上一起看電影……因此有畫面、聲音、感受……反應、回憶……這比看一場電影來得更多……我很刻意地引起妳的注意……妳如何看待每天生活的經驗……妳如何做出反應……妳感覺有多麼連結或是多麼失去連結……好的，這不僅是妳的生活……也不僅是一個事件……有很多不同面向……這是真實發生的……以及妳對發生事件的詮釋……妳所賦予的意義……對不同的經驗……每個經驗有不同的組

成元素……妳所注意到和聚焦的……這不是很有趣嗎？人們如何聚焦……對於所發生的事情最有效的回應是什麼……有些人聚焦在一個問題上，我對這個感覺如何……有些人想要聚焦在組成元素上……人們如何創造選擇，接下來該做什麼……有些人聚焦在……我現在該做什麼，這種不確定性上……這變得很重要……非常重要……提醒妳自己……在任何時刻……妳真的可以選擇妳要聚焦在哪個面向上……妳最好的反應是什麼……相對於妳現在感受到的，另一種可能的聚焦是什麼……處理一件事最熟練的方法是什麼……相對於妳現在的反應，另一種可能反應是什麼……當妳開始專注，並且定期問自己這個問題……我所能做的最好的反應是什麼……什麼將會……有效地賦予妳力量……透過清楚說些事……而不是生氣……這會展示妳有選擇的能力……而不是毫無選擇地沮喪和焦慮……妳應該聚焦在內在，或是外在……更多時候妳會發現……妳更多聚焦在外在……根據最佳準則來做……回應這個人或是有效地處理這個情況……如果妳覺得人是高效能、高效率的……妳看他們怎樣做……政治家在辯論……公司主席……在股東會時主持會議……觀眾席裡有人問了一個尖銳問題……一個批評的問題……主席很有技巧地把那個批評提問放在一邊……他們不會回應那個部分……他們回應的答案是一個提供訊息的機會……提供觀點的機會……因此他們把批評放在一邊……儘管妳很確定……在內心……這些批評讓他們感到不舒服……但是他們抓住機會去解釋和澄清……因為在回應中什麼更重要……我可以給妳成千上萬個例子，如何有效回應……一對很好的父母親……當他們的孩子做錯了什麼讓他們生氣……或者因為小孩子粗心而感到沮喪時……儘管他們一開始會感到憤怒並想要……懲罰這個孩子……但是他們意識到這是個重要的機會……教育……用充滿愛心和耐心的方式去教育……現在，不是每個人都有理想的父母……也許妳有，也許妳沒有……但我想表達的是……妳可以有一個……一閃而過的怒火……一閃而過的恐懼……一閃而過的懷疑……一閃而過的憤世嫉俗……

悲觀……而妳立即發現……這不是妳的那個部分……妳想要從中做出回應……因此，妳可以把憤怒、恐懼或挫敗感暫時放一邊……專注地集中精力……提供有效的回應……說需要被說出來的話……解釋和澄清需要被解釋和被澄清的事……教導和示範…… 當妳感受更舒服……把情況分解成一些組成元素……因此妳很清楚……有情緒上的反應……是的，有擔心……甚至害怕……但是更重要的是……妳聚焦在什麼事情上……有些更重要的事……比發洩妳的情緒更重要……手邊的任務……更重要……如果妳思考妳所看過的每部電影，裡面有個英雄……英雄會聚焦……在任務上……英雄也會感到害怕……妳可以看到……每個人都可以看到……英雄甚至會講出來……甚至可能經歷過自我懷疑的時刻……我做不到……但是這個人的毅力、堅韌……有勇氣不代表就不會感到恐懼……勇氣在於專注於目標……專注於任務……我說的任務……這可能聽起來太重要了，而妳真正嘗試要做的是……教同事或朋友……孩子……或親戚……妳希望如何被對待……妳想要他們知道什麼……但每一天妳都有機會……注意到妳所在的世界……什麼有效……什麼有用……人們如何……達成事情……他們被激勵要去達成……就算他們很害怕去達成這些……當妳開始欣賞……焦慮、擔憂、恐懼、擔心……就只是妳的一部分……妳的這部分每天都逐漸縮小……當妳變得更強大、更聚焦……更朝向達成妳的目標前進……在每個事件裡……尋找機會……尋找什麼是對的……發現什麼對妳是重要的……因此可以欣賞每個體驗都有不同的組成元素……妳學到的方法是分解和克服……減少擔憂……當妳聚焦和強化……在妳的覺察裡……妳真的想要……更強大的力量來源……聚焦在妳想要的……當這變得如此清晰……那個……有許多事情，聚焦在重要的事上，這會幫助妳完成妳想要完成的事……我想妳會享受發現……妳變得如此冷靜……妳更加聚焦……記住……我多年前學到一個很美的說法……當妳的眼睛離開目標時，妳只會看到障礙……因此妳可以冷靜……聚焦……覺察到機會……熟練地處理情況……有目的……

花些時間安靜地消化……這些深刻的訊息……一天當中提醒自己很多次要聚焦……一個經驗的哪些組成元素……會對妳最有用……符合妳的需求……會強化妳……帶給妳自信……現在有足夠時間……處理所有這些不同的想法和可能性……妳可以舒服地將這個治療帶向舒服的結尾……以緩慢和輕鬆的速度……等一下……當妳準備好讓自己完全恢復清醒……帶回一種知道的感覺……知道……當妳準備好，妳可以完全回復清醒，完全警覺，感覺清新，這是妳真正可以專注和享受的部分。

個案深刻沉浸在催眠體驗裡，花了一些時間才回復清醒。在清醒之後，她的思路變得很清晰，提出了幾個辛酸的問題，關於為何我認為她會發展出「把人罵到臭頭」的風格。我們隨後討論到在她成長的家庭裡，說話越大聲越好，她經常要火力全開去阻止她的三個兄弟繼續欺負她。她發現到這與別人習慣的做法不符合，決定「暫停，只從自己最好的那一面說話」。後來她反應說，她為自己感到驕傲：「不僅一次也沒有情緒爆發，而且成為了我最終可以尊重的那種人。」

總結

本章所包含的七份逐字稿目的在於說明過程導向的催眠內容可能採取的形式。你可能已經注意到，每個治療過程都是根據正在接受治療的個案特質量身訂做。正是因為如此，即使是存在類似問題的人，這些逐字稿也不太可能對別人有多大幫助，而會需要相當大程度的重新量身訂做。因此，你很明顯地看到，我們無法標準化順勢而為的治療方法。我希望當你在思考如何處理這些類似問題時，這可以激發你的創造力。有許多正確的臨床催眠方法，而最終結果，個案的反應會讓你知道你是否在正確的軌道上。如果有趣或複雜的催眠過程不能產生你和你的個案所期望的結果，那麼它並沒有什麼太大的意義。

1. 你認為將準備好的催眠腳本用於特定個案問題上是否有用？為什麼有用或是沒用？
2. 你認為治療方法如何連結到人類經驗的共同主題？
3. 你喜歡從他人的經驗中學習嗎？當你在使用隱喻作為教學工具時，你知道有哪些限制嗎？

任務清單

1. 對於每個逐字稿，找出不同階段：催眠引導階段、加深階段、順勢而為階段，和結束階段。你是否看到每個階段有明顯的分界線？
2. 在每個催眠治療裡，找到暗示的框架和風格。
3. 尋找隱喻、困惑、模糊、雙關語和其他催眠語言機制運用的地方。我們如何開始使用這些，並順勢而為運用？
4. 找到並列出你所遇到的個案問題中最常見（重複）的主題。你可以分辨出哪些治療主題與哪些治療相關嗎？

第 22 章

催眠與治療抑鬱症：
賦能於無能力者

　　我在本書中加入了這一章節，因為抑鬱症在全球變得如此普遍，這需要更多關注。在2017年3月，世界衛生組織（WHO）宣布抑鬱症是在全球導致疾病和殘疾的主要原因。自2005年以來，抑鬱症的發病率在全世界各地上升了超過18％，受影響的人數仍在增加（請參見 WHO 的「抑鬱症──讓我們談論」〔Depression-let's talk〕網站）。

　　為何抑鬱症已從最難理解的疾病之一，轉變為醫療人員較能了解的疾病之一，而在治療中仍然出現這種情況？近年來，一系列研究顯示了抑鬱症的錯綜複雜，這些研究大部分有助於產生臨床治療方法，為幫助抑鬱症個案及其家人恢復帶來巨大希望。本章將總結一些從研究得出的重要洞見，尤其是與運用催眠相關的臨床治療。由於種種原因，歷史上常常忽略了作為有效治療成分的催眠，但現在我們已經清楚認識到，催眠可以很容易地與許多實證支持的治療方法相結合，並增強其療效（Alladin, 2007, 2012, 2017; Torem, 1987, 2006, 2017a; Yapko, 2006a, 2006c, 2010a, 2010c）。

我們對於抑鬱症的了解

抑鬱症是美國乃至全球最常見的情緒障礙。抑鬱症在各個層面上的代價都相當巨大：個人受苦、婚姻和家庭破裂、社會受到應付不來或根本無法應對抑鬱症而造成的破壞性行為的後果、企業耗費大量的經濟成本來應對因為抑鬱症而無法正常工作的員工，還有對於抑鬱症個案所付出的鉅額經濟醫療費用，以及由絕望和冷漠而引發的自殺事件和逝去的生命。雖然已經開發出有效的治療方法，可以幫助那些尋求專業幫助的個案改善生活，但不幸的是，抑鬱症的本質使大多數個案無法尋求適當治療。估計只有不到一半的抑鬱症個案會尋求幫助。同時，接受治療的人當中只有一半的人會得到足夠好的治療。

抑鬱症個案不尋求治療的原因有很多，包括：(1)罹患心理疾病的汙名化；(2)缺乏足夠的健康保險來支付治療費用；(3)對於抑鬱症是一種問題缺乏認知（「抑鬱？不，我只是壓力過大」）；以及(4)或許最具影響力的是，抑鬱症本身的消極和絕望特性，使病人認為沒有什麼能幫得上忙，因此尋求幫助是沒有意義的。這些問題對心理治療專業人士產生了特殊挑戰，需要專業人士來教育社會大眾抑鬱症的跡象和症狀、現有的各種治療選擇，以及個案可以從治療中實際獲得什麼，這會讓個案主動求醫。

不幸的是，關於教育抑鬱個案什麼是抑鬱症，最常見的方式是透過藥廠在媒體上使用各種形式的藥品廣告（Moncrieff & Kirsch, 2005; Yapko, 2013, 2016a）。這些廣告透過權威反覆向社會大眾宣傳，抑鬱症是大腦異常的結果，而藥物可以治療這個問題。這些廣告讓個案相信問題在於他們的大腦化學物質，而不是他們的生活出了問題。有相當多的證據表明，抑鬱症是奠基於生物學這樣的觀點被誇大到虛假的程度，這僅是為了經濟利益（Greenberg, 2010; Healy, 2006; Whitaker, 2010; Whitaker & Cosgrove, 2015; Yapko, 1997a, 2009, 2013）。新興的數據顯示，抗抑鬱藥與安慰劑相比沒有更明顯有效，這一結果在精神科醫師行業中引發很多討論，是否應繼續把抗抑鬱藥作為主要治療方式——這是美國目前的做法（Kirsch, 2006, 2010; Kirsch & Low, 2013）。

什麼導致了抑鬱症？你如何回答這個問題將會決定你在治療中聚焦在什麼上，以及你的治療方法，用催眠還是不用催眠？抑鬱症是由基因遺傳造成的嗎？體內生理化學物質失去平衡？還是社交心理壓力？系統性炎症？認知扭曲？社會不平等？文化和家庭影響？不良飲食？缺乏運動？事實上，所有這些問題，還有許多其他因素都是我們所熟知會導致抑鬱症發生和進程的原因。

抑鬱症是多維度疾病，它具有基於遺傳、神經化學和身體健康的生物學因素，還涉及了個人因素的心理成分，如認知風格、應對風格、解決問題的能力以及許多個人行為特質。此外，它還有社會成分，這些因素是由個人關係的品質來決定的，包括家庭和社會化文化等變異數，以及一個人社交技能的範圍。因此，對於根本問題「什麼導致抑鬱症？」最好且最準確的答案是：「很多事情」。

使治療情況變複雜的是，抑鬱症是高度共病的疾病，這意味著抑鬱症更容易與其他疾患、醫學和／或心理方面疾病共同存在，而不是單獨存在。有些形式的焦慮症是最常見的共病疾患，但其他疾患也很常見，如物質濫用（特別是酗酒）、飲食疾患、人格障礙和其他諸多醫學疾患。

抑鬱症很明顯是多維度疾病，很可惜的是美國和其他國家最常見的治療方式是抗抑鬱藥物，就好像只有抑鬱症的生物學成分才是問題所在。忽略心理和社會因素，只強調生物學因素會造成很大的誤導。過度簡單化抑鬱症，會導致人們誤解並自認他們不需要改變自己或生活的任何面向，而只需要服用抗抑鬱藥物就能改變他們的抑鬱問題。低估問題的複雜程度，必然會導致不完整的解決方案，這使得抑鬱症的發病率持續上升。而且的確如此。對於某些人來說，這可能聽起來很極端，但我會堅定地說：抑鬱症更多是社交問題而不是醫療問題，純粹的生物藥學療法無法治癒它，就像單純的生物學無法治癒其他社會弊端，如貧困、種族歧視或兒童虐待一樣。得出這個結論的原因很多，包括遺傳學、表觀遺傳學、流行病學和情感神經科學等許多獨立研究的科學，它們都得出相同結論。有關這一觀點的深入探討，請參閱我的書《抑鬱症是有傳染性的》（2009）和《解開抑鬱症的鑰匙》（*Keys to Unlocking Depression*, 2016a）。

我們所知道用於抑鬱症的心理治療

心理治療能做到一些藥物無法做到的事情。即使是抗抑鬱藥物的最強支持者也必須承認，藥物無法建立應對技巧、教導解決問題的能力、建立支援網絡、教導社交技能、幫助你做出更好的決定、改變你的歷史，或任何心理治療可以做到而藥物做不到的事。

但並非所有心理治療都同樣有效。一些治療在抑鬱領域中展示了明顯優勢，尤其是那些強調鍛鍊技能（比如應對技巧或社交技巧）並要求個案以目標為導向積極參與治療過程的治療。「行為激活」這個專業術語通常用於強調個案採取合理、目的明確的行動來達成治療效果（Yapko, 1989b）。這並不意味著抗抑鬱藥物就不應該在治療中占有一席之地，尤其是在那些明確存在藥物優於心理治療的情況下。相反地，應該更加謹慎地使用藥物，並伴隨著周密思考的心理治療。可以參考抗抑鬱藥物的優點和缺點（Yapko, 2013）進行更全面的探討。

心理治療的數據顯示，若治療師強調個案的積極參與、強調未來的美好結果而非過去的問題，以體驗式方法教導特定技能，透過特定練習和行為實驗，鼓勵更好的「現實考驗」，通常療效更好且更持久。

我們對於用催眠治療抑鬱症的了解

你如何看待抑鬱症會決定是更容易解決它，還是更難。將抑鬱症定義為「認定的想像」，比如，深陷於思考、行為、關係或生活方式裡，讓生活變得失去喜悅且沉重，這種定義是否有助於解決抑鬱症？將催眠定義為聚焦於使人們更熟練、更好、更有益，甚至正向思考的方法，這種定義是否有助於解決抑鬱症？這些觀點並不是「次要」的。相反地，從心理治療成效的文獻裡很明確地說到，當人們學會重要生活技能，比如，批判性思考、有效行為、與他人建立正向關係的技能，他們往往會從抑鬱中走出來。催眠作為教導人們的工具，提供了新的可能性，在思考、感受、行為和關係上能更快速、更深入地整合，這正是學識淵博的治療師為何會優先選擇做催眠治療的原因。

「抑鬱症」這個術語是全球通用的簡稱，亦即診斷標籤，治療師和醫師用來表示一系列病症和模式。有效的治療首先必須找到個案身上抑鬱經驗的明顯模式。我們也知道，任何治療都必須以某種方式中斷個案正在進行中的體驗模式，並生成對個案的心情、外表和行為有益的新經驗模式。治療師的任務是讓個案聚焦在新模式，無論是認知療法中的思考模式，還是以生理學為基礎的改變生理模式治療，或其他治療風格所處理的不同模式。催眠是多維度的，可以在任何情況下聚焦，並催化療效，無論你採取何種取向的治療方法。

　催眠會強化個人經驗。因此，治療師必須慎重選擇從哪個點切入做治療。比如，單純聚焦於某人的認知，就算你自認為是認知行為學派治療師，也不能把這個當成標準或自動化過程。這應該是治療師發現個案在認知維度上，有個強有力的抑鬱模式在運作，治療師思考後選擇關注個案的思想。但是，對於另一個人，治療重點可能需要放在他或她的關係上；對於另一個人，則是聚焦在他或她的藥物濫用。治療師聚焦在什麼上，並透過催眠強化，這取決於個案本身的許多不同特質。學會催眠的最大優勢之一：根據個案的需求做出最好的治療選擇，而不是忠於特定的治療理論或學派。沒有所謂「一式通用」的治療公式或適用於所有人的「最佳」療法。

　催眠用來治療抑鬱症是一種新的治療應用，正如先前提到的。治療人而不是治療他們的標籤，構建催眠治療來建立對未來的正向期望，而不是放大負面問題，在催眠裡尋找和擴展人們的資源，用來賦予他們能力，這些改變在臨床治療上都已經為人所知——催眠如何在治療抑鬱症個案上產生相關和立即的效果。來自義大利米蘭的知名心理學家、歐洲催眠學會的前主席庫蘇洛・卡蘇拉（Consuelo Casula）大力提倡使用催眠來賦予人們力量。她在將弱點轉化為優點的主題上撰寫和教導了大量的學術著作（Casula, 2017a, 2017b）。

　這些並不是可以手冊化、標準化或腳本化的方法。因此，用創新的方式做催眠並觀察其效果是治療師的專業領域，研究僅能在這方面提供有限指導。這跟如何計劃和執行治療息息相關，以及使用隨之而來的反應來判斷是否產生正向影響或需要在後續治療階段調整，這一切都取決於你的臨床經驗和技術水平。

催眠對於幫助抑鬱症個案有很多立即相關作用。催眠(1)幫助人們集中注意力；(2)促進學習新技能；(3)鼓勵人們定義自己擁有比以往更多的資源（結果是增強其自我形象）；(4)使訊息更加容易和有效地從一個情境轉移到另一個情境；(5)更加強烈地建立有益的主觀連結；(6)提供更具體驗性和有意義的學習；及(7)定義人們成為內在世界的積極管理者。催眠有助於人們提高重要感知區別，與強烈的情感保持安全距離，在有意識的行為過程裡進行新的嘗試，排練新的反應，發展個人潛在資源，並從受害者的感覺中抽離出來。沒有人能夠克服抑鬱症而沒有實現所有這些目標，個案可以做到更多。

催眠可以用許多不同方式治療抑鬱症。這個主題太廣泛了，無法在此完全討論，但許多可能性都在我的書中得到了完整處理，我寫的書包括《催眠與抑鬱症治療》（*Hypnosis and the Treatment of Depression*, 1992）、《運用催眠治療抑鬱症》和《催眠與抑鬱症治療》（編者，*Hypnosis and Treating Depression*, Ed., 2006a）。在這些書裡，你可以找到具體催眠策略的詳細描述、帶有評論和分析的案例逐字稿，並深入討論有效治療抑鬱症的關鍵面向。治療的可能目標包括抑鬱症個案的負面和動機不足的期望（也就是無望感）、認為無論付出多少努力都不會成功（也就是無助感）、缺乏對模糊狀態的容忍度、認知扭曲（也就是思考過程中的錯誤）、錯誤歸因、無效行為、社交技能差、挫敗容忍度低、應對技能差、扭曲的決策策略、過度一般化的認知風格（也稱為過度一般化思考），以及形成和加劇抑鬱的許多其他主觀思考、情感和行為模式。

由於上述大量可能的催眠治療目標及其他目標，更深入地了解抑鬱症是必要的，以提供更適切的治療方法。為了幫助你了解催眠如何用於治療抑鬱症上，本章的其餘部分將提供案例逐字稿，以解決影響人們生活中最重要的兩個模式：過度一般化思考和消極作為。

催眠用來處理抑鬱症裡的過度一般化思考

在心理治療過程中，抑鬱症個案通常會分享這樣的感受：「人生真的很不公平」、「每個人都那麼的刻薄」、「沒人在關心別人了，他們只在乎自己」、「一切都讓人感到壓力山大」、「我的生活是個大災難」。以及其他類似

的廣泛、籠統的痛苦和絕望表達。這些表達點出了同一種認知風格——重複、固執思維模式的表現，這既是抑鬱症的特徵，也是抑鬱症發作的原因之一。研究文獻中稱這種認知風格為「全球認知風格」或過度一般化思維。本章中我會交替使用這兩個術語。

一個人的思考品質對於塑造其經驗扮演著重要角色。正如現代認知療法之父亞倫‧貝克（Aaron Beck）等人所說：「一個人所表現出來的情感和行為在很大程度上取決於他如何看待世界。他的認知（意識流中的語言或圖像「事件」）奠基於態度或假設（模式），從過去經驗中發展而來。」（1979, p. 3）有些人的思考是非常細節和線性的思考，而有些人則更加概括思考。以過度概括的全局思考「構建世界」會產生什麼影響？

學者研究了過度一般化思考對各種體驗的影響，包括問題解決能力以及和自傳性記憶有關的抑鬱症歷史。研究顯示，這會損害問題解決能力，並加劇抑鬱症個案在抑鬱時會選擇性記得強化的負面回憶（Lyubomirsky, Tucker, Caldwell, & Berg, 1999; Watkins & Moulds, 2005; Watkins & Teasdale, 2001）。正如菲利波特、拜揚和杜伊列茲（Philippot, Baeyens, & Douilliez）所描述的那樣：

> 抑鬱症個案在檢視過去情感體驗的個人回憶，以及想像可能的未來體驗方面，存在過度一般化的偏見。例如，當被要求回想憤怒的經歷時，抑鬱症個案傾向於報告過度一般化的事件（比如「我和女朋友在一起時」），而不是具體事件（比如「上個星期日，我跟鄰居吵架了，他的狗一直在叫」）。

（2006, p. 560）

我們可以在個案的病症裡看到明顯的思考模式，即這個因素如何扮演重要角色，造成個案的痛苦或使痛苦加劇。這很容易理解，過度一般化思考風格在病症情境裡，會阻礙人們學習或應用解決問題所需的關鍵技能。這些技能包括：

1. 分隔思考，通常需要掌控個人的恐懼、懷疑和負面預期，或是把這些「放到一旁」，從而採取新的、不熟悉的行動，以便獲得幫助。

2. 線性思考，這是發展合理步驟結果的重要技能，可以用來處理和解決問題。

3. 保持良好界線，去對抗別人自私地操弄，這一點很重要，同時設立並維持自己的理想行為標準。

4. 做出關鍵的區別，區分具體的人生選擇是很重要的技能，帶著洞見和遠見，這會減少可能發生的負面後果，避免後悔和自我指責。

當過度一般化思考干擾了這些關鍵技能時，我們很容易理解人們為何感到做事無效、絕望和無助。這些是抑鬱症的核心組成元素之一。因此，認知行為療法（CBT）在鼓勵和教導特定技能以對抗糟糕的過度一般化思考影響方面非常強調策略。同樣地，認知行為療法與催眠相結合（通常稱為認知催眠療法）的抑鬱症計畫和策略，如阿拉丁（Alladin, 2008, 2010, 2013b）和雅布可（Yapko, 1988b, 1992, 1993b, 2001b, 2006a）解決了相同問題，同時也發現臨床催眠所帶來的價值，可以獲得並強化關鍵技能。

我們可以用以下的催眠暗示來構建，幫助教導抑鬱症個案認識到他們的過度一般化思考問題（例如「我只是想感覺好些」），並將其發展成更加明確的問題，鼓勵個案採取適當行動，用結構化、具體的計畫來解決問題。證據顯示，培訓情感低落的個案以更具體、更明確的方式思考，可以減輕抑鬱症狀，特別是沉思症狀（Watkins, Baeyens, & Read, 2009）。因此，我們可以量身訂做一套催眠給具有過度一般化思考風格的人，以提供更加具體和明確的建議。以下的逐字稿為其中一個案例：

（在催眠引導之後）……當你像現在一樣有個平靜的體驗時……一個片刻接著一個片刻……你的想法流動……一個片刻接著一個片刻流動到舒服的感受，擴散到你的身體和你的心智……同時……這不僅僅是個統一或單一面向的體驗……不是的，它不是這樣一般化……不是如此普遍……也不僅僅是個放鬆的催眠……儘管這確實如此，它比這個更多……因為當你沉浸在這樣的體驗裡……你可以欣賞許多不同面向……一個面向是你內在對話的品質……你開始對自己所說的話，變得容易聚焦和放鬆……還有外在對話……我的聲

音……我的話語……安慰你……鼓勵你……還有外在環境……日常生活中持續發生的事……還有內在環境……感受的品質……你體驗到身體放鬆……你的想法慢下來……你開始體驗到舒服的流動……就只是和自己在一起……輕鬆……放鬆……這是個重要的體驗……無論什麼體驗……你正在經歷……它都有很多不同面向……許多不同的組成元素……你聚焦的每個元素……都會在你身上創造不同的覺察……你的生活經驗有很多不同面向……有些真實發生的事……有些是你詮釋所發生的事……你賦予意義……不同經驗……每個經驗有不同的元素……你注意到和聚焦在哪些面向……哪些面向你讓它們退回到背景裡……有趣的是，有些人聚焦……對於正在發生的事情什麼是最有效的回應……而有些人則聚焦在這些事情產生什麼感受……還有些人聚焦在元素……它如何創造選擇，他接下來該做什麼……然後另一個人聚焦在現在該做什麼的不確定性上面……這可以感覺很好，知道你可以選擇要聚焦在什麼面向上……並且你的選擇如何自動引導到下一步……再下一步……走在明確定義的目標道路上……我記得不久前幫一個人做治療……他說了類似你說的話……他只想要快樂……當我問他沖澡時的每個步驟時……他能夠告訴我沖澡的每個步驟，所以任何人都可以成功地沖澡……當我問他快樂的步驟時……他發現他不知道……在那一刻他很美好地覺察到，他不是失敗……他只是不知道該做哪些步驟……當你不知道下一步是什麼時，你怎麼能邁出下一步呢？……我認為你會享受發現你可以發展全新的思考方式……對你來說有用……這種思考方式讓你觀察人們採取的步驟……你可以採取的步驟……體驗到你真正想體驗的……你正在學習……採取步驟……建立好的職業生涯……或有一段良好的關係……你可以做的，有效的事情……但也有些事情，即使你做了也不大可能有效……現在你正在學習採取行動……一系列的順序步驟可能帶來成功……因此一步一腳印……你可以用你覺得美好的方式前進……感到快樂……這變得很重要，非常重要……提醒你自己……在任何時候……你都可以選擇……生活中發

生的某些面向……聚焦……如何證明你有選擇的力量……而不是反應得好像你別無選擇，只能感到沮喪和焦慮……你應該聚焦內在還是外在？……比你過去所體驗到的還要多……你越聚焦在外在世界……帶著指導原則決定，如何最好最有效地回答某個人的問題，或處理某種情況……你感覺越好……如果你想想一些高效的人，甚至是位高權重的人士……你可以看到他們這樣做……你可以看到他們放下自身反應……他們會在最應該聚焦的面向回應……思考一下當政治家在辯論……或在股東面前舉行股東大會的公司老闆……觀眾中有人提出一些尖銳問題，挖苦的問題……但那些有技巧的回答者繞過這些批評……他們沒有回應挖苦和批評的部分……他們回應的是……提供訊息的機會……或提供不同觀點的機會……因此他們巧妙地繞過批評，即使我們很確定他們在內心裡被批評激怒了……但我要說的是……你可以有……一閃而過的憤怒……一閃而過的恐懼……一閃而過的懷疑……一閃而過的憤世嫉俗，甚至是悲觀……而瞬間抓住你的是……一個賦能的體驗，這不是你的一部分……你沒興趣從那裡回應……因此你可以慢下來……放下憤怒、恐懼或沮喪感，全然聚焦在……提供……有效回應……你保持全然聚焦……發現有些事情更重要……比困在情緒裡重要……手邊的任務……更重要……隨著你變得越來越強大、更加聚焦、更加朝向實現你的目標前進……在每一個互動裡……在每一個事件裡……尋找機會……尋找什麼可以做好……致力於清晰地讓別人知道，對你來說什麼是重要的……因此……可以欣賞……每個體驗都有很多不同元素……你在學習的是區分和克服的方法……減少擔心……當你聚焦並強化你的覺察時……你想要的……我想你會享受發現……自己變得更加冷靜和聚焦……

在以上建議中，我們教導了過度一般化認知風格的個案覺察到其過於概括的思考方式，所帶來的負面影響，以及要採取適當行動、發展具體和明確的問題定義，採用策略行動來有效解決問題。

透過明智的積極行為（行為活化）賦能個案，是治療抑鬱症的一個基本做法。建立積極的期望和減少麻痺性反思，利用催眠誘發有效行為，這可以是治療過程中非常寶貴的一部分（Yapko, 2010a, 2010b）。

催眠和鼓勵激活行為

治療師治療抑鬱症個案所面臨的主要挑戰，在於如何激發某些不願採取行動的人的積極性。抑鬱症個案通常會表現出無望和無助，這會讓他們處在消極和冷漠的態度，即使最有決心要幫忙的治療師都很容易被個案擊敗。抑鬱症個案只需要什麼都不做，就足以挫敗整個治療過程。

反芻是處理生活壓力和負面情緒的方式，它具有強烈的內部傾向，是種自我關注的過程，將注意力集中在負面的感受和看法上，從而犧牲了採取有效行動的機會（Nolen-Hoeksema, 2003）。更具體來說，反芻作為應對方式，意味著在面臨困境時，在困境裡思考……思考、分析、預測、擔心並不斷地問自己同樣抑鬱的問題（例如「為什麼這件事發生在我身上？這對我的生活意味著什麼？這預測了我有什麼樣的未來？」）。一次又一次地反覆思考，但第二十五次思考並沒有比第一次思考更接近答案。這是許多人理解的「分析麻痺」的基礎。反芻是消極的主要引發因素，是行為激活的相反面，因此必須被視為催眠或其他療法的主要治療目標。

運用催眠來鼓勵行動而不是反芻，這涉及幾個因素：首先，抑鬱的個體必須體認到行動是必要的（即使，矛盾的是，所謂的採取行動是學會接納不可改變的情境，不需要做其他事）。其次，他或她必須相信有可能找到明智、具體可行的行動方針，成功是可能的。要達成這一點需要兩個具體技能：描繪具體可行的線性策略，以及做出對其有效性的實際評估。個體可能需要治療師來幫助發展這些技能。

以下暗示是透過催眠鼓勵行動而非反芻的例子：

（在催眠引導之後）……我很好奇……關於你內心的氛圍……你如何挑戰自己而成長……超越自己……你如何發現和欣賞……你已經做得很好的事……你如何解決……看似衝突……在你過去所相

信的……以及你現在開始相信的……過去如何……被評估……重新確認……過去如何……被修正……重新定義……你如何挑戰自己？……有哪些步驟……你跟隨的……你何時不知道該跟隨哪些步驟？……每一次你發現自己……在未知領域……有件事……你總是可以信任的……是你知道很多……遠比你覺察到的還要多……浮現表面的訊息和觀點……有時候，我很確定，甚至連你都感到驚訝……當你發現你竟然知道一些不尋常的事……好奇這個好點子從哪裡來……當你花時間，安靜坐著……你正在創造強大的可能性……在寧靜的某個地方……有些珍貴的東西變得清晰而響亮……在你的覺察裡……它是關於……可能性……我們很自然會思考我們做錯了什麼……或什麼可以更好……或什麼需要解決……我們可以理解，你想要了解……詢問為什麼事情會變得那樣……但是當你發現……僅僅理解是不夠的……它必須引發行動……做一些有幫助的事情……很多時候我們採取的行動是簡單、直截了當的……而不是想著某人是否為某件事而對你生氣……你可以去問……而不是想著該怎麼辦……當你知道你必須做些事情……你可以尋找點子……你可以採取行動，讓自己覺得很好……而不是更深入分析你的過去……你可以做些事情讓明天變得更好……我聽過一個智者說……「與糟糕的過去和解的最好方法是，從中學會創造美好的未來」……我相信這個說法……你忙碌的頭腦可以放慢速度……並停止圍繞著相同的老問題打轉……你更加清楚該做什麼……你可以發現自己反射性地……自動地……推動自己把擔憂轉化為行動……脆弱變成力量……擔心變成合理行動……擔憂變成決定，並提供解答……這最終變成你的本能，可以做決定，有行動力的人……你內心的平靜繼續成長，你變成更可以做決定……當你做出有效決定，你內心的平靜持續增長……平靜的心……冷靜的身體……強烈的舒服反應在全身擴散……當你的想法慢下來……變得更加聚焦……一種你無法用言語解釋的方式……很棒的是你不需要解釋……你可以就只是享受……你可能發現了我的好奇心……人們如何成長、突破成長……

他們如何決定向前邁出一步⋯⋯把不相關的事情留在腦後⋯⋯他們如何處理和克服複雜的情緒⋯⋯一個目標，非常清晰⋯⋯採取行動成就目標⋯⋯更多深入⋯⋯更深入的想法⋯⋯人們一般的體驗⋯⋯你獨特的體驗⋯⋯當你想著改變是個過程⋯⋯不是事件⋯⋯有時候緩慢地成長⋯⋯有時候快速地成長⋯⋯有時候超越成長⋯⋯有太多要說的⋯⋯太多要想的⋯⋯太多要做的⋯⋯完成這些，同時知道你所做的事，就更能定義你是誰、你的感受、你的想法⋯⋯做得好，你就感受得更好⋯⋯這些更加容易出現⋯⋯

以上建議鼓勵逐步採取行動，減少反芻思考，減緩打轉的想法，並在採取行動時有明確目標，即使不確定要採取哪些行動時也要採取行動。完成這樣的治療過程，同時給予具體家庭作業，要求個案積極學習，這會強化治療中所教導的關鍵原則：

1. 我們有很多方式來做決定，而不僅僅是依靠個人感覺。
2. 追求新的學習經歷可以幫助我們修正舊的局限性信念和態度。
3. 大多時候有超過一個「正確」的答案或決定，有很多種可能決定，每個決定都有其後果。
4. 我們必須學會區分有用的分析和無用的反芻。

總結

運用催眠來治療抑鬱症的科學文獻因各種原因而極不發達。在2010年4月至6月的《國際臨床和實驗催眠學》(*International Journal of Clinical and Experimental Hypnosis*, IJCEH) 中，我擔任客座編輯時概述了這些原因。這是IJCEH歷史上第一期關於「催眠治療抑鬱症」的特刊，我很榮幸能擔任此次特刊的客座編輯 (2010a)。這是個好的開始，特刊中有許多優秀的文章，包含催眠和抑鬱症的研究設計和方法 (McCann & Landes, 2010)、以實證證據為基礎的認知催眠療法 (Alladin, 2010)、催眠和反芻思考 (Lynn, Barnes, Deming, &

Accardi, 2010）、催眠和行為激活（Yapko, 2010b），以及與抑鬱的個人和家庭使用催眠（Loriedo & Torti, 2010）。但是，抑鬱症需要來自催眠專業團體更大的關注，因為大家一起可以在遏制全球抑鬱症的上升潮流方面提供很多幫助。我們不受限於治療，還有大量的證據顯示，這些技能不僅具有治療價值，而且還具有預防價值（Muñoz, Beardslee, & Leykin, 2012）。

我們對催眠學習越多，包括潛在的注意力機制、大腦和心智間的關係、感知的可塑性、潛意識的本質、訊息處理的動態以及社交學習在認知和行為自動化方面的作用等，以及其他關鍵過程如何影響主觀體驗，包括情緒狀態，催眠就越能在治療上提供更多療效。

1. 為什麼你認為抑鬱症對於安慰劑的治療方法有較高反應率？

2. 你認為社會有什麼顯著變化，導致了抑鬱症發病率上升？治療師能為此做些什麼？

3. 許多抑鬱症個案出現在一次治療會議中，但之後卻沒有回來。你認為這是為什麼？以及在進行第一次催眠治療時，你可以做些什麼來減少個案提前結束療程的情況？

4. 聚焦在過去時，抑鬱症會變成如何，即過度關注無法改變的過去？為什麼最高效的治療師會花最少時間談論個案的過去？

5. 當抑鬱個案沒有遵從治療師的建議，例如閱讀自助書籍或進行實驗時，我們是否可以客觀地得到結論：這個人真的不想變得更好？為什麼可以這樣說或為什麼不行？

任務清單

1. 觀看抗抑鬱藥物的電視廣告，它們暗示抑鬱的原因和必要的治療方法是什麼？這對個案有幫助嗎？還是對抑鬱症個案有害？

2. 列出至少十個會造成抑鬱症的不同原因。為每個因素設計一種通用的催眠療法，你可以根據特定的個案調整內容。

3. 列出十個你最想教抑鬱症個案的常見技能。設計一個通用的催眠療程，教導這些技能，並根據特定個案調整情況。

第23章

臨床催眠治療
用在疼痛管理上

　　疼痛比其他健康問題對更多美國人造成了影響，幾乎三分之一，或許高達40％的美國人會在他們的一生中某個時刻遭受慢性疼痛的困擾，這個數字比所有癌症、心臟疾病和糖尿病患者的總和都要高。正如作者茱蒂·福爾曼（Judy Foreman）在她的警醒之作《疼痛國度》（*A Nation in Pain*, 2014）和《全球疼痛危機》（*The Global Pain Crisis*, 2017）中指出，人們對疼痛理解不足、治療不足，已經成為緊迫但仍在增長的問題。疼痛護理的經濟學，即營利性醫療保險公司，揭示了我們有個癱瘓的醫療體系，不能很好地為疼痛患者服務。提供藥物比提供更多元化、綜合性的治療更便宜、更容易。這種做法的可怕後果是產生了鴉片類藥物濫用危機，這會導致人們需要緩解疼痛而藥物成癮，以及用藥過量致死，我們付出了極大的代價。據美國國立衛生研究院國家藥物濫用研究所2018年1月發布的鴉片類藥物危機的報告，美國消耗了世界上80％的鴉片類藥物，每天至少有90名美國人死於鴉片類藥物過量。我們

很難意識到有效、非成癮性和非致死性之疼痛管理方法的需求，比任何人類所能意識到的都要大，除非我們或我們所愛的人走上這條危險道路。在這種情況下，催眠不僅僅是一種求知慾，它可以在某個人的生死關頭上發揮至關重要的作用。

在本章中，我們將探討如何運用催眠治療來幫助人們管理疼痛。你會發現，有大量的科學證據支持使用催眠治療疼痛。這裡只會呈現其中極少部分的證據，因此感興趣的治療師需要進行大量額外研究，以便真正了解和有效應用。我認為，在疼痛管理領域使用臨床催眠技巧是最複雜、最繁瑣和最緊急的。

疼痛的複雜性

我們需要神經容量來感受疼痛，這樣我們才能生存。這是一個重要的信號，疼痛告訴大腦要注意，因為顯然出了什麼問題。可以看看以下這個生動的描述：

> 疼痛是人類的保鑣，像警察一樣快速抵達現場，警車呼嘯著封鎖交通。你被割傷、燒傷、骨折：要注意，停止流血，熱敷，冰敷，做些什麼……但當疼痛失控時，當它發出虛假警報時，所有警笛繼續響起，所有警察繼續出現，所有傷痛繼續痛苦……它不再拯救生命，而是摧毀它們……它本身成為了疾病。結果就是：產生持續且不停的折磨。

（Park, 2011, p. 64）

疼痛通常具有「信號價值」。它向我們尖叫，表示有什麼地方出了問題，需要立即注意。這被稱為「急性」疼痛。它通常持續時間較短，並導致人們採取一些即時措施來解決它。但是，疼痛並不是單一面向的現象，不僅是用特定方式影響身體，明顯指出什麼可以幫助緩解它。有時，疼痛會誤導我們聚焦在疼痛所在的部位，但實際上疼痛來自其他地方的傳輸信號所造成，這種現象被稱為「轉移性」疼痛。

一旦疼痛被辨識並得到回應——已經進行診斷檢查，或許已經確定痛苦的來源（儘管很多時候並沒有），並且就算使用適當治療，而疼痛仍然持續存在——那疼痛就失去了其信號價值。疼痛通常在三個月的時間之後就被稱為「慢性疼痛」（美國慢性疼痛協會《慢性疼痛管理資源指南》〔*Resource Guide to Chronic Pain Management*, 2017〕；Vanhaudenhuyse, Gillet, Nyssen & Faymonville, 2016）。慢性疼痛持續存在且不再有任何有益的用途，還會導致個人生活各方面出現各種問題。最近的神經科學證據顯示，慢性疼痛可能會在大腦中刻印下來，放大其持久的特性並使其複雜化（Jensen, 2011a, 2011b, 2017b; Patterson, 2010）。疼痛可能變成生活的一部分，讓之前健康的人變成一個不斷去找醫生開藥、吃藥、不停抱怨、絕望的人，只能全神貫注於疼痛，疼痛，疼痛。

疼痛在患者生活的各個方面蔓延，嚴重地使治療過程複雜化。生理學——特別是疼痛的神經生理學——確實是主治醫生關注的焦點。但正如本書中我們多次看到的那樣，僅關注生理學對於提供合適的治療來說太過狹隘。醫學界越來越意識到需要更廣泛的視角，不僅涵蓋生物醫學，還包括生物、心理、社會方面。這涉及到回答一些問題，比如：

- 疼痛如何影響個人的情緒，反之亦然？
- 疼痛如何影響患者追求和遵從治療建議甚至最終返回工作的動機？
- 疼痛如何影響思維（認知）、情緒和行為的品質？
- 疼痛對人際關係有什麼影響？
- 疼痛對人的靈魂和靈性信仰有何影響？
- 涉及擅長法律訴訟時，慢性疼痛如何對個人造成財務或法律壓力？
- 疼痛如何影響求助行為？
- 疼痛如何影響藥物濫用行為？
- 疼痛如何影響睡眠、行動能力以及其他生理因素？

任何一種或多種不同的因素結合在一起，都會使康復成為具有挑戰性的努力，如何做疼痛管理也變成了複雜但非常重要的目標。

疼痛診所和治療中心普遍把疼痛當成是個多元化的現象並做出最及時的

反應。團隊合作很常見，醫生、心理學家、物理治療師、職業治療師、護士和其他專業團隊成員各自為慢性疼痛患者的全面治療做出貢獻。任何一個團隊成員都可能——也應該——對臨床催眠作為治療計畫的一部分有一些深入的了解（J. Barber, 1996a）。顯而易見的是：低估疼痛的複雜性很容易導致治療不足，要麼使情況惡化，要麼根本無法讓患者恢復健康。臨床催眠絕對可以發揮作用，但必須是更大的治療計畫其中一部分。

催眠和疼痛管理：歷史建立了什麼？

使用催眠治療疼痛的醫療應用已經在文獻中有超過兩個世紀的詳細記載描述（Hammond, 2008; Hilgard & Hilgard, 1975）。一個特別引人注目的「梅斯梅爾療法」的使用敘述出現在詹姆斯・艾斯戴爾（James Esdaile, 1805–1859）的著作中。艾斯戴爾是蘇格蘭外科醫生，於19世紀中期在印度服役，那是在化學麻醉引入之前。儘管沒有正式的催眠培訓，僅是自學，艾斯戴爾記錄了345起重大手術，包括截肢術，僅使用催眠作為麻醉。他在他的有趣著作《印度梅斯梅爾療法及其在外科和醫學中的實際應用》（*Mesmerism in India, and its Practical Applications in Surgery and Medicine*, 1846/2010）中描述了這些手術。在2010年重新發行之前，威廉・S・克羅格醫生在1957年以《醫學和外科中的催眠》（*Hypnosis in Medicine and Surgery*）為題重新出版了該書。艾斯戴爾不僅成功地進行了一些非同尋常的手術，例如使用催眠單獨截肢和去除大量的陰囊腫瘤，而且他的患者只遭受了其他進行類似手術的人當時所遭受的一小部分併發症（例如術後感染、死亡等）。

20世紀早期，基本上是在精神分析影響的浪潮中，其中身體症狀，包括疼痛，在許多情況下被視為起源於心理因素，或者出於某種潛意識的需要而生成。因此，有些人使用催眠作為身心醫學基礎實踐。威廉・克羅格醫生（1906–1995）是該領域的先驅，並與S・查爾斯・弗里德博士（Dr. S. Charles Freed）合著了一本具有高度影響力的書籍——《身心疾病婦科學：包括產科護理問題》（*Psychosomatic Gynecology: Including Problems of Obstetrical Care*, 1951），介紹給許多醫生知道在治療中使用催眠的潛在價值。然而，克羅格拍攝了一部在催眠狀態下分娩的電影，並超越了這本書的影響力。這部明亮的黑白電

影生動地展示了在分娩及分娩後的手術修復過程中，使用催眠來幫助管理與疼痛有關的問題之高度成功案例。這是一部真實而令人印象深刻的電影。

兩年後，克羅格拍攝了一個年輕女士的甲狀腺切除手術，影片中使用催眠作為唯一的麻醉劑。這也是一部形象生動、極具教育意義的電影。這兩部來自1950年代中期的驚人歷史性電影都可以找到DVD ——隨著克羅格的經典催眠教科書《臨床和實驗催眠》第二版（Clinical and Experimental Hhypnosis, 2008）一起出售。我很榮幸能夠為克羅格博士的經典書籍撰寫介紹，把它放入到現代語法中，同時為這兩部非同尋常的電影提供介紹。

在早期的醫學和外科手術中使用催眠的效果確實讓人印象深刻。有大量文獻描述這些事件（Crabtree, 1993; Gravitz, 1988; Hammond, 2008; Rosen, 1959; Rosenfeld, 2008），它們非常引人入勝。這些早期的身心醫學先驅為緩解疼痛的現代研究和應用催眠鋪平道路。讓我們有目前的發展條件。

催眠和疼痛管理：證據與當代應用

使用催眠治療疼痛可能是催眠治療裡擁有最多科學實證文獻的催眠應用，這讓人感到驚訝。為什麼催眠可以被廣泛研究用來證實擁有減輕或甚至消除疼痛的能力呢？有幾個可能原因：

1. 催眠止痛和麻醉是催眠應用裡最引人注目的一項，吸引了研究人員研究其方法和效果。看到有人舒適地管理疼痛症狀，或者觀察到有人在沒有麻醉的情況下接受重大手術也是令人印象深刻的，因此我們可以理解人們為何想要了解這是如何發生的。

2. 催眠對緩解疼痛的好處是可以更容易地客觀衡量，不像其他應用（如年齡回溯）那麼困難。比如，當某人學習催眠並減少或消除了止痛藥的使用，你就有了一個清晰的受益結果。

3. 研究人員擁有新的掃描技術優勢，可以顯示大腦變化，這些變化在比較「催眠前」和「催眠期間」的情況時會很明顯。當這些掃描結果與主觀報告的結果，無論是較輕或較重的疼痛感知相結合時，催眠效果就顯而易見。

4. 疼痛的普遍存在以及它對人們生活的深刻影響，加上疼痛病症對衛生保健系統和醫療人員的壓力，使疼痛成為了高價值的目標。因此，疼痛受到極大關注，而這也是應該的。

在使用催眠治療疼痛方面，有哪些科學證據證明其有效性？有許多研究已確認了催眠在疼痛管理方面的優點（Elkins, Johnson, & Fisher, 2012; Garland et al., 2017; Jensen, 2017b; Jensen & Patterson, 2014; Kirsch, Montgomery, & Sapirstein, 1995）。一項後設分析（Elkins, Jensen, & Patterson, 2007）審查了將催眠用於慢性疼痛上的實驗，結果顯示，「催眠干預能夠顯著降低各種慢性疼痛所引發的疼痛。此外，在注意力、物理治療和教育等方面，催眠被發現通常比非催眠更有效」（p. 275）。最近的 12 項臨床試驗的後設分析顯示，催眠比其他用在管理慢性疼痛上的心理治療，比如放鬆、認知行為治療和生物回應更為有效（Adachi, Fujino, Nakae, Mashimo, & Sasaki, 2014 年）。另一項由蒙哥馬利、杜哈梅（DuHamel）、雷德（Redd）（2000）進行的後設分析研究中，評估了運用催眠來止痛，結果顯示大約有 75％的人使用催眠可以明顯緩解疼痛。進一步的分析顯示，催眠跟其他非物理方法，比如認知行為疼痛管理，是一樣有效。

此外，有證據顯示，當催眠被添加到標準病患控制的鎮靜劑裡一併施行時，相對於在清醒狀態下給予鎮靜劑，催眠提供了更顯著的疼痛緩解（Lang, 2011, 2017a; Lang et al., 2000）。催眠的好處是巨大的：催眠不會使人上癮，它賦能給患者，鼓勵他們在管理疼痛上擔任健康主動參與的角色（Jensen, 2011a, 2017b; Lynn & Kirsch, 2006; Patterson, 2010）。本章稍後將更深入探討關於這個主題的參考治療框架：瑪麗－伊麗莎白·費蒙維爾（Marie-Elisabeth Faymonville）醫師。此外，許多涉及使用催眠成功治療特定疼痛病症的研究業已發表，包括背痛（Nusbaum et al., 2011; Tan, Fukui, Jensen, Thornby, & Waldman, 2009）、燒傷（Askay, patterson, Jensen, & Sharar, 2007; Ewin, 1983; Patterson, Hoffman, Weichman, Jensen, & Sharar, 2004）、癌症（Bragard et al., 2017; Ginandes, 2017b; Walker, Sharp, Walker, & Walker, 2007; Wortzel & Spiegel, 2017。請參見由荷莉·福斯特－米勒〔Holly Forester-Miller〕於 2017 年 7 月主編的《美國臨床催眠雜誌》專題，其中有一系列關於「癌症護理中催眠的好處」的優秀文章）、化療副作用（Levitan,

2017; Walker, 2004; Walker et al., 1988）、纖維肌痛（Catell, perez, Sala, padrol, & Rull, 2007; De Benedittis, 2017a; Derbyshire, Whalley, & Oakley, 2009; Derbyshire, Whalley, Seah, & Oakley, 2017; Martinez-Valero et al., 2008）、頭痛（De Benedittis, 2017b）、分娩和生產（Beevi, Low & Hassan, 2017; Brown & Hammond, 2007; Kroger, 1970, 2008; Waisblat et al., 2017; Werner, 2017）、多發性硬化症（Donatone, 2013; Hosseinzadegan, Radfar, Shafiee-Kandjani, & Sheikh, 2017; Jensen et al., 2011）、程序性疼痛（Lang, 2017a; Montgomery, Sucala, Dillon, & Schnur, 2017），以及太多太多其他情況，無法包含在此一般概述中。

開始：面談疼痛個案

之前，我已經強調過：

1. 很重要的是，如果你不是醫生，你需要醫學督導，並在個案記錄裡記載你和個案之主治醫師的治療計畫討論。
2. 必須獲得關於個案身體狀況的精準和最新訊息（包括疾病或傷害的完整來由、顯著病症、一般治療情況和癒後）。
3. 發展敏銳、靈活的治療計畫。
4. 與個案建立良好的治療關係，討論並同意使用催眠作為治療方法。

開始進行催眠治療的第一步是，更具體地跟個案在主觀的疼痛感受上進行訪談。當然，我們需要蒐集許多有用的訊息，但在本章節中，我只會描述一些最重要的訊息蒐集。

◆ 疼痛敘事

疼痛是主觀現象，是個人受苦的體驗。目前有一些嘗試，想要尋找更客觀的疼痛測量方法，比如大腦活動模式、血液中的免疫生物標誌物，和模式化的面部運動，但這些方法還不確實可用（Martucci & Mackey, 2016）。因此，如果你想幫助個案，必須就個案的疼痛體驗提出有用的問題。因為這個疼痛

可能來自其他部位（例如轉移性疼痛），因此很難準確地測量疼痛，這是我們無法客觀評估疼痛的一個缺陷。因此，人們解釋他們疼痛的說法，特別是用於描述其特質的具體語言，是幫助你構建催眠治療的寶貴訊息。敘述是對疼痛的確認，承認其存在和眾多副作用。就像任何敘事一樣，無論是對疼痛、抑鬱症、焦慮症還是高中畢業看起來是什麼樣貌，敘事本身已成為經歷的一部分。這是個不斷重複述說的故事，會讓人們變得越來越僵化，無論是跟別人述說，或是跟自己述説。

人們所述説的特質是什麼？你可以聚焦在許多不同的特質，每一個特質不僅影響著個人體驗疼痛的方式，而且還影響著你必須量身訂做應對方案。這些特質包括：(1)個案是否預感這種疼痛會成為永恆的負擔，抑或是暫時的挑戰；(2)這種疼痛是否有某種意義，使其能夠被解釋（比如生物學解釋；比如神經損傷、靈性解釋；比如神的懲罰，或其他解釋）；(3)這個人是否感覺自己有能力改變他或她對疼痛的體驗。

此外，了解以下幾點也很重要：(1)這個人之前接受過哪些治療，尤其是否包括催眠療法，以及這些治療是否有所幫助。你不想複製以前失敗的方法；(2)疼痛對他或她生活中其他方面的影響，包括自尊心、情緒、人際關係、工作能力、享受能力等；(3)這個人在生病或受傷之前的功能水平，即「發病前功能」；(4)是否存在任何附加的外部併發症，比如與疼痛狀況相關而即將到來的訴訟。如果這個人因疼痛的起因去參加法庭訴訟，比如車禍或工業事故，而法庭審判日期還有十個月以上的時間，那麼現在處理疼痛的問題，可能導致這個人拿不到訴訟可能獲得的金錢或獎賞——個案非常清楚這一事實。這是極少數的情況之一，可以合法地找到「二次收益」的問題（也就是維持自己的疼痛可以獲得獎賞），如果沒有很好地處理這個議題，可能會使催眠治療計畫在還沒開始之前就注定失敗。

獲取疼痛的詳細感知描述對於治療師來說是特別有價值的訊息來源。通常，疼痛的描述會用形容詞來表達某種溫度特質（比如熱、灼熱、冷、冰凍）、身體感覺特質（比如鈍痛、隱痛、尖銳痛、刺痛）和時間特質（比如持續的、不斷的、間歇的、不可預測的）。人們偶爾也會使用其他視覺特質來形容（比如黑暗的雲、刺入的箭）和聽覺特質（比如它大聲尖叫著、它在我身

體裡呼嘯著）的形容詞。人們自發地在描述他或她的疼痛時使用的形容詞，往往是治療師在催眠治療中可能會建議的內容。比如，如果有人把疼痛描述為熱的，那麼催眠裡提到冷卻的建議是有道理的。如果疼痛被描述為尖銳的，那麼提供「減輕侵蝕」的建議可能是有效的。如果疼痛是持續的，那麼詢問個體是否注意到在疼痛中有任何起伏變化，這可能在強化療效和處理疼痛上有用，比如在催眠裡給出暗示：「你意外地注意到中間的舒適休息，中斷了你持續的不適。」這樣的建議可能有幫助。

另一個重要的訊息是從個案那裡獲取與疼痛程度以及受苦程度有關的評分。要求個案使用0到10的評分標準，評估疼痛的程度，0表示沒有疼痛，10表示最難忍受的疼痛。然後，同樣要求個案使用0到10的標準，評分受苦程度，0表示無痛苦，10表示嚴重的痛苦。找出這些評分等級可以讓我們了解一個人的疼痛耐受度，也就是他或她如何應對疼痛。例如，疼痛等級為7，但受苦等級僅為4，說明這個人有很高的疼痛耐受度。相反，疼痛等級為4，但受苦等級為7，說明這個人不太能夠應對疼痛。我們有一種做法是提升個案的受苦等級，這有助於疼痛管理。

◆ 疼痛的情感面

在由路易斯・賈西亞－拉雷亞（Luis Garcia-Larrea）和菲利普・傑克森（Philip Jackson）編輯的《催眠和疼痛調節》（*Hypmosis and Pain Modulation*）中，有一篇優秀的章節，作者奧黛麗・范霍登海森（Audrey Vanhaudenhuyse）、艾琳・吉列（Aline Gillet）、安－蘇菲・尼森（Anne-Sophie Nyssen）和瑪麗－伊麗莎白・費蒙維爾寫道：

> 正如文獻所陳述，對疼痛控制的過度聚焦可能會導致更大的痛苦和無法行動，可能會阻礙對疼痛的適應，並矛盾地增加由於疼痛而導致的挫折和限制。在我們看來，將治療目標定在提高患者應對日常生活的能力，並發展正向態度的策略，在疼痛存在時想辦法過得更好，這種方法可能間接幫助患者更好地控制他們的疼痛。
>
> （2016, p. 96）

他們表達了一個重要的觀點：就像追求幸福是造成你不快樂的重要原因一樣，追求緩解痛苦也容易讓你過於關注痛苦。你聚焦在什麼事情上，它就會放大。但是，個案的情緒狀態也很重要，我們必須要有同理心地認真思考和回應。

當個案第一次遇到急性疼痛時，最常見的情緒是焦慮和恐懼的混合。個案很自然地會開始災難性思考：如果他們無法解決這個問題怎麼辦？如果我永遠感到疼痛怎麼辦？如果我無法工作並養活自己或我的家人怎麼辦？這些確實是非常可怕的問題，因此焦慮是急性疼痛的關鍵因素，這也就不足為奇了。在此階段透過催眠來減少災難性思考、減少反覆思考、提供安慰很可能會有幫助（Lang, 2017a）。

當疼痛由急性轉變為慢性時，最常見的情緒是抑鬱和悲傷的結合。患者會問不可能回答的問題：為什麼是我？為什麼會發生這樣的事情？我難道永遠回不到以前的生活嗎？我該如何適應這一切？我怎麼面對那個我想要的生活再也不會發生了？這些都是令人難過和抑鬱的問題，人們反覆問自己這些問題不但得不到任何解答，反而強化了負面情緒。

世界衛生組織在一項大規模研究中，調查了來自15個初級醫療站和14個國家的5,438名患者。德克薩斯大學阿靈頓分校的心理學家羅伯特‧加切爾（Robert Gatchel, 2004）在他的 APA 得獎演講中報告說：「在那些報告持續六個月以上的疼痛案例中，22％的患者與焦慮或抑鬱障礙有關的發病率增加了四倍。這些關係在跨文化中是一致的」（Gatchel, 2004, p. 795）。這證實了任何疼痛專家可能會說的話：疼痛遠不止是不愉快的感覺。我們需要特別考量人的情緒，要聚焦並用催眠建議來處理疼痛緩解。

詹森（2011a, 2011b, 2017b）提供了詳細和有結構的形式來面談疼痛患者。派特森（Patterson, 2010）也提供了一份面談指南，特別強調動機面談（MI）的技巧，這是種有效的面談風格，透過提問的用詞和順序來建立治療改變的動能。處理個案痛苦的情感和經驗時，關於該如何說出催眠建議，費爾曼（Feldman, 2009）提供了一個新看法。

展開：運用催眠幫助疼痛個案

應用催眠緩解疼痛的總體目標顯而易見：讓個案沉浸在與疼痛體驗全然不同的身心狀態裡，以此改變或減輕疼痛。在疼痛文獻中通常描述了許多不同的緩解疼痛方法。幾乎所有方法都直接或間接地運用解離作為促進催眠鎮痛或麻醉的初步步驟。即使是有效的緩解疼痛方法，如正念（Dahl, Wilson, Luciano, & Hayes, 2005; Garland et al., 2017; McCracken & Eccleston, 2005），也以解離作為基礎：建議既隱含又明確地「脫離疼痛」和「脫離關於疼痛的判斷和想法」。在推動治療的動能上，這鼓勵個案朝著更多接納的方向前進——促進個案主觀體驗中的實際感官改變——治療必須逐漸強化解離和意動彈性（第5章討論過），從而導致感覺發生改變。與其僅僅做一個催眠引導，然後採取止痛策略，我們花時間（假設有時間，這並非總是可能的）仔細建立個案反應，並鼓勵更大程度的解離，這會讓個案能夠舒適地遠離自己平常的頭腦覺察，個案可以從中獲得好處。

我們先前討論過的一般性催眠治療框架適用在疼痛個案和其他問題上：畢竟，每個催眠治療都有開始、中間和結束。首先是將個案帶到催眠狀態裡（「你可以讓自己舒服地坐著」），然後聚焦個案的注意力並開始催眠引導（「當你開始專注於我的話語時，可以注意到你的眼睛正在閉上……當你閉上眼睛，可以注意到你的想法去到許多不同方向……就在它們開始慢下來之前……讓你自己更容易沉浸其中……」），然後是建立反應組合，介紹人的身體經驗是多變的（「從這一刻到下一刻，我們的身體會有許多不同體驗，這非常有趣……有時我們感覺更有活力……有時更疲倦……有時我們感覺溫暖……有時有點冷……」）。此時，催眠治療已經順利展開，並且建立了清楚的目標——緩解疼痛，治療師可以開啟一個策略，讓個案參與並激活他或她的潛力，產生療效。

運用催眠策略來幫助止痛

在這一段，我將列出和描述12種不同的策略，用來幫助人們管理疼痛。我將提供每種方法精華的小段催眠引導語。這些列在表23.1中。

表23.1 催眠疼痛管理方法

1. 直接建議
2. 間接建議（例如多層次溝通、隱喻）
3. 感覺改變（例如止痛、麻醉、手套麻醉感、轉移主要感知系統）
4. 症狀替代
5. 症狀轉移
6. 解離（例如一般化、局部化）
7. 重新詮釋／重新框架
8. 困惑（例如過度刺激感官、模式中斷）
9. 逐漸減少
10.回到疼痛之前的時期
11.虛擬時間感
12.時間扭曲

◆ 麻木和減輕疼痛的直接建議方法

正如巴拉巴斯和沃特金斯所說：「治療師最簡單的方法是告訴被催眠的人他們將不再感到疼痛」（2005, p. 232）。這種簡單而直接的建議真的有效嗎？令人驚訝的是，答案是肯定的。實際上，如果你能夠觀看本章前面提到的由威廉・克羅格醫生製作的歷史電影——展示了分娩和甲狀腺切除手術期間的催眠誘導——無疑會發現，克羅格的方法既直接又專橫。他直接告訴他的患者「你的手臂正在變得麻木」，不知何故，他的患者能夠將其轉化為有效的反應。對「身體的那部分變得越來越麻木」進行直接的建議，對於一些具有催眠天賦的個體來說，可能已經足夠讓他們感到舒適。派特森的建議「你將感到完全地舒適和放鬆」也是個好建議，因為它可以防止一些個案害怕「感覺到完全沒有感覺」會導致死亡（2010, p. 122）。

直接建議鎮痛這種方法，涉及為個案疼痛的具體部位缺乏感覺提供建議。例如，如果個案在腹部感到疼痛，直接鎮痛的方法可能如下所示：

> 當你感覺你的手臂和腿變得更沉重時，你可以看到腹部的肌肉鬆弛下來。就像你正在緩慢地解開吉他弦一樣。當你看到腹部肌肉放鬆時，你會感到愉悅的刺痛。每當你的身體某個部位變得麻木，比如手臂或腿像是睡著了，你可以感受到同樣的刺痛，就像現在在你的腹部感覺到的令人愉悅的刺痛一樣，不斷地刺激著你。

> 是不是發現在那裡沒有感覺的感覺是有趣且舒緩的？沒錯……沒有感覺的感覺……令人愉悅、舒適的麻木感……

當你直接建議在個案的腹部感受「無感覺的感覺」時，他或她可以在困擾的區域體驗到感覺減弱和直接的舒緩。然而，由於情感壓力的原因，受困擾區域也可能更難抵抗。因此，直接針對受困擾區域進行鎮痛反應，在某些人身上可能會不太有效。這在很大程度上，取決於個案對使用催眠暗示進行疼痛緩解可能成功的預期品質（Green & Lynn, 2011; Jensen & Patterson, 2014; Kirsch & Lynn, 1955）。對於更具響應性的個案，使用直接建議麻木或剛剛接受了新洛卡因的感覺可能會更有效果（J.Barber, 1996b; Crawford et al., 1998; Eimer, 2000）。

◆ 緩解疼痛的間接建議：隱喻式和多層次溝通暗示

緩解疼痛的間接建議通常是透過隱喻和在傳統建議中不斷插入或「散播」安慰建議來完成的。在薇琪的例子中，我與一位晚期癌症患者進行了會話，你可以在《臨床催眠大全》網站上查看（www.routledge.com/cw/Yapko）。你可能會注意到我在採訪和催眠會話中都使用了許多間接暗示，交替運用安慰的言辭。

間接引導的一個著名例子來自於米爾頓・艾瑞克森醫生的工作，他詳細描述與一位名叫喬的晚期癌症患者的干預過程（Erickson, 1966/1980）。喬一生中大部分時間都是花商，艾瑞克森藉著隱喻大量利用了這個事實。喬基於常見的誤解很反對催眠，但願意看艾瑞克森用於緩解疼痛。因此，艾瑞克森的

方法是間接的，你將從以下簡要摘錄中看到：

> 我知道你是花匠，你種植花朵……我會跟你說很多事情，但不會跟
> 你談論花朵，因為你比我更懂花朵。現在，當我說話的時候，我能
> 夠舒適自如地講述關於一株番茄植物的內容。在土壤中播種一顆番
> 茄種子。我希望你聽我講述這個過程時也能夠感到舒適自然。人可
> 以感到希望，相信它會成長為能夠因為果實而帶來滿足感的番茄植
> 物……看一棵植物生長真是太舒服了，喬……

(pp. 269-270)

艾瑞克森這樣解釋在喬身上成功使用這種技術的原因：喬對於番茄植物
的無意義、冗長的談話並不真正感興趣。

> 喬渴望擺脫疼痛，他想要舒適、休息和睡眠。這是喬思維中最重要
> 的事情，也是在情感上最渴望的。他有強烈的需求，嘗試從作者的
> 嘮叨中找到對他有價值的東西。那個期望有它的價值在，以至於喬
> 可以不知不覺地接受它。

(pp. 271-272)

正如我們所看到的，當更直接的方法不可行時，間接性的價值是顯而易
見的。當然，隱喻的內容對於吸引個案的興趣非常重要，但是表達的結構，
特別是在整個過程中自由地多次點綴舒適的內嵌暗示，很可能是使經驗具有
潛在益處的關鍵。

◆ 感覺改變：手套麻醉技術

稍微間接的方法被稱為「手套麻醉」。在這種感覺改變的過程中，個案
被建議在他或她的一隻或兩隻手中體驗完全麻木（即麻醉）。如果不是完全，
大多數人似乎至少部分能夠做到這一點。當手套麻醉已經完成時，可能會給
出進一步的建議，即麻醉可以有效地轉移到他或她選擇的身體任何部位。手
套麻醉允許麻醉之可移動性，亦即當治療師建議用已麻醉的手輕觸身體任何
部位時，可以直接傳遞麻木的感覺到那個部位（相比之下，對某個特定身體

部位的直接鎮痛建議沒有這樣的移動性，因為它局限於特定的、固定的位置）。當人的疼痛位置不穩定時，這是特別有幫助的：今天它在這裡，但昨天它在別的地方。手套麻醉的建議可能採取以下形式：

> 在不久後的一瞬間，當我得到你的允許後，我將拿起你的手放置在輕鬆舒適的位置上（醫生拿起個案的手，將其支撐在手肘上）……你可以輕鬆地保持你的手在這個抬高的位置上……當你這樣做時，你會注意到……這隻手開始感覺與你的另一隻手不同……更遠離你，甚至有些疏離……

> 更遠的……當你的其餘身體保持溫暖舒適的時候……這隻更遠的手可以開始體驗到涼爽的感覺……就好像一陣冷風拂過你的手……冷卻它，使它變冷……當你的手變得舒適地更冷……而其餘身體依然保持舒適的溫暖……你的手中愉快的涼爽感覺變得越來越強……更涼爽。

> ……變得更冷……當你的手繼續變得越來越舒適地冷時……它可以用涼爽的麻木感愉快地發麻……當我觸摸你的手時……你可以意識到，你唯一感受到的感覺就是冷麻木感……你可以將你的手放在身體任何你想感受到同樣涼爽愉快的麻木感的地方……

在上述手套麻醉的示例中，麻木感是建立在對溫度感知的變化基礎上，即手的涼爽感。描述性地建議在感官細節方面經歷赤手做雪球的經歷，或者伸手到冰箱裡取出冰塊托盤的經歷，有助於促進涼爽和麻木的體驗。

◆ 催眠替代和轉移疼痛

催眠替代和轉移疼痛的現象，在疼痛的轉移中可能意味著「移動疼痛」（即將疼痛的感知從一個區域轉移到另一個更容易承受的區域），或者它可能意味著將疼痛的感知限制在更小且不太方便的區域。例如，身體某處正在經歷疼痛的個案可能會接受以下轉移的建議：

當你開始回憶起很久以前學習關於自己身體的知識時，就像所有人最終都必須做的那樣，你可能會開始想起如何學習身體微妙而美妙的平衡。讓你彎曲腿部的肌肉有個相對應的肌肉，讓你再次伸直腿部；雖然有些肌肉可以讓你抬頭，但也有一些肌肉可以讓你低下頭，深深地放鬆下來。你的一部分可以感受到之前的不適變得舒服了，當舒適感流入你最需要的部位，並且取代了不適感，讓它向下流淌。當你感受到它向下流淌到你的手臂時，你可以感受到它聚集在你的小手指中，那裡面如此的微小，如此容易被忘記。

將一隻手臂的疼痛轉移至小指頭可以實現更高水平的功能，減少因為疼痛而分心的情況，因為它可以局限於如此小而更容易管理的身體部位。本質上，這是「症狀替代」的策略，亦即有意創建新的「出口」——現在更加可控的出口。

◆ 解離

解離涉及將整體經驗分解為其成分，包括注意力、感官和行為能力等。身體解離的建議可能導致個案感覺從整個身體或部分身體分離出來，包括疼痛。你是否記得曾經有過這樣一個時刻，即使很短暫，你感覺自己的身體正在經歷一些事情，但你感覺好像與其沒有關係？例如，在接受化學麻醉後，你可以看到自己正在被縫合傷口；你知道醫生正在將你的皮膚縫在一起，但由於沒有感覺存在，這種體驗可能只是個你觀察但感覺被隔離開的好奇過程。即使你在當時知道你是「完整的」，你可能仍然感到遠離和分離於身體體驗之外。這種分離體驗代表了解離現象。

身體解離作為誘導鎮痛的方法之一，可以引導個案進入主觀體驗，即他的思想和身體存在於兩個不同的層面。建議個案與身體之間有足夠的距離，使個案不會察覺（或感受到）他們的身體正在經歷什麼。以下的示例可以說明這種方法：

……當你的思緒開始超越身體的承受範圍時……你可以重新發現你的思維有多遠、多快地旅行，你可以想像宇宙中存在的事物……浩

瀚的大海……參天巨樹的年齡……與天空中星星的數量……很可能你曾經不時想過的事情……你可以讓自己的思緒自由地飄蕩到你被吸引的地方……而你的身體則舒適地待在這裡……不需要動它……也毋須讓它阻礙你的思維……你只需要享受思維自由的自由感……到你最喜歡的地方去……而當你的思維在那裡時，你的身體在這裡……知道自己的身體在這裡會讓人感到如此安慰……等待……舒適地……耐心地等待……隨心自在地飄浮……不需要注意時間……因為你的心靈可以自如地去任何地方……

建議讓心靈「去某個地方」時，身體沒有被邀請跟隨，因此會鼓勵身體的解離。在正式的催眠療程結束後提供催眠後暗示，將身體解離的能力與日常生活中的事件相聯繫，這種解離甚至可以維持下去。重要的是要記住，為個案制定疼痛管理策略時，催眠後暗示即使在催眠療程結束後也是應考慮的重要因素。

建議將心理從身體分離是運用解離的方式之一，另一種方式是將身體的某個部分與其餘部分分離。「你的手臂可以飄離開身體，當你的身體深深地放鬆時」，或者「當你享受右側的舒適時，你的左側可以分離開來」便是這種身體解離建議的例子。

◆ 重新詮釋／重新框架

個案有可能改變他或她主觀地表達疼痛的方式。它不再被體驗為令人喪失活力的疼痛，可以被重新定義為「啟示」。舉例來說：「令人煩惱的癢，有點像蚊子咬一樣」──很煩人，但還能應付。

◆ 減緩疼痛的困惑技術

米爾頓・艾瑞克森創立並發展創造性技巧，藉以故意引起個案困惑，以減輕個案的僵化，同時吸收和重新引導他或她的注意力（Erickson, 1964a; Gilligan, 1982, 1987）。我在早期的一篇論文中（Yapko, 1988a），描述了不同類型

的困惑及其在治療疼痛患者方面的特定相關性。每種形式的困惑都涉及了中斷通常模式，這是發展應對疼痛問題更新也更具有適應性模式的前兆。

困惑技巧可以用於任何在認知、感官、關係、時間和情感五個維度上堅定遵循的模式。

- 在認知層面上，臨床醫師可能會試著打破負面期望、有關疼痛之意義或目的的負面詮釋、有關管理疼痛能力的負面信念，以及其他限制自我的認知評估。
- 在感官層面上，困惑性的建議可用於讓個案對感官體驗的感知產生困惑。
- 在關係維度上，治療師可以努力打破個案對他人的自我限制性期望，或任何惡化痛苦的人際模式（例如罪惡感煽動）。
- 在時間維度上，可能會出現困惑的建議，並涉及時間的流逝和與時間有關的變量，例如過去事件的記憶或未來的期望。
- 在情感層面上，可以建議打破對疼痛的負面情感聯想，將更積極和具有動機的選擇融入到困惑之中。

以下是關於時間維度困惑建議的例子，它有助於改變人們對舒適時間的感知：

> ……你真的不知道一個小時後還是兩天後會不會舒適，或者是否會在一個小時裡體驗兩天的舒適，是否會……在接下來的一小時內更加舒適，在緩解的前一小時內更加舒適，這種緩解已經持續了兩天。然後你可能開始意識到，你今天增長的舒適明天仍將存在……當明天變成今天，你將從昨天到今天到明天轉移舒適，每一個今天和明天你都可以鬆一口氣，知道你的舒適感還在增長……

引導個案情感聯想的各種建議，可能同時放大不同的情感，並使個案從其痛苦狀況的負面感受中失去方向感。將個案吸引到尋求情感適應的重組過程中，治療師可以接觸並放大積極情感，這也有助於提高個案的動力。以下是基於情感困惑的例子：

……也許你可以記得小時候的感受，真正體會那個我在之前的談話中提到的，那個充滿好奇心的小男孩的感受。他非常好奇長大後會是什麼樣子，但同時也感到害怕，因為成年人的世界看起來很艱難。有時候確實也是如此，但你很容易理解他那種混合的情緒，對未來充滿好奇、對更深層次的未知抱持不確定感、期待未來的美好時光、可以做更多讓自己感覺好的事情、對過程的不耐煩，還有其他的情感……好奇、不確定、期待、焦急……我在想，究竟哪些情感對你來說是剛剛好的呢？是很強烈的期待，只有一點點好奇？還是非常不確定，但又充滿了美好的期待呢？…… 或者是巨大的好奇心，只有一點點的不耐煩，想知道你可以感覺到多好……並且有耐心地不耐煩，當你不確定地期待著不合理地確定你感覺良好的能力時……偶爾感覺良好是很好的……現在和未來……

使人困惑的技巧往往比起直接且簡單的方法更需要治療師的催眠天賦。然而，由於它們對個案通常的自我體驗具有更大的破壞力，當環境支持個案使用時，就有了使用這些方法的動機。

◆ 其他舒緩疼痛的催眠方法

還有其他大量直接和間接的策略可用於幫助止痛（Erickson in Rossi, 1980; Jensen, 2011a; Patterson, 2010; Weitzenhoffer, 2000; Zeig & Geary, 2001），這些包括：

1. 健忘症。在這種療法中，個案會被建議忘記自己曾經有過疼痛的經歷——至少在一些時候。這可以打斷疼痛不斷存在的體驗，因此為個案提出間歇性和逐漸增長的舒適期打下了基礎（Erickson in Rossi, 1980; Patterson, 2010）。

2. 逐步縮減。提供一些建議，指出「不適會逐漸減少」，在一段特定的時間內慢慢減少，而不是一次性地讓它消失（Jensen, 2011a, 2011b）。

3. 時間的暫時定向。在這個過程中，個案的年齡被推進到康復後的某一時期，這是基於對疼痛是暫時性的預期，如手術後的疼痛或會癒合的

傷害（Erickson, 1954/1980）。

4. 時間扭曲。在主觀感知中，「舒適的時刻可以擴大」（Cooper & Erickson, 1959; Weitzenhoffer, 2000）。

5. 回溯法。使個體可以回溯到疼痛發作前的某一時期，重新體驗舒適的感覺。

6. 透過建議一些外部環境的焦點，通常是專注於其他事物來分散疼痛的注意力（Barabasz & Watkins, 2005）。

7. 描繪出塑造了更大的控制力以減輕疼痛感的意象，可提供以下建議：「你可以想像一個疼痛調節器（或疼痛控制旋鈕或者『疼痛開關』），並看著自己將旋鈕捵下來……當你向下轉動旋鈕時，你的不適感水平也會下降。」同樣，更積極的方法是，個案可想像一個「舒適旋鈕」或「舒適把手」，他或她可以旋上它，從而增加自己的舒適程度。

現在已經介紹了明顯但有重疊的臨床催眠策略，它們都有助於減輕疼痛和苦難。當然，這些策略需要熟練地應用，並且需要個案經常加強訓練。為個案錄製會話並將錄音留給他或她以供日後回顧是個好主意。教授個案一些可以獨立在任何地方使用的正式自我催眠程序也是個好主意（Bragard et al., 2017; Forester-Miller, 2017; Yapko, 2002）。

◆ 如何在手術中使用催眠療法？

之前我提到了威廉・克羅格醫生製作的兩個影片，使用催眠手段毋須麻醉即可幫助一位母親接生，並使用催眠手段在不使用任何麻醉劑的情況下，切除一位女性的甲狀腺（兩者都可以在隨附的 DVD 中觀看；Kroger, 2008）。這很值得注意，至少可以說，人們可以在沒有或者可能只有輕微的化學麻醉的情況下接受手術（Dyas, 2001; Mackey, 2010, 2018）。不是嗎？

奧黛麗・范霍登海森及其合作者在《催眠和疼痛調節》中（載於 Garcia-Larrea & Jackson, 2016）寫道：

催眠也可用作麻醉技術。催眠鎮痛結合了催眠與局部麻醉和有意識的靜脈注射鎮靜劑，可應用於進行手術的患者身上。這種技術可用於各種小型手術，例如整形手術（如修復疤痕、修復凸出的耳朵、吸脂手術）、拔智齒、鼻甲肥大手術、鼻部骨折、更換燒傷敷料；以及大手術指示，例如甲狀腺手術、大型整形手術（例如頭頸部提升、乳房假體）和婦科手術。催眠鎮痛與術中舒適度的提高、焦慮和疼痛的減少、術中需要的抗焦慮和鎮痛藥物減少、最佳手術條件以及患者更快的恢復效果相關聯，不限於任何手術類型。

（pp. 99-100）

瑪麗－伊麗莎白・費蒙維爾醫師是該特定章節的合著者之一，正如先前所提到的，她是高品質科學論文的作者和合著者，其研究涉及催眠的神經生物學、用於疼痛的催眠治療的神經生物學，以及催眠在疼痛管理臨床干預中的作用。她是比利時列日大學醫院疼痛診所的醫生和麻醉師。

參考框架：瑪麗－伊麗莎白・費蒙維爾，醫學博士、哲學博士

瑪麗－伊麗莎白・費蒙維爾醫學博士（1952- ）是比利時列日大學附設疼痛門診的主任。她與比利時列日大學合作。身為一個為急性、慢性及緩和醫療疼痛患者服務的麻醉師，她一直都很謹靜，並以創新的「催眠鎮靜療法」，對手術程序做了革命性的改變。自20世紀90年代初起，費蒙維爾博士就已經在干預外科手術的背景下，例行性地使用催眠。在通常情況下，她使用回歸患者愉快過去經歷的復甦策略。而她這種使用催眠的方法已經成為基礎，廣泛應用於手術中，治療了超過9,000名患者！她曾親自使用催眠作為手術程序中唯一或為主要的麻醉劑，替超過6,000名患者進行手術。考慮到能為患者的舒適和健康提供關鍵性的催眠技巧，這些技巧使外科醫生在切割活體組織時具備所需的信心和勇氣！

費蒙維爾博士於1977年從列日大學獲得麻醉和復甦學位。她以研究員的身分開始了她的職業生涯，並成為專門負責重症燒傷、口腔

領面外科和整形外科的醫院專家。1992年，她開始逐步改進她的方法，將催眠與有意識的靜脈注射鎮靜劑相結合，她稱之為催眠鎮靜。她在1994年開始在列日大學無償地向感興趣的同事和學生教授她的方法，現在已經訓練了超過400人。

費蒙維爾博士是科學實踐者，她進行回顧性研究，探究自己和同事採用的方法，也進行前瞻性研究，明確確認了催眠鎮靜和局部麻醉可以是傳統麻醉的有效替代方法。她是11個科學協會的成員，共發表了近200篇論文，並獲得眾多國家和國際獎勵，以表彰她的貢獻。她的工作也擴展到了催眠下的大腦高級成像研究，並發表在歐洲和美國的頂尖科學期刊上。費蒙維爾博士熱情地指出，使用催眠和教授自我催眠對患者的康復和自我護理更好，而且在經濟方面也更好：這些是有效且低成本的健康干預措施。她在支持催眠鎮靜方面最具說服力，她勇敢而創新的工作應該為所有對催眠有真正興趣的人所知。

關於匹配環境的方法：「如何使用催眠取決於你使用催眠的環境。通常在手術場合中，我們使用愉悅的生活體驗作為催眠鎮靜的基礎。我們首先要求患者選擇某件愉悅的事物作為手術期間的焦點，以便重新體驗這種愉悅。然後，我們要求患者在手術期間進行這種體驗並觀察他們。然而，在慢性疼痛或腫瘤治療環境中，這個過程完全不同。在這裡，我們和一群患者一起工作，邀請每位患者學習自我催眠，不僅如此，我們還要求他們學習自我照顧——提供他們實用的策略來更好地應對生活，而不是只關注問題本身。」

為患者定義催眠鎮靜：「在看完外科醫生之後，要求催眠鎮靜的患者來到我們這裡。在這次訪問中，我們詢問他們選擇這種催眠鎮靜治療技術的動機。我們解釋了什麼是有意識的鎮靜，描述它是一種程序——有需要時僅提供非常非常少量的鎮痛藥物，而患者在整個過程中都是清醒的。我們告訴他們什麼是催眠來解釋它，告訴他們可以將自己置於這種放鬆的狀態中，而催眠是自然界賦予我們的禮物，可以隨時使用。」

在催眠鎮靜程序中：「手術當天，患者需要預先用藥。接下來，當他轉移到手術室時，將插入靜脈注射管和監測設置。此時，我們邀請每個患者選擇關注某個非常愉快的生活體驗。根據患者的需要和我們觀察到的情況，我們提供建議，然後跟隨手術過程中發生的情況。需要大約三至五分鐘的時間讓患者進入催眠狀態。我們通常使用諸如眼睛焦點和肌肉放鬆之類的誘導方式。然後我們會要求他們恢復愉快的生活體驗。一旦誘導出催眠狀態後，我們會非常仔細地觀察患者手術期間發生的情況。我們將所有可能發生的不同事件融入到手術中，與患者要求重現的事情結合在一起。」

在使用患者的資源方面：「我認為當你學習催眠時，你就學會了使用患者的資源。你學會觀察並利用患者帶給你的東西。隨著經驗的積累，你會變得更有信心，當你建議他們能夠應對壓力事件時，你會將這種信心傳達給你的患者。他們可以在手術或處理健康問題時更積極地參與來幫助自己。」

靈活掌握內在力量：「我認為這種資源存取方法非常棒。身為醫生，我受過的訓練是認為當健康問題出現時，解決方案可能來自患者外部：也許是藥物、某些程序或手術。自從使用催眠療法以來，我經常發現患者有很多資源，他們只需有信心地去使用。我們也發現醫療人員使用這種方法可以在其他方面也真正幫助患者：這種方法賦予患者自主權，還有負責任，不僅在手術過程中，在癒合過程中也是如此。我認為患者在這種體驗之後會有所成長。很多患者在這種體驗之後說他們非常自豪地在催眠狀態下成功進行了手術。我認為這種成功也會在其他方面幫助他們。這將有助於他們更好地應對壓力事件。對他們來說，這是很好的賦權訊息。」

在關於催眠的大眾教育問題上：「我有機會向人們報告並解釋催眠的真正含義以及它在我們工作中的作用。這樣做很重要，可以促進這種技術的普及，並幫助人們了解催眠在臨床環境中的作用。否則，人們只會根據舞臺表演或電視節目來獲得訊息。很多人在電視上看到

催眠，然後認為催眠是操縱他們的東西。提供來自不同研究的客觀訊息是很重要的。向人們提供關於催眠的訊息，是緩慢且需要時間才能改變人們的想法。是的，最終他們會得出結論：催眠是重要的。我們還必須將這種技術教授給那些尚未對催眠感興趣的專業人士。因此，我接受邀請為重症監護治療團隊和腫瘤醫生進行演講，談論我們可以如何使用這個工具──催眠。」

關於大腦研究的限制：「當我們只檢查大腦中發生的事情時，我們對關係的研究毫無作為。我們只看到一個特定位置上帶有特定催眠建議的大腦被激活。儘管我們還不能完全理解催眠期間發生了什麼，但大腦研究可以幫助人們獲得客觀的觀點。然而，關於催眠的另一件事情超越了大腦。我認為這對我們的研究來說也很重要。」

建立與患者關係的重要性：「第一要務是觀察患者。當患者說話時，要認真傾聽，真正地傾聽。然後我可以利用患者所帶來的經驗，甚至將其轉化為幫助他理解他可以為自己做些什麼的方式。這種尊重性的關係是我可以感受患者需要什麼，我們可以激活哪些資源來解決問題的關係。我意識到，我與患者溝通的方式，我的話語既可以治癒，也可以傷害。這種意識幫助我與患者建立良好的關係，我透過使用催眠技術最好地學到了這一點。」

關於享受生活：「我喜歡和我的兩個孫子孫女一起玩耍，我喜歡園藝、烹飪、散步、騎自行車、在沙灘上散步，非常簡單的事情。我喜歡活著！特別是當你和緩和醫療患者一起工作時，你會珍惜有生之年、健康和享受當下的機會，這是一份禮物（Cdeau），就像我們在法語中所說的一樣。」

資料來源：
私人交流，2018 年 3 月 15 日。

應用催眠治療疼痛的案例

◆ 案例1：慢性頸肩痛的催眠治療，源自汽車事故的疼痛

個案是一位30多歲的女性，患有頸部和肩部的慢性疼痛，這是她在紅燈停車時被後方車輛撞擊所造成的後遺症。在向我諮詢之前，她接受了多次神經學評估，並被告知這種疼痛有可能最終會減輕，但不會在近期內。她是一位專業女性，因為受傷和殘留的疼痛，目前無法工作，已婚，在其他方面是一位高效能且能幹的女性。她沒有展現出超出她環境正常範圍的抑鬱或焦慮。因此，除了在幾個會話中指導她使用分離技巧和催眠鎮痛管理，我認為進一步的治療是不必要的。下面的文字記錄是在五次會議中的第四次。

好的，瑪麗……妳感覺舒服嗎？……（點頭）……好的……妳可以深呼吸，放鬆一下……然後當妳準備好了……妳可以讓眼睛閉上……這樣妳現在可以開始……進入內心深處……探索妳內心並找到那些最舒適的思想。

……那些感覺……可以讓妳達到非常非常放鬆的心靈和身體狀態……妳可能還記得……曾經和我一起舒適地體驗過催眠……所以我知道至少從那些經驗中……以及妳自己和其他人一起進行過的催眠體驗中……妳從自己的直接經驗中知道……呼吸舒適的感覺是什麼樣的……妳舒服地坐著……沉浸在自己的想法中是什麼樣的感覺。

暫時忘記……其他部分的世界正在繼續……它的日常業務……而最令人安心、放鬆的認識之一是……妳真的不必關注……除了妳當下喜歡的東西之外……有意識的覺知的本質是這樣的……它自然會漂流……從這裡到那裡……到沒有特定的地方……不管妳的意識在任何時候漂流到哪裡……都好……無論妳是否注意到環境的一些聲音……或妳自己的思想……或妳對我談論的不同事情的反應……或者是在妳的身體中發生了令人愉悅的變化……當妳的思想漂流到不同的覺知時，這可能是非常舒適的，因為妳知道……那是有意識的心靈的本質……它可以飄浮進入……和退出……它可以注意到，

也可以不注意到……它可以思考，也可以享受不必思考……或者不必進行批判性分析……因此它可以輕鬆地接受……

不同的可能性……而妳的意識確實有能力處理……無論它注意到什麼……妳更深層的無限的那一部分……妳的潛意識越有趣強大，它就越能聆聽。

即使妳的意識在其他地方飄移，也要回應……而妳的潛意識……有時會有妳的意識所忘記的能力……當妳意識到潛意識的能力……並能有意識地分析和造訪……了解到妳的意識知道和不知道的潛意識意識……以及哪些比無意識的理解更容易……這時妳才能欣賞所認識到的舒適……知道心靈和身體有時會如此密切地合作。

在某些情況下很重要，而在其他時間則不同，意識和潛意識會飄移到其他地方。大腦最偉大的能力是自由地去想像任何事情。有些人喜歡讓他們的頭腦在空間和時間中漂流，而有些人則喜歡回到過去某個舒適的地方。這個地方在他們的記憶中非常突出，並且感官非常生動。

思想可以飄蕩……遠在那裡……當妳的身體安靜地休息在這裡……這絕對是有趣的體驗……有時候人們會忘記……

當他們的思維在飄移時，身體卻在此休息。身體可以繼續照顧自己，這是自主、無意識的自我保護本能。身體此時可以給予頭腦安慰，使心靈能夠感到悠然自得，有適當的距離感，讓妳能夠知道自己的感覺是如此不同。當妳的思維飄移時，注意力很容易被轉移，而忽略了身體的變化。妳是否已經注意到了呼吸和心率的變化？妳可以感受到身體在妳身邊，足夠靠近，以備妳需要它，但不會干擾妳的自由感，能舒適地飄浮在那輕盈、空靈的感覺中。

發現如此容易忘記左腳相對右腳的位置，在引起我的注意之前，很有趣的是，在左手腕上戴手錶是什麼感覺也很容易被遺忘，耳朵上戴著耳環的感覺也是。舒適地支撐身體的椅子也是。妳知道，我知道，思想和感情息息相關，身心也是。過去和現在也是如此。

但妳也非常清楚事物是會變化的，而這種意識能夠帶來……緩衝區……舒適區……它在現在和過去之間留下了足夠的空間……使舒適的現在成為禮物，讓妳能夠享受幾個月……舒適區……輕鬆安置在頸部的位置。

　　在現在和未來之間……現在可以足夠舒適……讓未來感覺更好……一天一天地……妳知道有時人們不理解過去和現在的關係……也不理解思想和感覺之間的關係……但妳有種感覺，妳的思想很重要……妳對自己感覺的想法可以讓妳的感覺變得有些距離……安全舒適的距離……在妳現在體驗的和妳那時所感覺的之間……在妳的頭腦和身體之間有個深層、舒適的空間……而明天妳會想些什麼……但妳必須等到明天……妳的意識才會知道……妳的潛意識早已發現……移動妳的手需要付出的努力不值得……當妳坐在自己旁邊的時候，妳可以更舒服……當妳的頭腦在這裡時，妳的身體也在這裡，距離剛剛好讓妳感覺到比妳想像中更舒適……妳可以非常清楚地感覺到那種有趣的感覺……與妳的身體分離，完全投入……妳知道，而我知道，儘管妳的身體在某種程度上感覺很遙遠……在另一層次上，它也足夠接近，能感知到它需要繼續呼吸……吸氣……慢慢地呼出……這麼輕鬆……這麼舒適……當妳的頭腦繼續飄浮著……妳的身體繼續舒適地休息在這裡……妳的意識可以發生好奇心。

　　關於感受分離存在的舒適感覺……妳不必過於仔細地分析哪個部分讓妳感覺最舒適。瞬間……妳可以簡單地允許自己享受隨之而來的舒適……而不確定妳的手指在哪裡……或頭髮在哪裡……知道妳可以隨時回到身體意識中……讓妳感到非常舒緩……此刻……妳可以簡單地享受選擇……讓思維在這裡，同時讓身體舒適地休息在那裡……我知道這對妳的意識來說並沒有太多意義……但幸運的是，即使妳的意識非常聰明……妳的無意識比妳聰明得多……妳一生的所有學習……使妳現在處於舒適的位置，能夠自由地飄移。似乎足夠遠離，但又足夠貼近身體，讓人感到非常舒適。

以超乎妳意識的方式……每次妳傾聽這個錄音或閉上眼睛靜坐時，妳都會開始探索新的層面。妳無意識的參與可以為體驗增添新的、有趣的維度。妳對自己與周遭距離的整體感知能力。當妳按照自己的希望來打造身體，認識到妳比想像中擁有更多的控制力時，妳就會更加強大。那麼，妳就可以享受舒適的感覺……妳真的可以舒適地休息。妳真的可以驚人地快速痊癒……現在更多的部位已經開始工作……所以，瑪麗……我希望妳花時間……請隨意重新調整自己的位置，以便帶來……

無論妳希望以何種程度使自己脫離催眠狀態……我指的是，如果妳選擇在帶領自己的思想脫離催眠時，保持身體沉浸在其中的話，我肯定能理解那個選擇……或者，如果妳選擇讓自己的身體退出催眠……但保持舒適度，享受今天的剩餘時間……我肯定能理解那個選擇……而無論妳做出什麼選擇……妳肯定會意識到……當妳允許妳的眼睛睜開……妳會準備好以更舒適的心態和身體去面對今天的剩餘時間……這肯定會是個開眼的經歷……

能夠在「清醒」狀態下舒適地保持自己的身體進入催眠的建議對瑪麗來說特別有用，有助於她進行日常活動。催眠期間多次進行喪失方向感和分離感的建議（思想和身體、有意識和無意識、過去和現在、身體部位），促進了非常深入的催眠體驗，使她在復原過程中大幅減輕了疼痛。

◆ 案例2：薇琪的案例：催眠與治療晚期癌症患者

你可以透過《臨床催眠大全》的第五版連結到《臨床催眠大全》網站（www.routledge.com/cw/Yapko），觀看名為薇琪的女性進行了單次未編輯的緩解疼痛干預會談。你還可以看到完整的未編輯會談記錄，其中包括分析和評論，以指導你觀看會談。你可能已經觀看過這個會談，但不管你是否看過，現在是觀看這場會談的好時間——以更有經驗的眼光觀察這場交談的流程。薇琪只有42歲，她的困擾歷史為她目前悲劇的處境提供了引人入勝的背景。她患有癌症，醫生甚至不知道原發部位位於何處。她的大腦、肺、骨骼和腎

上腺都受到了侵襲，而腫瘤正在她的身體多個部位出現。她尋求催眠，希望在她剩下的極少時間裡盡可能地感到舒適，避免只會讓她昏睡的藥物。可以理解的是，她說：「我不想把時間都浪費在睡覺上。」這是一次性的會面，會話的來龍去脈已在會前說明。她處境艱難，風險高。

請留意薇琪的語言和她對於自己疼痛經歷的描述；請留意她的期望——她之前使用催眠的經歷不太理想——以及她對我的開放性、她對醫生錯過早期診斷和治療的憤怒（因為他們對她過去的情緒不穩定持有偏見）、她的適應能力、她對家人的悲傷，以及她努力應對癌症對她的大腦和身體造成的毀滅性影響。這次會診就像是一次生死攸關的催眠會診。

你可能會注意到另外一件事：雖然這個會話時間較長，為兩個小時，但是我在我們的會話中從來沒有使用過「疼痛」一詞，儘管這就是她前來的原因。這個詞語具有強烈的負面情感連結，因為它代表的既是身體狀況，又是極其不愉快的情感體驗。因此，在可能的情況下應避免使用「疼痛」這個詞語。可以用一些更溫和的詞彙來替代，比如「壓力」、「不適」等等——不舒服的感覺。

薇琪的講述令人振奮。她痛苦地抱怨醫生不聽她的話，以及她為此疏忽付出的代價。薇琪現在被比她想像中更多的醫生聽到，這很具有諷刺意味。她繼續教導我們身為治療師所能希望學到的重要教訓：聆聽的重要性、需要回應人而不是診斷標籤，以及在努力幫助某人減輕痛苦時，善良和同情心不可估量的價值。

總結與未來可能性

本章對使用催眠治療疼痛管理的主題做了簡要概述。希望能夠一次又一次地強調，使用催眠治療疼痛是個複雜、精湛、強大和有意義的努力。不同類型的疼痛需要不同的醫療治療方式和不同的催眠方法（Feldman, 2009; Jensen, 2011a, 2011b, 2017b; Jensen & Patterson, 2014; Patterson, 2010）。

不斷發展的醫學、遺傳學和神經科學看到了新的生物治療方案出現，其中包括可能的基因治療，將慢性疼痛患者注入編碼天然止痛劑的基因、新的經顱磁刺激（TMS）應用於「重構」神經連結、新的神經反應方法以重新訓

練大腦對疼痛信號的處理、植入電極並阻止導致疼痛的神經脊髓刺激器（射頻神經），以及利用無線電頻率波破壞導致神經疼痛的射頻消融術，並使用更為有效和安全的新藥物（美國疼痛協會網站 www.americanpainassociation.org；Park, 2011）。

催眠療法發展中的神經科學也帶來了新的可能性。心理學家戴夫‧派特森（Dave Patterson）是《控制疼痛的臨床催眠》（*Clinical Hypnosis for Pain Control*, 2010）一書的作者，他和他的同事已經開始探索使用虛擬實境（VR）技術治療疼痛患者的另一種未來可能性（Oneal, Patterson, Soltani, Teeley, & Jensen, 2008; Patterson, 2010; Patterson, Tininenko, Schmidt, & Sharar, 2004; Patterson, Wiechman, Jensen, & Sharar, 2006）。派特森描述了 VR 過程：「實驗方法涉及將患者置於電腦生成的三維環境中，他們與周圍的模擬世界互動。操作認知過程涉及分散注意力，具體而言是將注意資源從處理疼痛中分散出去。」（2010, p. 50）可以說，結果非常有前途，並表明新技術如何與最古老的技術相結合，以對另一個人產生有益影響：友好和有意義的對話。

將催眠鎮痛與其他治療方式整合，無論疼痛來源如何，都可以為個案提供均衡的干預。近年來，越來越多的醫學和行為醫學專家，發現催眠作為治療疼痛患者的綜合工具其可行性，我因此受到鼓舞。與疼痛患者進行催眠治療本身可以成為一種專業，對於幫助人們應對最令人痛苦和可怕的人類疾病之一，它是最人道的手段。

討論

1. 你認為團隊協作對於幫助疼痛患者有什麼影響？列舉並討論此種方法的優缺點。
2. 你如何最好地向別人解釋，當催眠緩解疼痛時，並不意味著這種疼痛是心因性的？
3. 幫助別人擺脫疼痛的時候，有時候可能是個壞主意嗎？請解釋你的答案。

任務清單

1. 參觀一些在地社區的疼痛治療中心，看看他們使用什麼方法幫助患者。他們是否使用催眠？這樣做的理由是什麼？
2. 如果你有無限的預算設計疼痛治療設施，你會在你的疼痛管理計畫中包括什麼基本內容？
3. 與當地醫院聯繫以了解他們有關在手術室使用催眠麻醉的政策。你發現了什麼？尋找並安排與那些使用催眠麻醉進行手術的當地醫生面談。

第 **24** 章

催眠在兒童與
青少年的運用

　　治療師往往想要減輕人類的痛苦。這是從內心深處而來的「召喚」，它促使我們投入大量時間和精力，努力為他人的生活帶來有意義的改變。這促使我們經歷長年的正式學術培訓、花無數小時學習和練習，以便當某個陷在困境的人向我們尋求幫助的時候，我們可以運用我們的技術說出和做出一些實質幫助。特別是當那個需要幫助的人是個孩子時，減輕他們的痛苦就變得更加緊迫。孩子似乎能夠激發大多數人保護的感覺，可能是因為他們看起來更加脆弱和天真。他們的痛苦尤其驅使著許多專業助人工作者希望提供幫助。對許多兒科專家來說，催眠已成為這項事業的重要工具。除了想要減輕痛苦之外，許多兒科專家之所以被吸引到與兒童一起工作，是因為他們「在與兒童和青少年相處時，感受到那種純粹的欣喜、喜悅和敬畏：欣賞他們展現出來的獨特個性、自發性、坦誠、好奇心、不同觀點和幽默感」（凱撒〔Kaiser〕，私人交流，2018 年 4 月 1 日）。

在本章中，我們將探討使用催眠治療青少年的方式，同時我會探討以下基本問題：催眠如何成功地應用於兒童和青少年？使用催眠治療年輕的個案有哪些特殊注意事項？催眠可以用於治療哪些類型的臨床問題？

童年對年輕人來說不一定是好事

每個年代都有必須面對處理的壓力，每個年齡層都與塑造其成長環境的普遍文化力量有聯繫。無論是在經濟大蕭條時期長大，還是在「嬉皮」年代的「花朵力量」時期，或是如今過度數位化生活的年代，社會化的必然和強大的力量給我們每個人留下難以磨滅的印記。這些不僅來自於我們所在的更大的社會系統，也來自於我們成長的家庭。我們所經歷和未經歷的經驗，我們被鼓勵和未被鼓勵接受的價值觀，我們被鼓勵發展的技能，以及那些從一開始就被阻止發展的技能，所有這些我們被教導的觀點，都極具強大影響力地塑造著我們的生活。這種社會化的過程從出生那一刻就已經開始了。

每個時代都有自己要應對的壓力，越來越多的證據顯示我們的年輕人正面臨著更為嚴峻、複雜和頻繁的各種壓力（Cohen, Mannarino, & Deblinger, 2017; Twenge, 2014, 2017）。從網路霸凌，到不得不通過金屬探測器去上學，孩子現在面臨的問題是他們的父母從未經歷過的。他們要從哪裡學習如何應對科技的強大和侵略性？暴力的媒體、無處不在的電子眼睛，可以隨時捕捉並將他們最尷尬或痛苦的時刻發布在社交媒體上，以供他人娛樂。現在過於忙碌的家長沒有時間去注意孩子的成長，對孩子每天面對的挑戰提供不了太多幫助，或更糟糕的是，用糟糕的行為或者漠不關心來教育小孩。當今世代裡，當個孩子更加困難了。

這些挑戰僅僅是由快節奏和不加思考的文化所造成的。那麼還有那些「僅僅」是成長本身所面臨的挑戰呢？學習如何思考和如何學習，如何認識和管理自己的情緒，如何發展自我意識和接納自我的獨特屬性，如何學習並關照自己的身體需要，如何與他人相處並滿足自己的社交需求，探索自己的性取向，以及如何、何時表達、發現和發展自己的才華，設定和保護自己的界限等等。除此之外，還要面對急性或慢性疾病、不明原因的症狀、受傷、

失去、拒絕、失望、受辱、自我懷疑，以及生活中許多其他不可避免的逆境。每一天，對一個孩子而言都很艱難。

對每個治療師來說，無論是否運用催眠，都必須重視每個孩子及其所帶來的問題，並理解這些問題背後有更大的社會背景。儘管成長本身就是一項艱鉅任務，但敏銳的治療師可以在很大程度上減輕孩子的負擔。催眠可以幫助孩子發展有效解決問題的技能，並在健康地面對問題和挑戰方面發揮重要的作用，培養出這些力量，可以一輩子受用。更具體地說，正如兒童心理學家帕梅拉·凱撒博士（Pamela Kaiser, Ph.D.）所建議的那樣：

> 父母、教師、教練和其他人希望並期望孩子發展的「技能」中，第一項是情感、思想、行為和心理生理反應的自我調節能力，第二項是整合一套個人、社會和道德價值觀，比如慈悲、責任、忠誠、誠實、責任感、正直等，以及（培養）適應性、靈活性、韌性和（對年長的孩子和青少年）更成熟的觀點。
>
> （私人交流，2018 年 4 月 1 日，原文強調）

為什麼要在孩子身上使用催眠？

考慮到上述諸多童年挑戰，我們該如何最好地準備讓孩子去面對並克服這些挑戰呢？身為父母，我們知道我們不能避免孩子面對生活的挑戰：無論你有多愛孩子，你無法防止他或她感染流感、從自行車上摔下來、無法進入團體、被其他孩子嘲笑，以及其他許多正常生活中無法控制且更糟糕的事情。無論我們多麼拚命地嘗試，我們也無法為孩子承擔所有發生在他們身上的責任：如果你摔斷了腿，無論我多麼愛你，打石膏的人仍然是你。即使我們能夠控制很多境況，防止逆境影響到我們的孩子，然而我們在這樣的過程中又不經意地創造出了新問題：當孩子需要熟練地管理和從逆境中反彈時，他們將毫無準備（Glass & Tabatsky, 2014; Lythcott-Haims, 2016; Twenge, 2014, 2017）。

然而，有些技能可以讓成長變得容易一些——依然不會是容易的，但

是肯定會容易一些。稍停下來，想想這些技能可能是什麼。在這個清單中，最重要的是良好的社交技能、良好的解決問題的能力、控制衝動的能力、忍受挫折的能力、積極的應對和自我安慰的能力，以及適當尋求支持的能力，這是其中幾個例子。這些技能被統稱為「情緒智慧／情商」（Goleman, 1995）和「社交智慧」（Goleman, 2006）。毫不誇張地說，這些技能涵蓋了許多可以在孩子的早期生活中教導的重要技能，這些技能可以在幸福和成功方面帶來終身影響。正向心理學在幫助我們理解孩子性格的彈性和適應上做出了許多貢獻，並還在持續地指導我們理解如何促進孩子的性格優點和美德（Moore & Lippman, 2005; Seligman, 2007, 2018）。

催眠可以在孩子的生活中扮演什麼角色？考慮到孩子參與了大量持續的學習和成長，我們希望以參與和賦予孩子權力的方式構建學習的機會。催眠是實現這些目的的理想方式。我特別欣賞兒科臨床治療師和催眠倡導者琳恩·里昂（Lynn Lyons）在她富有洞察力和實用性的書《催眠對兒童的應用：創造和傳遞有效干預措施》（*Using Hypnosis with Children: Creating and Delivering Effective Interventions*, 2015）中提供的觀點。她寫道：

> 有時候，這些掙扎的孩子和他們的父母以極度緊張的狀態來找你，擔心、不確定或憤怒，在想法和感受中徘徊，甚至是衝突，因為他們想要理解正在發生的事情以及如何解決。有時候，他們精疲力盡，懷疑重重。他們仍在尋找，但步調放緩。從焦慮地執著「出了什麼問題？」轉向無奈地「為什麼還要費力？」。無論在何種情況下，我們的目標是幫助他們發現、創造並使用他們所需要的資源來重新回到正軌……也許，對兒童臨床催眠最廣泛的理解是，有意地運用這種自然發生的類似催眠狀態——使用專注、幻想和想像排練的引導過程——幫助孩子透過發現自己的資源和能力來向前發展，然後幫助孩子更具體地學習新技能並得以應用它們。
>
> （pp. 1-2, 3-4）

兒科醫師勞倫斯·蘇格曼（Laurence Sugarman）和心理學家威廉·韋斯特二世（William Wester II）在其出色的著作《兒童與青少年的治療性催眠》第二

版（*Therapeutic Hypnosis with Children and Adolescents*, 2nd edition, 2014）中，採取了類似的觀點，認為需要幫助孩子與自己的天生資源建立連結來增強孩子的能力。他們寫道：

> 我們把催眠當作機會呈現給他們，幫助他們運用和加強自己追求健康和適應能力的潛意識資源。

（p. 17）

催眠已經被成功地用於治療兒童的一系列問題，正如我們稍後將看到的那樣，主要是認識到他們的個性，並利用他們的內驅力促進成長。然而，與兒童一起工作，無論是否使用催眠，都需要更專業的技能。當蘇格曼和韋斯特談到這個問題時，他們寫道：

> 考慮針對兒童出現的問題給出一系列解釋，將催眠融入到兒童護理中的臨床治療師，必須首先是其專業領域（心理學、醫學、外科、護理、社工、諮詢等）內認真而稱職的專業人士。將催眠作為萬能藥的誘惑必須透過仔細地診斷評估和重新評估來緩和。

（2014, p. 17）

催眠強調認識和運用每個人的獨特性，以此提供了強大而靈活的框架，特別適合與兒童開展有意義的干預措施。值得注意的是，與成人合作時的道德及法律問題，和與兒童合作時不同，應謹慎考慮（Etzrodt, 2013; Kohen & Olness, 2011）。

年齡是否會影響催眠的反應？

自從梅斯梅爾（Mesmer，18世紀後期）、沙爾科（Charcot）和伯恩海姆（19世紀後期）以來，催眠在兒童的應用直接被描述在文學作品中。這個話題被許多早期業內作家所關注，包括西格蒙德・佛洛伊德、威廉・克羅格和米爾頓・艾瑞克森。這些著作富有洞察力和啟發性，但完全是主觀的。直到20世紀中期，嚴肅研究才開始考慮催眠反應可能與年齡有關，以及這如何影響催眠的臨床干預。即使是現在，儘管在臨床報告和小型未受控的群體

研究中，已有大量文獻描述了催眠在兒童中的應用效果，但在充分樣本量的研究中，描述催眠在兒童中應用的對照研究其文獻仍然不夠發達（Gold, Kant, Belmont, & Butler, 2007; Milling & Constantino, 2000; Rhue, 2004）。幸運的是，這是個不斷發展的領域，隨著將催眠融入到治療方案中，積累了越來越多的研究數據顯示在醫療和心理治療環境中應用催眠的優點（Berger, 2011; Kaiser, 2011, 2014, 2017; Kohen, 2010a; Olness, 2017）。

隨著標準化量表的發展，例如史丹佛催眠易感性量表（SHSS: A、SHSS: B 和 SHSS: C）及其針對兒童的衍生物，包括兒童催眠易感性量表（Children's Hypnotic Susceptibility Scale, CHSS）（London, 1962, 1963）和臨床取向的史丹佛兒童催眠臨床量表（Stanford Hypnotic Clinical Scale for Children, SHCS: C）（Morgan & Hilgard, 1978-79），對標準引導的反應被視為兒童催眠反應的有效和可靠指標。因此，這為不同的人群進行測試提供了可能，可能根據不同的性別、症狀概況或者年齡，為該群體建立一套總體概況。

使用這些量表進行的研究在這些關鍵發現中產生了高度的一致性：(1)兒童似乎比成年人更容易被催眠（Morgan & Hilgard, 1973; Weitzenhoffer, 2000）；(2)3 歲以下的兒童顯示出很少可測試的催眠能力，4 歲被認為是最年輕的可測試年齡（Rhue, 2004, 2010）；(3)催眠能力在兒童的早中期逐漸增加，在約 12 歲時達到峰值，穩定幾年後，會在青春期稍微下降，然後趨於穩定進入到成年（Rhue, 2004, 2010）。摩根和希爾加德（Morgan & Hilgard, 1973）聲稱兒童的催眠敏感度持續到成年後，在 36 歲開始呈現下降的趨勢。

關於兒童催眠反應的概括描述在文獻中隨處可見。威廉·克羅格寫道：「5 歲以上的兒童需要有語言理解能力才可以被催眠」（2008, p. 281）。米爾頓·艾瑞克森寫道：

> 兒童有限的經驗背景、對新經驗的渴求和對新學習敞開心扉，使得他們成為很好的被催眠對象。他們願意接受想法，享受對它們的回應——只需要以適合他們理解的方式呈現這些想法即可。

> （1958/1980, p. 174）

如此寬泛的觀察在一般情況下是有價值的，但可能並不適用於每一個人，這將限制他們的臨床有用性。因此，我們很快將會探討如何參與到兒童的獨立個案。

或許令人驚訝的是，儘管安德烈・魏岑霍夫長期致力於發展被認為是催眠反應首要測試的標準化測試，即「史丹佛催眠易感性量表」，但是他卻明確表示群體概況存在局限性。他對基於人口統計學或臨床小組成員的催眠反應研究提出了嚴厲的批評。他寫道：

> 一些涉及個體差異的研究是以假設或理論前提為指導的，另一些則是對其他特徵進行研究的副產品……還有一些則是試圖盲目摸索，希望能找到一些東西，或者是找到任何東西。除少數例外……關於個體差異的數據對我們理解、發生或使用催眠暗示行為幾乎沒有任何貢獻。

（2000, p. 281）

簡單來說，如果考慮的是個體個案，那麼就不能根據年齡段來一般化地斷定哪個年齡段更容易或更難被催眠，標準化測試就變得無關緊要了。科恩（Kohen）和奧爾內斯（2011, p. 426）提到，「現有的量表不能預測哪些孩子在使用催眠治療時可能最成功」。有趣且值得注意的是，即使是一些專家認為無法被催眠的非常年幼的兒童，如羅埃（Rhue, 2004）指出的，卻已有許多報告稱使用催眠成功地治療了學齡前兒童的問題，包括解決排尿和大便失禁的問題。羅埃提出：「這些孩子可能會運用他們的白日夢、幻想和想像力來參與回應直接或間接的暗示。」（pp. 120-121）這些能力似乎與兒童的催眠反應具有最大的關聯，因此，就像兒科醫生丹・科恩（Dan Kohen）和凱倫・奧爾內斯在他們的著作《兒童催眠和催眠治療》第四版（*Hypnosis and Hypnotherapy with Children*, 4th edition, 2011）中指出的那樣，我們有理由認為年齡並不比孩子的能力更重要。蘇格曼和韋斯特非常明確地指出，與年齡或催眠測試得分相比，與催眠反應更相關聯的是什麼。他們寫道：

> 由於孩子本身具有催眠天賦——即，他們正處於潛意識發展心理生理的自我調節階段——也許我們需要測試的並不是他們的催眠能

力。找到其他更具體的變量來解決特定的問題，預測成功的可能性更大。人格特徵、情感特點、學習模式或其他衡量標準，可能有助於確定對每個案例適用的策略。同樣，確定有哪些品質的治療師更適合某個特定的孩子，也是非常有趣。

（2014, p. 84）

我同意這些專家的觀點，並鼓勵從每個孩子擁有獨特資源的視角出發來看待他們，而不是僅僅將他們當成某個年齡群體的代表。

在催眠中構建適合年齡的建議，是基於對兒童發展的了解

由於對催眠反應的正式測試在預測兒童和成人的臨床反應方面價值有限，因此臨床治療師在所有治療互動中的任務都保持不變：建立治療環境，特別是建立與個案的關係，這使有效治療成為可能。首先要認可孩子的經歷，包括思考和處理訊息的方式、溝通的方式，以及人際交往的方式都不同於成年人。正如巴拉巴斯和沃特金斯指出的那樣：

在治療兒童問題時，需要採取獨特的治療方法。在處理尚在成長中的兒童其不成熟的認知和情緒時，複雜的語言心理治療可能幫助不大……治療失敗通常源於治療師無法像孩子一樣推理。治療師如果想要取得成功，必須能夠將他們的思維和感受調整到與小個案一致的頻道。

（2005, pp. 387-388）

米爾頓·艾瑞克森表達了類似的觀點，他寫道：

兒科催眠治療是針對孩子的催眠，要充分認識到兒童就是孩子、年輕人的事實。正因如此，他們對世界及其事件的看法與成年人不同，他們的經驗有限，與成年人的理解大不相同。因此，不是治療方法本身不同，而是施行方不同。

（1958/1980, p. 174）

丹・科恩醫生是一位兒科醫生，被國際公認為是兒童催眠領域的領先專家。當被問及對兒童進行催眠有什麼需要特別關注時，科恩立即有力地回答說：「對兒童成長需要有深入的了解。如果有人要對兒童進行催眠，他們最好先了解兒童的成長過程。2歲的兒童與嬰兒，與7歲、12歲或14歲的兒童都不一樣。」（私人交流，2010年6月10日）科恩的建議當然是很有道理的。如果向兒童提出落後或超越了他們認知水平的暗示，那麼催眠顯然會失敗。「例如，如果你要和9歲的孩子談論意識，你是不會有任何進展的。因為他們不明白，這不是他們通常的思考方式。」里昂在《催眠對兒童的應用》中也提出了類似的觀點，給出了針對不同年齡／發育群體的暗示用語相當豐富的例子（2015）。凱特能和卡奇普（Kuttner & Catchpole, 2007）有一段很好的章節，進一步闡明了在與兒童使用催眠時需要考慮其成長發展的問題。

　　理解孩子的世界與成年人的世界不同，需要臨床治療師具備放下成年人的參照框架的能力。這通常說起來比做起來容易。艾瑞克森對這個問題提出了一些直接的建議：「不應對孩子有輕視的言談，而應順勢運用對孩子自己學習時有意義的語言、概念、想法和詞語。」（1958/1980, p. 176）

　　科恩建議用一些具體的標準來評估孩子：孩子的認知能力、情感發展水平、社交化程度和智力發展水平。例如，科恩描述了一個5或6歲患有原發性夜尿症（即夜間尿床）的孩子很難理解「未來」的概念。對於5歲或6歲的孩子來說，「未來是明天，或今晚。所以你可以說今晚睡在一張乾淨的床上，明天在乾淨的床上醒來」（記錄於私人交流，2010年6月10日）。小兒科醫生傑佛瑞・拉扎魯斯（Jeffrey Lazarus）醫學博士在他使用催眠有效治療夜尿症方面，也進一步強調了這一點（Lazarus, 2017）。

　　有個接近孩子的現實方法，就是來自於對兒童及其發展的研究和了解。然後，基於這些訊息，臨床醫生可以制定適合孩子年齡的治療方案。因此，它有助於形成組織框架，指導如何與孩子面談、建立治療聯盟，並利用該聯盟作為推動治療向前發展的主要力量。戴安娜・雅布可（Diane Yapko）是《了解自閉症譜系障礙：常見問題解答》（*Understanding Autism Spectrum Disorders: Frequently Asked Questions*, 2003）的作者，也是專門治療自閉症兒童的兒童語言病理學家（她也是我的妻子）。在關於自閉症和抑鬱症的一章中，她提出了一系列問題，以幫助組織臨床醫師治療兒童的方式：

臨床醫師必須問自己幾個問題：（a）要實現什麼目標；（b）在治療環節中，如何最好地幫助個案實現這個目標；（c）個案有哪些優勢和興趣（例如個人資源）是可以加以運用的；（d）個案可能有什麼缺陷會妨礙使用某個特定的策略；以及（e）個案在此時有多少注意力和集中度？

（2006, p. 261）

這些問題的答案只能從對孩子的仔細觀察和關注中得出，注意並承認他或她的獨特個性。這些特點中有些與自我組織的模式有關（如歸因風格、認知風格、關係風格、注意力風格等），而有些屬於個人生活方式，包括對特定興趣、愛好、人、地點等的偏好。蘇格曼、加利森（Garrison）和威利福（Williford）同意這一觀點，並提供了利用催眠向自閉症兒童教授自我調節技能的其他見解（2013）。

與成年人一樣，孩子——尤其是年齡較大的孩子，常常知道他們想要什麼（例如「我希望我的父母不要再管我了」），但不知道如何獲得。任何年齡的人越是將目標定義得越為籠統（例如「我只是想要感覺好」），就越不可能達成目標。因此，戴安娜·雅布可的上述問題在幫助我們從全局干預轉向更詳細、更適齡的干預方案上變得尤為重要。提高孩子在某個領域的掌控感並不是透過全面干預實現的，例如「隨著年齡的增長，你會進步的」。相反，臨床治療師的主要任務，是幫助建立孩子現在和他們想要達到的目標之間的橋梁。確定並制定孩子可以遵循的步驟，並溫和地鼓勵他們採取這些步驟，這對於共同創造治療環境至關重要。找出孩子的資源可以幫助促進這過程，使治療個性化，更有信服力，才更有可能成功（Lyons, 2015; Olness, 2017）。

因此，關於如何進行好的治療有個相同觀點：從對個體特徵（包括其成長階段）而非診斷標籤進行回應，到尋找優勢和相關機會以增強掌控感，再到透過催眠引導新的技能生成出自覺感知的轉變。科恩和奧爾內斯在描述對兒童治療需持有的良好態度時，他們寫道：

在我們的治療工作中，要認識到我們不是在治療問題，我們是在治療和幫助那些碰巧有問題的孩子。無論我們的孩子患有多麼嚴重的

問題，我們都要關注他們對經驗的努力，對掌握能力的努力，對社
會交往的嚮往，對內心世界的自我探索，以及對身心健康的追求。
因此，我們可以參與幫助孩子更好地體驗人生，並以此作為治療的
基礎。

（2011, p. 5）

與兒童個案的互動，並建立治療環境

丹·科恩與孩子的互動中有一種看似簡單的方法，通常是從詢問「你為
什麼來這裡？」開始的。他說：「孩子知道他們為什麼來看醫生，我只是想
了解他們已經知道的事情而已。」他更喜歡這種自發性的訊息獲取方式，而
不是先從父母那裡得到報告，這可能會對他的臨床印象產生偏見。為了拋開
症狀並與孩子接觸，他會問一些問題，比如：「你喜歡做什麼有趣的事情？
你不被允許做什麼？還有，你最擅長什麼？」（私人交流，2010年6月10日）
當孩子可能感到失望，並受到某些症狀的影響時，科恩的問題將注意力從負
向轉向正向。這就預設了，並間接暗示孩子是超越他或她的症狀的。這使孩
子有機會與醫生談論非問題事項，擴大彼此的關係；同時也讓孩子有機會認
識自身的優勢或資源，進而為接下來治療暗示的內容建立基礎。

同樣地，簡單地詢問孩子的過去和歷史問題時，問題的措辭和孩子的
回答方式對於建立治療背景具有重要作用。貝貝里奇（Berberich, 2007, 2011,
2017）在進行例行性兒童檢查時描述了一些有用的例子，無論是為年幼的孩
子使用玩具或繪畫以幫助確定和表達他們的問題，還是為年長的孩子使用數
字量表以表示他們的苦惱程度，臨床治療師可以保持覺察，定期傳達症狀是
可塑的，而不是固定的。如何介紹催眠（例如可能是想像力的練習）、如何定
義孩子在此次體驗中的角色（「你可以決定在電視上觀看哪個頻道」）、如何
回答孩子的問題或恐懼，以及如何應對父母（及其對孩子問題的焦慮）等方
面，是定義治療背景的一些變量。催眠的優點，無論是直接應用還是間接應
用，只有在治療背景完全支持其使用的情況下才會顯現。

在《催眠對兒童的應用》中，作者琳恩・里昂尤其關注建立治療背景，著重於如何在初次接觸時掌握催眠機會。她寫道：「無論與孩子初次見面的環境如何，『催眠就發生了』，因此從一開始就認識和抓住這些催眠機會，讓孩子以積極的方式看待自己和這個世界，就可以創造轉變。」（2015, p. 34）

她在幫助讀者決定是先看父母還是孩子、如何與父母和孩子建立聯繫、如何觀察和注意家庭互動的模式，以及如何識別催眠狀態等方面，對有效的兒科實踐而言，都是非常寶貴的指導。

兒科醫生凱倫・奧爾內斯博士與丹・科恩博士共同撰寫了經典的兒科催眠教科書《兒童催眠和催眠治療》第四版（2011）。1981年，當她與兒科臨床心理學家 G・蓋兒・加德納（G. Gail Gardner）共同撰寫第一版時，兒科催眠領域的從業者很少。當時只有偶爾出現的文章，有一些兒科醫生使用和推廣催眠，但該領域尚缺乏連貫性（Kohen & Kaiser, 2014）。當時還沒有對該主題進行系統、深入的研究。現在美國有國家兒科催眠培訓學院（NPHTI），該學院擁有強大的課程和教師陣容（請參閱 Kohen, Kaiser, & Olness, 2017，有關 NPHTI 及其課程的詳細歷史訊息），分享了對兒童問題的知識和敏感性，並探討催眠如何幫助兒童自我管理。

參考框架：凱倫・奧爾內斯醫生

凱倫・奧爾內斯醫生（1936–）是凱斯西儲大學（CWRU）的兒科、全球衛生和傳染病名譽教授。她還是「健康前沿」（Health Frontiers）小型全志願者非政府組織的醫療執行官和聯合創始人。她在美國明尼蘇達州東南部的小農場長大，是家中五個孩子中最大的一個。她第一次表示想成為醫生是在6歲，後來在12歲時她寫了一篇題為「我為什麼想成為兒科醫生」的論文。奧爾內斯於1961年在明尼蘇達大學獲得了醫學學位，並且在發展行為兒科的分支領域上取得認證。

奧爾內斯博士對臨床催眠學有著長期的興趣。她的研究在該領域非常受人矚目且有影響力，尤其是透過她與兒科醫師丹·科恩博士合著的經典著作《兒童催眠和催眠治療》第四版（2011, Routledge）更加顯著。她曾任美國臨床催眠學會、臨床和實驗性催眠學會、美國醫學催眠委員會、國際催眠學會與發展和行為兒科學會的主席。她目前擔任國家兒科催眠培訓機構的委員會主席，組織兒童催眠培訓工作坊。

奧爾內斯博士自醫學院起就一直進行臨床和實驗室研究。她記錄了兒童自願影響自主神經和免疫反應的能力。她已經進行了控制性研究，探討兒童如何透過自我催眠來減少偏頭痛的發生率。她曾在美國國立衛生研究院（NIH）永久研究小組任職，並是第一位 NIH 綜合與補充健康研究所的成員。她已經發表了 104 篇論文、48 個章節和 9 本著作。

她已經參與全球醫療志願工作超過 50 年。她在寮國擔任醫療推廣者，自此之後她開始了自己的醫療生涯，並繼續在人道主義緊急情況下志願幫助兒童。她在凱斯西儲大學創立了第一個關於如何在災害中幫助兒童的培訓計畫，並將此培訓帶到了 18 個資源匱乏的國家。透過「健康前沿」，她在寮國幫助建立了第一個研究生醫學培訓，在那裡現在有成功的兒科、內科和急診醫學住院醫師培訓項目。在 1990 年，寮國只有三名兒科醫生，由於培訓計畫的成果，現在有 120 名寮國兒科醫生和 100 名寮國內科醫生在寮國的每個省工作。

奧爾內斯博士被授予許多榮譽和獎項，其中包括凱斯西儲大學的 Hovorka 獎、克里夫蘭醫學名人堂、美國兒科學會的霍沃爾卡獎（Hovorka Award）奧爾德里奇獎與克里斯托弗森獎（Aldrich and Christopherson Awards）*、明尼蘇達大學的傑出校友獎以及國際催眠學會的班傑明·富蘭克林金獎。

---

*註：這是兩個不同的獎，前者是發給對兒童發展領域有重大貢獻的醫師，後者是發給對醫療照顧模式的發展有領導與倡議的個人

她晚年回到自己的家鄉，與丈夫一起將明尼蘇達州南部的一座農場改造成有機農場。她現在忙於照顧孫子孫女、義務教學、寫作、有機農業，並且還是 Wanamingo Bulldogs 奶奶籃球隊的一員。

　　自 60 年代末使用催眠以來，催眠領域發生了怎樣的變化：「我認為技術上變得不必那麼權威，更加靈活和可以溝通。當然，在與只需要被鼓勵運用自己驚人的想像力來幫助自己的兒童合作時，情況一直都是這樣的。雖然有大量研究證實了與催眠有關的生理變化（包括腦部變化）和機制，但似乎沒有更多的健康專業人士研究或使用催眠。例如，加入 ASCH 和 SCEH 的會員數量相較 30 年前大幅減少。而另一方面，有些非催眠專業組織贊助催眠工作坊，並且有更多關於催眠的文章在非催眠期刊上發表。正念很受歡迎，這個術語比催眠更受認可，儘管透過遵循正念指導，一個人也可以體驗到像催眠一樣的體驗。」[3]

　　任何初學催眠學領域的學生對兒童運用催眠都應該知道的內容：「與兒童工作是很有趣的，將自我催眠的禮物送給他們，並陪伴他們多年，這也是種喜悅。現在，我收到從 20 多歲和 30 多歲成年人那裡傳來的消息，他們仍然使用自己在孩童時獲得的自我調節技巧。我相信，所有患有血友病、癌症、糖尿病和鐮狀細胞性貧血等慢性疾病的兒童，在診斷確定後應有機會儘早學習自我催眠。」[1]

　　對學前兒童使用自我催眠來改變免疫反應的研究啟示，包括體液和細胞反應：「澳洲的霍森‧鮑爾（Hewson Bower）博士重複了我們的工作，並將其引入臨床領域。她認真完成的論文表明，學習和實踐自我催眠的兒童呼吸道感染的數量減少，而且在患呼吸道感染時的病程也較短。有大量證據表明，各種壓力因素，比如經歷災難，都會抑制免疫反應。教育所有兒童如何使用自我催眠來應對壓力似乎是個好主意。不幸的是，心理神經免疫學領域的人類研究很少。」[3]

　　關於普通孩子如何使用催眠改變外周溫度、心率變異性（HRV）或皮膚電活動：「現在有很多監測系統，從價值幾美元的生物手環到價值數千美元的生物反應裝置。兒童和成人都喜歡看到能夠控制身體反應

的圖形證據。通常在教授兒童自我催眠時，我會使用生物反應監視器作為輔助工具，鼓勵他們認識自己的自我控制能力。我們於2014年發表了一篇關於如何讓教室中的兒童從 HRV 生物反應中受益的研究。」[3]

催眠如何幫助抑鬱的孩子：「教授孩子自我催眠可以促進自我控制和掌控感，這對於抑鬱的孩子非常重要。通常，抑鬱的孩子都有抑鬱的父母。我認為，除非家長參與治療，否則我們不能指望在與抑鬱兒童的治療中取得好的結果。」[1]

與兒童和成人使用催眠在技術和關係上的比較：「首先，我告訴兒童和成年人，我身為他們的教練或老師來協助他們進行自我催眠。我避免使用『催眠』的術語，因為它暗示了外在的控制。一般來說，孩子都保持著他們的想像力並喜歡玩耍，這些特點使得他們容易學會和享受自我催眠。向孩子提供一次有關他／她的想像力，或喜歡的遊戲扮演的對話，就足以讓他們擁有一次催眠體驗。兒童缺乏抽象推理技能（至少到16歲），不會像成年人那樣分析自己或過程。我告訴成年人在練習自我催眠時要『假裝現在你只有8歲』。」[1]。

對想要了解更多關於兒童催眠教學的健康專業人員有什麼建議？「多年來，許多健康專業人士參加了催眠工作坊，但沒有足夠的信心使用他們所學。我們已經大幅修改了我們的兒科培訓工作坊，以確保學員在工作坊後的第一天即具有臨床工作所需的技能。我們開發了一份有效的實用清單，為提交問題的臨床治療師提供指導。我們建議有導師督導。我們希望這些改變能夠培養更自信的臨床治療師，並讓更多兒童受益。」[3]

對催眠的研究如何影響個人和職業價值觀以及志願者工作：「與流離失所的人和發展中國家項目合作的基本原則，是鼓勵人們發展應對技能，在項目中建立歸屬感，並促進可持續性。當我們考慮這些概念時，他們與教授自我催眠的目標是一致的。90％的兒童出生在資源匱乏的環境中。尤其是在關鍵的前三年，他們所發生或未發生的事情將對全世界的其他人產生影響。我們所有人都應該關注這前三年，不

論是從理想主義的角度（我更喜歡）還是從務實的角度。」[1]

　　認為全球最主要的兒童健康問題是什麼？「在生命的前三年，未能盡一切可能促進正常的認知發展，這是世界上最嚴重的問題。每年有數百萬名兒童因營養不足、母親酗酒、鉛中毒、腦部感染性疾病如腦型瘧疾和遺傳問題等而受到早期認知損傷，被剝奪了發展能力的機會。早期認知損傷導致青少年和成年時期學習困難和執行功能缺失，對孩子個人、家庭、社區、教育、經濟和政治系統以及人類造成了悲劇性後果。目前，大部分早期腦部損傷都是不可逆轉的。」[3]

資料來源：
1 私人交流，2002 年 11 月 27 日。
2 修訂於 2011 年 5 月 10 日。
3 修訂於 2018 年 2 月 28 日。

催眠在兒童中的應用是有所不同的

　　兒童的體驗與成人的體驗存在很大的不同。這些差異也延伸到催眠的體驗中（Lyons, 2015; Olness, 2017; Sugarman, 2007）。催眠的核心組成部分中至少有一些是與傳統觀念矛盾的，例如，我可能在和妳——5歲的女孩——談論妳的玩偶，「妳的玩偶和妳坐在那把椅子上看起來多麼舒服」，但我顯然根本不是在談論玩偶。但是，孩子在什麼年齡階段才能理解或有意義地回應看似矛盾的暗示？玩偶的舒適是種隱喻，其中包含了間接的暗示：讓妳感到舒適。孩子在什麼年齡和認知發展水平下，才會對故事中明示的和暗示的部分做出回應？

　　特別是在兒童催眠領域中，講故事是常見的做法，這與發表在《兒童發展》（*Child Development*）雜誌的一項研究特別相關。認知研究人員蕾貝卡·里歇（Rebekah Richert）和艾琳·史密斯（Erin Smith）（2011）測試了學前兒童將從虛幻故事中學到的解決方案，轉化到現實問題中的能力。年齡為 3 歲至

5 歲的幼兒被分成兩組，一半聽了關於男孩和太空人營救其他太空人的虛幻故事，而另一半聽了關於男孩與保姆一起玩捉迷藏並努力找回玩具的現實故事。兩個故事都包含解決問題的主題，在故事中，建立了角色透過躲藏避免危險和使用繩子或繩索拉近物體來解決問題的模型。聽真實故事的孩子比聽虛幻故事的孩子在解決問題上表現得更好。

這項研究探討了隱喻在特定年齡段的兒童治療中的作用，但我敢說同樣的原則也適用於年齡更大的兒童甚至成人。具體思考者無法從抽象的原則中獲得學習，他們需要具體的例子。人們還需要知道他們透過故事得到指導，否則這個故事只是娛樂，就像研究中的許多孩子一樣。

帕梅拉‧凱撒提出了同樣的觀點並且提供了一個具體的例子：

由於兒童具象運作思維的發展水平，需要多感官教學來鎖定學習和記憶，我也強烈鼓勵臨床治療師使用有形的隱喻道具，例如比爾先生（剛性思維）與岡比玩偶（靈活思維），以促進和強化兒童對催眠體驗中傳遞的策略和暗示的記憶。

（私人交流，2018 年 4 月 1 日）

如果孩子在玩耍時分心，無論是在年幼時用玩具或是在較大時期玩電腦遊戲，這種外在導向的分心是否等同於催眠，因為催眠通常是努力促進有意義的內在聯想？如果分心是外在導向的，那麼這會增強還是削弱孩子構成有用的內在聯想的能力呢？身為臨床治療師，我們通常希望知道孩子是否能產生自我導向的體驗，無論是透過意象、幻想、想像力，還是透過一系列想法的總結。

兒童是否在意自我安撫或閉眼呢？巴拉巴斯和沃特金斯並不這麼認為。他們寫道：「大多數孩子最不感興趣的事情就是閉上眼睛，特別是如果即將進行某種醫療程序。」（2005, p. 388）羅埃也同意：「通常來說，兒童催眠治療迴避了催眠引導的標準做法，包括閉眼、放鬆和入睡的直接暗示。」（2010, p. 471）科恩和奧爾內斯（2011）明確地建議在與兒童工作時，「反應」比催眠深度是更合適的目標。這意味著，為了有效，你不必使孩子閉眼，你可以讓孩子靜靜地坐著放鬆並專心聆聽你的每個詞語。讓孩子以某種方式做出反應

的可能性根本不大。做形式上的催眠不如讓催眠發生，在這種情況下，直接或間接的催眠反應將取決於個案的需求和反應能力。凱撒、科恩、布朗（Brown）、卡揚德（Kajander）和巴恩斯（Barnes）（2018）在描述催眠可以被整合到兒科治療的各種方法中時，令人信服地提出了這一點。

一些治療師之所以質疑兒童對催眠的反應，最常見的原因之一是大多數兒童的天性活躍。如你所知，成年人在催眠時通常會抑制自主活動，稱為「僵直狀態」。相比之下，兒童通常會坐立不安，表現出外在的不安，即便他們可能對臨床治療師和他／她正在做的事情非常投入（Kohen & Olness, 2011）。如果一個人對案主的外表和行為有固定的期望，認為催眠狀態下的個案必須看起來和表現得怎樣，那麼躁動的孩子看起來似乎對催眠程序不起作用。有時，也許大部分時間，與兒童進行工作的程序可以讓孩子參與某些遊戲等活動，來激發和利用孩子的精力，從而使他們從臨床治療師想要表達的內容中分散注意力。

觀察孩子與父母和兄弟姐妹的互動行為可以獲得大量有用的訊息，幫助我們建立最佳關係——朋友、盟友、教師、醫生——以最好地幫助他／她（Kaiser, 2011, 2017; Linden, 2011; Lyons, 2015）。了解他／她的興趣和情感需求也將幫助我們發現最佳的干預途徑。傑·海利在《不尋常的治療》（*Uncommon Therapy*, 1973）一書中描述了米爾頓·艾瑞克森傑出的兒童治療案例。一名有尿床症狀的男孩被父母硬拽著來看艾瑞克森醫生，當他在辦公室與孩子獨處時，艾瑞克森大聲抱怨孩子父母的魯莽行為。他們怎麼敢命令他治療這個男孩的尿床！艾瑞克森抱怨父母相當長的一段時間，同時這個男孩被這位奇怪的醫生對他父母的意外怒斥所迷住，他也對他們感到很憤怒。最終，當艾瑞克森說他寧願不處理男孩的尿床時，他將他們的「對話」轉向了談論男孩感興趣的射箭運動所需的肌肉協調性。透過討論成長和對肌肉控制的發展，艾瑞克森間接地對男孩控制膀胱肌肉的方法做了暗示。艾瑞克森不同尋常的干預是成功的，他最開始運用男孩的憤怒，首先與他產生聯盟反抗父母，或者看起來是這樣，並運用這個聯盟教他想要他學習的一些東西，這與解決他的問題完美平行。這樣一個案例說明了早先提到的運用專注狀態在個案內在建立新的聯繫，而這個聯繫甚至不是立即出現在人的意識中的。

對兒童的引導方法

　　引導方法必然會因為一系列因素而有所不同，包括個案兒童的年齡、語言能力、個性、興趣、反應能力和注意力風格。需要記住的是，引導是為了讓案主專注和放鬆，以便建立對暗示和體驗的接受性跟隨，有創造性地運用個案所提供的，通常比使用結構化的技術更可靠。正如兒童治療師喬伊斯・米爾斯（Joyce Mills）和理查・克勞利（Richard Crowley）所寫道，「玩耍是孩子的語言，以及故事是玩耍的語言」（2001, p. 506）。

◆　與幼年孩子工作

　　玩遊戲：對於年幼的孩子而言，玩耍可以是與之建立聯繫和建立反應能力的體驗方式。兒童心理學家帕梅拉・凱撒博士建議，8 歲以下的孩子通常喜歡「橋梁」玩具，例如躲在殼裡的害羞海龜手指木偶（Kaiser, 2011）。海龜有一個故事要講，透過講述，治療訊息可能會傳達。抱著娃娃或絨毛動物，或者玩孩子喜歡的任何遊戲，都可以促進孩子的吸收，從而對你的建議做出更大的反應。

　　想像力：巴拉巴斯和沃特金斯（2005）建議使用電視圖像，詢問孩子最喜歡的電視節目並要求他們想像觀看該節目。節目可以是一般類的，也可以是暗含了角色解決類似問題的節目。當節目結束時，孩子會被要求告訴治療師所有有關節目的一切。一個類似的技巧是，讓孩子在他／她的想像中扮演一個電視節目、電影或書中最喜愛的角色。

　　小魔術：使用小魔術來吸引注意力並建立聯繫是另一種技巧。讓一些事物「消失」實際上是暗示症狀消退或去除。

　　故事：故事能夠捕捉孩子的想像力。澳洲心理學家喬治・W・伯恩斯在他的傑出著作《101 個治療性隱喻故事》（*101 Healing Stories: Using Metaphors in Therapy*, 2001）的引言中捕捉到了故事的力量，我引用這一段話：

很久很久以前……當我母親每天晚上坐在我的床邊說這些話時，我就被迷住了。三個簡單而常用的詞彙就吸引了我的注意力，並引發了期待感。它們會帶領我去哪裡？它們會帶我進入幻想或想像的旅程嗎？它們會引導我穿越我尚未探索的領土嗎？它們會讓我開闊思維，探索我尚未發現的經歷嗎？他們是否會引起恐懼、悲傷、喜悅或興奮等情緒？我蜷縮在被單裡，閉上眼睛，享受著踏上未知旅程的期待。那些時光是特別的。在不受干擾的時間空間裡分享故事，有種非常親密的感覺。

(p. xvii)

伯恩斯捕捉了講故事的精神，並突顯故事講述作為與他人互動的方式。他隨後又推出了另一本書，名為《101個幫助兒童和青少年療癒的故事》（*101 Healing Stories for Kids and Teens*, 2005）。兩者都提供了對構建和講述故事的藝術和技術洞察，可以當作引導和利用孩子注意力的手段。

兒童護理專業人士琳達‧湯姆森（Linda Thomson）寫了兩本出色的治療隱喻書籍，適用於年幼的孩子：《催眠和哈利：兒童治療的隱喻故事》（*Harry the Hypno-potamus: Metaphorical Tales for the Treatment of Children*, 2005）和《催眠和哈利：更多兒童隱喻故事》（*Harry the Hypno-potamus: More Metaphorical Tales for Children*, 2009）。故事在任何年齡段都很精彩，但顯然必須適合其年齡，並以吸引個體獨特特點的方式來講述（Mills & Crowley, 2001）。

有一些孩子會立刻理解故事中嵌入的教訓，有一些則需要被鼓勵花一些時間去思考，而有些則需要一些幫助才能理解訊息。解釋故事是否會破壞它？並沒有證據來支撐這種擔憂。相反，這是個潛在有效的暗示，它肯定了有用的新可能性：「所以，當你面對困難的情況時，可以立刻想起我講的這個故事，它會提醒你，你可以做到類似的事情來讓自己感覺更好。」

◆ 與年長孩子工作

年長的孩子和青少年通常可以參與更正式的催眠過程。專注、放鬆和進入良好心境的暗示語言通常可以被輕鬆接受。

專注呼吸：呼吸是個自然且容易的焦點。暗示「只需注意呼吸，當思緒飄走時回到呼吸上」是種良好的專注策略，這是來自正念練習者的分享（Yapko, 2011b）。

安全的地方：創造一個內在安全的地方，一個內在可以去的地方，用於從緊張情緒或環境中分離出來時，可以成為正向的應對機制。將其構建為「創造一些空間以更好地處理事情的機會」，而不是作為逃避的手段，這是情緒自我調節的重要工具（Kaiser, 2017）。

成功的畫面：創造或共建行為秩序，孩子遵循這個秩序，便可以引導他或她在生活中某些重要領域中取得成功。暗示放鬆，專注於這種新方法，並「將其變成你自己的一部分」，可以幫助建立正向期望的品質，激勵個案嘗試新的想法和採取有益的行動。

連結美好的感覺：暗示前往喜愛的地方（音樂會、派對、度假勝地），重溫當時那個地方的美好感覺。

在科恩和奧爾內斯的綜合教材《兒童催眠和催眠治療》（2011）中，他們詳細介紹了各種引導過程。在《催眠對兒童的應用》（2015）一書中，里昂提供了許多寶貴的詳細記錄。當然，所有這些都需要適應每個孩子的需求，但他們為催眠干預提供了良好的基礎。他們都有同樣的樂觀和寬容，向孩子傳遞訊息讓他們知道：他們很重要，他們有能力運用更多的個人資源來改善自己的生活。

焦點：兒童抑鬱症

如前所述，如今身為孩子絕非易事。他們面臨著許多挑戰，他們在情感和智力上的儲備是不足以應對的。這些挑戰基於社會因素，導致他們比上一代孩子患抑鬱症的比例更高。在過去半個世紀裡，流行病學調查顯示，抑鬱症首次發作的平均年齡在持續降低，而年輕人患抑鬱症的數量也在穩步增加。在我早期的作品《解鎖抑鬱的關鍵》（*Unlocking Depression*, 2016a）、《遺傳藍調：如何阻止家庭中的抑鬱症擴散》（*Hand-Me-Down Blues: How to Stop Depression from Spreading in Families*, Yapko, 1999）和《抑鬱症是有傳染性的：最常

見的情緒障礙如何在全球範圍內擴散以及如何阻止它》（Yapko, 2009）中，我詳細描述了導致兒童抑鬱的家庭和文化條件。我建議我們不需要更好的顯微鏡來看到這個問題；相反，我們需要更宏觀的視角，來看到更大的社會力量導致了各個年齡段抑鬱症的上升，特別是年輕人。我還描述了「成為抗抑鬱家庭」的重要性，比如有意識有技巧地管理家庭成員，因為家庭的力量有可能增加或者降低每個成員患抑鬱症的可能性。

目前美國抑鬱症的發病率在年齡為25歲至44歲的群體中最高，這些成年人正處於他們最佳的生育年齡。這意味著患抑鬱症最多的群體，正在撫養著患抑鬱增長最快的群體——他們的孩子。僅僅擁有一個抑鬱症患者的父母就會使孩子患抑鬱症的機率至少增加三倍。這就是為什麼我不僅強調觀察孩子本身，還要考慮與孩子相關的社會背景。沮喪的父母無法教授孩子他或她不懂的東西。因此，年幼兒童的胃痛、年長孩子的憤怒發作、青少年生悶氣和成熟青年的藥物使用，可能都是沮喪不同形式的表現，暗示著需要父母和專業人士更密切地關注。孩子的抑鬱經常被忽視，只是因為孩子沒有說出這些話：「我抑鬱了。」（順便說一下，成年人也很少說這些話。）

孩子的焦慮和迴避應對是情緒困難的一大重要預警信號，最終可以很容易地發展成受到焦慮和抑鬱折磨。實際上，大多數成年人都同時患有抑鬱和焦慮，但它們通常不會同時發作。通常情況下，焦慮比抑鬱早發生很多年，焦慮的孩子更有可能成為焦慮和抑鬱的成年人。因此，使用催眠向焦慮的孩子傳授放鬆、積極應對和自我安撫，既可以作為治療，也可以作為預防的機會。帕梅拉・凱撒、雷德・威爾森（Reid Wilson）和琳恩・里昂在這一領域的工作，很重要的原因便是基於此（Kaiser, 2011, 2014, 2017; Lyons, 2015; Wilson & Lyons, 2013）。

使用催眠來教授具體技能（例如解決問題、決策等）的更複雜用途，對於幫助處於風險中的兒童具有更大的潛力。帕梅拉・凱撒在我的工作基礎上深入探討了無法做出關鍵感知區分，從而成為焦慮和抑鬱症基礎的問題——詳見《診療師的辨證能力》（*The Discriminating Therapist*, Yapko, 2016b），並將其改編用於兒童需要成功運用自我調節能力而成功獲得區分能力。她寫道：

個人焦慮的核心問題之一是他們未充分發展的區分能力。他們高估了即將出現的情況中風險、危險和威脅的概率，低估了自己應對的能力。他們也過度解釋自主神經系統引發的誇大的身心恐慌信號。

(2014, p. 345)

凱撒提供了臨床催眠語境中辨別策略的示例，例如將對想像中的危險之過度反應重新定義為「假警報」，提供概率計算、最小化、風險評估等（2014）。

孩子需要強化特定的技能，以應對他們面臨的非常真實的困難，無論是網路霸凌、朋友自殺，還是努力進入一間好學校。數位影響力在他們的生活中無處不在，這並不是對他們有益的，正如心理治療師和作家托比·高德福斯在其2017年的書籍《從現實生活到網路空間（再回到現實生活）》中所述。用抗抑鬱藥物治療孩子是相當糟糕的選擇——即使有對孩子完全安全合適的好的抗抑鬱藥——但目前還沒有，而且藥物也不能教會他們所需的技能。

應當關注當今孩子及其不斷上升的抑鬱症水平。但更大的顧慮是：當這些孩子長大並有了自己的孩子時會發生什麼情況？哥倫比亞大學的流行病學家米爾娜·魏斯曼（Myrna Weissman）博士的首個同類型研究中，追蹤了高風險家庭的三代人（Weissman et al., 2005）。這項研究花費了二十多年的時間。研究結果的發現令人擔憂，但並不意外：大多數有抑鬱的父母和祖父母的孫輩在青春期之前就發展出焦慮症，隨著他們成為青少年，這些症狀進一步發展成抑鬱症。在另一項研究中，魏斯曼博士追蹤研究了15歲至35歲之間中度至重度抑鬱症父母的後代，發現這些孩子患有焦慮症、抑鬱症、藥物濫用和社交困難（如害羞或鬥毆）的概率要高得多。隨著這些孩子進入中年，他們患病率較早，甚至死亡的風險也更高。抑鬱的孩子和抑鬱症父母的子女面臨的風險是嚴重的。琳恩·里昂在《催眠對兒童的應用》（2015）一書中就這個話題進行了很好的治療運用。

我在本節特別標示了這個「焦點」部分，以聚焦兒童抑鬱症的問題。精神健康專業人員很容易忽略診斷，可能會被其他症狀或問題分散注意力。由於抑鬱症對塑造孩子正在發育的大腦、情感和社交發展，以及造成各種身體和情感上的困難有強大的影響，這個問題不能被忽視。學會如何認識和

治療兒童抑鬱症，對於任何希望幫助兒童和他們家庭的人來説都是尤為迫切的任務。

用催眠治療孩子的病症

催眠可以有效地解決各種兒童症狀和問題。這裡只提到了部分，因此嚴謹的兒科催眠學習者必須更深入地探索臨床文獻。參考資料可以在《臨床催眠大全》網站上找到（www.routledge.com/cw/Yapko），這裡提供了大量值得一讀的重要閱讀清單。

凱撒（2011, 2017）和科恩（2010a）明智地建議將整合性的兒科方法作為適當的治療標準。他們建議核心組成部分包括自我調節技能訓練（例如自我催眠、生物反應、呼吸調節、自發訓練、漸進式肌肉放鬆）、認知行為治療（CBT）和其他心理治療（例如雙人依附工作、家長諮詢、家庭治療）、身心教育、冥想、讀書療法、按摩、運動諮詢以及其他方法。他們進一步指出，催眠是更大的治療計畫中一個組成部分，希望能綜合孩子和他們家人的需求，採用多種方法。

催眠只是更大的治療計畫中一個組成部分，這個觀點非常重要，需要記住。科恩和奧爾內斯在他們寫作時以不同的方式表達了相同的觀點。

> 對於催眠存在分歧、困惑和不完善的認知，這些問題在催眠治療中成倍增加。很少有「成功的催眠治療」案例，使人們可以絕對確信結果是由催眠治療引起的而不是其他因素。另一方面，常見的藥物臨床應用並不考慮安慰劑效應或易受暗示性。關於催眠治療法，有些人過於熱衷，對催眠治療的宣稱遠遠超出了科學責任的範圍。我們對這個問題持中立立場。我們相信，某些病人在催眠狀態下接受治療時，會發生在正常意識狀態下不會發生的變化。
>
> （2011, p. xix）

同樣地，我在本書中一直強調催眠並不能治癒任何疾病。更確切地説，這是催眠過程中發生的事情，透過對暗示的感知切換建立新的聯想，這個過

程具有治療潛力。在描述可透過催眠治療各種兒童症狀時，必須記住，催眠是向兒童提供有意義的想法和暗示的工具，這些想法和建議激發了新的理解和新的可能性，是有效干預的積極成分。因此，為了了解所引用的研究中，應用了哪些催眠干預的詳細結構和內容，需要進行必要的閱讀。

習慣性障礙：催眠有效應用於治療尿床等習慣問題（Banerjee, Srivastav, & Palan, 1993; Collison, 1970; Kohen & Kaiser, 2014; Kohen, Colwell, Heimel & Olness, 1984; Kroger, 2008; Lazarus, 2017）、排便失禁（Fischel & Wallis, 2014, Linden, 2003）、拔毛症（Barabasz & Watkins, 2005; M. Barabasz, 1987; Kohen, 1996; Shenefelt, 2017; Zalsman, Hermesh & Sever, 2001）、咳嗽（Anbar, 2007）、吮吸拇指（Barabasz & Watkins, 2005; Grayson, 2012; Kroger, 2008）和咬指甲（Kohen, 2017b; Kroger, 2008）。

行為問題：催眠成功應用於處理逃學（Aviv, 2006; Lawlor, 1976）、叛逆的行為（Kroger, 2008）、飲食障礙（Torem, 1992b, 2001, 2017b）以及其他行為問題（Guyer, 2007; Lyons, 2015）。

情緒問題：催眠治療已經解決了一系列針對兒童情緒的問題，包括抑鬱症（Kohen, 2007; Kohen & Murray, 2006; Lyons, 2015）、焦慮（Kaiser, 2011, 2014, 2017; Wester, 2007）、做夢和噩夢（Barrett, 2010b; Donatone, 2006; Kingsbury, 1993; Kohen, Mahowald & Rosen, 1992; Linden, Bhardwaj & Anbar, 2006）、針刺恐懼（Cyna, Tomkins, Maddock & Barker, 2007; Taddio & McMurtry, 2015）、複雜的喪親之痛（Iglesias & Iglesias, 2005/2006, 2017; Kohen, Olness, 2011），以及 PTSD ／被虐後康復（A. Barabasz, 2013; Linden, 2007; Rhue & Lynn, 1991, 1993）。

醫療問題和疼痛症狀：催眠在兒童醫學應用中的好處已經有充分記錄，包括哮喘和肺部疾病的治療（Anbar, 2017; Anbar & Hummell, 2005; Anbar & Sachdeva, 2011; Kroger, 2008）、疼痛（Anbar, 2001; Delivet, Dugue, Ferrari et al., 2018; Gottsegen, 2011; Kuttner, 1988, 2010; Kohen & Olness, 2011; Liossi, White & Hatira, 2009; Rogovik & Goldman, 2007; Tomé-Pires et al., 2016; Wood & Bloy, 2008）、抽搐／抽搐症（Kohen, 1995; Kohen & Botts, 1987; Lazarus & Klein, 2010; Raz, Keller, Norman & Senechal, 2007）、頭痛（Kohen, 2010b, 2011, 2017a; Kohen & Zajac, 2007）、癌症疼痛（Kuttner, Bowman, & Teasdale, 1988）、緩和醫療（Kuttner & Friedrichsdorf, 2014; Liossi & White, 2001）、程序性疼痛（Butler, Symons, Henderson, Shortliffe, & Spiegel, 2005; Kuttner,

1989; Liossi & Hatira, 2003; Scott, Lagges, & LaClave, 2008）、腸易激綜合症（Rutten, Vlieger, & Frankenhuis, 2017; Vlieger, Menko-Frankenhuis, Wolfkamp, Tromp, & Benninga, 2007; Vlieger, Rutten, Govers, Frankenhuis, & Benninga, 2012），以及癲癇和非癲癇事件的鑑別診斷（Olson, Howard, & Shaw, 2008）。

有兩個特別好的線上資源可以多留意：首先是由兒科疼痛專家裘蒂·湯瑪斯（Jody Thomas）博士與史丹佛大學合作開發的有趣且訊息豐富的影片演示。該影片名為「你是你大腦的老闆：學習疼痛如何工作」（You are the Boss of Your Brain: Learning How Pain Works）。它是一個簡短的影片，長度大約13分鐘，可以在此網站上找到：stanfordchildrens.org/en/serries/pain-mngement/understanding-pain.html（也在《臨床催眠大全》的網站提供連結）。

第二個資源是加拿大兒童心理學家莉歐娜·凱特能（Leora Kuttner）博士展示的「魔術手套」技巧，在迷人而具有說明性的影片中，使用暗示創建了一個舒適的位置，在那裡注射可以沒有疼痛。影片大約10分鐘。在搜尋引擎中輸入「Leora Kuttner」，便可以在 YouTube 上找到影片（在《臨床催眠大全》網站也有提供連結）。

總結

童年時期的生活條件，以及這些條件處理得好與壞，會影響一個人終身的身體健康和滿意程度。在本章中，我強調了透過催眠來鼓勵兒童更好地掌控自己在治療中的重要性。當孩子學會區分可以控制的和不可控制的事情時，他們會更容易學習如何改變自己的環境（所謂的一級控制），以及在應對不可改變的情況時，如何更好地管理自己（所謂的二級控制）。催眠是鼓勵一級和二級控制極其有價值的手段，孩子可以藉由催眠學會即使他們無法控制正在發生的事情，他們也可以學會管理應對的方式。這是自我掌控的核心，也是臨床治療師可以與年輕人分享的最好的禮物之一。

1. 你認為當今的孩子比以前的幾代人更艱難嗎？為什麼？

2. 如果你可以保護你的孩子（或你所愛的孩子）免受所有傷害，即使是很小的傷害，你會這樣做嗎？為什麼？

3. 你認為孩子在學校應該有「安靜時間」嗎，就像「過去的美好時光」那樣，讓孩子每天下午靜靜地躺上20分鐘嗎？為什麼？

4. 你認為在數位時代成長的孩子，特別是沉迷於智慧型手機的孩子，可能會缺少哪些技能的發展？相應地，你預測會出現哪些問題？

5. 你認為抑鬱症在兒童和青少年中增長最快的原因是什麼？你認為可以採取什麼措施來幫助阻止甚至扭轉這種趨勢？

任務清單

1. 採訪催眠專家，詢問他們認為兒童更容易還是更難被催眠。你的發現是什麼？他們如何解釋其觀點的依據？

2. 研究兒童發展。採納同樣的引導，使它們適用於5歲至18歲的孩子。

3. 研究抗抑鬱藥和抗焦慮藥在兒童中的使用。你的發現是什麼？設計催眠個案環節，針對導致兒童焦慮和抑鬱的因素進行治療，這可能比藥物更有幫助。

4. 分別給三名年齡相仿的孩子閱讀同一個故事。他們對故事的反應或詮釋是否有所不同？這對你有什麼啟示？

5. 列出你認為對孩子尤其有幫助的五種辨識能力。設計一個通用的催眠個案環節，教授10歲以下的孩子學習每一種辨識能力。

第25章

處理意外反應

　　如果你做過催眠，可能會從自己的直接經驗中發現，人們對你的催眠過程反應可能就是沒有反應（「就這樣？什麼也沒發生！」），或戲劇性反應（「哇！太神奇了！」）。現在你可能會更加理解為什麼評估催眠反應已成為研究人員和治療師認真探討的主要問題，因為他們試圖了解為什麼人們對催眠過程的反應會如此極端。

　　當催眠治療的意圖和結果不相符時，可能有許多不同的原因。當人們對你進行的催眠治療產生一些你不會甚至無法預期的反應時，該怎麼辦？當你不確定該做什麼時又該怎麼辦？本章的重點聚焦在催眠治療過程中可能出現的一些異常情況，我們首先要辨識出這些情況，然後熟練而敏銳地加以處理。

　　之前已經提到過，像任何治療一樣，催眠並非天生無害（Peebles, 2018）。所有可能有幫助的東西也都可能存在潛在的危害。沒有任何治療師會故意傷

害個案，但如果臨床培訓過程中，沒有人警告過你治療可能帶來的潛在危害，我們便很難對治療所造成的醫源性傷害（即由治療本身所導致的傷害）保持現實的態度。當你把意料之外的反應僅僅歸因於個案時（比如「他還沒有準備好」、「她情感防禦太強了」等），情況會更糟。我知道有一些培訓從不提及可能會出現的問題，以及治療師在這種事故中可能無意扮演的角色，那麼就更不用說該如何處理這種情況了。

我並非有意要嚇退任何使用催眠的人，相反，只要有機會，我便會極力強調催眠的優勢及其對臨床工作的價值。但是，沒有任何一種治療方式——包括催眠——會在所有人身上都百分之百有效。現實情況是，任何形式的治療都有可能引發意外和不良反應：當我們以任何方式進入人們的主觀世界時，都會遇到情感敏感性、非理性思維、個性怪癖、感知扭曲以及所有能夠定義人之為人的其他事物的脆弱性。良好的臨床培訓會教你如何應對這些問題，並在催眠中發生問題時，如何預見並妥善處理這些問題。本章我們會就其中的一些問題展開討論。

對不良結果的解釋塑造了你的應對方式

我們可以思考以下兩個相關問題：一、當個案無法產生特定的暗示體驗或者更糟，出現了負面反應，比如輕微的煩躁或明顯的情緒困擾時，我們該如何理解對催眠暗示缺乏反應性這個問題？二、我們該如何有效地回應那些無法對我們的催眠流程做出特定反應的人？

當然，這些問題同樣適用於所有形式的治療，無論是否涉及到催眠。治療師通常會評估其治療的優點，尋找證據以確定治療是否有效，從而不斷完善治療並實現預期效果。然而，心理治療並非精準科學。許多不同的因素都會對結果造成影響，並且很多因素很難被覺察，甚至是隱藏起來的。因此，讓那些對治療反應不佳或者根本不做反應的個案做出反應，對治療師來說是種持續的挑戰。

治療師對催眠暗示的最小反應或負面反應的回應，歷來都是有範疇的，從為沒有反應的個案貼上「阻抗型」標籤，到給提供暗示的治療師貼上不稱

職的標籤。從這些極端的觀點來看，無論是責怪個案還是責怪治療師，都反映出了被稱為「歸因方式」的因果解釋。歸因方式是指一個人解釋生命事件意義的獨特方式（Seligman, 1989; Yapko, 1992, 1989a, 2006a）。其中一種類型的歸因稱為內部歸因：它是指某事發生的原因都是「因為我」的某種方式。外部歸因從本質上講，是指事件發生是「因為其他人的錯」或「因為環境」。作為特有的或模式固化的解釋方式，歸因方式可以引導一個人本能地承擔責任（這是我的錯）或者逃避責任（這是別人的錯）。舉個例子，你可以看到有些人本能地承擔無窮無盡的罪責，每當出問題的時候，他們就會自動認為都是自己的錯。清晰地判斷每個案例的現實歸因需要清晰的思路，而不是僅僅本能地接受或逃避對發生事件的責任。

在催眠和心理治療領域中，治療師對不成功的催眠療程和治療的歸因通常都是外部的，也就是說：這是個案的錯。治療師經常會說「這個人還沒有做好改變的準備」、「這個人從症狀裡獲益太多了」、「這個人感到了治療對他的威脅」，以及特別是在催眠中非常流行的說法：「這個個案無法被催眠」，或者「這個個案處於阻抗的狀態」（Short, 2017）。這些對於個案缺少反應性的外部歸因有時也是真實的嗎？是的。但是在某些時候他們也是很不公平地在責備個案，有沒有想過這實際上也可能是治療師本身的方法其局限性所造成的呢？是的，我強烈鼓勵治療師認識到這一點，在他們盲目宣布個案處於對抗狀態之前，要看到他們自己在個案反應性中所扮演的角色，可能比他們想像的要更大。當有兩個或兩個以上的人參與互動時，他們應該共同對結果承擔責任。對於這一點，我們通常也不鼓勵完全內部歸因，即「這個人會有那樣的反應完全是我的錯」。

精神科醫生兼催眠專家理查・P・克魯夫特博士（Richard P. Kluft）提出了深思熟慮的考量（Kluft, 2012a, 2012b, 2012c, 2012d, 2016b, 2017），他具體地指出了一些治療師可能會導致的負面結果，其中包括使用缺乏個體差異敏感性的標準化腳本、使用可能看起來與問題無關或有操縱性的間接或隱蔽的方法、低估所出現問題的複雜性、過分堅持治療範式、催促個案、未能完全重新喚起個案等等。同樣，他也提出了對個案的考慮因素，這些因素同樣可能導致不良結果：個案對與問題相關的因素缺乏坦誠地披露、對催眠的恐懼、他們

想要避免再次發生和催眠有關的虐待經歷、由於各種可能的原因而無法充分集中注意力、不切實際甚至是魔法般的期望、對實施臨床催眠的治療師的聲音變化產生負面反應等等（Kluft, 2016b, 2017）。

你會注意到克魯夫特醫生考慮到了治療中的兩個方面：治療師和個案。他不鼓勵內部歸因或外部歸因。他鼓勵逐一思考每個案例：什麼因素可能造成催眠互動成功或失敗。

現在讓我們把注意力轉向在治療師需要有效應對時可能出現的一些意外情況。

◆ 自發性回溯和強烈的情緒反應

在治療過程中，個案變得非常情緒化並非罕見。可以引起情緒反應（難過、苦惱、哭泣、悲傷、恐懼、憤怒等）的原因多種多樣：令人不安的記憶重新浮現、憤怒的感覺來自被迫去做自己實際上並不想去做的事情、不願意直接面對不愉快的現實、為所做或未做的事情感到羞恥或內疚，以及許多其他令人不安的原因。這種強烈的情緒反應，在你的工作中不是會不會的問題，而是什麼時候出現的問題。

考慮到一個簡單的例子，它可能看起來是這樣的：你可能提供了在海灘上休息的暗示，作為「放鬆場景」來引導個案。當個案開始進入放鬆的過程時，突然，意外發生了，個案差點恐慌發作。為什麼？因為情緒情感充沛的記憶爆發了，這個記憶是個案在孩童時期差點在海裡淹死。即使在你具有敏感性的深思熟慮之後，提出了「那麼，開始這個專注過程時，想像在海灘放鬆會有問題嗎？」，並且對方回答了「沒問題」，這種戲劇性的情節仍可能發生。當然，你不可能事先知道這個過去的事件，而且個案甚至同意了海灘的意象。然後恐慌就發作了。個案後來報告說，他已經忘了童年時發生溺水的這件事，直到你開始給他做催眠引導。那麼，這個人真的已經忘記溺水事件了嗎？真的就偏偏要等你做催眠，然後就莫名其妙地想起來了嗎？是的，真的是這樣！

透過有意識地構建以治療為目的的年齡回溯的會話，特別是在處理創傷和關鍵事件時，情緒情感充沛的記憶可能會浮現出來。有時，這些記憶會在催眠過程中自發地出現，就像上面提到的海灘的例子一樣。它們突然出現在意識中，完全吸引了人的注意力，因此被稱為「自發回溯」，並可能產生強烈的情緒體驗。這是自然而然且可以預料到的。畢竟，我們個人歷史中的事件塑造了我們的生活，是我們每個人無法逃避的一部分。我們的記憶有助於定義我們對自己的看法，並賦予我們生活的意義。在與持續生活體驗相關的交流中，我們經常提到我們的記憶，因此當某種刺激觸發某個記憶時，某人突然想起這個記憶並不足為奇，就像你的暗示一樣。有時這些記憶是愉快的，但在治療環境中出現的通常是不愉快的記憶，會突顯出需要一些治療幫助的地方。從歷史上看，這些強烈的情緒反應稱為「情感宣洩」。我之前說過我不喜歡使用這個術語，因為它似乎過度病態化。我更喜歡簡單稱之為：一種強烈的情緒反應。這種情緒反應在各種體驗性方法中都可以找到，它們幾乎不是催眠獨有的。當感受到的情緒令人不快，涉及到受傷、悲傷、恐懼、憤怒等時，治療師需要知道如何巧妙且具有治療性地管理這些情緒，這一點不容小覷。

對某個不愉快記憶的自發回溯是通常所謂的「未完成事件」的指示，即個人重要經歷沒有得到充分解決，因此需要進一步關注。有時，對重要記憶的抑制或壓抑非常強烈，以至於即使在催眠過程中，這些材料仍然無法進入意識。在這種情況下，代替明顯的情緒反應的，可能是在催眠期間或之後，個體會抱怨頭痛或其他不適。

即使是最熟練的治療師也無法知道在治療或催眠過程中，會觸發個案潛意識中的哪些「地雷」。對一個人來說似乎中性的術語，可能會成為另一個人引發強烈個人經歷的觸發器。因此，幾乎不太可能進行催眠而不經歷情感宣洩。透過接受處理強烈情緒的良好培訓來做好準備是必要的。在關於各種創傷與經歷了各種創傷的人一起工作的高級臨床研討會上，通常會有這部分的教導。

控制強烈的情緒反應

澄清個案體驗的技巧稱為「核實」，它很簡單：在個案仍處於催眠狀態時，詢問其體驗並索取口頭回應。不幸的是，許多催眠從業者從不與個案核實，或者根本沒有意識到個案在催眠中講話並不會降低催眠的效果。相反，核實會增強這一過程。無論是否存在情感困擾的跡象，核實都是你了解個案體驗的唯一途徑。

意想不到的情緒反應可以有多種表現形式，包括哭泣、過度呼吸、身體（或身體的某個部位）顫抖、提前退出催眠、幻覺、妄想和反覆搖晃動作。任何個案感到不適的跡象都意味著你需要立即澄清他們的狀態。與個案「核實」是件好事，即使是在對話進行得很順利的情況下。因為彼得·希恩和凱文·麥康基的現象學研究（Sheehan, 1992; Sheehan & McConkey, 1982）已經表明，即使一個人外表看起來平靜舒適，但仍有可能會報告自己感到困擾。

「核實」的方法很簡單：處理自發性回溯和強烈情緒反應的首要事項就是：毫不猶豫地讓你的個案直接描述自己的體驗，讓他們感到舒適。給出保護性暗示，並支持他們的經歷，使用「接納和順勢而為」的公式。承認和接納這些情緒，同時，以平靜且有幫助的態度幫助個案對過去經歷產生新的觀點。使用安撫的暗示，確保你的聲音是舒緩且自信的，同時確保對話朝著某個解決方向發展。

一般來說，最好的做法是使用催眠來解決一些狀況並得出一些結論。你可以先支持情緒的釋放，再引導個案的注意力朝著新視角去思考，發展必要的應對和超越資源的方向，並幫助他們整合。即使你的個案治療時間到了，但你對那個脆弱的人的責任卻並沒有結束。你要確保他們可以平靜地離開。

如何熟練地處理創傷，其具體方法不屬於這篇介紹性文本的範疇。如果個案透露出一些敏感訊息，但由於某種原因你無法處理，你要確保立即將該個案轉介給更合適的專業人士。在這種情況下，可以採用以下暗示：

……現在你意識到有一些非常強烈的情感，同時也有一些記憶需要你去關注……你可以舒適地知道，當這些圖像和情感飄浮到你的意

識中時，它們可以被嫻熟地處理……你可以將這些訊息安全地保存在你內心某個安全的位置來幫助自己，直到找到最適合幫助你的人，再將這些訊息帶出來……因此，你可以讓這些圖像和情感飄到你內心那個安全的位置，並準備好直到合適的時機出現，再來分享它們……

基本上，上述這個暗示會告訴個案，他們可以「暫時將訊息妥善保管起來，並在更合適的情況下進行處理」，這樣的保護性暗示對人有很大的安撫作用，也可以建立更大程度的信任，因為你承認了治療的局限性。接下來就要跟進，非常重要的一點就是要確保這個人會盡快得到專業人士的幫助，同時也要關注並支持其整體的健康。

◆ 對催眠治療反應不明顯或沒有反應

當你進行催眠治療時，你頭腦裡一定有個目標——為什麼要率先使用催眠的理由。你會制定治療訊息，就是你希望傳達和激發的內容，並仔細考量如何構建和傳遞這些暗示，以幫助實現目標。對於個案是否理解你說的任何內容，你唯一可以使用的方法就是之前討論過的與個案核實。因此，假設你進行核實並要求個案報告自己的體驗，如果個案報告基本上是「什麼都沒有發生啊？」，個案沒有報告任何重大的領悟，沒有在你精彩的隱喻中體驗到「原來如此！」的時刻，沒有報告意識或情感上的任何變化，並且顯然對這個體驗印象並不深刻——你失敗了嗎？也許……但也許沒有。也許你真的沒有準確把握目標，需要考慮你所追求的目標與個案之間也許沒有聯繫。但是，也有其他可能性。

有時候，改變會在治療過程中立刻發生。而有些時候，個案可能一直沒有反應，直到晚些時候聽到你為他準備的錄音（希望你有錄音），或者直到某個觸發記憶的事情出現，想到了你說的話，引發了一些洞察力。但還有其他一些時候，可能就真的什麼也沒有發生，這個人真的沒有從你那裡得到任何東西。

我們很難確切地知道那是什麼意思。有些人能夠迅速接受你提出的想法或暗示，並有效地為其所用；有些人可能會傾聽，也覺得有趣，但對他們個人來說可能不相關或不實用；有些人則解離得厲害，錯過了你所說的大部分內容（見西奧多・巴伯的「失憶傾向型人格」）；有些人在潛意識狀態下等待「被編程」；還有一些人沒有足夠的自我意識，無法將他們自己的感情和觀點與你的想法聯繫起來。

有些人在催眠後會重新醒過來說：「哇！這太強大了！我從中得到了這些啟發。」然後他們會很激動地描述自己的收穫。而有些人是你問他們：「這個體驗對你來說怎麼樣？」他們都會回答說：「還行。」當你試著詢問他們更多反應的時候，他們會說：「挺放鬆的。」「還有嗎？在你身上還發生了些別的什麼嗎？」你繼續問道。「感覺不錯」，這就是他們給出的全部回答。並不是這些人有所保留，只是他們的思維方式不夠具體。當一個人無法區分細節時，這表明他們具有全局性的認知風格。對他們來說，體驗整體上是愉悅的，除此之外，沒有任何其他可以報告的。這不是對抗，而是全局性認知導致的。這正突顯了在未來催眠對話中，更加具體化和結構化是非常重要的。

如何處理個案的阻抗？

阻抗是治療中已長久存在的概念，在不同的治療學派中有不同的概念和處理方式。可以說，阻抗是股反對治療目標的力量。長期以來，人們一直都知道阻抗是治療過程中不可避免的組成部分，幾乎每種我所了解的治療方法都對其存在有相應的認識。只是對於阻抗存在的理由以及應對阻抗的技術，在不同的流派中有所不同。

臨床催眠方面的文獻對個案的阻抗問題進行了廣泛的探討。歷史上，阻抗被視為個案在應對敏感或未解決的心理衝突時的心理防禦表現，或者是對改變過程持矛盾態度的證據，或者是自我保護機制，以避免被他人影響或控制，或者是保留症狀的一種方式，而這些症狀可能滿足了某種潛意識的心理需求。每當個案沒有按照治療師的期望行事時，缺乏配合或合作都被視為阻抗行為。所謂「正確」的治療方法是對阻抗現象進行對抗性的探究，首先承

認阻抗的存在，然後嘗試揭示其根源和功能，並與個案合作，共同解決這些問題。魏岑霍夫在他的著作中簡潔地總結了這個觀點：

> 潛意識的阻抗……總是源於主體的心理動力，而克服或繞過它常常依賴於理解這些心理動力並採取相應的行動……在意識層面，他可能希望接受催眠，但在潛意識層面可能又感覺受到非常大的威脅。
>
> （2000, pp. 204–205）

從這個角度來看，阻抗始終是個案自己造成的。當阻抗干擾了治療的進程，當然這是不可避免的，個案就會被指責為有意或無意的破壞者。指責和解釋被強加在個案身上，明顯地表明是因為個案「真的不想改變」，或者可能是「阻抗太嚴重以至於無法取得成功」。

我們可以將阻抗描述為一種對抗治療目標的力量，並不去責怪治療師或個案。與其認為那些在我們這裡收效甚微，卻自願來尋求幫助的人（與強制治療的人在某些方面不同）並不是真正想要被幫助，更實際的做法似乎是將阻抗看作個案對於治療師的輸入所能做和不能做的動態溝通（Lankton, 2016; Zeig, 1980a）。阻抗可能是因為治療師的暗示在某種程度上不合適（可能過於複雜或過於泛泛），或者因為個案出於種種原因對暗示不屑一顧，比如當他們認為治療師說的所有話都不可能帶來任何正向的改變，例如在抑鬱的絕望情緒中。

將這種一般性觀點應用於臨床催眠的環境中時，阻抗並不一定是個案潛意識破壞的表現，需要進行解釋和糾正。實際情況往往是，出於各種各樣的原因，個案在某種程度上選擇了不按照治療師預期的方式對暗示做出回應，每種原因都有一個共同的因素：暗示與個人經驗不符，甚至可能與之相矛盾。因此，阻抗可以被視為人際聲明，表明無論使用什麼治療策略和操作，在某些層面上，這種策略或操作對個案來說是不可接受的。

阻抗是治療中需要認真面對的一股力量，可以與治療的兩大主要領域中的一個或與兩者都相關：對催眠的阻抗，和（或）對治療進程的阻抗。

◆ 對催眠的阻抗

催眠的不良反應可以用不同的方式表現出來。個案可能或主動或被動地拒絕進入催眠狀態，或者進入催眠狀態但拒絕回應治療師的暗示。可能的阻抗性行為包括但不限於：坐立不安、微笑、大笑、哭、干擾、自發性脫離、極端相反的回應、過度配合，以及直接或被動攻擊性地對治療師產生敵意（Weitzenhoffer, 2000）。此類反應並不一定就是阻抗性的，也不應立即做這樣的解釋。相反，它們可能只是特殊的反應，並不會干擾治療的進程。

阻抗催眠的原因可能有很多。其中最常見的原因之一是對催眠過程的恐懼，如第2章所述。如果個案對催眠體驗的本質有誤解，那他們可能就會害怕催眠。在第2章中我們詳細討論了所有誤解，那很可能就是某些人對催眠的全部了解。如果你認為在催眠中可能會洩露敏感訊息，被迫做違背意願的事情，或者被一個你對其了解不多的人控制，你會願意接受催眠嗎？

對催眠產生阻抗也可能是因為過去與之相關的失敗，無論是個人經歷還是可靠的他人經歷（Kluft, 2016b）。此外，阻抗還可能是源於對治療師的負面情緒，這突顯了與患者建立良好關係的重要性；以及來自環境因素的影響，比如即時環境、個案的情緒、健康狀況；甚至是天氣狀況（比如由天氣原因引發的鼻炎頭痛）。

至少一部分對催眠的阻抗可以歸因於治療師給出的暗示的品質，特別是這些暗示是否與個案的體驗相符。例如，如果我向個案提出使其感覺肌肉放鬆的暗示，而他們並沒有體驗到這種感覺，那麼我們的暗示就與他們的體驗不符，於是很容易被拒絕。任何對個案所做的暗示，如果讓他們體驗到你想讓他們體驗的事情，比如手臂懸浮，但這似乎與他們正在體驗或想要體驗的事情沒有什麼關係，這是個案選擇不遵循你的暗示的合理依據。此外，你的個案可能身心舒適到足以讓他們難以產生你所要求的特定反應，即使這些反應看似簡單。除此之外，你的個案給自己的暗示可能比你的更有意義！為什麼個案不能自由地擁有這種體驗，而被視為「阻抗」呢？

催眠增加了人的自我控制範疇，而非減少。不合適的暗示，無論是因為與個案體驗不符還是對個人施加了太大壓力，通常都會被拒絕。這在治療師想要炫耀自己的技巧時尤為明顯：「即時催眠」、「瞬間深度催眠」或「直接與潛意識交流」等等。治療師可以向個案提供可能性，然後尊重個案做出的選擇，並利用這些選擇進一步推進治療目標。在臨床環境中，期望個案毫不質疑地服從是完全不現實的，有尊重的合作是實現治療目標至關重要的一部分。

◆ 對治療進程的阻抗

對治療目標的阻抗與對催眠的阻抗動態有很廣泛的重疊。這種阻抗可能表現為各種矛盾的行為，比如錯過預約、取消預約或遲到、沒有完成指派的任務（「家庭作業」）、不停看時間、頻繁打斷或偏離主題、過早終止治療、過度配合、不適當的送禮物以及請求特殊優待等。

對治療目標的阻抗，其根源可能是多方面的。阻礙可能源自個案內心的衝突，即心理動力學著作中詳細描述的矛盾情感（Wall, 2018）。它們可能起因於對改變的恐懼，因為對許多人來說，改變被視為冒險、可怕的過程，是放棄已知而面對未知的不確定性。小的變化可能逐漸會引發生活中的重大改變，對許多人來說，這是個令人恐懼的前景。不願放棄舊的、雖然有功能障礙症但對個案而言卻是非常熟悉的狀態，是阻抗的經典表現之一。

正因如此，為了成功地進行治療，治療師需要了解個案的症狀對其個人世界的影響。有時可以將症狀視為這個人經歷的隱喻或象徵。這些經歷可能反映出這個人在與周圍世界靈活交往方面所經歷的限制。而且，症狀會產生一些後果：它們可能會影響個案的自我形象、社交網路、行為可能性、情緒領域、生理狀態和精神構成。有時這些後果與症狀存在深刻的關聯，有時只是附帶效應。然而，若不了解症狀在這個人的世界中所扮演的角色，直接試圖去消除它，可能會帶來潛在的危險。有時症狀甚至可能具有保護功能，而個案堅持保留症狀看起來可能像是阻抗，但對治療師的治療阻抗僅僅是個副作用。教授更好的應對方式——在沒有這種症狀的情況下可以做什麼——顯

然是必要的。當症狀的保護功能得到了理解，學習新的應對方式也會成為更明確的治療目標。

如果治療涉及到個案不可接受的策略和手段，那麼對治療進展的阻抗可能還會被歸因於所採用的治療類型。此外，如果治療師的工作速度快於或慢於個案，阻抗可能也會浮現。阻抗還可能源於對治療師的負面情感，或者相反地，是理想化、浪漫化的情感，將治療師置於不可避免地會失去的高位。最後，背景變量也發揮一定的作用，包括環境條件、個案性格和健康等因素。顯然，所有在有效催眠中需要的敏感性都只是更大的治療圖景的一部分，因為所有相同的準則都適用。

治療師受到策略療法創始人之一——傑·海利的挑戰，要對諸如這些問題進行策略性思考。在他1973年出版的經典著作《不尋常的治療》一書中，海利對阻抗的本質提出了自己的見解，他寫道：

> 當一個人出現症狀時，從定義上來說，這表明他自己無法自助。他的行為是非自主的。恐懼症、強迫症、酗酒或家庭關係紊亂等問題會持續帶來各方面的困擾，同時他們也會對無法控制自己的行為感到反感。同樣，自願接受催眠的個案往往不會遵循指示。他並非拒絕，他只是表明自己無法做到。或者他會用相反的方式回應，同時表示這並不是他導致的……催眠的藝術在於處理這種阻抗並帶來改變，治療的藝術也是解決這種問題的有效途徑。

（p. 24）

傑·海利提供了多種巧妙的方法來應對阻抗，包括：(1)鼓勵阻抗；(2)提供更糟糕的選擇；(3)使用間接方法，尤其是隱喻；(4)鼓勵復發；(5)透過挫敗來促使回應；(6)避免自我探索；(7)放大與常見的功能障礙症模式的偏離，即基於朝著正確方向邁出的一小步來建立治療（1973）。其中有些方法在本章後面會詳細描述。海利在生成有效的心理治療策略方面的才華已經指導了幾代治療師的培訓。

參考框架：傑・海利，榮譽博士、碩士

　　傑・海利，榮譽博士、碩士（1923–2007），是心理治療領域最有影響力的人物之一，被所有對催眠、系統理論、家庭治療和策略心理治療有興趣的人所公認。他對臨床領域的貢獻是深遠的，幫助我們從人際關係的視角去理解問題，並強調正向且策略性的治療，以此為我們的個案帶來好處。

　　海利博士寫了二十幾本關於治療的書籍，包括《心理治療的策略》（ *Strategies of Psychotherapy* ）、《耶穌基督的權力策略》（ *The Power Tactics of Jesus Christ* ）以及也許是他最著名的作品《不尋常的治療》。正是後者將米爾頓・艾瑞克森的創新性策略方法推向系統性思維的前沿，並同時展現了海利博士對複雜的心理治療過程敏銳且精闢的思考。對治療師而言，這本書仍然是「必讀」。海利博士是我長期以來的朋友和導師，在他去世前不久，我們有過一次討論。我向他提到，我每年都會閱讀《不尋常的治療》，只是為了提醒自己治療天才的真正意義到底是什麼。他停頓了一下，然後打趣道：「我認為每個人每年都應該讀一讀《不尋常的治療》……而且每次都該買一本新的！」機智幽默是他許多的可愛品質之一。

　　海利博士的工作即使在他「退休」後仍在繼續，他和他的妻子——人類學家和電影製片人瑪德琳・里什波特－海利（Madeleine Richeport-Haley）博士——一直致力於製作有關治療的培訓影片。里什波特－海利博士和心理學家喬恩・卡爾森（Jon Carlson）博士匯編了一些海利博士的重要文章，並請專家為這些文章撰寫導言和評論。這本文集名為《傑・海利回顧》（ *Jay Haley Revisited*, 2010, Routledge ），書中對海利博士在催眠和心理治療領域的眾多貢獻有精彩的概述。海利博士的研究成果也被刊登在由艾瑞克・威爾瑪斯（Eric Willmarth）博士擔任客座編輯的《國際臨床與實驗催眠雜誌》特別專題中（2015年10月至12月）。這期專題刊登了一些海利博士最有趣和有影響力的論文。

海利博士是華盛頓特區家庭治療研究所的聯合創始人，他曾是史丹佛大學精神研究所的研究助理，並且是《家庭過程》（Family Process）雜誌的創始編輯。他是米爾頓·H·艾瑞克森基金會終身成就獎的首位獲得者，該基金會還在1999年專門為他舉辦了紀念研討會。為了紀念海利博士，2001年由傑弗瑞·薩德編輯的專輯《改變指導：傑·海利的策略療法》（Changing Directives: The Strategic Therapy of Jay Haley）收錄了許多博士的論文和對他的讚譽。為了表彰他對人類的終身貢獻，海利博士於2002年6月獲得了聖地牙哥亞萊恩國際大學（Alliant International University）頒發的榮譽博士學位。

海利博士是個謙虛的人，同時也有一些堅定的觀點。他的幽默風趣和敏銳感知，以及表達治療行業中的諷刺之處，簡直是無人能及。

關於對催眠類型的看法：「我傾向於認為有三種不同類型的催眠：(1)個人催眠，這是指你經歷瑜伽體驗、冥想體驗或其他體驗；(2)研究催眠，你試圖在各個方面找出催眠的影響極限，比如在耳聾、色盲等方面；(3)臨床催眠，你試圖改變某人，我認為這與其他兩種催眠沒有任何關係……改變一個人是如此不同，他們的動機不同，反應也不同。」[1]

關於催眠和雙重束縛：「在催眠中，我們發現了第一個雙重束縛。格雷戈里·貝特森（Gregory Bateson）創造了這個雙重束縛的概念，但我們當時無法找到任何一個例子。我記得當我意識到催眠師在引導一個人的自發行為時，那就是雙重束縛——經典的矛盾衝突。」[1]

關於以社會性術語定義問題：「我認為在20世紀50年代發生了很多事情。治療變得更加社會化，並開始改變和轉變。事情仍在變化，我們仍在探索。我認為這個世紀（20世紀）最重要的思想是個體並不適合作為研究的單位，而是個體與他人一起。正如格雷戈里·貝特森所說的那樣，『意識是在人之外的』。」[2]

關於以生物學術語定義問題：「我不是個熱衷於將許多問題歸因於個體生物化學的人。我認為這對於某些問題來說是重要的，但過度

宣傳藥物是這個領域最嚴重的問題之一，而且這種情況正在變得越來越糟。現在一些精神科醫生甚至似乎已經不會與人交談了，他們只是用聽的就決定要開什麼藥。這真是很可惜。」[2]

關於當今家庭治療的狀況：「我認為家庭治療的狀態仍在發展中，但仍有許多人試圖將其拉回到個體理論的範疇。我認為問題在於，大多數教師都受過個體治療的訓練，所以他們試圖將家庭治療的理論套入到個體模型中去。」[2]

關於治療方法的多樣性：「我認為在許多方面我們過於寬容了。其中一個問題是，這個領域不再有正統觀念。當沒有正統觀念時，你就無法成為異類。因此，曾經在多年前被譴責的異端行為現在不再受到譴責。如果他們在治療中做一些稍微不同的事情，他們立刻就會成為有影響力的學派，而不是認為這只是治療師應該在必要時能夠使用的一門技術。」[2]

關於「不可能治好的」病例：「嗯，我一個例子都想不出來。當然，不是基於任何類別，因為類別並不是這個人。你是在處理這個人，而不是一套觀念……如果你是個有能力的治療師，你會有所成功，也會有所失敗。但這並不意味著他們是不可治癒的，只是說明你還沒有找到治癒他們的方法！」[1]

關於自己最重要的貢獻：「我認為我最重要的貢獻是將治療分解為具體技能的實踐——簡單的理念、技巧和方法。這與我最初進入這個領域時的非指導性意識形態大相徑庭。」[2]

資料來源：
1 私人交流，1988年。
2 私人交流，1999年。
備註：麥可·雅布可對傑·海利的採訪完整記錄發表在《改變指導：傑·海利的策略療法》（Zeig, 2001）一書中。

應對阻抗

如何與被認為是「阻抗」的部分溝通，當然，這取決於你對它概念化的方式。你如何定義阻抗，以及你會將責任反射性地歸給誰，將決定你是否傾向於將阻抗視為個案的屬性、治療師的屬性，還是兩者之間相互作用的結果。在表25.1中列出了一些應對阻抗的方法。

表25.1 應對阻抗行為可能出現的反應

---

1. 接納並順勢而為
2. 忽視
3. 檢查
4. 鼓勵
5. 規定
6. 困惑
7. 解離
8. 關聯
9. 混合
10. 偏離
11. 分散
12. 面質
13. 重新定義
14. 詮釋

接納阻抗作為與個案有效的溝通方式，可以為提升關係到新的合作層面鋪平道路，正如米爾頓・艾瑞克森所說的「順勢而為阻抗」（Erickson, Rossi, & Rossi, 1976; Erickson & Rossi, 1979）。艾瑞克森對阻抗別具一格的觀點是非常有意義的。更重要的是，這種方法可以舒緩和重新引導人們對催眠和治療的阻抗，並以此來產生效果。

「接納和順勢而為」是基本的使用原則，在這裡同樣適用。在實踐中，這意味著能夠巧妙地接納個案的反應，並在進一步給出暗示的過程中順勢運

用這些反應。例如，如果艾瑞克森對某人使用手臂懸浮，暗示手臂變得越來越輕，但這個人卻報告說他的手臂感覺越來越重，艾瑞克森會說：「沒錯，這完全沒有問題，你的手臂還可以變得更重。」接納個案的反應，將其視為有效的反應，並在此基礎上進行延伸——將看似阻抗性的行為重新定義為合作的行為。如果目標是讓手臂懸浮，即讓人的手臂產生感官上的變化，那麼「沉重的手臂」是個可以接受的替代反應。這只是不符合治療師對輕盈和潛意識懸浮體驗的要求而已。如果治療師能夠重新定義個案的行為或將其感知為合作性行為，那麼阻抗又能在哪裡呢？找到一種讓那些非合作的行為看起來是個人優勢的方法，也可以用有利的方式改變他們與之相關聯的感受（Gilligan, 1987）。

另一種處理阻抗的技巧可以預防性地應用：採用過程暗示，即沒有特定內容的暗示。如果你不要求（更不用說強求）特定的反應，並且涵蓋所有可能的反應，那麼個案的任何行為都可以被定義為是合作性的。例如：

> 你可以注意一隻手的溫度，當你繼續以自己舒適的頻率呼吸時，你
> 可能會注意到你的手變得更暖和了，或者也可能變得更涼了，或者
> 你可能會注意到你手掌的溫度一直舒適地如此保持著，並未發生任
> 何變化……

人的手可能會變得更暖和、更涼或保持不變。還有其他可能性嗎？因此，個案所產生的任何反應都可以被接納，作為合作性的反應並加以運用。

艾瑞克森認為，個案需要能夠抵制一些指令，以保持自主感，而不僅僅是簡單地服從權威（Erickson & Rossi, 1979; Zeig, 1980a）。因此，他經常採用的策略之一是同時向個案提供多個指令，這樣個案就可以阻抗其中一個或多個指令，並同時接受其他指令。例如，你可以對個案說：「坐下來，閉上眼睛，雙腿不要交叉，深呼吸，把注意力放在我的聲音上，現在回想一段你可以自由談論的童年經歷。」透過同時提供這麼多指令，你很有可能得到大部分或所有所需的反應。即使個案阻抗其中一兩個，你仍然可以得到其他的反應，並且，如果你真的在乎，也可以在稍後使用不同的形式再次暗示那些「被阻抗」的指令。

還請注意上述暗示中的短語「……一段你可以自由談論的童年經歷」，這對個案的暗示是，他們可以拒絕談論某些經歷，這樣他們就可以拒絕告訴我某些事情，同時仍然遵循我的引導。

另一種處理阻抗的技巧是傑・海利描述的鼓勵阻抗的策略（1973）。當你透過有意識使用消極暗示來鼓勵阻抗時，為了讓個案抵制阻抗，他們則必須合作。這是種「逆向心理學」。例如，如果我想讓個案坐下，但預料到直接的指令會遭到阻抗，那麼我可以使用以下方式來暗示：「你不必（停頓）坐下。我不期望你會讓自己在這裡對……〔嵌入命令〕感到舒適……至少暫時不需要。現在對你來說可能站著會更好，至少在你感覺得到累之前。」

透過鼓勵他們對抗坐下並繼續站著，他們對我阻抗的行為現在就變成了讓他們可以坐下。所以無論是坐著還是站著，他們的行為都可以被定義為是合作性的：坐下是我想讓他們做的，而站著也是我引導他們做的。無論哪種方式，他們的行為都可以被視為是合作性的。

◆ 接納和靈活性是關鍵

對個案的阻抗做出接納或非對抗性的回應需要相當的靈活性，並尊重個案的完整性。靈活性指的是以多種方式傳達同一個觀點，而毋須強迫個案接納。靈活性意味著願意額外付出努力，以滿足個案的需求和水準，而不是期望或要求個案來適應你的視角。同時，這還意味著不要有過於僵化的期望和流程，以免你的方法無法應對那些獨特的、個體化的反應。在催眠的不同學派中，你可以看到大家在這一點上存在明顯的分歧，因為有些方法會強調要使用不變的流程作為評估個案差異的手段。

重要的是不要僅按照你認為應該做的方式去做事，而不考慮個案的期望、信念、價值觀和獨特性，這會直接造成個案的阻抗情緒。如果你嘗試了一個失敗的策略或者提出了一個不受歡迎的暗示，那麼就不要一而再再而三地重複相同的做法。相反，平穩地轉換你的方法，如果你願意，甚至可以稱讚個案的阻抗，評價他們在自己的利益上可以做出有效選擇的能力。然後，再去做一些不同的事情。

很少有人喜歡被直接告知應該做什麼，因此像直接的權威性暗示（「你會這樣做」）那樣去命令個案順從，通常會激發阻抗。有個有用的指導原則：你預期從個案那裡得到或實際上得到的阻抗越多，你在方法上就越需要寬容，甚至是迂迴。正如傑弗瑞・薩德（Zeig, 1980a; Zeig & Rennick, 1991）指出的那樣，如果個案順從並且高度響應，使用間接技術實際上並不是必要的。但當你遇到謹慎或對催眠或治療感到不適的個案，或者出於任何原因不太合作的個案時，寬容和迂迴就變成了實現更高反應性的寶貴機制。

總結

阻抗改變似乎是人類的基本特徵。我們花費了生命中大部分時間嘗試建立固定的行為模式，以便在生理和心理上消耗最少的能量，然後在形成這樣的模式後，我們又經常會抱怨自己「被困於其中」。

阻抗不總是以明顯的方式顯現出來，而且阻抗也並不總是可以用於促進改變。有些個案根本不會改變，而有些個案可能只會有稍許的改變。本章關於阻抗的討論表明，通常被認為是個人內在問題的阻抗實際上可能是人際關係的問題，源於治療師對個案的苛求，或是與個案不相容的方法。當治療師能夠以多種不同的方式靈活地傳達同一個觀點，並根據所治療的個案其個別獨特反應來調整自己的方法時，成功治療的可能性就會增大。

1. 在你想要擁有的個人變化中,有哪些是你至今為止都難以改變的?如果有人暗示你「我看是你真的不想改變,否則你早就改變了」,你會如何反應?你相信「有志者事竟成」嗎?在你難以改變的背後,你能夠識別出有哪些阻抗因素嗎?

2. 為什麼人們既尋求改變又迴避改變呢?有哪些理由可以解釋這種現象?

3. 所有人都能夠改變他們希望改變的任何特質嗎?還是有些方面是不可改變的?為什麼?你對這個問題的信念會如何影響你的工作?

4. 阻抗可能如何反映一個人的局限性?

5. 你能舉出一些例子,說明人們如何努力陷入可預測的模式,然後又抱怨自己「被困於其中」嗎?可預測的模式何時是種優勢?何時又是種劣勢呢?

任務清單

1. 與學習夥伴一起進行「手之舞」練習,相對而坐,閉上眼睛,雙手伸向對方,就像要玩「拍手遊戲」一樣。默默地,一人開始將雙手朝各個方向移動,另一個人跟進同樣的動作,始終保持與夥伴的手相連。大約一分鐘後,交換角色,讓另一個人來引導「手之舞」。在你引導和跟隨的過程中,分別有什麼樣的感受?你是否感受到阻抗?為什麼?

2. 研究多年來對阻抗的看法。誰會因此受到責備?阻抗是如何被對待的?

3. 查看「表25.1」中應對阻抗行為的列表,並為每種情況提出至少一個暗示。

第26章

跨流派催眠：催眠與正念冥想平行的過程

　　臨床催眠治療專家經常被問到的問題，就是有關臨床催眠與其他體驗式方法之間的關係。一般治療師會問：「催眠與我已經使用的方法有什麼相似（或不同）嗎？」有許多不同的治療和自助技術都會採用放鬆、意象、自我暗示、聚焦和分散注意力、跳脫、改變狀態等體驗，這些體驗似乎與臨床催眠有一些共同之處（Kaiser et al., 2018）。以下只是一些較為流行的技巧：放鬆訓練、正念（也經常稱為正念冥想）、視覺化、引導想像、自主訓練（AT）以及某些形式的瑜伽。還有許多其他方法。

　　這些方法僅僅是催眠的不同形式，還是它們本身是獨特的體驗形式？這個問題是本章的基礎，但要回答這個問題遠比提出這個問題要困難得多。之所以很難對「這是催眠嗎？」這個問題有個明確的答案，是因為這些體驗都非常主觀，無法精確地定義或衡量。我們如何能夠獲得全局的舒適、專注、對暗示的回應（無論是自我暗示還是他人給予的暗示）、情緒處理等體驗，然

後決定有多少比例是暗示和可被暗示性、環境因素、正向預期、情感共鳴、大腦變化、解離程度以及所有其他相關的影響變量造成的？

每種流派都是獨立演變，發展出自己的概念框架和語言偏好，並用自己獨特的術語解釋其目標和方法。因此，每種體驗式方法都會傾向於認為自己在形式和功能上都是獨特的，而其治療結果也會被歸因於該方法自定義的那些獨特的方面。從這個角度上來說，到底是不是催眠，這取決於觀察者的視角。你如何看待一種方法，當然取決於你所接受過的培訓，以及你傾向於觀察到什麼。無論是因為不可避免地存在暗示，如「讓我們來做這個，這樣你會感覺好些」，而使你認為催眠存在於每種治療形式中，還是因為你認為催眠是一種僅在特定條件下出現的特別儀式，你對催眠的看法最終將決定你是否認為某種方法是基於催眠的。

在我整個職業生涯中，我一直在研究催眠的複雜性，我深知沒有任何形式的治療可以完全避免具有暗示性的因素，並且治療任何疾病都需要調動可能難以獲得的資源。因此，我評估不同療法的方法是透過它們如何回答以下問題來判斷的。這些問題是：這種方法在個案的意識中放大和減弱了什麼？這種方法在治療中將個案與什麼相關聯，又與什麼解離？體驗式學習在這個過程中扮演了什麼樣的角色，採用了哪些機制來為個案賦能？

對於治療的評估，我較少關注治療師自己所說的他們都做了些什麼，而更加關注我觀察到的他們實際上說了什麼和做了什麼。有時候，有些治療師描述他們認為自己在做的方式與他們實際上說的和做的方式之間，存在著相當大的差距。這正是我對深入了解催眠最欣賞的地方：與人們所描述的理論機制相比，它提供了對實際干預機制的大量理解。

因此，在本章中，我們將再一次思考什麼樣的方式可以在形式與功能上被定義為「催眠」。不過，我們也會在此基礎上更進一步，將催眠的原則和方法延展到其他體驗式的治療取向中。認識到催眠模型是如何在這些取向中清晰展現的，對治療效果來說，無疑會發揮催化劑的作用。

催眠的「聖杯」

對於催眠的「聖杯」——就是那個明確無誤的生物學指標，能讓人們宣告「就是它！」——的追尋，在整個催眠的歷史中都在持續進行。即使在最近幾年，隨著神經科學不斷發展，我們仍然無法將催眠定義為明確的大腦狀態，讓我們能夠看著腦部掃描結果說：「就是它！」在這本大型教科書即將收尾時，我們仍然可以合理地問：「什麼是催眠？」從這個基本問題出發可以衍生出許多其他同樣神祕的問題：是什麼定義了某種體驗為催眠？需要多少基於催眠體驗的元素才能宣稱某個體驗為「正式」催眠體驗？如果有人認為自己處於催眠狀態，那麼他們就真的被催眠了嗎？如果有人認為自己不在催眠狀態，但對非自願性反應的暗示做出回應，那這是否意味著他們就不在催眠中呢？

正如我們所見，對催眠定義的模糊性，是人們在試圖定義一些天生抽象的事物時不可避免的，我們幾乎不可能達成普遍一致的定義。催眠現象看似僅僅是因為處於催眠狀態而產生的副產品，但是當透過暗示想像也能夠產生相同的反應時，這些現象就失去了作為獨特的催眠產物的地位（Barber, 1969, 2000; Lynn & Green, 2011; Lynn, Maxwell, & Green, 2017; Woody & Sadler, 2016）。催眠領域一直在努力成為與其他領域有所不同的「特別」領域，這是可以理解的，但更現實的立場是催眠超越了人們試圖以某種方式定義它的狹窄界限（Kirsch, 2011）。我們可以在催眠之外的地方找到催眠的身影。

事實上，對於將某種體驗定義為催眠的界限並不十分明確，這使我們很容易理解催眠是如何滲透到其他體驗中，並在定義它們時發揮重要作用。催眠方法的核心結構，尤其是選擇性注意和暗示，並不是催眠所獨有的。在許多不同的治療取向中，都可以看到它們以不同的程度和不同的形式出現。

但為什麼這些平行方法論不承認催眠在其過程中的作用呢？為什麼是這樣？歐內斯特·羅西在很多年前就睿智地指出催眠是心理治療的根基，他說這就像「孩子不願承認他們的父母」。在某些情況下，這僅僅是因為人們對催眠存在誤解（例如「催眠就是告訴人們要做什麼，而在我們的方法中，我

們不這樣做」），而在另一些情況下，是因為缺乏對催眠文獻的接觸，從而使平行方法論沿著自己的軌道發展（例如「我從未意識到建議讓自己脫離原來的思維可以更好地來評估它們，這實際上是解離的暗示」）。

再次回顧做催眠與處於催眠狀態的區別

之前，我曾提到過做催眠與處於催眠狀態之間的區別，儘管這並不是十分精確的區分。做催眠（hypnosis），可以稱為體驗催眠並執行正式的引導程序，對於產生所謂的催眠現象並不是必要的。處於催眠狀態（trance），則可以透過不那麼明顯的方法，引發相同類型的主觀體驗和行為現象（Hilgard & Tart, 1966; Kirsch, 2011; Meyer & Lynn, 2011; Barber, 2000）。

處於催眠狀態意味著什麼？我在本書中已經提供了許多可能性。然而，為了能夠直接回答這個問題，我可以說，處於催眠狀態意味著很多事情正在發生。它意味著：

- 覺察到你自己是個溝通者，我們需要意識到自己無法不溝通，你說的每一個詞語、做出的每一個姿勢和面部表情都會引發他人的回應。
- 認識到在每一個人際交往的環境中，暗示和影響都是不可避免的，尤其是在治療環境中，人們會有意無意地使用影響模式，為了以目標為導向、可能帶有善意的目的，通常是為了幫助處於痛苦中的人們尋求緩解和希望。
- 利用自己的個人魅力來鼓勵個案的臨在感和舒適度，用自己的聲音（節奏和速度）來安撫個案並幫助他們集中注意力，用自己的言辭來引發參與並激發靈感，透過環境來放大和催化自己的治療意圖。
- 邀請體驗性，多層次的回應。

若能認識到在任何互動中都存在處於催眠狀態的可能性，在其他方法中使用催眠有時更容易被識別到，尤其是那些以體驗為基礎的方法。

治療中的體驗式學習

據稱目前有超過500種不同形式的心理治療（Prochaska & Norcross, 2018）。也有人指出，不同方法之間的差異被誇大了，實際上，在比較和對比不同治療取向時，人們發現這些治療取向之間通常是共性大於差異性（Lambert, 1992; Lambert & Simon, 2010）。在許多不同的治療模型中，良好的臨床實踐本質上都存在一些共同元素，這一「共同元素」的觀點已經得到了廣泛認可（Wampold, 2015）。

心理治療領域在這些年經歷了許許多多的變化。這些變化包括擴展、修訂、自我探索，尤其是朝著如何回應經驗主義的問題方向轉變，如「這種心理治療方法有效嗎？」，及其附帶問題「我們如何能確定？」。但是，心理治療還經歷了另一個非常重要的轉變，並產生了強大的影響：把重點從將洞察力作為主要改變的催化劑，轉向將體驗視為有意義的學習途徑（Haley, 1973; Zeig, 2018）。

鼓勵體驗式學習是有充分理由的。儘管我們可能希望人們能夠獨立進行深刻的自我探索和自我發現，但在治療的環境中，我們通常會試圖教授特定的技能，以幫助個案更好地應對或解決問題。證據表明，當人們在結構化的學習體驗中得到指導時，通常會表現得更好。正如心理學家理查·梅爾（Richard Mayer）在總結這方面的研究時寫道：

> 在促進學習和將知識遷移到新問題上，有引導的探索通常比純粹的自主發現來得更有效。顯然，有些學生在純粹自主發現的方法下無法學到規則或原理，因此需要適量的指導來幫助學生滿足兩個重要的主動學習標準：(a) 激活或構建適當的知識，以用於理解新的訊息；(b) 將新的訊息與適當的基礎知識進行整合。
>
> （2004, p. 15）

心理治療通常會鼓勵將兩者融合：透過有引導的探索將個案暴露於問題解決的一般層面並找到具體的可能性，當個案巧妙地找到自己的解決方案時，再用純粹的無心發現取而代之。「擁有」解決之道，即感覺到自己有能

力解決自己的問題，這在幾乎所有心理治療的方法中，看來都會被認為是值得的。治療師所應具有的技巧之一，就在於他們如何巧妙地讓個案真正做到這一點。

治療師似乎已經認可了有引導的體驗式學習的價值；比如，大多數治療師會布置常規家庭作業。這些任務可能包括技能培養、推薦閱讀（例如文獻療法）、行為實驗、自我表達活動（例如寫日記）和其他類似的體驗方法（Greenberger & Padesky, 2016; Lyons, 2015）。

◆ 有引導的體驗過程與催眠

治療師也會採用與催眠在形式和目的上完全相同的結構化導引體驗，比如視覺化、正念和引導性意念（Blackwell, 2018; Gordon & Cohen, 2017; Olendzki & Elkins, 2017; Yapko, 2011b, 2011c）。這些流程通常包含以下暗示：

- 聚焦注意力
- 更關注內部事件和過程（如呼吸或心理意象）
- 與日常意識解離
- 培養放鬆狀態
- 沉浸在目標導向的過程中
- 對被暗示的體驗產生自動的非自願性反應
- 將從體驗中獲得的新洞見和新知識，遷移到期待的情境中去
- 重新定向到「日常」的心智狀態，並能夠清晰地意識到，與治療目標相關且有益的事情已經發生了。

這些特徵在不同取向中的比例各不相同，並且各自都有不同的哲學和理論基礎作為支持。但是，所有這些都是被暗示的體驗，也都是不同取向的核心元素。通常，眾多流派都在強調其方法具有的內容，例如這個技術適用於什麼樣的人或什麼樣的問題，過程的目標是什麼，推薦使用的步驟是什麼等等。當然，催眠也能以內容為導向（通常是在腳本化的方法中可以找到），但

催眠的真正優勢在於過程，即如何巧妙地構建互動，使各種治療階段和暗示功能都能最大限度地發揮作用。因此，學習和掌握臨床催眠的藝術，有可能增進任何基於體驗的治療方法之治療效果。

正念和催眠：對覺知以及覺悟的暗示

在體驗式過程中，暗示必然會存在，因此個案的可被暗示性與情境的力量會影響臨床反應，詳細探討一個具體的例子將有助於我們理解這個觀點。正念是實現這些目的的理想治療方法。不過，你在任何體驗式過程中都可以發現相似的催眠元素，而且，無論你將它嵌入哪種治療模型都適用。

正念是一種受歡迎的體驗式方法，近些年來吸引了許多健康服務行業的專業人士，特別是心理健康領域人士的關注。這種關注似乎是實至名歸，因為至今為止，正念的治療效果已經獲得了相當多科學文獻的支持（Germer, Siegel, & Fulton, 2016; Kabat-Zinn, 2012; Langer, 2014; TIME, 2016）。我在我的書《正念與催眠：用暗示轉化體驗的力量》（2011b）中甚為詳細地探討了正念及它與催眠之間的關係。

請參考以下兩個關於正念的定義或描述：

正念是有目的地專注於此時此刻，以不評判的方式，就像你的生命取決於此。

（Kabat-Zinn, 2006）

正念簡單來說，就是指能夠良好地控制你的注意力：你可以把注意力放在任何你想要它關注的並且讓它保持在那裡；當你想要將注意力轉移到其他地方時，你也可以做到。

（Hanson & Mendius, 2009, p. 177）

集中注意力和對注意力有良好的掌控是催眠和正念共同的目標，也是幾乎所有其他治療方法的目標（Lynn, Malakataris, Condon, Maxwell, & Cleere, 2012）。兩者都依賴於暗示來鼓勵自我探索和增強注意力，無論是對於當下的體驗（即「活在當下」）還是其他事物（例如與舒適的場所相關聯的圖

像）。兩者都強調接納自我意識的產物，儘管催眠從業者可能更多會使用「順勢運用」現有狀況的術語，而不僅僅是接納。

正念鼓勵個體以寧靜、接納、富有同情心的專注方式與內在更高的自我建立連結。在臨床環境中使用催眠也是鼓勵寧靜、溫和的專注，從而創造探索自我的機會，並發現隱藏的才能和潛力。例如將一種意象轉化為有意識的身體反應，如讓身體某個部位產生麻木感。催眠，根據它的結構不同，也可以是種更高的感官意識體驗，它在結構上與許多正念練習如出一轍。據一位正念專家估計，約有80,000種不同的冥想練習；可想而知，它們之間最大的區別在於它們相關的內容。

◆ 不同的催眠，不同的正念

就像傑・海利表達的信念——有不同形式的催眠，催眠的形式因其目的而異（請參閱前一章傑・海利的參考框架），正念也因其實踐目的而有不同形式。在臨床環境中應用正念以改變某人，與為了開悟而練習的正念是截然不同的。儘管我在我的書《正念與催眠》（2011b）中發起了這方面的對話，但在我看來，這些差異依然沒有得到很好的闡述。在那本書中，我以多種方式強調了正念從業者通常提供的導引正念冥想，是如何以與催眠高度重疊的方式進行架構和傳遞的。

為了本書的寫作，我採訪了許多正念專家。我經常遇到一些很時髦的迷思，即「正念沒有加強什麼」或揭示「幻覺的面紗」。這種對正念的描述十分美好，但並不準確。這些專家對催眠所提出的觀點完全是過時的，出於刻板印象而產生了澈底錯誤的觀點，即認為在催眠中，你透過主動給予暗示，甚至要求個案以某種順從的方式做出回應，從而對個案施加治療師自己的意願。因此，催眠被誤以為是侵占個案意志的手段，以使其遠離自我意識和更深的自我接納（Dienes et al., 2016）。

在我採訪的專家中，有不止一個人聲稱：「我不確定你如何將催眠與正念進行比較。畢竟，在正念方法中我們不使用暗示。」得知一些正念專家對自己治療方式的本質如此自欺欺人和無知真是令人擔憂。難道你真的認為你

可以告訴某人閉上眼睛，而你沒有暗示任何事情嗎？難道你真的相信你可以告訴某人「專注於呼吸」，而你沒有暗示任何事情嗎？你真的認為你可以告訴一個人「感受怨恨的釋放，沐浴在寬恕的光芒中」，而你沒有暗示任何事情嗎？

這就解釋了為什麼我會在研究中遇到許多對催眠的負面態度。令人遺憾的是，那些不了解催眠的人會持錯誤和極端的觀點，認為催眠會奪取某人的意志，並得出這樣的結論：相比之下，正念則是一種溫和、非暗示性的過程。

然而，使臨床催眠和引導式正念冥想（GMMs）同樣具有治療價值並緊密交織在一起的是它們的體驗性質，以及直接來自這種吸引人的體驗中自我掌控的力量（Holroyd, 2003）。在這個瘋狂、忙碌、不斷前進的世界中，也許停下來專注才可以真正拯救生命（Kabat-Zinn, 2012; Otani, 2016）。正念可以是一件非常好的事情。

◆ 正念的內容和過程

正念策略通常以呼吸為核心，讓人與當下的自己保持連結。當我們鼓勵一個人將注意力集中在呼吸上，以建立更深入的沉浸體驗時，該方法的內容就是呼吸。個案會意識到與呼吸相關的感官細節，例如吸氣和呼氣的速率、吸入和釋放的氣體量、呼吸的位置（是在鼻孔還是在胸部或橫隔膜）、呼吸的溫度等。這些感官細節可以輕易占據人們的意識，因為它們在不同感官體驗之間飄忽不定，這都是「活在當下」的一部分。

然而，在過程層面上，人們被鼓勵將注意力集中在內部體驗。內容即是你所專注的，這在不同的技巧中自然會有所不同：如果你想要「正念吃飯」，你可以在內心專注於口中食物的味道和質地；如果你想要更「情感敏銳」，你可以向內專注於不同形象或思維在意識中浮現時所產生的情緒；或者，如果你努力想要「用正念管理疼痛」，你可以在內心專注於感覺在位置和強度上的變化。你所專注的事物至關重要，毫無疑問，你專注的事物決定了你體驗的品質。

羅納德‧西格爾（Ronald Siegel）——《正念解決方案》（*The Mindfulness Solution*）的作者——在2010年9月22日坦率地描述了一些個案對正念練習的負面反應。他舉了一個例子，當治療師讓一個人聚焦寧靜時，這個人在練習進行了僅僅三分鐘後就恐慌發作。同樣，有些人有創傷史，被鼓勵閉上眼睛並「深入內心」時，他們會感到恐慌並從椅子上跳起來。一旦暗示靜心或專注內在，有些人立刻會回到痛苦中去，並被自己痛苦的源頭淹沒，例如創傷事件。身為治療師，我們可以幫助人們和這樣的反應「待在一起」並「處理」這樣的反應，這些反應也可以具有治療價值。實際上，許多治療師就是這樣工作的。然而，如果你仔細思考一下，這些反應通常（但並不總是）可以避免。我建議，治療師越是不受特定技術的束縛，越了解他們打算使用的技術的過程和內容，他們越能更好地將方法調整到治療對象的獨特需求上去。

如果我們要讓人們專注於發展正念的態度，其本身就是種有潛在價值的干預方式，那麼我們需要明確澄清正念過程的性質，提供對其方法更深入的了解，這樣我們就不會讓自己或個案變得更加僵化。以一個簡單例子來說，我們需要明確，如果你敲響西藏冥想鈴來鼓勵「降臨感」，或者用它來標誌冥想的開始（或結束），那麼這個鈴便意味著一種聯想性暗示，表明對個案或學員有期望。因此，這個鈴僅僅是內容。你可以輕鬆地用手指輕彈披頭四的節奏或任何其他聽覺刺激來替代，只要個案接受它作為有效的信號來轉移和吸引注意力。重要的不是鈴本身，而是建立信號，暗示聽者即將發生重要的事情。這個信號進一步暗示他們以與其他人一樣的方式，或者以治療師所示範的「正確」或理想的方式來注意和回應。這個鈴提供了催眠術語中所謂的「暗示指令」，即應該如何恰當回應的間接暗示。

在這方面，正念與其他治療方法相似：個案必須接受關於他們所選擇的任何治療方法的概念、術語、儀式和方法的指導。無論是願意躺在沙發上，讓分析師坐在你身後，然後描述你的童年或夢境，還是堅持每天寫思想日記，抓住你的認知扭曲，治療都是將個案沉浸在承諾幫助的觀點的規則和儀式中。一個人對遵循這些規則和儀式的投入程度越高，他們從中受益的可能性也就越大：有充分的證據表明，你對個案提出的要求越多，個案的治療效果就越好（Kirsch, 2010）。

以下是另一個關於內容和過程的例子，你可以思考一下是什麼在發揮作用：「進食冥想」是常見的正念冥想策略，用於鼓勵那些努力教授「正念進食」的人進行感官意識訓練（Hanh & Cheung, 2010; Kabat-Zinn, 2002; Wolever & Reardon, 2015）。在這個練習中，每個人都會被分配一顆葡萄乾或一片蘋果，用葡萄乾或蘋果來增進對特定食物刺激所帶來之諸多感覺意識。集中精力關注與葡萄乾或蘋果相關的內容，可以專注於其質地、氣味和味道等變量。關注一顆葡萄乾是很好的練習，在30分鐘或更長的時間內，個案要努力保持對特定刺激狹窄卻全面的專注。但葡萄乾只是內容。無論你使用的是葡萄乾、蘆筍還是鹽水糖果，都無關緊要。只要讓這個人專注於與把東西放入嘴裡，然後與通常咀嚼和吞嚥它的模式不同，將注意力聚焦在與之相關的各種感覺上，將產生明顯而有效的治療作用。這種療效是因為感官意識增加了，還是因為打破了通常的行為序列？是冥想葡萄乾本身有療效，還是因為對暗示做出反應後的增強意識，接著透過直接體驗來有意識地改變了呢？

只要你向個案介紹的程序在表面上是合理的，並且個案能夠接受，那麼體驗過程就能夠成功進行。正如催眠領域的研究已經表明的那樣，有效引導的關鍵是個案相信它是有效的（Reid, 2016b; Shimizu, 2014）。這就是為什麼幾乎有無限多種類型的引導方式，而它們都有可能適用於某一個人。

◆ 正念方法中的催眠互動階段

催眠互動一般可以至少包含以下七個階段：

1. 為個案做準備（關於體驗過程的心理教育，建立對其可能成功的期望，並確保個案有意願配合其目標和方法）。
2. 定向體驗和確保注意力集中。
3. 催眠引導或正念專注（建立專注，鼓勵選擇性注意）。
4. 建立反應定向，即在會話進行過程中建立正向回應的傾向（建立對治療目標的反應勢能，從而使體驗加強或深化）。
5. 治療應用（暗示改變），即直接或間接地給出暗示，期望以某種在治療上有益的方式改變個案的體驗（基於已經達成共識的治療計畫）。

6. 新行為和感知的情境化，即在會話中建立新體驗與個人生活中其他部分之相關性的「連結」或聯想（這也是催眠中的催眠後暗示之主要功能）。

7. 解除與重新定向（提醒或引導個案結束體驗，回到「正常」的意識狀態）。

無論是誰在進行這種體驗過程，無論是催眠師、覺悟的心靈導師還是其他結構體驗的倡導者，這些階段和相關的意圖都是這個過程不可缺少的一部分（Yapko, 2011a, 2011b, 2011c）。

引導性正念冥想文稿：個性化的嵌入式暗示結構

說完上述這些內容，現在讓我們將注意力轉向直接強調這些要點的挑戰。我將提供關鍵部分（完整的文字記錄太長）來展示由正念和佛教哲學領域的頂尖專家喬‧卡巴金（Jon Kabat-Zinn）博士進行的指導性正念冥想會話逐字記錄。他是《正念療癒力》（*Full Catastrophe Living*）、《正念的感官覺醒》（*Coming to Our Senses*）和《當下‧繁花盛開》（*Wherever You Go, There You Are*）的作者，他也被公認為是將東方冥想實踐引入西方醫學的關鍵人物。

喬‧卡巴金（2007）：「將此刻保持在覺知中」

以下是 2007 年 10 月 11 日於谷歌舉行的有關正念冥想的講座中，實際引導冥想的文字記錄。完整的講座影片可以在 YouTube 上找到。

階段 1：為個案做準備

在為大家介紹了冥想的要點以及練習所帶來的好處等一系列心理教育後，卡巴金帶領在場的團體成員進行了一次引導性的冥想過程。

卡巴金：「現在，讓我們來嘗試調整自己的狀態，沒有其他目的，只是

為了享受樂趣……不是為了實現什麼，不是為了更放鬆，不是為了成為偉大的冥想者，也不是為了解決什麼問題……而是看看你是否能夠在意識中保持此刻……」

分析和評論：這裡，卡巴金使用直接暗示為即將到來的體驗創建了一個框架：間接暗示除了滿足此刻意識的挑戰之外，可以與任何其他目標相分離（解離）。他直接暗示這個體驗將會是「有樂趣的」，並以此獲得大家的合作。

階段2：定向體驗

卡巴金描述了人們可以注意到多重感知意識流的事實，他引入了術語「本體感知」作為建構概念的手段，用來表達知覺的自動性，然後是呼吸等身體功能的自動性。

卡巴金：「……如果呼吸依賴於意識的控制……那我們早就都死了……『嗯，我太忙了，忘了，哦，對喔，我應該呼吸。』幸運的是……神經系統的設計太聰明，不會把這交給意識來控制……這裡我建議大家可以這樣做，讓我們看看是否能夠在不干涉呼吸的情況下感受呼吸的感覺，它非常擅長做這件事，比你做得好多了……」

分析和評論：卡巴金直接暗示了存在著潛意識心智，它可以出色地完成各種功能，有時甚至比意識的心智更高效。這直接激勵人們發展出更多的自動化過程，例如承諾透過定期冥想的練習來發展反射性正念意識。卡巴金同時還提供了一個間接暗示，讓人們意識到意識和潛意識之間在功能上存在正常的解離狀態。

階段3：催眠引導或正念專注

現在的重點是將注意力中心從整體的導向和本次練習的合理性聚焦到呼吸上。

卡巴金：「現在，試著感受自己的呼吸。坐好……讓自己的身體保持挺直的姿態，體現出你的尊嚴，警覺地迎接這一刻的豐富體驗。讓我們來感受

呼吸，而不是思考呼吸……它就好像是一隻醜腆的動物躺在森林中的一片空地上，牠在那裡曬著太陽，讓我們溫和地靠近牠……」

分析和評論：卡巴金使用直接暗示，將大家的注意力集中在呼吸上，並為大家提供了有關如何獲得正確坐姿、以內容為導向的直接暗示。直接暗示將呼吸的感覺與對呼吸的思考相分離（解離）。透過比喻「醜腆的動物」（間接暗示），來引發個體在投入過程中溫柔地對待自我，為後面的過程做鋪墊。最後透過將身體比喻為一隻在森林中需要以好奇的態度接近牠的動物來給出間接暗示，暗示將頭腦與身體相分離。

階段4：建立反應定向

反應定向的目的在於隨著時間的推移，在體驗過程中增加個案的回應性。在這個階段，透過給出暗示來加強注意力的集中，深化對過程的吸收。

卡巴金：「……如果你想讓注意力更加集中，那就請專注於腹部或者感覺最強烈的地方，如果你願意的話，我想邀請你閉上眼睛……就只是去體驗，跟著你的呼吸一起去衝浪，感受氣息在你身體裡面的一起一落，每一刻，一直到最後一刻……讓頭腦中其他的事物、房間裡的聲音，所有的一切，都隨風飄散。」

分析和評論：這裡卡巴金使用了許可式、內容導向的直接暗示，將大家的注意力聚焦在腹部或其他地方。接著是一個過程性的暗示，可以集中注意力去發現哪裡有強烈的感覺。使用許可式的暗示引導閉上眼睛。然後是一個間接的暗示，為感覺提供了足夠的質感，以便能夠運用衝浪或潛水這樣的隱喻。接下來，他運用直接的暗示，將時間框架縮小為對每一個時刻的感知（時間扭曲），這樣就減少了參與過程中的時間感。最後採用直接暗示，將對呼吸的感知與其他一切感知解離開來，並直接暗示將這些降至次要位置。

階段5：治療應用（暗示改變）

卡巴金建議，無論是冥想經驗豐富的人還是初學者，思維都會自然地游

離，他們的任務就是「一次又一次地回到呼吸上來」。該課程明確聲明的目標是向人們傳授覺察當下的價值，以及在生活體驗中堅持保持這種覺知的重要性。

卡巴金：「……你的頭腦不聽指揮，思緒四處游移，但這並不意味著你就是個糟糕的冥想者，這實際上是頭腦的本性……它就像太平洋一樣……在波濤最洶湧的時候，如果你學會潛入20英尺至30英尺的水下，你就能夠發現它是那麼的溫和、寧靜……頭腦也是一樣的。頭腦的表層可以是十分激越的，充斥著想法和情緒，但意識本身就像大海深處一樣……」

分析和評論：卡巴金用直接暗示將頭腦重新構建為「不聽指揮的」，以此讓個體接納和順勢運用頭腦的自然屬性，而非與之對抗。這樣的重構就將這種游移的思緒視為了正常現象。接下來他透過比喻來間接暗示，將頭腦想像為大海，為下一個直接暗示創造條件。他直接暗示表層的波濤洶湧與深層的寧靜是可以共存的。採用間接暗示（被稱為內隱的指令）首先帶領大家進入一個特殊的地方（即進入自己的內心深處），幫助大家在困難的情況下找到平靜感。這與許多治療師常常用於處理焦慮和創傷症狀患者的「安全場景」技巧有著異曲同工之妙。

階段6：情境化

卡巴金建議將注意力聚焦在呼吸上，認識到思緒遊走的必然性和正念的價值，找到內心深處的舒適感，並將溫柔的同理心融入到自己的感知中。

卡巴金：「如果（思緒）飄走了一萬次，你就知道你的想法出現了一萬次，不去評判、譴責、沒有強迫，也沒有指責，只需回到這一刻，回到這一次的呼吸……帶著某種溫柔的態度，作為你對自己最深沉的愛和善意……無論你在哪裡……冥想給予你的最終要遠遠超過你只是做冥想練習，整個世界以及每個人、每件事都會成為你的老師……」

分析和評論：在這裡，直接暗示將漫遊的思緒重構為覺察「你心中在想什麼」的機會。採用直接暗示來接納思緒的牽絆，沒有任何批評性的負面評判，間接暗示會讓大家與通常所謂的「內在批評者」分離。然後直接暗示大

家重新將注意力引導到呼吸上，以恢復內心的平靜。直接暗示讓大家將愛與善意的感覺和內在體驗聯繫起來，在催眠術語中，這被稱為情感重建。接下來，直接暗示大家無論身處何時何地，都可以廣泛運用這些技巧，而不是暗示將練習與特定的地點或情景聯繫在一起。一般來講，這種廣泛措辭的催眠後暗示之效果，比起在特定情境中使用更準確措辭的催眠後暗示之效果會弱一些。直接暗示大家的反應會隨著時間的推移和實踐的增多而變得自動且毫不費力，練習和期望練習最終會有回報。直接暗示冥想將幫助大家建立任何人和任何事物都可以成為教師的心態，從而將自己定義為學生：保持開放、覺知和好奇，而不是封閉、狹隘和評判。這是另一種間接暗示的情感重建，鼓勵大家無論在生活中遇到什麼，都可以更平靜、超然，也會採取更包容接納的態度。

階段7：解除與重新定向

在最後階段，卡巴金將大家喚醒，並回到更偏重外部取向的自我感知和環境中。他暗示正式的體驗可能已經結束了，但大家對覺察的追求將會是持續終身的承諾。

卡巴金：（打響禪悅鈴聲）「……現在，如果你的眼睛是閉著的，我想邀請你打開你的眼睛……同時保持同樣的覺知……即使你轉動頭部、移動或伸展身體，也可以保持同等品質的覺知……雖然正式的冥想練習在某種意義上已經結束了，當然，它總是會結束的，但真正的冥想練習卻永遠不會結束，因為它就是你的生活……只要你還呼吸，它就沒有結束……」

分析和評論：採用許可式的直接暗示讓大家把眼睛睜開。隨後又一個直接暗示，即從閉眼到睜眼的轉換過程中，保持同等品質的覺察。接下來，卡巴金使用間接暗示，將覺察與身體移動相解離。最後他採用直接暗示，告訴大家正式的體驗現在已經結束，並間接暗示讓個體吸收覺知乃是大家持續終身的機會這一觀點。只要你還能呼吸，你就能夠冥想和保持覺察，這是有意模糊冥想和生活本身界限的行為，這樣，他就可以將冥想界定為生活中重要的一部分。

讓暗示成為你的引導

這份記錄充分證明了引導式正念冥想應該被視為具有高度暗示性過程。其他詳細的例子可以在《正念與催眠》（Yapko, 2011b）一書中找到。此外，這也是一個有著明確角色劃分的人際過程，比如導引者或治療師，與學員或個案的角色。承認暗示在這個過程中的作用並不會減少正念的價值。相反，正念過程中產生的覺察和自我掌控感本身就證明了其重要的治療價值。意識到這些過程中嵌入的催眠語言和催眠現象只會增加其價值。

總結

正如我們所看到的，任何鼓勵選擇性注意並使用暗示（無論是透過語言還是手勢）來引導他人體驗以實現某種治療目標的過程，必然會包含催眠的元素。這取決於個人的觀點，是否認為這意味著他們在進行催眠治療。

催眠和其他體驗性方法（例如意象療法和正念冥想）所帶來的許多變化都涉及到記憶、覺知、專注力、理性、想像力和注意力等領域。正如我們逐漸意識到的那樣，許多不同的因素都影響著個體的反應程度和方向。在使用這些方法時，有大量社會心理學因素也在發揮作用，如果一個人太過固執，認為所有這些體驗完全是在個體內部，則會忽視這些因素。再次強調，如果過程中超過一個人，無論是現場表演還是聽錄音，就必須要考慮暗示中的人際因素。

我希望這最後一章能夠開拓你的視野，讓你對催眠有新的認識，看到其原理和方法在許多不同的療法中都有所體現。當你能夠識別出自己提供幫助的首選方案是如何對個案有效時，這會極大程度增強你對催眠和你使用催眠為別人治療的信心。當你對催眠的相關知識有所了解，再去學習其他治療方法時，也會減少一些神祕感，因為你可以很容易地識別出他們在暗示什麼，以及這些暗示如何幫助個案實現有意義的治療轉變。我們對催眠了解得越深入，也就擁有了更多的可能性。

1. 讓每個小組成員都帶來一份治療過程的文字記錄，這些記錄可以是從期刊或書籍中找到的。找到並讀出治療師話語中的選擇性引用。無論治療師使用哪種治療類型，在其中能看到哪些暗示？

2. 你如何描述「做催眠」和「被催眠」之間的差異？

3. 是否有一些體驗性學習過程是不需要注意力聚焦或轉換注意力的？這對於治療的成功而言有何啟示？

4. 如果一種治療方法採用了催眠的模式，這是否意味著它就是催眠？為什麼或為什麼不？

任務清單

1. 選擇三種不同的治療方法進行研究。盡可能地鑑別出這些治療方法中的催眠模式。

2. 至少嘗試幾次本章介紹的「進食冥想」。列出盡可能多的原因，說明這個簡單的練習是如何幫助某些人養成更好的飲食習慣的。

3. 列出至少六種不同的體驗性治療方法。識別每種方法中的催眠元素。

後記

　　我不知道是誰最先講出這個觀察:「你知道的越多,就越知道自己無知。」無論是誰說的,我想他們在當時可能並不是在針對催眠。不過,對於臨床催眠的學習來說,這個觀點依然成立。我希望在你閱讀這篇後記時,已經發現臨床催眠可以在改善人類生活品質方面,提供豐富的資源。我也希望你已經意識到,催眠的熟練運用具有其複雜性,這也使持續的學習和實踐將成為你職業生涯中的必修課。

◆　下一步

　　對於臨床催眠領域的人來說,最令人沮喪的事情之一是,有些人在為公眾提供服務時,並沒有受過足夠的催眠教育,卻仍然從事這項他們沒有資格從事的工作。對於這個問題,我所能做的就是呼籲每個人都去獲得必要的教育和證書,負責任地進行催眠工作。這對於那些提供健康照護給人們的專業人士而言,是擔負重要責任的下一步。

　　臨床催眠領域另一個令人沮喪的問題在於,許多人學習催眠課程,但當課程結束後,他們並沒有立即將所學到的技能應用到治療中,所以很快就遺忘了。催眠似乎與主流治療越來越疏遠,因此更容易被拋棄。我希望透過學習,你能夠在周圍的各個地方看到催眠體驗的元素,並且能夠看到它們與每一個臨床互動的直接相關性。我的目標不是要把本書的讀者變成「官方催眠師」。相反,我的目標是為你提供堅實的入門基礎,介紹一個充滿活力和不斷發展的領域,強調可以明顯擴展你的溝通和臨床技能範圍的概念和技術。即使在今後的生活中,你再也不會正式地使用催眠引導,但是在你說出類似「試著不去想困擾你的事情」這樣的話之前,你也會思考再三。

　　透過這本介紹催眠的書,我希望你會對催眠所提供的各種可能性產生高度興趣,願意繼續發展你的催眠技能。許多時候,不妨去大膽嘗試一下那些方式。

正如你從本書眾多的參考文獻列表中所看到的，這些只是催眠領域可用文獻的一小部分，我們無法在一生中讀完所有相關的書籍和文章，而且每天都還有新的出版物問世。與催眠領域的文獻更新保持同步，是保持與該領域發展緊密聯繫的有效途徑。我希望本書列出的訊息可以成為你有意義的閱讀起點。當然，每個參考文獻中的參考書目也可以為你提供更多的學習資源。

　　與其他對催眠有共同興趣的專業人士建立聯繫，也是與該領域發展保持同步的另一種絕佳方式。全世界各地都有專業人士的組織，其中許多組織也都致力於出版催眠研究的科學期刊。

　　最後，我想說，歡迎來到催眠的世界！

臨床催眠大全（第五版）

出　　　版／楓樹林出版事業有限公司
地　　　址／新北市板橋區信義路163巷3號10樓
郵 政 劃 撥／19907596　楓書坊文化出版社
網　　　址／www.maplebook.com.tw
電　　　話／02-2957-6096
傳　　　真／02-2957-6435
作　　　者／麥克 D · 雅布可
譯　　　者／洪偉凱、黃天豪、周遊
企 劃 編 輯／陳依萱
校　　　對／黃薇霓、周季瑩
港 澳 經 銷／泛華發行代理有限公司
定　　　價／1600元
初 版 日 期／2024年11月

國家圖書館出版品預行編目資料

臨床催眠大全（第五版）／麥克 D · 雅布可作；
洪偉凱、黃天豪、周遊譯. -- 初版. -- 新北市：楓
樹林出版事業有限公司, 2024.11　面；公分
譯自：Trancework: An Introduction to the
　　　Practice of Clinical Hypnosis
ISBN 978-626-7499-26-9（平裝）

1. 催眠術　2. 催眠療法

175.8　　　　　　　　　　　113012674